余杭文物志（重修）

The Annals Of Yuhang Cultural Relics

杭州市余杭区文化广电新闻出版局　编著

文物出版社

图书在版编目（ＣＩＰ）数据

余杭文物志：重修 / 冯玉宝主编. -- 北京：文物
出版社, 2017.1
ISBN 978-7-5010-4817-5

Ⅰ.①余… Ⅱ.①冯… Ⅲ.①文物－概况－余杭区
Ⅳ.①K872.554

中国版本图书馆CIP数据核字(2016)第276941号

余杭文物志

编著：杭州市余杭区文化广电新闻出版局

责任编辑：张昌倬
装帧设计：吴晓昀
责任印制：梁秋卉

出版发行：文物出版社
社　　址：北京市东直门内北小街2号楼
邮　　编：100007
网　　址：http://www.wenwu.com
邮　　箱：web@wenwu.com
经　　销：新华书店
印　　刷：杭州星晨印务有限公司
开　　本：889×1194　　　　1/16
印　　张：33
版　　次：2017年1月第1版
印　　次：2017年1月第1次印刷
书　　号：ISBN 978-7-5010-4817-5
定　　价：280.00元

世界文化遗产大运河（余杭塘栖段）

"七五"期间全国十大考古新发现——反山遗址

"七五"期间全国十大考古新发现——瑶山遗址

1991年全国十大考古新发现 —— 汇观山良渚文化祭坛

1993年全国十大考古新发现、"八五"期间全国十大考古新发现——莫角山良渚文化大型建筑基址

2007 年全国十大考古新发现——良渚文化古城遗址
（西城墙白原畈段遗址）

2011 年全国十大考古新发现——玉架山史前聚落遗址

2015 年全国十大考古新发现——良渚古城外围大型水利工程

全国重点文物保护单位 章太炎故居

全国重点文物保护单位 小古城遗址

全国重点文物保护单位 南山造像

全国重点文物保护单位 仓前粮仓

全国重点文物保护单位 独松关和古驿道

浙江省文物保护单位　吴昌硕墓

浙江省文物保护单位　海云洞摩崖题记

浙江省文物保护单位 安乐塔（远）和舒公塔（近）

浙江省文物保护单位 塘栖乾隆御碑与水利通判厅遗址（乾隆御碑）

浙江省文物保护单位 塘栖乾隆御碑与水利通判厅遗址（水利通判厅遗址）

浙江省文物保护单位 钱塘江海塘

新石器时代良渚文化 石钺

新石器时代良渚文化 刻符陶罐

新石器时代良渚文化 玉琮

新石器时代良渚文化 刻符玉璧　　　　　局部刻符

新石器时代良渚文化 玉琮

新石器时代良渚文化 双联玉琮

新石器时代良渚文化 神人兽面纹玉三叉形器

新石器时代良渚文化 兽面纹玉三叉形器

新石器时代良渚文化 镂孔神人纹玉梳背

商代 石戈

商代 网格纹原始瓷圜底罐

东汉 青瓷扁壶

战国 蟠龙纹青铜大鼎

北宋 苏轼"雪堂"款端石抄手砚

明代 人物故事金发饰

现代 潘天寿、吴茀之、诸乐三合作长春图

近代 姚虞琴碣石幽兰图

2003 年 12 月 27 日，杭州市余杭博物馆开馆

2006 年 6 月 9 日，庆祝我国首个文化遗产日暨良渚文化发现 70 周年活动

2007 年 11 月 29 日，良渚古城发现新闻发布会

2008 年 6 月 7 日，中华玉文化研究交流中心成立

2008 年 9 月 29 日，良渚博物院开院典礼

2009 年 6 月 11 日
国家文物局童明康副局长和浙江省文物局局长鲍贤伦为良渚遗址考古与保护中心授牌

2011 年 3 月 8 日，良渚国家考古遗址公园揭牌

2011 年 10 月 10 日，"一代儒宗 千秋巨笔——环太湖流域
博物馆馆藏章太炎先生书法作品联展"开幕式

2011 年 12 月 10 日，"全球视野下的江南文化研究"
国际学术研讨会在临平召开

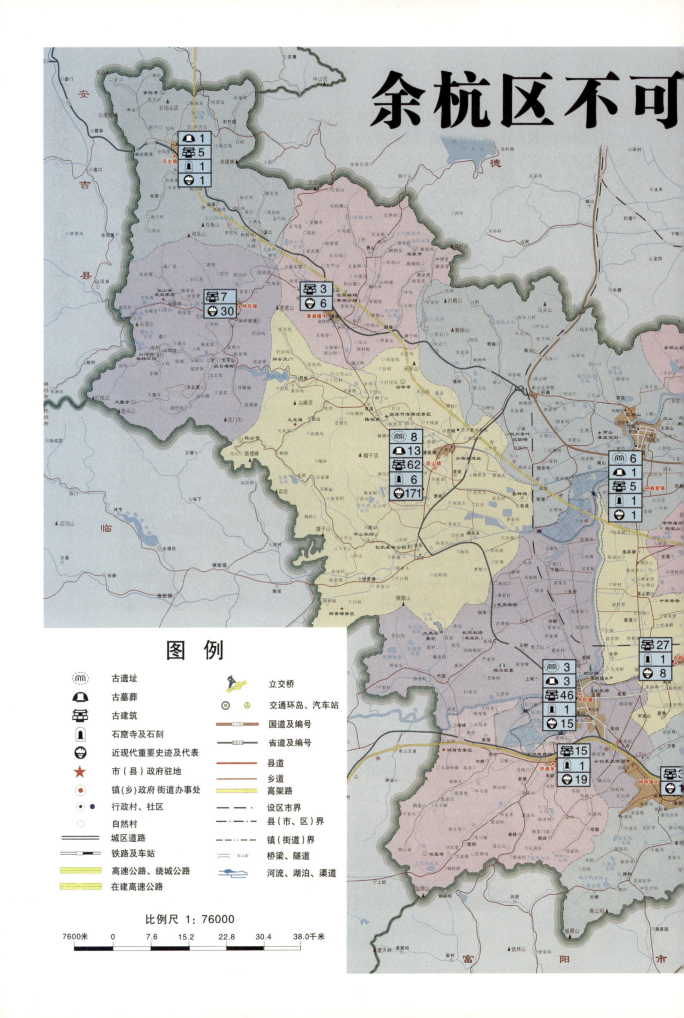

余杭区不可

图 例

符号	名称	符号	名称
古遗址	古遗址		立交桥
	古墓葬		交通环岛、汽车站
	古建筑	G330	国道及编号
	石窟寺及石刻	S310	省道及编号
	近现代重要史迹及代表		县道
★	市（县）政府驻地		乡道
	镇（乡）政府 街道办事处		高架路
	行政村、社区		设区市界
	自然村		县（市、区）界
	城区道路		镇（街道）界
	铁路及车站		桥梁、隧道
	高速公路、绕城公路		河流、湖泊、渠道
	在建高速公路		

比例尺 1：76000

7600米　　0　　7.6　　15.2　　22.8　　30.4　　38.0千米

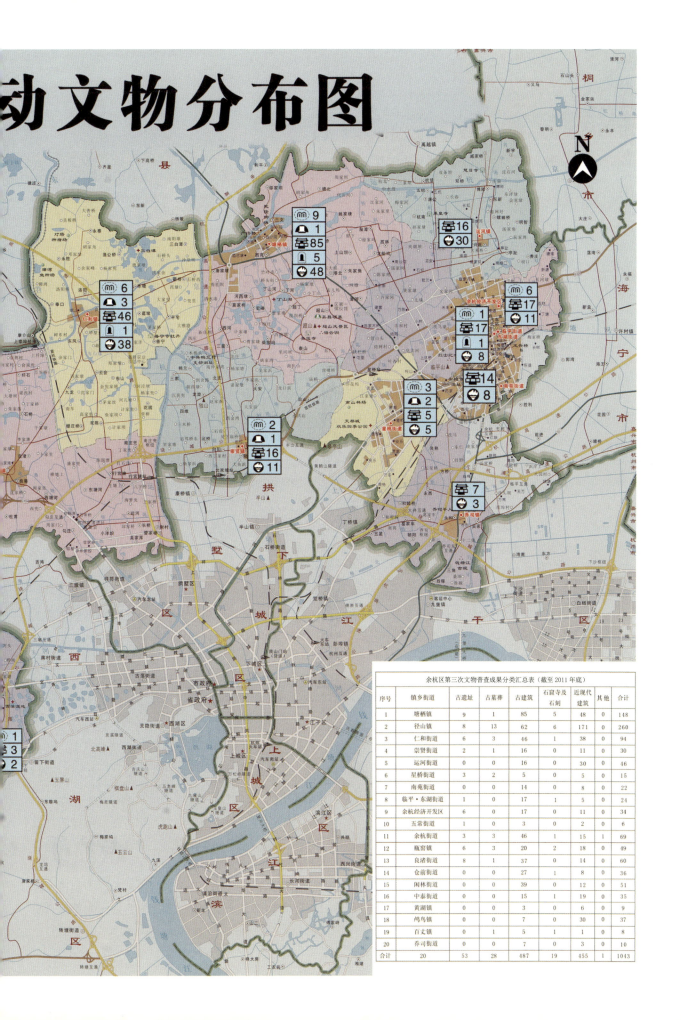

...动文物分布图

余杭区第三次文物普查成果分类汇总表（截至2011年底）

序号	镇乡街道	古遗址	古墓葬	古建筑	石窟寺及石刻	近现代建筑	其他	合计
1	塘栖镇	9	1	85	5	48	0	148
2	径山镇	8	13	62	6	171	0	260
3	仁和街道	6	3	46	1	38	0	94
4	崇贤街道	2	1	16	0	11	0	30
5	运河街道	0	0	16	0	30	0	46
6	星桥街道	3	2	5	0	5	0	15
7	南苑街道	0	0	14	0	8	0	22
8	临平·东湖街道	1	0	17	1	5	0	24
9	余杭经济开发区	6	0	17	0	11	0	34
10	五常街道	1	0	3	0	2	0	6
11	余杭街道	3	3	46	0	15	1	69
12	瓶窑镇	6	3	20	2	18	0	49
13	良渚街道	8	1	37	0	14	0	60
14	仓前街道	0	0	27	1	8	0	36
15	闲林街道	0	0	39	0	12	0	51
16	中泰街道	0	0	15	0	19	0	35
17	黄湖镇	0	0	3	0	6	0	9
18	鸬鸟镇	0	0	7	0	30	0	37
19	百丈镇	0	1	5	1	1	0	8
20	乔司街道	0	0	7	0	3	0	10
合计	20	53	28	487	19	455	1	1043

序 一

浙江自古繁华，人文荟萃，历史文化底蕴深厚，文物资源丰富，现有历史文化名城、名镇、名村及各级文物保护单位、博物馆（纪念馆）数量均位居全国前列，已有杭州西湖文化景观、大运河等 2 处世界文化遗产。大量考古发掘和研究成果证明浙江对中国乃至世界文明发展进程做出了突出贡献，如：良渚遗址是中华五千年文明的实证，茶、丝和青瓷均源于浙江，最早的漆木器发现在浙江，河姆渡文化复杂高超的干栏式建筑技术在同时期考古学文化中独占鳌头，距今万年的浦江上山遗址发现的古老稻作遗存实证钱塘江上游地区极有可能是世界稻作文明的发祥地之一。近年来，全省文物部门主动围绕和服务大局开展文物保护利用工作，在优先抓好以良渚遗址为重点的大遗址保护、加强国家海洋战略背景下的水下文物调查保护、做好以免费开放为核心的文物资源共享、在城乡统筹和美丽乡村建设中推进传统村落和乡土建筑保护利用等方面取得重要进展。目前，正在全力以赴推进良渚古城遗址申报世界文化遗产的相关工作。

杭州市余杭区位于浙北杭嘉湖平原，天目山东麓，东苕溪穿境而过，境内丘陵山地、河湖平原交接，地理环境优越。先民在此休养生息，给我们留下了丰富多彩的文化遗产，遗址、窑址、墓葬、寺庙、塔院、桥梁、摩崖题记、石刻造像、名人故居等，不一而足。多年来，余杭区委、区政府高度重视文化事业发展和文化遗产保护展示利用工作。以良渚遗址为重点，开展了经济发达地区大遗址保护的探索和实践。在 2007 至 2011 年开展的第三次全国文物普查中，余杭区新发现大量不可移动文物，随之开展了不可移动文物保护修缮五年行动计划，对大批文物建筑进行了保护修缮。自 2008 年开始，在省内率先开展配合 3 万平方米以上大型基本建设的考古勘探调查前置预审，切实保护地下文化遗存。2009 年，余杭区被文化部、国家文物局评为"全国文物工作先进县"。2012 年 6 月，余杭区成功列入第二批全国文化遗产知识宣传普及工程试点县（区）。良渚博物院、杭州市余杭博物馆、章太炎故居等博物馆、纪念馆，通过策划举办展览、宣教活动广泛宣传和普及文化遗产知识，已成为现代公共文化服务体系的重要组成。本志的出版是对余杭区多年来文物博物馆工作成果的系统梳理和总结，作为一名文物工作者，我在为这本志书的出版而高兴的同时，也对为之奔波操劳的同志们深表敬意！

党的十八大报告指出，要全面建成小康社会，实现中华民族伟大复兴，必须推动社会主义文化大发展大繁荣，提高国家文化软实力，发挥文化引领风尚、教育人民、服务社会、推动发展的作用。文化遗产是社会发展、文明进步的物质载体。保护利用好文化遗产，是社会主义文化强国建设的重要支撑，是全面建成小康社会的必然要求。将弥足珍贵的文化遗产真实、完整地保护传承下去，使之成为凝聚人心、激发干劲、促进发展、增强自信的力量源泉，为经济建设、政治建设、社会建设和生态文明建设服务，此为我辈文物工作者的前进方向。

浙江省文物局局长 柳河
丙申年深秋于西子湖畔

序二

在一座城市发展的进程中,不断进行着文明的积累、嬗变,从而形成这座城市的个性和特色。无形的、有形的历史文化精神或物质遗存往往是一座城市的灵魂和魅力所在。

余杭是文化古邑,是中华文明曙光——良渚文化的发祥地,拥有5000年"良渚文化",2000年"运河文化"和1000年"径山禅茶文化"。悠久的历史,给我们留下了灿烂的文化和丰富的文物资源。上千处的文化遗址和文物遗存,历史沧桑而绵延不绝,星罗棋布,或山川,或田野,或地下,或通衢,文明之光璀璨夺目,为这方钟灵毓秀的古老土地增添了一抹亮丽的色彩。

余杭有据可考的历史可上溯至新石器时代马家浜文化时期,我们的远古祖先距今六七千年前就在这片神奇而丰茂的土地上繁衍生息。到了距今5300~4200年前的良渚文化时期,这里成为了杭州湾地区和太湖地区经济文化最为发达的地方。从境内的新石器时代马家浜文化、崧泽文化和良渚文化的众多考古发现看,这里无疑奏响了长江下游地区乃至整个中华文明序曲的优美乐章,展示了原始社会经济、文化发展的进程。进入21世纪以来,良渚文化考古取得震惊世界的成果,更使余杭成为实证中华五千年文明史的地区之一。余杭之名,春秋时已见诸史册,秦代开始置县,隋唐已趋繁华,南宋为京畿之地。先民们的悲欢离合与历史长河的波澜激荡凝聚在秦砖汉瓦、唐碑宋碣之间,沧海桑田,令后人慨当以慷,永志难忘。

历史是沉默的,但是数千年间发生在余杭这片土地上的许多事件仍会给我们一些新的启示。三国名将凌统在这里叱咤风云;唐代"茶圣"陆羽在这里著述《茶经》;五代高僧文益在这里顿悟,成为中国禅宗五大家之一"法眼宗"之祖;北宋大科学家沈括在这里用传世巨著《梦溪笔谈》树起了"中国科学史的坐标";"一代儒宗、国学大师"章太炎在这里著书立说、虑国忧民;金石书法大师吴昌硕在这里挥毫泼墨、谱写华章……这里还有被誉为"江南五山十刹"之首的径山寺、"江南三大赏梅圣地"超山、道教洞天福地洞霄宫、"江南古镇之首"塘栖镇。钟灵毓秀,人杰地灵!余杭这些独有的历史记忆,是这座"文化之邦"的根脉,也是我们宝贵的资源和财富。其所蕴含的先民们顽强拼搏、勇于创造的精神永远值得我们认真学习、汲取和弘扬。

追怀往日的辉煌,既是自豪,也是为我们创造更加光明的未来增添一份历史的沉着和自信。余杭正在努力打造现代都市文明,建设都市文化名区。开掘地域文化资源,从延续数千年的古文化中汲取营养,古为今用,吐故纳新,不仅有利于丰富城市的文化内涵,而且将直接为现代化建设服务,为余杭社会的全面发展拓展出广阔的精神空间。

1999年,余杭编辑出版了浙江省第一部文物志——《余杭文物志》。时隔十六年,我们重修余杭文物志,旨在更好地追溯余杭历史文明进程的渊源,让人们更好地了解和认识余杭,为先民所创造的灿烂、丰厚的古文化资源而骄傲,从而增强精心保护祖国历史文化遗产的责任感。是为序。

杭州市余杭区人民政府副区长　许玲娣

序三

党的十八大以来，习近平总书记站在实现中华民族伟大复兴中国梦的战略高度，相继在国际国内不同场合就推动中华优秀传统文化传承和创新发表了一系列重要论述，并多次就文物保护作出重要指示批示，充分体现了党中央对中华优秀传统文化的高度自信，对文物工作的高度重视，为新时期文物事业发展指明了方向，提供了遵循。

在全国上下深入学习贯彻习总书记文物保护重要论述精神之际，《余杭文物志（重修）》在各级领导和有关部门的关心支持下终于面世了，这不啻是我区文博工作者献给全区人民的又一份文化厚礼。

十六年前，余杭编印出版浙江省首部文物专业志——《余杭文物志》。该志展示了余杭文物遗迹、博物馆事业发展、馆藏文物、文物保护管理及对外文化交流情况，对余杭乃至整个浙江省的文博事业发展产生了积极的影响。现在，我们重修《余杭文物志》，这是对 1999 年版《余杭文物志》的有力补充，更是对进入 21 世纪以来余杭文博事业发展新成果的一次全面展示。

进入新世纪，余杭各项事业蓬勃发展。余杭区委区政府以高度的"文化自觉"推进文化遗产保护工作，历史文化遗产受到前所未有的重视，文博事业进入发展的黄金时期。全区文物专业工作者从原来的 25 人增加到 80 余人，这在全省也属于专业人员较多的县市区之一。杭州良渚遗址管理区管委会的设立，是国家文物局推荐的一种大遗址区域的行政管理模式，对良渚遗址群的保护与考古工作发挥了巨大的作用。第三次全国文物普查正式登录不可移动文物 1043 处，其中新发现多达 956 处，一大批具有较高历史、科学、艺术价值的文物点晋身为各级文物保护单位，受到法律保护。目前，余杭区共有各级文物保护单位（点）117 处，包括全国重点文物保护单位 7 处、浙江省文物保护单位 6 处，杭州市文物保护单位 49 处，杭州市文物保护点 55 处。自 2010 年以来，开展不可移动文物保护修缮五年行动计划，对大量不可移动文物进行维修保护和合理利用。2008年以来，率先在全省实施 3 万平方米以上大型基本建设项目考古勘探调查前置预审，这既是对《文物保护法》和《浙江省文物保护管理条例》的践行，也是对地下文物保护工作最有效的支持。

博物馆事业得到快速发展。杭州市余杭博物馆、杨乃武案陈列馆、良渚博物院、临平山东来阁"临平梦华——临平历史文化陈列"、余杭四无粮仓陈列馆、余杭章太炎故居纪念馆（2010年重新维修改陈）、叶庆文艺术馆等一批文博院馆相继建成开放。全区现有馆藏文物 28652 件，其中一级文物 39 件，二级文物 179 件，三级文物 581 件。这些院馆通过举办展览，策划各类第二课堂和社会宣传活动等形式，成为展示余杭文化的窗口和名片，以及广大群众了解历史文化、接受艺术熏陶、共享文化遗产保护成果的重要场所。

《余杭文物志（重修）》的出版，是余杭文物事业发展的必然，更是社会各界关心支持我区文化遗产保护工作的成果。它的面世，必将使全区人民更好地了解余杭昨日的辉煌，激发人们热爱家乡、建设家乡的澎湃激情。也愿此书能为人类的文化宝库添砖加瓦，使每一位读者能纵情徜徉其间，如入宝山慧海，乐而忘返。是为序。

杭州市余杭区文化广电新闻出版局局长

凡 例

宗旨

一、《余杭文物志（重修）》以邓小平理论、"三个代表"重要思想和科学发展观为指导，遵循辨证唯物主义和历史唯物主义原理，实事求是地记述杭州市余杭区文物、文物保护和博物馆事业的历史和现状，使之起到"资政、教化、存史"的作用。

地域

二、志不越境。记述地域范围主要以现境为主，少数内容因追溯源流、叙述因果或事件不可分割等原因，适当兼及旧境之内、现境之外的事项，并随文注释记述地域之今属。

时限

三、上限因事而异，追溯事物之开端，下迄 2015 年。重点记述余杭改革开放以来之人物、事件，以展现文物、文物保护和博物馆事业的地方特色和时代特征。

体例

四、继承传统志书体例，并力求创新。采用章节体与条目体结合，其体裁为述、记、志、图、表、录、释等。以志体为主，各体兼备。

五、横排门类，纵述发展，通典不录，述而不论。采用篇、章、节、目结构，志首冠概述、大事记，按良渚文化、大运河（余杭段）、不可移动文物、博物馆、保护管理、丛录设篇，志末安排索引。个别节目为显特色及过程而未严格横排纵述。

六、使用现代语体文、记述体，力求准确、简明。文字、数字、计量等按国家有关规定统一规范书写。记述土地面积个别事项时，仍沿用旧制"亩"为单位，同时括注换算后的法定计量单位。

七、图体包括地图、示意图、照片，注重典型，与内容相符，力求图文并茂。表格设计科学、规范。

纪年

八、公元纪年，历史时代按历史纪，事件一般以年、月记事，重大事件至日。历史时代用汉字书写，公历用阿拉伯数字书写。

九、世纪、年代用阿拉伯数字书写，凡不注明世纪之年代，均指 20 世纪。

人物

十、人物以事系人，人随事出。选录原则注重政绩、著述、社会贡献。先进人物须市级及以上称号获得，科技人员须副高级及以上职称者。

资料

十一、文字、图片内容主要源自余杭区馆藏及有关档案、史书、旧志、报刊、专著及实际调查，部分资料来自当事人或知情人回忆、记录，均经考证后入志。统计数据以统计部门资料为准；统计所缺，酌采工作部门统计数据

个例

十二、为彰显良渚文化之重要，专设良渚文化篇且置首篇。

十三、大运河为中国列入《世界遗产名录》的第 46 个项目，故专设大运河（余杭段）篇。

十四、对有关术语加必要注释，以便读者阅读。

目录 ——————————————————————————

目录

综 述

余杭是中华五千年文明的圣地，自古钟灵毓秀，富庶繁华。

明·万历《杭州府志》载：余杭"其名自夏少康封庶子无余於越遂起"。清·嘉庆《余杭县志》载："禹杭者，夏禹东去，舍舟航登，因以为名。"实际上，早在距今七千年前的马家浜文化时期，余杭境内就有人类活动。到良渚文化时期，农业已率先由耜耕进入犁耕稻作时代，手工业已经专业化。良渚玉器无论在数量、种类，还是在雕琢工艺上，均达到了中国史前时代的巅峰，并赋予了其社会政治和精神文化的内涵——"礼"的意义。良渚古城的发现，"标志着良渚文化时期已经进入成熟的史前文明发展阶段"（严文明在 2007 年 11 月 29 日杭州市政府和浙江省文物局新闻发布会上讲话）。史料记载，秦行郡县，始置钱唐、余杭，是中国历史上最早的建制县之一。南宋为京畿之地，成为全国经济社会最发达地区。

中华人民共和国成立以后，尤其是改革开放以来，余杭经济日益繁荣，发展日新月异。1994年 4 月，余杭撤县设市。2001 年 3 月，撤市设区，余杭经济建设和社会发展融入杭州大都市，使余杭独特的区位优势、广阔的发展空间、丰富的物产资源和良好的生态环境更为凸显，对外开放形象亦随之整体提升。璀璨的良渚文化、数千年的历史积淀和现代文明水乳交融，古县新区焕发出勃勃生机。

壹

杭州市余杭区位于杭嘉湖平原南端，西依天目山，南濒钱塘江，面积约 1220 平方千米。余杭区从东、北、西三面成弧形拱卫杭州中心城区，东面与海宁市接壤，东北与桐乡市交界，北面与德清县毗连，西北与安吉县相交，西面与临安市相邻，西南与富阳市相接。

余杭区跨越钱塘江和浙北杭嘉湖平原两个地层分区，宏观构造特征大体可分为西部山地丘陵区和东部平原区。地势由西向东倾斜。大致以东苕溪为界，西部山地丘陵河谷，属天目山东麓和千里岗山脉之余脉。"余邑西南北三面皆山，山皆发脉于天目，而逶迤驻于省城，郭景纯所谓龙飞凤舞到钱塘者是也"（嘉庆《余杭县志》）。层峦叠嶂、茂林修竹。东北部为水网平原，主要分布在京杭大运河流域，平畴一片，塘漾棋布。东南部为滩涂平原，分布于星桥街道周杨村至运河街道亭趾村一线以南，是在海积作用为主，冲积、湖积作用为辅条件下形成的，地势略高亢平坦，土层深厚，是境内重要经济作物区。境内河流纵横、湖荡密布，受山脉走向制约和亚热带季风气候影响，河流具有流量丰富、水位季节变化大的特点。因地形差异，形成两个不同水系：西部为天然河流，以东苕溪为主干，支流众多，呈羽状形；东部多属人工开凿的河流，以京杭大运河和上塘河为骨干，河港交错，湖泊棋布，呈网状形。在东苕溪下游和运河两岸，分布着众多被称为荡、漾、潭的水域，其中较大的有三白潭、北太漾等。

早在距今六七千年前的新石器时代马家浜文化时期，就已经有人类在余杭大地上繁衍生息。通过考古证实，马家浜文化时期，余杭先民大多聚居在瓶窑吴家埠、良渚庙前、良渚南庄兜、径山小古城、余杭南湖以及东湖茅山等地。他们种植水稻，饲养家畜，进行采集和渔猎，已经产生制陶业和石、骨、玉、木漆器加工制作等手工业。1981 年，瓶窑吴家埠遗址的发掘，把余杭历史提前至距今 6500 年前，确立了余杭新石器时代"马家浜文化——崧泽文化——良渚文化"发展序列。进入 21 世纪，特别是近年来，余杭南湖遗址、东湖茅山遗址的发掘使我们对马家浜文化时期的余杭有了新的认识。陶器中的筒形釜、腰沿釜、侧把盉、盆、灶等丰富了马家浜文化吴家埠类型的内涵，遗址中出土的朱漆黑彩动物合体木雕像、漆杯形器等精美漆器见证了这一时期发达的手工制作业。

到了距今约 6000 ～ 5300 年前，居住在余杭境内的为崧泽文化古人。这一时期的人们已开始从事犁耕稻作农业生产，兼有渔猎活动。手工业较马家浜文化时期也有一定的进步，陶器的制作方法，也从手制的泥条盘叠加轮修的方法，进入到用陶轮快速旋转拉坯成型的轮制法。余杭先民在这阶段或渔猎于山川之间，或犁耕于田间，同时不断制作出较精致的陶、石质用品。在瓶窑吴家埠、余杭南湖、径山小古城、东湖茅山等遗址都发现了崧泽文化遗存。2004 ～ 2007 年发掘的良渚街道石马斗遗址，发现了 84 座崧泽文化时期的墓葬，出土了大量陶器和石器。石器中数量众多的石钺钻芯、石钺、锛等坯件，破损废弃的半成品及各类加工工具，证实了该遗址为石器加工作坊遗存，为研究崧泽文化时期石器加工业提供了珍贵资料。石马斗遗址发现的另一个重要意义在于填补了良渚遗址群内的年代缺环。

良渚文化距今约 5300 ～ 4300 年，因首次在余杭良渚发现而得名。这一时期的余杭先民历经了马家浜文化、崧泽文化，社会经济不断得到发展。发达的犁耕稻作农业和以精美玉器、陶器、漆器为代表的专门化手工业，创造出丰裕的物质财富；人口的快速增长和社会等级的急剧分化，形成了金字塔形的复杂社会结构和规范化礼制；以莫角山为核心的良渚古城及周边遗址勾勒出一个都邑性的大型聚落，有序的布局和诸多特大型土建工程显示了王权的产生。进入 21 世纪，余杭良渚文化考古研究工作全面铺开，良渚遗址群考古发掘成果举世瞩目。2007 年，在瓶窑发现了良渚古城，宽阔的城垣围绕莫角山遗址构筑，总面积达 290 万平方米，被称为"中华第一城"。它的面世将良渚遗址群 130 多个遗址有机组合为一个整体：城内莫角山台基上有代表王权和神权的宏伟建筑；城垣内静卧着反山王族陵地；城外矗立着瑶山、汇观山高等级祭坛；姚家墩、庙前、卞家山等不同规模和类型的遗址拱卫着古城；古城外围更有塘山、彭公水坝等大型水利工程阻挡着天目山洪水。整个遗址群浓缩了良渚文化最高的文明成就，成为见证良渚文明的圣地。而与良渚遗址群遥相呼应的临平遗址群，随着 21 世纪以来星桥三亩里遗址、后头山遗址、茅山遗址以及玉架山遗址等的发现，成为仅次于良渚遗址群的又一个聚落中心区。其中玉架山环壕遗址的发现为长江流域史前考古的新发现，入选"2011 年度全国十大考古新发现"。"良渚古城外围大型水利工程的调查与发掘"入选"2015 年度全国十大考古新发现"。余杭成为实证中华五千年文明最具规模和水平的地区之一。

良渚文化之后,余杭进入了钱山漾文化和广富林文化时期。21 世纪以来,随着环太湖流域地区史前考古的进展,尤其是上海广富林文化遗址和浙江湖州钱山漾文化遗址的大规模发掘及大量研究,专家们提出长江下游地区新石器时代在良渚文化之后又经历了钱山漾文化和广富林文化的发展的观点,环太湖流域地区新石器时代确立"马家浜文化——崧泽文化——良渚文化——钱山漾文化——广富林文化"的考古序列。"钱山漾文化和广富林文化是良渚文化与马桥文化之间的过渡时期"的观点得到广泛认同,解决了良渚文化去向之谜。2009 年 7 月～2011 年 9 月,浙江省文物考古研究所和杭州市余杭博物馆联合对茅山遗址进行了三期考古发掘,发现其文化层堆积由早到晚可分为马家浜文化晚期、崧泽文化、良渚文化中期、良渚文化晚期和广富林文化时期等 5 个阶段。其广富林文化时期(距今 4200～3900 年前)农耕层上发现了多组牛脚印。而叠压住古稻田和牛脚印的为纯净无包含物的黄褐色粉砂土,经分析为静水沉积层,表明这里曾受到过长时间的洪水侵扰。这为研究浙北地区距今约 4000 年前后气候环境的变化及对古文化的影响等提供了重要依据。此外,在良渚横圩里、星桥三亩里和径山小古城等遗址也发现有良渚文化后续文化遗迹。

中原夏商时期,余杭进入马桥文化发展时期。这一时期的余杭先民因受洪水等影响,打破了良渚文化时期的大规模聚落生活方式,由良渚文化中心地区,分迁到地势相对较高的地方,且居住地点分散,聚落规模明显缩小,主要位于余杭南湖、径山小古城、瓶窑等西部区域。东部目前除临平山北和禾丰遗址外鲜有发现。余杭在新石器时代,从马家浜文化,经崧泽文化到良渚文化一脉相承。但到了马桥文化时期,大量印纹陶的出现,反映出马桥文化受到了浙南闽北肩头弄类型文化影响。这个时期社会生产水平仍处在原始农业与狩猎经济并重的社会状态,遗存多以石器和陶器为主,但也出现了先进技术的代表——原始瓷的出现和青铜器的生产,表明此时的余杭已迈入青铜时代。

到了 2000 多年前的西周和春秋战国时期,生活在余杭的是吴越文化古人。这一时期是余杭历史发展中一个承前启后的阶段。整个时期,余杭先民由原来大规模的聚落居住,逐渐形成了以临平、崇贤、良渚为中心的经济文化区。境内以越文化为主,广泛吸取楚文化等周边文化及中原文化因素,形成了具有自己特色的文化。印纹陶、原始瓷贯穿整个阶段,数量众多、种类丰富,体现当时的窑场已经具有较高的专业作坊性质。2000 年,良渚大陆顾家埠石马斗出土了一对战国原始瓷双系罐,器型规整,釉层较薄,釉色光亮。这一时期青铜器开始大量出现。受于越统治阶层重农耕与发展军事力量的政治导向影响,多以锛、镞、斤、锄、铲、镭、镰、凿等农具及剑、戈、戟、矛等兵器为主。2002 年良渚姚家墩遗址发现战国时期窖藏,出土一批以农具为主的青铜器,其中少量青铜蚁鼻钱则是余杭受楚文化影响的一个见证。

公元前 222 年,日益强大的秦国派大将王翦"遂定荆江南地,降越君,置会稽郡"。郡下设县,余杭境内设余杭、钱唐两县，余杭设县自此开始。秦汉时期，大量中原人南迁定居，带来先进的生产技术和工具。当时的人们居住干栏式房屋，饲养鸡、狗、马、猪等家畜家禽。人们广泛用牛耕田，普遍使用铁质农具，兴修西险大塘、苕溪塘路、南湖等大型水利工程整治水患，通过凿井开发利用地下水，农业得到迅速发展。这一时期，余杭冶铜、冶铁业发生变化。铜器铸造多以铜镜、铜钱及铜灯、釜、尊、带钩等日用必需品为主，尤以铜镜居多。余杭成为两汉时期比较重要的铜镜生产地之一，并且出现铜灯等新产品。冶铁业得到快速发展，铁制品多以农具、武器为主，间以少量日用品。铁质兵器出土较为集中，且工艺精美，保存较好。窑业也较为发达。窑场主要分布在良渚安溪、大陆一带。境内考古发掘出土大批量高温釉陶，以及少量较为成熟的青瓷器和酱褐色釉陶。2013 年，在良渚街道卢村发现目前已知唯一一处生产高温釉陶的窑址。反山汉墓出土的东汉青瓷扁壶初显余杭地区的青瓷制作技艺，证实余杭也是成熟青瓷的故乡。整个秦汉时期，余杭先民依山傍水，休养生息，境内文化多元，艺术古拙奔放，集中体现在陶器制作和纹饰、陶俑以及铜镜等方面。在承袭先秦时期吴越文化基础上，快速地与中原文化相融合，社会经济文化得到长足发展。

三国两晋南北朝时期是中国历史上政权更迭最频繁的时期，封建割据和连绵不断的战争，使经济文化发展受到严重影响。这一时期，余杭偏安于江南一隅。由于行政隶属相对稳定，北方汉人为避战祸大量迁入，促进了南北交融，余杭的经济在东汉基础上有了稳步发展，并逐步成为当时人口最多和经济发展水平较高的县治之一。这一时期，余杭先民主要聚居在中东部，并沿着东苕溪流域逐步扩大聚居范围。至两晋，随着晋室南渡，余杭已成为北方难民和外迁人口的云集之地。他们带来了北方先进的生产技术，如区种法，使农业得到快速发展。同时制瓷业、冶炼业、铜镜铸造业等手工业因人口的增多需求量大增而得到发展。尤其是位于东苕溪沿岸的良渚、瓶窑一带，因便利的自然条件，至魏晋南北朝时期，已成为当时吴兴郡的瓷器生产和输出地之一。目前已先后发现瓶窑长命石山下西晋青瓷窑址，良渚大陆果园东晋窑址、西馒头山东晋窑址、叶家山东晋窑址、庙桥头东晋窑址、七贤桥东晋窑址、石马坵东晋窑址等一大批窑址。从出土器物来看，这一时期的窑场主要生产青瓷，夹有黑釉瓷器合烧现象。烧造工艺比较先进，一般采用叠烧、垫烧等技法。器类较之前更丰富，常见器型有钵、碗、盘、洗、砚、双耳或四耳罐、盘口壶、水盂、烛台、香熏、唾壶、虎子、灶等。这些瓷质日常用品已大量取代了铜器、漆器等用品。这一时期，时局的动荡并未消除余杭先民的意志。他们以博大的胸怀容纳、融合、吸收、提升，不仅生产力有了持续发展，大量南朝画像砖的出土还反映出当时先民们的生活方式和思想特色。根据目前考古发掘资料显示，余杭境内画像砖大多绘制和技法工艺高超，位置分布较广，组合形式多样，题材丰富多彩。题材中与佛教有关的狮子、宝轮、宝珠、莲花灯等图案占最大宗，又有飞仙、仙人骑虎、仙鹤等道教类图案。这影射出南朝时期余杭佛、道教同时流行，尤其是佛教盛极一时，广建寺庙、高僧众多。此外，一些伎乐、侍女、门吏等题材的广泛使用，可以窥见此时余杭社会的流行风尚和社会阶层等级森严，同时也说明厚葬之风盛行。

隋唐以后，随着京杭大运河的开通，江南经济得到持续发展。余杭是京杭大运河的最南端，当时境内社会安定，经济发达。在五代十国时期，余杭属于临安人钱镠建立的吴越国。到了两宋，随着中国政治经济重心的南移，江南地区逐渐成为中国封建社会最繁华最富庶的地区之一。尤其到了南宋，随着南宋王朝定都临安，余杭成为京畿之地，成为全国经济文化最发达的地区。隋唐以来，余杭中东部一直是当时人们生活的主要区域，至今留下了众多遗迹遗存。从唐代开始，余杭西部山区径山、黄湖等地区也开始得到快速发展。从考古资料及出土文物分析，隋唐以来余杭制瓷业、铜器制造业发展迅速。制瓷业至宋发展到顶峰。铜器制造业则以铜镜为主。余杭也发现了一批隋唐以来至清代的古墓葬和窖藏，如北宋科学家沈括墓、宋盛度墓、潘阆墓、赵鼎墓、元王蒙墓、明邹干墓、洪钟墓等。2003 年 6 月，在超山漳河洋发现一座石室明墓，收缴出土文物 8 件（组）。其中一对镂空金耳坠和人物故事发箍极为珍贵，为一级文物；另有金发饰、金发簪、银鎏金带饰板一组及金戒指、铜镜等，显示出高超的金银器制作技术。

贰

余杭文化积淀深厚，地面文物古迹也极为丰富。1982 年，余杭开展第二次全国文物普查，登录一批地面文物，大多为古建筑类文物。进入 21 世纪，余杭通过浙江省第三次历史文化遗产普查，新发现的文物遗存数量大量增加，遗存类别也丰富起来。2007~2011 年开展的余杭区第三次全国文物普查，共登录不可移动文物 1043 处，其中 962 处为地面文物，占登录总数的 92%。主要有古建筑、石窟寺及石刻、近现代重要史迹及代表性建筑等。其中古建筑又有坛庙祠堂、寺观塔幢、桥涵码头、井泉堤坝、宅第民居和店铺作坊等。石窟寺及石刻主要有石窟寺、摩崖石刻和碑刻等。近现代重要史迹及代表性建筑主要有名人故旧居、传统民居、工业建筑及附属物、水利设施及附属物、文化教育建筑及附属物、交通道路设施等。许多乡土建筑、传统民居、工业遗产、农业遗产、交通、水利设施等重要新发现，首次纳入文化遗产保护的视野，见证了余杭社会变迁、经济发展和人民生活的进步，凸显"为了明天，保护今天"的文化遗产保护新理念。

2014 年，大运河成功申报世界文化遗产，成为余杭区第一处世界文化遗产。大运河及其支流在区境内流经运河街道、杭州余杭经济技术开发区（钱江经济开发区）、塘栖镇、仁和街道、崇贤街道、良渚街道、临平街道、南苑街道、星桥街道、余杭街道和仓前街道共 11 个镇（街道）、开发区，全长达 59.09 公里，沿线留下 292 处各类文化遗产。如建于明弘治十一年（1498），大运河上现存唯一的七孔石拱桥广济桥，以及水利通判厅遗址、桂芳桥和隆兴桥等曾列入《大运河申报世界文化遗产预备名单》的重要遗产。

地处南苕溪北岸、明嘉靖三十五年（1556）所建的两座水城门，是余杭古县城的历史见证。历史上，余杭还是越国古道、间道、杭宣古道、浙皖古道的必经之地。由于地处水乡，因此遗留下许多古代桥梁，大部分至今仍在发挥交通作用。如横跨于南苕溪上的余杭通济桥，始建于东汉熹平年间（172～178），设计科学、气势雄伟，曾经对连接苕溪两岸、促进余杭古县城的发展发挥了重要作用。在三普过程中，还发现了两座境内现存最古老的桥梁——元代东硐桥和永兴桥，运河街道戚家桥村"一桥跨三府"的淳安桥，均具有一定的历史和艺术价值。寺庙宫观散布各镇街，有始建于唐代的径山万寿禅寺，在宋代盛极一时，有"江南五山十刹"之首、"东南第一禅院"之称；中泰街道大涤山洞霄宫，始建于汉代，为道教"三十六洞天"之一，今宫已毁，遗迹尚存。始建于五代的百丈釜托寺现存大雄宝殿，大殿所用梁、枋、撑拱等雕刻精致。其他如临平安隐寺、良渚东明寺等也均名盛一时。余杭现存古塔2座，即五代的安乐塔、明代的舒公塔。井泉有相传为唐代"茶圣"陆羽汲泉品茗之地的径山陆羽泉，相传唐代邱丹炼丹之地的临平安平泉，还有塘栖郭璞井、余杭香泉井、庙井、方井、良渚苟井、径山龙井等。摩崖造像有瓶窑南山元代造像14尊。该造像群依山而凿，气势雄伟，并有"泰定五年（1328）"、"至正元年（1314）"题记，尤为罕见的是佛道共存，弥足珍贵，有着较高的历史、艺术价值。其他尚有超山海云洞石窟造像、题刻等。余杭境内所存碑碣亦极为丰富，如《重建径山兴圣万寿禅寺之记》、《余杭县肇建启圣祠记》、《乾隆御碑》、《栖溪讲舍碑记》等，均具有一定的历史价值。

余杭在近现代历史上，也留下了许多革命史迹。如民主革命家、思想家、国学大师章太炎先生故居，余杭区境内第一个中共党支部鸭兰村支部旧址，反映抗战历史的鸬鸟上潘抗日墙标、黄湖抗战阵亡将士纪念碑，日军侵华暴行铁证的戊寅公墓等，都是余杭社会历史发展的一种见证。余杭区境内有省级历史文化名镇塘栖镇，早在清初便已列入江南十大名镇之列；古镇余杭曾因发生清末"四大奇案"之一的"杨乃武与小白菜案"而名噪一时。临平镇集镇形成的历史亦极为悠久，早在三国《吴志》中即有临平情况的叙述。历来"名人胜士，相与流连光景，吟赏湖山者，又往往散见各集"。曾有"五月临平山下路，藕花无数满汀洲"之誉。另外还有塘栖水北明清一条街、仓前塘路历史街区、中泰天井湾、黄湖高村等历史街区、村落。

目前，余杭区共有各级文物保护单位（点）117处，包括：全国重点文物保护单位7处，浙江省文物保护单位6处，杭州市文物保护单位49处，杭州市文物保护点55处。全国重点文物保护单位为良渚遗址、章太炎故居、独松关和古驿道、大运河、小古城遗址、南山造像和仓前粮仓。浙江省文物保护单位为吴昌硕墓、海云洞摩崖题记、安乐塔、舒公塔、塘栖乾隆御碑与水利通判厅遗址、钱塘江海塘。

叁

余杭历届政府都十分重视文物保护工作。

中华人民共和国成立后至20世纪末，余杭先后设立多个文物保护机构：1950年建立余杭县文化馆（文物工作列为文化馆的工作内容之一）；1957年成立县文物保护领导小组，1976年改名县文物管理委员会，下设办公室，具体负责日常文物保护管理工作；此后又相继成立了良渚文化遗址管理所、章太炎故居管理所、良渚遗址保护领导小组，以及文物监察中队等管理机构。1983～1985年，组织开展一次全县文物普查。根据普查结果先后公布了两批文保单位，并对部分文保单位进行维修保护，开展文保单位"四有"，为文保单位依法管理打下基础。相继开放章太炎故居、吴昌硕纪念馆和良渚文化博物馆。随着良渚文化遗址的一系列重大考古新发现，配合省文物局、国家文物局先后制定《良渚遗址群保护规划》《良渚遗址保护区总体规划》等，并制定《余杭市实施浙江省良渚遗址群保护规划若干意见》，使良渚遗址得到有效保护。

进入新世纪，余杭区委区政府对文物工作重要性的认识达到了新高度，文物保护渐成"文化自觉"。

2001年9月，经浙江省人民政府批准，划定余杭区良渚、瓶窑两镇242平方公里区域为杭州良渚遗址管理区，设立杭州良渚遗址管理区管理委员会，负责辖区内包括文物保护在内的相关工作。2003年，提出建设"文化名区"的目标，制定出台了《杭州市余杭区文化名区建设规划（2003—2007）》《余杭区十一五文化体育事业发展规划》等一系列规范性文件，文物保护工作列为余杭文化名区建设的重要方面，列入每年的《政府工作报告》，并纳入镇街领导干部任期综合考评目标。2010年3月，余杭区人民政府出台《余杭区进一步加强文物保护工作的若干意见》（余政办〔2010〕67号），根据国家、省市有关文物保护法律法规，结合余杭实际，就进一步加强文物保护工作提出四条意见，成为新时期余杭文物保护工作的指导性意见。2006年组建杭州市余杭区文物监察大队，2011年余杭章太炎故居管理所正式独立运行。民间文物保护队伍逐渐壮大，余杭区收藏家协会和余杭区文物守望者队伍相继成立。

区财政不断加大对文物事业的投入，文物经费逐年增加：2003年投资6000余万元建造杭州市余杭博物馆。2008年，投资1.6亿元的良渚博物院、美丽洲公园建成开放。2010年开始，历时5年，每年安排2000万元资金用于不可移动文物修缮保护。

通过第三次全国文物普查，新发现不可移动文物956处。许多传统民居、工业遗产、农业遗产、交通和水利设施等重要新发现首次纳入文化遗产保护的视野，见证了余杭社会变迁、经济发展和人民生活的进步。由于工作认真细致、方法科学规范、普查成效明显，余杭的普查工作多次得到省文物局的肯定。2009年3月，浙江省第三次全国文物普查质量控制工作会议在余杭召开，余杭区在会上作先进经验介绍。2010年6月，区普查队被国家文物局评为"第三次全国文物普查实地调查阶段突出贡献集体"。2012年4月，区普查办被评为浙江省第三次全国文物普查先进集体。彭公水坝遗址入选第三次全国文物普查百大新发现。

完成章太炎故居、广济桥、南山造像、吴昌硕墓、小古城遗址等文保单位"四有"档案编制，通过省文物局组织的专家审核。完成章太炎故居、瓶窑南山造像、塘栖广济桥、良渚沈括墓、塘栖郭璞井等17个文保单位（点）的保护修缮工作。2010年启动全区不可移动文物保护修缮五年行动计划（2010—2014），安排1亿资金对区内不可移动文物进行大规模修缮。按照国家文物局大运河申遗总体部署推进运河余杭段申遗准备，开展环境整治、申遗点段本体保护、宣传及展示。

余杭区把文物主管部门纳入区重大建设项目领导小组联席会议，参与项目规划，就文物保护提出相关意见、建议。文物部门先后参与了大东安社区改造、超山风景名胜区建设、运河综保工程、西溪湿地旅游开发工程、南湖开发、大径山旅游开发、余杭经济技术开发区的规划和建设等，促进了大型项目的合理规划，有效保护了文物安全。

2008 年，余杭区在省内区县一级率先开展 3 万平方米以上大型基建项目文物考古勘探调查前置预审工作，大型基建项目在设计的同时报上级文物考古单位进行考古勘探，文物保护工作化被动为主动。此举既避免了工程项目因发现文物影响进度的情况，又切实保护了地下文物的安全，成效显著。

博物馆事业得到快速发展。杭州市余杭博物馆、杨乃武与小白菜奇案展示馆、良渚博物院、临平山东来阁"临平梦华——临平历史文化陈列"、余杭四无粮仓陈列馆、余杭章太炎故居纪念馆、叶庆文艺术馆等一批文博院馆相继建成开放。馆藏文物日趋丰富。全区现有馆藏文物 28652 件，其中一级文物 39 件，二级文物 179 件，三级文物 581 件。类型包括石器、玉器、陶器、瓷器、铜器、铁器、金银器、书法、绘画、碑碣等。其中良渚文化时期的陶器、玉器尤为引起世人的关注，曾多次参加国际国内的展出。这些院馆通过举办展览、策划各类第二课堂和社会宣传活动等形式，成为展示余杭文化的窗口和名片，以及广大群众了解历史文化、接受艺术熏陶、共享文化遗产保护成果的重要场所。

结合"5.18 国际博物馆日"、"文化遗产日"等时间节点，利用报纸、电视、电台、网络等载体以及博物馆举办各类展览、知识竞赛、公众评选活动等手段，宣传展示文化遗产保护工作的进展和成果，全社会文物保护意识显著提升，文物保护意识深入人心。

余杭的文物保护工作得到国家文物局的高度肯定。2009 年，余杭区荣获"全国文物工作先进县"的称号。2012 年，余杭区被国家文物局确定为全国"十二五"文化遗产知识宣传普及工程试点县。

余杭文物志 ◎ 大事记

大 事 记

汉

元封三年（公元前 108），在大涤山建立道教宫坛。

熹平四年 (175)，在余杭东苕溪上建隆兴桥。宋绍兴十二年 (1142) 改名通济桥。

晋

义熙十二年 (416)，临平奉诏建华严院，宋治平中 (1064~1067) 改称广严寺。为临平最早御建寺院。

隋

大业六年 (610) 冬，开通江南河（大运河），自京口（镇江）至余杭，长 800 余里，可通大龙舟，并置驿宫。

唐

弘道元年 (683)，道士潘阆入天柱山，奉诏建天柱观。宋大中祥符五年 (1012) 改称洞霄宫。

天宝四年 (745)，江苏昆山行僧法钦入径山。大历三年 (768)，唐代宗命建径山寺，赐法钦为国一禅师。

上元元年 (760)，"茶圣"陆羽一度隐居双溪将军山麓，撰写《茶经》。双溪有"陆家井"，相传为陆羽当年汲水烹茶之处。

咸通元年 (860) 正月，建宝幢于临平镇西。宋天禧二年 (1018)、绍兴三十年 (1160) 重建。

五代十国

后梁贞明五年 (919)，临平山小林里建大安院。

后唐清泰元年 (934)，临平建安平寺。宋治平二年 (1065) 改为安隐寺。明永乐十三年 (1415) 重建。万历二十二年 (1594) 铸铁钟。寺、钟均毁于"文化大革命"。

后晋天福二年 (937)，超山开地植梅。

宋

熙宁五年(1072)十月,杭州通判苏轼督开汤村运盐河。同年首游径山,后屡游径山、临平。元祐五年(1090)游洞霄宫。均留有题咏。

绍圣四年(1097),科学家沈括(1032~1096)卒于润州,归葬钱塘,墓在今良渚安溪太平山。

崇宁五年(1106),权臣蔡京欲占南湖潴水,以壮其母墓地形胜。余杭县令杨时竭力阻止,得免。县人建龟山(杨时号)书院于南湖塘以示纪念,年久倾废。明嘉靖间重建,以陈浑创南湖,归珧修南湖,杨时守南湖有功,合祀三公,名"惠泽祠",又称"三贤祠"。清增葺门厅。

绍兴七年(1137),大慧宗杲住持径山寺,创"径山派"。与杭州灵隐、净慈,宁波天童、育王等寺院同称"江南五大禅院",径山为其首。淳熙十年(1183),陆游为寺作《圆觉阁记》。

乾道二年(1166),宋孝宗赵昚游径山,书"径山兴圣万寿禅寺"8字。嘉泰三年(1203)立碑,残碑尚存。四年,再游,建龙游阁于凌霄峰。

庆元五年(1199),径山大火,庙宇全毁。住持元聪募化重建。是年,日本著名僧人俊芿到径山从元聪学佛。端平至开庆元年间(1235~1259),日本佛学界名僧圆尔辨圆、南浦绍明等10余人,先后到径山研究佛学,并将茶叶种子、茶宴仪式等传入日本。此后,日本也先后邀请径山名僧普宁(1260)、祖元(1277)、楚俊(1329)等多人赴日传经。

元

大德九年(1305)九月,临平重建桂芳桥。

至正十三年(1353),余杭尹常先野增筑南湖塘。十九年(1359),张士诚开浚武林港至北新桥,又至江涨桥运河,河宽20余丈,因名新开河。

明

永乐元年(1403),径山铸大铜钟,声闻数里。

弘治二年(1489),鄞人陈守清募建塘栖通济桥。十一年(1498),建成。

万历七年(1579),高僧紫柏大师缘起,在径山寂照庵刊刻《大藏方册》。至清康熙四十六年(1707)刻成,历时129年,世称《径山藏》。

天启四年(1624),宋奎光纂成《径山志》。

崇祯七年(1634),重建秋雪庵。

崇祯十七年(1644),沈谦撰《临平记》。

清

乾隆十六年（1751），乾隆南巡，考查江苏、浙江、安徽三省缴纳皇粮情况。查得苏、皖两省积欠额巨，而浙省未予拖欠。为表彰浙省，皇帝蠲免浙省地丁钱粮 30 万两，并将"圣谕"刻石，晓谕官民。乾隆蠲免浙江地丁钱粮御碑耸立在原杭州府水利通判厅遗址内（今塘栖镇水北街）。

乾隆二十七年（1762），建塘栖行宫。

光绪十四年（1888），塘栖栖溪讲舍建成。

光绪二十三年（1897），余杭建苕南书院。

中华民国

六年（1917），戴雪舟、张仲荪在蒋村西溪重修茭芦庵。

七年（1918）秋，康有为来临平安隐寺，觅安平泉苏轼诗刻石。临平教育界康逸泉等接待，并为方丈室题"真如堂"匾一方。

九年（1920）11 月，乌程周庆云（梦坡）重建西溪"秋雪庵"，增建历代两浙词人祠堂及弹指楼等。1922 年 4 月告成。

十二年（1923）3 月，周庆云在超山大明堂前建"宋梅亭"。吴昌硕、姚虞琴等为宋梅亭撰写楹联。吴昌硕绘《宋梅图》一桢，题诗立石于香海楼。闽县林纾撰《超山梅花记》，4 月刊石。12 月，周庆云撰《宋梅亭记》。

二十一年（1932）11 月，吴昌硕墓竣工，子东迈将灵枢由上海移葬超山报慈寺（即大明堂）西侧。

二十五年（1936）11 月 3 日，西湖博物馆施昕更在杭县良渚镇发现黑陶。12 月至次年 3 月，施昕更对良渚镇附近的横圩里、茅庵前、棋盘坟、荀山等处先后 3 次试掘，出土一批黑陶器和石器。这是江南地区第一次考古发掘。

二十六年（1937）4 月，西湖博物馆何天行先生著《杭县良渚镇之石器与黑陶》出版。

二十七年（1938）2 月 18 日（农历戊寅年正月十九日），日军在乔司大屠杀，持续 3 天，杀害1360 余人，烧毁民房7000 余间（镇上有2500 余间）。三十年，里人方寿僧筹款修建"戊寅公墓"。

二十七年（1938）9 月，施昕更编著的《良渚—杭县第二区黑陶文化遗址初步报告》出版。

三十四年（1945）3 月 12 日，新四军苏浙军区第一纵队进入余杭县西北地区，在太平乡（今鸬鸟镇）茅塘村设立被服厂等后勤基地。

三十八年（1949）5 月 2 日，中国人民解放军廿一军六十一师、六十二师解放余杭县城。5 月 3 日，杭县解放。

中华人民共和国

1950 年

3 月，杭县文化馆创建（兼管文物工作）。

6 月 30 日，余杭县人民委员会发文，贯彻 1950 年 5 月 24 日中央人民政府政务院颁发的《禁止珍贵文物图书出口暂行办法》。

10 月 3 日，余杭县人民委员会发文，贯彻浙江省人民政府民字第 2495 号文《严禁掘坟盗墓》。

1951 年

余杭亭趾人、画家姚虞琴将所藏明王船山遗墨《双鹤瑞舞赋》经陈叔通转赠毛泽东主席。毛主席于 12 月 3 日致函当时的国家文物局局长郑振铎。全文如下："振铎先生：有姚虞琴先生经陈叔通先生转赠给我一件王船山手迹，据云此种手迹甚为稀有。今送至兄处，请为保存为盼！顺祝健吉，毛泽东十二月三日。"

1954 年

2 月，余杭县人民委员会下发《关于查报和保护古建筑物的通知》。

1955 年

9 月 26 日，杭县人民政府发文《严禁盗窃变卖古文物》。

12 月 7~15 日，浙江省文物管理委员会派汪济英等在良渚镇朱村兜长坟进行发掘，出土石器、黑陶器 50 余件。这是建国后良渚遗址的第一次发掘。

1956 年

浙江省人民委员会下发浙文办字第 4053 号通知，公布杭县良渚遗址为第一批一等、安隐寺经幢为第一批二等文物保护单位。

4 月 28 日，杭县人民委员会批复临平镇供销社，不同意将安隐寺 2000 斤大铜钟当废品收购，仍由临平轧石场保护。

6 月 20 日，浙江省文物管理委员会文告杭县人民委员会，杭州市佛教学会不同意将半山四维乡崇光寺的宋代大铜钟作废铜处理，请予保护。

同年，杭县文教科致函临平轧石场，要求保护好安隐寺经幢等文物。

1957 年

1 月，余杭人陈佐夫《良渚古玉探讨》一文在《考古通讯》第一期发表，首次提出琢玉工具已发明石轮，良渚古玉的时代"不晚于石器时期"、"可以推前到周以前"。

是年，杭县建立文物保护管理小组。

2 月 18 日，余杭县县委发文，制止供销社向长乐、仓前收购墓砖。

5 月，杭州钢铁厂建厂，在杭县四维乡南山一带，发现新石器时代遗存及战国、汉六朝古墓。县文化馆派员到工地收集出土文物。同年，在临平举办杭县首次文物展览。

7 月，上海文史馆姚虞琴将其所收藏的 24 幅字画赠送杭县文化馆（其中本人作品 2 幅），并在杭县文化馆内展出。

8 月 9 日，杭县人民委员会拨款整修吴昌硕墓。

1958 年

10 月 11 日，杭县人民政府发杭教字第 231 号文《关于禁止盗挖古墓和保护文物的通知》。

1959 年

12 月 26 日，夏鼐在长江流域规划办公室文物考古队队长会议上作《长江流域考古问题》的讲话，正式提出良渚文化的命名。翌年，他又在《考古学文化的命名》一文中阐述了命名的原则。

1960 年

余杭县撤消并入临安县，临安县人民政府公布径山（宋孝宗御书大碑、明永乐大钟、明万历铁香炉）、洞霄宫为县级文物保护单位。

是年，浙江省人民委员会公布吴昌硕墓、径山寺大钟、大涤洞为第二批三等文物保护单位。

夏，明代建筑径山寺大殿因年久失修倒塌。

1961 年

4 月 15 日，浙江省人民委员会下发文化字第 664 号文，公布良渚遗址为省级文物保护单位。

8 月，县文化馆在全县范围进行文物调查。

1962 年

春，姚虞琴归葬于超山海云洞西侧。

3 月，何香凝、廖承志超山赏梅，瞻仰吴昌硕墓。

5 月，杭州市园林管理局整修超山上圣殿，并在半山建"松风"、"疏影"、"翠筠"三亭。

1963 年

春，浙江省博物馆在安溪苏家村试掘，出土一件残半玉琮。

4 月，余杭县文物管理小组成立。

8 日，余杭县人民政府重申良渚遗址、安隐寺经幢为省级重点文物保护单位，并公布瓶窑摩崖造像、径山钟楼、安乐塔、石濑新石器时代遗址、超山新石器时代遗址、临平新石器时代遗址、吴昌硕墓、超山大明堂、普宁寺牡丹（铁钟）9 处为文物保护单位。

7 月，石濑（杭州茶叶试验场所在地）出土商代铜铙一件，后送交浙江省博物馆。

1965 年

7 月 12 日，余杭县人民委员会下发余办 (65) 字第 121 号文《关于同意余杭镇人委拆除文昌阁的批复》。

11 月 21 日，临平自来水厂在桂芳桥北堍发现一只陶罐，内有古钱 241 枚，除五铢 3 枚、开元少量外，均为北宋年号铜钱，最晚为元祐通宝。

1966 年

临平镇安隐寺经幢、唐代古梅、黄杨被毁，安平泉被拆改，安隐寺被现武林机械厂占用，超山大明堂内唐吴道子画观音像石碑被砸，吴昌硕墓、姚虞琴墓均被毁。

1967 年

在临平山出土"殊布"古币数十枚，后交浙江省博物馆。

临平安隐寺出土一方宋苏轼"雪堂"款抄手砚。

1968 年

"县文物图书清理小组"成立，由县公安局、财税局、商业局、人民银行、文教局等单位组成，接收查抄文物工作。

1971 年

县毛泽东思想文化宣传站恢复文物工作。

长命大观山桑树头农民建房时出土大玉璧两块及石钺等良渚文化器物。

1973 年

春，恢复县文化馆，并配备专职文物干部。

3 月，在塘栖镇派出所协助下，查获獐山黄 ×× 非法收购出土文物案。

12 月，杭州大观山果园发现大批汉墓，县文化馆收集出土文物数十件。

1974 年

余杭县人民政府公布径山钟楼（含其他佛教文物）、戊寅公墓、普宁寺牡丹为县级文物保护单位。

县文化馆内开辟文物陈列室。

1976 年

10 月 6 日，恢复余杭县文物管理委员会。

1977 年

7 月，夏鼐《碳十四测定年代和中国史前考古学》一文在《考古》第四期发表。该文运用考古学理论与碳十四年代数据相结合，系统论述了中国史前考古学文化，指出"良渚文化的延续时间达一千年左右，即公元前 3300~2250 年"。

11 月，苏秉琦考察余杭良渚文化遗址。

1978 年

4 月，瓶窑南山摩崖造像，因当地村民开山采石，砸毁了天王、力士等十余尊造像。

5 月，县文物管理委员会办公室将所藏古籍图书整理后悉数交县图书馆。共有善本书 10 部 243 册。其中明万历四十六年刻《文苑三绝》4 册（《楚辞》2 卷，屈原撰《檀弓》2 卷），为国内仅存孤本，已列入《全国善本目录》。

夏，在安溪大桥附近发现太平天国铜炮一门，通长 84.4 厘米，外口径 7.2 厘米，内口径 5.2 厘米，尾部最粗处直径 14.5 厘米。炮身阴刻铭文四行，共 43 个字"浙江天省葆天义徐天父天兄天王太平天国癸开拾叁年塘栖镇匠人沈明澜铸造"。现由杭州市文物保护管理所收藏。

1980 年

县人民政府拨款修复吴昌硕墓。超山林场职工沈正高将"文化大革命"中掩埋的吴昌硕骨骸献出，归葬墓穴内。

1981 年

3 月，瓶窑吴家埠发现新石器时代遗址。经省文物考古研究所 2 次发掘（3~6 月，10~12 月），发现 28 座墓葬和居住遗址，出土石、骨、陶、玉器等 650 余件，并发现马家浜文化、崧泽文化、良渚文化三个文化层的叠压。

4 月 13 日，浙江省人民政府浙政〔1981〕43 号文，重新公布良渚遗址为省级文物保护单位。

12 月至次年 1 月，浙江省文物考古研究所对良渚遗址进行了一次全面的调查。

1982 年

3~4 月，杭州地区文物普查队在余杭县超山、径山、余杭镇进行普查试点。

9 月 8 日，余杭县人民政府发余政〔1982〕114 号文，调整县文物管理委员会成员。

秋，安溪乡下溪村大王庙被毁。

1983 年

3 月 11 日，余杭县人民政府下发余政办〔1983〕15 号《关于搞好文物普查工作的通知》。文物普查工作全面展开，至 1985 年 5 月结束。

6 月 24 日，余杭县人民政府余政〔1983〕75 号文，重申良渚文化遗址、安隐寺经幢为省级重点文物保护单位，并重新公布原已公布的 4 处县级重点文物保护单位：径山钟楼、超山吴昌硕墓、乔司千人坑、东塘普宁寺牡丹，新公布 8 处县级重点文物保护单位：瓶窑南山摩崖造像、超山海云洞、余杭安乐塔、余杭永建舒公塔、塘栖广济长桥、余杭通济大桥、临平桂芳桥、太平公社上潘"抗日标语墙"。

1984 年

5 月，崇贤老鸦桥笆斗山发现战国墓。黄 ×× 等至现场非法收购原始瓷等文物，在崇贤水泥厂协助下抓获文物贩子并没收了出土文物。

8 月，县文物管理委员会办公室抢救发掘了崇贤老鸦桥 2 座战国墓，出土原始瓷编钟、束腰鼎等文物。

冬，清退"文革"中被查抄的图书、字画和工艺品等。

1985 年

4 月，县委建立县志编纂委员会，纂修新《余杭县志》。

4 月 16 日，余杭县良渚文化学会成立。

5 月 2 日，县人民政府下发〔1985〕66 号文《关于进一步搞好我县文物普查（复查）工作的通知》。

是年，在良渚荀山东坡试掘中，发现良渚文化叠压着崧泽文化，最下面为马家浜文化，再次证实良渚文化的历史发展序列。

5 月，浙江省文物考古研究所在良渚荀山东坡试掘。

6 月 3 日，县人民政府下发余政〔1985〕88 号文，公布调整县文物管理委员会成员。

6 月，余杭镇安乐塔维修工程竣工。

10 月 23 日，成立吴昌硕纪念馆筹备委员会。赵宏范为主任委员，顾文浩为副主任，柳村、汪士云、黄兆琨为委员。

是年，县馆藏文物黑陶瓦足盘随中国杭州市工艺品展览会在瑞典布鲁斯市展出。

1986 年

春，县文物管理委员会办公室单独建制，直属文化局领导。

2 月 25 日，超山吴昌硕纪念馆揭幕。省、市、县有关领导，吴昌硕长孙吴长邺等亲属和书画家 100 余人出席。

2 月，县人民政府拨款修复仓前章太炎故居。

3 月，修复章太炎故居筹备委员会成立。筹备委员会成员由顾文浩、劳伟民、汪士云等组成。

5 月，浙江省文物考古研究所对反山墓地进行两次发掘（5~7 月、9~10 月），发现良渚文化贵族墓葬 11 座，出土琮、璧、钺等器物 1200 余件（组）。

6 月 14 日，在仓前镇举行章太炎故居修复开放暨纪念章太炎逝世 50 周年活动。省政协主席王家扬主持，省、市、县领导、章太炎长子章导和中外学者 100 余人参加。

27 日，余杭县人民政府下发余政发〔1986〕98 号文，公布章太炎故居、沈括墓、陆羽泉、釜托寺、余杭水城门为第二批县级重点文物保护单位。

8 月，余杭南湖发现良渚文化黑陶。业余文保员金观福收集文物近百件送交文物部门。

同月，杭州市民政局批准黄湖镇和沾驾桥乡鸭兰村、平径村，云会乡林家兜村、栅庄桥村为革命老区。12 月和次年 6 月，又先后批准双溪、太平两乡为革命老区。

9 月，日本东福寺友好访中团 23 人朝拜临济宗祖庭——径山。赠送长 12 米的古《径山图》和径山有关历史资料。《径山图》现存浙江省佛教协会。

11 月 2~5 日，由浙江省文化厅、文物出版社、省文物考古研究所、省博物馆、南京博物院、上海博物馆等单位联合发起的纪念良渚遗址发现 50 周年学术讨论会在杭州召开。县文物管理委员会办公室王云路、沈德祥应邀参加。

是年，全县文物保护单位均树立了保护标志说明。安溪五孔连拱大石桥、五杭万寿桥、云会宦塘桥被拆。

1987 年

5 月 1 日，安溪乡下溪湾村瑶山良渚文化遗址被盗挖。3 日，省市县各有关领导赴盗挖现场察看，组织有关部门调查、宣传，并收缴文物。6 日，省市县文物部门组织抢救发掘，发现良渚文化祭坛 1 座，墓葬 12 座，出土随葬玉器 700 余件（组）。

同月，县人民政府下发余政发〔1987〕133 号文，调整县文物管理委员会成员。

6 月，余杭县良渚文化遗址管理所成立。

7 月 11 日，县人民法院对盗挖良渚文化长命桑树头、安溪瑶山遗址案，在瓶窑镇电影院公开作出判决。周××、曹××等为首者和情节严重者 10 人，分别被判处有期徒刑。

10~12 月，省文物考古研究所配合 104 国道拓宽工程，在大观山果园段发掘，发现大面积红烧土遗迹。经继续调查勘察证实，东西长约 670 米，南北宽约 450 米，高约 10 米，总面积约 30 余万平方米的整座土台为良渚文化时期人工营建而成。

12 月，余杭县政协文史资料委员会编辑《良渚文化》专辑一书。

1988 年

1 月 15 日，中共余杭县委、县人民政府召开保护良渚文化遗址表彰大会。县委副书记王国平、赵宏范出席，副县长劳伟民主持会议。会议表彰了县检察院等 8 个先进集体和姚云良、陈利炎等 26 名个人。

2 月 29 日，超山吴昌硕纪念馆内新建书画陈列室一幢，先后修复吴昌硕全身塑像一座，复原《饥看天图》《宋梅图》《缶庐讲艺图》《吴昌硕墓表》共四块石刻。

同月，余杭县与杭州西泠印社联合在超山举行"吴昌硕先生逝世 60 周年纪念会"。省、市、县领导和吴昌硕孙吴长邺等亲属，以及书画界人士共 120 余人出席。

4 月 23~29 日，首次举行全县"文物保护宣传周活动"。

4 月 26 日，县人民法院在安溪乡电影院对盗挖瑶山祭坛遗址的郑 ×× 等 6 名犯罪分子进行公开审判。

5 月 15~18 日，余杭县人大常委会八届九次会议听取文化局长兼文物管理委员会办公室主任张竟成关于余杭文物工作和贯彻执行《文物保护法》情况的汇报。会议作出四项加强文物工作的决议。

6 月，县政府拨款修复章太炎故居临街店面房及第二进正厅、厨房，并加高两边封火墙各 1 米。

8 月 5 日，县文物部门选送 22 件收缴的盗挖文物，参加在北京举办的"打击文物违法犯罪活动成果展览"。

8 月 30 日，县人民法院对何 ×× 等抢劫文物案进行宣判。

9 月 9 日，县人民法院对郑 ×× 收购、贩卖文物案进行宣判。

11 月 8 日，浙江省文物考古研究所在良渚荀山庙前遗址进行 2 次发掘（11 月至次年 5 月，1990 年 8~10 月）。

11 月 29 日，县人民法院对陈 ×× 等人盗挖文物案进行宣判。

12 月 24 日、28 日，余杭县人民法院先后对陈 ×× 盗挖、贩卖文物，对钟 ×× 等贩卖文物案进行公开审判。

1989 年

5 月 26 日，县文物管理委员会办公室接收县人民法院收缴的宋代青瓷共 69 件文物。

9 月，县人民政府拨款 2 万元修陆羽泉，拨款 8 万元维修舒公塔。

10 月 5 日，余杭县政府下发〔1989〕143 号文《关于对长命村村委会在良渚文化遗址保护区内非法开挖池塘、建造农机修理站的处理通报》。

10 月 7 日，县政府下发〔1989〕147 号文，建立余杭县章太炎故居管理所。

12 月 12 日，省政府浙政发〔1989〕113 号文公布广济长桥、吴昌硕墓为省级重点文物保护单位。

12 月 21 日，安溪乡中溪村方 ×× 等，在杭州贩卖刻符玉璧被抓获，定为"12·21"特大文物贩卖案。

12 月 22 日，县文物管理委员会办公室王云路被国家文物局授予"文物安全保卫员"。

1990 年

1 月 9 日，由省、市、县三级政府投资 66 万元的反山遗址征地、改道、建围墙、迁移农户等工程项目完成，并建立小型文物陈列室。

3 月 25 日，县文物管理委员会办公室在永建乡召开会议，通过县黄沙管理站、县良渚文化遗址管理所联合制定的《砂矿出土文物管理办法》。

3 月 29 日，杭州市园林文物局转来杭州学军中学学生高峻岭 2 月份给江泽民总书记写的信。信中反映良渚文化遗址遭到破坏，出土文物流失，沈括墓周围建设性破坏严重，要求处理。中央办公厅要求调查，处理上报。

4 月 10 日，县人民法院在安溪乡公开审判沈 ×× 等 4 人盗挖贩卖文物案。

4 月 18 日，在临平公开审判郭 ×× 等 4 人诈骗、倒卖文物案。

4 月 28 日，县人民政府颁布余政发〔1990〕51 号文《关于确定良渚文化遗址保护范围及建筑控制地带的通知》。

5 月 7 日，浙江省人大常委于冠西、刘新，杭州市人大主任顾维良率省市人大代表 20 余人视察良渚遗址。座谈时，提出建造良渚文化博物馆的设想，并就投资问题表态。县人大主任朱鑫泉、副县长劳伟民陪同。

7 月 18 日晚 11 时，建于明代永乐年间的径山钟楼，因游客烟蒂引起失火，钟楼木质部分被烧毁，铜钟被烈火熔化三分之一。

8 月 23 日，参加"国际百越文化研讨会"的境内外代表 100 余人参观良渚文化反山显贵者墓地。

8 月 23 日，余杭县人民政府下发余政发〔1990〕132 号文《关于重新落实县内各文物保护单位管理人员的函》。

10 月 4 日，中顾委常委伍修权在临平观赏良渚文化玉器精品。

10 月 18 日，全国人大常委会副主任、妇联主席陈慕华在临平观赏良渚文化玉器精品。

1991 年

1~6 月，省文物考古研究所、县文物管理委员会办公室在瓶窑汇观山进行发掘，揭露 1 座较为完整的良渚文化祭坛，清理出良渚文化墓葬 4 座。

3 月 8 日，县人民政府召开文物工作会议，贯彻《文物保护法》《浙江省文物保护管理条例》，研究良渚文化遗址的保护工作。

7 月 10 日，省文物局、余杭县政府领导实地踏看，并研究确定良渚文化博物馆馆址在良渚荀山南坡。

1992 年

1 月，良渚文化博物馆破土动工。

2 月 2 日，瓶窑汇观山祭坛遗址，被评为 1991 年度"全国十大考古新发现"之一。

2 月 16 日，中顾委委员袁宝华一行，在县长程德鑫、县人大副主任高春花陪同下，观赏良渚文化精品。

2 月 28 日，县长程德鑫主持县长办公会议，听取良渚文化博物馆、余杭县博物馆基建情况汇报。

5月16日，县文物管理委员会办公室与径山禅寺办理移交文物手续，并签订"径山禅寺文物保护委托协议"。

5月27日，县文物管理委员会办公室选送良渚玉器6件至中国历史博物馆展出。

7月6日，国家文物局局长张德勤在省文物局局长毛昭晰等陪同下，视察良渚遗址，并指示"良渚遗址按国保单位对待"。

7月至1993年7月，省文物考古研究所在莫角山遗址范围内的省文联长命印刷厂基建工地发掘，发现大片夯土层与夯窝等建筑基址，在小莫角山南侧发现基址面上有成排柱洞。

11月14日，为纪念《文物保护法》颁布十周年，县文物管理委员会办公室、县教委、县图书馆联合举办"余杭县中学生'爱我中华，爱我家乡'历史文物知识竞赛"。

11月19日，县委宣传部发出《关于开展纪念〈文物保护法〉颁布十周年宣传活动的通知》。

12月14日，县文物管理委员会办公室对余杭上坝山汉墓群进行抢救性发掘，出土陶器百余件。

1993 年

1月9日，县委呈请省委办公厅转报中央办公厅《关于敬请江泽民总书记为"良渚文化博物馆"题名的请示》。

2月16日，中共中央总书记江泽民为"良渚文化博物馆"题写馆名的亲笔手书抵达余杭。

4月，县文物管理委员会办公室在星桥横山武警中队驻地抢救性发掘2座良渚文化墓葬，出土玉器、石器共391件。

7月20日，县编制委员会下发《关于同意建立"余杭县博物馆"和余杭县"良渚文化博物馆"的批复》（余编〔1993〕30号）。

8月6日，武警杭州支队为驻星桥横山八中队保护文物举行庆功表彰会，对炊事班副班长王汉伟记二等功，战士欧丛峰、苏华明记三等功，八中队记集体三等功。省文物局、余杭县政府领导出席。

1994 年

1月，国家文物局向国务院推荐将《良渚遗址群保护、开发的交流研究》项目列入《中国二十一世纪议程》优先项目计划，并将良渚遗址群列入中国政府向联合国教科文组织推荐《世界遗产名录》的预备清单。

2月26日，根据国务委员李铁映关于良渚遗址保护问题的批示，国家文物局副局长张柏、考古专家组成员张忠培一行6人到余杭等地实地考察。在考察过程中，严文明题词"中国文明的曙光是从良渚升起的"；张忠培题词"良渚文明是中华文明的一个源头"。

4月28日，中共中央政治局常委、国务院副总理朱镕基视察良渚文化博物馆，并题词留念。

5月28日，由国家主席江泽民题写馆名的良渚文化博物馆正式开馆，浙江省省长万学远、国家文物局副局长马自树和李金明、梁平波、杨彬、王永明等省市领导，老领导李葆华、陈国栋、胡立教、李丰平、张敬堂等及各界人士400余人出席开馆典礼。

同日，余杭撤县设市。

7 月 16 日，余杭市人民法院依法对盗挖安溪小竹山良渚遗址的姚 ×× 、梁 ×× 、沈 ××3 人进行宣判。

10 月 24 日，全国政协副主席孙孚凌在浙江省政协副主席孙家贤陪同下，参观良渚文化博物馆。

12 月 3 日，余杭市政府在塘栖镇召开广济桥修复论证会。

1995 年

1 月 6 日，杭州市市长王永明在浙江省文物局《关于商请帮助解决余杭广济桥保护维修工程有关问题的函》中批示："省文物局的函文请市交通局和余杭政府予以重视，广济长桥是十分珍贵的文物，随着时间的推移它的价值将显得更加重大，同时也是杭州和余杭作为历史文化名城的一个重要象征，在经济建设中必须对这类文物实行妥善保护，请在经济建设第一线的领导同志提高视野，切实增强文物保护观念。"

2 月 12 日，全国人大常委会副委员长王光英在北京接见市文物管理委员会办公室王云路等，听取有关余杭及良渚文化的情况汇报。

4 月 19 日，市文物管理委员会办公室被国家文化部、人事部评为"全国文化先进集体"。

4 月 26 日，浙江省人民政府在良渚文化博物馆召开保护良渚遗址现场会，就省政府《良渚遗址群保护规划》进行研究。

5 月 5 日，中顾委委员、原国务委员张劲夫，中顾委委员、原浙江省省长李丰平参观良渚文化博物馆。

5 月 6 日，国家文物鉴定委员会对余杭馆藏文物进行鉴定。

6 月 25 日，杭州市 94′经济建设改革和精神文明建设"双十新事"评选揭晓，良渚文化博物馆开馆为精神文明建设 10 件新事之一。

8 月 4 日，浙江省人民政府下发浙政发〔1995〕133 号文《关于良渚遗址群保护规划的批复》。

11 月 6 日，市人民政府召开贯彻省政府良渚遗址群保护规划会议。

12 月 29 日，省级文保单位塘栖广济桥维修工程竣工。

12 月 30 日，国家文物局局长张德勤到良渚文化博物馆视察，并题词"保护昔日辉煌，发展现代文明"。

1996 年

2 月 18 日，莫角山、汇观山遗址被评为"八五"期间全国十大考古新发现之一。

7 月 29 日，余杭市人民政府下发〔1996〕202 号文《关于余杭市实施浙江省良渚遗址群保护规划若干意见的通知》。

11 月 1 日，中共中央政治局委员、国务院副总理姜春云视察良渚文化博物馆。省委书记李泽民、杭州市委书记李金明等陪同。

11 月 20 日，国务院公布良渚遗址为第四批全国重点文物保护单位。

1997 年

1 月 31 日，余杭市文物监察中队成立。

7月14日，市人民法院依法对周××等4人倒卖文物案进行宣判。

8月29日，浙江省人民政府公布余杭市小古城遗址、南山造像、章太炎故居为省级文物保护单位。

9月18日，诺贝尔奖获得者、著名物理学家杨振宁教授参观良渚文化博物馆。

9月27~28日，省交通厅公路局主持对104国道彭公至祥符桥段改道工程可行性进行会审。会议讨论决定工程绕开良渚遗址。工程于10月5日开始施工，1999年2月23日正式竣工通车。全长16公里，共投资2.4亿元。

29日，国家文物局长张文彬视察良渚文化博物馆，并题词"文明曙光，源远流长"。

1998 年

1月5~7日，国家文物局在余杭市临平镇召开《良渚遗址群保护区总体规划》评审会。

1月31日，中共中央政治局委员、国务委员李铁映一行视察良渚文化博物馆。

3月7日~5月24日，应香港中文大学文物馆邀请，良渚文化博物馆与香港中文大学文物馆联合举办的"东方文明之光——良渚文化玉器展"在香港中文大学文物馆举行。

3月21日，法国《欧洲时报》总编梁源法参观良渚文化博物馆，并题词"良渚文化耀千秋"。

5月20日，国家文物局批文，原则同意浙江省文物局关于对良渚遗址群的莫角山、反山、瑶山、汇观山、荀山和"土垣"等六处遗址的抢救保护规划方案。

6月28日，为保护省级文物保护单位广济桥，京杭大运河塘栖段改线工程开工。

8月19日，文化部副部长李源潮一行考察良渚文化博物馆及良渚遗址。

1999 年

3月11日，国家文物局副局长郑欣淼和文物处副处长柴小明参观良渚文化博物馆，考察莫角山、反山遗址，副市长钱杭根陪同考察。

3月22日，文化部长孙家正、副部长孟晓驷在浙江省文化厅厅长沈才土、浙江省文物局局长鲍贤伦、余杭市市长何关新等陪同下，先后参观良渚文化博物馆以及莫角山、反山遗址。

8月7日，浙江省省委书记张德江在省文物局局长鲍贤伦陪同下，视察良渚文化博物馆，考察良渚反山、莫角山遗址。张德江书记指出：良渚文化遗址是一个世界级的遗址，各级政府要采取措施把遗址保护好、利用好，把良渚文化文章做大，更好地为经济建设服务，带动当地第三产业的发展。

9月4日，市公安部门在良渚文化博物馆召开公开处理大会，对25名盗挖良渚遗址的犯罪分子进行公开处理。其中22名依法逮捕，3名从轻处理。

9月9日，原全国人大常务委员会委员长乔石和夫人参观良渚文化博物馆，并题词"良渚文化、文明之光"。

12月30日，章太炎故居第四进维修工程竣工，内部重新陈列布展落成。

2000 年

2 月 17 日，浙江省省委书记张德江视察良渚文化博物馆。

2 月 20 日，中央政治局常委、全国政协主席李瑞环在浙江省省委书记张德江、省长柴松岳和余杭市委市政府主要领导陪同下参观良渚文化博物馆。

6 月 1 日，余杭市人大调研余杭文物行政执法工作，并视察良渚遗址、南山造像、小古城遗址、塘栖广济桥等重要文保单位。

6 月 27 日，余杭市人大召开常委会，市文化局局长代表市政府作《关于我市贯彻实施 < 文物保护法 > 情况》的汇报。浙江省文化厅副厅长、省文物局局长鲍贤伦作文物法制专题讲座。

7 月 5 日，浙江省副省长鲁松庭在省文化厅、省文物局相关领导陪同下，视察良渚遗址，参观良渚文化博物馆。余杭市市长何关新、副市长钱杭根等陪同。

7 月 10 日，余杭市人民法院对 35 名盗卖良渚文物的犯罪分子进行公开宣判。

9 月 22 日，省委常委、杭州市委书记王国平与毛昭晰、杭州市政协主席虞荣仁等视察良渚遗址。

10 月 15 日，由市长何关新带队的余杭市政府代表团与浙江省文物局局长鲍贤伦、文物处处长吴志强等专程赴国家文物局汇报良渚遗址申遗、保护工作计划。

10 月 31 日，国家文物局副局长张柏在浙江省文物局领导陪同下来良渚遗址考察，市长何关新等领导陪同。

11 月 6 日，余杭组建良渚遗址申报世界遗产办公室，申报工作正式启动。

2001 年

2 月 21~23 日，省政府召开良渚遗址保护专家咨询会，就良渚遗址保护及保护规划的制定、申报《世界遗产名录》、建设良渚国家遗址公园等工作进行深入讨论。国家文物局副局长张柏，省委常委、杭州市委书记王国平，副省长、良渚遗址群保护领导小组组长鲁松庭，省文化厅副厅长、文物局局长鲍贤伦，余杭市领导出席会议并讲话。会议成立了由张忠培、严文明、俞伟超、黄景略、徐苹芳、李学勤、傅熹年、李伯谦、王瑞珠、王景慧、毛昭晰、牟永抗共 12 人组成的浙江省良渚遗址保护专家咨询委员会。

3 月 9 日，经国务院同意，浙江省政府批准，余杭撤县设为杭州市余杭区。

4 月，良渚遗址保护专职警署杭州市公安局余杭分局瑶山派出所批准设立，定编 15 名。

6 月底开始，余杭根据省文化厅《关于在全省开展历史文化遗产普查工作》文件精神，召开全区文物普查工作会议，进行业务培训，制作普查登记范本。至 12 月底，对全区 18 个乡镇、街道 100 余处文物进行了调查，对较有价值的 40 余处作了详细资料。

7 月 5 日，杭州市人大常委会主任会议将《杭州市良渚遗址保护管理条例》列入立法计划。11 日，"杭州市良渚遗址保护立法工作小组"成立，并于月底完成《杭州市良渚遗址保护管理条例》（征求意见稿）。

9 月，浙江省人民政府批准划定良渚、瓶窑两镇 242 平方公里为杭州良渚遗址管理区，设立杭州良渚遗址管理区管理委员会（浙江省杭州良渚遗址管理局）。管委会为正区级行政单位，定编 30 名，内设文物局、综合发展处、规划处、办公室，下辖良渚文化博物馆和良渚遗址管理所，并与余杭公安分局一起对瑶山派出所实行双重管理。管委会按照"以保护为目的，以开发为手段，以适度开发实现真正保护"的思路，对管理区实行一体规划和建设。

是年，国家文物局将良渚遗址列为《中国"十五"期间大遗址保护展示专项计划》第一类第一号项目。

2002 年

1月22日，国际良渚学中心在余杭成立，并举办首次学会报告会。会议聘请80余位学者为良渚学中心的特邀研究员和客座研究员。

6月1日，《杭州市良渚遗址保护管理条例》颁布实施。

6月3日，联合国教科文组织公共宣传局特种项目部阿丽丝女士和美国金融专家迪迪埃先生参观良渚文化博物馆和莫角山遗址。

9月11日，杭州市公安局余杭分局瑶山派出所揭牌。

10月20日，国家文物局局长单霁翔考察良渚文化博物馆，并实地踏勘莫角山遗址、汇观山遗址和土垣遗址。

11月12日，市人大检查《杭州良渚遗址保护管理条例》执行情况和良渚遗址保护工作。

2003 年

3月6日～4月1日，杭州良渚遗址管委会主任张炳火、副主任杜永林率办公室、国土与规划建设处、文物管理局以及良渚、瓶窑两镇负责人专程赴北京，就《杭州良渚遗址保护总体规划》初稿征求意见的汇总情况，向国家文物局和中国建筑设计研究院建筑历史研究所进行汇报和交流沟通。

3月17日，浙江省文物考古研究所杭州良渚遗址考古工作站成立。

4月8日，省人大常委会副主任徐志纯、省人大教科文委员会主任委员杨丽英、省委宣传部副部长沈晖和市人大教科文委员会副主任委员陈康森等，专门听取了管委会主任张炳火和副主任杜永林的工作汇报。

5月28日，省人大教科文卫委主任委员杨丽英、副主任委员沈晖、陈培德、吴金水，市人大教科文卫委主任委员陈康森，省文物局局长鲍贤伦一行，到良渚遗址管委会，就良渚遗址保护、管理情况进行调研。

6月17日，区公安部门成功破获超山漳河洋明墓盗掘案，依法收缴出土文物8件（组）。

7月14日，省市人大教科文卫委员会在杭州新侨饭店召开良渚遗址保护视察情况反馈会。省、市、区各级政府和有关部门领导参加会议。省人大常委会副主任徐志纯指出，良渚文化是世界遗产，各级各部门都要增强保护意识，真正做到保护第一，环境优先，以保护促开发、以开发促保护，使良渚遗址成为全省的一张"金名片"。副省长盛昌黎就良渚遗址保护问题提出具体要求。

7月16日，省委书记、省人大常委会主任习近平，省委常委、宣传部长陈敏尔，副省长盛昌黎，在市区领导茅临生、何关新、沈旭微、周膺和杭州良渚遗址管理区党工委副书记、管委会主任张炳火，副主任杜永林等陪同下，参观良渚文化博物馆，就加快浙江省文化体制改革、创建"文化大省"进行考察调研。习近平指出，良渚遗址群是证实中华五千年文明史的圣地，是不可多得的宝贵财富，我们必须把它保护好，要让良渚文化成为创建浙江文化大省的一张"金名片"。

8月3日，良渚遗址管委会在临平召开《良渚遗址保护总体规划》编制沟通会。

8月24日，省委副书记梁平波参观杭州市余杭博物馆一期布展陈列，区委书记何关新等区领导陪同。

10月19日，《良渚遗址保护总体规划》专家咨询会在北京举行。

10月26日，原全国人大常委会副委员长黄华和夫人何理良参观杭州市余杭博物馆，为博物馆题词"经济强区、文化名区"，并称赞"博物馆办得有特色，良渚文化了不起，使我大开眼界。"

10月31日，杭州市园林文物局公布钱塘江海塘（北岸杭州段）为杭州市文物保护点，其中包括乔司吴家村至乔莫公路东三村段。

12月17日，省文物局副局长陈文锦、管委会主任张炳火赴京，就《良渚遗址保护总体规划》评审会暨《良渚国家遗址公园规划》有关事宜向国家文物局副局长张柏、文保司副司长关强等进行汇报。

12月27日上午，杭州市余杭博物馆正式对外开放。

2004 年

1月11日，浙江省文物局与杭州市人民政府联合在余杭召开《良渚遗址保护总体规划》专家评审会。文物、考古、规划等领域的知名专家黄景略、张忠培、严文明、徐苹芳、傅熹年、李学勤、李伯谦、王瑞珠、王景慧、毛昭晰、牟永抗到会。国家文物局、省、市、区政府和有关部门、良渚遗址管委会等单位领导参加会议。

2月6日，杭州市人大常委会党组书记、副主任吴键，市人大常委会副主任安志云、李松春等领导率市人大有关人员，在区领导何关新、唐维生等人陪同下，调研良渚遗址保护工作。

2月23日，原浙江省委书记铁瑛、原省长沈祖伦等参观杭州市余杭博物馆。

3月3日，省委常委、杭州市委书记、市人大常委会主任王国平在杭州市副市长项勤、余杭区领导何关新、刘庆龙及市有关部门负责人的陪同下，调研良渚遗址保护工作。

3月25日，省文物局长鲍贤伦在良渚遗址管委会主任张炳火陪同下，实地考察良渚文化博物馆新馆选址地，并到良渚文化村建设指挥部对博物馆建设提出具体意见。

4月7日，浙江省委常委、杭州市委书记王国平视察杭州市余杭博物馆，区委书记何关新、区长刘庆龙等领导陪同。

4月8日，浙江省委副书记夏宝龙参观杭州市余杭博物馆。

5月1日，良渚文化博物馆对未成年人免费开放。

5月5日，原浙江省省长柴松岳来参观杭州市余杭博物馆，并题词"文明之地"。

5月8日，浙江省副省长钟山参观杭州市余杭博物馆。

5月11日，国家文物局副局长童明康、博物馆司司长孟宪民等一行在省文物局副局长陈文锦和省考古所、良渚遗址管委会有关人员陪同下，实地检察良渚遗址保护情况，踏看瑶山、塘山、莫角山、汇观山等遗址现状，并考察良渚文化博物馆现馆及新馆选址。

6月16日，浙江省委副书记梁平波视察杭州市余杭博物馆，区委书记何关新、区长刘庆龙及区委常委、宣传部长沈旭微等陪同。

6月17日，在良渚文化博物馆开馆十周年及中国史前遗址博物馆研讨会顺利召开之际，省委书记、省人大常委会主任习近平同志对良渚遗址保护作出批示："良渚文化作为长江下游史前时期最为重要的考古学文化，在中国文明进程中具有极其重要的地位和作用。保护好良渚遗址，对于继承和弘扬文化传统、建设文化大省具有十分重要的意义。这些年来，良渚遗址管委会在遗址保护、宣传等方面作了大量的工作，应给予充分肯定。希望你们再接再厉，扎扎实实地做好各项工作，把良渚文化这张我省创建文化大省的'金名片'打造好。对良渚文化遗址保护工作，我们将继续予以关注。"

6月17日，区委书记何关新到塘栖镇调研，就塘栖历史文化保护和利用提出具体要求。

上半年，为配合良渚文化村基建工程，浙江省文物考古研究所考古调查发现石马兜遗址，填补了良渚遗址群南缘未发现史前文化遗址的空白。

7月13日，杭州市园林文物局公布余杭区盛度墓等48处为杭州市文物保护点。

8月24日，省委副书记梁平波再次视察杭州市余杭博物馆。

9月17日，为保护广济桥，运河塘栖广济桥航段2.8公里实行封航，船只绕新航道而行。

9月18日，原文化部副部长陈昌本参观杭州市余杭博物馆，并题词"江南一绝"。

11月22日，浙江省副省长金德水视察杭州市余杭博物馆。

11月26日，杭州市余杭博物馆陈列布展工程荣获"全国优秀装饰工程奖"。

12月13日，原浙江省常务副省长许行贯在原县委书记刘永根陪同下参观杭州市余杭博物馆。

12月22日，杭州市余杭博物馆获"2004年全国建筑工程装饰金奖"和"陈列设计优秀奖"。

2005年

1月1日，杭州市余杭博物馆免费对外开放。

1月10日，良渚遗址管委会主任张炳火、副主任杜永林等专赴北京，就《良渚遗址保护总体规划》磨合、遗址保护、执法体制理顺等问题向国家文物局进行汇报。国家文物局局长单霁翔、副局长张柏听取汇报。张柏就保护规划磨合、遗址环境整治、良博新馆建设等工作提出意见和要求。管委会领导还与保护规划编制负责人陈同滨就规划有关工作进行衔接和沟通。

2月13日，原浙江省政协主席刘枫在区委书记何关新陪同下参观杭州市余杭博物馆，并题词"水乡文化，源远流长"。

2月23日，余杭区委召开书记办公会议，专题研究良渚遗址保护规划调整思路。

4月9日，全国人大常委会委员、原武警总部政委徐永清上将在区委书记何关新、区长刘庆龙陪同下，参观杭州市余杭博物馆。

4 月 18 日，原全国人大常委、浙江大学教授、良渚文化博物馆名誉馆长毛昭晰向良渚文化博物馆捐赠何天行著《杭县良渚镇之石器与黑陶》一书。这是毛昭晰继捐赠施昕更所著《良渚——杭县第二区黑陶文化遗址初步报告》后，再次将个人珍藏捐赠给该馆。

4 月 28 日，省文物局局长鲍贤伦、良渚遗址管委会主任张炳火、余杭区政府副区长周膺等共赴北京，向国家文物局专题汇报良渚遗址保护规划事宜，要求国家文物局加紧协调。国家文物局副局长张柏听取汇报后，要求省文物局就建设控制地带的划定、良渚遗址保护面临的急迫问题等尽快拿出处理方案，报国家文物局研究。

5 月 10 日，前外交部长、国务委员、副总理钱其琛和夫人参观杭州市余杭博物馆，称赞博物馆"很有特色，有耳目一新的感觉"。副省长钟山，市长孙忠焕，区领导何关新、刘庆龙、李小花、唐维生等陪同参观。

5 月 11 日，省委书记、省人大常委会主任习近平对良渚遗址管委会提交的《良渚遗址保护考察团赴集安考察报告》作出批示，要求有关领导和部门就良渚遗址申遗工作进行研究。

5 月 14 日，杭州市余杭区收藏家协会成立，选举产生出第一届理事会。

5 月 17 日，杭州市余杭博物馆"江南水乡文化陈列"在第六届全国博物馆十大陈列展览评选中，荣获"最佳服务奖"。

7 月 4 日，省委书记、省人大常委会主任习近平在省文化厅、文物局呈报的《关于良渚遗址保护和申遗相关工作的报告》上作专门批示，要求继续推进良渚遗址保护和申遗工作。

9 月 5 日，区文明委办公室、区旅游局、团区委和良渚文化博物馆联合举办"我心目中的良渚文化"作品大赛，面向社会各界征集以良渚文化为题材的书画创作和纪念品设计作品。活动历时两个月，共收到应征作品 174 件。

9 月 12 日，省委常委、市委书记、市人大常委会主任王国平在余杭考察期间，专门视察良渚文化博物馆新馆建设工地，并称赞新馆的建筑符合良渚文化的独特性、唯一性；良渚遗址保护工作近些年来发生了历史性的转折，余杭区、良渚遗址管委会功不可没。他要求继续做好遗址保护和新馆建设工作。

9 月 16 日，杭州市园林文物监察支队良渚遗址文物行政执法大队挂牌成立。

2006 年

4 月 11 日，原浙江省省委副书记陈法文、吴敏达，原浙江省政协副主席孙家贤、薛艳庄等一行 31 人参观杭州市余杭博物馆。

4 月 19 日，良渚镇港南村村民康宏果在建房中发现良渚文化玉器，管委会在接报后随即组织人员进行抢救性清理，收缴已流散文物，并与省考古所联合组成抢救性发掘队伍，历时一个多月，清理良渚文化墓葬 4 座，出土玉器、陶器、石器等文物 200 余件。

5 月 25 日，国务院公布章太炎故居、京杭大运河（余杭段）、独松关和古驿道（余杭段）为第六批全国重点文物保护单位。

6 月 1 日，文化部副部长周和平在浙江省文化厅厅长杨建新、余杭区委副书记许明等陪同下参观考察杭州市余杭博物馆、章太炎故居和径山寺。

6月1日，国家文物局副局长童明康到良渚遗址调研，并就遗址保护、规划、申遗等工作提出意见。省文物局局长鲍贤伦，副局长吴志强、市领导项勤、杨菊芳，区领导何关新，杭州良渚遗址管理区管委会领导张炳火、杜永林等陪同调研。

6月19日，良渚文化博物馆被授予2005年度"全国青年文明号"，同时被团省委授予"省级杰出青年文明号"。

6月20日，杭州市余杭博物馆被共青团中央命名为"全国青少年教育基地"。

9月12日，受国家文物局委托，北京大学考古文博学院院长赵辉就申报中国世界文化遗产预备名单工作到良渚遗址作实地考察。省文物局局长鲍贤伦，杭州市副市长孙景淼，余杭区委书记何关新，区委副书记、代区长姜军，良渚遗址管委会主任张炳火、副主任材永林及省考古所有关领导和专家陪同考察。

11月7日，由浙江省文物考古研究所移交的良渚文化反山遗址、瑶山遗址出土的650件（组）玉器运抵良渚文化博物馆，这是良渚遗址出土文物的首次移交。

11月14日，浙江省人大和杭州市人大组织部分委员及人大代表调研良渚遗址保护情况。

12月15日，国家文物局公布重设的《中国世界文化遗产预备名单》。良渚遗址继1994年后，再次被列为中国申报世界文化遗产预备项目。

2007年

1月5日，区委、区政府在良渚遗址管委会召开管理区党工委扩大会议，研究部署良渚遗址保护与开发有关工作。区委书记、杭州良渚遗址管理区党工委书记何关新在会上要求做好五篇文章，扎实推进良渚遗址保护与开发工程建设。

1月11日，省委常委、市委书记、市人大常委会主任王国平带领市有关部门负责人，在余杭区领导陪同下，视察良渚文化博物馆新馆建设和良渚遗址保护。

2月27日，市长孙忠焕在市、区领导陪同下，专程考察良渚遗址保护与申遗工作。

3月20日，杭州市委常委、余杭区委书记朱金坤视察南山造像保护工程现场。

3月21日，区长姜军踏看广济桥保护维修工地和乾隆御碑、太史第弄、水北明清一条街、八字桥檐廊一角等塘栖古迹。

3月29日，市委常委、区委书记朱金坤到良渚遗址管理区调研良渚遗址保护、申遗及良渚文化博物馆新馆建设等工作。

4月10日，杭州市余杭博物馆宣教部被国家旅游局、共青团中央命名为"旅游行业2006年度全国青年文明号"。

4月25日，原中共中央政治局常委、国务院副总理李岚清参观杭州市余杭博物馆。

5月1日 全国人大常委会副委员长路甬祥在市委常委、余杭区委书记朱金坤，市人大常委会副主任陈重华陪同下，参观良渚文化博物馆。

6月4日~7月4日，杭州市余杭博物馆对五常管理区下辖的6个村、2个社区共18.2平方公里范围开展全面调查，共发现清代至民国年间的古建筑64处，其中民居58处（较完整的5处）、桥梁 4 处、凉亭 2 处。

6 月 5 日, 国家文物局副局长童明康视察塘栖广济桥维修施工现场, 并参观了水北明清一条街。

6 月 6 日, 省委常委、市委书记王国平率市委常委、秘书长许勤华, 副市长张建庭及市有关部门负责人, 在市委常委、区委书记朱金坤, 区委副书记、区长姜军及管委会领导陪同下, 到良渚遗址管理区调研良博新馆建设和古墩路北延工程。

7 月 20 日,《良渚遗址保护总体规划》专家意见征求会在北京举行。国家文物局考古专家组组长黄景略, 专家组成员、原故宫博物馆院院长张忠培, 专家组成员、北京大学教授严文明及管委会、良渚、瓶窑两镇有关人员参加会议。与会专家听取了规划设计单位中国建筑设计研究院建筑历史研究所副所长王力军就规划修改完善情况所作的汇报, 并对有关问题进行讨论, 提出意见和建议。

7 月 23 日~9 月 30 日, 为配合完成"京杭大运河浙江段现状调查与空间数据采集研究"课题任务, 杭州市余杭博物馆开展运河余杭段沿线文物普查。

9 月 6 日, 良渚文化反山遗址、瑶山遗址出土的 600 多件 (组) 文物移交良渚文化博物馆。

9 月 20 日, 浙江省文物保护单位塘栖广济桥维修保护工程通过验收。

10 月 18 日, 余杭区第三次全国文物普查动员大会在临平大厦召开。

11 月 16 日, 省委常委、市委书记王国平调研良渚"大美丽洲"项目建设。

11 月 29 日, 杭州市政府与浙江省文物局在良渚遗址管委会联合召开良渚古城遗址考古发现新闻发布会, 正式发布良渚古城遗址发现的重大消息。

12 月 6 日, 国家文物局副局长、国际古迹遗址理事会中国国家委员会主席张柏实地调查良渚古城遗址发掘现场。

12 月 12 日, 中新社浙江分社组织的联合采访团, 包括中央、省、市、区近 40 家媒体记者, 到良渚古城遗址发掘现场采访。

12 月 29 日, 省委常委、副省长葛慧君专程到良渚遗址管理区调研遗址保护与申遗等工作。

2008 年

2 月 16 日, 杭州市委副书记、市长蔡奇实地踏看良渚古城。

2 月, 第二届"好设计创造好效益"中国奖的获奖名单公布, 良渚博物院 (良渚) 获得最佳公共建筑奖。

3 月 20 日, 杭州市第三次全国文物普查工作现场交流会在塘栖镇举行, 余杭区作普查试点经验介绍。

3 月 23 日, 国家文物局副局长童明康在杭州良渚遗址管委会党工委副书记、良渚镇党委书记张俊杰、良渚遗址管委会副主任吴立炜等陪同下, 实地考察良渚古城考古发掘现场, 参观良渚遗址管理所陈列室的出土器物。

4 月 8 日, 良渚古城遗址入选 2007 年度全国十大考古新发现。

5 月 27 日上午, 省委副书记夏宝龙在市委副书记王金财, 市委常委、区委书记朱金坤, 良渚遗址管理区党工委副书记张俊杰, 副主任吴立炜等陪同下, 参观良渚古城遗址。

6月7日，中华民族文化促进会玉文化工作委员会（中华玉文化中心）在良渚成立。

7月22日，由余杭区地方志编纂委员会编著的《良渚文化简志》公开出版发行。

8月13日，市委常委、区委书记朱金坤专程就良渚遗址综合保护工程有关项目情况进行调研。

9月6日，国家文物局领导视察余杭第三次全国文物普查情况。

9月，良渚文化进入中学教科书。

9月29日，良渚博物院、美丽洲公园建成开放。

10月2日，全国人大常委会副委员长、中央国家机关工委书记华建敏视察良渚古城遗址及新落成的良渚博物院。

10月9日，杭州市四套班子领导专题听取良渚国家遗址公园概念性规划方案汇报。省委常委、市委书记王国平指出，余杭区要抓住机遇、勇于迎接挑战，创立中国大遗址保护的"良渚模式"，把良渚国家遗址公园建设工程作为历史遗产传承保护的文脉工程、提高群众生活品质的民心工程、余杭经济社会竞争力工程，保护好良渚遗址这一余杭、杭州的根和魂。市领导蔡奇等，余杭区和良渚遗址管委会领导姜军等参加汇报会。

10月31日，中共中央政治局常委、国家副主席习近平视察良渚博物院。

11月4日，中宣部部长刘云山参观考察良渚博物院。

9~12月，浙江省文物考古研究所对灯笼山遗址进行考古发掘。发掘面积近1100平方米，清理良渚文化时期墓葬18座，出土玉、石、陶各类器物近200件（组）。

2009年

2月9日，市委常委、区委书记、良渚遗址管理区党工委书记朱金坤专题研究"大美丽洲"项目推进工作，要求以"项目建设年"为抓手，按照项目管理的科学要求，全力以赴推进良渚大遗址保护的各项工作。区领导沈旭微、俞和良，良管委领导张俊杰、吴立炜及有关部门和镇乡负责人陪同调研。

2月19日，原全国人大常委会副委员长、中国科协主席、中国科学院院士周光召一行参观良渚博物院。

3月，区文联策划《猜想良渚》全国故事大赛，借助故事体裁，让全国的故事作者用文学想象的手法去猜想5000年前的良渚文明。

4月8日，薛驹、王其超、毛昭晰等30多位省部级老领导参观良渚博物院。

4月19日，中纪委副书记李玉赋一行在杭州市委副书记、纪委书记叶明，余杭区政协主席汪宏儿，余杭区委常委、纪委书记魏祖明，杭州良渚遗址管委会党工委副书记张俊杰陪同下，参观考察良渚博物院。

4月22日，杭州市人民政等公布余杭区茅塘古私塾等40处为杭州市文物保护单位（其中13处为原余杭市文物保护单位）。

是日，区长姜军调研闲林镇、余杭镇文物普查工作。

4月27日，柳村先生向良渚博物院捐赠书画艺术作品。

5月18日，"良渚风物——柳村书画艺术厅开幕暨作品捐赠仪式"在良渚博物院举行。

5月22日，市委常委、区委书记朱金坤专题调研大遗址保护良渚论坛筹备工作和良渚国家遗址公园设计方案。区委常委俞和良，区人大常委会副主任凌美娟，区政协副主席钱杭根，良管委领导张俊杰、吴立炜参加调研。

6月11日，良渚遗址保护行动暨良渚国家遗址公园启动仪式在莫角山遗址现场举行，标志着"2009 大遗址保护良渚论坛"正式开幕。同日，良渚遗址考古与保护中心成立。国家文物局副局长童明康，著名考古学家张忠培、严文明等，在省文物局局长鲍贤伦、良渚遗址管委会党工委副书记张俊杰等陪同下，视察良渚博物院。

6月12日，国家文物局局长单霁翔视察良渚博物院，市委常委、区委书记朱金坤，良管委副书记张俊杰，副主任吴立炜陪同视察。单霁翔局长在视察后认为："良渚博物院的建设体现了人与自然的和谐，体现了良渚文明的一些特点，是遗址博物馆中的典范。"

8月9日，浙江省副省长龚正一行参观良渚博物院。

8月31日，全国重点文物保护单位章太炎故居维修工程通过浙江省文物局验收。

9月15日，良渚古城遗址荣获中国考古界田野考古最高奖项——"2007－2008 年度国家文物局田野考古奖"二等奖。

10月18日，良渚博物院的"良渚文化——实证中华五千年文明"陈列展览获得第八届（2007-2008 年度）全国博物馆十大陈列展览精品奖。

10月25日，原中共中央政治局常委、中纪委书记尉健行视察良渚博物院。省委副书记、省长吕祖善，省委常委、市委书记、市人大常委会主任王国平，市委副书记、市长蔡奇，市委副书记、纪委书记叶明，市委常委、秘书长许勤华，市委常委、区委书记朱金坤，区委副书记、区长姜军，良管委副书记张俊杰等陪同视察。

12月16日，余杭区被文化部、国家文物局命名为"2009 年度全国文物工作先进县"。12月22日，全国文物工作先进县表彰大会在北京召开。余杭和全国其他 35 个县市区在会上受到表彰。区长姜军代表余杭作典型发言，与全国文物系统与会人员分享文物保护工作经验。

12月 28~29 日，余杭区第三次全国文物普查实地调查阶段工作通过浙江省第三次全国文物普查领导小组办公室的验收。

2010 年

3月23日，余杭区人民政府出台余政办〔2010〕67 号文件《关于印发＜余杭区进一步加强文物保护工作的若干意见＞的通知》，指导第三次全国文物普查后的余杭文物保护工作。

4月19日，余杭区人民政府下发余政办〔2010〕95 号文件《关于印发＜余杭区不可移动文物保护修缮五年行动计划（2010—2014）＞的通知》，计划用五年时间安排 1 亿资金对区内不可移动文物进行保护修缮。

4月28日，原中共中央政治局常委、中央纪律检查委员会书记吴官正一行在浙江省委常委、杭州市委书记黄坤明，杭州市委常委、余杭区委书记朱金坤等省市有关领导陪同下，到良渚博物院考察。

4月29日，叶庆文艺术馆开馆。

5月3日，中国国民党荣誉主席连战在市委常委、区委书记朱金坤，杭州良渚遗址管理区党工委副书记、良渚组团党工委书记张俊杰陪同下，参观考察良渚博物院，并题词"方圆同济，万世可达"。

5月8日，原全国政协副主席张怀西实地视察良渚博物院。余杭区政协主席汪宏儿，杭州良渚遗址管理区管委会副主任杜永林陪同。

5月10日，良渚国家遗址公园一期（良渚博物院、美丽洲公园）成为国家AAAA级旅游景区。

5月21日，原全国政协副主席杨汝岱参观考察良渚博物院。

6月12日，区文物普查队荣获第三次全国文物普查实地调查阶段突出贡献集体奖。

6月14日，章太炎故居试开放。

6月15日至9月5日，"璀璨——良渚文化特展"在台北十三行博物馆展出。该展览为第四届"台湾·浙江文化节"的首个项目，由浙江省文化厅与台北县文化局联合举办。包括玉琮、玉钺、斜边玉璧、玉梳背、玉镯等10多件国家一级文物在内的共118件（组）文物展出，为浙江省迄今规模最大、规格最高、精品最多的良渚文化出境展。浙江省省长吕祖善，台北县县长周锡玮等两岸逾百位嘉宾出席。

6月23日，国民党副主席蒋孝严参观良渚博物院，并题词"文化瑰宝、文化基石"。区长姜军等领导陪同。

6月29~30日，中国社会科学院考古研究所、北京大学考古文博学院等单位共15位专家学者齐聚良渚，召开"中华文明探源及其相关文物保护技术研究"现场工作会议。

8月初，国家文物局专家组对京杭大运河余杭段进行实地考察。

8月26日，全国政协副主席、民革中央常务副主席厉无畏一行，实地参观考察良渚博物院。

10月11日，国家文物局文物保发〔2010〕35号文公布首批国家考古遗址公园名单，良渚国家考古遗址公园名列其中，成为我国首批（12家）国家考古遗址公园之一。

10月16日，国家文物局副局长顾玉才一行，在浙江省文物局副局长陶月彪陪同下，实地参观考察良渚博物院和良渚古城墙遗址。

10月，在2010良渚论坛上，"玉琮、玉璧和玉三叉形器"三件一组代表良渚古玉，被中华文化促进会正式命名为"中华玉"。与此同时，中华玉文化中心良渚文化产业园也正式开园。

11月19日，国家文物局在成都召开大遗址保护工作会议暨首批国家考古遗址公园授牌仪式，正式对余杭良渚遗址公园在内的12个遗址公园项目进行授牌。区长姜军出席会议接牌。

12月11日，全国政协副主席、全国工商联主席黄孟复一行，在区政协主席汪宏儿陪同下，实地考察良渚博物院。

12月，浙江省文物局公布2010年度浙江省陈列展览精品获奖项目，良渚博物院"玉魂国魄——红山文化玉器精品展"荣获最佳创意奖，余杭博物馆"汉风楚韵——徐州汉代楚王陵墓文物特展"荣获最佳服务奖。

2011年

1月7日，浙江省人民政府公布余杭区安乐塔等8处为浙江省文物保护单位。

1月8日，以良渚中华玉为主题的八集历史纪录片《玉石传奇》在中央电视台纪录频道晚间十点档开始为期八天的播出。

2月8日，卫生部部长陈竺一行在浙江省卫生厅相关领导陪同下，实地参观良渚博物院并题词"文明之光"。

2 月 19 日，由国家文物局和印度考古局联合主办的"华夏瑰宝展"在印度首都新德里国家博物馆开幕。良渚博物院院藏破土器、犁、镰等 6 件石器在展览上展出。

3 月 8 日，良渚国家考古遗址公园揭牌、杭州城市学研究理事会余杭分会成立仪式在良渚举行。同日，《良渚玉器》特种邮票首发。邮票一套两枚，志号（2011-4），面值均为 1.20 元，图案分别取自良渚文化最具代表性的两种玉器——玉琮、玉璧，由全国著名邮票设计师夏竞秋设计。同时还在国内首次发行以岫玉为材质制作的"玉邮票"。

3 月 17 日，杭州市人民政府下发杭政函〔2011〕32 号《杭州市人民政府关于良渚国家考古遗址公园控制性详细规划的批复》，《良渚国家考古遗址公园控制性详细规划》正式获批。

4 月 25 日，区委区政府专题调研良渚国家考古遗址公园建设工作。

6 月 13 日，区委区政府专题研究良渚国家考古遗址公园建设工作。提出在良渚国家考古遗址公园二期项目设计中要明确范围、科学规划游线、逐年排定计划、强化经营理念等，并对项目立项、土地流转、资金筹措等问题进行明确。

6 月 15 日，国家文物局党组副书记、副局长董保华一行到良渚开展国家考古遗址公园建设调研座谈。浙江省文物局局长鲍贤伦、副局长吴志强，余杭区常务副区长沈昱，良渚遗址管委会张俊杰、吴立炜陪同。

7 月 5 日，余杭区委十二届十二次全体（扩大）会议通过《深入实施"文化名区"战略，努力推动余杭文化大发展大繁荣》的工作报告。报告将保护利用好良渚文化遗址，实现"申遗"目标，列为区"文化名区"建设工作的重中之重，要求全面启动"申遗"工作，扎实推进良渚文化保护工作，优化和推动产业发展。

8 月 18 日，第八届全国残运会火炬样式对外公布，良渚文化的典型器物"玉琮"成为火炬主体。

8 月 21 日，市委常委、区委书记朱金坤专题调研良渚遗址综合保护工作。要求良渚遗址的展示、遗址公园游线设计和交通安排等工作，要充分学习西湖申遗的理念，借鉴西湖十年综保工作经验，从易到难，做精做细，逐步推进，做好综合保护这篇文章。

8 月，人民教育出版社同意从 2011 年下半学年起，在义务教育课程标准实验教科书《中国历史》七年级上册，第二课原始的农耕生活中，又增加了"浙江余杭的良渚遗址群，距今四五千年，考古学家在这里发现了村落、古城、祭坛等遗址，出土了大量精美的玉器"等文字，并配发了良渚遗址出土的玉琮、玉璧两枚特种邮票图案。

11 月 10 日，原浙江省政协主席王家扬参观良渚博物院。

12 月 21 日，良渚遗址文物行政执法大队被评为"2011 年度浙江省文物行政执法监察工作成绩显著单位"。

12 月 26 日，浙江省文物局公布 2011 年度浙江省陈列展览精品获奖项目，良渚博物院"天子之雅——清代帝王生活侧影展"荣获最佳创意奖，章太炎故居陈列展览荣获最佳内容设计奖。

2012 年

1 月 24 日,原全国人大常委会副委员长顾秀莲视察良渚博物院。

1 月 26 日,原全国人大常委会副委员长何鲁丽视察良渚博物院。

2 月 8 日,国家人力资源和社会保障部副部长信长星考察良渚博物院。

2 月 14 日,中共中央政治局常委、中共中央纪律检查委员会书记贺国强视察良渚博物院。

2 月 22 日,浙江省政协副主席陈艳华考察良渚博物院。

3 月 26 日,市委常委、区委书记徐立毅带领区人大、区政府、区政协有关领导专题听取良渚遗址保护总体规划和申遗文本编制情况汇报。中建院建筑历史研究所所长陈同滨介绍规划情况。

4 月 6 日,浙江省文物考古研究所和良渚遗址管委会联合开展的良渚古城遗址考古工作被评为"2009－2010 年度国家文物局田野考古奖"一等奖。

4 月 13 日,玉架山史前聚落遗址入选"2011 年度全国十大考古新发现"。5 月初,浙江省省委书记、省人大常委会主任赵洪祝作出批示,指出:"玉架山史前聚落遗址获评'2011 年度全国十大考古新发现'可喜可贺。感谢文物考古工作者的辛勤劳动和付出,希望继续努力,认真做好有关研究和保护工作。"

5 月,余杭区第三次全国文物普查领导小组办公室荣获浙江省第三次全国文物普查先进集体。

6 月 26 日,区机构编制委员会发余编〔2012〕8 号《关于调整杭州良渚遗址管理区管理委员会机构编制事项的批复》文件,同意良渚遗址管委会增设申遗处。

6 月 28 日,余杭区被国家文物局确定为全国"十二五"文化遗产知识宣传普及工程试点县(市、区)。

8 月 1 日,余杭区人大调研良渚遗址保护和申遗工作。

8 月 14 日,良渚博物院讲解岗获省级"百佳优质服务窗口"称号。

9 月 12 日 市委常委、区委书记徐立毅、区长朱华专题调研良渚新城建设和良渚遗址申遗工作。

10 月 2 日,全国人大常务委员会副委员长韩启德参观良渚博物院。

10 月,杭州市余杭博物馆被命名为"浙江省社会科学普及示范基地",成为全区首个省级社会科学普及示范基地。

10 月 22 日,良渚博物院设计,杭州创意良渚艺术品有限公司生产选送的神徽挂件和琮形盆栽产品,在"全国博物馆文化产品创意设计评选活动"中分获铜奖和优秀奖,成为浙江文博界唯一获奖单位。

11 月 17 日,国家文物局在北京召开全国世界文化遗产工作会议,公布更新后的《中国世界文化遗产预备名单》,良渚遗址再次列入其中。

11 月 19 日,区委副书记、区长、管委会主任朱华专题调研良渚遗址保护和申遗工作。

11 月 26 日,区委办〔2012〕131 号文件批转《良渚遗址申报世界遗产工作三年行动计划(2012-2015 年)》。

12 月 14 日,在浙江省第二届文物行政处罚案卷评选中,良渚遗址管理所《俞伟忠未经批准擅自在全国重点文物保护单位良渚遗址的重点保护区内进行施工建设案》获良好奖,《余子良未经同意批准擅自在全国重点文物保护单位良渚遗址的重点保护区内进行施工建设案》获鼓励奖。

12 月 27 日，良渚遗址管理所获 2012 年度全省文物执法监察工作成绩显著单位，孙海波获 2012 年度全省文物执法监察工作成绩显著个人。

12 月 28 日，国家文物局行文文物保函〔2012〕2288 号《关于良渚遗址保护总体规划的批复》给浙江省文物局，原则同意良渚遗址保护总体规划，要求修改完善后报国家文物局备案，报请浙江省人民政府公布。

2013 年

1 月 11 日，杭州市余杭博物馆举办的"百年辛亥千秋巨笔——环太湖流域博物馆馆藏章太炎先生作品联展"在 2012 年度全省陈列展览精品奖评选中荣获"最佳社会教育奖"。

3 月 5 日，国务院印发《关于核定公布第七批全国重点文物保护单位的通知》，余杭小古城遗址、南山造像、仓前粮仓、大运河（含广济桥、桂芳桥）被公布为全国重点文物保护单位。

3 月 20 日，区长朱华到瓶窑镇调研良渚遗址申遗拆迁安置工作，明确申遗安置工程先行的总体原则。

4 月，余杭启动第一次全国可移动文物普查工作。

4 月 2 日，市委常委、区委书记徐立毅到瓶窑镇实地调研申遗拆迁安置工作。

4 月 24 日，文化部副部长、国家文物局局长励小捷实地考察良渚遗址（古城西城墙、北城墙、莫角山）和良渚博物院，对良渚遗址保护和申遗工作给予充分肯定。省文化厅巡视员鲍贤伦、省文物局副局长吴志强，市委常委、区委书记徐立毅，区长朱华，区委常委、良渚遗址管理区党工委副书记、管委会副主任张俊杰陪同考察。

5 月 15 日上午，中共中央政治局委员、国务院副总理刘延东在浙江省人民大会堂会见出席 2013 世界文化大会的联合国官员、世界各国政要，并向联合国教科文组织总干事博科娃赠送国礼——良渚玉琮（复制品）。

5 月 16 日，市委常委、区委书记徐立毅和区长朱华在杭州会见出席 2013 世界文化大会的联合国教科文组织助理总干事班德林，介绍良渚古城遗址的价值、保护情况。班德林表示支持良渚古城遗址申报世界遗产工作。

7 月 9 日，中共中央总书记、国家主席习近平在中共杭州良渚遗址管理区工作委员会、杭州良渚遗址管理区管理委员会的来信上作出重要批示。浙江省省长李强，省委常委、市委书记黄坤明，副省长郑继伟，市委常委、区委书记徐立毅，区长朱华等分别作批示。

8 月 15 日，省文物局局长陈瑶、副局长吴志强实地考察良渚遗址（古城墙、莫角山）、良渚博物院、良渚考古工作站。

8 月 23 日，"首届世界考古·上海论坛"开幕。论坛期间，"寻找消失的文明：良渚古城考古新发现"高票入选"2011-2012 世界 10 项重大田野考古发现"，以良渚遗址为主要研究对象之一的《中华文明探源工程研究》入选"2011-2012 年 9 项世界重大考古研究成果"。26 日，参加论坛的 70 余位世界各国考古界领军人物实地参观良渚古城西城墙、北城墙、莫角山遗址和良渚博物院。

8月27日，市委常委、区委书记徐立毅专题调研良渚遗址申遗工作和玉文化产业园建设。

9月25日，国际古迹遗址理事会专家莉玛·胡贾到塘栖镇考察评估余杭区大运河申遗点段，予以肯定。

11月21日，浙江省人民政府发浙政函〔2013〕165号文，批准《杭州良渚遗址保护总体规划》。

11月21日，杭州市人民政府发杭政函〔2013〕162号文，批准《良渚国家考古遗址公园控制性详细规划（局部调整）》。

11月22日，浙江省第十二届人民代表大会常务委员会第六次会议对杭州市第十二届人民代表大会常务委员会第十二次会议修订通过的《杭州市良渚遗址保护管理条例》进行审议，并予以批准。

12月5日，中央政治局原常委、全国政协原主席贾庆林视察良渚博物院。

12月6日，省委常委、宣传部长葛慧君实地调研良渚遗址保护和申遗工作。

12月9日，杭州市人民代表大会常务委员会公布修订后的《杭州市良渚遗址保护管理条例》。

12月11日，中共杭州市委副书记、杭州市政府代市长张鸿铭实地考察良渚古城遗址。

12月16日，杭州市人民政府公布余杭区九度岭关隘等16处为杭州市文物保护单位。

12月17日，浙江省副省长郑继伟和省文化厅副厅长、省文物局局长陈瑶，市委常委、区委书记徐立毅，区委常委、良渚遗址管理区党工委副书记、管委会副主任张俊杰，良渚遗址管委会副主任陈寿田赴京向文化部副部长、国家文物局局长励小捷就良渚遗址申遗工作作专题汇报。

2014年

1月，浙江省文物局公布2013年度浙江省陈列展览精品项目，杭州市余杭博物馆"考古余杭系列展——新石器时代"荣获最佳内容设计奖。

2月8日，区长、良渚遗址申遗工作指挥部总指挥朱华主持召开指挥部第一次全体会议，会议听取良渚古城遗址申遗工作进展情况，研究解决申遗工作中存在的困难和问题，并对下一阶段七个方面重点工作进行了安排部署。

2月28日，良渚博物院志愿者服务社荣获"2013年度浙江省志愿服务优秀集体"称号。

5月，浙江省国土资源厅批复同意《良渚古城遗产展示区土地利用总体规划局部调整方案》。

6月，良渚博物院"玉魂国魄——玉器、玉文化、夏代中国文明展"荣获第八届（2013年度）浙江省陈列展览精品项目精品奖。

6月22日，大运河成功入选世界文化遗产名录。余杭区有了首个世界文化遗产，列入世界遗产的点段是：杭州塘、上塘河、广济桥。

7月25日，国家文物局国家考古遗址公园现场评估工作组对良渚国家考古遗址公园开展现场评估。

8月19日，浙江省副省长郑继伟专题调研良渚古城遗址申遗工作。

8月28日，区长朱华专题调研良渚古城遗址申遗工作。

9月2日，由良渚遗址管委会等单位发起中国世界文化遗产预备名单遗产地联盟在良渚举行成立大会，全国34家世界文化遗产预备名单遗产地管理机构负责人参加。会议通过《中国世界文化遗产预备名单遗产地联盟章程》，达成并发布《保护文化遗产良渚共识》。国家文物局副局长、中国古迹遗址保护协会理事长童明康到会并讲话。会议邀请联合国教科文组织项目专员、世界遗产中心预备名单事务主管亚历桑德·巴尔萨摩先生做申遗文本编制辅导讲座。区长、良渚遗址管委会主任朱华当选中国世界文化遗产预备名单遗产地联盟第一届理事会理事长。

12月5日，浙江省文物局局长陈瑶、副局长吴志强考察莫角山遗址考古现场，省考古研究所副所长刘斌汇报考古工作进展，良渚遗址管委会副主任吴立炜陪同考察。

2013~2014年，仓前塘路56、57、58号文化陈设工作通过验收，章太炎故居游客服务中心正式投入使用。整个区域包括游客休息区、国学讲堂（国学阅览室）、临时展厅、办公区域等功能区块，建筑面积600余平方米。章太炎故居整体环境得到改善提升，服务功能得到拓展。

2015 年

1月，杭州市余杭区文化广电新闻出版局（以下简称余杭区文广新局）协同杭州市园林文物局开展仓前粮仓等40处文物保护单位保护范围、建设控制地带的划定工作。

2月初，区文物监察大队被省文物局评为2014年度文物执法监察工作成绩显著单位。

4月初，杭州市余杭博物馆社会服务部被浙江省巾帼建功和双学双比活动协调小组授予"浙江省巾帼文明岗"荣誉称号。

4月5日，由北京大学、浙江省文物局、杭州市余杭区政府和杭州良渚遗址管理区管理委员会主办，浙江省文物考古研究所、良渚博物院和杭州市余杭博物馆等单位承办的"权力与信仰——良渚遗址群考古特展"在北京大学赛克勒考古与艺术博物馆开幕，共展出良渚文化精品文物近500件（组），于6月20日结束。

4月9日，省人民政府咨询委员会副主任、杭州城研中心主任王国平率队调研指导良渚遗址保护、申遗和良渚学研究工作。市委常委、区委书记、杭州良渚遗址管理区党工委书记徐文光，副区长许玲娣，良渚遗址管委会副主任领导吴立炜、姚文华、金国平等参加调研。

5月7日，余杭区文广新局被浙江省人民政府评为"大运河浙江段申报世界文化遗产工作先进集体"。

5月20日，浙江省文物局在北京组织召开良渚古城遗址保护申遗专家评审会。国家文物局副局长童明康以及文物保护与考古司司长关强、副司长陆琼等参加会议，对良渚古城遗址保护和申遗工作进行指导。由严文明先生担任评审组组长的专家组对良渚古城遗址突出普遍价值提炼及良渚古城遗址保护、展示方案进行评审。浙江省文物局局长陈瑶、副局长吴志强，杭州良渚遗址管委会副主任吴立炜、金国平等出席会议。

5月26日，市委常委、区委书记徐文光调研杭州市余杭博物馆。区委常委、宣传部长王姝，区委常委张大奇，区人大常委会副主任屠冬冬等陪同调研。

6 月 13 日，由浙江省文物局、浙江省博物馆学会组织开展的第九届（2014 年度）全省博物馆陈列展览精品项目推介评选结果揭晓，良渚博物院"崧泽之美——浙江崧泽文化考古展"荣获精品奖，杭州市余杭博物馆"考古余杭系列展——秦汉时期"荣获优秀奖。

9 月 28 日，杭州市园林文物局重新公布杭州市文物保护点，余杭燕担山碉堡等 55 处名列其中，其中 34 处属新增。

10 月 11 日，国家文物局童明康副局长在杭州会见良渚遗址管理区党工委副书记、管委会副主任陈寿田一行，对良渚遗址保护和申遗工作给予充分肯定。国家文物局文保司（世界遗产司）副司长陆琼、科技司副司长罗静，省文物局局长陈瑶、副局长郑建华、省文物考古研究所所长刘斌、良渚遗址管委会申遗处处长蒋卫东等参加。

11 月 25 日，"2015 年中国博物馆协会志愿者专委会年会暨第七届中国博物馆十佳志愿者之星颁奖仪式"在宁波博物馆举行。良渚博物院志愿者服务社荣获"牵手历史——第七届中国博物馆十佳志愿者"优秀团队。

2015 年，《良渚遗址防洪及河道疏浚工程设计方案》和《良渚古城遗址环境整治方案》、《良渚古城遗址遗产区主入口方案》、《良渚古城遗址何村、沈家村、雉山下服务点方案》分获国家文物局和浙江省文物局批准，项目获准实施。

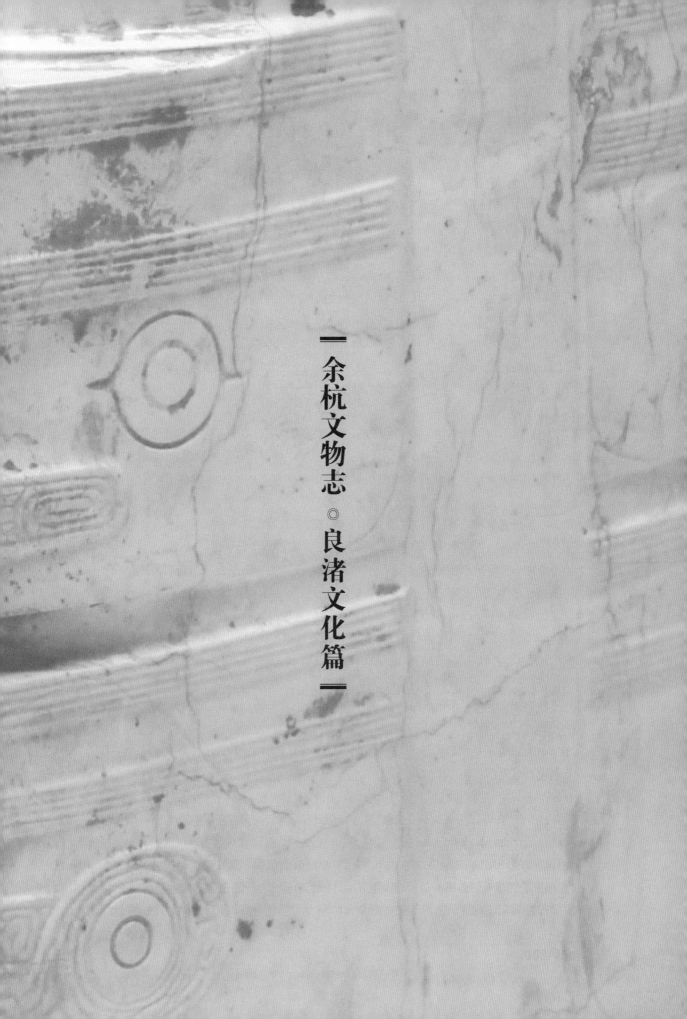

余杭文物志 ◎ 良渚文化篇

第一篇 良渚文化

第一章 综述

第一节 概况

良渚文化是中国新石器时代晚期一支重要的古文化，是崧泽文化的继承者，是长江下游新石器时代文化发展的高峰期，是吴越文化的孕育者。良渚文化的辐射面广、影响深远，大致可分为遗存分布的核心区、扩展区与影响区三个区域。其中良渚文化核心区分布于中国长江下游环太湖流域约 3.65 万平方公里的区域；扩展区大致范围为北至苏、鲁两省交界之地，西至皖、鄂两省边界之处，南至浙江南部；影响区范围北抵陕北，西北至甘、青两省，南达粤北。

良渚文化所处的年代约为公元前 3300——公元前 2300 年，发现于 1936 年，最初被看作是山东龙山文化向长江下游传播的一支，随着考古资料的不断丰富，其个性逐渐得到认识，1959 年 12 月 26 日，中国社科院考古研究所所长夏鼐在长江流域规划办公室文物考古队队长会议上所作的《长江流域考古问题》的讲话中，正式提出了"良渚文化"的命名。"良渚文化"的命名，对于长江下游环太湖流域史前文化的研究具有重要的意义。一方面使良渚文化从龙山文化中独立出来，实际上是从传统的文化传播论史观中解脱了出来，为良渚文化的研究开拓更广阔的领域，另一方面也由此推动了江南考古发掘的普遍开展。

上世纪 70 年代以来，江苏吴县草鞋山、张陵山、常州圩墩、武进寺墩、浙江桐乡罗家角、上海青浦崧泽等重点遗址的发掘，至 1977 年苏秉琦教授在长江下游新石器时代文化学术讨论会上阐述了区系类型的理论，说明良渚文化是长江下游太湖地区文化序列中的一个阶段，从而确认了这一地区新石器时代文化经由马家浜文化—崧泽文化—良渚文化的发展序列。在此期间，1972 年江苏吴县草鞋山遗址的发掘，第一次发现了我国良渚文化大墓，得知良渚文化黑陶与玉制的琮璧共存。1977 年张陵山的发现，再次向学术界证实了用琮璧等玉器随葬的良渚文化大墓的存在。至此，曾被鉴赏家们一直当作"汉玉"的良渚文化玉器，终于恢复了其历史的本来面目。

随着上世纪 80 年代浙江余杭反山、瑶山，上海青浦福泉山，江苏武进寺墩等大型贵族墓地的发现，良渚文化在中国史前考古学文化中的重要性日益凸显。大墓与小墓等级的差异以及玉琮、玉璧、玉钺等玉礼器的大量出现，体现了良渚文化的宗教与权力的特点，反映了良渚社会已经具有相当成熟的社会管理体系。

2006 年浙江省文物考古研究所在余杭瓶窑镇东侧葡萄畈遗址发掘时，发现了底部铺垫石头地基的类似城墙或河堤的黄土堆筑遗迹，以此为契机，经过约一年的考古勘探与发掘，最终发现确认了南北长约 1900 米、东西宽约 1700 米、面积约 3 平方千米的良渚古城，从而开启了良渚文化研究的新篇章。良渚古城的发现不仅对以往在良渚镇和瓶窑镇一带发现的 100 多处遗址的空间关系有了客观、确凿的解释依据，对于良渚文化所达到的文明高度也有了全新的评价。良渚文化已进入相当成熟的文明时代逐渐成为中国考古学界的共识。

第二节 文化特征和年代分期

一、文化特征

良渚文化从首次发现至今，已经发现它的各类遗址及墓地数百处，其中主要的遗址有浙江余杭的良渚古城、吴家埠、反山、瑶山、庙前、汇观山、莫角山，海宁千金角、徐步桥、达泽庙，平湖平丘墩，嘉兴雀幕桥，江苏吴县草鞋山、张陵山、越城，武进寺墩，吴江龙南，上海市松江广富林、青浦福泉山、金山亭林及马桥等。通过对上述遗址进行的不同规模的科学发掘，对良渚文化的文化特征有了较为深入的了解。

陶器： 有夹砂陶和泥质陶。夹砂陶有红、黄、灰陶，使用砂粒、贝壳末、稻壳作羼和料，多用来作炊煮器。泥质陶以灰陶和黑陶为主，黑陶的黑衣容易剥落，有些器表经过打磨闪现铅色光泽。在制陶工艺方面以轮制为主，胎壁匀薄。器物装饰多为素面，有的施以朱、黄二色的彩绘或漆绘，有的饰弦纹、竹节纹、细刻纹、篦刺纹和圆形、长方形、曲尺形的镂孔，细刻纹中有云雷纹、曲折纹、以横竖线及涡纹组成的神秘刻纹以及鸟、鱼、蚕、虫等动物形象。陶器造型各异，盛行器盖、宽流、阔把、贯耳及三足、圈足等作法。典型器有鱼鳍形或丁字形足的鼎、弦纹或竹节形把的豆、带盖贯耳壶、三鼻篮、袋足鬶、实足鬶、宽流阔把圈足的壶和杯、直口弧腹圈足罐、圈足尊、三足盘、尖底缸、高领瓮等。

石器： 通体精磨，器形规整，棱角分明，抛光精致。常见斧、钺、锛、凿、镞。典型器有：舌形斧、扁平穿孔平刃的钺、两面平直或背面有段起脊的锛、斜把破土器、三角形犁、双翼耘田器、镰、半月形有孔刀、柳叶形镞等。

玉器： 以透闪石、阳起石系列的软玉制成，制作、刻纹、抛光俱精。据调查和分析，产地在太湖地区周围，今在江苏溧阳的小梅岭一带已发现一处玉矿。制玉程序是先将玉材切割成形，再进行钻孔和雕琢。工艺上采用线割、减地浅浮雕、透雕、细刻及镂孔等方法，最后并作抛光。器表以素面为主，有纹饰的唯一主题是神人兽面，或者再在其旁附刻鸟纹和云纹。玉器用途遍及生活的各个方面，在宗教和礼仪方面有琮、璧、钺、三叉形器、半圆形器、锥形器、柱形器等，装饰件有玉梳背、璜、颈饰、镯、带钩、环、筒形器、珠、管、坠以及鱼、鸟、龟、蛙等动物件。

木器： 良渚时期的木制品用于生活的各个方面。从大量出土的房基和圆井、方井构件判断，木作技艺圆熟，大量使用了榫卯构件。良渚文化的木工工具如斧、锛、凿等比较精良。从木构件的加工痕迹看，木工工艺大致分砍伐、裁截、开板、劈削、挖凿榫卯等工序。从遗址出土的木桩看，良渚人使用的木料包括松树、樟树、栎树、桃树、山核桃树、胡杨树等多种材质。

漆器： 良渚文化的漆器以木为胎，流行红色和黑色。从嵌玉、漆绘的精致程度看，贵族们使用的髹漆木器和玉嵌木器，很可能是一种礼器。它和彩陶、玉器、青铜器一样，都具有礼器功能，是中国文明形成的标志性器物之一。

二、年代分期

良渚文化的年代，据上海马桥遗址的地下文化层的叠压顺序，上层为春秋战国时期的几何印纹陶，中层是夏商时期的马桥文化，下层是良渚文化；在江苏吴县张陵山遗址，早期良渚文化的地层和墓葬压在晚期崧泽文化的地层和墓葬之上。由此我们可以确定，良渚文化的相对年代是早于夏商，而晚于新石器时代的崧泽文化。

为了探索良渚文化的绝对年代，目前已作了较多的碳 14 和热释光的年代测定，现将良渚文化碳14测定的数据列表如下：

良渚文化碳十四年代数据表

测 定 标 本	14测定年代（半衰期5730）	高精度表校正年代
ZK0433 吴县张陵山 T2（上）木炭	5160（BC3210）±230	BC4037 −3535
ZK1251 青浦福泉山 T6炭化木	5010（BC3060）±80	BC3777 −3538
ZK1250 青浦福泉 T3炭化木	4730（BC2780）±80	BC3499 −3142
南大 78古1溧阳洋渚 （下）木头	4433（BC2483）±110	
ZK0044 余杭安溪 T3（4）梯形木	4335（BC2385）±85	BC2915 −2628
ZK2271 吴江龙南 T103（3）F1稻谷炭	4280（BC2330）±125	BC2910 −2580
南博 8301 武进寺墩 T108（2）炭粒	4270（BC2320）±200	BC3013 −2470
SH416 青浦县西漾淀水井内木炭	4215（BC2255）±146	
ZK0292 青浦风溪 T6（4）木头	4080（BC2130）±100	BC2590 −2340
ZK0242 嘉兴雀幕桥 M1盖板	3940（BC1990）±95	BC2463 −2141
ZK0254 金山亭林 T1（2）树干残段	3840（BC1890）±95	BC2294 −1989
ZK2109 德清辉山 M2葬具	3740（BC1790）±75	BC2134 −1900
ZK2272 金山亭林 M2人骨	3640（BC1690）±150	BC2131 −1689
BA07748 卞家山稻米	4010 ±24	BC2580 −2470
BA07970 卞家山骨头	4135 ±36	BC2880 − 2580
BA07749 卞家山菱角	4265 ±24	BC2915 —2875
BA10533 岗公岭水坝草	4305 ±35	BC3020 —2880
BA120581 鲤鱼山竹	4130 ±40	BC2880 —2580

说明：本表数据来自中国社会科学院考古研究所编《中国考古学中碳十四年代数据集（19651991）》，

文物出版社 1991 年出版；14-16 数据来自浙江省文物考古研究所《卞家山》，文物出版社 2014 年出版；17-18 数据来自浙江省文物考古研究所《杭州市良渚古城外围水利系统的考古调查》，《考古》2015 年第 1 期。

另外，上海博物馆曾对三个遗址的陶片作了热释光测定。福泉山六个标本距今 4760 年至 4100 年，马桥的八个标本距今 4560 年至 4090 年，亭林的十个标本距今 5140 年至 3840 年。

根据上述数据的分析，取其大略，良渚文化的绝对年代当为距今 5300 年至 4300 年，即公元前 3300 年至公元前 2300 年。

良渚文化上下延续 1000 年，从各主要遗址出土器物综合考察，目前良渚文化以分早、中、晚三期为宜。早期以赵陵山、张陵山、龙南遗址为代表，中期以反山、瑶山、莫角山遗址为代表，晚期以福泉山大墓、草鞋山 M198、寺墩墓地和嘉兴雀幕桥遗址为代表。

从一些典型器可以看出从早到晚的变化：

鼎：从罐式鱼鳍形足到盆式丁字形足，器形变大，足的外侧面由窄变宽。

豆：从豆把较矮饰圆形镂孔到豆把较高饰弦纹、竹节纹和各式各样的镂孔。

贯耳壶：从短颈球腹矮圈足到高颈扁鼓腹，圈足外撇。

鬶：从长颈到短颈，颈部逐渐前倾，袋足由瘦变肥。

罐：从小口鼓腹平底到侈口弧肩圈足。

盆：从直腹小平底到宽沿直腹饰弦纹凸棱。

琮：从镯式到方柱式，从矮体到长体，从一节、两节、以至五节以上，琮体上的纹饰由兽面到神、兽组合到神面纹为主体，从形象化到抽象简化。

璧：从瑷式、孔大、边窄、竖直，到器形加大，小孔、边宽、弧凹。

钺：从扁平梯形短矮式到扁平风字形再到扁平长梯形，并出现柄上涂朱砂和镶嵌玉粒，安装冠饰和端饰。

锥形器：从圆锥体、方柱体到器中部呈琮体饰简化神、兽纹，体型亦加长。

项饰：由简单到复杂，有单一的管、珠、坠串联到多种管、珠、坠交错串联并出现带有简化神、兽纹的配件。

第三节　社会面貌和历史地位

一、社会面貌

良渚文化是一支繁荣的父系氏族社会的古文化，从目前所发掘的居住遗址情况看，由于地处古代的湖沼地带，因此遗址面积较小，每一处往往仅数千平方米。但分布比较密集，有的只间隔数百米甚至紧密相连，如杭州市余杭区良渚遗址在约 42 平方公里范围内密布着良渚文化遗址达 130 余处。

良渚先民的主食是稻米。水稻的种植在太湖地区具有悠久的历史。从马家浜文化经崧泽文化的漫长发展，到良渚文化时期稻作农业已有了长足的进步。据不完全统计，良渚文化出土过稻谷的遗址已达 30 多处。稻谷已有了籼稻与粳稻之分。水稻的种植技术亦已相当进步。从出土的农具来看，三角形斜把破土器主要用于水田开沟或沼泽地垦荒。它的外形呈三角形，斜边中部内侧有一孔，用来系绳供人背拽用的，也有无孔而顶端有短柄供结扎在木质架上的，仍是二人合力使用。石犁是耕田的农具，使用时，把石犁平放在木质犁床上，用绳子固定在孔上，然后前面一人或用家畜牵引，后面一人掌握方向。良渚文化是最早普遍使用石犁耕田的农业文化之一，犁的普遍使用大大提高了耕种效率，使良渚文化的农业经济得到迅速发展。耘田器使用时在中间圆孔上安装木柄后就可刬土耘田，主要用于中耕除草或对翻耕后的水田加工平整。石镰的使用，说明已有了专门用于收割的工具。这一整套农业工具说明良渚文化的耕作技术处在同时期诸古文化的前列。

良渚文化的手工业也有很高的成就，石玉制作、制陶、木作、竹器编织等都达到较高的技术水平。可以肯定，轮制陶器、琢制玉器这些需要熟练技术的生产，不再是附属于农业的家庭手工业，而已成为独立的手工业。

在制陶技术方面，除了使用高超的轮旋成形方法外，一些精制陶器，器表还经过打磨。黑陶的出现是陶窑改进的结果，只有密封的陶窑中在烧制陶器将成的阶段，用"焖"的手段，使窑中的燃料产生的碳分子渗入陶器上，形成一层薄薄的黑衣。这证明在良渚文化时期烧制陶器已从氧化焰发展到还原焰。良渚文化陶器造型多样，陶质细腻，一些陶器的器壁厚仅 12 毫米，与龙山文化"蛋壳陶"相比毫不逊色。有的器物上还刻有繁缛纤细的纹饰，线条流畅，图案对称，充满神秘感，代表了良渚文化制陶工艺的高超水平。

良渚文化盛行玉器。出土数量之多、品种之丰富、雕琢之精美，均达到了史前玉器的高峰。材料主要为透闪石、阳起石系列的软玉，系就地取材，并已在宜溧山地的溧阳小梅岭发现玉料产地，同时也用玛瑙、石英和蛇纹石作材料。软玉质地坚韧，必须以水、砂（硬度大于软玉的石英粒）作介质进行琢磨。玉器上精致繁缛、细如发丝的各种纹饰，是用琢磨、镌刻两种方法作成。至于玉料切割、镌刻及管钻工具至今未有定论。但从治玉工艺耗工甚大情况看，必须有较多掌握熟练技术的玉工。

良渚文化的木作技术在前人的基础上有了进一步的发展。建筑方面，在余杭区良渚庙前遗址的 F 1，由 26 个柱坑组成一座 10×8 米的长方形大房子，柱坑长 50 ×190，宽 30×85，深 20×60 厘米，坑底铺垫 23 块平整的木板，起到"柱础"的作用。莫角山遗址的柱坑则更为壮观，随着今后考古发掘的进展，有可能出现"殿堂"一类的建筑。另外，庙前遗址还发现了一座木构窖藏，系全部用木料架构，平面框成"井"字形，残高 150 厘米，每边长 130 厘米，用宽 15×23，厚 7×10 厘米的长方形木料，近两端处凿成凹形卡榫，然后相互上下紧密套叠、围成内框边长约 80 厘米的方形窖穴。窖藏内出土了 58 件陶、木器。这样加工考究的良渚文化木构窖藏极为罕见，无论是用材、加工、构筑，均体现了良渚文化木作技术的高超水平。良渚文化由于阶级的分化，等级的区别，一些显贵者的墓葬常常使用木质棺椁作葬具，这在反山、瑶山、福泉山、汇观山等良渚大墓都有发现。棺的制作往往是粗大的树干，独木加工而成，棺底略凹弧，两端用木板卡住，棺或椁板较平整。反山、瑶山的棺椁上还残留漆皮。柱形器在棺椁上作附件。虽然棺椁腐朽不能复原，但这样的精细制作可见木作技术已非同一般。

良渚文化其它重要的发现，还有巨大的木井、漆器制作等。其时，不少水井已经使用大木作井圈，井壁用二块凹弧形大木合围而成，其结构是将一段大树对剖为两半，挖空后拼合，并用长榫固定。根据有些井木的凹面有烧烤和锛挖的痕迹分析，是先将挖面用火烧烤，再将炭化层用石锛锛去，这样经过多次层层烤、锛，才制作成功，从一块井木的制作，反映出良渚先民的智慧。

此外，在余杭反山，瑶山遗址的良渚文化大墓随葬品中，还出土有髹漆器物，如瑶山 9 号墓发现了一件朱漆嵌玉高柄杯，这是迄今所知最早的嵌玉漆器。其他如象牙和镶嵌等手工业，也得到了应有的发展。

从总体看，水稻栽培、黑陶制作、琢玉、髹漆构成了良渚文化的鲜明特色。它是良渚文化社会生产力发展的具体体现，同时也是良渚先民在物质文化上对人类作出的重要贡献。

良渚先民在日常生活中，已有了各种祭祀和宗教活动。在发掘的遗址和墓葬中，祭祀遗迹与宗教器物屡有发现。如余杭安溪瑶山遗址，中间有一座红土台，土台四周挖有围沟，围沟的北、西、南三面台面上铺有砾石。据现象分析，这是一处祭祀用的高台。瓶窑汇观山遗址分内外共四重，亦是同样性质的祭坛。上海青浦福泉山是一座良渚文化显贵者的墓地，墓葬周围有许多祭祀遗迹。在正中一墓群的北侧，有一条长 20 余米，宽约 3 米的火烧遗迹，遗迹中有许多切成方块任意堆放的土块，这些土块连同地面都被烧成红色，在地面上还洒有谷壳。有的还在墓前、墓顶放置烧红的土块，并洒上谷壳。据此分析，这些都是良渚先民对祖先进行燎祭的遗迹，祭祀方式是堆放切成大方块的土块，然后堆上稻草焚烧，在举行礼拜的同时，洒上谷壳，礼成之后，则清扫草灰，将部分烧红的土块，堆放在墓顶上或墓前。在部分葬礼中，也有采用火敛葬的，如江苏武进寺墩第 3 号墓，福泉山第 136 号墓等。可见火是良渚先民崇敬的神灵之一。堆土燃烧也许是对天地祖先的礼拜。

良渚文化中还出现了古人共同崇拜的神像模式，这就是在各种良渚玉器中发现的纹饰主题——神人兽面纹。神像的形态，由于雕琢的年代和器物的不同，虽然有所变化，但都源于同一形像，最完整的就是在余杭反山遗址出土的一件大琮和钺上的图像：带冠、倒梯形脸、圆睛阔嘴，两臂弯曲而五指伸张，下联兽面兽腿兽爪。神像的全身除脸部以外，填刻横直线和卷云纹。这组神像的冠、神面和兽面，采用浅浮雕的方法凸出，其余都在底面上线刻，因此具有一种若隐若现的效果。而其他玉器上雕琢的神像，都是四肢隐去不见，有的单刻神面，有的只雕琢兽面，或者是神面与兽面成组雕刻。这些神像主要刻在原始宗教使用的器物上。对于这一图像的解释，众说纷纭。有学者认为，这实质上是良渚先民顶礼膜拜的"人形化太阳神"，也有学者认为其上部的神人代表天神，即主要是太阳崇拜，也包括月亮崇拜，由此还看到日月、雌雄、阴阳对立统一的宇宙观念，下部的神兽代表地。玉琮上的神兽以虎为形象，两侧是鸟纹。鸟是祖先崇拜的图腾。人、兽、鸟三者合一，正是天神、地祇、祖先三位一体，是良渚先民"天人合一"观念的神圣体现，是良渚先民的崇高信仰，并逐步成为中国传统文化的核心。

神人兽面纹

良渚文化的遗址可分为中心遗址、次中心遗址、普通遗址三级。普通遗址即普通村落遗址，现已发现有数百处。次中心遗址一般有贵族坟山，有的有祭坛或环壕，墓中随葬有琮、璧、钺或其中的一两种玉器。这种遗址有江苏武进寺墩、吴县草鞋山、赵陵山、上海福泉山、浙江桐乡普安桥和荷叶地等，总数大约有一二十处。中心遗址只有一处，即良渚遗址。它面积大（约42平方公里），遗址点密集（130多处），遗迹遗物的规格高。例如它的主体遗址莫角山就是一个由人工筑成的长方形土台，面积达30万平方米。上面有大片的夯土基址和成千上万的土坯残块，说明原先有宏伟的礼制性建筑，这是其他良渚文化遗址所无法比拟的。反山、瑶山、汇观山等显贵者墓地和祭坛所出土的玉器数量超过其他良渚文化遗址所出玉器的总和，制作的工艺水平也是最高的。从玉礼器的种类、形制和神人兽面纹的高度一致性来看，当时很可能对整个良渚文化有一定程度的控制或统治。

良渚文化的墓地发现二种类型：一类位于村落遗址，与居址相邻，建在平地上，墓穴分散，单人埋葬，葬俗采用将人体仰身直肢，头向东南放置在平地上，堆土掩埋，不挖土坑，人骨旁只有少量随葬器物，种类为石斧、陶鼎、陶豆、陶壶、陶罐等，都是生前使用的工具和用具，有的甚至一件随葬品都没有。这些都是一般部落成员的墓葬。另一类地点离居址稍远，用大量人工挖土堆筑一个长方形的大土台，在台上挖土坑入葬，这些墓有的在墓前有祭祀坑，坑内充满被火烧红的大土块，有的在墓后还有奴隶殉葬。如上海福泉山第145号墓的北端，发现有一个长97、宽80、深35厘米的小坑，坑内埋葬一中年女性与一少年两具人骨，人骨作侧身屈肢、双臂朝后，头部向上的反缚挣扎状态。这类墓大多可见棺椁痕迹，棺内有许多精美的玉石陶器随葬。所以，埋于人工堆筑的大土台上的，是一批部落中的显贵。上述情况表明，良渚文化时期，人与人之间贫富分化已非常明显，等级差别已经出现。从良渚文化大墓所出土的玉器看，玉琮是良渚文化玉器中体积最大的一种。它的外形为内圆外方的柱形体，象征着我国古代天圆地方的思想，因此有的学者认为琮是把天地贯穿起来的一种法器，代表着神权，在当时，只有能传达天地神灵意志的巫师才能拥有玉琮。玉璧是良渚文化的又一种玉质重器，它的出土数量较多，个体面积较大，形状为扁平圆形，中部有一圆孔。有学者据《周礼》所载认为它是祭天的礼器，更多的学者认为它可能和某种财富观念有关。钺是一种武器，玉钺是把实用的武器转化为礼器，它的性质、功能也随之发生变化，按现有的资料，这些玉钺并非每墓皆有，且同墓仅有一件，因此，一般认为玉钺是军事统帅权的象征。琮、璧、钺等成组玉礼器的出现，是礼仪制度出现的重要标志，再结合玉器出土的数量、质量及其组合情况可以进一步看出，在当时统治者内部也已有了严格的礼仪等级制度，并对后世的用玉礼制产生了深刻的影响。

在良渚文化的一些玉器和陶器上，还出现了为数不少的刻划符号，这些符号在形体上已接近了商周时期的文字。有些学者进行分析研究，认为玉器上的刻琢符号有"炅"、"鸟"、"山"、"封"、"燕"、"冠形符号"、"目目"、"珏"、"目"、"石"、"菱形符号"等，在数量上超过了大汶口文化的陶器符号，有些符号与大汶口文化的陶器符号相一致，如"炅"、"封"、"山"等。陶器上的刻划符号，最早于1936年施昕更先生发掘良渚遗址时就发现五个，当时被认为是"记录文字"，1937年何天行先生在《杭县良渚镇之石器与黑陶》一文中，则收录八个被认为是"原始图象文字"。近年来又相继在良渚、马桥、亭林、澄湖、太史淀、寺墩等遗址中发现在陶器上有刻划符号。有的在一件器物上有几个刻划符号，表达一个完整的意思。如江苏吴县澄湖遗址中发现一件贯耳黑陶罐上刻有4个符号，有的学者把它释为"巫戌五俞"。"戌"实际是钺，"俞"在此读为"偶"。四个符号的意义是"神巫所用的五对钺"。在余杭南湖发现一件黑陶罐上有 8 个刻划符号，有学者把它释为"朱 戈石，网虎石封"八个字，意思是"朱 到石地，在石的境界网捕老虎"。另外，现藏于美国哈佛大学赛克勒博物馆的一件贯耳黑陶壶圈足内壁上的刻划符号，有学者认为：笔划清晰的约 9 个字，经考释为"子子人土宅昏（厥）胝……育"。并认为"良渚此陶文乃有关古代奇胝民之记载"。这些刻划符号的表现方式，大体上可分为象形和指示两大类，它的性质，可能与纳西族的东巴文有相似之处。"在所有已发现的史前陶器刻划符号之间，良渚陶器的这些例子最符合严格的文字标准"。果若如此，则良渚文字的出现，是良渚文化进入文明时代的重要标志。

在良渚文化一千多年的发展历程中，与其他文化进行了广泛而深入的交流。在山西襄汾陶寺遗址的墓葬中发现玉琮等遗物，有良渚文化的浓厚因素；再往西，延安芦山峁发现一批玉器，其中的玉琮，从其形制、纹饰分析，明显带有良渚文化的风格。长江中游的石家河文化的玉器，在雕琢艺术及某些形制特征上分析，都深受良渚文化的影响；在宁镇地区的北阴阳营遗址发现的细长颈的陶鬶，是良渚文化或相当良渚文化时期江南地区常见的器形。淮北和山东地区的大汶口文化，在新沂花厅遗址的发掘中，发现大量的玉器和陶器，其中大墓中发现的玉器有琮、钺、管形琮、冠状梳背、锥形器、环、镯等，石器有钺、有段锛等，陶器有 T 字形足鼎、贯耳壶、宽把杯等，都是与良渚文化有关的遗物。此外，在邳县大墩子，邹县野店，泰安大汶口、诸城呈子等大汶口文化的遗址内，有贯耳壶、有段石锛等良渚文化因素的遗物。至于山东一件传世品的玉琮上刻琢有大汶口文化的陶文，这件玉琮应是良渚文化的遗物，陶文是玉琮到达大汶口文化人的手中后，再刻琢上去的，这些事实，都说明了良渚文化与大汶口文化的关系是相当密切的。辽东半岛郭家村遗址上层发现的有段石锛和辽西地区的凌源、建平和喀左三县交界处的牛河梁发现的以坛庙为轴心，大型的积石冢环绕其周围的礼制建筑的布局与良渚文化以中心地点为核心，土筑高台墓地的大型墓葬环绕其周围的礼制建筑的构局，两者类同，说明了彼此之间是互有影响的。在广东的曲江石峡文化墓葬以及沿海的海丰等地，也出现了与良渚文化相同的琮璧镯等玉器。另一方面，其他地区的诸考古学文化也对良渚文化产生影响，如福泉山良渚文化墓地发现的彩陶背壶，余杭南湖发现的篮纹陶鼎，都是受大汶口文化影响下的产物。南湖遗址发现的盘形陶鼎，有石峡文化的因素。福泉山发现的多孔石刀，有薛家岗文化的因素。

二、历史地位

良渚文化是中国新石器时代晚期代表性的区系类型考古学文化，作为环太湖地区新石器时代文化发展的高峰期，良渚文化在长江下游地区文明化进程中扮演着举足轻重的脚色，发达的犁耕稻作农业和以精美玉器、陶器、石器、漆器为代表的专门化手工业，创造出丰富的物质财富，导致人口的快速增长和社会等级的急剧分化，形成了金字塔形的社会结构和规范化的礼制。少数显贵者独占祭坛等祀神场所以及玉器等宗教艺术品，表明垄断性的神权已经形成，而以平面面积 3 平方千米的良渚古城为核心的良渚遗址，构成了一个具有中国早期都邑特征的大型聚落，它的布局配置，以及耗费大量人力、物力营建起来的诸多特大型公共工程，更是宣告一种凌驾于神权之上的集中政治权力——王权业已形成。因此，良渚文化虽然是特定时空内涵下的区域性考古学文化，但它在中华文化中的地位与价值十分突出，是中国文明多元起源的重要实证。

以琮、璧、钺为代表的玉器是良渚文化最重要的文化因子，其制作和使用，都达到了中国新石器时代晚期独一无二的高度。普遍琢刻于良渚玉器上的神人兽面图像是当时精神文化的核心，其精湛的雕刻技艺，既象形又写意的复杂形象，为今人留下了无限的想象空间。良渚文化陶器、玉器表面出现的刻画符号已发现 600 余个，这些符号以象形及指事的方式出现，与甲骨文有一定的共性，某些连"字"成句的符号用法，被视为文字出现的证据。贵族墓葬与平民墓葬在葬制、随葬品等方面的悬殊差异，表明当时贫富分化的加剧，社会的复杂化程度业已达到一定高度。同时期中国规模最大的城市及大型防护性工程的营建，说明了其拥有了清晰的规划布局理念和高度的社会组织系统。总之，作为物质与精神复合体的良渚文化玉器，它与良渚古城、祭坛等遗迹以及器形规整、胎质细腻、表面漆黑光亮并细刻纹饰的黑皮陶器，造型优美、纹饰华丽的嵌玉漆器一起，组成了良渚文化最令人瞩目的物质遗存，蕴含着宗教、政治、军事、礼制等诸方面的重要内容，与中国文明起源阶段社会等级的的分野、集中权力的形成、礼制的规范化、大规模社会资源的调度、大型土木工程的营建以及"天人合一"理念的形成，有着密切的关联，从而成为实证中华五千年文明的关键所在。

第二章　良渚遗址

良渚遗址发现于 1936 年，以良渚遗址命名的"良渚文化"，距今约 5300——4300 年，是长江下游古文化发展的重要时期，也是中国乃至东方早期文明的主要代表之一。经半个多世纪的考古调查和发掘，初步查明在浙江省杭州市余杭区良渚街道和瓶窑镇地域内，分布着以良渚古城遗址为核心的 130 余处良渚文化遗址，总面积约 42 平方公里，有村落、墓地、祭坛等各种遗存，内涵丰富，范围广阔，遗址密集。八十年代以来，高台土冢与祭坛遗迹相复合的瑶山、汇观山遗址，以大墓殉葬精美玉礼器为特征的显贵者专用墓地反山遗址和莫角山大型建筑基址的相继发现，引起了国内外学术界的极大震动和重视。良渚遗址已被认为是良渚文化时期的政治、经济、宗教、文化的中心。国家文物局称，良渚遗址已成为实证中华五千年文明史的最具规模和水平的地区之一，今后还将成为人们进行教育、纪念和观光活动的中华民族和东方文明的圣地。

1994 年初，国家文物局向国务院推荐将《良渚遗址群的保护、开发的系统研究》项目列入《中国 21 世纪议程》优先项目计划，并将良渚遗址群列入中国政府向联合国教科文组织推荐《世界遗产名录》的预备清单。早在 1961 年，浙江省人民委员会即已将良渚遗址列为浙江省文物保护单位；1996 年，国务院将良渚遗址列为第四批全国重点文物保护单位。

第一节　发现与考古历程

余杭是良渚文化的发现地。自 1936 年良渚镇的发掘开始，本区的良渚文化考古走过了 70 余年的历程，经历了起步、发展和突破三个大的阶段。

一、起步阶段（1936–1985 年）

良渚遗址最早于 1936 年由施昕更先生发掘。1936 年 7 月，施昕更回良渚调查，于枯涸池底捡得石器数件，并在地面上发现许多陶器碎片，其中有巨大的陶鼎足。同年 11 月 3 日，在西湖博物馆馆长董聿茂等的指导下，施昕更再赴良渚，在棋盘坟发现许多"黑色有光的陶片"，认为重要，携回研究，通过与山东龙山城子崖龙山文化黑陶对比，认为"似同一类型，而又有很大不同"，便认定这就是"江南远古文化'亦即新石器时代之遗存，遗址就在良渚一带。随后在 12 月至次年 3 月间，由施昕更主持进行了三次短期的、小规模的发掘，范围由良渚扩及安溪、瓶窑等地、包括棋盘坟、横圩里、茅庵前、朱村兜、荀山、许家兜、近山、横村塘、大雄寺、钟家村、金家弄、宋村、后河村等 10 处，获得石器和陶器两大筐。发掘结束后，施昕更在馆长董聿茂及同事钟国仪等人的指导协助下，对良渚遗址的发掘资料进行整理、分析，撰写了《良渚——杭县第二区黑陶文化遗址初步报告》，并制成图片 100 余张。这是第一部良渚文化遗址的发掘报告，被认为是中国考古学史上具有代表性的考古报告之一。

1937 年，何天行把采集到的石器、陶器进行分析研究，并在考古学界董作宾、卫聚贤等先生的鼓励支持下，著作《杭县良渚镇之石器与黑陶》一书，由我国著名学者蔡元培先生题写书名，为吴越史地研究会丛书第一种，是最早研究良渚文化的一本考古著作。

其后，由于抗日战争爆发，考古事业被迫中断。

新中国成立后，对良渚遗址的首次野外发掘是良渚镇长坟遗址的发现。1955 年冬，良渚镇朱村村民在长坟的水塘中挖泥积肥，在泥塘中发现大量的陶器，同时并伴有木炭、炭末和草木灰等。浙江省文物管理委员会闻讯后立即派汪济英等前往发掘，在泥塘北端开了一条 2×8 米的探沟，发掘和采集所获的陶器、陶片达 40 余筐，其中完整的和可修复成器的陶器达 50 余件。器种主要有双鼻壶、圈足豆等，别的如杯、尊、簋、盆等较少。这些陶器基本无使用痕迹，不少陶器变形或有气泡。据此分析，长坟遗址可能是良渚文化晚期烧制陶器的窑场。

1963 年春，浙江省文管会和浙江省博物馆派朱伯谦、牟永抗带队，部分市、县文物干部参加，对安溪苏家村遗址进行一次小规模发掘。发掘面积 300 余平方米。发掘所得遗物主要是良渚文化的陶片、残石器等，亦有一定数量的印纹陶片。其中还出土了半件玉琮。当时因怀疑这半件玉琮出自扰乱地层（商周时期印纹陶文化堆层），故未能确认为良渚文化玉琮。

从五十年代至八十年代初，由于种种因素，除上述两次小型发掘外，对良渚遗址未有更多的田野工作。其间，当地农民在生产建设中亦发现了一些文物，如 1971 年瓶窑长命桑树头出土两件大玉璧，1973 年瓶窑吴家埠山顶出土玉琮、玉璧、石钺等一批玉石器，1978 年良渚荀山白泥矿出土玉璧、玉锥形器，同年瓶窑黄泥口出土 100 多颗玉珠管等，这些文物均由农民或文保员收集后上交省、市文博单位。对上述地点虽曾作过一些现场踏勘调查，但终因主客观条件所限，没有采取进一步的抢救性发掘等措施。

1981 年，浙江省文物考古研究所为配合瓶窑北湖建材厂基建，于 3 月 11 日至 6 月 26 日、10 月 4 日至 12 月 5 日两次对吴家埠遗址进行了发掘。发掘总面积 1300 余平方米。这是良渚遗址内第一次较大型的考古发掘，标志着对良渚遗址展开全面深入的田野考古工作新的开始。吴家埠遗址的发掘，首次在良渚遗址内发现了马家浜、崧泽、良渚三个文化层的叠压，从而把良渚一带以至整个杭州地区新石器时代遗址的年代上溯到了 6000 年以前。发掘共清理出 28 座墓葬，其中 20 座属良渚文化。从良渚文化层所出土的器物看，石器有石斧、锛、凿、镞、破土器、耕田器、石、纺轮、球等，陶器有鼎、豆、壶、罐、盆、盘、钵、杯、簋、过滤器、瓮、臼、器盖、网坠和纺轮等。另外还有少量的骨器及璧、璜、冠形器、锥形器、珠、管等玉器。

器盖、网坠和纺轮等。另外还有少量的骨器及璧、璜、冠状梳背、锥形器、珠、管等玉器。

1984 年春，为配合 104 国道勾庄至良渚化工厂一段拓宽工程，浙江省文物考古研究所闻讯后，派王明达、芮国耀等在良渚镇的河口埭、水口头、莫家里、唐家头四处地点进行了试掘，各开 2×10 米的探沟 7 条。这四处地点均是土丘，试掘结果表明，这些土丘均系良渚文化厚薄不一的熟土墩，但扰乱情况较严重，在熟土层中往往能偶见碎小的良渚文化陶片和残石器。

1985 年 5 月，浙江省工学院选中良渚镇荀山东坡建造化工厂，为配合基建，浙江省文物考古研究所派芮国耀等在东坡布 2×10 米探沟 3 条进行试掘。试掘证知，这是一处多层叠压的史前遗址，文化堆积层厚达 2 米以上。下层属马家浜文化晚期，上层属良渚文化，其中不少器物带有明显的崧泽文化因素，从器物上可划分出良渚文化的早、晚期。

此阶段尤为值得一提的是 1981 年浙江省文物考古研究所成立了吴家埠工作站，对良渚、瓶窑两镇和安溪乡一带，进行了两次有目的的考古调查，新发现史前遗址 30 余处，对该区域良渚遗址的分布情况，有了最基本的了解，但此阶段良渚遗址的概念尚未提出，其特殊性和重要性尚未被认识，对遗址的认识，尚着眼于"点"的认识。

二、发展阶段 (1986–2006 年)

1986 年春，瓶窑长命农机厂转产，筹建制动材料厂，厂址选中了反山。反山，位于瓶窑长命雉山村，东西长 90 米，南北宽 30 米，总面积约 2700 平方米，堆土厚达 7 米。据调查，西端已被挖去近 10 米长的一段。为配合基建工程，浙江省文物考古研究所于 5 月 8 日—7 月 5 日、9 月 3 日—10 月 10 日进行了第一期发掘。在反山西部布 10×10 米探方 6 个，探方之间各留 1 米隔梁，实际发掘面积为 660 余平方米。从发掘情况看，最上部表土层厚 2030 厘米，其下为"封土层"，厚 130150 厘米，此层清理出 11 座汉代单穴券顶砖墓。再下为堆土层。在堆土层发掘出 11 座良渚文化大墓，自西而东以较均等的间距分列成南北两排。整个墓地排列布局较为规整有序，似有一定的总体格局。墓葬头向为南略偏西，个别为正南，大多为长方形竖穴式土坑墓。墓穴长约 3 米，宽约 2 米，多数墓深 1.3 米。在墓底筑有低土台的凹弧形棺床，围以深 10 厘米左右的浅沟。随葬品布满在棺床之上，少者数十件，多者数百件。有陶、石、玉、象牙、涂朱嵌玉漆器等共 1226 件（组）。其中陶器有鼎、豆、罐、缸等，石器全部为石钺，玉器占全部随葬品的 90% 以上，品种有琮、璧、钺、三叉形器、冠状梳背、璜、锥形器、镯、环、带钩、柱形器、杖端饰、半圆形冠饰、圆牌形饰以及由鸟、鱼、龟、蝉和各种瓣状饰组成的穿缀饰，由管、珠、坠组成的串挂饰，各类玉粒组成的镶嵌件等 20 余种。反山遗址完整的神人兽面图像的出土，是良渚文化玉器的重大发现。反山墓地人工堆筑的"高台土冢"，显示出墓主人已成为凌驾于部族一般成员之上的特殊阶层，这对于探索中华文明的起源具有重大意义。

1987 年 5 月初，在安溪下溪湾村的瑶山发生了盗挖良渚文化玉器的事件。经报请国家文物局批准，由浙江省文物考古研究所主持，会同杭州市文物考古研究所、余杭县文管会一起对盗掘现场进行了抢救性发掘清理。野外工作自 1987 年 5 月 5 日开始，至 6 月 4 日结束。根据现场情况，开 25×2 米的东西向探沟 4 条，探沟之间各留 2 米宽的隔梁，总计发掘面积为 588 平方米，发现一处良渚文化时期的祭坛遗迹和 12 座良渚文化时期的墓葬。揭去厚约 20—30 厘米的表层耕土，即暴露了祭坛遗迹和墓口，祭坛遗迹平面呈方形，由里外三重组成。最里面一重为略呈方形的红土台，边壁方向与磁针方向基本一致。第二重为灰土围沟，围沟宽约 1.7—2.1 米不等，深约 6585 厘米。在灰土围沟的西、北、南三面，为黄色斑土筑成的土台。台面上散见较多的砾石，东面为自然山土。砾石台西、北边缘各发现一道由砾石迭砌的石坎。石坎迭筑整齐，呈斜坡状。整个祭坛外围边长约 20 米，面积约 400 平方米。12 座良渚文化墓葬均开口于地表耕土层下线，有的则打破祭坛，墓葬集中分布于祭坛的南半部，分为东西向南北两列。墓坑基本呈南北向，为竖穴土坑墓。墓底平整，有的墓发现回字形填土结构，推测有棺、椁之类的葬具。墓坑大小不一，长 2.5—3.7 米，宽 0.8—2.15 米，深 0.35—1.75 米，各墓人骨架均已朽尽。随葬器物各墓多寡不一，但均以玉器为主，主要集中在墓室的中部及南部，另外还有少量的陶器、石器和嵌玉漆器。陶器的基本组合为鼎、豆、罐、缸，均置于墓坑北端。石器只有石钺一种。玉器有琮、钺、冠状梳背、三叉形器、锥形器、牌饰、璜、带钩、带盖柱形器、管（珠）串饰等。12 座墓葬中正式发掘清理的 11 座墓出土随葬品达 707 件（组），另有 1 座 M12 已被盗挖，后由余杭县文物管理委员会收缴玉器达 344 件（以单件计）。瑶山良渚文化祭坛与墓葬复合遗址的发现，是良渚文化考古研究的又一重要成果，它对于研究良渚文化时期的社会性质、认识原始宗教在我国及东亚地区原始社会向文明时代发展的历史进程中的作用，有着重要的意义。

1987 年 11 月，104 国道杭州至父子岭段公路拓宽工程施工，大观山果园内的路段将取直拓宽。浙江省文物考古研究所闻讯后，派员在果园东南部布 5×5 米探方 13 个。在清理完一批汉墓后，发现一处"燎祭"遗迹，该遗迹以草木灰和红烧土间隔层形成，呈锅底状，最厚处达 1.1 米，直径约 20 余米。后又在隔梁上发现了一座随葬鼎、豆、罐的良渚文化中期墓叠压在该遗迹之上，由此证明这个遗迹是良渚文化的产物。为保护该遗址，大观山果园内公路未予拓宽，仍按原道行驰。然而，莫角山这座东西长 670 米，南北宽 450，面积 30 多万平方米超巨型中心址已得到了初步的确认。

良渚镇庙前遗址，位于良渚镇西北部，荀山的东南侧，为配合该镇的基建工程，浙江省文物考古研究所分别在 1988 年 11 月至 1989 年 5 月、1990 年 8 月至 11 月，两次对庙前遗址进行了发掘，揭露面积达 1000 余平方米。发掘区均为稻田，地层中下层为马家浜文化，上层有良渚文化的多层堆积。两次发掘区以一条南北向的现代路为界，划分为东、西两区。发掘清理的遗迹，东区有房址 2 座，墓葬 6 座，以及沟或河一条。西区有墓葬 26 座，窖藏 2 座。东区房址 F1 平面略呈东北西南向的长方形，面阔 10 米，进深 8 米，面积达 80 平方米。四周有柱坑 26 个，除西北面与 F2 相邻为单排外，其余三面柱坑均作双列。柱坑底部铺设长 1 米许的垫板，有 2—5 块不等，有的木板下还垫有横木，从少数柱坑中残留的立柱看，立柱有方圆两种。从柱坑的布局看，可能是一种大跨度屋顶内设柱子或重檐加设回廊的建筑。木构窖藏 H2，整个套在一个口径 260、深 280 厘米的圆形土坑内，至底部近方形，H2 平面呈"井"字形，用长 130 厘米、宽 12—23 厘米、厚 7—10 厘米，截面为长方形的方木两端凿成卡榫，从底部往上架设而成。残高 150 厘米。"井"字形木构内圈近方形，边长 82 和 83 厘米，土坑与木构框架间的填土为黄褐色细砂土，木构窖藏内土质为青灰淤泥，似古井废弃后改作窖藏之用。在窖藏内清理出陶、石、木器共 58 件。其中，陶器 53 件，大多为黑陶，器型有罐、尊、壶、鼎、盉、豆、杯、盆、瓮、器盖等。其中 H2：50 贯耳壶上有精美的刻划图案，图案以上腹部双耳为轴，两侧各饰一组，每组中两边各有一只双首相向的连体鸟，中间则是由两根似龙身或蛇身组成的涡旋纹。还发现一件木胎双色残漆盘，先是里外涂上朱漆（器外底除外），然后在口沿及外腹部用黑漆勾绘几何图案。遗址清理出的 32

座良渚文化墓葬，均为长方形土坑墓，大小深浅不一，一般长 120—240，宽 30—95，现存深 8—70 厘米，其中 3 座似为小孩墓。部分墓有木质葬具，其中M25 清理出一具较完整的独木棺。墓向大多南偏西，葬式多为单人仰身直肢。随葬品多寡不一，少的仅 1 件，多的有 14 件，有陶器、玉器、石器等。陶器组合为鼎、豆、罐或鼎、豆、罐、盆、过滤器。玉器主要是小件的玉管、玉珠、玉坠等，石器有石纺轮、石钺和小型石刮削器。有的墓，在墓主人的脚端或头部附近发现有动物骨骼。此外，遗址中还出土了许多如木制陀螺、木质船形盘、木胎漆盘、木豆、木榔头等遗物。庙前遗址的发掘，为考察良渚文化早期村落遗址，探讨当时的社会结构、生活、生产、葬俗、礼仪等文化面貌及木器加工工艺提供了丰富而新鲜的资料。

1989 年 9 月 18 日至 10 月 17 日，浙江省文物考古研究所在安溪果园内抢救性发掘了钵衣山遗址。发掘面积 557 平方米。共发现良渚文化墓葬 4 座，灰坑 9 个，水井 1 口。4 座墓葬均为长方形竖穴土坑，出土随葬品有玉璧、镯、冠形器、锥形饰、管、珠等；陶器有鼎、豆、双鼻壶、缸，石器全部为石钺。灰坑口均为不规则形，所出陶片具良渚文化风格，部分灰坑不含文化遗物。水井深达 5.6 米，为良渚文化遗址中所少见。

罗村遗址位于安溪上溪村，南距东苕溪约 500 米。这是一处近方形的山前台地，面积约 2 万平方米，高出农田约 1—2 米，在遗址的中部略偏西北位置，有一凸兀而起的长方形土台，东西长约 60 米，南北宽约 25 米，相对高度 2 米。1984 年当地农民在土台的西南角盖房时，曾出土一批琮、璧、钺等良渚文化玉器。1988 年 11 月—12 月、1990 年 9 月—12 月，浙江省文物考古研究所两次对该遗址进行发掘。发掘区主要集中于土台的西北部，开 5×10 米探方 8 个，共计发掘面积 400 平方米。从发掘情况看，该遗址的土台，为良渚文化早期，前后两个阶段，均由人工堆筑而成。前期土台位于整个土台的西南部，以纯净黄土筑成，边角规则平整，为上小下大的覆斗状，平面为东西长、南北短的长方形。顶面东西残长 8 米，南北宽 5 米。其东北角保留垂高 1.9 米，坡高 2.1 米。后期土台直接在前期土台基础上扩建而成，开口于表土下，以多种土色堆筑，构成平面布局。由于仅发掘了西半部，且四周遭不同程度破坏，故四边情况不明。罗村遗址两期不同形制的台式建筑的发现，为研究良渚文化祭坛的形制及建筑使用过程，均提供珍贵的资料。

1988 年冬，在发掘罗村遗址的同时，浙江省文物考古研究所还对罗村周围的葛家村、王家庄、金村、姚家墩，以及斜步滩与窑廊等 6 处相对集中的台地，进行了初步调查与探掘。利用可见剖面与探沟，在葛家村、王家庄、金村及姚家村 4 处台地上，均找到了与罗村相应时期的堆积。从包括罗村在内的上述 7 处台地的平面布局看，姚家墩处于中心位置，面积最大，约有 3.5 万平方米左右，略呈南北长、东西窄的长方形，与周围农田的相对高度约 2—3 米。在其中东侧为葛家村、王家庄与窑廊；在其西侧为罗村、金村和斜步滩。此 6 处台地距姚家墩均约 100 米左右。6 处台地的面积均在 1—2 万平方米，相对高度也在 2—3 米左右。在葛家村、王家庄东侧，原有"东晋港"，南接苕溪，北抵山脉。罗村与金村西侧，也有同样类似的河沟，名叫"西塘港"。如此周密规则的布局，显示出明显的人工斧凿之痕。试掘主要在姚家墩，在其北部和中部，分别开 2×5 米探沟两条，两条探沟间相距 50 米。探沟中都发现了良渚文化的建筑遗迹。尤其是在中部探沟，发现了 1 座以红烧土、陶片、砂粒和大型石块等铺垫而成的建筑地面。在探沟中只暴露了其南边的一段，纵贯探沟的东西，揭露部分宽约 150 厘米。该遗迹顶部铺一层厚约 10 厘米的红烧土，其下有一层平铺的碎陶片和砂子交杂的面，再下为砂石基础，石块大小不等，大者长径可达 50 厘米以上，在石块之间以粗砂填灌。砂石基础的厚度超过 50 厘米。由于未做进一步下挖与扩方，对整个建筑情况与堆积尚不清楚。但从此砂石基础的坚固与考究，已足以证明，这不是一般意义的生活建筑，而是与罗村发现的祭坛和玉礼器相对应的更高层次的建筑设施。以姚家墩为中心的聚落形式的发现，对于良渚遗址群的考察以及良渚文化聚落形态的研究是一个重要的启示。

汇观山位于杭州西北约 28 公里处，地属瓶窑镇，是一座独立的自然山丘，海拔约 18 米。1990 年当地居民在山顶建房时出土玉璧、石钺等良渚文化遗物，经踏勘确证为良渚文化墓葬所出。1991 年 2 月—6 月，浙江省文物考古研究所、余杭县文管会即进行发掘，布 5×10 米探方 23 个，2×30 米和 ×15 米探沟两条，发掘面积 1600 余平方米。发现一座较为完整的良渚文化祭坛，在祭坛西南部清理了打破祭坛的四座良渚文化大型墓葬。出土琮、璧、钺、三叉形器、冠状梳背等玉礼器及陶石器共计 250 余件组。其中 4 号墓葬坑约为 4.75×2.6 米，棺椁齐备，除棺内随葬的玉石器外，在椁室北端还另随葬有一组陶器，该墓随葬品较为丰厚，仅石钺即达 48 件，是目前所见良渚文化墓葬中墓坑规模最大的一座。汇观山祭坛的格局形式与瑶山十分相似，是良渚文化中规模最大的一座祭祀址，总面积约 1575 平方米。整个祭坛利用自然山势修凿，为东西长、南北窄的长方形，基本呈正南北方向。在中部偏西部位，以挖沟填筑的灰色土框将祭坛平面土色分割成内外三重。灰色土框宽约 2 米，其围成的方框内边约为 8 ×10 米，是用别处的灰色粘色土填成，灰色土框内外，主要为红色风化土。在祭坛的东西两边低于现存坛顶1—1.5 米许的平面上，多凿有南北向的 30 余厘米宽深的沟槽，推测应作排水之用。在该平面之外，是经过修凿的向外延伸的平展地面，从而构成了两级祭坛形式。汇观山的发掘，再次证明了祭祀与祭祀址在良渚文化及良渚聚落群的重要地位，为总体考察以莫角山为中心的良渚遗址群的聚落形态，提供了重要资料。

1991 年 4 月—7 月，浙江省文物考古研究所在安溪镇葛家村东的上口山进行抢救性发掘。发掘面积约 310 平方米，清理出良渚文化时期、汉代和宋代的地层堆积及遗迹。其中良渚文化遗存收获如下：1、划分出上、下两个文化层。上层包含物以 T 形鼎足为特征，还有泥质黑陶的竹节形豆把及豆盘、壶及器盖、杯、夹砂圆锥形足、夹砂红陶鼎口沿及带菱形纹陶缸腹片。石器有形体厚重和弧背石凿、扁薄无段石锛、柳叶形扁体短铤石镞及断面为凸菱形长铤石镞、凹面石磨盘、加工砥石等。下层以鱼鳍形鼎足为代表，有少量夹砂红陶、泥质黑陶及泥质灰陶碎片，偶见弧背石锛、石镞、砥石等。2、清理出开口于下层的 5 座长方形竖穴土坑墓。墓坑一般长 240 厘米、宽 80 厘米、深 90 厘米左右。随葬品多者 10 件，少的仅 1 件，包括鼎、豆、壶、罐、盆等陶器及石钺、玉坠、玉管等。其中 M5 没有发现任何遗物。有的墓内人骨尚存，头向多朝南。发现有弧底形木质葬具。此外，清理了六条开口于下层之下的沟。沟作东西向并排布列，间距 90—265 厘米，长 500 厘米以上，宽 70 厘米，深 65 厘米左右，沟口略大于沟底。沟内遗物极少，仅在个别沟内有碎陶片或底局部有灰层及零星骨屑。

为配合基本建设，浙江省文物考古研究所于 1992 年 3 月—5 月，在良渚镇云华幼儿园北侧，今良渚电管站址的茅庵里进行发掘。布 5×10 米探方 5 个，揭露面积 250 平方米。遗址为良渚文化时期临水居落边缘的活动堆积，东部发现两排南北向的护堤木桩，同时清理出大量水底沉积物。有陶片（含彩陶）、石器、兽骨、酸枣核、芦苇、残木等，为良渚文化的聚落研究提供了新的材料。

梅园里遗址位于安溪镇安溪村南的一块山前高地上。南北长约 120 米，东西宽约 70 米，高出水田面 2—2.5 米。遗址北邻的照山，解放前出土过较多的良渚玉器。东面约 50 米的官庄遗址，据传也曾出土过良渚玉器。1992 年 9 月至 1993 年 11 月，为配合农户建房，浙江省文物考古研究所对该遗址前后进行了三次发掘,发掘总面积 1200 平方米。遗址堆积分 4 层。第 1 层为耕土层,厚约 0.4 米,第 2 层为宋代至明清间的扰土层,厚约 0.2 米,第 3 层厚约 0.35 米,为良渚文化堆层,第 4 层厚约 0.5 米,属马家浜文化。遗址共发现 26 座墓葬,其中 23 座为良渚文化墓葬。随葬品中陶器除鼎、豆、壶的组合外,还有夹砂陶缸、圈足盘等,玉器大多为锥形器、珠、管等小件玉器,少数墓葬有半璧形璜、环、瑗、璧等出土,从随葬器物形制看,墓葬年代属良渚文化早中期。此外,还发现了 10 多个灰坑和 1 处良渚文化时期的石筑遗迹。

1992 年 2 月,位于莫角山遗址内的浙江省文联长命印刷厂拟在厂区西南的空地建造新厂房,考古部门试掘后发现一层厚约 20—30 厘米的沙土。为了考察这层沙土的性质,进而局部探知遗址的地下面貌,同年 9 月至 1993 年 7 月,浙江省文物考古研究所在位于遗址中部的印刷厂拟建区域内进行了正式发掘,布 10×10 米探方 20 个,实际揭露面积近 1400 平方米。发掘中首先确认了沙土为良渚文化时期遗存。同时还发现良渚文化大片夯土层与夯窝等建筑基址遗迹。从层位关系观察,建筑基址压在良渚文化早期偏晚阶段的地层和灰坑之上,又被晚期偏早阶段的地层、灰坑等叠压或打破,从而基本确定了建筑基址的年代范围。该基址的夯层由沙层和泥层间隔构成,总厚度在 50 厘米左右,层数在 9—13 层之间。在每层纯净的青灰泥上都发现了夯窝,形状如蜂窝,窝径 6—10 厘米,深 3—6 厘米。从规整的夯窝看,应系使用圆头工具夯成。其间在西北 100 米开外的另一处 100 平方米的发掘范围内,发现基址面上有一些近圆形或椭圆形的大型柱洞,从南到北分三排呈东西向排列,各排间距在 1.5 米左右,柱坑口径在 0.44—1.35,深 0.21—0.72 米之间。坑内有近圆形的浅灰色遗迹,松软纯细,当为木立柱灰,其直径一般在 0.5 米左右,大者达 0.9 米,柱灰与柱坑之间为黄褐色沙填土,大部分柱坑内留有台面。据初步调查钻探表明,整个夯筑遗存总面积不少于 3 万平方米。如此大规模的夯筑基址及其大型柱洞遗迹,显然与礼制性建筑有关。莫角山大型建筑基址的发现,是半个多世纪以来良渚文化考古学研究的一个重大突破,对于良渚文化的聚落形态及其社会性质的研究,中华文明起源的探索提供了极为重要的资料。

为了摸清良渚遗址东线分布情况,1996 年下半年,浙江省文物考古研究所在安溪镇东三合村严家桥作小型试掘。150 平方米的试掘范围内,发现有居住住址,也有熟土层。结合八十年代曾有管、珠等小件玉器出土,熟土层可能为小型墓地,另外还出土少量残陶片、木桩等。

塘山遗址位于整个良渚遗址的西北地段,从瓶窑镇毛元岭起始,经西中村、河中村和安溪镇石岭村、上溪村至罗村,全长约 5 公里,呈直线东西走向。遗址现存地表部分,宽约 20—50 米,高约 3—7 米。1987 年遗址调查时发现。1995 年,该遗址罗村附近地段挖开一条供拖拉机运输路的缺口,考古人员在断面上发现良渚文化碎小陶片。经国家文物局批准,浙江省文物考古研究所于 1996 年 12 月至 1998 年 1 月,前后三次进行了小规模的考古发掘。考古发掘地点有两处:一处位于石岭村毛儿弄,一处位于罗村附近,两处共计发掘面积 250 平方米左右。发掘结果表明,在表土和汉代堆积层之下,为良渚文化时期的文化层,内含少量陶片、残石器等器物,在毛儿弄探沟的近底层还发现有人工铺成的石块层,似为堤的基础。在良渚文化地层露头(深度为 50—60 厘米)时发现大量玉、石料,共 100 余件,玉料占 1 / 3 左右,余为石料,均有加工痕迹。在一处地点发现如此大量玉石料乃属良渚文化考古首次发现。在深度为 1.6 米处,发现良渚文化墓葬两座,均为南北向长方形土坑墓,其中一座随葬玉钺、玉璧、冠形器、锥形器和陶器等 50 余件;另一座随葬石钺、玉镯、冠形器和陶器等 20 件。从随葬品分析,两座墓的主人应属良渚文化贵族阶层。通过发掘确认,塘山遗址是良渚先民堆筑营建的巨大工程,其土方量超过任何一处良渚文化人工遗迹。有学者结合良渚文化时期洪水泛滥的诸多迹象分析，认为塘山是一处良渚先民人工修筑的防洪堤，这无疑是良渚文化考古中的又一重大发现。

为进一步了解余杭瑶山祭坛遗址的范围、布局、结构等相关问题，根据国家文物局要求，浙江省文物考古研究所分别在1996~1998年，连续三次对该遗址进行了清理、发掘。共揭露面积3000余平方米。发现良渚文化时期墓葬1座及多道与祭坛遗址相关的石坎遗迹。三次发掘均为保护性发掘，即主要通过平面揭露以判断祭坛遗址的范围，平面布局；结合少量的探沟发掘以了解其营筑结构。发掘结果表明，瑶山祭坛遗址实际上为一台面东西长约100米，南北宽约50米的大型人工堆筑土台。(1987年发掘的祭坛位于该土台的东北侧)，土台依靠东侧自然山坡而筑。台面东侧较为平整，往西逐渐倾斜至台脚。南、北两侧为约40°的斜坡，北侧斜坡上发现用堆土加工成大波浪状台阶，土台台面与坡脚的高差近9米。在土台台面的南、西、北三侧均发现有石坎。其中南侧的石坎保存较好，现存东西长20余米，高约0.8—1.00米，甚为壮观。石坎除顶层砾石暴露在土台台面处，坎身均被良渚文化时期堆土所覆。据此，石坎的用途主要是为了营筑土台。发现的一座良渚文化时期墓葬，位于86年发掘的祭坛中心区，位置介于M5—M11之间，其埋葬风格与随葬品均与已清理的12座良渚文化时期墓葬相近。

1998年10月至11月，为配合西险大塘加固工程，浙江省文物考古研究所良渚工作站对工程涉及的拆迁安置区进行了较大面积的试掘，共布探沟9条，发现一处新的良渚文化遗址——石前圩遗址。石前圩遗址位于安溪镇政府南面、杜家山以北的农田中，面积约5000平方米，呈西南—东北向带状分布。遗址上部为结实的褐斑土堆积，曾因出土玉器而被盗掘，本次试掘也清理了两座良渚文化墓葬。遗址下部有1米多厚的青淤泥沉积，内含丰富的良渚文化遗物，其中一些黑陶片光泽鲜亮，个别有刻纹。石前圩遗址保存较好，其分布范围和性质有待正式发掘予以确定。试掘中初步获得的信息表明，这里曾是良渚先民较长时期延续的生息之地，对它的全面揭露必将为良渚文化的研究提供有价值的实物资料。

1999年，以汇观山为试点，对良渚遗址保护和展示方案开始实施。至2001年展示方案主体部分的第一期工程已基本完工。在复原展示工作进行的同时，对汇观山遗址进行了进一步的发掘，从而使我们对汇观山良渚文化祭坛的营建过程和规模有了更清楚的认识。

1999年10月至2000年1月，为配合安溪镇村镇规划用地，对石前圩遗址进行了抢救发掘，发掘面积1600平方米。发现了良渚文化后续相当于龙山文化时期的文化堆积与遗迹，以及良渚文化的墓葬3座，建筑遗迹2座。

2000—2001年，为配合基建，对瓶窑文家山遗址、杜山遗址及仲家山遗址进行了抢救性发掘，发掘面积共计约1300平方米。在文家山遗址发现良渚文化大中型墓葬18座；在仲家山遗址发现良渚文化墓葬4座，出土了大量的玉器、石器和陶器。

2001年对良渚天打网遗址进行了抢救性发掘，发掘面积约500平方米，发现了良渚文化晚期的文化堆积。

2002—2005年，为配合基建，对瓶窑卞家山遗址进行了发掘，发掘面积约2000多平方米。发现了良渚文化晚期及良渚后续的文化堆积，清理了较大面积的临水的木桩遗迹以及65座良渚文化中期墓葬，出土了较多的陶器、玉石器和木器等遗物。对于探索良渚文化的聚落模式及良渚后续的文化面貌，提供了重要资料。

文化晚期及良渚后续的文化堆积，清理了较大面积的临水的木桩遗迹以及 65 座良渚文化中期墓葬，出土了较多的陶器、玉石器和木器等遗物。对于探索良渚文化的聚落模式及良渚后续的文化面貌，提供了重要资料。

此阶段发掘的反山、瑶山遗址入选了中国"七五"期间全国十大考古新发现，莫角山遗址入选了中国"八五"期间全国十大考古新发现，莫角山、汇观山的发现还被评为当年度的全国十大考古新发现，以上遗址的发现与发掘不仅使人们对良渚遗址有了新的认识，而且将良渚文化的研究推向了一个新的高潮，良渚遗址也从此成为良渚文化研究的中心。1994 年，针对良渚遗址工作的需要，浙江省文物考古研究所成立了良渚工作站。此后，工作重心转移到基础性工作上来，1997 年至 2002 年，良渚工作站组织力量对遗址进行了全面调查，使遗址内的遗址点从原有的 50 余处增加到了 135 处，从而完善了对遗址范围的认识，此间又有庙前、塘山、姚家墩、文家山、卞家山等不同类型重要遗址的发掘。对于不同遗址的性状和等级有了进一步的认识。相对于遗址"点"的认识，良渚遗址概念的提出，突破了单纯的遗址"点"的认识，开始注意到了各遗址的功能区分，以及遗址点密集分布的空间特性背后所反映的整体关系。

三、突破阶段（2007 年 – ）

2007 年，浙江省文物考古研究所根据前期葡萄畈遗址的发现，和以葡萄畈遗址为基点向南北做延伸钻探调查和试掘的结果，正式确定底部铺垫石头的遗迹是良渚文化时期围绕莫角山四周的古城墙。该年，在莫角山四周发掘面积约 2700 平方米，初步判定良渚古城城墙的东、西、南、北分布范围、堆积状况以及年代下限。良渚古城南北长 1800—1900 米，东西宽 1500—1700 米，总面积约 300 多万平方米。布局略呈圆角长方形，正南北方向。城墙底部普遍铺垫石块作为基础，在石头基础以上用较纯净的黄色粘土堆筑而成，城墙底部宽 40—60 米，现存较好地段高约 4 米。四面城墙的堆筑方式基本一致，从堆筑技术上反映了城墙的整体性。良渚古城的发现荣获 2007年全国十大考古新发现，田野考古工作也获得肯定，荣获"2007 – 2008 年度国家文物局田野考古奖"二等奖与"2009 – 2010 年度国家文物局田野考古奖"一等奖。

2009 年 4~5 月浙江省文物考古研究所对梅家里遗址进行了抢救性清理。梅家里遗址地属余杭区良渚镇安溪村梅家里，位于良渚遗址保护区内，遗址地貌原为一独立的小山体，北侧 200 余米为百亩山，中间间隔着水塘和稻田，南侧紧靠原苕溪北岸大堤，隔着苕溪与苏家村遗址南北相对。试掘和发掘共布方面积约 900 平方米，清理良渚文化墓葬 33 座，发现良渚建筑台基 1 处，历史时期的遗迹清理馒头形砖窑 4 处，宋代土坑墓 1 座，宋代水井 1 座。发掘表明，遗址所在原为一略呈南北向的独立小自然山体，山体的南坡在良渚早期阶段被敛平修整成为建筑台基。遗址东区墓葬规格高低不一，其中 M10、M18 为规格甚高的贵族墓。M10 属于良渚中晚期，随葬有冠状饰、璜、玦、环、锥等玉器。M18 是发现墓葬中规格最高的，位于遗址最南，南部已被苕溪冲毁，仅存中北部，东侧则被宋代水井打破，西侧距离砖窑仅数十厘米，可谓劫后余生。墓葬出土玉琮 1 件，玉璧 2 件，其余头端玉器皆无存。梅家里遗址的发掘尽管受客观条件的限制未能进行大规模的揭露，但在有限的范围内仍基本揭示了聚落布局的一角，为遗址群内良渚聚落的研究提供新的材料。遗址使用年代贯穿良渚文化的早、晚阶段，其较晚的时段可能与良渚古城共存，从位置看此地属于城外的近郊，因此，梅家里遗址当纳入整个良渚古城研究的角度进行观察。

许家山遗址位于安河公路和沿山河渠道的北侧，为大遮山坡脚，西距康门水库约 400 米，东为中溪湾梅家里村。在了解到这里主要分布有良渚时期的地层堆积和晚期窑址，并基本确定了两类遗迹的分布范围，为了进一步了解遗址的内涵和分布情况、确定遗址的性质，2009 年 2 月 16 日—5 月 6 日在许家山遗址进行了试掘，在遗址的中心区开掘横贯遗址的"十"字形探沟，"十"字探沟东西两侧各布东西向探沟一条，共四条，每条探沟宽均 8 米，且均去除表土，将地层降到文化层出露的平面上，之后运用电子全站仪布方，按正方向，共布 2x10m 的探方 36 个，最后根据需要，跳跃式地选择其中的 11 个探方进行发掘，实际发掘面积 180 平方米。遗址的中心区分布面积大，且文化堆积厚，为良渚时期，以原有的自然山体为依托而营建的人工土台，且有多个使用阶段，并可能伴有扩建的过程，土台西北高而东南低。这一人工土台的四至除西界已知外，其它三面的边界并不清楚。考虑到该处遗迹范围较大，可能具有特殊重要性，以试掘的方式无法确切了解其性质与内涵，故仅作极小部分的解剖后，即停止下挖。从试掘的情况看，许家山遗址以 I 区的人工土台为主体，四周零星散布有同期其他活动遗迹，但由于受发掘面积所限，许家山遗址的整体面貌和性质尚不明确。从 I 区台形遗址的土层性状和包含物来看，这里可能是集居址、墓地、石器加工厂场为一体的重要的综合性遗址。发掘区的东侧不到一百米处曾出土过刻符玉璧，再往东百米处的金银花池附近最近发现随葬玉琮的高等级墓葬，而这些地点与许家山遗址均处于沿山渠北侧沿岸，有着相同的地理环境。如果将视野稍加放大，许家山西约 500 米即等级颇高的以姚家墩为中心的聚落群，以东 1000 米内依次有照山、钵衣山、凤凰山、馒头山、瑶山等重要遗址点，结合周边这些地点的发现，可见大遮山坡脚位置遗址可能实际连接成片，同时等级颇高。故许家山遗址值得高度重视。

金花池遗址所在渠道于 2009 年 4 月底发现良渚贵族墓葬，出土玉琮等大件玉器后，在良管会及时协调和良渚镇政府的经费支持下，经报请上级文物主管部门批准，浙江省文物考古研究所和良渚遗址管理所组成联合考古队，于 2009 年 5 月 21 日至 7 月 13 日对遗址进行抢救性发掘，发掘面积共 300 平方米。发掘表明遗址位置原为较平缓的山脚坡地，在地表曾有数个不规则土坑，内填土颜色略深，土质致密，包含物亦不甚多，见有良渚文化中晚期陶片，似乎不属于一般意义上的灰坑。其上一次性堆筑一土台，台土为纯净的黄褐色山土，根据土质土色可分 2-3 层，其内包含物很少。因面积限制，土台的四面边界不祥。在发掘区南部，发现良渚文化贵族墓葬 2 座，其中一座为正式发掘后的新发现。通过本次发掘和其他资料分析，可知遗址群北部大遮山坡脚一线，自西向东遗址点如百亩山、金花池、照山、官庄、瑶山等连续不断，应为良渚时期重要的聚落和墓葬分布区，值得引起高度重视。

姜家山遗址位于莫角山遗址西部、反山遗址南部，是一处人工堆筑的大型土台，从现在地貌来看，莫角山西坡与姜家山是连成一片的，因此以往我们一直把姜家山作为莫角山遗址的一部分。2010 上半年莫角山西坡的发掘情况，证实了姜家山与莫角山遗址西坡之间相隔了一条古河道，因此有必要将把姜家山作为一个独立的遗址点来表述，命名为姜家山遗址。为了解姜家山遗址的年代、性质与堆筑过程，浙江省文物考古研究所于 2013 年 3 月至 4 月，在姜家山北坡发掘长探沟一条，发掘面积 145 平方米，发掘至良渚文化堆筑层面即停止发掘，从遗址发现的少量良渚文化较晚阶段的灰沟、灰坑及遗迹中出土的大量红烧土块来看，在良渚文化晚期以后该遗址北部应是一片居住地。

扁担山遗址呈东西向长条形，长近 380 米，宽约 64 米，海拔约 4 米，高出四周农田约 1 米。遗址南距良渚古城北城墙约 280 米，北距苕溪约 550 米，往东约 4400 米是同为东西向长条形的和尚地遗址，两遗址与北城墙基本平行，东西呼应，其性质可能与美人地、郑村、里山、卞家山等遗址一样，共同构成良渚古城的外圈。为探索良渚古城外城圈、了解古城北部扁担山等长条形高地的年代与性状，2013 年浙江省文物考古研究所对扁担山遗址进行了解剖，发掘面积 36 平方米。经过发掘和整理我们发现扁担山遗址最初为人工堆筑的土台，堆筑高度 1 米左右，土台上及南侧边缘的多个地层均属良渚文化最晚期，扁担山遗址起筑年代可能要整体晚于卞家山、美人地等遗址，这说明良渚人对古城外圈的规划与营建经历了一个较长的历史阶段。

2010 年下半年至 2012 年上半年，为了解莫角山东坡坡缘的结构、堆筑方式、与坡缘外侧的关系以及年代问题，浙江省文物考古研究所在东坡进行了为期长达一年多的发掘。2012 年扩方 400 平方米。经发掘证实莫角山东坡经过三个步骤堆筑而成：第一步，统一用青淤泥堆筑莫角山的大基础；第二步，用河里的较纯砂，在青淤泥面上铺一层浅灰砂土，加高一层灰黑色土；第三步，在浅灰黑色土面上，先堆筑莫角山的东侧外围边缘，堆筑方法是以板夯方式先堆筑一垄截面呈梯形的芯板，然后两侧分次夯实，形成多条以芯板为中心的夯层。东坡坡缘以东是生活废弃堆积，在生活堆积之上逐渐加高、扩大而形成新的生活面。另外，在 H11 之中还发现了大量的碳化稻米遗存，推测可能是两次失火导致。经钻探，灰坑范围 600-700 平方米，厚达 40 厘米左右，据测算上部每 50 毫升土内含稻谷约 60-70 粒，下部含 160-200 余粒。以千粒重 15 克计算，这两次火灾造成的稻谷损失达 2 万 -3 万斤。这批资料为莫角山中心区的性质和人口规模的推测提供了重要线索，也为中国稻作农业课题的研究提供了充分的素材。

2009 年至 2010 年，由杭州良渚遗址管委会出资聘请陕西龙腾勘探有限公司与浙江大学地球科学系，对良渚古城外围约 8 平方公里的范围进行了详细的钻探和物理探测，初步搞清了良渚古城城墙的外部轮廓，以及城外一定范围的古代水系和遗址分布情况，勘探发现确定了 6 个城门缺口，均为水路通道。2011 年又开始了良渚古城城内的勘探工作，钻探显示，古城内轮廓与外轮廓一样，均有很多凹凸不齐的地方，类似历史时期城墙的马面，其形态并没有统一规范的规格，宽窄长短有很大随意性，应该是沿着水边地势有意修成这样的形态，而每两个马面之间便形成了一个小小的港湾，凸出的马面则可以作为码头，外城河将这些小港湾连起来，并与城内外大的水域相通。经过大规模的勘探，在城内发现纵横交错的河道网络，部分河道在良渚晚期即被古人的生活垃圾所填塞，部分河道则是在良渚文化晚期之后洪水冲积层填平，而台地往往分布于河道边，部分台地四面环水，充分反映了当时居民生活与水的密切关系，如在城南的勘探中，在当时的南城河良渚港北侧发现东西成排分布的多个人工堆筑土台，推测这些土台应与古人生活有关，这些台地的性质可能与美人地一样，反映了当时临河而居的的居住模式。在勘探中，特别关注了从古城北部黄泥口一带一直向南延伸到莫角山西南部的自然山体，经过一段时间的工作，基本探明了它的分布范围，这处山体在当时应为良渚古城规划建城时重要的黄土来源区之一，莫角山遗址的西部即利用了这处自然山体加高建成，希望根据这些勘探资料还原良渚古城建城前与建城后的地貌景观。另外，在勘探中，在莫角山西坡、南坡及莫角山以东等区域均发现有成片草裹泥分布，说明草裹泥作为一种工艺或者重要的建筑材料被广泛地运用到良渚人的工程建筑中来。

2010 年 3 月至 2011 年 1 月，由浙江省文物考古研究所和良渚管委会组成联合考古队，对良渚古城东面呈东西向分布的长条形台地——美人地进行了解剖发掘。美人地遗址位于良渚古城东城墙中部外侧，现地貌为东西向长条状土垄，发掘点距离东城墙直线距离约 210 米。该土垄西向延长与古城东墙上的马金口连接。发掘布设探沟南北长 120 米，东西宽 5 米，并根据遗迹现象局部扩方，揭露面积共计 800 平方米。美人地遗址位于良渚古城东城墙中部外侧，现地貌为东西向长条状土垄。美人地台地是良渚晚期长条状居址经多次扩建堆高而成。良渚时期这里为地势低平的湿地环境。先民首先在此堆筑了南北两垄相距 40 多米的东西向高地，下层堆筑土采用青灰色淤泥，其上铺垫较致密的黄色土为居住面，其上安排临河而居的两排房子，现尚存有沟槽、柱洞等遗迹。此期北岸建筑南部临河位置建有考究的木板护岸，木板下部有垫木，垫木下隔一定距离铺有横向枕木，垫木枕木都为方木。在竖立的木板上部和底部方形枕木头端发现牛鼻孔 4 个，或与与舟船系缆有关。其后河道北岸被有意填埋，居住台地向南扩大。在河道及土垄北侧的废弃堆积层中，出土了大量陶、木、石、玉等生活遗物，其中有精美的刻纹黑皮陶、彩陶、漆器等。从出土物观察，这些建筑的营建和使用年代在良渚晚期。美人地遗址初步揭示出了一幅良渚古城城外的整齐的水街景象，首次提供了古城区域的居住模式的信息。

2012 年 8 月，塘山遗址罗村段因村民在遗址上盖房，地基过深，浙江省文物考古研究所遂派人进行现场清理。为了解决塘山遗址的年代及堆筑方式等问题，在地基范围内进行布方清理，同时在靠东的地方布一南北向的探沟一条，面积共 675 平方米。通过解剖发现一良渚时期的灰坑打破土垣，塘山遗址当属良渚时期。土垣的堆筑过程大致分为两个阶段，首先是大面积的平行状堆土，其后在其上堆筑一条条垄状的堆土带，彼此叠压，堆土中陶片很少，但都是良渚时期的。

2013 年下半年至 2014 年，浙江省文物考古研究所对莫角山顶面平台进行了较大规模的探沟发掘，根据发掘出的沙土夯筑面和石头遗迹等迹象，又进行了大规模的勘探，通过发掘和勘探，对莫角山顶面平台的遗迹分布情况有了较深入的认识。日前莫角山顶上平台上发现的遗迹主要有沙土夯筑面、建筑遗迹、石头遗迹、红烧土堆积、碳化稻谷堆积等。

2013 年年底至 2014 年对良渚古城城内外勘探。在良渚古城的外围，分布着扁担山 - 和尚地、里山 - 郑村 - 高村、卞家山及东杨家村、西杨家村等长条形高地，均为人工堆筑而成，宽约 30-60 米，人工堆筑高约 1-3 米，这些长条形遗址断续相接，构成多个围绕古城城墙分布的框形结构，基本构成外郭城的形态，从扁担山到卞家山约 2700 米，从里山—郑村到张家墩约 3000 米，合围面积达 8 平方公里。在这些遗址和城墙之间还分布着美人地、钟家村、周村等长条形居住地。在古城的东北部和西南部，均分布着较密集的长条形居址，西南部，有东杨家村、西杨家村、杜山、文家山、仲家山等遗址，对古城西南角的凤山形成 2-3 周不连续的包围圈，并环绕有良渚港。西北部，偏北部的周村、偏南部的美人地与前山和雉山、马金口也构成一个小型的框状结构，将古城东城墙的北水门及穿门而过的河流南北夹持。这两处小型框状结构亦为古城外郭城的重要组成部分，说明良渚先民在设计居住地时充分考虑到凤山、雉山和前山等低矮山丘的有利因素。外郭城的存在显示当时在古城外围一定范围内是经过规划的居住区，是良渚古城的整体组成部分。

2014 年 9 月至 11 月，因良渚第三小学扩建教学楼，浙江省文物考古研究所会同良渚遗址管理所联合对施工所涉及的杜城山遗址范围进行了考古发掘。杜城山遗址南依杜城山，北邻石前圩遗址，位于良渚古城东北约 2.5 公里处，北距苕溪约 700 米。实际发掘面积 284 平方米，发现良渚文化时期的土台 2 处、灰坑 1 个、灰沟 1 条、马桥时期灰坑 1 个。

2014 年 6 月至 8 月，为配合余杭区水利局对东苕溪北堤加固工程的建设，浙江省文物考古研究所对安溪下溪湾的池塘下遗址以布探沟的方式进行了考古发掘，目的是调查良渚文化遗存的堆积情况。遗址位于余杭区良渚街道安溪村下溪湾东南部。北邻东苕溪的北堤，堤北为王家圩遗址，往东北约 500 米为小竹园遗址，南面紧邻东苕溪，东部与西部为东苕溪滩涂上的菜地。该遗址呈东西向长条形，南北宽约 20 米、东西长 400 米。此次发掘发现有 8 层良渚文化时期的生活废弃堆积。

2015 年，为配合良渚古城申遗及国家考古遗址公园建设，良渚遗址考古与保护中心对城内的莫角山遗址、江家山遗址、反山遗址、莫角山东部南北向河道花园里段以及北城墙湖池头段、南城墙上泗村段进行了考古发掘工作，同时对老虎岭为代表的高坝系统、鲤鱼山为代表的低坝系统进行试掘和大规模勘探工作，完成了塘山窑北村段的勘探工作，启动安溪路以东进行大规模的勘探工作。

莫角山东部南北向河道花园里段清理出一段由木桩及竹编组成的良渚文化时期的护坡遗迹，这是良渚古城城内的首次发现。老虎岭水坝的发掘显示坝体是以草包泥堆筑而成，同时新发现打破水坝的良渚文化灰沟，从地层上确认了水坝属良渚文化无疑。安溪路以东的大规模勘探已完成一半，发现台地 21 处，该区应为良渚古城外围的一处重要的郊区聚落群。

经过多年工作研究结果表明，良渚古城的核心区可分三重，最中心为面积约 30 万平方米的莫角山宫殿区，其外分别为面积约 300 万平方米城墙和面积约 800 万平方米的外郭所环绕，堆筑高度也由内而外逐次降低，显示出明显的等级差异，形成类似后世都城的宫城、皇城、外郭的三重结构体系。

莫角山宫殿区 2015 年的考古工作使我们全面了解了宫殿区内沙土广场及房屋建筑遗迹的分布情况，为我们认识当时上层贵族的居住模式提供了丰富的材料。江家山新揭露出一处良渚文化贵族墓地，出土大量玉器等随葬品，结合江家山北部的反山王陵及江家山南部的桑树头大墓的发现，使我们认识到莫角山宫殿区以西的土岗上分布着多处良渚文化权贵墓地，良渚古城城内存在宫殿区与墓葬区的严格区分。在反山西坡、北坡、东坡分别布设探沟，布方面积 200 平方米。通过发掘，确认反山土台上层是以草包泥堆筑而成的，同时确认了反山土台的北部边界。南城墙上泗村段勘探，最终完全确认了城墙的南北边界。

2014 年末至 2015 年 6 月，浙江省文物考古研究所委托江苏兆物数字文化传媒有限公司，制作良渚古城遗址及其周边古地貌、良渚古城营建过程等方面的三维复原及动画展示片。目前已完成良渚古城、水利系统的三维复原和动画制作工作，对良渚古城的建城过程以及水利系统的功能进行了动态复原。

此阶段自 2007 年发现良渚古城后，良渚遗址的聚落结构与社会发展阶段认识获得新的突破，本区良渚文化的研究进入到一个新的起点，良渚古城的发现被评为了 2007 年度的全国十大考古新发现。良渚遗址内，以良渚古城的发现为标志，本区的考古工作由遗址的概念进入到都邑考古的新阶段。原来的众多散布的遗址点，在城的框架下逐步明确其功能，并以城为线索，顺藤摸瓜似地发现新的遗址，建立了本区良渚古城阶段的整体结构框架，对古城各结构功能区的年代、形态、性状、营建等方面研究取得明显进展。与良渚遗址相对应，本区东部临平一带的良渚文化考古也大放异彩，以茅山和玉架山为代表的一系列考古发现，为良渚文化中级和初级聚落研究和农业研究提供了极为重要的范例，促成了临平遗址群概念的提出。

综合而言，近年来余杭区的良渚文化的考古发现和考古工作进展，一直处于整个文化区的前沿。以良渚古城、玉架山、茅山为代表，余杭区集中了良渚文化高级、中级、基层三级聚落的典型遗址，其聚落考古的深入程度也远超其他地区，获得业内的高度评价。良渚古城遗址2009-2010年度调查发掘获得国家文物局田野考古一等奖，这是我省首次获得该项目的一等奖，也是良渚古城继2007-2008年获得该项目二等奖以后获得的又一殊荣。良渚古城、临平玉架山遗址分别获评年度全国十大考古新发现。这是继汇观山、莫角山之后，余杭区考古工作的两项新的十大发现。因此从县区这一级行政区划的角度看，余杭无疑是获得全国考古界这两大奖项数量最多的区县，在全国应该绝无仅有。

自1936年施行更先生在良渚的发掘开始，以良渚文化考古为特色的余杭考古工作虽有中断，但一直走在前列。特别是上世纪80、90年代反山、瑶山、莫角山发掘以后，"良渚遗址"概念的提出，标志着良渚的考古工作已经超越了"遗址点"的认识水平，2007年良渚古城的发现，标志着良渚遗址的认识进入到都邑考古的阶段。新近对良渚古城外围结构和水利系统的探索，对于良渚中级聚落群和基层聚落的探索，也取得了很大的突破。拂去历史的尘灰之后，良渚古国的恢弘格局在我们面前开始逐步展现。

第二节　分布

传统上将良渚遗址内的遗址分成瓶窑、良渚和安溪三片。1999年以后，良渚遗址内进行的比较重要的良渚文化考古发掘工作有庙前、塘山、姚家墩、文家山、天打网、卞家山、后杨村等，这些发现丰富了考古资料，提高了我们对良渚遗址年代和布局的认识。值得一提的是大雄山麓石马斗、张家山等马家浜文化和崧泽文化遗址的发现，为了解良渚遗址内良渚文化的来源提供了新的证据。2007年良渚古城的确认无疑是最为重要的发现。随着近年的连续工作，逐步认识到瓶窑片的良渚古城和其北部的安溪片可能属于同一个系统，而良渚是相对独立的片区。随着良渚古城的发现，良渚遗址内的认识角度也由"片"的概念发展为"城"的角度。现在看来，良渚古城的概念并非仅仅是围绕莫角山分布的一周城墙，而是一个具有复杂结构的城市系统。空间布局上，这个城市体系从中心向外，依次有宫殿与墓葬系统、城墙和城河系统、外郭系统、外围防洪水利系统等多重结构。其布局开阔、体量宏伟，令人叹为观止，是中国江南地区早期都邑的典范，堪称"中华第一城"。

一、良渚古城为中心的良渚遗址

1、莫角山与反山

莫角山位于古城的中心。主体为长方形覆斗状土台，台体底面东西长约630米，南北宽450米，台体顶面东西长约590，南北宽约415米，面积约28万平方米，台面高度约海拔13米。其上又有人工堆筑的3个土墩，呈三足鼎立之势。西北为小莫角山，东西100米，南北60米，相对台面高度约5米；东北大莫角山，东西180米，南北110米，相对高度约6米；西南的乌龟山东西102米，南北62米，相对高度约4米。

莫角山土台是以西侧的原始山体为基础，向东扩展堆筑而成的一个长方形覆斗状高台。钻探表明，莫角山底部西高东低，西部起筑面为山坡，东部地基为坡脚的自然淤积土。首先在较低的中东部堆筑大量的青淤泥土为内芯，使东西部基本齐平，然后再整体覆盖一层2-3米厚纯净的黄色山土作为外层。这是良渚时期垒筑居住型台墩的一种普遍方法。内芯的淤泥呈 20-30 厘米大小的团块状，外部都裹着草叶，这样的泥块搬运时不会粘连，方便运输和传递。堆筑后，草叶又相当于加强筋，能起到防止崩塌的作用，是一举两得的方法。莫角山土台东坡下一条被堆筑土叠压的小沟 G8 内，出土的陶片属于良渚晚期，反映了莫角山东坡的堆筑年代当为良渚晚期。淤泥堆筑完后，土台的边坡用版夯的方式，形成的一个相对坚固的边框，其后再往框内堆填黄土，可防止向外崩塌。土台上大小莫角山和乌龟山这 3 个小墩的位置，基础部分经过特殊的加强。在大莫角山土台南坡和东坡底部，发现铺垫有两排木桩板，或许是一种防止下陷的结构。三个小土台推测为大型宫殿的台基，但是目前并未对小台的表面进行发掘清理，其上的建筑形态不明。小莫角山南侧曾经发现 3 排东西向排列、每排间距 1.5 米的大型柱坑遗迹。其柱坑内的柱痕直径达 0.5-0.9 米，表明有大型建筑存在。这种体量的建筑，与基层聚落的房屋建筑判然有别，当属于宫殿宗庙等礼仪性建筑。三个小土台之间的位置是平台地面，由细腻的粘土和经过筛选的沙土相间夯成，夯窝明显，夯层多达 13 层，最厚处达 50 厘米。根据钻探资料，夯筑的总面积超过 3 万平方米，其功能可能为广场。

莫角山建成使用后，形成的废弃堆积分布在土台边坡上。东南坡上有一层密集的烧土堆积，大量的人工烧土残块夹杂于烧土灰烬之中，斜势向内层层积淀，有些烧土块一侧留有平整的面，应该是某种木骨泥墙烧毁崩塌后的建筑垃圾，这层烧土下曾经发现一座墓葬，出土物年代为良渚较晚时段。莫角山东坡灰坑 H11，该坑内有两层灰土，包含大量的碳化稻谷，另外是草绳、木炭、红烧土块等，完全不见陶石器残片和动物遗骸等一般生活垃圾，当为两次宫殿区粮仓失火后的废弃堆积。据钻探取样，测算其稻谷总量达 2.6 万斤左右，相当可观。这一发现为莫角山宫殿区的性质和人口推测提供重要线索。

莫角山西侧通过姜家山与一条南北向的长土垄连接，反山墓地即位于这条垄上。反山墓地东西长约 90 米，南北宽约 30 米，高约 6 米，1986 年发掘西部三分之一，清理良渚文化大型墓葬 11 座，出土了大量的玉器、石器等珍贵文物，是整个良渚文化最高级别的王陵级墓地。反山的墓葬基本可以分成早晚两个阶段，早期阶段墓葬保存较好，属于良渚文化早期晚段，晚期阶段墓葬大多被平毁，其中 M19、M21 两座残墓的年代当属于良渚晚期，他们的年代可与城墙和莫角山营建使用年代对应。反山晚段墓地与莫角山之间的对应关系，本质上与良渚基层聚落中，将墓葬安排于房屋周边的布局传统类似，只是贵族的墓葬营建了专用土台，不和宫殿处于同一土墩。

2、城墙与城门

古城墙平面略呈圆角长方形，正南北方向。大致以莫角山土台为中心，东西长约 1500-1700 米，南北长约 1800-1900 米，城墙部分地段残高 4 米多。

在城墙四周各试掘地点所获得的地层剖面，总体结构比较一致。墙体做法考究：先于生土面上铺垫一层 10-20 厘米厚的胶泥；之上铺放块石，铺石面宽度多为 40-60 米，局部宽达百米，大部分地方铺石面两端下斜，中部平整，中部之上堆筑纯净的黄土成为墙体。目前解剖的几个地点，普遍发现紧贴城墙分布的河道，应为外城河。在西、东面贯穿城墙的剖面显示墙内侧也存在着类似结构的内河道，显示古城墙采取了"夹河筑城"的营建模式，铺石面两端则常以较缓的角度深入到内外河道边。

"夹河筑城"是一种经济高效的传统营建模式，很可能脱胎于太湖平原地区基层聚落传统的筑土堆墩的营建方法，这种堆墩方法在崧泽中晚期即已出现，良渚时期大量推广。其流程是在规划建造土墩的附近开挖河沟，和外围密布的水网连通，一方面掘河就近获得了堆筑土墩所需的部分土方，同时人工河道扩大了蓄水容积，有利于雨季土墩上积水的外泄，还满足了聚落的日常用水、运输、渔捞等种种需求，是一种很通行的土台聚落营建模式。分必然会被城市建设所采纳。在营建良渚城墙时，这种方式被采用是很自然的事情，墙基两侧位置首先开挖河道与外河连接，方便通过舟船水运的方式将数量巨大的铺底块石和墙体堆筑土从采掘地运输到施工现场。根据各处剖面揭示，挖沟所获得的青淤泥并未用于堆筑城墙墙体，但城中心莫角山的底部则堆筑大量的淤泥块，应该就是来源于周边这些河道的挖掘。从运输手段上看，本地区史前时期可能缺乏大型畜力，没有轮式运输工具，水运显然是较人力肩挑手扛更为方便和经济的运输方式。在筑墙的过程中，如果在其内外两侧同时挖沟，则可使运输效率成倍提高，而完成筑城工程之后，就形成外河内壕的结构，所以这种结构一方面是古城营筑方式造成的结果，同时城河的设置也扩大了防御的范围，并具方便交通、给排水、渔猎养殖等功能，是一举多得的举措。

发掘显示，良渚古城城墙具有居住功能。在城墙内外坡脚下各解剖点都发现黑灰色倾斜地层，与良渚居址土台边所发现的生活废弃堆积层性状非常类似，多见鼎、豆、罐、盆、鬶、盉等日常生活陶器，少见石钺、箭镞等可与军事用途相关的遗物，可推知这是居住在城圈之上的人群日常生活形成的垃圾。

城墙内外两侧的坡度很缓。如北墙解剖点（北 TG2）外侧坡角约 20 多度。因南方地区的雨水较大，人工垒筑的墙土又缺乏直立性，所以不能形成较为陡峻的边坡。

钻探发现，城墙的基础部分内外侧边缘并非平直，间隔一段距离，常向外侧凸出，宽度达近百米，俯视城墙平面呈凹凸状。这种平面形态与历史时期城墙马面结构类似，所以曾以加引号的"马面"一词来指示。它从形态上看是一种间隔分布的、由城墙伸向城河的缓坡，所以完全无法和马面一样起到御敌的作用，而可能是方便城上居民上下城河的通道，类似于河埠头或码头，同时也不排除这种结构能加强对墙体两侧的支撑，进一步起到防止垮塌的作用。

根据钻探获知，良渚古城四面墙体都各有两个缺口。有的缺口现地貌为低平的稻田，其下为淤泥堆积，显示为古代水域，与城内外的古河道连通；有的缺口现在仍贯穿河道，如南墙西门和东墙南门间，今有良渚港穿过，这些缺口应该就是古城的水城门。生考古所曾分别在良渚港南北两岸的小山桥和响山两地点，发现了良渚晚期的河岸堆积，说明今良渚港的格局在良渚晚期就已形成，几千年没有大变化。其他水城门的河道多已湮没淤塞，但附近常见断续分布的水塘等旧河道的孑遗。通过对北墙东门所在的火溪塘地点进行发掘，显示为一种河道状结构，有埋藏完整陶器的木构贮藏坑，年代也为良渚晚期，此门的水道与北墙南侧的水塘连接，证明此长条形水塘实为古城内城河的一部分。因此可知良渚古城四面共八个水门，城内外的河道穿城而过，相互连通，构成完整的水上交通体系。目前尚未发现与陆地城门相关的遗迹，推测良渚古城的主要交通系统为水上交通。

3、外郭城

中国古代的都城结构，由内而外有宫城、皇城、外郭三重。良渚古城可能已经存在类似布局。古城中心的莫角山大土台应该就是宫城，古城墙围护着莫角山，相当于皇城。而其外围目的确存在外郭城。这个外郭可能由若干具有独立功能的区块组成，各区块并不相互接续，构成如里圈城墙一样标准的框状。城北有扁担山 - 和尚地一组东西向高垄，并与前山连接；城东南部外侧，由美人地、里山 - 郑村、卞家山分别构成北、东、南三面墙体，形成一个长方形的结构，并和古城的东墙和南墙相接续。从卫片观察，城西南角也存在着一个体量较小、围护着凤山的框体。古城西部被现代建筑占压，状况不明；但这个位置曾有羊山、张家墩等遗址，也可能与外郭有关。

发掘表明，城东的美人地和里山台地是良渚晚期的长条状居址，经多次扩建堆高而成，而非一次性堆筑形成的地貌形态。良渚时期这里为地势低平的湿地环境。先民堆筑高地，下层堆筑土采用青灰色淤泥，上铺较致密的黄色土为居住面，其上建造房屋，现尚存有沟槽、柱洞等遗迹。下层的青淤泥可能取自土垄外侧的平地，从而形成人工河道。美人地高地上发现有东西向并列两排的建筑，两排建筑间有一道宽约 2 米的沟，沟底铺有一层灰土，当为两侧建筑使用过程中形成的废弃堆积。美人地的土台原来较窄，后来向南扩大了 10 米多。南排房屋南墙位置就落在扩建的斜坡上。扩建的土堆筑在松软的淤泥上，所以在这个位置挖了沟，底部放置了考究的枕木和垫木，防止下陷，再在垫木上竖立木板，作为建筑南墙的承重设施。这些木板宽约 20—30、厚约 8—13 厘米、存高约 170 余厘米，下部为垫木，垫木下隔一定距离铺有横向枕木，垫木、枕木都为方木。木板表面加工规整，部分留有石锛的加工痕迹。在竖立的木板上部和底部方形枕木头端发现牛鼻孔 4 个，或与木材运输有关（图三、图四）。居住台地的河岸边插入一排较短的木板护岸。北岸的两排建筑之间的灰沟后期被堆土填平，形成一个较宽的整体居住面，并先后多次加高反复使用，从而形成一条高出周围地面 2—3 米的长条形土垄。土台的堆积加高一般使用比较纯净的黄色土，而建筑使用过程中形成的废弃堆积多为灰黑土，包含大量陶片和有机质，一般分布在土台的外侧，呈倾斜状，从而在地层关系上表现出基本水平状的堆筑层和外围倾斜状分布的废弃堆积交替叠压的形态。在河道及北排土垄的北侧的废弃堆积层中，出土了大量陶、木、石、玉等生活遗物，其中有精美的刻纹黑皮陶、彩陶、漆器等。从出土物观察，这些建筑的营建和使用年代在良渚晚期，这些堆积的内容和城墙两侧的堆积类似，应该属于一般生活废弃堆积。

根据对美人地周边的钻探，初步判断良渚古城城圈的东部可能存在着不止一排的类似美人地的长条型居址，这种居住模式与以往发现的良渚普通聚落的散点状土台的居住模式上存在明显差异，可能属于一种原始的城市居住模式。

美人地、里山等外围结构的解剖，显示这些条垄状遗迹是由良渚晚期若干次的居址逐步加高形成的。它们的底部没有铺垫砾石，是直接堆筑在沼泽地上的。这些土墩最底部起筑层内的遗物都属于良渚晚期。它们外围两侧的生活废弃堆积年代，和良渚古城城墙两侧的堆积一致，也都属于良渚晚期。

南侧稍早进行的卞家山遗址发掘面积较大，所获得的资料更为丰富，揭示了古城居民水乡生活情形的生动一角。

卞家山依托良渚中期墓地营建，其聚落因素保存较好的为南部良渚晚期河道、居址及相关的木构埠头遗存。

良渚中期墓地的南侧为水域，可能因垒筑土墩取土，在墓地南缘挖掘出最初的一段河沟，河沟与台墩平行，西侧拐头与南部水域相通。良渚晚期时，沿着河道的南缘堆筑一个土台，土台以 20 厘米见方的草裹泥块层层堆砌而成。西部仍保留河沟与南部水域的通道，故土台的北、西、南三面临水，呈半岛状。土台上发现房址、灰坑。房址呈方形，尚存大体闭合的基槽，有隔墙和灶坑，面积约 16 平方米。房址西侧有一灰坑，内填草木灰和含炭屑的粗砂土，应是与房屋配套的设施。土台南侧濒水，共发现木桩140 余个，大致呈曲尺形分布。多数木桩东西向分布于岸边，大致呈 3 排，局部位置排列规整。这些木桩可能为房子同时的水边埠头遗迹。其西端有一批木桩密集成行往南部水域伸展，宽约 1 米，长度达 10 米。这坨木桩两旁各有一排人工打入的苇秆，排列紧密。从浮弃的木板、木桩、木条等残件来看，桩木之上应有横置的木板和木条以供通行，极可能是一个依托长埠头的码头，码头两旁各有 1 排竹篱笆，排列紧密，当为码头的护栏。

土台北面的河沟呈东西向，两端伸出发掘区。沟内堆积分 5 层，以青黑色的淤泥为主。淤泥南侧发现东西向布列的木桩 7 个及竹编 1 排，应为河沟使用过程中某阶段的南岸护坡。河沟与南部水域沟通，其功能当与水上交通及北部的高地区域的排水有关。

河沟及南面水滨的淤泥层内发现大量遗物，陶器残片数以万记，并有大量石、木、骨、漆、竹制品等，另采集到大量的猪、鹿、牛等动物骨骼，发现一块带有转角的木骨泥墙残块，以及一个陶质房屋模型的屋顶部分，为重要的建筑研究资料。一些黑皮陶器刻有精致的细刻纹和各类符号。盘、觚等漆器制作精美。

土台上仅发现房址 1 处，面积 16 平方米，房内有隔间和地灶，外有灰坑，可能对应着一个普通的核心家庭或扩大家庭。而其南面的埠头和码头栈桥规模较大，其下淤土内各类废弃物数量巨大，应该对应着较大的人口规模。据此推知，码头和埠头可能是整个聚落的公共设施。营建这种位置特殊的伸入水域的土台，可能主要目的并非在于建造房屋，而在于方便码头和埠头设施伸入到水域的较深处，以保证在干旱季节也能获得较为洁净充足的水源，方便洗涤、取水，同时保证低水位时舟船仍可方便靠岸。

卞家山房屋柱洞单元、带木杆印痕的转角位置的木骨泥墙墙块、带气窗的四面坡草顶房屋模型的集中出现，为我们揭示当时城外民居的清晰样貌。码头、墓地和河埠头以及精美的漆器和刻纹黑陶，为我们勾勒了当时良渚古城城居生活的一角。

4、外围防洪水利系统

新近发现，良渚古城西北部山系附近存在一个庞大复杂的防洪水利系统。

现在的东苕溪穿越遗址的西部和北部，但良渚时期的东苕溪并未流经遗址，遗址内可能有河流汇入东苕溪，却系支流，规模较小。根据地理部门的分析和考证，东苕溪古河道源于东天目山，经临安、余杭镇入平原，属山溪性河流，水丰量沛，流势湍急，洪枯比大。自余杭镇出山地后，经仓前、闲林埠、留下、古荡及杭州市北郊，在杭州市东郊注入杭州湾。东苕溪现在的流路是经过两次改道而成的。因此，良渚时期的水利系统，要剔除现在东苕溪的因素进行分析。

初步研究显示，这个水利系统主要由多座堆筑在山体之间沟谷地带的 11 个大小不同的高低坝组成。根据坝体位置和海拔的不同，构成高低两组水坝群。高坝系建在西北侧两条山谷的谷口位置，包括彭公岗公岭、秋坞、石坞、老虎岭等坝体，海拔标高 30-40 米，相对谷底高度约 15 米。坝体长的近百米，短的几十米，依两边山体的距离而定。高坝东南侧为低地，低地的南部和东部有低坝系统，同样是经山体由多条水坝接续而成。其最东侧坝体的为塘山，长达 6.5 公里，是整个系统中最长、结构最复杂的坝体。早年已有学者认识到它是良渚时期的水利设施，但都把它视作一个独立的水工遗迹，并未认识到塘山仅仅是整个防洪水利系统中的局部一环。新近通过观察谷歌地球等遥感手段，发现塘山西侧与毛元岭自然山体接续后，并非如早前我们认为地往南延伸，而是通过南山、栲栳岭等山体，往西南方向连接狮子山、鲤鱼山等大小不一的坝体。这些坝体的海拔高度在 10-20 米，相对周围低地的高程为 6 米左右，形成泄洪区的外围屏障。

　　初步调查发现，谷口的高坝系统并未有配套的溢洪道等设施，应该是比较单纯的拦水坝。其防洪路径是：首先由谷口位置的几条高坝对山谷的来水进行阻挡。中国社科院考古所刘建国、王辉通过 GIS 软件对高坝系统进行分析后，认为这些坝体大致可以阻挡短期内 960mm 的连续降水，即相当于本地区百年一遇的水平。而当来水水量超出这一标准，则漫溢过坝顶的洪水，依地势流向东南部的开阔低地，在该区的外围，则由塘山等构成的低坝系统，对其形成再次封堵，从而避免了来自西北部山体的洪水对良渚遗址和古城的冲击。

　　同时，通过对上世纪 60 年代末 70 年代初美国科罗娜卫片的观察，发现塘山实际上并非一条单纯的水坝，从西到东，塘山可分成三部分。西段由毛元岭到西中村 - 骆家山 - 外窑的道路为止，该段坝体呈弧形分布，为单层坝结构。在上毛元村附近曾做过解剖，底部发现块石，上部为黄土堆筑，营建方式与城墙一致。中段为南北双层坝体结构，北坝和南坝间距约 20-30 米，并保持同步转折，形成类似渠道的结构。双坝的位置西端，是西中村 - 骆家山这条南北向高垄将北坝连接到北侧山体，形成一个类似于"L"型的结构；东端石岭村 - 徐家头也是南北向高垄，由北侧山体连接到南坝，形成另一个反向的"L"型，隔断西部的水系向东联通。这两个正反向的"L"合围形成一个半封闭的框型结构。这个框型结构及其南部渠道的作用尚不清楚，推测是某种水工设施。塘山东段为断续的单坝结构，并不和中段的南坝相连，而是在北侧石岭村与南北向高垄连接，向东基本呈直线状分布，并与山体逐步靠近，似乎在百亩山附近与山体相连。坝体中部连接罗村、葛家村等，其南部为姚家墩一组密集分布的土墩。在中间位置留有开放口，可能当时将今康门水库所在的山谷来水引入姚家墩聚落内。而姚家墩这组土墩也是水利系统一部分的可能性也不能排除，其作用当进一步研究。

　　这些水坝中，低坝系统的塘山的不同部位，曾在 1996~1997 年、2002 年经过多次试掘和发掘。在罗村发现良渚晚期的玉器加工作坊遗迹，在猫儿弄也发现与玉器加工有关的遗存，并在附近发现打破坝身的两座良渚文化晚期较高等级的墓葬，出土了玉璧、环、冠状饰等遗物，同时还发现有小块玉料随葬，显示墓主人的身份可能与玉器制作有关。在塘山东部的葛家村清理良渚中期墓葬 6 座。百亩山西侧坡脚曾发现良渚文化晚期墓葬 1 座和人工堆筑遗迹，发现较多的石器半成品。百亩山本身早年曾发现刻纹玉璧等良渚晚期遗物。综上，可证实塘山的使用年代不晚于良渚晚期，与良渚古城的年代部分重合。除塘山外，其余水坝大多为近年调查发现，都未经正式发掘。但是根据地形分析，塘山西南部为低地，如果仅仅一条塘山的营建，山洪必然向西流动，再由栲栳山、南山西侧绕回遗址，是起不到任何防洪作用的，只有在与西南的鲤鱼山等其他坝体共同围合，才能形成一个封闭的结构，将山洪潴留于内。因此，我们认为低坝系统内的各条坝的形成年代是一致的，当在良渚晚期。

　　属于高坝系统的岗公岭水坝，长宽皆 100 左右，堆筑方法与莫角山等营建工程一致，即内部由青灰色淤泥填筑，外表覆盖纯黄色土。秋坞、老虎岭等也采用类似的堆筑方法。其中岗公岭和秋坞地点断面的淤泥堆筑层内草裹泥现象清晰，岗公岭的 3 个草叶样本经北京大学考古年代学实验室 C14 测定，其树轮校正年代距今约 4900 年左右，现场曾采集到零星的良渚文化陶片；西侧的蜜蜂垄早年也发现有少量良渚文化陶片。因此，尽管目前尚未获取所有坝体的年代证据，但从整体结构和营建方式等角度观察，这些坝体应该都属于良渚时期遗迹。而且岗公岭的测年数据甚至要到良渚早中期，要早于良渚古城城墙和莫角山的年代，因此这些水利工程的兴建，很可能在古城建造之前。

良渚古城外围的水利防洪系统目前的研究才刚开始，其结构与作用尚不明了，但从大的角度观察，这个系统的建成，对于良渚遗址的经济和社会发展，良渚古城的出现，具有直接关系。良渚遗址所在的位置是山脉和平原的过渡地带，西侧北苕溪、中苕溪、南苕溪三河汇流，交通便利。遗址所在的平原区水网密布，土地肥沃，便于稻作农业和渔猎采集。西北侧为天目山系余脉，可以提供丰富的石料、木材及其他动植物资源。良渚时期玉料显然是最为重要的资源，尽管目前因为调查工作的滞后，良渚玉料的来源尚无定论；但天目山古称"浮玉之山"，地质学家认为其具备玉器的成矿条件，同时塘山和德清杨墩等地点发现大量与制玉相关的遗存，显示良渚时期的玉料很可能就是就地取材于天目山系内。因此毗邻山地的良渚遗址与处于东部水网平原的上海、嘉兴地区等比较，除了单纯的平原湿地的资源外，还兼有山地之利，具备资源多样性的优势。另一方面，天目山系浙江省的暴雨中心，每年季风季节极易形成山洪，因此，必须首先解除洪涝之危险，良渚人首先在外围兴建防洪设施，使整个遗址能趋利避害，兼得山泽之利而无水患之虞，从而使区域经济得到极大发展，最终出现良渚古城这种文明因素，其作用可类比于后代成都平原都江堰的兴建与秦统一六国的逻辑关系一致。同时水利系统的设计和建设，必然涉及复杂的组织机构管理和规划，这些工程的建设过程，也为日后良渚古国的管理机构建设提供了经验和借鉴。

中国水利史一般从距今 4000 年间的大禹治水的传说开始讲起，但那个阶段的水利系统遗迹现在无从知晓。现知最早的大型水利工程遗迹多晚到春秋和战国时期。而良渚遗址的塘山和岗公岭等水利设施年代能到距今 4800-4900 年，是年代更早的大型水利设施。同时，万幸的是，这个系统的保存状况相对较好，现在地表还能见到端倪。从区域格局来说，这个水利系统和良渚古城这一最早的都邑紧密结合，除了水利科学的意义，还在工程营造、人居环境、交通运输等方面具有重大意义，在我国城市建设史和规划史上具有极高价值。

二、良渚古城外的祭坛与墓葬复合遗址

瑶山、汇观山是良渚遗址内发现的两处祭坛与墓葬复合遗址，均位于良渚古城遗址外围。

1、瑶山遗址

位于良渚街道下溪湾村，距良渚古城东北角约 3.57 公里，是迄今所见规模最大、格式最高的良渚文化祭坛之一。祭坛面临东苕溪、背依天目山余脉的自然山体营建，海拔38.2米，布局规整，台阶形叠构，发掘面积 1 万多平方米，实际面积约 7.5 公顷。祭坛顶部平面 20×20 平方米，由砾石、灰土沟和红土构成"回"字形平面三部分组成：内为南北长 6 米，东西宽 5 米的红土台，次为宽 2 米、深 1 米的灰褐色土围沟，围沟周围为砾石台面。1987 年在其南部清理了 13 座打破祭坛的墓葬，出土器物近 1000 余件（组），其中玉器占 90% 以上。

2、汇观山遗址

位于瓶窑镇城内、距良渚古城西北角约 1.35 公里，形式、结构与瑶山祭坛相同，也为迄今所见规模最大、格式最高的良渚文化祭坛之一。祭坛利用自然山势加高修筑，高约18米，呈东西长、南北窄的三级阶梯状结构。顶面与瑶山近似，中部偏西部位有挖沟填筑的灰土围沟，将台面分割为内外三重。灰土框内边约 8×10 平方米。祭坛东西两边凿有南北向 0.3 米深宽的排水沟。祭坛顶面上发现良渚文化贵族墓葬 4 座，出土器物 250 余件（组）。其中 4 号墓发现内棺外椁的木质葬具痕迹。1991 年发掘面积约 1600 平方米，实际面积 2.2 公顷。

三、良渚古城外的村落遗址

1、庙前遗址

该遗址位于良渚街道西北、荀山的东南侧,距良渚古城东南角约4.69公里,面积60000平方米。遗址分布于荀山周围的高地或水田中,计有庙前、塔下、姚坟、棋盘坟、金鸡山,茅庵里等28个遗址,连成聚落村群。位于荀山村的庙前遗址是典型的村落遗址,1988~2000年间先后进行了六次考古发掘,发掘面积3500平方米,堆积厚逾2米,发现房址(地面起建式、干栏式建筑基址)、木构水井、河道、墓葬、窖藏、灰坑、成排木桩等多种遗迹,发现了陶、石、玉器等出土文物1500余件,是一处典型的临水而居的良渚文化村落遗址。

2、姚家墩遗址

该遗址位于良渚街道东苕溪北岸,距良渚古城北墙约1.29公里,面积60000平方米。遗址高出水田约1-3米,2002年仅作了初步的考古发掘,发现大量的红烧土、砂粒、大石块、陶片等铺垫的建筑基址,发掘显示遗址为有复杂叠压关系的建筑基址,并且历经多次兴废。姚家墩遗址及其四周的王家庄、葛家村、罗村、金村、斜步滩、窑廊等6处台地共同构成以姚家墩为中心的一个相对独立的聚落单元。这一村落群构筑于方形水系网的中央,北部为天目山余脉,东部为东晋港,西部为西塘港,南部为东苕溪。其中位于中心的姚家墩是良渚遗址群内除古城城墙、莫角山、塘山之外单体规模最大的一处遗址。围绕着姚家墩周围的遗址功能各不相同,西北的罗村遗址发现有前后两期祭坛和显贵墓葬,东北的葛家村有生活遗存和小型墓葬,东部的王家庄、料勺柄有建筑遗存和显贵墓葬,西部的金村有普通生活堆积。它们共同构成了仅次于莫角山聚落的二级中心遗址。

第三节　保护

一、机构与队伍

1、浙江省良渚遗址群保护领导小组

根据《中华人民共和国文物保护法》、《中华人民共和国文物保护法实施细则》、《浙江省文物保护管理条例》等有关法律、法规。浙江省人民政府于1995年5月3日发文,建立了浙江省良渚遗址群保护领导小组。领导小组职责是从宏观上对良渚遗址群的规划、保护、管理、发掘、研究和利用等重大问题进行指导和协调。领导小组下设办公室,办公室设于浙江省文物局。

2、余杭市良渚遗址群保护领导小组

余杭市人民政府根据浙江省人民政府浙政发〔1995〕133号文件关于《良渚遗址群保护规划》的批复精神,结合良渚遗址群保护范围大、责任重、困难多等实际情况,为了切实加强对遗址的保护,协调各部门之间的工作,市政府决定成立余杭市良渚遗址群保护领导小组。领导小组统一指挥,协调和处理全市良渚遗址群保护工作的有关事宜。

1998年余杭市人民政府余政发〔1998〕113号通知,市良渚遗址群保护领导小组组长为钱杭根,具体工作由市文化局承担。

3、乡镇良渚遗址群保护领导小组

良渚、安溪、瓶窑三镇系良渚遗址最密集的地区，当地政府对良渚遗址的保护负有义不容辞的责任。为增强该地区文物保护管理力度，1980 年三镇政府就建有"文物管理小组"，分管镇长任组长。该组由文化、政法、联防、城建、土管等部门人员组成。1992 年进行了调整。1996年根据省、市统一定名为"良渚遗址群保护领导小组"。其职责按浙江省制定的保护规划，把良渚遗址的保护，列入镇政府的工作议事日程；对镇内遗址实行有效的保护措施并按浙江省《良渚遗址群保护规划》，修订本镇的城镇和村镇规划、经济开发区等基建项目；对镇村文保组织及业余文保员队伍加强管理；依法制止和打击本镇内的盗挖、贩卖、走私文物的犯罪活动。

4、杭州良渚遗址管理区管理委员会（浙江省杭州良渚遗址管理局）

2001 年 9 月，浙江省政府发布浙政函〔2001〕205 号文件，同意设立杭州良渚遗址管理区，管理区范围为调整合并后的余杭区良渚、瓶窑两镇（现良渚街道和瓶窑镇），区域面积 242 平方公里。管理区在杭州市领导下，由余杭区负责管理。成立杭州良渚遗址管理区管理委员会，并挂浙江省杭州良渚遗址管理局的牌子，为正区级单位。其管理职能是负责管理区范围的文物保护、城乡规划、经济开发、社会管理及其他工作协调与监督，并受余杭区委托，对良渚、瓶窑实施管理。2008 年 6 月，中共杭州市余杭区委下发区委〔2008〕57 号文件，对良管委管理体制和运行机制进行适度改革。主要职责为贯彻执行党和国家关于文物工作的方针、政策；负责《中华人民共和国文物保护法》、《浙江省文物保护管理条例》、《杭州市良渚遗址保护管理条例》等法律、法规的实施工作。编制和实施《良渚遗址保护总体规划》和控制性详细规划，审核与协调管理区两镇的总体规划和控制性详细规划；负责良渚遗址管理区内的建设项目审核。负责良渚遗址和出土文物的日常管埋与保护工作；制订并实施良渚遗址考古工作规划；组织良渚遗址区内出土文物的征集、收藏和宣传展示工作，开展良渚文化学术研究和交流工作。组织实施良渚国家遗址公园建设和申报《世界文化遗产名录》工作；负责良渚遗址监管和管理区文物监察与行政执法；负责协调管理区两镇人民政府开展文物普法教育工作。指导和组织管理区内相关文化产业发展工作；负责历史文化旅游产业的规划编制和旅游基础设施的建设和协调工作。落实和完成区委、区政府部署的各项工作任务；承办市委、市政府和上级有关部门交办的其他工作事项。调整设立办公室、国土与规划建设处、文物管理局（增挂浙江省良渚遗址申报《世界文化遗产名录》领导小组办公室牌子）、文化产业处等 4 个内设机构和 5 个职能科室。杭州良渚遗址管理区管委会原受委托管理的 6 个行政村移交给良渚镇人民政府负责管理。

5、杭州良渚遗址管理所

1987 年成立，定名为余杭县良渚文化遗址管理所，全民所有制事业单位，隶属于余杭县文化局。2001 年 9 月，经浙江省人民政府批准，杭州良渚遗址管理区管理委员会（浙江省杭州良渚遗址管理局）成立，由余杭区文化体育局划归至良管委管理，并更名为杭州良渚遗址管理所。主要负责良渚遗址的日常巡查和保护；实施良渚遗址日常监测和管理，对良渚遗址保护区内的农户建房和各类动土建设项目进行审批监督管理；配合有关部门打击盗挖、贩卖文物犯罪活动；文物保护法律法规宣传等工作。

6、良渚博物院（详见第四篇 博物馆）

良渚博物院是一座展示良渚文化、保护研究良渚文物的专题博物馆，原名良渚文化博物馆，始建于 1994 年，2008 年 9 月迁于现址，在对陈列展览进行全面提升的基础上重新对外开放。良渚博物院基本展览总主题为"良渚文化实证中华五千年文明"，突出展示良渚文明在中国和世界同类或同时期文明中的地位。

7、瑶山派出所

2002 年 9 月，杭州市公安局余杭分局瑶山派出所成立，专门负责打击针对良渚遗址的违法犯罪活动。

8、良渚遗址行政执法大队

2005 年 9 月，杭州市园林文物监察支队良渚遗址行政执法大队成立，受市园文局的委派，负责市级文物部门在良渚遗址区内的依法保护工作。

9、业余文保员

根据保护工作的需要，加强了遗址区内的群众性保护组织建设，在每个镇、村和重要地段的单位均设立了业余文保员，负责文保信息通报，协助文物部门做好保护管理工作。

二、文物执法

1、机制完善

2002 年 6 月 1 日，杭州市人大制订的《杭州市良渚遗址保护管理条例》正式施行。《条例》共 6 章 40 条，对良渚遗址保护范围设定、管理机构职责、规划与管理、考古与展示利用、法律责任等作了较为详尽的明确。2013 年 11 月 22 日，浙江省十二届人大常委会第六次会议批准了修订后的《杭州良渚遗址保护管理条例》，该《条例》的最大特色是采用了总体规划保护原则，将《杭州良渚遗址保护总体规划》的具体要求上升到了法律条文，使得规划的执行更显刚性。

2005 年 4 月，在杭州市园林文物监察支队良渚遗址文物行政执法大队成立的同时，杭州市人大明确良渚遗址保护区属杭州市城市规划区，适用《中华人民共和国城市规划法》。据此，余杭区下发《关于良渚遗址保护区内项目审批管理与行政执法协调会议纪要》（余政办〔2005〕5 号）文件，明确城管执法、国土管理等职能部门，履行协同文物管理部门做好良渚遗址保护管理工作的责任，形成了文物管理、城管执法、国土管理、公安等各部门共同参与、各司其职的遗址保护联合执法机制。

2005 年 6 月，杭州良渚遗址管理区管委会公布了杭州良渚遗址管委会行政执法人员安排及工作职责，并明确了管委会担负行政执法职责的科室为国土与规划建设出规划管理科、文物管理局文物保护科、杭州良渚遗址管理所，当时执法人员为 8 名。至 2012 年良渚遗址文物行政执法大队成立 8 年，执法人员有 10 名。

2005 年 6 月，根据杭园文监党〔2005〕8 号文件，杭州良渚遗址管理所时任所长费国平被聘任为执法大队大队长，文物管理局文物保护科时任科长周黎明为执法大队副大队长。2012 年 4 月，根据杭园文监党委〔2012〕4 号文件，杭州良渚遗址管理所时任所长孙海波被聘任为执法大队大队长，时任副所长黄莉为执法大队副大队长。

2、执法工作有序开展

（1）加强日常巡查，确保遗址安全。良渚遗址保护区范围大、遗址密集，日常巡查工作量大，在日常巡查中密切关注遗址本体，监测遗址区内情况，掌握重点遗址动态，保证遗址安全，基本上达到了天天巡查、举报即查的良好局面。在日常巡查监测的基础上，及时完成日常巡查日志及重点遗址监测记录，做到遗址日常记录资料完整有序。良渚遗址管理所执行保护区分片巡查制度，2011 年增加每片巡查人员至 3 人，每周巡查不少于四次。2007 年以来巡查总数达到了 7300 余次。全年巡查次数达 800 余人次。周巡查不少于四次。2007 年以来巡查总数达到了 7300 余次。

（2）打击盗挖效果显著。 20 世纪 80 年代，由于受文物贩子经济诱惑，遗址地一度出现了严重的遗址盗挖、文物倒卖犯罪活动，余杭县开展了多次专项打击，先后将 50 余名犯罪分子绳之于法。自 1999 年至今，基本没有再出现针对良渚遗址的犯罪活动。

2012 年，在日常巡查中，执法人员发现安溪村小竹园遗址被盗挖，经过现场调查，发现盗洞 1 个，探洞十余个，现场未发现盗挖文物。执法人员立即与文物派出所联系，并连夜安排蹲点排查，顺利抓获两名犯罪嫌疑人。目前该案件已移交公安机关，即将起诉论罪量刑。由于巡查到位发现及时，该盗挖遗址案件扼杀于萌芽状态，未对遗址造成严重破坏和损失，遗址安全得到保障。

（3）配合项目审批，加强后期监管。 良渚遗址文物大队为目前国内唯一为大遗址保护而设立的大队，在良渚遗址管理所增挂牌子，有其特殊性，减少沟通环节，提升工作时效，使大队在项目监管上及早介入，从始而终，对违法行为处理及时有效。与良管委有关部门对保护区内各类项目的前期踏勘工作。进一步加强保护区农户建房和项目建设的全程监管工作，加强与瑶山派出所、镇、村相关部门及文保员的沟通协调，逐步建立起有效的监管体系，确保将违章违法行为控制在萌芽阶段。

（4）加强联合执法，加大违章查处。 加强同镇、村等有关部门的协调、沟通，加大联合执法力度；同时，加强文物行政执法，对违章违法人员及时下发停工整改通知书，并规范执法程序，及时对违章建设做好现场的拍照、取证工作。

2007~2012 年，共检查发现遗址区内各类违章 444 起，拆除 128 起，拆除违建面积 32836 平方米，行政处罚 41 起，抓获盗掘案件 1 起。2013 年对良渚遗址申遗区共制止处理 68 户农户 4280 余平方米违章搭建，以及 16 家企业近 13112 平方米违法建设。2014 年共查处违章 22 起，立案处理 1 起，拆违 150 平方米，整改 1387 平方米。2015 年良渚、瓶窑两镇发现各类违章 19 起，已整改 9 起，整改面积 2550 平方米。

（5）完善执法流程，规范执法程序。 根据日常执法巡查工作中遇到的问题，为进一步规范遗址保护管理工作和完善行政执法流程，制定了行政执法催告书、良渚遗址文物执法监察巡查记录、良渚遗址巡查情况抄告函等执法巡查文书，提高了相关文书的针对性，确保文物保护管理工作的制度化、规范化。

3、执法工作所获表彰

良渚遗址文物行政执法大队在省、市、区领导高度重视下，按照市、区政府的要求，进一步加大了遗址管理中的依法行政和行政执法力度，严格遵照有关法律法规，立足遗址区内的特殊实际，进一步加强和完善与保护区内政府、城管执法、国土管理、公安等部门的联合执法机制，在遗址保护管理工作中确保行政的依法性，同时也使遗址安全得到保障。文物执法工作获得省、市上级部门的充分肯定，获得多项奖项：2010~2013 年连续四年获得浙江省文物执法监察工作成绩显著单位；2009~2012 年度连续四年获得杭州各县（市、区）文物行政执法责任制考核优胜（优秀）单位；2010 年江浙沪文物行政处罚案卷评比获奖单位三等奖；浙江省第一届、第二届省级案卷评比鼓励奖；2012 年度、2013 年度杭州地区文物行政执法工作宣传先进单位；2012 年度杭州地区文物守望者先进单位；多次获得杭州地区文物行政执法优秀案卷评比奖项。

三、申遗

良渚遗址作为中国新石器时代晚期著名的考古学大遗址，它的价值和地位得到国内外考古界的公认。早在 1994 年就被列入中国政府申报《世界遗产名录》的预备清单。1996 年被国务院公布为第四批全国重点文物保护单位，2001 年被列为全国大遗址保护一类一号项目。2006 年、2012 年良渚遗址再次入围国家文物局重设的《中国世界文化遗产预备清单》，2007 年进入国家《"十一五"期间大遗址保护总体规划》确定的 100 处重要大遗址名录。

良渚遗址申报世界文化遗产是浙江人民的期盼。浙江省和省文物局高度重视良渚遗址的保护和申遗工作。1995 年，就成立了由分管副省长任组长的良渚遗址群保护领导小组。2001 年 3 月，成立由分管副省长任组长的省良渚遗址申报《世界遗产名录》领导小组，同年 2 月，成立了由国内著名考古专家黄景略先生、张忠培先生、严文明先生等参与的良渚遗址申报《世界遗产名录》专家咨询委员会。2001 年批准设立杭州良渚遗址管理区，成立管理区管理委员会，挂浙江省杭州良渚遗址管理局的牌子，并责成杭州市余杭区扎实推进良渚遗址保护和申报世界遗产的工作。

习近平主席在浙江担任省委书记期间，亲自考察过良渚遗址保护工作，先后四次对良渚遗址保护与申遗工作做出过重要批示。2008 年 10 月，习近平副主席又一次到良渚博物院视察，检查良渚遗址保护和申遗工作推进情况。2010 年 10 月，良渚遗址进入首批国家考古遗址公园名单，标志着良渚遗址保护工作取得新的阶段性成果，良渚遗址保护和申遗工作进入一个新阶段。2013 年良渚遗址申遗项目征迁动员大会在瓶窑镇举行，申遗区征迁项目全面启动。良渚遗址申遗征迁主要范围位于良渚古城遗址核心区块，涉及瓶窑大观山、长命 2 个行政村农户 615 户及企业 46 家。同年"首届世界考古•上海论坛"开幕式在上海举行。论坛期间，"寻找消失的文明：良渚古城考古新发现"高票入选"2011~2012 世界 10 项重大田野考古发现"，以良渚遗址为主要研究对象之一的《中华文明探源工程研究》入选"2011~2012 年 9 项世界重大考古研究成果"。这标志着良渚古城遗址重大价值被国际考古界权威所公认。

2014 年按照《世界文化遗产申报工作规程》要求，浙江省政府申报函、《良渚古城遗址——申报世界遗产提名文件》（包括省文物局初审意见）、《良渚遗址保护总体规划》（及颁布文件）、《杭州市良渚遗址保护管理条例》、《良渚古城遗址管理规划》和《利益相关者协调情况说明》等"六大申遗材料"上报国家文物局。同年，中国世界文化遗产预备名单遗产地联盟成立大会在良渚举行，全国 34 家世界文化遗产预备名单遗产地管理机构参加成立大会，会议达成并发布《保护文化遗产良渚共识》。

四、规划

杭州良渚遗址管委会成立以来，以规划编制为抓手，使良渚遗址的保护和开发利用有了长远计划性、可持续性。

（一）规划编制

1、《良渚遗址保护总体规划》

2001 年，根据国家文物局对遗址保护规划编制的新要求，结合良渚遗址新的考古、研究成果和遗址环境的保护需要，围绕良渚遗址的保护和开发利用，区政府重新委托中国建筑设计研究院建筑历史研究所着手编制《良渚遗址保护总体规划》，划定了 111 平方公里的规划空间范围。2004 年完成保护总规文本第一稿，2008 年规划因良渚古城发现修改完成第二稿，2010 年规划因世界文化遗产保护的最新趋势与要求修改完成第三稿，目前规划文本编制已完成，2013 年 11 月

《良渚遗址保护总体规划》共分十九章,153 条,规划期限: 2008 年—2025 年,依据"保护为主、抢救第一、合理利用、加强管理"的文物工作方针、文物保护工作程序、国家经济计划管理期划和地区相关的经济与社会发展规划等, 分为近期 (2008－2012)、中期 (2013－2017)、远期 (2018－2025) (2013－2025)。规划范围: 规划范围面积 11153.06 公顷。四至边界: 东至杭州绕城高速至东苕溪之间的西塘河西岸; 南至杭州绕城高速·新 104 国道·毛家漾港·沿山港·瓶仓大道东侧连琪港·海棠路·西险大塘背水坡角线·新 104 国道; 西至新 104 国道·瓶窑镇彭公农场西侧道路至老 104 国道; 北至东明山森林公园北界及其东、西向丘陵地带连线。保护区划分级: 保护范围占地面积为 4203.19 公顷,划分为重点保护区和一般保护区, 其中重点保护区为 1501.71 公顷,分为良渚古城重点保护区、荀山重点保护区、汇观山重点保护区、塘山重点保护区、姚家墩重点保护区、瑶山重点保护区; 建设控制地带占地面积为 3573.27 公顷,划分为一类—五类建设控制地带; 环境控制区占地面积约为 3376.60 公顷, 划分为一类—三类环境控制区。

《良渚遗址保护总体规划》以整体保护良渚遗址的空间格局, 真实、完整地保护良渚遗址本体及其历史环境要素, 充分揭示良渚遗址在中华文明史上的突出地位, 实现良渚遗址 价值特征的完整保护。统筹良渚遗址与周边区域土地资源、文化资源、水资源的保护与合理利用,整合遗产保护需求与城市发展需求, 谋求良渚遗址保护与遗产地社会经济文化可持续发展的和谐关系为目标, 对良渚遗址项目建设管理、遗产本体保护、遗产环境保护、环境质量保护、遗产利用、遗址管理、遗产考古研究、遗产监测等方面内容制定了细致科学的标准。

2、《杭州良渚遗址管理区发展规划》

根据全区"十二五"规划编制工作和《良渚遗址保护总体规划》的要求, 2010 年 11 月杭州良渚遗址管理区管理委员会委托浙江省发展规划研究院编制《杭州良渚遗址管理区发展规划》。2011 年 5 月完成征求意见稿, 6 月 17 日由余杭区专家咨询委员会在临平召开专家评审会, 原则通过了该规划。2012 年 1 月 11 日, 余杭区人民政府正式批复同意该规划。

《良渚遗址保护总体规划》以遗址管理区范围为研究范围, 以遗址保护总体规划确定的范围为任务范围, 宏观及关系研究按照研究范围, 具体规划布局按照任务范围, 并扩展到良渚新城、瓶窑新区以及良渚遗址周边的良渚商贸区块、良渚文化村等的规划区域,规划期限: 2011—2020 年, 其中近期至 2015 年, 远期至 2020 年。规划共分九个部分, 主要内容包括: 发展条件和背景、发展思路与目标、申遗与保护利用、产业发展与布局、城乡发展与布局、区域主要社会设施建设、区域主要基础设施建设、环境保护和生态建设、规划实施保障措施。

3、《良渚国家考古遗址公园概念性规划和控制性详细规划》

(1) 概念性规划

随着"大美丽洲"的概念呼之欲出以及良渚古城的发现, 2008 年根据区委、区政府的要求, 杭州良渚遗址管理区管理委员会就良渚国家考古遗址公园建设的概念性方案设计实施了面向国际的征集活动。2008 年 4 月正式启动征集活动, 4 月底, 组织了有关专家及部门对报名单位进行审查, 经讨论确定了 6 家单位。5 月方案征集活动进入了实质性设计阶段, 8 月 29 日方案评审会在良渚君澜度假酒店召开。评审专家组成员在认真听取汇报后, 进行了热烈地讨论, 并形成了一致意见, 德国 SOL 联合事务所的"良渚湖"方案被采纳。在综合其他入围单位设计方案优点的基础上，2009 年 3 月，德国 SOL 联合事务所完成了对遗址公园概念性方案的深化。

"良渚湖"方案充分利用最新考古技术（地磁感应新技术）、生态技术（生态雨水净化利用技术）和孢子分析等科学技术，通过规划设计、景观造型等手段，重新整理塑造良渚遗址保护范围约 42 平方公里大的空间景观结构，在良渚国家遗址公园核心区，凸显良渚古城及其它重要遗址点，使人们能在现场实地体验良渚文化的无与伦比之处。首先，以古城为核心的历史文物遗址，通过利用最新考古技术（地磁感应新技术），结合景观造型等手段再现出来，人行其中将能亲身感受，体验 4000 年前的古城场景。在充分保护遗址的前提下，使良渚时期的文明可视可感受。其次，充分利用最新生态技术（生态雨水净化利用技术），恢复良渚时期古城的环境特征，即"美丽的水中陆地"特征，形成环绕古城的良渚生态景观湖。从而使良渚国家遗址公园生态景观品质提升，成为未来可持续性发展的优秀范例。

未来良渚国家遗址公园以遗址保护为核心，在此基础上充分挖掘良渚国家遗址公园潜在的巨大旅游休闲潜力。构想中的良渚遗址公园，以良渚生态景观湖为中心，同时以良渚文化广场为制高点。通过对良渚国家遗址公园内的历史文化的发掘，生态景观的改良利用及质量的提升，为良渚国家遗址公园形成一个生态旅游系统提供了良好的硬件基础。

（2）控制性详细规划

2009 年 3 月依据方案征集文件规定，德国 SOL 公司接受委托与杭州城乡规划设计研究院一起，编制良渚国家考古遗址公园控规，8 月规划编制单位提交了控规初稿。同年底，规划文本通过了由浙江省文物局组织的专家评审。根据评审会意见，规划文本经修改完善后，2010 年 7 月由余杭区人民政府正式上报杭州市人民政府。同年 12 月 23 日，规划文本通过了由杭州市规划局组织的专家评审，并与 2011 年 3 月取得了市政府的正式批复。

良渚国家考古遗址公园控制性详细规划范围为余杭区瓶窑镇、良渚街道，东至安溪路和良渚博物院，南至新 104 国道，西至华兴路，北至东苕溪，规划总用地面积约 10.65 平方公里，功能定位为集遗产保护、文物展示、文化交流、生态旅游为一体的国家考古遗址公园，形成"一轴一核两心三片"的结构形态。"一轴"为文化景观轴，从良渚博物院沿良渚港河至古城；"一核"为古城核心保护区，由东南西北四周的城墙以及雉山、凤山围合而成，是整个良渚遗址保护的核心；"两心"为良渚广场、良渚博物院，良渚广场是良渚国家考古遗址公园的主入口，游客集散与换乘中心，良渚博物院是文化景观轴的起点，良渚文化的集中展示传播处，也是一个国际学术中心和文化交流中心；"三片"为西部保护区、南部保护区和北部保护及传统村落区，西部保护区位于古城的西侧，以生态保护和文化堆积层保护为主，南部保护区位于古城的南侧，以生态保护和文化堆积层保护为主，北部保护及传统村落区：位于古城的北侧和东侧，以湿地保护和文化堆积层保护和传统村落为主。并对道路交通、绿化系统做了详细规划设计。

4、《良渚文化博物馆新馆（良渚博物院）周边环境整治工程控制性详细规划》

2007 年 8 月，为配合良渚文化博物馆新馆（良渚博物院）周边环境整治工程，良渚遗址管理区管理委员会委托杭州市城市规划设计研究院编制《良渚文化博物馆新馆地块周边环境综合整治工程控制性详细规划》，11 月取得余杭区建设局批复。2009 年、2012 年为了对接良渚国家遗址公园，避免功能重复，同时利用良渚遗址资源，大力发展良渚文化创意产业，依据区委有关会议纪要精神，对规划中配套功能区的用地性质、用地规模、功能定位、布局结构等进行了两次调整。

此规划范围北起 104 国道新线，南至 104 国道老线，东与猪头山相临，西至大雄山山麓，规划总用地面积约 93.47 公顷。功能定位为杭州市近郊的、依托良渚遗址文化环境，集文博陈列、休闲度假、文化交流、文化生产、居住、旅游等复合功能的城市社区。规划结构为"一心、一轴、两片"，一心：以良渚文化博物馆新馆为功能中心与景观核心；一轴：为突出良渚文化博物馆新馆对周边环境的统领地位，规划设置一条宽约 200 米、长约 1100 米的曲形绿轴；两片：以中部大绿带分割而成的东西两大片区，布置旅游配套服务与居住等复合功能片区。

（二）规划管理

2004 年 12 月，余杭区人民政府发文《关于徐氏发展有限公司资产处置问题会议纪要》（余政办〔2004〕251 号文）。文件明确 遗址区内，凡已列入环境整治区块内的各单位，如遇破产、搬迁等，由杭州良渚遗址管理区管委会与各相关银行及业主协商一致，通过政府收购的方式妥善处理，其土地使用权及房产权不再通过拍卖或其他方式转让给其他企业用于经营或生产。

2005 年 1 月，余杭区人民政府发文《关于良渚遗址保护区内项目审批管理与行政执法协调会议纪要》（余政办〔2005〕5 号文），进一步加强了遗址区内的项目审批管理制度。文件明确：1、凡要求在良渚遗址保护区内开工建设的各类项目，必须在文物行政管理部门审核同意，并由规划行政管理部门签署意见后，方可报国土等部门审批。2、各类建设项目在提交建设报告时，必须同时向审批部门提交选址图、设计图、施工图及项目设计人员、施工人员等相关信息资料。3、保护区内农民新建住宅的户型和外观样式，必须在规划行政管理部门提供的设计方案中进行选择，其建筑样式和风格必须符合遗址保护要求。文件还明确了保护区内的日常巡查与执法由良渚遗址管委会牵头负责，尤其组织相关行政执法部门开展工作。

2005 年 3 月，余杭区人民政府发文《关于良渚遗址区内土地利用有关事项的通知》（余政办〔2005〕41 号文），进一步规范了遗址区的土地管理。文件要求严格限制改变遗址区内的土地利用现状；如确需改变的，建设单位应事先报杭州良渚遗址管理区管委会审核同意，区土地管理部门在确认杭州良渚遗址管理区管委会的意见后，方可办理有关手续。文件还要求遗址区内的各单位不得擅自将其所拥有的土地使用权进行转让、抵押；如确需转让、抵押的，由所有者报杭州良渚遗址管理区管委会审核同意后，方可进行；位于各遗址点上的单位，其土地使用权不得进行转让或抵押。

依据上述法规、文件，杭州良渚遗址管委会自 1996 年 10 月正式开始严格的文物前置审核程序后，进一步加强了遗址区内的项目审批管理制度。同时管委会根据保护总体规划要求确定的原则，对瓶窑、良渚两镇范围内的建设项目进行前置审核，基本做到保护区范围内工业项目"只做减法、不做加法"，严格控制建设控制地带内建筑高度、体量及风格，并对环境控制区的建筑提出相应的高度和景观要求。

遗址区违章建设管理到位。由于多年的控制，遗址区内 3.6 万人口的危房改建成为保护工作中急需面对和解决的难题，对此，良渚遗址管委会制订了相应的引导策略，确定重点保护区内原有建筑需改建、新建的，引导向非重点区迁移，一般保护区内的创造条件向遗址区外转移，对部分因服从遗址保护需要而进行迁建的困难农户，给予适当的经济补助。所有要求新建、改建的建筑，均由管委会会同省考古所现场踏看，根据原有建筑的危险程度和所处的遗址区块，提出审核意见，报省文物局审批。2004 开始，杭州良渚遗址管理区管委会筹集资金，分别在良渚、瓶窑两镇落实重点遗址上农户建房的搬迁安置点，逐步搬迁重点遗址上的农户。

跳出遗址区求发展战略实施。为了从根本上缓解城市化进程对遗址保护形成的压力，杭州良渚遗址管理区管委会根据《良渚遗址保护总体规划》引导遗址所在的良渚、瓶窑两镇制订了"跳出遗址区求发展"的战略，要求两镇在遗址区外开辟新的发展空间，实现建设重心的转移，并逐步吸引遗址区内人口向外迁移。这一战略性思路的成效在近年已逐步显现，两镇工业发展重心均从遗址区转移至遗址区外。瓶窑镇还将政府办公楼迁至保护区以外，以带动城镇中心的转移。

五、保护与宣传

基于对良渚遗址价值和重要性的认识，各级政府高度重视良渚遗址保护，强化依法管理，加强环境控制和整治，加大保护宣传力度，使遗址完整性得到有效保护，遗址生存环境进一步优化，社会各界的保护意识稳步提高。

（一）文物保护管理措施

1、保护经费层层落实

2002—2004 年，浙江省、杭州市、余杭区三级财政每年共安排 1300 万元良渚遗址保护专项资金，2005—2006 年，三级财政安排的保护专项资金增加到每年 1500 万元。2007 年开始，中央和省、市、区以项目资金补助的方式，继续支持良渚遗址的保护工作。

2、项目建设规范审批

1995 年以来，按照《良渚遗址群保护规划》的要求，余杭市政府对遗址区内的基本建设规模实行严格控制，先后谢绝了 10 多亿元的投资项目。1996 年 10 月，余杭市人民政府制发〔1996〕202 号文《关于余杭市实施浙江省良渚遗址群保护规划若干意见的通知》，要求遗址区内各类建设行为在报城乡规划等部门审批前，需先报请文物管理部门审核同意，正式开始严格的"文物前置审核"程序。据此，文物部门在审核前均对拟建设地块开展考古调查，先后对吴家埠、荀山东坡、反山、莫角山、庙前、钵衣山、梅园里、横圩里、卞家山、葡萄畈、美人地等遗址进行发掘，对发现的遗存及时采取保护措施，遇有重大发现的地块，停止项目建设，对遗址实施原地保护，避免建设项目对遗址保护带来的破坏。

3、保护补偿机制建立健全

良渚遗址地处杭州近郊，人口和产业密集，文物保护与当地民众生产生活、经济社会发展存在着较为突出的矛盾。为有效缓解这一矛盾，促进文物保护与遗址地村级集体经济发展、民生改善的共赢互利，良渚遗址保护管理机构——杭州良渚遗址管理区管理委员会从 2005 年起开始实施《良渚遗址保护区文物保护补偿办法》，每年安排专项资金，开展村一级文物保护目标考核，根据考核结果下拨文物保护补偿经费，对村级集体经济进行补偿。办法实施 10 年以来，补偿范围不断扩大,由最初的 11 个行政村增加到 24 个行政村社区,实现遗址区全覆盖;经费大幅度提升,由最初的每年 40 多万上升为 590 多万;考核细则不断完善,有效调动基层村组织对文物保护工作的积极性;经费来源不断稳固,杭州市和余杭区两级财政 10 年来已经累计发放 2500 多万元。

除了以经济补偿为主要方式,补偿方式还包含:(1)协调产业发展的非货币补偿。因文物保护需求,文物保护区在土地利用开发上有着多重限制,遗址所在地的基层政府组织丧失许多发展机会,经济增长受阻。因此杭州良渚遗址管理区管理委员会积极协调文物保护区大环境的产业发展,从体制、政策上支持文物保护区内转变经济增长方式、调整优化经济结构,创新经营机制、转变发展方式,在现代农业园区建设上下功夫,积极挖掘乡村旅游资源,积极构建与文物保护要求相适应的生产力布局。(2)建设农居安置点。2004 开始,杭州良渚遗址管理区管委会筹集资金,回收土地,分别在良渚街道、瓶窑两镇落实重点遗址上农户建房的搬迁安置点,用于安置良渚遗址本体及重点保护区内的危房户和住房困难户,逐步搬迁重点遗址上的农户,按照文物保护要求建设农居的农户还给予一定的资金补偿奖励。(3)专项补偿。对良渚遗址文物保护有特殊贡献给予专项奖励。2006 年良渚遗址管理区后杨村一村民在批准的屋基上建造新房,结果挖出了四个玉璧,村民立即向文物管理部门报告,并与村干部一起主动协助文物部门做好现场保护、已出土文物的收缴和后续的发掘工作,此地最终发现良渚文化墓葬九座,出土精美玉器 200 多件,其中一件削边玉璧与一件玉耘田器是首次发现的良渚文物。杭州良渚遗址管理区管理委员会基于该村民的保护行为奖励其 3 万元资金。2014 年新发现良渚水坝遗址所在村要在水坝遗址处建设小型农居点,被杭州良渚遗址管理区管理委员会发现后紧急叫停,所在村停止农居点建设,使水坝遗址免受破坏,保护了良渚水坝遗址,针对行政村建设农居点前期投入资金给予专项补偿。

4、环境整治效果显著

1996 年投入 300 多万元资金,搬迁莫角山遗址上的长命印刷厂。

1999 年搬迁国道。104 国道曾从东向西横穿良渚遗址腹地,将古城遗址一分为二,繁忙的过境交通和企业生产使莫角山遗址承受了不能承受之重。为保护遗址,政府投资 2.4 亿元,对全长 16 公里的 104 国道进行南移改建,1999 年 2 月正式竣工。

2000 年,省市领导经过多次现场调研,痛下决心,作出关停遗址区及周边石矿的决定。至 2002 年 10 月底,良渚遗址区及附近的 30 家石矿全部关停。三级政府为石矿关停投入的补偿经费、劳动力转移和安置经费等直接和间接费用达 1 亿多元,其中直接用于关停补偿的经费 2000 余万。自 2003 年起,良渚遗址管委会逐步实施对矿区的绿化整治,还青山绿色。

2006—2007 年,累计投入资金 1 亿元,对贯穿于良渚遗址保护区的老 104 国道进行了路面改造、两侧环境整治,将老 104 国道打造成了遗址公园的专用通道。

2007 年起,对大观山果园外场(莫角山遗址)800 亩土地进行种植结构的控制,启动良渚古城核心区块的企业搬迁工作,在先期搬迁 3 家企业的基础上,投入 6000 多万元,对大观山果园外场的 10 多家企业进行搬迁,对 129 户住户实行外迁安置,拆除建筑 2 万余平方米,并对清空场地按文保要求,进行清理和绿化,改变脏、乱、杂的面貌形象。

2013 年良渚遗址申遗项目征迁动员大会在瓶窑镇举行，申遗区征迁项目全面启动。良渚遗址申遗征迁主要范围位于良渚古城遗址核心区块，涉及瓶窑大观山、长命 2 个行政村农户 615 户及企业 46 家。

5、遗址公园规划建设

在做好良渚遗址本体及背景环境保护的基础上，为提升良渚文化的知名度和美誉度，充分展示良渚遗址的内涵，开创大遗址保护的"良渚模式"，余杭区政府和良渚遗址管委会积极推进遗址公园一期建设（良渚博物院和美丽洲公园），结合遗产申报深化公园核心区块的规划设计工作，考古遗址公园项目建设迈上一个新的台阶。

（1）良渚国家考古遗址公园一期（良渚博物院和美丽洲公园）建成开放

为了适应良渚遗址最新考古发现和"申遗"要求，建设"国内一流、国际知名"的博物馆，把良渚博物院（良渚博物馆新馆）及其周边 800 余亩区域打造为良渚特色的"美丽洲"，使其成为世界级旅游产品，成为杭州旅游西进的新亮点，并带动周边区块的有机更新，2007 年 7 月开始良渚遗址管委会启动以良渚博物院为核心的"美丽洲"建设项目。良渚博物院由英国著名设计师戴维·奇普菲尔德担纲主体建筑设计，占地面积近 70 亩，建筑面积 1 万平方米，于 2005 年破土动工建设，历时三年建成，投资 1.6 亿元，于 2008 年 9 月 29 日完成陈列布展，和"美丽洲"公园同时建成并正式对外开放。美丽洲公园区块原为余杭区采矿区和化工园区，周边环境"脏、乱、差"现象突出，按"高起点规划，高强度投入，高标准建设，大手笔整治"要求，通过一年半时间的努力，投入 6 亿元资金，搬迁了 46 家企业，45 户农户和 87 户居民，拆除了 12.5 万平方米的建筑，对整个区块重新规划布局，围绕博物院布置了大面积环绕水系和多层次的绿化，建设了相关的配套功能区块，形成了"一核、一轴、两片"的公园结构。

作为良渚国家遗址公园的启动区块和对外窗口，良渚博物院和美丽洲公园对外开放至今，已累计接待国内外近百万游客，达到了"专家叫好、百姓叫座"的预期效果。开放后的良渚博物院和美丽洲公园，设施先进、服务完善、展示一流、环境幽雅，建筑与环境相映成趣，自然景观和深厚文化底蕴和谐交融，良渚博物院已成为集宣传、研究和展示良渚文化的中心和平台，美丽洲公园也逐步形成了集度假、旅游、休闲、创意、欣赏、研究及教育为一体的创意示范园区。

2008 年良渚博物院建筑融合中西方建筑文化理念反映了当今中国日趋精湛的设计和建造，获第二届"好设计创造好效益"最佳公共建筑奖。此奖项评选由国际知名杂志"商业周刊"和"建筑实录"共同主办，二年一度，目的是表彰塑造现代中国的优秀建筑和城市规划项目。2009 年良渚博物院荣膺全国十大精品博物馆，2010 年美丽洲公园被国家旅游局评定为 4A 级国家旅游景区。

（2）良渚国家考古遗址公园一期配套项目稳步推进

为传承发扬良渚文化，优化土地资源利用，提升遗址区风貌，带动文化创意产业发展，助推良渚板块产业转型升级，扩展和丰富遗址公园城市文化内涵，2010 年初，良渚遗址管委会启动了良渚国家考古遗址公园一期配套项目—良渚文化产业园项目的建设，项目总投资 2 亿元。

良渚文化产业园项目位于良渚博物院以北，占地面积 50 亩，位于良渚遗址一般保护区内，区块内原为 4 家工矿企业，建筑面积 2.3 万平方米，通过原有厂房有机更新方式将原工业遗存建成现代文化产业园，经梳理改造后，产业园建筑面积保留 1.5 万平方米，原有建筑密度大大降低，遗址区背景环境风貌得以优化提升。园区定位为现代玉文化展示交易平台，以传承发扬良渚玉器文化，致力于建设全国性的玉器设计、加工、鉴赏、交易与收藏的场所，园区于 2010 年 10 月底良渚论坛期间正式开园。

（3）良渚国家考古遗址公园申报和挂牌

2010 年 7 月，根据国家文物局文物保函 [2010]535 号文和《国家考古遗址公园管理办法(试行)》，良渚遗址管理区管理委员会向国家文物局提出良渚国家考古遗址公园的评定申请。8 月底，国家文物局考古遗址公园评定专家组对良渚国家考古遗址公园项目进行现场综合考察评定，11 月成功入选首批国家考古遗址公园。

2011 年 3 月 8 日，"《良渚玉器》特种邮票首发、良渚国家考古遗址公园挂牌、杭州城市学研究理事会余杭分会成立"仪式在良渚白鹭湾君澜度假酒店举行。仪式由区委副书记、区长姜军主持，杭州市委常委、余杭区委书记朱金坤致辞，中国邮政公司、省、市、区领导共同为特种邮票、首日封揭幕，主席台领导嘉宾在首日封上签名留念，市人大常委会主任、杭州城市学研究会会长王国平为杭州城市学研究会余杭分会授牌，市领导为杭州城市学研究理事会余杭分会专家颁发聘书，市人大常委会主任、杭州城市学研究会会长王国平讲话。仪式结束后，领导、嘉宾到美丽洲公园北门为良渚国家考古遗址公园揭牌。

（4）良渚国家考古遗址公园推介：良渚论坛 . 中华文明探源活动

借助"良渚论坛"活动平台，良渚遗址管委会、良渚组团管委会以及杭州美丽洲实业有限公司联合都市快报组织广大市民走进良渚遗址区，开展 2011 良渚论坛 . 中华文明探源，并同步推出文学、摄影作品成果征集大赛，通过参观良渚博物院和良渚遗址，体验遗址区内都市休闲观光农业等系列活动，以展示大遗址区的文化内涵、良渚遗址保护和遗址公园建设的成果，提升良渚遗址和良渚文化的知名度。

为配合文明探源活动的举办，一是实施良渚遗址综保工程 2011 年度环境整治项目，该项目主要包括：西城墙遗址点、北城墙遗址点的游步道（木栈道）、停车场、入口小广场及绿化；反山遗址游步道（木栈道）、门楼改造、围墙整治；莫角山观景台改造；遗址公园标志标识系统（遗址公园导览图、重要遗址点解说牌、遗址公园导向标牌等）；四处公共自行车租赁点建设等。二是推出文明探源活动线路，探源路线设计为：良渚博物院（美丽洲公园）—良渚玉文化产业园—野芦湾生态休闲农业园—金都生态园—良渚古城（北城墙、西城墙、反山和莫角山四点）—鱼佬大农庄—塘山土垣遗址—东明山森林公园—瑶山遗址—沈括墓。

文明探源活动时间为 2011 年 11 ~ 12 月，共征集到 73 组作品，其中，文学作品 39 组，摄影作品 34 组。通过专家组评审，摄影类作品最终评出特等奖一名，一等奖二名，二等奖四名，三等奖七名和入围奖五名；文字类作品二等奖四名，三等奖七名，入围奖四名。摄影类参赛作品含金量较高，特别是杜艳丽的作品"走过千年"和周小琪的作品"厚"，得到专家组成员较高的评价。作品"走过千年"近乎完美地表现出良渚古文化和现代文化相结合的气息，远古文化在现代的缠绵延续；作品"厚"则在光影、质感、构图和创意上达到的堪为精品的标准，他们分别被评为特等奖和一等奖。

6、考古研究不断推进

整合良渚遗址管理区管委会、浙江省文物考古研究所的研究力量推进良渚遗址考古研究，并连续不断地通过公开招聘,积极引进高层次的考古研究人才充实相关部门。2002 年 1 月国际良渚学中心成立。2003 年 3 月浙江省文物考古研究所正式建立杭州良渚遗址考古工作站。

2008 年,成立良渚遗址保护与研究中心,联络全国范围良渚文化研究人才,组建开放性的良渚文化研究平台。2010 年以考古与保护中心研究力量为支撑,成立良渚研究院。

初步完成了良渚遗址区测量控制网。以新颁布的《田野考古规程》为指导,建立和完善了基于 ACCESS 软件的田野考古信息数据,建立了考古工作各类表单。先后完成了莫角山、反山、瑶山、汇观山、塘山、荀山等 6 个遗址点的保护展示规划设计,在经国家文物局批准后,启动了汇观山遗址保护复原展示工程,2000 年主体工程初步完成。在文物专家的指导下,又先后保护性修复并展示了瑶山、反山、良渚古城城墙等遗址,并将考古发掘现场在确保安全的前提下,对公众开放,迈出了遗址合理利用的第一步。

7、四有档案编制完成

2002 年 10 月根据全省国保单位"四有"工作会议要求,对良渚遗址保护区内 135 处遗址进行照片摄制,着手良渚遗址"四有"档案整理工作。2003 年完成良渚遗址"四有"档案建设,并且档案成功入选全国标准文本。2013 年良渚遗址管委会启动良渚遗址"四有"档案修订工作。2015 年良渚遗址"四有"档案修订工作完成,并建设了良渚遗址"四有"档案软件管理系统。2015 年 3 月良渚遗址管委会召开良渚遗址"四有"档案软件管理系统专家评审会。来自浙江省文物局、浙江省文物考古研究所、宁波市文物保护管理所等单位的多位文物专家参加评审。与会专家认真听取了宁波市卓信信息技术有限公司关于系统建设的情况汇报,观看了操作演示,展开询问讨论,对系统研发成果予以了充分肯定,并提出了宝贵建议。专家认为,良渚遗址"四有"档案软件管理系统结构完整,建档、查询、打印等功能齐备,符合国家文物局有关全国重点文物保护单位记录档案编制相关规范要求。通过本软件管理系统的建立和使用,可进一步提高建档工作效率,也方便了档案的查阅和使用,在全省的建档工作中具有示范意义。

(二)良渚文化宣传

1、走进课堂

2003 年良渚文化博物馆与区教委联合编辑《走进良渚文化》在余杭范围内的学校推广,把良渚文化知识搬进课堂,纳入学校日常教育课程轨道。同时良渚遗址管委会还在有关学校设立了良渚文化青少年研究与宣传基地,加强对青年学生的遗产教育和乡土文化教育。

2008 年 5 月,人民教育出版社初中二年级《历史与社会》教科书再版印刷,经国家教育部审核批准,良渚遗址管委会与浙江大学合作,首次将良渚文化内容列入中学历史教材。2011 年 8 月,良渚文化进入教科书又取得新成果。人民教育出版社同意从 2011 年下半学年起,全国发行 1000 万册以上的义务教育课程标准实验教科书《中国历史》七年级上册,第二课原始的农耕生活中,又增加了"浙江余杭的良渚遗址,距今四五千年,考古学家在这里发现了村落、古城、祭坛等遗址,出土了大量精美的玉器"等文字,并配发了良渚遗址出土的玉琮、玉璧两枚特种邮票图案。2014 年 8 月 31 日《良渚文化》校本课程首发仪式在瓶窑镇第一中学举行,教材分四年级、七年级两册,主要面向余杭区内 2 万多名中小学生,内容包括了良渚文化内涵、良渚古城价值、良渚遗址保护、良渚古城遗址申遗等。

结合良渚文化进课本内容,良渚博物院与良渚遗址管理所在良渚遗址保护区范围内多次举办良渚文化知识专题讲座。并且良渚博物院携手浙江大学、杭州师范大学、浙江交通职业技术学院策划推出了"首届良渚文化节——走进高校"系列活动。"良渚文化节"由三场高规格学术讲座、流动展览和"大美良渚"学生艺术作品征集巡展三大活动组成。整个活动共涉及到三所高校、六大院系，近5000多名师生。

2014年12月由良渚遗址管理区管委会与区教育局教研室共同举办《良渚文化》中小学地方课程教学设计评比活动结果公布，共评出获奖教师34名。

2、主题活动

法律法规宣传： 2002年6月1日，《杭州市良渚遗址保护管理条例》颁布实施，结合条例发行，杭州良渚遗址管委会开展发放《条例》单行本到户、万人签名、现场咨询、专场演出、学习培训、建立青少年活动基地等《条例》宣传月活动。2013年结合《杭州市良渚遗址保护管理条例》修订版本，举行了《杭州市良渚遗址保护管理条例》与《良渚遗址保护总体规划》知识竞赛活动。并且同年12月赴瓶窑第一中学和良渚第一中学开展"杭州市良渚遗址保护管理条例"宣传进校园和申遗签名活动。

国际博物馆日、中国文化遗产日活动： 杭州良渚遗址管委会与良渚博物院结合良渚文化宣传开展各式各样的主题宣传活动：历年开展了"文化遗产日·良渚文化宣传周文艺进村巡回宣传演出"、"我与文物的亲密接触"、"良渚文化进社区"、"良渚文化进学校"、"藏品架起沟通的桥梁——我与文物的亲密接触"等活动。2006年，结合良渚文化发现70周年和我国第一个"文化遗产日"，余杭区和杭州良渚遗址管委会组织了"良渚文化宣传周"，开展了良渚文化知识竞赛、文艺巡演、新近出土文物特别展、发现70周年暨"文化遗产日"庆典等系列活动，大力宣传遗产保护，提高各界保护热情。2010年为迎接第五个中国文化遗产日，良渚博物院精心策划推出"文化遗产日"系列主题活动：以"风姿绰约——陕西古代陶俑艺术展"为核心，辅以讲座、免费讲解、少儿互动活动、志愿者和博物院之友的公开招募等，让观众近距离感受和亲身参与活动为主要方式，普及文化遗产知识，感受杭州市民身边的优秀文化遗产，让大家知晓、关爱、亲近、体验身边的文化遗产，关注和参与文化遗产的保护，激发保护热情，提高保护意识。

古城探秘： 2007年11月29日，杭州市政府和浙江省文物局联合召开良渚古城遗址考古发现新闻发布会。当年，良渚古城遗址列入2007年全国十大考古新发现。张忠培认为，良渚古城在国内独一无二，其意义与价值可比殷墟，是中国同时期规模最大的城市，可称为"中华第一城"。严文明认为，良渚古城基本是城市的形态，城市是文明起源的一个重要标志，良渚古城的发现是画龙点睛。良渚古城重大发现引来参观热潮，为了让广大市民亲身体验"良渚古城"深厚的文化内涵，良渚文化博物馆于2007年12月16日开展了古城遗址参观活动的启动仪式，逢双休日向市民开展古城遗址参观活动。博物馆开通双休日博物馆到遗址的专线车，双休日每天两趟车，上午9:30、下午2:00各发一趟，每车限18人。由博物馆讲解员带领观众参观古城北城墙、古城西城墙、反山遗址和莫角山遗址。

邮票发行： 在国家邮政总局和国家文物局的重视下，2011年3月8日，《良渚玉器》特种邮票在良渚举行首发仪式，良渚文化登上"国家名片"，邮票志号为（2011-4），图案分别取自良渚文化最具代表性的玉琮、玉璧两种玉器，一套两枚，面值分别为1.20元，由全国著名邮票设计师夏竞秋先生设计。此次还在国内首次发行了以玉为材质制作的"玉邮票"，图案、规格与纸质邮票一致。进一步扩大良渚文化、良渚遗址在省内外、国内外的知名度。

3、文创产品

2001 年良博注册图像"神徽像"商标成功。2005 年 2 月 28 日,"良渚"8 种类型商标注册成功。2011 年 5 月由良渚博物院与杭州美丽洲实业有限公司联合组建杭州创意良渚艺术品有限公司,公司以良渚元素为切入点,构思了多款拳头产品,产品造型突破创新,种类大幅提升,目前已推出 8 个门类近 200 种产品,融艺术观赏性与实用性于一身,使良渚文化多了一种接近普通大众的渠道和宣传手段。

良渚文化系列文创产品连续在杭州市旅游纪念品设计大赛中获奖:

2010 年 7 月,良渚文化系列玉器、陶器被评为 2010 年度杭州优秀旅游纪念品金奖。

2011 年 9 月,良渚博物院文化创意产品"琮式砚"、"琮式印"荣获"2011 年度杭州市优秀旅游纪念品大赛银奖"。

2011 年 10 月,良渚博物院文化创意产品"琮式玉印"和"乾坤茶具"分别荣获"二〇一一年余杭区'良渚杯'优秀旅游纪念品创意设计大赛"实物模型类作品二等奖和实物类作品优秀奖。

2011 年 12 月 20 日,良渚文化创意产品"天地人"碧玉琮及"琮式砚•印"产品被评为"余杭区 2011 年度优秀外宣品"。

2012 年 5 月,杭州创意良渚艺术品有限公司作品青花瓷"良渚凤纹一壶四杯"茶具荣获"2012 年度杭州市优秀旅游纪念品大赛景区景点类二等奖"。

2012 年 6 月,由良渚博物院和杭州创意良渚艺术品有限公司共同合作申报的"浙江省 2011 年度博物馆免费开放最佳做法"获得"最佳文化产品推广奖"。

2012 年 10 月,杭州创意良渚艺术品有限公司产品"良渚凤纹碧玉一壶四杯"和"吉祥如意薄胎碧玉对碗"分别荣获"2012 良渚杯玉石雕刻精品展"银奖和铜奖。

2012 年 10 月 22 日,良渚博物院设计,杭州创意良渚艺术品有限公司生产选送的神徽挂件和琮形盆栽产品,在"全国博物馆文化产品创意设计评选活动"中分获铜奖和优秀奖,成为浙江文博界唯一获奖单位。

4、其他形式

主题拍摄:良渚文化因其重要性,成为多个记录片、电视作品的取景地。2002 年加拿大温哥华"恩雨之声"制片公司摄制组对良渚遗址进行了拍摄。2007 年 9 月,香港凤凰卫视"文化大观园"栏目来到良渚文化博物馆,拍摄制作两集片长为 45 分钟的良渚文化专题节目,栏目邀请了浙江省文物考古研究所研究馆员牟永抗作为访谈佳宾。2008 年 6 月 18 日,由上海电视台、上海文汇报、解放日报、东方早报等 14 家上海媒体组成的采访团聚焦余杭,首站便选择了"良渚文化"。采访团参观了良渚文化博物馆,深入了解良渚先民"饭稻羹鱼"的江南生活。2009 年 10 月中央电视台"艺术人生"栏目在良渚博物院顺利完成了重阳节特别节目"重阳•余杭行"的拍摄工作。2010 年 3 月底,由国家文物局委托中国教育电视台摄制的 20 集电视系列纪录片"国家文物纪事"来到良渚拍摄。2010 年 5 月由中天电视、TVBS 电视、旺报等台湾媒体组成的采访团一行来良渚博物院进行先期专题考察与采访。2011 年 1 月以良渚中华玉为主题的八集历史纪录片《玉石传奇》在中央电视台纪录频道晚间十点档播出。2012 年 2 月浙江卫视钱江都市频道《薇薇生活家》栏目组走进良渚博物院,进行为期半天的拍摄。2012 年 7 月 3 日,中央电视台、日本 NHK 联合摄制组来良渚博物院拍摄大型纪录片《中国古代文明探源》。

知识竞赛： 2006 年 4 月 18 日至 5 月 28 日，"良渚文化知识竞赛"通过都市快报、城乡导报等媒体发布赛题，吸引了全省各地 1000 多人参与。经答卷阅评和电视现场抽奖，来自余杭的周雅芳、海宁的密春杰等分别获得一、二、三等奖和纪念奖。2006 年 5 月 27 日，良渚文化知识电视竞赛在余杭电视台演播厅举行，来自余杭区有关部门、镇乡和良渚文化村的 6 支代表队就良渚文化、良渚遗址、世界遗产有关知识和文化遗产保护问题展开角逐。经过激烈角逐，余杭区财政局代表队、良渚文化村代表队和瓶窑镇代表队分别获得竞赛一、二、三等奖，区教育局代表队、城管执法局代表队和良渚镇代表队获得优胜奖。

良渚元素多方采用： 2007 年第 28 届夏季奥运会奖牌设计为"金镶玉"，此创意的灵感一部分来源于良渚玉璧，使良渚文化成为各大媒体聚光灯下的宠儿。2011 年 8 月 18 日，第八届全国残运会火炬样式对外公布，良渚文化的典型器物"玉琮"成为火炬主体。火炬外部采用了太阳的金色，代表阳光和温暖，内部为鲜红色，代表生命的激情和力量。火炬采用图案纹饰和立体浮雕式的工艺设计，高雅华丽，内涵厚重，神圣庄严，象征着整个大自然和社会浑然一体、和谐共融，也象征着对每一个生命的尊重与平等。2013 年 5 月 15 日，中共中央政治局委员、国务院副总理刘延东在浙江省人民大会堂会见出席 2013 世界文化大会的联合国官员、世界各国政要，并向联合国教科文组织总干事博科娃赠送了国礼——良渚玉琮（复制品）。

新媒体： 良渚遗址网站、中华玉文化中心网站、良渚博物院网站、良渚玉文化产业园网站四大网站及各自的官方微博、公众微信，成为良渚文化网络宣传的重要阵营，网站、微博、微信的建设进一步拓展了宣传阵地，迈出了建设数字化博物馆工作的第一步，也最大限度地利用网络资源弘扬了良渚文化，把良渚文化推向世界。

此外，2004 年，"良渚文化杯"全国越剧演唱会大赛在余杭举行，《良渚文化——我心中的母亲》获大赛金奖。2005 年 9~10 月，良渚文化博物馆组织开展"我心目中的良渚文化"书法创作、旅游纪念品设计征集活动。活动共征集到各类作品 170 余件，其中年龄最大的 80 岁，最小的 11 岁。2008 年 5 月 25 日，由杭州市政府主办，杭州良渚遗址管理区管委会和杭州良渚文化村开发有限公司承办的"市民体验日"活动，让百余名市民亲身走进"实证中华 5000 年文明史最具规模和水平的地区之一"的良渚遗址，走进被誉为"中华第一城"的良渚古城，走进独具匠心的良渚文化博物馆新馆，走进良渚文化村放飞风筝，体验"传承良渚文明、创建北秀明珠"的良渚文化生活。2012 年良渚博物院配合浙江省文物局开展馆藏大典拍摄工作，入选玉器精品共 43 件（套）。2012 年 11 月《小人物，大作为——纪念良渚遗址发现者施昕更先生百年诞辰》在《城乡导报》作专版宣传。2013 年 11 月 5~7 日，2013 杭州世界文化遗产国际会议在浙大紫荆港校区召开。来自英国、法国、意大利、澳大利亚等国及我国 100 多名专家学者、文化遗产保护管理单位负责人参加会议，开展了跨文化、跨学科的专业研讨。杭州良渚遗址管委会副主任陈寿田作主旨发言，就《坚持"四好"标准，力求有效保护》主题，介绍了良渚遗址的重大价值和保护实践探索。会议期间，杭州良渚遗址管委会陈寿田、何俊撰写的《良渚遗址发展研究报告》入选《中国历史城市景观保护发展报告（2013）》（蓝皮书），张齐达、于蕾撰写的《瑶山遗址保护案例》获得了优秀案例一等奖。2014 年 6 月，良渚博物院与浙江省文物考古研究所联合钱江晚报，共同举办"走进良渚遗址、关心遗产保护"活动。同年 6 月 22 日，良渚遗址管委会副主任陈寿田随市政府申遗代表团赴卡塔尔首都多哈，出席第 38 届世界遗产委员会大会，开展了良渚古城遗址遗产价值的宣传。

第三章 其他遗址遗存

根据文物普查及历次零星发现采集的文物初步证实,余杭区境内良渚文化遗址遍布,除良渚遗址外,分布在其它镇、街道的良渚文化遗址、遗存达 30 余处,现简述如下:

第一节 临平遗址群

良渚遗址东部约 20 公里的临平一带是良渚文化的另一重要分布区块。近年来随着考古工作的开展,先后发掘了横山、三亩里、后头山、里马墩、玉塘、灯笼山、茅山、玉架山共 8 处遗址。依照新近的考古成果,里马墩、玉塘、灯笼山 3 处遗址归属于玉架山环壕聚落群。此外,遗址范围经调查还确认了张羊年、北横山、大坟前、秕山、临平山东坡、南山、南扒山、毛竹山共 8 处遗址,分布范围约 30 平方公里。因此,有学者明确提出临平遗址群的概念,其中最为重要的发现是茅山和玉架山遗址的发掘。

一、茅山遗址

茅山遗址是一处依托茅山山麓向南伸展的大型史前聚落,其堆积年代包括马家浜文化晚期、崧泽文化晚期、良渚文化中期、良渚文化晚期和广富林文化时期。发掘面积约 25000 平方米,清理新石器时代墓葬 213 座,灰坑 283 座,房址 8 座。遗址良渚时期的布局和结构比较清楚,除了对居址和墓葬区的大规模揭露外,最可贵之处在于首次系统清理了与居址配套的稻田遗迹,具体包括良渚文化中期条块状稻田、良渚文化晚期大面积稻田及相关的、河沟、道路等重要遗迹,从而成为迄今为止各聚落要素揭露得最为完备的良渚遗址,是研究良渚文化聚落的最佳样本。

茅山遗址良渚文化中期和晚期的聚落结构大体相同,北侧山麓的居住及墓地区和南侧低地的稻田区呈平行状组成。由东向西横跨 700 米,总面积约 10 万平方米。经过稻作农业专项调查,结合发掘钻探及水稻植硅体分析,得知遗址的稻田保存完整,总面积约 56000 平方米,合 85 亩。

北侧山麓海拔较高处为居住和墓葬区,南北宽约 50-60 米,面积近 4 万平方米。属于良渚文化的基层聚落。

居址与墓葬区 遗址的良渚文化遗存属于良渚中期和晚期两个阶段。其房屋为长方形地面建筑,其中 F8 是保存较好的良渚文化房基,面积约 18 平方米,长方形基槽内再分割成大小两间,门道同在一侧并毗邻,门旁挖坑立柱。清理的墓葬,除少量分布于聚落中部地势较高的专营墓地外,大部分布设在居住区南侧或附近,可分成若干个区块,区块内的墓葬大致呈东西向成排分布。墓葬均有长方形的竖穴土坑,人骨已朽,部分尚存葬具痕迹。这种墓葬的分区现象,实际上和建筑遗址应该是配套的,每片内的墓葬和其附近的房屋属于一个共同的家庭。

稻田区 遗址良渚文化稻田遗迹位于居住和墓葬区南侧的低地内。分中期和晚期两个阶段。这两个阶段的稻田系统差异甚大,从而为研究良渚文化时期的稻作农业发展提供极为珍贵的线索。

中期稻田呈条块状,开口于稻田区第⑧层下。

在遗址东区范围内,中间有一条通往北侧居住生活区的略呈西北—东南走向的河道(G7),其东侧岸边发现一艘尖头方尾的独木舟,因此可知 G7 是当时进入村子的一条水上通道。G7 两岸密集分布着条块状稻田,共清理田块 26 块、水井 2 口。田块的平面形状有长条形、不规则圆形、长方形等多种,面积从 1、2 平方米到 30—40 平方米不等。田块之间有隆起的生土埂,部分生土埂表面有细砂、附着泥和碎小陶片,可能是踩踏使用留下的痕迹。田块之间有的有小沟相连,部分田块有排灌水口与 G7 相通。这些中期田块之间还发现有两组叠压关系。表明稻田局部经过重新修整。稻田区的水井可能也与稻田灌溉或排水相关。在遗址西区南部稻田区不同位置的探沟发掘中也发现了属于良渚文化中期的条块状稻田 11 块、东西向河沟 1 条,部分田块之间也有叠压关系。

据此推断,茅山遗址南部东西 700 多米范围内,在良渚文化中期已形成大范围的稻作农耕区。稻田形态上为星罗棋布的条块状小田块,中间纵横交错分布着小的河沟。

良渚文化晚期稻田即稻田区第⑦层,在布局和形态上有了新的变化和发展:

首先,在稻田布局上,良渚文化晚期先民在地势较高的居住生活区和地势低洼的稻田区之间开挖了一条呈蜿蜒东西向的河道(G2)。茅山遗址东区发掘的 G2 揭露东西长 106 米。在茅山西区不同位置的探沟发掘中也发现了 G2 的存在。据此推断,G2 应该东西横贯整个茅山遗址。G2 具有防洪排水、提供生活用水、灌溉南部稻田等多种功能。所以,G2 的开挖修建表明茅山良渚文化晚期先民对聚落的布局和规划能力有了大的提高。

其次,在稻田形态上,由良渚文化中期的大范围内星罗棋布的条块状稻田发展成为连片的大面积水稻田。

G2 往南的稻田区南北各有一条蜿蜒东西向的灌溉水渠(G3、G6),两条水渠南北间距约 64~70 米间。在两条水渠之间是东西排列的大致呈南北向的红烧土铺面的田埂。东区大面积发掘区共发现了 5 条,田埂宽度在 0.6~1.2 米间,揭露最长的田埂(L2)长达 83 米。田埂之间间距,大部分在 17~19 米不等,最宽的在 31 米左右。这样,由灌溉水渠和田埂共围成了 4 块完整的良渚文化晚期稻田田块,田块的平面形状基本呈南北向的长条形,田块的面积通常约在 1000 平方米左右,面积大的近 2000 平方米。

在遗址西区南部稻田区不同位置的探沟发掘中也发现了可与东区对应的东西向河道(G2)、北侧的一条灌溉水渠(G3)及 4 条红烧土铺面的南北向田埂。

茅山遗址是良渚文化考古中聚落要素揭露得最为完备的遗址,是良渚文化山坡型基层聚落的典型代表。良渚中期条块状稻田和晚期大面积水稻田在良渚文化均属首次发现。其中良渚文化晚期大面积水稻田揭露出了明确的道路系统、灌溉系统和完整的长条形田块结构。茅山遗址的发现填补了太湖地区史前稻作农业发展演变研究中的空白,为全面系统研究新石器时代中国东南地区稻作农业的发展过程提供了珍贵资料。

二、玉架山遗址

玉架山遗址位于茅山遗址北面,西南面是埋设了贵族墓葬的横山遗址。遗址总面积约 15 万平方米。共发现由六个相邻的环壕围沟组成的良渚文化完整的聚落遗址。2008 年~2016 年 9 月,浙江省文物考古研究所已发掘近 2.7 万平方米,共清理良渚文化墓葬 490 余座、灰坑 22 座,建筑遗迹 10 处,出土陶器、石器、玉器等各类文物 6000 多件。

这些环壕的平面形状均大致为圆角方形,略呈正南北方向。开挖环壕的同时,将环壕内部填高,形成可供居住和埋墓的土台,可供居住和埋墓的土台,壕沟的底部及外围,留下较多大小和深浅不一的取土坑。环壕形成后既可起到防护作用,同时也具有水陆交通和提供生活用水的功能。已发掘的各环壕内出土的墓葬的年代，从良渚文化早期一直延续到晚期，因此各壕沟应该是同时共存的，它们的开挖年代应主要在良渚文化早期。随着使用和倾倒生活垃圾，环壕被逐渐的填埋，而丧失了部分功能。

玉架山由六个"环壕"构成。这些环壕的内部，都各有墓葬、房屋等分布，实际上是 6 个结构完整的聚落单体。不同于其附近的茅山遗址的坡脚环境，玉架山各单体皆是营建于平地中的土墩型聚落。其中面积最小的环壕 IV 约 7000 平方米，所以其每个土墩的规模，都属于属于基层聚落的范畴。从各聚落单体的平面布局上看，除环壕 V 偏处东北角外，其余的环壕 VI、环壕 II、环壕 III、环壕 IV 围绕于体量最大的环壕 I 周围，与环壕 I 间距短的仅 30-40 米，远的也仅百余米。其中环壕 III 的环壕还和环壕 I 相互连通，显示出密切的关系。经过专项的稻作农业调查，发现这些聚落单体间，以及整个聚落组外围的空地内，都没有良渚稻田的分布。前文我们分析过类似仙坛庙这种基层聚落间的间距，以及聚落间稻田作业地的分布情形。玉架山各聚落单体形式上尽管和基层聚落类似，但是其组合方式明显比一般基层聚落散点状的形态紧密，显示出一种亲缘关系。同时，在良渚的稻作水平下，这些间距明显不足以安排维持聚落人口所需的稻田面积。因此，这些聚落的粮食供应应该是由外部输入的。通过对周边约 1 公里范围详细钻探，未发现有遗址分布，因此玉架山遗址的六个环壕应统一构成一个完整的聚落组合。

6 个环壕聚落中，以环壕 I 保存最好，揭露面积最大，可以其作为聚落结构分析的样本，其余环壕聚落有迹象显示结构类似。

在环壕 I 的西部大部分已经发掘。整个发掘区的墓葬大体可以分成南北 3 排。另清理了 2 处用石渣铺垫的"砂土层"遗迹。该遗迹表面较为平整。"砂土遗迹 I"位于环壕 I 土台的中部，东西长约 70 米，南北宽约 7.8 ~ 18 米，最厚处约 0.15 米，面积约 1000 平方米，局部被后期破坏。平面上发现柱坑遗迹和 F3 ~ F5。墓地主要分布在"砂土遗迹 I"的南、北两大区域。"砂土遗迹 II"位于环壕 I 土台的东南部，为边长约 8 ~ 10 米、厚约 0.15 米的方形遗迹，面积约 80 平方米，其上埋设 1 件陶缸。"砂土遗迹 II"周边也分布有较多墓葬，仅发现一座墓葬打破它。

浙江省文物考古研究所研究人员认为这个砂土遗迹实际上就是土台的居住面。从东南角的砂土遗迹 II 来看，它和仙坛庙、普安桥的小土台形态规模非常一致。同时较多墓葬分布于其四周，仅有一座墓葬打破它，说明在一个相当长的时间内，这块空地上都建有房屋。这样的 70、80 平方米规模土台上的房屋，应该对应着一个核心小家庭。土台周边的墓葬，即为这个家庭不同时段的墓葬。整个发掘区的墓葬分成南北 3 排，应该和各自的居住单元对应。分布于中部的东西向长条形的砂土遗迹 I 上，已经发现若干组的柱洞房屋遗迹，表明这处砂土遗迹相当于仙坛庙遗址中期由小土台彼此接续扩展为长形土台的阶段。这个阶段长土台上的房屋建筑，仍然是以核心家庭为单位独立布局的，对应着这个长土台的墓葬主要分布于土台北侧和南侧。我们注意到这个土台中心位置北侧，集中分布了约 20 座规格较高的出土玉琮、璧和三叉形器等玉器的墓葬。其中 149 号墓出土了玉琮、三叉形器、冠状梳背、纺轮、成组锥形器等玉器及朱漆柄石钺和陶缸等遗物，是遗址内已知最高等级的男性墓葬。200 号墓是玉架山遗址迄今最高等级的墓葬，也是继瑶山之后良渚文化早期浙北地区已知最高等级的女性显贵大墓。出土了平顶透雕刻纹冠状梳背、琮式镯、龙首纹锥形器、匕形器和成对的箸形器等器物。这些最高级的墓葬正处于整个二排墓葬区的最中心。这就说明，长形土台中心位置的房屋，对应着这个聚落乃至整个聚落组内最高级的核心家庭。聚落最北端还有一排墓葬，它对应的居住单元尚未揭露，推测也应当位于该组墓葬的南侧。从聚落内部结构的角度看，环壕I和仙坛庙普安桥等基层聚落非常相似。比如村落内分若干排东西向土台，居住在小土台或长土台上，经济以核心小家庭为基本单元，家庭墓葬埋设在土台周边，地位和财产世袭制。聚落内的等级差距也以核心家庭为单位体现，每个小土台房屋对应一个核心家庭，每排房屋对应着一个扩大家庭，整个环壕聚落 3 排房屋就对应着一个具有血缘关系的大家族。

从各聚落单体的分布状况看，除环壕V外，其他体量较小的聚落都以环壕I为中心环绕分布。基于血缘关系聚落内部的组织纽带，这样看来，这种聚落单体间的级差分布，可能也是由血缘纽带维系的。每个聚落单体分别代表一个大家族，但是这些大家族可能都是由环壕I内发散出去，环壕I是这些家族的母聚落，所以对其他聚落具有领导功能。

三、临平山遗址

位于临平山东坡。遗址面积达 2000 平方米，表土层厚 30—100 厘米不等，文化层厚约 50 厘米，出土器物玉器有玉璧、玉镯、玉匕形器，石器有石钺、石锛、石镞、石镰等。

四、东湖三号桥遗存

位于东湖街道东三号桥东侧，原双林砖瓦厂西南。面积约 1000 平方米，表土层厚 2 米左右，文化层厚约 50 厘米。20 世纪 80 年代初，砖瓦厂挖井时曾出土有较为丰富的黑陶豆、罐等残片。

五、东湖张羊年遗存

位于东湖街道西侧张羊年村东北田畈中。面积达 500 平方米，表土层厚 50 厘米，文化层厚约 30 厘米，出土遗物有石钺、石锛等。

六 、星桥横山遗址

位于星桥街道枉山村西北横山南坡，东南距 320 国道 500 米。1993 年 4 月，武警杭州支队第八中队战士在其驻地蔬菜基地平整土地时发现，经县文管会办公室抢救清理，发现良渚文化墓葬2座。墓向南偏东，为长方形竖穴式土坑，M1 早期已被扰乱，经收缴和清理出石钺23 把玉琮、玉璧、玉钺、锥形器、带钩玉管等共计 43 件（组）。M2 保存完好，位于M1 东侧 1 米左右，墓长达 380 厘米。人骨已朽尽，墓底东侧有木质葬具的板灰痕迹。随葬品较为丰富，共计 175 件(组)。其中玉器有玉琮 4 只、玉璧 2 件，玉 1 把，还有玉三叉形器、柱形器、锥形器、杖头饰、玉管等，石器均为石钺，达 132 把。陶器 1 件，系夹砂陶尊。后经省考古所在两座墓四周发掘，布方300 余平方米，未发现任何迹象，可能早期已被扰乱殆尽。

七、星桥三亩里遗址

位于星桥街道南星村。2003 年 12 月和 2004 年 2~6 月，浙江省文物考古研究所进行了抢救性发掘,共清理良渚文化墓葬5座、房址 5 座、灰坑43 座、沟6 条、水井1 口,出土各类器物110 余件。在遗址地层堆积上部还发现了晚于良渚文化时期的史前文化遗存。三亩里遗址的发掘，为研究良渚先民对居住址环境的选择特点，探讨良渚文化时期村落的营建、布局等聚落形态提供了重要资料。

八、星桥后头山遗址

位于星桥街道南星村。2004 年 9~11 月，浙江省文物考古研究所对遗址进行了抢救性发掘，清理良渚文化墓葬 21 座、灰坑 4 座，出土各类器物 250 余件（组）。为研究临平遗址群的聚落状况、特点、文化面貌及它与良渚遗址群的关系等提供了重要资料。

九、东湖北横山遗址

位于余杭经济技术开发区东湖街道陈家木桥东侧，09 省道西侧 100 米左右。北横山南坡遗址，面积 3000 平方米。北横山为天目山余脉，临平北部与塘栖镇之间的断续山丘之一，山上林、竹茂盛。近年在其南侧小规模开取石料，土层被剥离。调查时发现断面上有不连续的文化层，最厚处约 60 厘米。发现鱼鳍形夹砂鼎足泥质残陶片等，大致可判定为良渚文化。

第二节 其他良渚文化遗址

一、余杭南湖遗址

位于余杭街道西南 1 公里，南湖农场东侧的沼泽地中。1986 年余杭镇水产大队在该处挖黄砂时发现。经调查，遗址范围达 3 万平方米。因器物均出自黄砂层，故无法分辨文化层，黄砂层厚约 0.5—1 米。从所出器物看，有马家浜文化、崧泽文化至良渚文化时期各种类型的遗物。而尤以良渚文化黑陶最为丰富。有鱼鳍形足鼎、T 字形足鼎、圈足豆、双鼻壶、圈足罐等。石器有钺、锛、凿等。

二、余杭凤凰山遗存

位于余杭街道南 3 公里凤凰山西麓。面积约 500 平方米，表土层厚 50 厘米，文化层厚 50 厘米，出土有石犁及其它一些磨制石器。

三、余杭上湖村遗址

位于余杭街道西 1 公里处上湖村的一块高地上。遗址面积约 200 平方米，表土厚 50 厘米，文化层厚 30 厘米，出土有石锛、石凿等磨制石器。

四、余杭磨子山遗存

位于余杭街道西北 2.5 公里义桥村东。遗存在磨子山的南坡，面积约 200 平方米，表土厚 50 厘米，文化层厚 30 厘米，从采集品看，有石镞、石凿、石锛等遗物。

五、仓前白虎山遗存

位于仓前街道东南部的一个小土墩上。遗存面积约 200 平方米，表土层厚约 50 厘米，文化层厚约 30 厘米，出土有斜把石刀等。

六、塘栖六墓里遗址

位于塘栖镇宏畔村宏二桥东侧的高地上。遗址面积近 2000 平方米，表土层厚约 50—100 厘米，文化层厚约 50 厘米，出土有玉璧、石钺等遗物。

七、塘栖南扒山遗存

位于塘栖镇南原超山乡超山西南 100 米处的南扒山山坡上。遗存面积约 500 平方米，表土层厚 30—70 厘米，文化层厚约 30 厘米。采集有石锛、斧、镞等磨制石器。

八、塘栖高地廊遗址

位于塘栖镇酒店垾社区建华工业园内，良塘公路北侧。分布面积有 6000 平方米。遗址原有的面貌已无法了解，在遗址的北侧断面（高一米左右）上断续发现局部的文化层，似已扰乱，采集到三、四片夹沙陶、泥沙陶的残片，属良渚文化。

九、塘栖毛竹山遗址

位于塘栖镇超山村早山坞自然村，毛竹山西坡。遗址面积约 1000 平方米。经考古钻探，遗址内文化层有零星良渚文化陶片等遗物，文化层最厚处约 1.5 米。层有零星良渚文化陶片等遗物，文化层最厚处约 1.5 米。

十、崇贤独山遗存

位于崇贤街道西，原沾驾桥乡的中部。面积约 300 平方米，表土层厚 30—50 厘米，文化层厚约 30 平方米，曾出土有石斧、石钺等器物。

十一、崇贤沈家塘遗址

位于崇贤街道西向阳村南1500 米。遗址面积约 500 平方米，表土层厚 50 厘米，文化层厚约 50 厘米，八十年代末曾出土有石凿、石钺、石纺轮等遗物。

十二、崇贤南山遗址

位于崇贤街道东部，南山桥村的南部，紧靠 320 国道。遗址分布在南山西北坡。面积达 2000 平方米，表土厚 50 厘米，文化层厚约 50 厘米，曾出土有玉璧、玉管、夹砂陶鼎、黑陶豆、石钺等遗物。

十三、仁和堰马遗址

位于仁和街道原东塘镇东南 1000 米左右堰马漾与官荡漾的堰马村东部田畈中。遗址面积约 500 平方米，表土厚 70—100 厘米，文化层厚约 30—50 厘米，出土遗物有有段石锛、石凿、石刀等。

十四、仁和金家墩遗址

位于仁和街道原东塘镇东北 3 公里左右金家墩村南侧的龙头嘴。北部紧靠德清县北阳墩。1990 年当地砖瓦厂取土时曾出土有玉璧、玉镯、玉珠、玉管等器物，据此分析该遗址可能为良渚文化墓地。遗址面积约 500 平方米，表土层厚 50 厘米，文化层厚 30 厘米。

十五、仁和洛阳桥遗址

位于仁和街道原獐山镇北 1.5 公里洛阳村洛阳桥的西侧，红眉山东北部山坡上。遗址面积达 1000 平方米，表土层厚 60 厘米，文化层厚 40 厘米，出土有玉璧、夹砂黑陶鼎、泥质灰陶片及磨制石器等。

十六、仁和西南山遗存

位于仁和街道原云会乡南 500 米处西南山村南侧山坡上。面积约 500 平方米，表土层厚约 50 厘米，文化层厚约 30 厘米，采集有斜把石刀等。

十七、仁和洛山遗址

位于仁和街道洛阳村洛山东南山坡。1981 年冬，浙江省文物考古研究所专题调查时发现。局部断面上能见文化层，采集有夹砂陶、黑皮陶和残石锛等。20 世纪 80~90 年代，余杭文物部门收集有良渚文化玉璧 1 件、"T" 型足的夹砂黑陶鼎、泥质黑皮陶豆把、石钺等良渚文化遗物。

十八、良渚淘箩埭遗存

位于良渚街道勾庄东北3公里原运河乡郁宅村南。遗存面积约500平方米，表土厚达100厘米，文化层厚30—50厘米。曾出土有玉璧、玉锥形饰、玉环、石钺等器物。

十九、瓶窑张堰遗址

位于瓶窑镇西南张堰村，东距北湖草荡1公里。遗址中出土有马家浜文化、良渚文化遗物，面积达8000平方米，表土层厚约50—100厘米，文化层厚约50—150厘米。器物有夹砂陶釜残片、红陶盆残片、鱼鳍形鼎足及石锛、石斧等。

二十、瓶窑西安寺遗址

位于瓶窑镇西南西安寺村。南1000米为张堰遗址。遗址面积3000平方米，表土厚约50—100厘米，文化层厚约50—100厘米，20世纪80年代曾出土过石锛、石钺、石镞、半月形石刀、斜把石刀等遗物。

二十一、瓶窑圣堂遗址

位于瓶窑镇西南圣堂村，南距北湖草荡1公里左右。1990年当地村民挖砂时曾出土舌形石斧、有段锛、石凿、石犁、黑陶瓦足盘等器物，遗址面积约2000平方米，表土厚30厘米，文化层厚约30厘米。遗址西侧即为原北湖知青农场（现杭州原种场）。

二十二、瓶窑柏树庙遗存

位于瓶窑镇南部原长命乡柏树庙村，西距北湖草荡1公里左右。20世纪80年代，当地村民在附近挖砂时曾有许多良渚文化时期的黑陶鼎、豆、罐及石锛、石斧、石凿等器物出土上交。遗存面积约2000平方米，表土厚约30—50厘米。遗物均出自砂层，砂层厚50厘米。

二十三、径山小古城遗址

位于径山镇潘板桥北500米俞家堰村的西侧高大土台上。土台名小古城，东西长约700米，南北宽约500米，面积达35万平方米，高出水田约2—3米，从历年出土的器物看，文化层堆积较为丰厚，上自马家浜文化晚期，下至春秋战国时期，其中良渚文化时期的遗物有黑陶鼎、豆、罐、盘、有段石锛、石犁、斜把破土器等。

二十四、径山陶春桥遗址

位于径山镇潘板桥东南2.5公里陶春桥村。遗址面积达7000平方米，表土层厚约20—120厘米，文化层约30—100厘米，出土有泥质灰陶、黑陶及斜把石刀、石犁等遗物。

二十五、径山香下桥遗址

位于径山镇潘板桥南2.5公里香下桥村，原"五·七"干校西北。面积1000平方米，表土层厚约30厘米，文化层厚约30厘米，采集品有镞、石锛等。

二十六、径山凤凰山遗址

位于径山镇潘板桥南2.5公里处香下桥村西500米凤凰山西北山坡，原县农校茶场内。面积近1000平方米，表土层厚50厘米，文化层厚50厘米，曾出土有斜把石刀、有段石锛等。

二十七、径山双溪台山遗址

位于径山镇双溪东1公里台山村东南山坡上。台山，因山顶平如戏台而得名。遗址面积约500平方米，表土厚约30—50厘米，文化层厚30厘米，曾出土有大石锛，斜把石刀等器物。

二十八、径山双溪化城遗存

位于径山镇双溪西南 1.5 公里化城村的东南山坡上。面积约 200 平方米，表土层厚约 50 厘米，文化层厚 30 厘米，采集有石斧、石凿、石锛、石镞等。

二十九、径山长乐邵母桥遗址

位于径山镇长乐东 3 公里处邵母桥村的西侧，光棍山东侧。遗址面积约 200 平方米，表土厚约 50 厘米，文化层厚约 30 厘米，采集有石锛、石斧等石器。

第四章　研究

伴随着良渚文化的发现及良渚文化遗址的一系列考古发现，对良渚文化的研究也逐步深入。八十年代以来，尤其是余杭反山良渚文化显贵者墓地的重大发现，在学术界掀起了一股前所未有的研究良渚文化的热潮，各种形式的研讨会相继召开。在余杭，成立了良渚文化学会这一群众性的学术团体，从事良渚文化的宣传、保护和研究，取得了较大的成果。

第一节 学术研讨会

一、纪念良渚遗址发现 50 周年学术讨论会

1986 年 11 月 2~5 日，由浙江省文化厅、文物出版社、浙江省文物考古研究所、浙江省博物馆、南京博物院、上海博物馆等八家单位联合发起的"纪念良渚遗址发现 50 周年学术讨论会"在杭州举行。会议提交论文 50 余篇，代表们对良渚文化的文化面貌、来龙去脉、社会性质以及与华夏文明的关系等重要问题进行了热烈的讨论，并参观了余杭反山良渚文化显贵者墓地。

会上，浙江省博物馆汪济英、浙江省文物考古研究所牟永抗、中国社科院考古所吴汝祚等学者对良渚遗址发掘 50 年来的情况作了认真的回顾与总结，高度评价了良渚遗址发掘的意义，并结合自身的调查与发掘成果，提出了许多丰富而翔实的新的考古资料。在探讨良渚文化的由问题中，汪济英在马家浜文化——崧泽文化——良渚文化演变论断的基础上，结合河姆渡遗址的发掘成果，进一步提出，马家浜文化早期阶段与河姆渡文化的早期阶段互相影响和密切交流并逐渐交融所成就的共性，是最终形成良渚文化的基石，其发展序列应当是：罗家角下部地层十河姆渡下层→马家浜→崧泽→良渚。关于良渚文化的分布范围，学者们大多认为，良渚文化分布的中心地区在太湖流域，北过长江达苏北海安、西至宁镇地区、东达舟山群岛，对于南线，汪济英断然否定了"钱塘江成了不可逾越的天然分界"的说法，认为"良渚文化向南分布的范围有进一步扩大的可能"，可扩展到钱塘江以南的宁绍平原。并指出，这"不单是个分布区域的问题，也是一个如何理解区系类型理论的问题"。在他看来，"从小块块到大块块，再由大块块融合成为具有共同特征的更大文化圈，这就是中华文化经历过的发展过程，也是区系类型理论的真正意义"。对于良渚文化的去向，一般认为，"可能是叠压在马桥、钱山漾、水田畈等地良渚文化层之上的青铜时代早期印纹陶文化"，"上海马桥类型文化和浙江高祭台类型文化对探讨太湖流域新石器时代文化的后裔提供了重要线索"。上海大学文学系杨群、复旦大学历史系袁樾方等学者提出了"后

良渚文化"的概念。苏州铁道师院叶文宪认为，无论从类型学、年代学还是地层学的角度来分析，都得不出马桥类型是"后良渚文化"的结论。他通过中原地区出现诸多良渚文化因素，及黄帝与蚩尤之战的古史传说相印证，认为是良渚文化部族北迁了，其原因是公元前 2000 年前后洪水等自然灾害频繁发生所致。会上，牟永抗、吴汝祚、南京博物院汪遵国等对良渚文化玉器作了较为深入的研究，提出"玉器是良渚文化物质、精神财富的精华所在"。对于玉钺，一般认为是军事统帅权的象征。对于琮、璧，吴汝祚、牟永抗认为，琮是把天地贯穿起来的一种法器，只有能传达天地神灵意志的巫师才能具有，璧是财富的象征。汪遵国认为，璧琮是中国古代玉器中独具特色而又互相关联的两器物，《周礼》所载"苍璧礼天"、"黄琮礼地"的观念一直可追溯到良渚文化。对于良渚文化的文化面貌，苏州博物馆诸汉文通过迅速发展的犁耕农业、手工业的蓬勃发展以及精神文化方面出现的新因素等方面作了较为全面的阐述，提出"这一地区文明时代的帷幕即将揭开"。另外，南京大学张之恒就良渚文化的分期，提出了早、中、晚三期的观点。浙江省文物考古研究所芮国耀结合浙北地区 80 座良渚小墓发掘情况，初步提出了四期论。浙江省文物考古研究所王明达较为详细地介绍了余杭反山良渚文化显贵者墓地的发掘情况。并率先提出了良渚遗址群的概念关于良渚文化与华夏文明的关系问题，学者们一致认为，在研究良渚文化时，不能不跟夏文化和二里头文化的探讨相联系。良渚文化对以后的夏商周文明产生了深刻的影响，在中国文明起源、国家的产生和形成过程中作出了重大贡献。

二、上海良渚文化学术讨论会

1990 年 7 月 2~6 日，由上海市文管会、上海博物馆发起组织的"良渚文化学术讨论会"在上海召开，参加会议的代表有来自上海、江苏、浙江两省一市良渚文化分布范围内有关市、县文物部门及中国社科院考古所的专家 50 余人。会上，代表们对良渚文化的分布、社会性质、分期、文字符号等作了深入的讨论，并参观了上海博物馆举办的良渚文化展。

会上，上海博物馆黄宣佩通过各地新近的良渚文化遗址发掘情况及文化层叠压关系的资料，结合陶器、玉器的排列，对良渚文化的分期作了进一步的探讨，提出了"分五期"的观点，并以碳 14 测定数据为依据，结合分期，认为良渚文化的年代应为距今 4900~4100 年（不包括崧泽文化至良渚文化的过渡期，即距今 5100~4900 年）。南京博物院汪遵国对良渚文化玉器的制法、用途进行广泛深入的研究，认为良渚文化先民在制作玉器时已开始使用砣具。南京博物院贺云翱通过良渚文化祭台与美州玛雅文化祭台的比较研究后认为，良渚文化祭台可能是后世祭祖宗庙的前身，它和玛雅文化祭台一样，都是不同古老文明中最具有特色的内容之一，也都是该社会中最高阶层占用的处所。最后提出，良渚文化的研究"还是刚刚开头，提出的问题比已解决的问题还多"。余杭市文管会沈德祥详细介绍了余杭南湖一带出土的 7 件陶器及刻在其上的陶文、符号，并对这些陶文作了初步的探讨，尤其是黑陶罐上所刻陶文的披露，引起了与会代表的极大兴趣。

三、杭州国际百越文化学术讨论会

1990 年 8 月 21~24 日，来自美国、日本、（前）苏联、韩国、香港、台湾及北京、上海、广州等地的专家、学者 116 人在杭州参加"国际百越文化学术讨论会"，并参观了余杭反山良渚文化显贵者墓地。会上，部分代表对良渚文化与百越文化的关系、良渚文化的玉琮、良渚文化陶器上的刻划符号进行了探讨。香港中文大学饶宗颐教授对美国哈佛大学所藏的一件黑陶双鼻壶圈足上的刻划符号作了释读，浙江省社科院林华东在对良渚文化玉琮的研究后认为，玉琮具有原始宗教的意义，是保护死者、避凶祛邪的法器，同时也是墓主人生前权力、身份和财富的标志，在某种场合，也是氏族部落间相互交往的礼器。

四、"稻作文化与吴越情节"学术讨论会

1991 年 11 月 11~14 日，上海社科院文学研究所举办的"稻作文化与吴越情结"学术研讨会在余杭县临平镇召开，来自江苏、上海、浙江的民俗学家共 20 余人参加了会议，并参观了良渚文化的文物精品。代表们从民俗学的角度分析、研究，并高度评价了良渚文化时期稻作农业的成果及其对吴越文化的深刻影响，并对良渚文化时期的"鸟田"现象，及对蛙的崇拜与稻作农业的关系作了探讨。

五、中国·良渚文化国际学术讨论会

1996 年 11 月 2~4 日，为纪念良渚遗址发现 60 周年，由浙江省文物局、省考古所、省博物馆、杭州市园文局和余杭市政府共同举办的"中国·良渚文化国际学术讨论会"在余杭市临平镇召开。参加会议的有国内代表近百人，来自日本、美国、韩国、新加坡、法国等国和台湾、香港地区的代表近 30 人。会议提交论文 55 篇，有 27 位代表作了大会发言。会议期间，代表们还考察了良渚遗址群内的莫角山遗址和反山墓地，参观了"良渚文化博物馆"和"良渚文化精品展"。会上，代表们就良渚文化的有关问题各抒已见，展开了热烈的讨论，内容主要涉及以下几个方面：

1、农业和农耕工具问题。浙江农业大学游修龄认为良渚文化的石犁和破土器，"是从耜耕向人工犁耕过渡的转折点"，同时指出良渚时期尚不具备耘田的条件，对"千篰"的命名也不妥。浙江省考古所刘斌则对良渚时期稻田行栽并能耘田作了肯定的阐述，认为耘田器的出现"标志着一次重大的农业改革"。他还将耘田器与玉冠状器作了器形比较，认为"这种从工具转化成礼器的现象，反映神灵祭祀与农业的关系"。陕西省考古所魏京武认为中国农业的起源和文明的形成一样，是多区域性的，良渚文化发达的农业，促进了良渚文化整个社会经济快速发展，最终形成良渚文明。

2、玉器和玉文化问题。中国地质科学院地质研究所闻广对良渚玉器的矿物学鉴定，包括玉的结构、色泽和成因均作了详细的阐述。日本京都大学林已奈夫认为良渚玉器的雕刻工具是金刚石。台湾艺术学院美术史研究所黄翠梅通过对良渚玉琮发展序列的分析及与其他文化区玉琮在形制和风格上之异同比较分析，认为显示了在不同时空之下，玉琮的形制及其所象征的文化意涵之传承和变异，探讨了玉琮形制之源流及其角色之发展。日本上智大学量博满对钺的圆孔作了"形"的考察，阐明其中所包含的特殊意义，即钺的圆孔象征日、月。余杭市文管会陆文宝据良渚大墓所出多寡不一的"石钺现象"，认为这类石钺可能与原始货币有关。广东省考古所朱非素在介绍了广东省境内出土的琮、钺后，指出良渚文化与石峡文化两者的琮、钺"不是一个文化群体的产品"。美国哈佛大学访问学者陈甘棣介绍了美国收藏的各类良渚玉器 200 余件。对于"玉器时代"的提出，美国汉密尔顿大学江伊莉解释时认为，中国的玉器时代"只出现在沿海地区，而此地区正是中国史前文化发生变革集中的地区。开采玉料并不是为了发展经济的目的，具有中国特色之处在于它是作为新的统治贵族在政治上和宗教上取得统治的标志。""时至中国早期历史时期的二里头／夏文化，玉器作为礼器让位给青铜器"。中山大学人类学系曾骐和深圳市博物馆史红蔚从以玉为葬、以玉为祭的葬俗，玉礼器早于青铜器并影响青铜礼器，"神徽"雕像——诡秘面具、傩祭之源三个方面，说明我国东南地区存在着"以玉为兵"的玉器时代。

3、与周边文化的关系问题。辽宁省文化厅郭大顺认为中国文明起源和国家形成经历了"古国、

方国、帝国"三部曲，红山文化是"古国"阶段，良渚文化已具"方国"规模。它们一南一北"在文明起源过程中虽各有序列，但它们所分别具有的不同阶段的典型性却较完整地反映出中华五千年文明起源时期国家形成的基本形态"。中国社科院考古所吴汝祚从考古资料分析，认为"良渚文化与其他地区史前文化的交往，可以说包括了中国大部分的主要农业区"。

4、社会性质问题。大致可分三种意见。第一种意见认为尚未进入文明时代。中国社科院考古所安志敏坚持以文明时代的具体标志，即城市、文字、金属器和礼仪性建筑来衡量良渚文化，认为目前尚无法证明良渚文化已进入文明时代。南京大学历史张之恒认为良渚文化中晚期"可能处于氏族制向阶级国家发展的过渡阶段"。第二种意见以杭州大学毛昭晰为代表，认为"良渚文化正站在文明的门槛上，氏族制度快要走到尽头，已经看到了文明的曙光"。第三种意见则不囿于文明时代的"三要素"、"四要素"，主张从中国或东方文明自己的特征来观察、研究良渚文化。浙江社科院历史所陈剩勇提出"礼是中国文化的特产"，"良渚文化中期礼制已经相当成熟，相当规范化和制度化"，所以"中华文明的太阳已在东方大地上喷薄而出了"。浙江省考古所王明达则从高度发达的稻作农业，先进的专业手工业，"执玉帛"作为古代"国"的象征物，礼仪等级及巨大工程的营建等五个方面论述了良渚文明的特征。南京博物院汪遵国认为良渚文化已迈入了"东方文明的黎明时代"。日本金泽大学中村慎全面分析了良渚文化的政治组织的进化、聚落的等级化、战争和武器、专门手工业、城市诸方面，认为良渚文化为"早期国家"。

5、衰亡和去向问题。美国匹兹堡大学许倬云从文化兴衰的理论出发，认为良渚文化的解体是由"天灾、人祸、社会失调、人谋不臧、资源欠缺或改变、适应不良"等多方面原因造成。北京大学考古系赵辉从良渚文化内部的特性出发，认为良渚文化社会调节能力的逐渐丧失及其社会各种矛盾的尖锐，是良渚文化衰亡的重要原因。上海博物馆宋建、浙江省文物考古研究所芮国耀都从良渚文化由兴转衰的过程，认为良渚文化晚期已转向衰落，被马桥文化所取代。

六、中国良渚文化玉璧专题学术讨论会

1997年12月6~8日，由杭州市南宋钱币博物馆（筹）、浙江省博物馆、良渚文化博物馆联合举办的"中国良渚文化玉璧专题学术研讨会"在杭州召开。来自全国各地有关考古、金融、钱币研究方面的学者30余人参加了会议。

良渚文化玉璧，是良渚文化发展至鼎盛时期的产物，因当时无文字记载，对其功能用途，说法不一，大多数学者认为主要是财富的象征，但也有人说是礼地的祭器，敛尸的法器、仪礼装饰品等。在这次研讨会上，学者们不排斥玉璧的上述功能外，把研究的焦点集中在玉璧是我国原始货币的代表物问题上。学者们从良渚文化社会经济发展分析，认为当时生产力已发展到一定水平，手工业从农业中分离、社会出现了分工，必然出现商品的交换。而玉璧的基本特征两面素平，中间对钻圆孔，其基本形状，直接影响到后世的货币史。据此，不少学者认为，良渚玉璧的文化内涵贯穿于中国五千年的货币文化史，圆形中孔货币的始祖正是出现在五千年前文明曙光已经升起的良渚文化地区。南宋钱币博物馆屠燕治在收集了大量良渚玉璧出土及研究资料的基础上，把良渚玉璧放在货币产生的一般规律中作了探索，并称之为"原始货币"。

七、长江下游地区文明化进程学术研讨会

2002年7月23~25日，上海博物馆与中国社会科学院古代文明研究中心联合举办的"长江下游地区文明化进程学术研讨会"在上海博物馆召开，中国社会科学院考古研究所、北京大多数

古文博学院、南京博物院、浙江省文物考古研究所、安徽省文物考古研究所、复旦大学文博系、山东大学考古学系、南京市文物局、苏州博物馆、以及上海博物馆的学者 33 人出席了会议，良渚文化是研讨的主要内容。会议收到论文或论文提要 26 篇，对长江下游地区新石器时代文化的年代和谱系、玉器的产地与制作工艺和流通、聚落形态、经济形态与社会生产、环境考古、以及长江下游地区文明的兴衰和今后的研究思路与方法等问题展开了热烈的讨论。会后出版了《长江下游地区文明化进程学术研讨会论文集》。

八、良渚文化学术讨论会

2003 年 10 月 14 日，议程为四天的良渚文化学术讨论会在临平大酒店举行。浙江大学教授毛昭晰、浙江省社会科学院院长万斌等 50 多位海内外知名学者出席，杭州良渚遗址管理区管委会主任张炳火主持讨论会。50 多篇论文进行了交流。

九、纪念良渚遗址发现 70 周年学术研讨会

2006 年 11 月 9~12 日，纪念良渚遗址发现 70 周年学术研讨会在杭州举行。国家文物局考古专家组成员、故宫博物院原院长、省良渚遗址"申遗"专家咨询委员会委员张忠培，国家文物局考古专家组成员、北京大学教授、省良渚遗址"申遗"专家咨询委员会委员严文明，全国人大原常委、浙江大学教授、良渚文化博物馆名誉馆长毛昭晰等著名专家与参加学术会的代表一起，参观了良渚遗址反山、瑶山出土玉器精品展，实地考察了莫角山、瑶山等遗址点。良渚遗址管委会主任先后拜访了张忠培、严文明及北京大学考古文博学院院长赵辉等专家，向专家们汇报了近年来的遗址保护情况，并进行交流。

十、2009 大遗址保护良渚论坛

2009 年 6 月 12 日，"2009 大遗址保护良渚论坛"在良渚文明的发祥地——良渚镇召开。论坛以大遗址保护与考古遗址公园建设为主题，黄景略、张忠培、严文明等国内知名考古和遗址保护专家，以及来自全国各省文物局和重大遗址所在地的领导、遗址保护工作者等 200 余人参加。国家文物局局长单霁翔作了《让大遗址如公园般美丽》的主旨报告，浙江省委常委、杭州市委书记王国平作了《让良渚文化再活一个五千年》的主题报告。论坛不仅交流了大遗址保护方面的经验，探讨了国家考古遗址公园的建设标准和管理规范，更为重要的是，国家文物局首次正式、明确地提出"考古遗址公园"这一新概念，诞生了由政府明确引导的文化遗产保护、管理新模式。与会者进行了较为充分的交流讨论后，形成了《关于建设考古遗址公园的良渚共识》。

十一、良渚论坛·中华玉文化中心第二届年会

2009 年 12 月 17~18 日，良渚论坛　中华玉文化中心第二届年会在良渚开幕，"玉魂国魄——红山文化玉器精品展"同期在良渚博物院开展。本届年会由"良渚论坛"理事会、中华玉文化中心、中国考古学会主办，余杭区人民政府、杭州良渚遗址管理区管理委员会承办。年会展示与研究、传承与发展并举，共包括中华玉文化中心良渚文化产业园启动仪式、"玉魂国魄——红山文化玉器精品展"开展仪式和中国古代玉器与传统文化学术研讨会三项活动。年会以良渚论坛和中华玉文化中心为平台，围绕玉文化研究、交流、传承课题，虚实互动，弘扬和发展中华优秀传统文化。

十二、良渚论坛·2010 大遗址考古和大遗址保护学术研讨会

2010 年 10 月 15 日，由中国考古学会主办，省文物局、余杭区政府、良管委承办的良渚论坛·2010 大遗址考古和大遗址保护学术研讨会在良渚开幕。会议的主题是探讨国家考古遗址公园建设和大遗址保护前提下考古工作的基本原则、基本规律和具体途径，科学地开展大遗址保护和大遗址考古工作，妥善处理大遗址保护和大遗址考古两者之间的关系。中国社会科学院考古研究所所长王巍主持开幕式，中国考古学会理事长、原故宫博物院院长、著名考古学家张忠培，区委副书记戚建国在开幕式上致辞。区委常委、宣传部长沈旭微，副区长徐美娟，良管委领导吴立炜以及来自全国科研机构的专家学者、主要考古大遗址所在地的代表共 100 余人出席会议。

十三、良渚学系列丛书专家研讨会

2011 年 3 月 8 日，良渚学系列丛书专家研讨会在良渚博物院召开。浙江省考古研究所研究员王明达、王宁远、刘斌，江苏省考古所研究员林留根、张敏，上海博物馆研究员宋建，上海复旦大学教授高蒙河，苏州市考古所研究员丁金龙，良渚博物院院长蒋卫东等参加了会议，会议就良渚学研究及良渚文化丛书编撰等议题进行了讨论。

十四、良渚文化刻划符号及良渚学相关问题专家座谈会

2011 年 9 月 30 日，良渚文化刻划符号及良渚学相关问题专家座谈会在白庐艺术馆召开。来自江、浙、沪等地的 20 余位专家参加。会议围绕"良渚文化刻划符号"这一课题，"大胆地假设，小心地求证"，与会专家积极发扬、各抒己见，为该课题的开展提供了广泛而新颖的意见及建议，也为深入研究良渚文化刻划符号积累了全面、详实的第一手资料。会议还对良渚学研究工作的开展与创新进行了讨论与研究。

十五、杭州良渚遗址申遗工作专家咨询会

2011 年 12 月 14 日，杭州良渚遗址申遗工作专家咨询会在良渚君澜酒店召开，国际古迹遗址理事会副主席、中国古迹遗址保护协会副理事长兼秘书长郭旃，中国古迹遗址保护协会副理事长、中国建筑设计研究院历史研究所所长陈同滨等国内知名的古迹遗址保护专家，国家文物局文物保护与考古司副司长陆琼，省文化厅副厅长、文物局局长鲍贤伦，余杭区委副书记朱华，良渚遗址管委会领导张俊杰、吴立炜等参加会议。与会专家实地参观考察良渚古城、莫角山、反山、塘山、瑶山等重点遗址和良渚博物院，听取良渚遗址考古研究汇报，并重点围绕《良渚遗址申遗专题研究命题》，从"良渚遗址的价值特征"、"良渚遗址的遗产价值特征对比分析"、"良渚遗址潜在的价值标准"、"良渚遗址的遗产构成"等方面进行研讨，一致认为，良渚遗址保护要加强本体保护和环境控制，加强科学研究、比较研究、多学科研究，加强考古成果与展示的结合，完善规划管理和法制化管理。良渚申遗工作要基于近年来申遗的特点、经验和要求，准确把握良渚遗址的价值、特点，并与申遗六条标准进行对比分析，把能够承载价值的遗址点认定下来，科学评估分析经济承受能力和可行性，最后确定申报范围和规模，充分考虑申报策略，提高针对性、可操作性。

十六、良渚论坛·中华玉文化中心第三届年会

2011 年 12 月 20 日，良渚论坛·中华玉文化中心第三届年会暨"玉魂国魄·凌家滩文化玉器精品展"开幕式在良渚君澜酒店召开，来自中华文化促进会、中国考古学会、中华玉文化中心、故宫博物院、北京大学、复旦大学和中国社科院以及台湾、香港和各省市的相关领导和众多专

家学者济济一堂，对长江流域两大史前玉文化的学术议题进行了首次对话。

十七、良渚文化刻划符号研究课题专家咨询会

2012 年 9 月 27~28 日，由杭州城市学研究理事会余杭分会主办，良渚博物院、良渚研究院协办的"良渚文化刻划符号研究课题专家咨询会"在临平召开，来自江、浙、沪三地的考古专家和古文字专家参加，就《良渚文化刻画符号》图录的框架、内容编排、注意事项进行讨论。

十八、良渚论坛·国际文化景观科学委员会年会暨良渚遗址遗产展示专家咨询会

2012 年 10 月 25~28 日，2012 良渚论坛·国际文化景观科学委员会年会暨良渚遗址遗产展示专家咨询会成功召开。此次良渚论坛包括国际文化景观科学委员会年会、城市文化景观遗产保护联盟会议和 2012 良渚论坛·良渚遗址遗产展示专家咨询会。会议期间，来自澳大利亚、法国、美国、瑞士、波兰、伊朗、中国等国的 30 名国际文化景观科学委员会专家实地参观良渚博物院，对良渚遗址的价值和中国各级政府保护良渚遗址的工作给予了高度赞赏。在 10 月 27 日召开的 2012 良渚论坛·良渚遗址遗产展示专家咨询会上，来自国际古迹遗址理事会中国委员会、中国建筑设计研究院建筑历史研究所和各省市文物考古，文化遗产保护、展示设计等领域的权威专家齐聚一堂，为良渚遗址遗产保护、展示和申报世界文化遗产工作把脉出招、建言献策。会议由陈同滨所长主持，杭州良渚遗址管理区委员会申遗处处长蒋卫东介绍良渚遗址（古城）展示设想，浙江省文物考古研究所研究员郑殷芳介绍良渚遗址（瑶山祭台）展示方案。与会专家在听取汇报后，还对良渚遗址展示和申遗工作进行了认真研究和讨论。

十九、"玉器·玉文化·夏代中国文明"学术研讨会暨中华玉文化中心第四届年会

2013 年 12 月 23~24 日良渚遗址遗产价值对比研究之"玉器·玉文化·夏代中国文明"学术研讨会暨中华玉文化中心第四届年会在良渚召开。来自全国 16 个省市区以及香港、台湾地区的 80 余名知名考古专家、学者、新闻记者出席开幕式。余杭区区长朱华致欢迎辞，杭州市政协主席叶明、中华玉文化中心主任张忠培、中华文化促进会副会长金坚范、浙江省文化厅副厅长、省文物局局长陈瑶、陕西省文物局副局长刘云辉等领导先后致辞。本届年会共收到正式论文和论文提纲 31 篇，26 名专家作主题报告，开展"龙山和夏时期玉器综合性认识"、"夏时期牙璋专题"、"良渚遗址最新玉器考古情况"等学术研讨。

二十、《良渚文化刻画符号》出版座谈会

2015 年 5 月 28 日，《良渚文化刻画符号》出版座谈会在临平召开。区委常委、区委宣传部部长王姝，良渚遗址管理区管委会副主任、杭州城市学研究理事会余杭分会副理事长吴立炜，良渚遗址管理区管委会副主任金国平，杭州城市学研究理事会余杭分会副理事长兼秘书长张炳火等出席会议并参加相关活动。

故宫博物院前院长、著名考古学家张忠培先生和来自北京、上海和省内的中国古文字研究专家、良渚文化考古研究专家，为出版《良渚文化刻画符号》提供课题研究支持的环太湖各文博单位、上海人民出版社的领导，以及余杭分会秘书处、良渚博物院（研究院）课题组成员等 30 多人参加了会议。京、沪、浙 10 多家媒体的记者到会进行了采访报道。良渚文化研究专家张忠培、杨雨、高蒙河、刘斌等，认为良渚文化刻画符号是否就是中国文字的雏形还有待进一步考证。但《良

渚文化刻画符号》的出版，不仅填补了国内良渚文化刻符系统研究的空白，也填补了国内史前刻符纹饰资料的空白；不仅拓宽和深化了良渚文化研究的思路和内涵，也对史前刻符纹饰方面的学术研究提供了更为广阔和更有潜力的空间。专家还就《良渚文化刻画符号》的价值，以"全书包含 3000 余幅出土文物图片，将古老的良渚文化以图录的形式予以直观展示，集学术性、系统性、可读性、工具性于一体"予以充分肯定。

二十一、中华玉文化中心第五届年会

2015 年 12 月 24 日，中华玉文化中心第五届年会暨第七届中国古代玉器与传统文化学术研讨会——良渚遗址价值对比研究之"春秋战国时期玉器玉文化"在径山镇召开。区委书记徐文光致欢迎辞，湖北省博物馆馆长、省文物考古研究所所长方勤，浙江省文物局副局长郑建华，中华文化促进会主席团咨询委员、中华玉文化中心名誉主任金坚范，中华玉文化中心主任张忠培先后致辞。区长朱华主持开幕仪式。杭州良渚遗址管理工党工委副书记、管委会副主任陈寿田、吴立炜、姚文华、金国平，来自全国 11 个省市区以及香港、台湾地区的 80 余名考古专家、学者、新闻记者出席开幕式。

本届年会共收到论文和论文提纲 30 篇，有 31 名代表作主题报告。年会围绕春秋战国时期玉器及其相关问题集中展示最新研究成果，广泛开展学术探讨，既深入探索了中华玉文化传承体系及精神内涵，引领了全国玉文化研究发展方向，又再一次丰富了良渚遗址价值的比较研究，促进了良渚文化的传承与弘扬。

第二节 研究成果

多年来，文物工作者从良渚文化年代、器物类型分期、良渚文化精神内容等方面入手，开展良渚文化学术研究，取得了丰硕成果。至 2015 年，已出版良渚遗址考古报告系列 6 本，良渚文化研究论著 23 本，其他相关良渚文化研究著作 19 本，良渚文化研究论文 542 篇。

良渚遗址考古报告表

作者	书名	出版社	出版时间	备注
浙江省文物考古研究所（牟永抗、芮国耀、方向明）	《良渚遗址考古报告之一：瑶山》	文物出版社	2003.9	
浙江省文物考古研究所（王明达、方向明）	《良渚遗址考古报告之二：反山（上、下）》	文物出版社	2005.1	
浙江省文物考古研究所（赵晔）	《良渚遗址考古报告之三：良渚遗址》	文物出版社	2005.12	
浙江省文物考古研究所（王明达、胡继根、刘斌、丁品、芮国耀、方向明）	《良渚遗址考古报告之四：庙前》	文物出版社	2005.12	
浙江省文物考古研究所（赵晔）	《良渚遗址考古报告之五：文家山》	文物出版社	2011.9	
浙江省文物考古研究所（赵晔）	《良渚遗址群考古报告之六：卞家山（上、下）》	文物出版社	2014.4	

良渚文化研究论著表

	作者	书名	出版社	出版时间	备注
	良渚文化博物馆	《良渚文化论坛（纪念良渚文化博物馆开馆五周年特刊）》		1999.5	
	浙江省文物考古研究所	《良渚文化研究——纪念良渚文化发现六十周年国际学术讨论会文集》	科学出版社	1999.6	
	良渚文化博物馆	《良渚文化论坛》	浙江古籍出版社	2002.9	
	良渚文化博物馆	《良渚文化论坛（学术讨论会专辑）》	中国文化艺术出版社	2003.1	
	浙江省社会科学院国际良渚文化研究中心	《良渚文化探秘》	人民出版社	2006.1	
	浙江省文物考古研究所	《浙江省文物考古研究所学刊（第8辑）：纪念良渚遗址发现七十周年学术研讨会文集》	科学出版社	2006.1	
	良渚文化博物馆	《良渚文化论坛（良渚博物院开院特刊）》	浙江摄影出版社	2008.12	
	牟永抗	《牟永抗考古学文集》	科学出版社	2009.1	
	国家文物局	《大遗址保护良渚论坛文集》	浙江古籍出版社	2009.1	
	蒋卫东、陆文宝、周黎明、骆晓红、孙海波、郭青岭、罗晓群、梁慧娟、叶维军	《文明的实证——良渚文化概述》	西泠印社出版社	2010.8	
	中华玉文化中心、中华玉文化工作委员会	《玉魂国魄——中国古代玉器与传统文化学术讨论会文集（四）》	浙江古籍出版社	2010.9	
	中华玉文化中心、中华玉文化工作委员会	《玉魂国魄——中国古代玉器与传统文化学术讨论会文集（五）》	浙江古籍出版社	2012.11	
	王宁远	《从村居到王城》	杭州出版社	2013.12	
	赵大川、施时英	《良渚文化发现人施昕更》	杭州出版社	2013.12	
	俞为洁	《良渚人的衣食》	杭州出版社	2013.12	
	赵晔	《良渚文明的圣地》	杭州出版社	2013.12	
	方向明	《神人兽面的真像》	杭州出版社	2013.12	
	刘斌	《神巫的世界》	杭州出版社	2013.12	
	蒋卫东	《玉器的故事》	杭州出版社	2013.12	
	梁丽君	《纹饰的秘密》	杭州出版社	2013.12	
	陈杰	《良渚文化的古环境》	杭州出版社	2014.6	
	中华玉文化中心、中华玉文化工作委员会	《玉魂国魄——中国古代玉器与传统文化学术讨论会文集（六）》	浙江古籍出版社	2014.11	
	张炳火、良渚博物院	《良渚文化刻画符号》	上海人民出版社	2015.4	

其他著作

作者	书名	出版社	出版时间	备注
陈江、陈同乐	《良渚玉器》	江苏美术出版社	1999.12	
周膺	《美丽洲：良渚文化与良渚学引论》	中华书局	2000.9	
余继明	《良渚文化玉器：中国古玉器图鉴》	浙江大学出版社	2001.1	
周膺	《美的事迹之：美丽旧世界 良渚文化与杭州的缘起》	当代中国出版社	2002.3	
周膺、吴晶	《中国5000年文明第一证：良渚文化与良渚古国》	浙江大学出版社	2004.1	
嘉兴市文化局	《崧泽、良渚文化在嘉兴》	浙江摄影出版社	2005.1	
周膺	《东方文明的曙光——良渚遗址与良渚文化》	五洲传播出版社	2007.1	
张东霞、许蕾等著，张克士译	《考古中国：消失的良渚古国（英文版）》	五洲传播出版社	2007.1	
章正义	《良渚时期的玉石器文化及鉴别（上册）》	中国传媒大学出版社	2008.7	
王荔	《良渚原始审美文化研究》	同济大学出版社	2008.9	
刘恒武	《良渚文化综合研究》	科学出版社	2008.12	
吴汝祚、徐吉军	《良渚文化兴衰史》	社会科学文献出版社	2009.1	
扎拉嘎	《展开4000年前折叠的历史：共工传说与良渚文化平行关系研究》	中央民族大学出版社	2009.9	
魏永康、金开诚	《中国文化知识读本：良渚文化的玉器》	吉林文史出版社	2010.1	
章正义	《良渚时期的玉石器文化及鉴别（下册）》	中国传媒大学出版社	2010.2	
周膺	《良渚文化与中国文明的起源》	浙江大学出版社	2010.4	
陈民镇	《中华文明起源研究：虞朝、良渚文化考论》	安徽大学出版社	2010.8	
良渚博物院	《瑶琨美玉——良渚博物院藏良渚文化玉器精粹》	文物出版社、众志美术出版社	2011.12	
费国平	《文保生涯三十载——费国平学术文集》	浙江古籍出版社	2013.11	

论文（摘录）

论文题目	作者	发表刊物	发表时间	备注
太湖和杭州湾地区的新石器文化	严文明	《新石器时代》	1964	
谈良渚文化的渊源和去向	沈德祥	《良渚文化》	1987.12	
瑶山祭台和墓葬	费国平	《良渚文化》	1987.12	
反山墓地与随葬玉器	姚水荣	《良渚文化》	1987.12	
吴家埠遗址发掘简况	林金木	《良渚文化》	1987.12	
良渚文化遗址发祥地史迹漫笔	张长工	《良渚文化》	1987.12	
施昕更年表	姚今霆	《良渚文化》	1987.12	
浙江省余杭县安溪瑶山12号墓考古简报	沈德祥	《东南文化》	1988.5	
良渚文化的原始农业及其意义	程世华	《中国农史》	1990.2	
施昕更何以能首先发现良渚文化遗址	周如汉	《浙江学刊》	1992.3	
略论中国文明的起源	严文明	《文物》	1992	第1期
余杭南湖出土良渚文化陶文探讨	沈德祥	《上海博物馆建馆四十周年特辑》	1992.1	
良渚文化发掘简介	陆文宝	《杭州研究》	1993.1	
文明曙光 ——良渚文化	戚水根 陆文宝	《浙江画报》	1995.2	
良渚莫角山遗址的发掘与中国文明的起源	周如汉	《杭州师范学院学报》	1995.2	
浙江余杭良渚遗址群考察报告	费国平	《东南文化》	1995.2	
余杭大观山果园及反山周围良渚文化遗址调查	费国平	《南方文物》	1995.2	

论文题目	作者	发表刊物	发表时间	备注
良渚文化的年代和其所处社会阶段——五千年前中国进入文明的一个例证	张忠培	《文物》	1995	第5期
良渚文化：中国文明的一个重要源头	严文明	《寻根》	1995	第6期
良渚文化时期手工业	章忠勋	《杭州考古》	1995.12	
中国文明起源的探索	严文明	《中原文物》	1996	第1期
余杭南湖良渚文化陶文初探	沈德祥	《文明的曙光—良渚文化》	1996.4	
余杭横山良渚文化墓葬刍议	陆文宝	《文明的曙光—良渚文化》	1996.4	
良渚文化考古研究大事记（1936－1995）	汪遵国 陆文宝	《文明的曙光—良渚文化》	1996.4	
文明曙光从这里升起——良渚文化综述	沈德祥 周如汉	《文明的曙光—良渚文化》	1996.4	
良渚遗址的历史地位	严文明	《浙江学刊》	1996	第5期
良渚随笔	严文明	《文物》	1996	第3期
浙江余杭横山良渚文化墓葬清理简报	陆文宝	《东方文明之光》	1996.1	
良渚文化考古纪事	郝明华 陆文宝 汪遵国	《东方文明之光》	1996.1	
良渚文化博物馆收藏的几件玉器	施时英	《东方文明之光》	1996.1	
我的爷爷施昕更	施时英	《中国文物报》	1996.12.15	
良渚文化遗址群管理刍议	章忠勋	《浙江学刊》	1997.4	
良渚文化玉琮在中华文明起源中的特殊作用	骆晓红	《浙江学刊》	1997.4	
浙江省余杭市汇观山祭坛与墓地发掘简报	刘斌 蒋卫东 费国平	《文物》	1997.7	
石钺与中国原始货币之起源	陆文宝	中国良渚文化玉璧研讨会论文	1997.12	
良渚文化图像玉璧浅析	叶维军	中国良渚文化玉璧研讨会论文	1997.12	

论文题目	作者	发表刊物	发表时间	备注
良渚文化玉璧综述	郭青岭	中国良渚文化玉璧研讨会论文	1997.12	
良渚文化研究的新阶段	严文明	《史前考古论集》	1998	
良渚文化遗址群	章忠勋	《浙江山水揽胜》	1998.9	
余杭良渚遗址内的良渚文化古城	蒋卫东	《中国文物报》	1999.1	
也说"耘田器"	蒋卫东	《农业考古》	1999.1	
论良渚文化原始稻作生产的先进性	程世华	《古今农业》	1999.1	
良渚文化的钺	蒋卫东	（日本）《古代学研究》	1999.2	
关于良渚、马家浜考古的若干回忆——纪念马家浜文化发现四十周年	牟永抗	《农业考古》	1999.3	
良渚文化石质工具之研究——三角形石质工具的形制、性质之分析	杨美莉	《农业考古》	1999.3	
良渚文化祭坛释义——兼释人工大土台和安溪玉璧刻符	董楚平	《浙江社会科学》	1999.3	
试论良渚文化中断的成因及其去向	程鹏、宋诚	《东南文化》	1999.4	
良渚文化玉锥形器研究	王正书	《南方文物》	1999.4	
从逐疫文化现象谈良渚文化的衰落	朱建明	《南方文物》	1999.4	
反山、瑶山：年代学的研究	方向明	东南文化	1999.6	
早期国家之黎明——兼谈良渚文化社会政治演化水平	陈淳	《东南文化》	1999.6	
文明起源研究的回顾与思考	严文明	《文物》	1999	第10期
良渚玉带钩刍议	赵晔	《东方博物》	1999.11	
良渚文化高土台及其相关问题的思考与探讨	蒋卫东	《纪念浙江省文物考古研究所建所二十周年论文集》	1999.11	
良渚玉琮新探	赵晔	《纪念浙江省文物考古研究所建所二十周年论文集》	1999	

论文题目	作者	发表刊物	发表时间	备注
关于良渚文化双翼形石器的讨论	任式楠	《江汉考古》	2000.1	
从江苏龙南遗址论良渚文化的聚落形态	高蒙河	《考古》	2000.1	
九屈神人与良渚古玉纹饰	潘守永、雷虹霁	《民族艺术》	2000.1	
良渚文化玉琮为何上大下小	殷志强	《东南文化》	2000.2	
试析环境演变对史前人类文明发展的影响——以长江三角洲南部平原良渚古文化衰变为例	周鸿、郑祥民	《华东师范大学学报》(自然科学版)	2000.4	
良渚文化玉器的稀土元素特征及其考古学意义	程军、杨学明、杨晓勇、王昌燧、王巨宽	《稀土》	2000.4	
良渚文化的初步分析	朔知	《考古学报》	2000.4	
巫咸"考——兼论良渚文化向中原的传播	张怀通	《东南文化》	2000.7	
中国古代文明形成的考古学研究	张忠培	《故宫博物院院刊》	2000	第2期
余杭市博物馆藏良渚文化玉器精赏	吴彬森	《东南文化》	2000.1	
浅论良渚文化的建筑	朱薇君	《南方文物》	2000.1	
关于崧泽文化至良渚文化过渡阶段的几个问题	宋建	《考古》	2000.11	
良渚古国范围及其与周邻文化交往的主要特征	丁品	《史前研究2000》	2000	
良渚文化礼制的形成及其影响	吴汝祚	《杭州师范学院学报》	2001.1	
安徽含山凌家滩祭坛的初步研究——兼及良渚文化祭坛	周玮	《东南文化》	2001.1	
良渚文化人殉人祭现象试析	赵晔	《南方文物》	2001.1	
良渚文化时期的"千篰"及其用途试析	程世华	《农业考古》	2001.1	
论良渚文化玉璧的功能	夏寒	《南方文物》	2001.2	
"方钺会矢"——良渚文字释读之一	董楚平	《东南文化》	2001.3	

论文题目	作者	发表刊物	发表时间	备注
试解良渚文化玉器的雕琢之谜	吴京山	《东南文化》	2001.4	
良渚文化玉镇与柱形器	蒋卫东	《海峡两岸古玉学会议论文专辑》	2001.9	
良渚文化玉琮名和形的探讨	周玮	《东南文化》	2001.11	
浙江良渚庙前遗址第五、六次发掘简报	方向明、马竹山、楼航	《文物》	2001.12	
余杭莫角山遗址1992-1993年的发掘	赵晔	《文物》	2001.12	
良渚文化汇观山遗址第二次发掘简报	南辕	《文物》	2001.12	
良渚文化的地域间关系	今井晃树、姜宝莲、赵强	《文博》	2002.1	
浙江余杭市瓶窑、良渚地区遗址的遥感地学分析	张立、刘树人	《考古》	2002.2	
良渚文化与中国文明	杨楠	《中原文物》	2002.2	
塘山遗址初论	费国平	《南方文物》	2002.2	
良渚文化图像玉璧试析	叶维军	《华夏考古》	2002.3	
良渚文化礼仪用玉的文化特征	刘小葶	《华夏考古》	2002.3	
余杭良渚遗址聚落形态的初步考察	赵晔	《东南文化》	2002.3	
良渚文化玉器研究的现实与方法探讨	方向明	《东南文化》	2002.5	
余杭良渚文化显贵墓葬的发掘与研究	赵晔	《南京大学历史系考古专业成立三十周年纪念文集》	2002.5	
浅述良渚文化遗址的保护管理	章忠勋	《余杭文体》	2002.6	
也谈良渚文化玉器的雕琢工艺及发白现象	万俐	《东南文化》	2002.6	
良渚文化社会形态探析	李之龙	《考古》	2002.9	
上海金山区亭林遗址1988、1990年良渚文化墓葬的发掘	张明华、李峰	《考古》	2002.1	

论文题目	作者	发表刊物	发表时间	备注
余杭安溪钵衣山遗址发掘简报	丁品	《文物》	2002.1	
余杭良渚遗址调查简报	赵晔	《文物》	2002.1	
浙江余杭上口山遗址发掘简报	赵晔	《文物》	2002.1	
良渚文化的玉钺与石钺	刘斌	《玉魂国魄——中国古代玉器与传统文化学术讨论会文集》	2002	
良渚文化向马桥文化演化过程中若干问题的思考	丁品	《东方博物》	2002	第六辑
庙前及其相关遗址的聚落考古学探索	方向明、楼航	《东方博物》	2002	第七辑
良渚文化的玉三叉形器	方向明	（台北）《故宫文物月刊》	2002	第5期
良渚时期琮的流变及相关问题的探讨	陈杰	《上海博物馆集刊》	2002	
自然环境变迁与良渚文化兴衰关系的思考	蒋卫东	《华夏考古》	2003.2	
红山文化与良渚文化玉器的比较研究	王炜	《北方文物》	2003.3	
良渚文化玉琮的型式研究	周玮	《东南文化》	2003.3	
良渚遗址保护与利用主题分析	徐新民	《东南文化》	2003.3	
良渚风化玉器的化学保护	万俐	《东南文化》	2003.5	
良渚文化"神人兽面"的兼体造型和意蕴	萧兵	《考古与文物》	2003.6	
良渚先人的治水实践——试论塘山遗址的功能	张炳火	《东南文化》	2003.7	
良渚时期古环境对良渚文化的影响	郭青岭	《浙江学刊》增刊	2003.9	
良渚文化玉器的龙首纹与神人兽面纹之兽面纹	方向明	《东南考古研究》第3辑	2003	
良渚文化玉璧的考古学认识	方向明	（台北）《故宫文物月刊》	2003	第2期
从龙南遗址看良渚文化的住居和祭祀	郑小炉	《东南文化》	2004.1	

论文题目	作者	发表刊物	发表时间	备注
鸟崇拜与良渚文化神人兽面纹	孙荣华	《东方博物》	2004.1	
良渚文化解体蠡测及相关问题探析	赵慧群	《农业考古》	2004.1	
古陶瓷修复研究——兼谈良渚黑陶双鼻壶及明宣德青化扁瓶的修复	蒋道银	《文物保护与考古科学》	2004.1	
东苕溪考古记	蒋卫东	《东方博物》	2004.2	
良渚文化玉梳背饰研究	黄建秋	《学海》	2004.2	
良渚文化玉琮基本特征的考古学观察	周玮	《江汉考古》	2004.2	
大汶口、良渚文化的汇聚点——读《花厅——新石器时代墓地发掘报告》	栾丰实	《文物》	2004.4	
《瑶山》——研究良渚文化必读的著作	张忠培、杨晶	《文物》	2004.6	
再论良渚文化玉锥形器	吴敬	《东南文化》	2004.6	
红山文化与良渚文化	古方	《艺术市场》	2004.6	
对长江下游地区文明化进程的几点思考	蒋卫东	《长江下游地区文明化进程学术研讨会论文集》	2004.8	
浙江余杭星桥三亩里发掘良渚文化村落遗址	丁品、林金木	《中国文物报》	2004.9.10	
神圣与世俗——关于良渚文化玉器功能的若干思考	蒋卫东	《浙江省文物考古研究所学刊》第六辑	2004.12	
试论镯式琮——关于良渚文化玉琮的起源及其后续的思考	方向明	《浙江省文物考古研究所学刊》第六辑	2004.12	
从玉器的角度观察文化和历史的嬗变	刘斌	《浙江省文物考古研究所学刊》第六辑	2004.12	
崧泽文化的分期与良渚文化的关系	刘斌	《庆祝张忠培先生七十岁论文集》	2004	
良渚玉器研究的现状与未来	刘斌	《长江下游地区文明化进程学术研讨会论文集》	2004	
良渚文化鸟人纹像的内涵和功能(上)	黄厚明	《民族艺术》	2005.1	
良渚文化鸟人纹像的内涵和功能(下)	黄厚明	《民族艺术》	2005.2	

论文题目	作者	发表刊物	发表时间	备注
论良渚文化中心聚落的特殊性	陈声波	《东南文化》	2005.2	
良渚文化三叉形玉器	王书敏	《四川文物》	2005.2	
良渚文化玉琮曾是轴承套——新石器时代机床玉制传动件(一)	柳志青	《浙江国土资源》	2005.3	
良渚文化"神徽"与商代美术中的人兽母题	陈声波	《南京艺术学院学报》(美术与设计版)	2005.3	
原始意象 良渚文化中的玉器工艺	魏本雄	《上海工艺美术》	2005.3	
杭州余杭星桥后头山遗址发掘一处良渚文化墓地	丁品、林金木	《中国文物报》	2005.3.11	
良渚文化神人兽面纹与西王母形象之文化考释	王会莹	《西北民族研究》	2005.4	
良渚文化玉器原料来源探讨	何国俊	《南方文物》	2005.4	
良渚文明兴衰的生态史观	陈杰	《东南文化》	2005.5	
文明的曙光——良渚文化文物精品展	杨桂梅	《中国文化遗产》	2005.5	
寻找失落的文明——读《中国5000年文明第一证：良渚文化与良渚古国》	范立君、胡宁	《中国出版》	2005.5	
略论崧泽山文化与良渚文化的关系	钟礼强	《东南文化》	2005.6	
良渚文化用玉种类的考古学认识	方向明	《东方博物》	2005.6	
良渚文化遗址及放王岗汉墓出土玉器的物相及微量元素测试分析	程军、王昌燧、李德文、王巨宽	《考古》	2005.7	
良渚文化与中国文明的起源	严文明	《文明的曙光——良渚文化文物精品集》	2005	
瑶山的墓葬和出土玉器	方向明	《第五届中国玉文化玉学江阴研讨会论文》	2005.9	
良渚文化人地环境因素初探——以良渚遗址为例	郭青岭	良渚文化学术讨论会交流	2005.11	
良渚文化玉器的形和纹饰研究	方向明	《文明的曙光——良渚文化文物精品集》	2005	
良渚墓葬单元堆积层次的若干认识	方向明	《文物研究》	2005	第14辑

论文题目	作者	发表刊物	发表时间	备注
中国东部地区的三种陶器与良渚文化的年代	宋建	《上海博物馆集刊》	2005	
良渚文化玉器变白之研究	黄宣佩	上海博物馆集刊	2005	
试析良渚玉器的美	陆文宝	《史前研究2004》	2005	
良渚文化聚落群初论	丁品	《史前研究2004》	2005	
科学与思想——从事良渚文化考古的断想	方向明	《史前研究2004》	2005	
良渚遗址的考古历程及今后的学术构想	刘斌	《史前研究2004》	2005	
卞家山遗址良渚晚期遗存的观察与思考	沈晨霞	《史前研究2004》	2005	
破解晚期良渚文化人从江南神秘失踪之谜	肖飞	《常州工学院学报》（社科版）	2006.1	
从玉器纹饰看良渚文化宗教信仰中的两类因素	陈洪波	《南方文物》	2006.1	
反山M12再思——良渚遗址显贵者墓葬个案的研究	方向明	《南方文物》	2006.2	
华夏文明的曙光从这里升起——良渚文化发现70周年纪事	刘斌	《今日浙江》	2006.2.3	
良渚文化神徽解析	黄建康	《东南文化》	2006.3	
骑虎铜人像与玉琮线刻人像——兼谈三星堆、金沙与良渚文化的关系	赵殿增	《中华文化论坛》	2006.3	
浅谈古代玉器的装饰手法和艺术风格——古玉在红山、良渚文化、商、汉及明清四个高峰时期的特色	邓茂兰	《科教文汇》（上半月）	2006.4	
良渚文化玉琮纹饰新探	郑彤	《考古与文物》	2006.4	
良渚文化期自然环境变化与人类文明发展的耦合	叶玮、李凤全、沈叶琴、朱丽东、王天阳、杨立辉	《浙江师范大学学报》(自然科学版)	2006.4	
良渚文化鸟形玉器的宗教文化功能	黄厚明	《中国历史文物》	2006.4	
论良渚文化的高台墓地	刘恒武	《西北大学学报》(哲学社会科学版)	2006.5	
良渚文化瑶山玉神器分化及巫权调整之探讨	杨伯达	《故宫博物馆院刊》	2006.5	

论文题目	作者	发表刊物	发表时间	备注
良渚文化玉琮的断代特征（上）	柳志青	《浙江国土资源》	2006.6	
良渚文化玉琮的断代特征（下）	柳志青	《浙江国土资源》	2006.7	
良渚文化玉璧梳与玉枭断代特征	柳志青、柳翔	《浙江国土资源》	2006.8	
良渚文化玉器发现与研究的心路历程	蒋卫东	《浙江省文物考古研究所学刊》第八辑	2006.1	
反山M14相关问题的补充和研究	方向明	《浙江省文物考古研究所学刊》第八辑	2006.1	
良渚遗址的时空观察	赵晔	《浙江省文物考古研究所学刊》第八辑	2006.1	
也说良渚文化的发现人	张炳火、蒋卫东	《良渚文化探秘》	2006.11	
良渚文化北征及其影响	丁品	《良渚文化探秘》	2006.11	
良渚文化下限年代的探讨	蒋卫东	《良渚文化探秘》	2006.11	
良渚文化后续的若干问题	刘斌	《良渚文化探秘》	2006.11	
良渚文化两件特殊的"耘田器"	王宁远、周伟民、朱宏中	（台北）《故宫文物月刊》	2006	第5期
良渚文化的祭坛与观象测年	刘斌	《浙江省文物考古研究所学刊》第八辑	2006	
试论良渚渚文化时期的原始宗教与良渚文明	骆晓红	《杭州文博》	2006	第三辑
走进神巫的世界——反山、瑶山、汇观山发掘记	刘斌	《考古人的兴奋》	2006	
从微体古生物研究探讨良渚文化突然消亡原因	张玉兰	《地理科学》	2007.3	
良渚文化复合件玉器的初步研究	蒋卫东	《中国玉文化玉学论丛（四）》	2007.6	
探秘卞家山	赵晔	《东方博物》第二十四辑	2007.9	
良渚文化玉琮的功能和象征系统	段渝	《考古》	2007.12	
论良渚文化的特殊玉器	罗晓群	《史前研究2006》	2007	

论文题目	作者	发表刊物	发表时间	备注
彩绘、镂孔和刻画——浙江史前陶器图案（像）的初步考察	方向明	《东莞蚝岗遗址博物馆》	2007	
从卞家山遗址出土的头盖骨谈头盖杯风俗以及与猎头风俗的关系	孙海波	《史前研究2006》	2007	
余杭南湖的文化底蕴	赵晔	《东方博物》第二十五辑	2007	
河姆渡文化和良渚文化若干问题的探讨	王铁中	《文博》	2008.1	
论良渚文化玉器系统的萌芽	刘恒武	《考古与文物》	2008.1	
论良渚玉器的审美特征	朱志荣、罗文	《广播电视大学学报》(哲学社会科学版)	2008.1	
气候变化对良渚文化发展和消失的影响	徐国昌	《干旱气象》	2008.1	
良渚玉璜再探讨	芮国耀	《东方博物》第二十七辑	2008.2	
反山、瑶山年代问题的再讨论	方向明	《东方博物》第二十七辑	2008.2	
良渚文化反山遗址出土玉璧音乐声学特征的初步探讨	幸晓峰、黄建秋、沈博、王其书、杨永富、廖韧	《中华文化论坛》	2008.2	
浙江余杭星桥后头山良渚文化墓地发掘简报	丁品、林金木、方忠华、陈武、陈庆盛、张学武、沈宁、李永嘉	《南方文物》	2008.3	
良渚文化石器装柄技术探究	赵晔	《南方文物》	2008.3	
从新构造运动观点论浙江余杭良渚遗址的环境变迁	张国俊、赵丽君、韦立立、陆景冈	《东方博物》	2008.3	
论良渚文化玉器的审美特征	管驿、朱志荣	《云梦学刊》	2008.3	
从孢粉、藻类分析探究良渚文化突然消亡的原因	张玉兰	《同济大学学报》（自然科学版）	2008.3	
太湖地区多剖面地层学分析与良渚期环境事件	史威、马春梅、朱诚、王富葆、李世杰	《地理研究》	2008.5	
发达社会与遏止领先——良渚文化迅速衰落之根源浅析	付永敢	《东南文化》	2008.5	
良渚文化刻符玉璧	孙海波	《浙江文物》	2008.5	

论文题目	作者	发表刊物	发表时间	备注
良渚文化玉璧功能新探	黄建秋、幸晓峰	《东南文化》	2008.6	
史前玉器中的"双子琮"——兼说良渚文化玉器上的兽面冠饰	王仁湘	《文物》	2008.6	
杭州市余杭区良渚古城遗址2006～2007年的发掘	刘斌	《考古》	2008.7	
瑶山的墓葬和出土玉器	方向明	《中国玉文化玉学论丛·四编》	2008	
良渚文化玉器图案"鸠山图"	武家璧	《文博》	2009.1	
良渚文化陶器功用的初步科学研究	李乃胜、李清临、姚政权、毛振伟	《光谱学与光谱分析》	2009.1	
良渚文化高柄盖罐的"尚中"思想	肖凤春	《四川文物》	2009.1	
关于良渚遗址的一些思考	乔文杰	《文物世界》	2009.1	
良渚玉琮的节和琮的切割等相关问题讨论	方向明	《中国文物报》	2009.1.16	
良渚遗址中透露出的音乐曙光	郑祖襄	《文化艺术研究》	2009.2	
初创时期的浙江省博物馆与良渚文化发现人施昕更	赵大川	《东方博物》	2009.3	
从反山出土"玉琮王"看良渚文化玉琮的形制变化	顾幼静	《东方博物》	2009.3	
中国古代文明演进的两种模式——红山、良渚、仰韶大墓随葬玉器观察随想	李伯谦	《文物》	2009.3	
中华文明在新石器时代的发展——以良渚文化为例	张哲玮、郭琳	《法制与社会》	2009.3.6	
良渚文化时期玉器的特征与文明发展的关系	顾冬红、董俊卿、李青会、干福熹	《广西民族大学学报》(自然科学版)	2009.4	
浙江良渚文化建筑对水环境的响应	刘丹丹、冯利华	《浙江师范大学学报》(自然科学版)	2009.4	
良渚文化玉璧制作工艺初探	刘卫东、陆文宝、戚水根	《东南文化》	2009.6	
仰韶文化人面鱼纹与良渚文化"神徽"释读	张潮	《中国历史文物》	2009.6	
王者气象——良渚遗址解读	赵晔	《蒋赞初先生八秩华诞颂寿纪念论文集》	2009.9	

论文题目	作者	发表刊物	发表时间	备注
良渚玉器的图像和刻纹——龙首纹和神人兽面像	方向明	《浙江省文物考古研究所学刊》第九辑	2009	
良渚古城的发现与初步认识	刘斌	《新果集——庆祝林沄先生七十华诞论文集》	2009	
良渚玉器刻纹研究之一——眼睛（球）的发端	方向明	《玉文化论丛（2）》	2009	
关于建设国家考古遗址公园的一些意见——在"2009大遗址保护·良渚论坛"上的发言	张忠培	《东南文化》	2010.1	
良渚与陶寺——中国历史南北格局的滥觞	宋建忠	《文物》	2010.1	
余杭博物馆良渚文化玉器精赏	吴彬森	《东南文化》	2010.1	
γ能谱测量探测良渚古遗址的影响因素分析及数据处理	王祝文	《吉林大学学报》(地球科学版)	2010.2	
良渚玉器中的鸟灵形象	蒋卫东	《中国社会科学报》	2010.3	
好川文化陶器与良渚文化陶器的比较研究	吕晓南	《中国陶瓷》	2010.3	
应用伽马能谱测量确定良渚古遗址外廓防护设施	刘菁华、王祝文、田钢、丁阳、王帮兵	《物探与化探》	2010.3	
关于良渚文化玉琮的思考与探究	陈淑英	《文物世界》	2010.3	
论良渚文化玉器主体纹饰在中国传统纹饰发展中的影响	王淑兰	《新美术》	2010.4	
良渚古城墙的地面γ能谱测量含量特征分析	刘菁华、田钢、王祝文、丁阳、王帮兵	《核技术》	2010.4	
天命玄鸟：陶器与漆器的鸟灵形象	蒋卫东	《中国社会科学报》	2010.5	
良渚文化：中华五千年文明的新视野	蒋卫东	《璀璨——良渚文化特展》	2010.6	
韩国神杆的起源和特征——与中国大汶口文化和良渚文化中的神杆纹样的比较研究	金仁喜	《民俗研究》	2010.4	
潮湿环境的定量判别初探——以杭州良渚遗址为例	张秉坚、周环、王旭东	《敦煌研究》	2010.6	
余杭万陈村M28:4三叉形器图像释读	吕芹	《东方博物》	2010.6	

论文题目	作者	发表刊物	发表时间	备注
良渚、陶寺与二里头——早期中国文明的演进之路	韩建业	《考古》	2010.11	
史前文明巨创 科学智慧结晶——浅谈良渚文化时期大型水利建设及其初步认识	费国平、陈欢乐	《东南文化》	2010	
浙江地区史前刻画符号概述	曹锦炎、方向明	《中国考古学会第十一次年会论文集》	2010	
良渚聚落模式的探索——以浙北地区为例	方向明	《中国聚落考古的理论与实践》（第一辑）	2010	
浙江余杭良渚遗址出土玉器的无损分析研究	干福熹、曹锦炎、承焕生、顾冬红、芮国耀、方向明	《中国科学：技术科学》	2011.1	
良渚时期文化发展与海平面变化	朱丽东、冯义雄、叶玮、王天阳、李凤全、李黎霞	《地理科学进展》	2011.1	
浙江良渚遗址环境演变与人类活动的关系	史辰羲、莫多闻、李春海、刘斌、毛龙江、李明霖	《地学前缘》	2011.3	
良渚文化时期原始商业的初步考察	王心喜	《宁波大学学报》（人文科学版）	2011.3	
论大汶口文化骨牙雕筒与良渚玉琮的原初共性	刘爱君	《山东师范大学学报》（人文社会科学版）	2011.3	
良渚玉器兽面纹大眼的研究	梁丽君	《文物春秋》	2011.3	
凌家滩文化和良渚文化的玉器比较研究	夏颖	《安徽工业大学学报》(社会科学版)	2011.3	
余杭彭公大坝的调查报告	费国平、陈欢乐	《东方博物》	2011.3	
良渚审美文化中的玉陶、徽饰、墓葬及其江南特质	李震	《郑州大学学报》（哲学社会科学版）	2011.4	
良渚遗址古水系调查中的综合地球物理方法	林金鑫、田钢、王帮兵、许德树、刘菁华、赵文轲	《浙江大学学报》(工学版)	2011.5	
良渚文化玉器的出土与研究	蒋卫东	《瑶琨美玉》	2011.11	
浙江余杭茅山史前聚落遗址 第二、三期发掘取得重要收获	丁品、赵晔、郑云飞、陆文宝、仲召兵、陈旭高	《中国文物报》	2011.12.30	
长江下游地区新石器时代盉鬶的若干问题	方向明	《江南文化之源——纪念马家浜遗址发现五十周年图文集》	2011	
浙江余杭反山、瑶山细线刻神兽纹纹样及其相关问题	翟杨	《东南文化》	2012.6.30	第3期

论文题目	作者	发表刊物	发表时间	备注
良渚文化墓地与其表述的文明社会	张忠培	《考古学报》	2012.10.15	第4期
初论良渚文化木质遗存	赵晔	《南方文物》	2012.12.28	第4期
长江流域早期城市初论	罗二虎	《文物》	2013.2.25	第2期
从考古发现看良渚人的农事	程世华	《农业考古》	2013.2.28	第1期
良渚文化迅速崛起原因探析	侯峰涛	《重庆交通大学学报》（社会科学版）	2013.4.15	第2期
良渚古城遗址陶器的分析研究	鲁晓珂、李伟东、刘斌、李新伟	《中国科学：技术科学》	2013.4.20	第4期
基于粘土矿物XRD分析的良渚古城城墙土特征及物源探讨	胡薪苹、师育新、戴雪荣、王金涛、刘斌、王宁远	《岩石矿物学杂志》	2013.5.25	第3期
良渚古城核心区防洪排涝规划研究	陶雪江	《中国水利》	2013.6.12	第11期
卞家山出土漆觚的启示	吕琪昌	《华夏考古》	2013.9.25	第3期
良渚遗址群考古地理信息系统构建探索	姚娅	《南方文物》	2013.9.28	第3期
对良渚陶器制品的美学探讨	薛雯	《黑龙江史志》	2014.1.8	第1期
良渚文化宏观聚落研究	郭明建	《考古学报》	2014.1.15	第1期
农村城镇化进程与文化遗址保护的契合——以良渚文化遗址保护区为样本的分析	朱珏	《温州大学学报（社会科学版）》	2014.1.25	第1期
浙江余杭茅山遗址古稻田耕作遗迹研究	郑云飞、陈旭高、丁品	《第四纪研究》	2014.1.30	第1期
崧泽、良渚文化陶缸再研究——以出土情境的分析为中心	孙瀚龙	《东南文化》	2014.2.28	第1期
长江流域文明起源商品经济模式新探	何驽	《东南文化》	2014.2.28	第1期
中全新世以来杭州湾古气候、环境变迁及对良渚文化的可能影响	刘演、李茂田、孙千里、陈中原	《湖泊科学》	2014.3.6	第2期
2006-2013年良渚古城考古的主要收获	刘斌、王宁远、郑云飞、陈旭高、周文林、闫凯凯、陈明辉	《东南文化》	2014.4.30	第2期
长江三角洲良渚古城、大型水利工程的兴起和环境地学的意义	张立、陈中原、刘演、吴健平	《中国科学：地球科学》	2014.5.20	第5期

论文题目	作者	发表刊物	发表时间	备注
良渚北城墙考古土遗址表面藻类的分析研究	武发思、汪万福、贺东鹏、徐瑞红、苏伯民	《敦煌研究》	2014.8.15	第4期
《玉魂玉魄——玉器·玉文化·夏代中国文明展》引起的几点思考:在中华玉文化中心第四届年会闭幕式的讲话	张忠培	《南方文物》	2014.9.28	第3期
张忠培先生与良渚	刘 斌	《南方文物》	2014.9.28	第3期
崧泽文化纹饰对良渚文化的影响	盛起新	《东南文化》	2014.10.30	第5期
杭州市良渚古城外围水利系统的考古调查	王宁远、刘斌	《考古》	2015.1.25	第1期
杭州市良渚古城外郭的探查与美人地和扁担山的发掘	王宁远、刘斌、闫凯凯、陈明辉	《考古》	2015.1.25	第1期
聚落变迁和统一信仰的形成: 从崧泽到良渚	方向明	《东南文化》	2015.2.28	第1期
崧泽之美 物质表征下的精神实质	蒋卫东	《东南文化》	2015.2.28	第1期
良渚文化墓葬及其反映的社会结构与形态	许鹏飞	《中国国家博物馆馆刊》	2015.3.15	第3期
良渚文化玉器用料探秘	方向明	《大众考古》	2015.3.20	第3期
良渚符号关系论	张春凤	《西北民族大学学报（哲学社会科学版）》	2015.3.20	第2期
破土器、庖厨刀或铡草刀——长江下游新石器时代及早期青铜时代石器分析之二	刘 莉	《东南文化》	2014.4.30	第2期
看了《良渚文化刻画符号》之后——《良渚文化刻画符号》出版座谈会上的发言	张忠培	《中国文物报》	2015.9.25	第7版

余杭文物志◎大运河（余杭段）篇

第二篇 大运河（余杭段）

第一章 概述

第一节 概况

大运河位于中国中东部，地跨北京、天津、河北、山东、江苏、浙江、河南、安徽 8 个省级行政区，沟通了海河、黄河、淮河、长江、钱塘江五大水系，全长 1700 多公里。其开凿始于公元前 5 世纪的春秋时期。隋代完成第一次全线贯通，形成隋唐宋时期以洛阳为中心沟通中国南方与北方的大运河。元代由于中国政治中心的迁移，将大运河改线为直接沟通北京与南方地区，形成元明清时期第二次大沟通。大运河包括京杭大运河、隋唐大运河和浙东大运河三部分，历经 2500 多年的持续发展与演变，直到今天仍发挥着重要的交通与水利功能。

大运河是流动着的文化遗产，对中国南北地区间的经济、文化发展与交流，以及沿线地区工农业经济的发展和城镇的兴起都起了巨大作用。她与长城并称为中国古代劳动人民创造的两项伟大工程，是中华民族勤劳、勇敢和智慧的结晶，也是文化线路和民族大融合的见证，是世界文化史上的不朽丰碑。2006 年 5 月 25 日，国务院将京杭大运河整体公布为第六批全国重点文物保护单位；2013 年 3 月 5 日，又将隋唐大运河、浙东运河遗产整体纳入大运河项目，公布为第七批全国重点文物保护单位。至此，大运河遗产全部列为全国重点文物保护单位。2014 年 6 月 22 日，联合国教科文组织第 38 届世界遗产大会宣布，大运河成功入选世界文化遗产名录，成为我国第 46 个世界遗产项目，包括 8 个省、直辖市，27 座城市，大运河河道遗产 27 段，以及运河水利工程遗存、运河附属遗存、运河相关遗产共计 58 处遗产点，河道总长度 1011 公里。

大运河（余杭段）位于京杭大运河南端，始凿于隋代。隋大业六年（610），隋炀帝下令凿穿江南运河，自京口（今镇江）至余杭，八百余里。其航线自桐乡经海宁市长安镇入五杭（今运河街道），经禾丰港，入上塘河，取道临平，西行至余杭街道南渠河。元代，上塘河逐渐淤浅，下塘河作用日渐重要。元至正十九年（1359），起义军领袖张士诚因旧河狭窄，发动军民进一步治理下塘河，开浚武林港口至北新桥，又直至江涨桥段，并自此取代上塘河成为江南运河南段的主航道（即今杭州塘崇福镇至杭州段），直至现代。明清两代，当地官员时常维护整治该段运河。为根除水患，中华人民共和国建立后，采取加固加高圩堤，疏浚河道，拆建阻水桥梁，建闸并圩，兴建排灌机埠，开挖排水渠道，降低地下水位，结合平整土地等措施，逐年进行了分段实施。

大运河（余杭段）由京杭大运河和上塘河两条正河河道和支线运河余杭塘河组成。2013 年，大运河余杭段（含三条河道、广济桥、桂芳桥）全部列为全国重点文物保护单位。大运河申遗成功后，余杭区有了首个世界文化遗产，列入世界遗产的点段共 3 处，分别是杭州塘、上塘河和广济桥。

第二节 特点和价值

大运河是世界上唯一一个为确保粮食运输安全，以达到稳定政权、维持帝国统一的目的，由国家投资开凿、国家管理的巨大运河工程体系。它是解决中国南北社会和自然资源不平衡的重要措施，实现了在广大国土范围内南北资源和物产的大跨度调配，沟通了国家的政治中心与经济中心，促进了不同地域间的经济、文化交流，在国家统一、政权稳定、经济繁荣、社会发展等方面发挥了不可替代的作用，产生了重要影响。大运河也是一个不断适应社会和自然变化的动态性工程，是一条不断发展演进的运河。

大运河因其独有的技术特征、文化传统而与其他人工水道，包括已列入《世界遗产名录》或《世界遗产预备名单》的其他运河遗产有较大差异，具备其不可取代的特征和成就。大运河是人类历史上超大规模巨系统工程的杰作，以世所罕见的时间与空间尺度，证明了人类的智慧、决心与勇气，是在农业文明技术体系下难以想象的人类非凡创造力的杰出例证。大运河见证了中国历史上已消逝的一个特殊的制度体系和文化传统——漕运的形成、发展、衰落过程以及由此产生的深远影响。大运河是世界上创建时间最早的运河工程之一，也是延续使用时间最久、空间跨度最大的运河，被《国际运河古迹名录》列入作为世界上"具有重大科技价值的运河"，是世界运河工程史上的里程碑。大运河是中国自古以来大一统国家观的印证，作为庞大农业帝国的生命线，对国家大一统局面的形成和巩固起到了重要作用。大运河通过对沿线风俗传统、生活方式的塑造，与沿线广大地区的人民产生了深刻的情感关联，成为沿线人们共同认可的"母亲河"。

列入世界遗产的运河

名称	所属国家	建造时期	长度	主要功能与类型	特点	列入年份
大运河	中国	始建于公元前5世纪，第一次大沟通为7世纪，13世纪全线贯通	申报长度1011千米	运输，联系中国经济与政治中心的主要通道	是人类农业文明时代杰出的运河工程，是世界运河工程史上的里程碑。发端并形成于农业技术体系之下，使用有限的土、木、砖石、芦苇等材料，在只能依靠人力、畜力的时代，在没有现代测绘与泥沙动力学等科学技术的支撑下，依靠空前的想象力与长期的实践积累，完成了在广大空间范围内的水利资源勘察与线路规划，实现了多项技术发明与大型枢纽工程。	2014
阿姆斯特丹的17世纪运河环形区域	荷兰	16世纪末至17世纪初	城区中运河长约12~15千米	排水、港口、城市运河，启蒙时期的城市乌托邦	在世界水利工程史上，代表了欧美工业革命技术时期的典范成就，代表了一个完整的技术转移过程，和不同时期、不同技术发展阶段因不同功能需求而传承并各自创造的特点。	2010
米迪运河	法国	17世纪晚期	申报长度360千米	运输，启蒙时代的欧洲土木工程典范		1996
旁特斯沃泰水道桥与运河	英国	18世纪末、19世纪初	全长18千米	丘陵地区的工业运输		2009
里多运河	加拿大	19世纪早期	202千米	运输和军事防御，专为蒸汽轮船设计		2007
中央运河	比利时	19世纪末、20世纪初	21千米	运输，以四座水利升船机为代表的重要工业成就		1998

大运河（余杭段）历史悠久，自古至今既是太湖流域的主要洪水通道，又是古代南北漕运及现代水上运输的重要航道，对于余杭经济社会的发展产生了重要影响，也造就了遗产地特有的自然、人文景观环境。该段河道多利用自然河道改造而成，具有突出的生态价值；部分水利水工设施技术水平高，代表当时中国甚至世界的科学技术生产力水平。

大运河（余杭段）是中国大运河最南端仍在使用的活态文化遗产，沿线保留着大量历史文化遗存。为做好大运河遗产保护管理工作，自 2007 年 12 月起，余杭区第三次全国文物普查队对大运河（余杭段）沿线的文化遗产开展专题调查，共调查登录各类遗产 292 项（该统计数据是指位于运河两岸 500 米以内的遗产，以及虽位于运河两岸 500 米以外，但与运河关系密切的遗产），其中包括水利工程遗产 48 项，运河聚落文化遗产 3 项，大运河历史相关的其他物质文化遗产 236 项，运河生态与景观环境 1 项，大运河相关非物质文化遗产 4 项。现存的这些大量的古代运河设施和管理机构遗存、码头、纤道等遗存，证明了大运河（余杭段）历史上航运管理、税收、仓储、城镇商业等活动的发展、繁华，见证了运河航运发展的历史，具有重要的历史、科研价值。

第二章　京杭大运河

隋大业六年（610）冬，隋炀帝开通江南运河，自京口（镇江）至余杭，长 800 余里。余杭位于京杭大运河最南端。元至正十九年（1359），张士诚拓浚新开运河，运河在余杭境内遂形成现今走向。自杭州拱宸桥流至良渚街道谢村入境，经崇贤街道、仁和街道，至武林头折向东穿过塘栖镇、运河街道进入桐乡市，为杭申甲线。另一路由塘栖镇北弯角出北新桥，进入德清县，为杭申乙线。全长 27.35 公里，水深近 3.5 米，河面宽约 60 ～ 70 米，流域面积 667.03 平方公里，水位稳定，连接余杭境内众多河流，互相沟通，形成格子状水网。2014 年，杭申甲线作为大运河河道成为世界文化遗产。

京杭大运河（余杭段）河道两岸遗产共计 131 项。其中水利工程遗产 37 项，运河聚落文化遗产 1 项，大运河历史相关的其他物质文化遗产 90 项，运河生态与景观环境 1 项，大运河相关非物质文化遗产 2 项。

第一节　水利工程遗产

一、航运工程设施

（一）桥梁

1、广济桥

位于塘栖镇水北社区，广济路北，南北向。清·王同《唐栖志》载："通济长桥在唐栖镇，宏治二年建。一名碧天桥，俗名长桥。上有昭恩碑记，邑人副使赵锐撰。宏治间鄞人陈守清募建，桥计七洞。嘉靖庚寅(1530)桥裂，里人吕一素捐金修。丁酉(1537)复舍金重修。万历癸未(1583)、天启丁卯（1672）及国朝康熙乙巳（1655）屡圮屡葺，辛卯（1711）北堍又圮，吴山海会寺僧朱皈一与如意庵僧大生募建，甲午（1714）十月竣工。"始建于明弘治二年（1489），十一年（1498)建成。今桥为清康熙五十三年(1714)重建。全长83米，矢高17.75米，桥面设160级台阶。拱券纵联并列分节砌筑，中间大石拱跨度15.8米，南北各三个对称石拱，跨度依次递减。是运河形成后的直接衍生物，便利了两岸通行，促进了社会、经济发展，对塘栖古镇的发展具有极其重要的作用。是大运河上保存较好的薄墩联拱七孔实腹拱桥，也是大运河上保存至今规模最大的薄墩联拱石桥。1983年列为余杭县重点文物保护单位。1989年列为浙江省文物保护单位。2013年，作为大运河一部分，列为全国重点文物保护单位。2014年，作为大运河遗产点列入世界文化遗产。

　　1995年，因广济桥多次被航运船只碰撞，桥基条石断裂，桥脚柱桩断裂，桥身变形，浙江省、杭州市、余杭市三级政府拨款145万元进行抢修加固。由华东勘测设计研究院设计，余杭市市政建筑公司承建，主要内容是对4至6号桥墩基底采用板桩维护配合钻孔灌浆加固，对北次孔（第五桥孔）拱券和4号、5号桥墩外加扁钢加固，4个主桥墩两侧设置8个防撞墩。1998~1999年，为保护广济桥，政府出资7500万元实施完成运河塘栖段改道工程，在塘栖镇北新开挖航道

2.93公里。2004年9月17日，运河广济桥段开始封航，过往船只改走新航道。2007年，政府拨款近230万元，由余杭区文广新局实施维修，主拱券、部分侧墙、局部桥面得到修缮及加固，并通过测绘、拍照、录像、拓片等保存历史信息。

附：重修长桥碑铭（碑已佚，录自清·王同《唐栖志》，卓天寅撰）

　　吾里有长桥盖通衢也北达京师南接闽粤凡有事四方者无不由兹利涉焉余卓氏自先世以来聚族于此斯桥之存屡经堕复而再造于有明嘉靖之丁酉则邑先辈吕廷润力也太守黄山焦公水利蛟峰张公嘉奖之迄今历年兹久日渐颓圮图维鼎新事非易集顾念此桥之兴废通里所系亦行旅攸关水至此而潆洄舟从中而迅迈今虽物力艰难而人咸乐劝诹日量功略址程费董其役者则五保领袖葛君公朗肩其费者余弟子孟偕诸善信实为首庸而因旧无更视昔增壮庶几引缆之堤永为辐辏之倛郁为培厚之基矣夫桥梁国务所急载诸工典亦王政之一事也诗云周道如砥其直如矢唯修举得时斯遵途有自斯桥之利又岂浅鲜哉第思自嘉靖迄今百有余年趋事维勤鸠工如赴吾里之人轻利急公始终如一日余故援笔为记且系之铭铭曰顾兹西水川流浩浩维彼何梁为浙孔道我石既攻我材既同厥址维旧厥功以崇王途既平礼让成俗陟陁如云除道相属矫如苍龙偃立于波蜿如长虹下饮于河福禄攸同德泽以茂治和仁人文石并久时康熙癸卯秋之吉

2、石灰桥

位于塘栖镇水北社区西北首，顺德桥北约 150 米处，南北向跨姚家兜，西临塘钱港。清•王同《唐栖志》载："石灰桥，顺德桥内不数武平桥是也。桥北旧有英济侯庙，顺治间里人迁于广济桥。相传建长桥时所用石灰积于此，故名。"三孔石梁桥，长 15.32 米，宽 1.3 米，跨径 11.43 米，高 2.45 米。桥面由 6 块两两并列的条石组成。桥墩由两块条石并列竖砌，上覆石盖梁，以榫卯结构承接桥面。中孔南桥墩上刻有莲花题记，已漫漶不清。桥台用条石横向叠砌而成，内侧嵌石壁墩。两头用踏步。无栏板、望柱。是塘栖镇城区仅存的三座古桥之一，也是余杭区现存少数明代桥梁之一。

3、顺德桥

位于塘栖镇水北社区北街西端，紧邻京杭大运河北岸，东西向跨运河支流塘钱港，西塊原为大善寺，东连水北街。早在筹建大善寺之初就已兴建，约有400年历史。单孔石梁桥，桥全长18米，宽 2.7 米，跨度 5.9 米，高 3 米，东西桥基与桥台保存完好，桥台内侧嵌石壁墩，桥顶石梁在文革时期换成水泥板，两边石桥栏已佚。是塘栖镇城区保留下来的三座古桥之一。

4、西兴桥

位于塘栖镇唐家埭村芙蓉圩 29 号西侧，京杭运河南约 100 米处。东西向跨乌龟漾。乌龟漾与运河相通，北临运河。东侧原有东兴桥，现已湮灭。清代单孔石梁桥，桥面长 5 米，宽 1.5 米。桥面由三块石板铺成。南北两侧均阳刻"西兴桥"。桥台内部用块石垒砌，外部用条石错缝垒砌，内侧嵌石壁墩。

5、西仁桥

位于塘栖镇三文村一组，东西向跨三文村港。桥西北有三文村庙，故俗称庙桥。清代三孔石梁平桥，桥长 15.32 米，宽 1.6 米，高 3.1 米。桥面分三段，每段均由两块紫砂长条石并排而成，两侧均刻桥名。桥墩由三块长条石并列竖排，上覆石盖梁，以榫卯结构承托桥面。两个桥墩内侧均有莲花题记。中孔东侧石盖梁两端浮雕花纹。桥台向岸呈八字形，最宽处 2.2 米，均由条石错缝垒砌而成，内侧嵌石壁墩，结构同桥墩。原有栏板、望柱，20 世纪 70 年代被船撞毁。原为龙光桥、郑家埭、姚家坝等村村民去塘栖集市往返的必经之路。

6、广慧桥

位于塘栖镇塘北村村委南300余米处，东西向跨景林自然村中的河道。三孔石梁桥，桥长22米，宽 1.18 米。桥面分三段，每段由二块长条石作梁，多块条石拼成桥板，中间段正中刻有圆形云纹图案。两侧均阴刻桥名，桥名两旁阴刻"大清嘉庆十年(1805)囗月重建"、"信士朱文高助"等字样。桥墩由两块长条石并列竖排，上覆石盖梁，和桥面以榫卯结构连接。中孔东桥墩内侧有莲花题记。桥台均由条石错缝垒砌而成，内侧嵌由三块长条石并列竖排的石壁墩。无栏板、望柱。

7、斗珠桥

位于塘栖镇塘北村埂头圩自然村东。三孔石梁桥，桥长15.16米，宽1.6米，高3米。桥面分三段，每段均由三块长条石组成，桥心石上刻有圆形花纹。两侧均阳刻桥名，东侧桥名两旁阴刻"民国卅四年（1945）仲月重建"。桥墩和南北桥台均由条石错缝垒砌而成，桥墩上覆石盖梁，和桥面以榫卯结构连接。

8、秀才桥

位于塘栖镇塘北村秀才桥头自然村和铁点河自然村西侧田畈交界处，南距新秀才桥 350 米，东西向跨秀才河。清代三孔石梁桥，桥长 21 米，宽 1.43 米，跨径 13.74 米，高 3.2 米。桥面分三段，每段由两块长条石和多块条石拼接成的桥板组成，正中刻有圆形图案。桥墩为三块长条石并列竖排的石壁墩，墩上覆石盖梁，和桥面以榫卯结构连接。中孔东桥墩内侧有莲花题记。桥台均由条石错缝垒砌而成，内侧嵌有三块长条石并列竖排的石壁墩。无栏板、望柱。

9、周家石桥

位于塘栖镇塘北村郁家坞自然村口，南北向跨周家漾。1956 年重建，部分石料从护云桥搬来，故桥上刻"护云桥"。三孔石梁桥，桥长 22.7 米、宽 1.5 米、高 3.95 米。桥面分三段，每段均由两块长条石作梁，多块条石拼接成桥板。西侧阳刻桥名，两旁阴刻"一九五六年八月造"。中孔北桥墩为四块，南桥墩为三块长条石并列竖排的石壁墩，墩上覆石盖梁，和桥面以榫卯结构连接。南北桥台均由条石错缝垒砌而成，内侧嵌三块长条石并列竖排的石壁墩。

10、富公桥

位于塘栖镇塘北村仲家舍自然村。清代单孔石梁桥，桥长 11.7 米，宽 1.49 米，跨径 4.8 米，高 2.8 米。桥面由两块长条石作梁，多块条石拼成桥板。两侧均阳刻桥名，桥名两旁线刻花纹。南北桥台均由条石错缝垒砌而成，内侧嵌三块长条石并列竖排的石壁墩，上覆石盖梁承托桥面。

11、李家桥

位于塘栖镇塘北村外口自然村，南北向跨西漾。三孔石梁平桥。桥长 19.8 米，宽 1.53 米，高 3.6 米。桥面分三段，每段均由三块长条石并列而成，正中刻有圆形花纹。两侧均阳刻桥名，东侧桥名两旁阴刻"民国八年（1919）三月重建"。桥墩为三块长条石并列竖排的石壁墩，上覆石盖梁，和桥面以榫卯结构连接。南北桥台均由条石错缝垒砌而成，内侧嵌石壁墩。无栏板、望柱。

12、白云桥

位于塘栖镇塘北村郑家埭自然村和龙光桥自然村交界的白云漾入口处。五孔石梁桥，东西向。桥长 32.78 米，宽 1.65 米，高 4.5 米。桥面每段均由三块长条石并列而成，中间段正中刻有圆形花纹。中孔桥墩为二块，东、西次孔为三块长条石并列竖排的石壁墩，墩上覆石盖梁，和桥面以榫卯结构连接。中孔、次孔东桥墩内侧刻有"道光十三年（1833）"、"陈姓富翁募建"等题记。桥台均由块石垒砌而成，内嵌由三块长条石并列竖排的石壁墩。无栏板、望柱。两头各设 2 级台阶。曾是五杭至塘

栖镇的必经之桥，也是余杭区现存为数不多的五孔石梁桥之一。2014年，余杭区文广新局、塘栖镇政府出资18.5万元完成保护修缮，主要整修桥台、修补桥墩。2015年列为杭州市文物保护点。

13、姑婆桥

又名外郭婆桥。位于塘栖镇西界河村周家里和李家桥村钟家角之间，东西向跨中界河。清·王同《唐栖志》载"郭婆桥、外郭婆桥，在中界河。"单孔石梁平桥。桥长10.9米，宽1.35米，跨径4.2米，高2.5米。桥面由两块长条石作梁，多块长方形条石拼成桥板。桥面正中刻有圆形图案。北侧石梁正中阳刻"姑婆桥"，两旁阴刻"光绪廿六年（1900）闰八月重建"。桥台由条石错缝叠砌而成，内侧嵌石壁墩，顶覆两头均呈半圆形的石盖梁，以榫卯结构承托桥面。西桥台石壁墩最南侧的长条石，以及其上方的石盖梁上均有题记。无栏板、望柱。东、西用2级、3级踏步。

14、见龙桥

位于运河街道东新村五组邵家角，东西向跨东凌河。三孔石梁平桥。桥长22米，宽1.7米，跨径15.4米。桥面分三段，每段由四块条石并排组成，桥面中心阴刻圆形花纹。南北两侧均阳刻"见龙桥"，两旁阴刻"民国十二年（1923）仲冬月重修"。桥墩由四块长条石并排竖砌而成，上覆石盖梁，以榫卯结构与桥面连接。中孔桥墩两旁均阳刻对联，北侧为"南北舟楫桥门是□"，"东西荷来轨道则□"；南侧为"重建民国十二年……"，上方均饰如意云纹。东西桥墩内侧均阴刻捐助建桥题记，上方各刻两面旗帜。桥台由条石错缝叠砌而成，内嵌石壁墩，做法同桥墩。设实体栏板、方形望柱。两头用抱鼓石。是原博陆东西片邻镇桐乡大麻西南片到博陆出市的必经之路。1984年7月在北侧新建水泥见龙桥后，基本失去通行功能。

15、仁隐桥

位于运河街道博陆村南园里25-1号东南侧，东西向跨西桥港。单孔石梁桥，桥长13.3米，桥面长4.6米，宽1.55米。桥面以条石做梁，中间铺设若干青石桥板，桥心石阴刻圆形花纹。桥南阳刻"仁隐桥"，两旁阴刻"民国六年（1917），众姓重建"。桥台由条石错缝叠砌，内侧嵌石壁墩。

16、聚顺桥

位于运河街道博陆社区河北埭1号东南侧，南北向跨木桥港。单孔石梁桥，桥长12.5米，宽2.5米，跨径4.5米。桥面由四块条石并排铺成，正中阴刻圆形花纹。东西两侧均阳刻"聚顺桥"，两旁均阴刻纪年，西侧为"民国九年（1920），众姓建"，东侧为"民国九年，众姓重建"。东、西两块栏板外侧北端分别阴刻"费梁氏助"、"姚忠春助"。桥台由条石横向错缝叠砌，内侧嵌石壁墩，上覆石盖梁承托桥面。北桥台另设两根长系石，其中外侧石下立明柱。设实体栏板，高0.5米；方形望柱，高0.95米。20世纪90年代曾作修缮。

17、永福长桥

俗称长桥。位于仁和街道普宁村长桥头东首，南北向跨长桥港。清末三孔石梁桥，花岗石材质。全长17米，宽1.57米，高3.5米。桥面分三段，每段由三块条石并排平铺。桥两侧均刻"永福长桥"。桥墩由三块条石并列竖砌，南桥墩两块条石北面分别阴刻"陈瑞澌助洋六元"、"余庆佛会助排柱一根"。北桥墩南面也有莲花题记"信士……"，字迹模糊不清。桥台用红砂石、花岗石错缝干砌，内侧嵌石壁墩。

18、永新桥

位于崇贤街道向阳桥丁家湾 32 号东南侧，丁家湾桥东 40 米处，南北向跨丁家湾。民国三孔石梁平桥，全长 12.2 米，宽 1.5 米，跨径 8.8 米。桥面分三段，中孔、北次孔桥面均由三块长条石并排组成，南次孔桥面由四块长条石并排组成。东侧阴刻"永新桥"，两侧当有纪年，因石盖梁上管道遮挡，仅能辨认出桥名南侧阴刻的"重"字。桥墩由两块长条石并列竖砌，上覆石盖梁，以榫卯结构与桥面连接。桥台由条石错缝叠砌而成。无栏板、望柱。

19、万善长生高桥

位于崇贤街道沿桥村东丁家村 8 号南，沿桥村与向阳村交界处，东西向跨石前港。东桥堍原有净头庵，故俗称净头桥。清代单孔石梁桥。桥全长 18.85 米，宽 1.8 米，跨度 6.2 米，高约 3.55 米。桥面由三块长条石并排组成。两侧均阳刻桥名。桥台用条石错缝叠砌。穿心石下立明柱，阳刻楹联，北为"环维新平仍旧制，山拱水北自南来"，南为"□□净境以增□，名曰长生而益固"。桥两头均设踏步。无栏板、望柱。

20、宋家路外桥

位于崇贤街道三家村宋家路外 95 号南，京杭运河与宋家路外村河交汇处。民国单孔石板桥，桥长 7 米、宽 1.2 米。桥面由两块石板并列拼接而成，南、北各有三级台阶。桥台用石板垒砌。2015 年因益海嘉里码头建设而编号拆除，将予迁移保护。

21、三星桥

位于崇贤街道三家村 102 号民宅南，南北向跨三家村河。清代单孔石梁桥。长 12.6 米，宽 1.5 米，跨径 5 米。桥面由两块长条石作梁，中间铺设桥板。桥东侧阳刻"古三星桥"。桥台由条石错缝叠砌而成。设实体栏板，高 0.3 米；方形望柱高 0.4 米。南北各设 8 级台阶。2012 年，余杭区文广新局、崇贤街道出资约 10 万元完成保护修缮，整修桥台，修复断裂不平的踏步。2015 年列为杭州市文物保护点。

22、太平桥

位于崇贤街道三家村范家角 45 号西，东西向跨范家角河。明代圆拱石桥，桥长 6.5 米，宽 2 米。拱券采用纵联并列分节砌筑法，北桥额阴刻"太平桥"。两侧金刚墙用条石叠砌。长系石下立明柱，上刻楹联。桥坡各设 5 级台阶。桥以南河岸驳坎用条石砌筑，上有精美花纹及四个牛鼻子拴船孔。2012 年，余杭区文广新局、崇贤街道出资 10 万多元完成保护修缮。

23、陈婆桥

位于崇贤街道鸭兰村，华丰造纸厂南侧河港上，东临京杭大运河。原为清代单孔石拱桥，20 世纪 50 年代在原址重建单孔石梁桥。桥长 29 米，宽 2.5 米，高 4.1 米。

24、南阳桥

位于良渚街道谢村南阳桥 50 号民宅南侧河港上。建于清末民初。三孔石梁桥，南北向。桥长 16.2 米，宽 2.1 米，跨径 10.3 米。中孔北、南桥墩分别由三块、四块长条石并排竖砌，上覆石盖梁，以榫卯结构承托桥面。中孔北桥墩最东面条石内侧有莲花题记。桥台均由条石错缝垒砌而成。无栏板、望柱。

25、谢尚书庙桥

位于良渚街道谢村谢家塘自然村东，南北向跨谢家塘。附近原有谢尚书庙，故名。清代五孔石梁桥。桥长 28 米，宽 2.6 米。桥面分五段，除最北端桥面用两块长条石作梁，中间铺设若干桥板之外，其余每段均由三块长条石并排铺设。桥墩均由长条石并列竖砌，上覆石盖梁以承托桥面。桥台均由条石横向错缝叠砌。无栏板、望柱。结构完整，气势宏伟，是余杭区现存为数不多的五孔石梁桥之一。

26、埋甲桥

位于良渚街道运河村埋甲桥 78 号民宅东侧河道上，杭宣铁路南约 30 米处。三孔石梁桥，东西向。桥长 20.8 米，宽 1.6 米，跨径 12.6 米，高约 3 米。桥面分三段，每段均由两块长条石作梁，中间桥板由若干块石板铺设。桥心石上刻圆形花纹。两侧均阳刻桥名，桥名两侧阴刻"光绪二十七年（1901）重建""岁次辛丑仲冬榖旦"。桥墩由三块长条石并排竖砌，上覆石盖梁，与桥面连接。中孔东桥墩中间条石内侧有题记。桥台由条石错缝垒砌而成，内侧嵌石壁墩。两头各设 2 级踏步。无栏板、望柱。

27、永宁桥

位于良渚街道运河村曹家港 27 号民宅西南侧，东西向跨曹家港。清代三孔石梁桥。长约 18 米，跨径 12 米，宽 1.53 米，高约 4 米。桥面分三段，每段均由两块长条石作梁，中间桥板由若干块石板铺设。两旁均阳刻桥名。桥墩均由两块长条石并排竖砌而成，上覆石盖梁，以榫卯结构与桥面连接。中孔西桥墩南侧一块长条石内侧刻有莲花题记。桥台均由条石错缝垒砌而成，内嵌石壁墩，做法与桥墩一致。无栏板、望柱。

（二）码头

1、浙航塘栖站旧址

位于塘栖镇广济路社区西横头街，大运河南岸。1955 年建造，1956 年开始使用，20 世纪 60 年代曾进行改造。曾隶属浙江省航运公司浙西公司湖墅客运所。由码头、客运中心、仓库、宿舍（修理场）组成。码头东西长 56.15 米，南北均宽 6.2 米，共有九级台阶连接运河，西北角有码头用房两间，东北有检票用房一间。浙航塘栖站（客运中心）为九开间两层清水砖建筑，东西长 30.8 米，南北宽 10.35 米。仓库为清水砖建筑，东西长 10.4 米，南北宽 13.55 米。宿舍（修理场）为三开间清水砖建筑，东西长 10.3 米，南北宽 10.9 米，北门上方有颗红五角星。是京杭大运河（余杭段）保存最完整的客运码头，为研究塘栖乃至浙江的航运交通提供了实物资料。

（三）渡口

1、三家村渡口凉亭

位于崇贤街道三家村 143 号，西临京杭大运河。三家村渡口原属农渡，1836 年设立。现为普通客渡，泊位长度 25 米，阶梯踏步式，2006 年改造。三家村渡口凉亭面宽 16.7 米，进深 5.7 米，凉亭石柱为 1935 年原物，上阴刻楹联：依依杨柳莫误归程，仆仆风尘何妨小坐。

2、王家庄渡口

位于崇贤街道鸭兰村，西临京杭大运河。建于 1926 年，渡口宽 120 米，渡船原系木质，1978 年换成旧铁船。1985 年换为 2.2 吨位新钢质船，核定载客 20 人，日渡运量约 110 人次。2005 年客运渡运量 1.8 万人次。

（四）纤道

1、雷家桥古纤道

位于杭州余杭经济技术开发区（钱江经济开发区）姚家埭村，造桥港与京杭大运河交汇处。东西向。纤道全长66米，其中雷家桥长约11米，宽2.2米。桥台由条石错缝叠砌，内侧嵌石壁墩，上覆石盖梁承托桥面；两头用踏步。据塘栖地方史志，最初为明建官塘，是旧时姚家埭村去塘栖镇的人行要道，也是运河船运纤道。是余杭区现存最为完整的纤道。2013年列为杭州市文物保护单位。

2、上纤埠老街

位于仁和街道东风村上纤埠，西塘河东岸。旧时去杭州的水路，至上纤埠路宽直，可上岸拉纤，故名"上纤埠"。系水乡古市，西塘河边店铺林立，老街上人来人往，十分热闹，当地人称"小上海"。抗日战争期间，老街东测沿街商铺被战火焚毁。老街有可能亦为纤道，呈南北走向，全长42米，宽约1.2米，青石板铺筑路面，保存较好。

（五）古代运河设施与管理机构遗存

1、水利通判厅遗址

位于塘栖镇水北社区水北街东段。清·王同《唐栖志》载：水利通判厅在城东北五十里唐栖镇。嘉靖三十五年（1556），督抚胡宗宪、巡按御史周斯盛请于朝增设，主捕盗。嘉靖四十年（1561）夏四月，移水利通判守塘栖。开署祈堂庵之东（即今水北街耶稣堂之西）。隆庆三年（1569）八月，通判罗星以署在墟墓丛薄间，与民居悬隔，请诸当道移置西半里许。因通判为府治官员，故其署称"添设府"，规制悉仍其故居，广四十步，南北四倍其广。其建筑与府衙相似，大门两侧有石狮子，衙内虎牢，水牢各一。衙前有"文官下轿，武官下马"牌。嘉兴府之崇德县、湖州府之德清县，杭州府之仁和县俱为所兼隶。明代后期多从事缉私盐，维护地方安宁。明末，通判例驻会城，久未驻衙视事，间或有之，只是暂到查点保甲而已。清初废。通判署址于康熙五十七年（1718），为德清县监生蔡旭冒佃为业，伐树运石以为利，栖里士民曹朝栋、卓炀能等叠控上台，始归完焉。是运河沿线一处重要的宫殿衙署遗址，反映了运河的航运安全管理制度和机构设置情况，是研究运河管理体制的一处重要遗址。

为配合余杭运河综保项目塘栖御碑公园（一期）建设，2009年11～12月，2010年3月，杭州市文物考古所对乾隆御碑北侧空地进行考古调查勘探，布设探沟4条，发现明清时期杭州府水利通判厅建筑遗迹，包括石构院墙、天井、甬路、东西厢房、夯土台基等。同时，基本查明水利通判厅遗址的范围：南界应至水北街，临运河；东西总宽度近60米；北至杭州锋都针织服装有限公司南围墙处，但遗址可能在厂房车间建设时已遭破坏。2011年与乾隆御碑合并公布为浙江省文物保护单位。

二、水利工程设施

1、奉口陡门

又称奉口闸，位于仁和街道奉口村。始建于宋淳熙六年（1179）。《杭县志稿·水利》载，历代由官府拨款修理，至明朝改由当地居民自行修缮。清光绪十六年（1890），划归钱（塘）邑险塘公所承担。民国二十二年（1933）重建。建国后多次修理加固。1978 年将木闸板改为钢筋混凝土闸门。后奉口陡门堵塞。1990 年在原陡门处建 2 立方米大箱涵 1 只，专供杭州市祥符自来水厂取水。现为杭州市自来水总公司取水处。现闸宽 4 米，高 9.22 米，主体为长方形，两侧呈喇叭状，由长方形条石砌成。

奉口陡门是东苕溪和东塘港、西塘河的合流点，也是东苕溪沟通运河的孔道和武獐奉航道的起点，为防洪要塞，对于研究余杭区水利发展史具有重要意义。

2、大雅路丰收闸

位于仁和街道平宅村大雅路村西，与胜利港交汇处，建于 1958 年。闸孔宽 2.8 米。闸墩浆砌块石，闸墙由条石错缝垒砌。闸顶石为两块长条石，上有莲花题记，阴刻"信女张氏同婿……"，疑为古桥构件。其中西侧条石一侧阴刻"丰收闸"、"一九五八年建"。主要功能为灌溉、防洪、排涝。目前已废弃不用。其南侧的闸建于 1986 年，已废弃；西侧的闸建于 2004 年，仍在使用。大雅路村同一地点集中了不同时期建造的 3 座水闸，反映了当地水利设施的发展演变史。

第二节 聚落文化遗产

塘栖镇： 位于杭州市北部。京杭运河穿镇而过，使其成为杭州的水上门户，苏、沪、嘉、湖的水路要津。镇区内河道纵横、水网密布，是典型的江南水乡。丰子恺先生曾这样评价她："江南佳丽地，塘栖水乡是代表之一。"

旧时称作唐栖，历史悠久。初为渔村，北宋设下塘寨，因便利的水路交通和宜人的生活环境，元代商贾云集，到明清时富甲一方，被誉为"江南十大名镇"之首。塘栖因运河而兴起，是大运河沿岸一颗璀璨的明珠。清光绪《唐栖志》载："迨元以后，河开矣，桥筑矣，市聚矣。"又云："唐栖官道所由，风帆梭织，其自杭而往者，至此少休；自嘉秀而来者，亦至此而泊宿，水陆辐辏，商家鳞集，临河两岸，市肆萃焉。"

塘栖镇文化遗产资源丰富，城区范围内现存水北明清一条街、八字桥檐廊一角、三条半弄 3 个历史文化遗存集中成片区块，以及劳守清民居、仙鹤井等其他珍贵的历史文化遗存，其中包括全国重点文物保护单位大运河（含广济桥），省级文物保护单位乾隆御碑与水利通判厅遗址等各级文物保护单位（点）8 处。1991 年，被浙江省人民政府公布为浙江省首批历史文化名镇。2008~2010 年，通过实施运河（余杭段）综合保护工程，完成水北明清一条街等区块的综合保护整治。2014 年，运河·塘栖古镇景区列为国家 AAAA 级旅游景区。

一、历史文化街区

（一）水北明清一条街

位于塘栖镇水北社区，京杭古运河北岸。原长 2500 米，西起东阳会馆、大善寺，东至资庆寺、龙光桥油库，除民居外还有油坊、庙宇、染坊等建筑。由于历史原因，现水北街全长 1386 米，其中明清建筑沿街长约 700 米。现存世界文化遗产暨全国重点文物保护单位 1 处，省级文物保护单位 1 处，此外还有明清建筑 30 余处，建筑面积约 1.5 万平方米，是塘栖古镇留存至今规模最大的明清建

筑群，又是俞樾、吴昌硕、张大千等文化名人涉足之处，集中反映了塘栖明清以来社会政治、经济、宗教等方面的变迁过程。2004 年列为杭州市文物保护点。2015 年重新公布为杭州市文物保护点。

1、乾隆御碑

位于水北社区水北街东段。原先位于杭州水利通判厅（添设府）内。民国初，府址被毁，而碑尚存，崇裕丝厂首任厂长卢锦江建卢宅时，将碑砌入墙内，幸而保存下来。通高 5.45 米，其中碑额高 1 米，宽 1.5 米，额上浮雕双龙戏珠纹；碑高 3.35 米，宽 1.4 米，厚 0.5 米，须弥座高 1.1 米，宽 1.8 米，厚 0.8 米。碑正文 429 字，款 10 字，楷书，记载乾隆十六年（1751），弘历帝南巡，为表彰浙江受灾后未拖欠钱粮而蠲免地丁税三十万两，将"圣谕"勒石，晓谕官民一事。碑文四周镌云龙纹。是浙江省境内现存较大的一块乾隆御碑。2004 年列为杭州市文物保护点。2009 年列为杭州市文物保护单位。2011 年与水利通判厅遗址合并公布为浙江省文物保护单位。

2、吴玉麟民居

位于水北社区水北街 161 ～ 164 号。原斋名为"致远堂"。宅主吴玉麟 18 岁入画林，终生勤于金石书画，广交画友，吴昌硕、张大千都曾客居于此。清代砖木结构建筑。原共五进七开间，分主宅和花园。现临街建筑及主宅均为三开间二层建筑，内有大小天井 4 个。通面宽 11.5 米，通进深 70.6 米，占地面积 811.9 平方米。

3、姚氏民居

位于水北社区水北街 55 号。姚永兴酱园东家的私宅，已有 200 多年历史。据传是俞樾的岳母家，清朝时门庭显赫，是塘栖著名大户之家。老宅临街为东房，面宽四间一弄，第二进起，中为南北相贯的里弄，东西各为面宽三间的二层楼房，有天井、厢房、大厅。现仍存雕花牛腿和门窗。面宽 22.4 米，通进深 39.7 米，占地面积 889.28 平方米。

俞樾（1821 ～ 1907），字荫甫，自号曲园居士，德清人。道光年进士，授翰林院编修。曾任河南学政、苏州紫阳书院主讲、杭州诂经精舍主讲。晚清国学大师，章太炎、吴昌硕等皆出其门下。

4、劳勤功民居

位于水北社区水北街 5 号，南距运河 20 米。建于 1912 年。自 1937 年 12 月底日军侵占塘栖以来的八年间，一直被日军强占，用作慰安所。石库院门朝南，二进三开间砖木结构，占地面积 320 平方米。第一进共三层，重檐，屋顶硬山造；第二层前设回廊，可俯瞰正楼前天井；第三层房内西墙窗户下方绘"苍松双鹤"图，落款为"一二年夏作"。正楼前为天井，东西各一西式厢房。第二进附房及东西厢楼组成后楼，均为单檐二层，屋顶单面坡，二楼可以盘旋走通。结构完整，做法考究，中西合璧，反映了民国初期塘栖富商住宅特点。

5、塘栖耶稣堂

位于水北社区水北街东段，与乾隆御碑毗邻。清光绪二十五年（1899），由美国北长老会、英国传教士金·乐德创建。金·乐德（1868～1918），祖籍英国苏格兰，出生于加拿大。清朝末年到塘栖读经传道，向德清县政府购买了约四亩土地，在水北街建造了耶稣堂和神职人员住所，教堂与住房建筑面积约 1200 平方米。塘栖耶稣堂属于基督教（新教）长老会，隶属杭州思澄堂。建成后教徒渐多，民国初期达 300 余人。坐北朝南，南临运河，二层砖木结构，中轴对称布局。面阔三间，一层居中辟一对开平门，两侧各设一对开平窗；二层三间各置一尖拱窗，中窗略高且宽墙顶砌成中高旁低的 3 个人字坡。反映了西方基督教在中国南方乡镇的传播与发展，对研究我国宗教格局及中西方文化交流具有参考价值。

6、大纶丝厂旧址

位于水北社区里仁路 2 号（里仁桥西北）的运河边上。由南浔富商庞元济和著名藏书家、杭州富商丁丙于清光绪二十二年（1896）创办、开设，是沿运河发展起来的近代工业企业，也是当时浙江三个工业企业之一，开创了余杭境内近代机械工业的先河。生产的"仙鹤牌"厂丝"以技工之娴熟，条分之匀"驰名欧美，久为中国诸

厂之冠。《浙江丝绸史》记载，大纶丝厂"缫制九至十一条分的'金银鹤'牌细厂丝，颇为法国商人欢迎。"大纶丝厂原址现存半堵大门围墙和两幢二层建筑，分布面积约 1400 平方米，是研究塘栖地方工业发展史的实物资料。2009 年列为杭州市文物保护单位。2015 年，余杭区文广新局、塘栖镇政府出资 16.7 万元完成抢救性保护修缮。

7、新华丝厂旧址

位于水北社区里仁东路 10 号，京杭大运河北侧 5 米处。前身是民国十六年（1927）南浔富商庞赞臣、刘梯青等人创造的崇裕丝厂。1949 年 5 月底由浙江省军管会接管后，政府投资修复继续生产，1958 年改隶杭州纺织工业局，1966 年更名为新华丝厂。现存七幢建筑，厂大门主干道东部有 1956 年建筑 2 幢，往北有 1955 年建筑 2 幢，再向东北有 1954 年建筑 3 幢。建筑风格、用材等一致。曾是国内著名的丝绸业国营大厂，鼎盛时职工人数达 3000 人左右。

8、浙江丝绸公司中心仓库旧址

位于水北社区水北街 196 号，南临京杭大运河。原是新华丝厂仓库，现存 20 世纪 50~70 年代建造的仓库 3 幢，均面宽十二间，进深三间，从北向南平行排列，占地面积 3710 平方米。

（二）八字桥檐廊一角

位于南苑社区市南街，北沿翠紫河，西临石目港。建筑群总占地约 7000 平方米，建筑面积近 11000 平方米，均为明清建筑。建筑风格为"过街楼，美人靠，藏剎房，风火墙"，是明清塘栖水乡的典型建筑。旧时塘栖沿河诸街均建有廊檐，连桥上都有桥棚。廊檐系明代的建筑结构，造型简朴，线条舒展，上为过街楼，

下为廊檐街，沿河的一面建有一长溜木长椅，人称"美人靠"，塘栖人俗呼其为"米床"，供过路人休憩、赏景。沿河的商家大多建有石砌河埠，河埠有大有小，有单向也有双向，但无论大小，每个河埠均凿有"象鼻头"，以方便船家拴船。2004 年列为杭州市文物保护点。2015 年重新公布为杭州市文物保护点。

（三）三条半弄

位于东小河社区市新街。系明清建筑,包括太史第弄、郁家弄、沈家弄。太史第弄西头弯曲,比另两条弄长。三条半弄房屋均跨弄而筑,属暗弄堂,相互贯通,有弄里套弄的特色,也称氏族弄,是古塘栖七十二条半弄堂中的典型代表。其中太史第卓宅系明末清初建筑,坐东朝西,五进三间一弄二层砖木结构,面宽 12.5 米,进深 105.6 米。每进都设有砖雕石库台门,饰斗拱花卉。平时出入均走北面一条东西相贯的避弄,弄宽 1.2 米,每进都有侧门进出。现除第五进已被拆除外,格局保存完整。宅主卓明卿（1535～1594）,字澄甫,号月波,官至光禄署丞,主管皇家酒礼膳馐事宜,也是明朝文坛"后七子"派主要成员。卓明卿40岁时,建宅于故乡塘栖市河东侧,门前还建有月波桥。太史第弄 2004 年列为杭州市文物保护点，2015 年重新公布为杭州市文物保护点。

二、其他物质文化遗产

1、水南庙

位于广济路社区西小河街 292 号，塘栖中学对面。清•王同《唐栖志》载："水南土谷神，传为宋福王与芮妃者，姓詹，字玉珍，泉州南安人。父彬，官统制。有战功，殁于阵。遂入福王宫为宫人。詹虽入宫，尚一处子。德祐末，元师入临安，福王随恭帝北迁，詹悲愤不食，誓以身殉，饮鸩不死，投井而殁。年二十七岁。乡人感其忠节，垒土为茔，植树其上，岁时祀之（《栖水文乘》）。"

庙内现存观音殿，坐北朝南，五开间单层，硬山顶，东西两侧筑风火墙，占地 315 平方米；定安明王堂，坐北朝南，三开间单层，硬山顶，占地 215 平方米；清代八角古井 1 口；水南土地娘娘神墓碑 1 通，落款"清康熙五十二年（1713）八月日里人范介祜敬立"，碑竖向，宽 0.58 米，高 1.26 米。对于研究余杭区地方民间信仰与宗教建筑有参考价值。

2、郭璞井

位于西小河社区西石塘街，广济桥东南堍 10 米处。始凿无考，清•王同《唐栖志》载："郭璞井在长桥利济侯庙东庑，三廊祠座前，谬托景纯遗迹，称郭璞井。双窦可设辘轳，三伏不涸，味甘冽冠诸井。康熙己巳（1689）二月九日，圣祖仁皇帝南巡，驻跸镇西，命汲此井以供茶水。乾隆间里人卓晃书'郭璞古井'额于上。道光间重浚，里人徐晟镌'汲古'二字于砖嵌诸壁"。此井用 30 余厘米厚的条石砌筑，层层交错叠砌，俯视呈八角形，直径约 2 米。井有双眼，每眼内径 0.4 米。2002 年修复，重设了井台和井圈，并立了井名碑，碑阴为简介。2004 年列为杭州市文物保护点。2009 年列为杭州市文物保护单位。

3、仙鹤井

位于西小河社区酱园弄南端。始凿不详，清末民国初修整。因位于王家白地，故俗呼"王家白地井"。又因早时亭顶塑有一仙鹤，又称"仙鹤井"。井深约 5 米，井圈内径 1.15 米，呈八角形，内壁径约 2 米，以小青瓦竖砌而成。水位始终保持在离地面 0.8 米左右，高出运河水位 2 米多，水质清澈。

4、栖溪讲舍碑

位于东小河社区塘栖二中内。清代前，塘栖无学堂，学子们得赴杭州东城讲舍课读。为解塘栖生员赴杭"轮月课士"不便之苦，仁和县知事高积勋准里人之请，于清光绪十四年（1888）在冯家弄且适园旧址创办栖溪讲舍，十六年（1890）立栖溪讲舍碑。碑石灰岩质，圆首、座佚，高 1.26 米，宽 0.6 米。碑额篆书"栖溪讲舍碑记"6 字。碑文楷书，21 行，正文 395 字，款 20 字，由仁和县知事高积勋撰写并书，讲述办学缘起，反映塘栖崇文良风。是研究地方志难得的实物资料。2004 年列为杭州市文物保护点。2009 年列为杭州市文物保护单位。

碑文如下：

全椒薛慰农观察守杭日提倡风雅宏奖士类当于会城之东改沈庵为东城讲舍裨杭州及仁和钱塘两县轮月课士而仁和县辖塘栖士子亦与课焉然离城五十里至者恒少余下东之明年塘栖人士请以镇东入官场之冯庵改栖溪讲舍并画规条筹经费呈请于余余以地方善举而董其事者皆正士也许其请并为之详大宪立案出示以垂久远经费不敷余复捐俸以助之诣其地率士子行释奠礼定月之初八官课二十三日师课以为率余维塘栖当前明时若邵康僖钟忠惠以及丁方伯西轩沈御史让亭胡中丞元静皆以政事文学鸣于时入国初而徐勿箴之理学沈端恪之经济蔚为一代传人其三世明经声溢宇内者复有卓氏之传经堂风流余韵至今不衰读书者较胜他镇特科甲之盛微不古若耳然则讲舍之设胡可已也夫士为四民之首培士风端民俗守令之责也有此讲舍英才辈出互相濯磨数十年后安见无政事文学明经乐道其人哉科甲云乎哉而栖溪讲舍之设询足与东城讲舍同垂不朽矣其由冯庵改讲舍之颠末及屋庐地亩例得由监院事者志之石以告后来者是为记

光绪十六年二月知仁和县事中州高积勋撰并书

5、何思敬故居

位于广济路社区西横头街。何思敬(1896～1968)：原名浏生，笔名何畏，塘栖镇人。我国著名法学家，马列主义经典著作翻译家。早年留学日本，1932年加入中国共产党。1938年到延安，在抗日军政大学执教。1946年随毛泽东赴重庆参加国共谈判，曾任中共中央军委编译处代表团法律顾问。建国后，历任北京大学、中国人民大学教授、法律系主任，中共法律委员会委员，外交部专门委员，政治

学会常务理事。何思敬早年就离开故乡投身革命，现存何宅为其二弟何思顺民国期间修建，是何氏的唯一故宅。坐北朝南，占地约230平方米，主体建筑三间二层砖木结构，前后各有一个天井。

6、劳守清民居

位于西小河社区西石塘街张百步弄9号、10号。民国三进三间四天井三厢房砖木结构建筑，占地660平方米。宅主劳守清为"劳永康"、"劳久康"米店业主。院墙高大，东西两侧高筑封火墙。北、中二进均二层，硬山顶；南进附房一层，屋顶单面坡。中进整体为中式框架，装了有玻璃的落地堂窗，水磨地坪砖，门窗、栏杆、梁枋、挂落均雕饰精细。厅堂前后天井地面铺设青石板。前天井西侧有一座二层厢楼；后天井东西各有一座灰青砖墙、西式门窗的一层厢房，厢房顶上做成两个相通的大露台，地面浇"斯门汀"水泥。用材考究、雕饰精细，是塘栖镇乃至余杭区现存规模较大、保存较好、工艺最精的一处中西合璧式楼宅。

7、刘秉钧民居

位于东小河街南岸，南临翠紫河。原宅主刘秉钧是商界富绅，原有老宅一幢，后又建新宅，临河有花园。现存刘宅为新宅，建于民国初期，五间二层建筑，有天井、走马楼，东西各有厢房。面宽25.7米，进深41.7米，占地面积1071.69平方米。是塘栖镇现存规模最大的古民居。

8、承德当房

位于广济路社区西横头钱家弄北段。旧时塘栖十三当铺之一。民国建筑，坐北朝南，原共七进，其中第二、三进已被拆建。主体建筑是第六、七进，五间二层砖木结构，面宽18.8米，进深19.8米。墙角西北侧嵌有石质墙界。第六进入北门左右各有一天井，东侧天井宽6.9米，进深2.5米；西侧天井宽2.93米，进深2.5米。第七进入南门有一天井，天井宽10.4米，进深4.4米。天井东侧设有楼梯，上面是走马楼。2011年，余杭区运河综保公司投入220余万元进行维修。现为塘栖人家客栈。

9、塘栖油厂旧址

位于乐苑社区油车桥36号，东临石目港，北临横潭（俗称圣堂漾）。前身为清咸丰八年（1857）创建的南德泰油坊。总占地约10亩，四面临河。1968年拆除重建，形成现有格局，厂区面积2610平方米。现存建于二十世纪六十年代的单体建筑4栋，从北向南平行排列，分别为仓库、榨油厂房、职工宿舍。是塘栖镇现存不多的一处传统工业建筑。

第三节 其他物质文化遗产

1、九里塘凉亭

位于杭州余杭经济技术开发区（钱江经济开发区）姚家埭村，俗称西河港凉亭。建于明代。三开间，八根石柱支撑房顶，二柱五檩抬梁式梁架，顶覆小青瓦，造型古朴，做工规整。亭内原先设有长石凳，故此亭应是为方便往来行人遮风避雨、歇脚乘凉而建。是余杭区现存少数几座凉亭之一，也是余杭区大运河畔唯一一座保存基本完整的凉亭。

2、乾隆行宫遗址

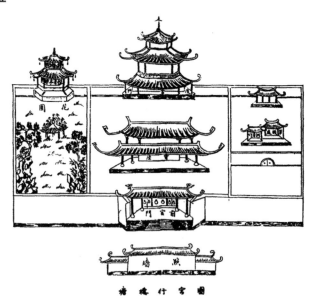

位于塘栖镇酒店埭社区张家墩54号。清·王同《唐栖志》载：乾隆间，翠华南幸，唐栖始建御营于西茶亭之西，计地百余亩。背河面南，皋鹤超山诸峰，隐隐遥峙，环如屏障。临南雕博古盘龙，清砌照墙一座。正南宫门一座，内建垂化门，中为正殿。内建寝宫，有长廊画槛，叠石为山，引水为池，杂植花木，临河建龙楼，雕阑绣槛，高入云霄。东为青宫，周回以墙。外设营盘，泊岸龙舟凤舸，河面皆布密网。乾隆丁丑年，御制诗有"唐栖朝启跸，宝庆午维舟"之句。《德清县续志》云：塘栖行宫，基长六十丈，东西余地各十丈，深六十丈，堤岸六十丈，在运河南岸，属仁和境。乾隆二十二年（1757）以前，仁和恭办。二十七年（1762），湖州府知府李堂详请归湖属经办，时议移至德清县之大麻村永福桥筑石岸矣。旋定议，仍在唐栖，其工程湖属公办。四十五年（1780），添建砖墙板屋，遂归德清县承办，而以乌程县佐之。清末仅存故址。民国十六年（1927），浙江公产整理处杭县分处官产处对行宫基址派员查丈，招人承购。现遗址处为杭栖丝绸炼染有限公司。

3、獐山石矿

分布于仁和街道獐山港东西两岸。清光绪十九年（1893），英国驻上海领事馆工部局为解决上海英租界的建设需要，英商在獐山建厂，租借开采石矿，租期18年。之后，有福康、大源、石顺记等上海私商开采。一百多年来，因石料色青、材好、量大而盛名于上海及杭嘉湖地区。是大上海的奠基者、铺路石，上海国际饭店、虹桥机场等基建项目，都指定用獐山石料。獐山石矿开采历史悠久，是全国最大的石矿之一，也是京杭大运河沿线一处重要石矿，其发展兴盛与运河息息相关，矿石通过獐山港，再经出运河运往杭、嘉、湖、沪等地。见证了近代任由列强宰割压榨的屈辱史和民族资本主义的发展消亡，为研究余杭区采矿业发展史提供了宝贵资料。

4、马顺年酿酒作坊

位于崇贤街道三家村143号西100米，京杭运河东约50米。始建于20世纪50年代，最初为平泾茧站，1974年始用作黄酒酿造作坊，2003年停业。两座建筑平行错开排列，均坐东朝西，二层砖木结构。西边一座八开间，面宽26米，进深8.7米，占地面积226.2平方米；东边一座十开间，面宽33米，进深8.7米，占地面积287.1平方米。是余杭区已知现存唯一一座黄酒酿造作坊，对于研究余杭区传统的黄酒酿造工艺及酿造业发展史都有重要意义。2012年，余杭区文广新局、崇贤街道出资35.5万元完成整体修缮。

5、余杭县塘南茧站旧址

位于塘栖镇塘北村景林自然村，南侧紧临京杭大运河。由三幢1962年建造的砖木结构建筑组成，占地1500平方米，均坐北朝南，硬山顶，上覆小洋瓦。第一幢位于茧站大门外东侧，九开间单层结构，用于收茧；另两幢均为二层结构，北幢十二开间，用作仓库；南幢七开间，作办公楼。塘北村素来有"余杭区养蚕第一村"之称，全村90%以上农户曾从事蚕桑生产。该茧站对于研究余杭区栽桑养蚕史和丝绸工业发展史都有重要意义。

第四节 生态与景观环境

1、塘栖枇杷

据史书记载，塘栖早在隋代开始种植枇杷，至唐，已相当繁盛。塘栖枇杷栽种于镇周，东至泉漳、五杭，南及界河、姚家湾、东家桥，西至毛墩坝、武林头、南杨墩，北为德清县之北杨墩，周围 30 余里。旧志书中有"全国枇杷数塘栖,塘栖枇杷杨墩产"之记载。品种有夹脚、头早、二早、宝珠等十余个，枇杷出产以塘南为多，尤以姚家埭村为最。塘栖枇杷树木茂盛、产量高，已成为塘栖一大特色。

第五节 非物质文化遗产

1、运河船民习俗

悠悠古运河在余杭流淌了 1400 余年,催生了大批靠运河生活,以船为家的船民。他们一类以运输为生，一类以捕鱼为生，祖祖辈辈长年累月漂泊在运河上，形成了独特的生产、生活习俗。如起航看天、摇橹拉纤时高唱船歌以解乏闷，新船落水要祭水神"金龙四大王"等。运河船民习俗代表着中华民族一个特殊群体的文化传统，反映着一个历史阶段运河船民真实的生产、生活状况，承载着许多历史文化信息和原始记忆。2007 年 6 月，入选第二批浙江省非物质文化遗产名录。

2、三家村藕粉制作技艺

三家村藕粉历史悠久，被誉为十里藕乡"三家村"。南宋时即为贡品，其工艺为洗藕、磨粉、淘洗、过滤、沉淀、悬挂、削片、晒干。三家村藕粉制作技艺具有较高的历史价值和工艺价值，是著名的地方特产，具有一定的经济价值。2008 年入选第二批杭州市非物质文化遗产名录。

第三章 上塘河

上塘河始凿于隋代,源自施家桥,从丁桥镇入余杭境内,穿越星桥镇(现星桥街道)、临平镇(现临平街道、南苑街道)，至双林施家堰进入海宁，经海宁盐官镇进入钱塘江，全长 48.68 公里。是杭嘉湖东部平原南部的一条重要河道，也是运河水系南排钱塘江的主要河道之一。隋唐至元末作为运河主航道，自开通以来，河道上曾经舟楫相望，航运极为繁忙。元至正十九年（1359），张士诚新开运河成，上塘河的航道作用下降。至1993年,基本断航。余杭段全长11.38公里。2014年,作为大运河河道成为世界文化遗产。

上塘河（余杭段）河道两岸遗产共计 17 项。其中，水利工程遗产 3 项，大运河历史相关的其他物质文化遗产 13 项，大运河相关非物质文化遗产 1 项。

第一节 水利工程遗产

一、航运工程设施

1、桂芳桥

位于临平街道东大街，南北向跨上塘河。据明·嘉靖《仁和县志》载："旧名茅桥，因宋时里人徐宜与弟寅、垓，同太学数十人伏阙上书，攻贾似道。后同登进士，垓居榜首，乡人号曰一门三秀，更桥为'桂芳'。"元大德九年（1305）、明天启七年（1627）、清道光十八至十九年

（1838～1839）、道光二十八年（1848）先后重建。此桥结构特殊，北岸原有东西向一桥，桥下有闸启闭，用于泄上塘河之水于镇北，系一水利设施。宋时这里为集镇中心，河南埭人烟渐集，又建南北向桥，以利往来。此时水闸淤塞，遂将桥墩筑于东西向桥上，故俗称"桥里桥"。单孔石拱桥。桥长 18.55 米、宽 5.06 米、跨径 10.45 米。两侧券额均阳刻楷书"桂芳桥"。拱券采用纵联并列分节砌筑法，上刻"大德乙巳无射月戊申日庚申时建"、

"大明天启七年林钟月初五日开工重建"、"大清道光戊申年庚申月丙子日庚申时开工重建"三条纪年题记。1983 年列为余杭县重点文物保护单位。1991年，余杭县文物管理委员会进行修复，按城建规划将东西向引桥改狭，补齐残缺石栏，根据桥顶遗痕复建攒尖顶重檐桥亭，内立复制的"临平重建桂芳桥记"碑。2009 年列为杭州市文物保护单位。同年，因部分桥栏断裂、桥亭屋面霉烂漏水等，余杭区文广新局进行维修。2011 年列为浙江省文物保护单位。2013 年，作为大运河的一部分，列为全国重点文物保护单位。

附：临平重建桂芳桥记（原碑高 1.4 米、宽 0.64 米，已佚）

吾里阛阓之中有桥跨运盐河旧名茆桥创建年月无考至南宋时因里人徐宣与弟寅垓同太学生数人伏阙上书攻贾似道贾败后兄弟同登进士垓居榜首乡人荣之号曰一门三秀更其居旁之桥曰桂芳此今名所自始也重建于元大德乙巳再修于明天启丁卯历经数百载石渤桥将坁地为南北市廛之通道里中耆硕谋所以更新之而工费繁钜集资非易道光戊戌诸父老各喜输金钱又得广严寺浮屠师水清遍募于善士遂于是秋七月召匠人度其修广架巨木运磐石次第经营五阅月而工成所麋金钱三千缗有奇其成之速也以司事者众不辞劳勤不辍于风雨故难兴之役计日而毕自此盐艘之往来无阻贾船亦俱得鼓枻而过市廛之人皆无窘步之虑谓非吾桑梓诸君乐善不倦利济无穷期耶抑余更有感焉当徐氏兄弟之力诋权相也身未登朝籍而忠义奋发不计利害其胆略直与叶李肖规陈东欧阳泂杨宏中吕祖泰六君子相并得祸福亦几相似卒之膺上第显瑰行名与斯桥寿诸永久盖忠谠之报远矣桥落成之明年余适归自姑胥诸父老属为之记以志岁月余因并及斯桥改名之由用告后人吾乡固多高志亮节之士闻徐氏之风当益动其仰止之思也至司事诸君暨助金者诸姓氏别纪于石

道光十九年岁次己亥十一月望日里人孙元培撰并书姑苏陈可亭勒石

2、隆兴桥

位于南苑街道东大街东段，南北向跨上塘河。始建不详，宋天禧年间（1017～1021）重修，清乾隆二十七年（1762）重建。单孔石拱桥，拱券采用纵联并列分节砌置法。全长 28.2 米，桥堍宽 5.4米，顶宽 3.6 米，矢高 6.1 米，跨径 15 米。部分题记漫漶不明。设栏板、覆莲望柱。结构完整，造型秀丽且富有气势。因南侧近沪杭铁路，常受震动以致桥身松动，南北踏步中线断裂下陷。2000 年，余

杭市人民政府拨款对桥身进行了全面整修。2004 年列为杭州市文物保护点。2009 年列为杭州市文物保护单位。2012 年、2014 年先后对周边环境进行整治。

二、水利工程设施

1、钱塘江海塘（余杭段）

《水经注》载："东汉初载土石筑钱塘"。隋、唐后历经修筑，至五代吴越，以"石囤木桩法"筑捍海塘。元代沿江海塘方成。明嘉靖二十一年（1542），浙江按察使司佥事黄光升在海盐创筑五纵五横鱼鳞石塘。清康熙五十九年（1720），海宁、仁和一线海塘受岸崩塘毁的威胁，成为清代防守、修筑的重点，首次在仁和县兴筑鱼鳞石塘，从此修筑不绝。

现存钱塘江海塘（余杭段）修筑于清中期，大体呈东西走向，西至乔司街道胜稼村与江干区九堡镇交界处，东至南苑街道钱塘社区与海宁市许巷镇翁家埠交界处，总长约 8000 米。除个别路段因建房或修路等被破坏或掩埋入地下外，基本保存完整。因江道变迁和治江围垦等历史原因，现已成为村道或河岸驳坎。塘身采用长方形条石丁顺上迭，各层宽度自下而上依次递减收分，外观如同鱼鳞，故称鱼鳞石塘。塘面条石长约 1.45 米，宽 0.35～0.4 米，厚约 0.31 米，条石间有束腰生铁锭扣榫相连。南苑街道万常社区新万村海塘塘面一块铁锭上有"钦工"二字，说明由官府主持建造。

钱塘江海塘经历代不断修筑、改进，至清代全面形成鱼鳞石塘，是我国古代大型公共水利工程的杰出代表，凝聚着我国古代劳动人民的血汗和才智，其砌筑技术在世界海塘史上都是一项杰出创造。它与长城、大运河一起，被称为我国古代最著名的三大建筑工程。

余杭段海塘气势宏伟、砌筑考究，是余杭人民不屈不挠抗御潮患的历史缩影，也是研究我国古代石构水利工程技术的经典实例。2003 年列为杭州市文物保护点。2009 年列为杭州市文物保护单位。2011 年列为浙江省文物保护单位。

第二节 其他物质文化遗产

1、安隐寺遗址

位于临平街道钱江社区临平山西南麓，上塘河北岸。清顺治戊子《临平记》载："唐大中十四年（860）春正月建宝幢于临平。""安隐寺在唐宣宗时建，名永兴院。后唐清泰元年（934），吴越王重建，名安平院。至宋治平二年（1065），始赐今名"。元至正末毁，复建。安隐寺屡毁屡建，新中国成立初，寺院僧房均属清代建筑，唐代陀罗尼经幢、唐梅、黄杨、明代罗汉松、石碑均保存完好。1956 年，浙江省人民委员会发浙文办字第 4053 号通知，公布安隐寺经幢（包括安

平泉等）为杭州地区第一批二等重点文物保护单位（相等于省级文保单位）。1966年，经幢、唐梅、黄杨被毁，安隐寺被钱江五金工具厂占用，拆建为幼儿园，安平泉被开成水池。

安平泉面貌虽改，水质未变，相传为唐代邱丹炼丹之井。泉东西长4米，南北宽3米，南边砌出踏步，三面围以护栏，有明万历年间（1573～1620）里人太学生郭绍孔题"安平泉"三字。此泉大旱不涸，味甘冽。宋苏轼知杭州时，来游安隐寺，品尝此泉后，曾赋诗一首《题安平泉》"闻说山根别有源，拨云寻径兴飘然。凿开海眼知何代？种出菱花不计年。烹茗僧夸瓯泛雪，炼丹人化骨成仙。当年陆羽空收拾，遗却安平一片泉"。2009年列为杭州市文物保护单位。

2、徐福安民宅

位于临平街道桂芳桥社区缸甏弄2号、3号。建于清代，坐东朝西，总占地面积425.96平方米。缸甏弄2号原为徐家所有，祖上开"麻"店，三间平房，面宽13.8米，进深14.2米；缸甏弄3号为一进三开间二厢二层单檐砖木结构，面宽11.5米，进深20米，原为来家所有，祖上开杂货店。是临平古镇现存唯一一处格局完整、体量较大、保存较好的古宅。2013年，余杭区文广新局出资48万元，临平街道完成整体修缮。

3、临平绸厂旧址

位于南苑街道河南埭社区河南埭路，上塘河南岸。占地面积84.5亩。1976年临平红卫棉织厂和双林纤维厂合并后迁入现址。至1985年，共生产丝绸品种104个，其中6个产品被国家、部委、省授予各类优质产品称号27次，12107双绉列入浙江省纺织品公司定点产品，远销国内外。20世纪80年代末，发展为浙江省丝绸产品出口专业厂家之一。厂区格局保存基本完整，建筑类型包括围墙、办公室、厂房、仓库等。是临平城区内少有的保存比较完整的工业建筑。

第三节 非物质文化遗产

1、余杭滚灯

源于余杭翁梅一带，流传至今已有800余年历史，是节庆和灯会期间表演的具有强烈竞技特点的民间歌舞。它集舞蹈、技巧、体育于一体，具有多样性、综合性、竞技性的鲜明特征。据民间相传，其基本动作共九套二十七个表演动作，有独特的艺术构思和典型的地域特色，展示了中华民间舞蹈杰出的创造力，对探索古、现代民间舞蹈具有很高的研究价值。2006年5月，列入首批国家级非物质文化遗产名录。

第四章 余杭塘河

余杭塘河古称漕河，又叫官塘河，隋大业年间（605～618）为漕运而疏浚，是古代余杭县的重要航道之一。清·嘉庆《余杭县志》载：余杭塘河"通舟楫，水盈可胜三百斛以上之舟，遇旱水涸亦可胜百斛舟。"元至正十九年（1359），张士诚自武林港至江涨桥新开运河后，余杭塘河与京杭运河直线沟通，航运作用明显提高。余杭塘河上游为南渠河，西起余杭街道，经仓前街道、庆丰桥，至康家桥入京杭大运河。余杭段全长12.31公里，河宽40米，能通行40～60吨级船只。

余杭塘河（余杭段）河道两岸遗产共计144项。其中，水利工程遗产8项，运河聚落文化遗产2项，大运河历史相关的其他物质文化遗产133项，大运河相关非物质文化遗产1项。

第一节 水利工程遗产

一、航运工程设施

1、通济桥

原名北溪桥，俗称大桥。位于余杭街道通济社区，南北向跨苕溪，桥北为太炎路，桥南为通济街。清·嘉庆《余杭县志》载："汉熹平年间（172～178）建，名隆兴。五代钱武肃王重建，改名安镇"。又，"宋绍兴十二年（1142）桥以木为梁，元至正十八年（1358），山寇纵火焚之。明洪武元年（1368）重建，通易以石，正统间（1436～1449）县丞丘熙岳加石栏于两旁"。"清乾隆二十二年（1757）邑人宋文瑞重修"。建市屋于桥面两侧，以租赁收入捐资兴学。清嘉庆初，抢水石（即分水角）坝，重甃巩固。教谕任昌运诗云："通济桥跨大溪上，小店多开桥上头。一路篮舆行地稳，不知鳌背架层楼"。1937年12月24日，日寇焚毁市屋，并在桥头修筑碉堡。

三孔石拱桥，拱券采用纵联并列分节砌置法，桥墩迎水面筑有分水尖。桥长50米，宽8.8米，通高9.6米，矢高7.84米，中孔跨径15.4米，两边孔均为12.6米。分水尖宽2米，长6米，上方各开一个溢洪券洞，以备天目山水猛涨时泄洪用，设计科学。

1957年，政府拨款2.2万元维修，桥面两侧增建砖砌护栏。1983年增葺石狮子护栏。同年列为余杭县重点文物保护单位。1985年，余杭县人民政府先后拨款5万元抢修，由余杭镇政府整修加固桥墩，桥面加铺钢筋、水泥，桥两侧改用仿古石护栏，望柱配置形态各异石狮24只，傍栏高竖玉兰式路灯3对。2002～2004年，因东苕溪防洪工程需要，经浙江省水利厅批准，实施通济桥退堤扩孔工程，由省水利水电勘测设计院设计，省水电建筑安装有限公司、杭州萧山水利建筑工程有限公司承建，在通济桥北新建一座仿古三孔拱桥。2009年列为杭州市文物保护单位。

2、部伍桥

位于余杭街道南渠社区，南渠河北岸的沙港口，东西向跨沙港。是连接古代余杭通杭州的唯一大道。清·嘉庆《余杭县志》载"宋咸淳五年(1269)重建。明成化间(1465～1487)知县武英修。正德四年(1509)大水倾塌，主簿陈祥复建"，"嘉庆七年(1802)又圮於水，十一年(1806)里人重建。按县东三里桥北有部伍亭，吴凌统募民立部伍于此御寇，故名。"今亭废桥存，系单孔石拱桥，拱券采用纵联并列分节砌置法，金刚墙用条石横向错缝叠砌而成。桥长18.3米，宽3.5米，跨径7.7米，高5.6米。南侧拱券额上刻有"古部伍桥"四字，两侧刻有楹联："伏遂回流，快睹乘槎仙侣；金师按辔，犹传报国英风"。桥孔西南侧嵌"嘉庆岁次丁卯(1807)季秋谷旦修缮……"纪年石刻一方。2004年列为杭州市文物保护点。2015年，余杭区文广新局、余杭街道出资41万元完成保护修缮，主要整修金刚墙、恢复桥面、增设实体栏板。同年，重新公布为杭州市文物保护点。

3、道胜桥

位于仓前街道仓前塘路48号民宅（现为章太炎故居纪念馆办公楼）南，东西向跨仓西港。单孔石梁平桥。桥长约7米，宽约3.1米。桥台用条石错缝叠砌。西桥台石壁墩上阴刻莲花题记："大明万历甲辰年(1604)癸酉月众姓重建道胜桥，为首章并城等立"。两根抬梁石南端各有一个石雕虎头，且东桥台石壁墩阴刻"禁河"，说明仓西港为古代通往"临安便民仓"的"禁河"。相传南宋时此处建有仓西桥，因在临安仓西侧得名。后随着集市繁荣，狭窄的仓西桥更显拥挤，于是紧贴桥南建了木桥——道胜桥。明代重建时将两桥合二为一，称道胜桥。是余杭塘河的纤道、仓前集镇的老街面，也是古代余杭通往杭州的主要通道。2011年，余杭区文广新局、仓前街道出资约10万元完成保护修缮。

4、隆庆桥

位于仓前街道灵源村林家坪8号民宅南，南北向跨后横桥港。单孔石平桥，长10.05米，宽1.18米，高2.5米，跨径2.7米。桥面由三块石板铺成，梁用花岗石、红砂石。桥东阴刻"隆庆桥"，旁刻"大清乾隆"。桥西阴刻"□助重建□□桥"、"重建岁次嘉庆甲戌年(1814)仲春月"，石梁南端雕刻卷草纹。桥台由红砂石错缝干砌，内嵌石壁墩，顶覆石盖梁，以榫卯结构承托桥面。南桥台石墩壁上有一方莲花题记。2014年，余杭区文广新局、仓前街道出资约20万元完成保护修缮。

5、城后桥

位于仓前街道灵源村李家塘5号民宅南，南北向跨李家塘河。旧时仓前集镇在该桥南，故名。相传始建于南宋。清代三孔石梁桥，长16.54米，宽1.62米，高2.97米，中孔跨度4.2米。桥面用花岗石作梁，中间铺青石板，桥心石刻圆心花纹。桥两侧阳刻桥名，桥西另阴刻"嘉庆辛未年(1811)众姓□□"。桥墩均由三块花岗石并列竖砌而成，上覆石盖梁承托桥面。南桥墩外侧浮雕花纹，刻有题记。桥台用红砂条石错缝干砌。桥北有3级踏步，南有4级踏步。原为李家塘及以北村庄出入仓前的主要通道，也是仓前到吴山的必经之桥。2013年，余杭区文广新局、仓前街道出资约19万元完成保护修缮，整修桥台，修补破损的踏步等。

二、水利工程设施

1、西险大塘

东苕溪堤塘称为西险大塘，起自余杭街道的石门桥，经余杭街道、瓶窑镇、良渚街道、仁和街道劳家陡门至湖州德清大闸止，全长 44.9 公里，其中余杭区境内长 38.98 公里。东汉熙平年间（172～178），余杭县令陈浑沿塘一带增设塘堰十余处。南宋淳熙六年（1179），钱塘县分段筑塘间以陡门，名为"十塘五闸"。明·陈善《南湖考》载："大禹筑塘，名西海险塘"。清光绪十三年（1887），出现"西险大塘"之名。历朝历代均有苕溪洪水成灾的记录，亦有不断修筑西险大塘的工程。经历代修葺后，通体连接，成为余杭到德清的往来通道。新中国成立后，成立了专门管理机构——苕溪堤防河道管理所，对西险大塘沿线的堤塘、堰闸、陡门等不断维修、加固、改建。根据国家治理太湖流域总体规划，1995 年 10 月起，按百年一遇洪水标准进行加固加高和防渗处理，堤顶宽度达 5.5～7.0 米，堤顶高程 9.06～13.18 米。是余杭历代重要水利工程，至今仍发挥重要作用，是保护杭嘉湖人民生命财产的屏障。

2、水城门

位于余杭街道通济社区西北，南苕溪北岸。清·嘉庆《余杭县志》载"明嘉靖三十五年（1556），知县吴应徵因寇乱筑城……南临苕溪有水门二"。明万历四十二年（1614），临溪东南城塌重筑。清康熙十年（1617）、二十二年（1683），雍正六年（1728）曾三次修筑。1937 年，日军陷余杭，在西、南两门城垣上筑有碉堡。1958 年大办钢铁、畜牧场时，古城墙条石被拆除"利用"，唯存南城垣东起刘王弄、西至余杭中学前的一段，以及两座水城门。东门在原孔庙（今浙江省军区教导大队）前，残高 4 米，宽 3 米，墙基厚 4.3 米，中间设闸门一道，傍溪筑半圆形平台河埠；西门在旧县衙（今余杭中学）前，门宽 2.25 米，墙厚 3.8 米，券顶高 3.25 米，采用纵联并列分节法砌置，券顶深 2.4 米，券外下为平台，临溪筑半圆形平台河埠，城门内设闸槽一道，既御盗又可防洪。两处水城门成为余杭古县城的孑遗。1986 年列为余杭县重点文物保护单位。2003 年，因通济桥退堤扩孔工程建设，由原址向北迁移 30 米，2004 年竣工。2009 年列为杭州市文物保护单位。

第二节 聚落文化遗产

一、余杭街道

余杭之名相传因"夏禹东去，舍舟登陆"而得，有禹航之称。余杭古镇自秦王嬴政二十五年（公元前 222 年）建县时起，即为余杭县县城，直至 1958 年并县时止，历 2180 年。隋开皇九年（589）为杭州州治。南宋绍兴时为畿辅之地。1959 年始称余杭镇。2011 年撤镇建街。

余杭街道在安乐山以西，南苕溪、南渠河穿境而过，空间形态呈背山依水之势。加上毗邻京杭运河，交通十分便利。是理想的平原商贸居住区。作为一座双千年古镇，积淀了深厚的历史文化底蕴。城区范围内现存各类历史文化遗存百余处，时代上自五代、宋、明、清，下至近现代，集中分布在通济、南渠社区。

其中包括各级文物保护单位（点）16处。水城门、通济桥、余杭双塔是古镇的标志性建筑。向有"七十二条半弄堂"之称的古街巷中分布的民居数量最多，吴道台宅院、叶熙春故居等是其中的典型；此外还有运盐司井等水井、店铺，以及反映古镇重视文才教化的余杭县肇建启圣祠碑、明伦堂碑，杨毕冤案的女主角小白菜——慧定法师墓塔，宝塔山烈士墓、国殇公墓等。数量众多、类型丰富的历史文化遗存，反映出古镇余杭旧时手工生产、经商、文教、医卫、兵事等方面的成就。古镇名人辈出，人文传说、传统娱乐节目等丰富多彩，共同构筑了其完整、丰富生动的生存状态和生活体系。

1、安乐塔

俗称天宝塔、雌宝塔。位于余杭街道东南之安乐山巅。清·嘉庆《余杭县志》载："安乐塔，吴越王子筑庵养疴于此而愈，故名安乐。"原塔五层，建于五代吴越。明董钦增筑至七层。六面七层楼阁式砖木结构，原有檐，均毁。通高35.28米，塔座底径8.6米。每层塔门南北对开，每层内壁砌出四个券顶佛龛。一至四层塔体外表六面用砖砌出倚柱、阑额、斗拱及火焰形龛四个；五至七层外壁素面，仅作火焰形龛、门。内筑夹道，可逐层攀登，拾级而上，古镇风光一览无遗。气势雄伟，外观比例协调，造型简洁挺拔，是余杭区仅存的两座完整的古塔之一。该塔东北隔南苕溪与地处溪塔村的舒公塔遥相呼应，故二塔被称为"余杭双塔"，是古镇余杭的地标性建筑。1963年列为余杭县文物保护单位。1983年重新公布为余杭县重点文物保护单位。2009年列为杭州市文物保护单位。2011年列为浙江省文物保护单位。

历史上曾多次修缮。清乾隆年间余杭知县汪臬鹤《重修安乐塔记》、嘉庆年间余杭知县张吉安《重修安乐塔记》均记述了安乐塔维修之事。清嘉庆九年（1804），塔顶遭飓风损毁，邑人集资再修时铸顶补之。1927年4月，塔顶铁葫芦遭雷击破坏。1984年，余杭县人民政府拨款维修，浙江省考古所设计，1985年6月竣工。塔身除塔檐、平棋外，其余均恢复原貌，并在塔顶安装避雷针，每层塔门增设钢管护栏。维修时发现塔顶覆钵外壁铸有清嘉庆甲子年（1804）修葺纪事铭文。2013年，余杭区文广新局出资35万元完成维护保养工程，修补塔内及塔周地面、墙体，重置防雷设施，并在塔基周围设置防护栏。

2、舒公塔

俗称地宝塔、雄宝塔。位于塔溪村东，南苕溪北岸。古时苕溪时常洪水泛滥，明万历年间（1573～1620）县令舒兆嘉守余杭时建此塔镇洪，故名。四面七层楼阁式方塔。塔身用青砖砌成，有的青砖边缘有"佛塔官成就"五字。通高27.46米。塔基宽5.7米，底层直径3.9米。塔檐菱角牙子叠涩出檐，檐下绘有斗拱。西南和东北外壁立面相应对称，一、三、五层为火焰形门；二、四、六、七层为券顶佛龛，第四层佛龛左右砌出小龛各一个。东南和西北外壁立面相应对称，二、四、五层为火焰形门；一、三、六、七层为券顶佛龛，第五层塔门左右砌出小龛各一个。顶置铁葫芦塔刹。塔内中空，一至五层原有木质阁楼，沿壁有木梯可攀登，今木梯已毁。是余杭区仅存的两座完整的古塔之一，属佛教功德塔，造型奇特，为研究我国佛教和古代塔型建筑提供了实例。1983 年列为余杭县重点文物保护单位。1989 年 9 月，因塔向西南倾斜，塔身西北从上到下出现裂缝，余杭县政府拨款 8 万元，邀请曹时中采用"沉井纠偏法"，矫正倾斜的塔基，加固塔身。1990 年 6 月竣工。2009 年列为杭州市文物保护单位。2011 年列为浙江省文物保护单位。

3、余杭县肇建启圣祠碑

位于通济社区方井头 8—1 号太炎小学内。明嘉靖九年（1530）敕建启圣祠，十三年（1534）刻石立碑，由明正德八年（1513）进士、承德郎南京工部都水司主事方云鹤撰文，内容为叙述

兴学建祠的重要性，以及启圣祠的建造经过。碑系太湖石质，方首、方座，碑身宽 0.97 米，高 1.6 米，厚 0.2 米。正文 499 字，款 40 字，字迹清晰可辨。2004 年列为杭州市文物保护点。2009 年列为杭州市文物保护单位。2011 年，余杭区文广新局、余杭街道出资 15 万元建成明伦亭，将碑置于亭内保护展示。碑文如下：

余杭县肇建启圣祠记

余杭初建启圣祠记国朝鉴古为治建学育材学必有庙而圣贤之位宅焉然历代专崇以爵弗叙以伦一圣四贤以子而位列于尊其亲以父而位列于卑爵虽明而父子之伦舛非圣贤意也祠容已于建乎皇上中兴参百王之宪章定一代之礼乐以父子位序纲常攸存乃敕天下儒学皆于文庙外别建启圣一祠以四配之亲配享以三儒之亲从祀俾庙以祀圣贤祠以祀其亲彼此异室而各全其尊瞻拜同时而不混其礼父子各安其位纲常正而伦理明历代因袭之宿弊一举而新之猗欤盛哉邑侯尹公嵩钦承德意相地学宫之东形势宽舒足以祝嘏妥灵乃鸠工抡材刻期计绩遂属僚佐县丞金君旦主簿谢君珙典史聂君镗或任以剧或授以成后先交协用济厥美经始于嘉靖癸巳（1533）夏落成于明年甲午春为楹者三所以栖日主精灵之气也为门者一所以通月游□冠之道也而又文之以槾楗饰之以丹漆其规模气象宏壮雄伟他学之祠未能或之先也司学政教谕宋君治训导练君萃懿侯之敬敏其事徵予言以记成予闻侯之治茗善政寔繁而约其大者若建乡贤祠以振流风建名宦祠以昭遗泽与夫文庙之修饬社学之重新谯楼之厘整塘街之除治次第毕举而启圣一祠又其表表尤著者耳使后之尹茗者皆能心侯之心毋忌厥美毋坠厥成而时加葺焉则今日创立之杰构永为百世之丕绩矣其于朝廷建祠明伦之盛意岂不大有慰哉是为记

嘉靖十三年岁次甲午春二月望后三日赐同进士出身承德郎南京工部都水司主事邑人方云鹤撰

4、明伦堂碑

位于通济社区方井头 8—1 号太炎小学内。明伦堂位于大成殿西北，文庙后。清•嘉庆《余杭县志》载："明洪武四年（1371），县丞韩爵建明伦堂"，后几经重修，清顺治十四年（1657）训导孙楚如重建。碑系太湖石质，长1.6米，宽0.84米，厚0.24米。碑首两端为圆角，无座。碑上刻有"顺治九年（1652）礼部题奉，钦依刊立卧碑，置于明伦堂之左，晓示生员"字样，字迹较清晰。属余杭学宫碑刻，记录当时生员学习情况的实物资料，也是研究我国科举制度不可多得的参考资料。2004 年列为杭州市文物保护点。2009 年列为杭州市文物保护单位。2011 年，余杭区文广新局、余杭街道出资 15 万元建成明伦亭，将碑置于亭内保护展示。碑文如下：

顺治九年（1652）礼部题奉钦依刊立卧碑置于明伦堂之左晓示生员朝廷建立学校选取生员免其丁粮厚以廪膳设学院学道学官以教人各衙门官以礼相待全要养成贤才以供朝廷之用诸生皆当上报国恩下立人品所有教条开列于后

一生员之家父母贤智者子当受教父母愚鲁或有非为者子既读书明理当再三恳告使父母不陷于危□

一生员立志当学为忠臣清官书史所载忠清事迹务须互相讲究凡利国爱民之事更宜留心

一生员居心忠厚正直读书方有实用出仕必作良吏若心术邪恶读书必无成就为官必取祸患行害人之事者往往自杀其身常宜思省

一生员不可干求官长交结势要希图进身若果心善德全上天知之必加以福

一生员当爱身忍性凡有司官衙门不可轻入即有切己之事止许家人代告不许干与他人词讼他人亦不许牵连生员作证

为学当尊敬先生若讲说皆须诚心听受如有未明从容再问毋妄行辩难为师长者亦当尽心教训勿致怠惰

一军民一切利病不□生员上书陈言如有一言□□以违制论斥革治罪

一生员不许纠党□人立盟结社把持官府武□□曲所作文字不许妄行刊刻违者听提调官治罪

5、慧定法师墓塔

位于宝塔山（又名安乐山）东麓。毕秀姑（小白菜），晚清四大冤案之"杨乃武与小白菜"案中的女主角，出狱后在余杭准提庵出家为尼，法号慧定。1930 年圆寂，安葬于余杭镇东门外文昌阁北侧偏东处。1966 年因道路拓宽，坟塔倒塌于塘河里。1985 年，镇政府按原样重建毕秀姑墓于安乐山东麓，将塌入塘河中的慧定圆寂的荷花缸安放在坟塔中。1993 年立碑记述慧定生平及墓塔重建始末。坐北朝南，总高 3.12 米，平面呈六角形，上用青石塔顶，最上部为葫芦顶。须弥塔座上浮雕祥云。塔身正面正中阴刻"传临济正宗第四十三世准提堂上圆寂先师慧定之墓……民国十九年仲冬立"，左右各刻晚清秀才董季麟《题慧定坟塔》诗一首，碑文由举人郎紫垣书写。2004 年列为杭州市文物保护点。2013 年完成保护整治。2015 年重新公布为杭州市文物保护点。

6、吴道台宅院

位于通济社区方井头 17 号。清光绪年间（1875 ~ 1908）道台吴景祺的府第。解放初曾辟为县人民政府和《余杭报》社址。石库院门朝南，院墙高筑，主体建筑东西两侧设封火墙。坐北朝南，二进三开间二天井四厢房砖木结构建筑，通面宽 16 米，通进深 33.2 米，占地面积 531.2 平方米。第一厅梁枋上牛腿、虾须纹雕刻精美；第二进二层单檐，穿斗式五架梁，硬山顶，前后天井内铺设青石板。是余杭区已知现存唯一一座官员府邸。2004 年列为杭州市文物保护点。2013 年，余杭区文广新局、余杭街道出资 56 万元完成保护修缮。2015 年重新公布为杭州市文物保护点。

7、叶熙春故居

位于通济社区木香弄 2 号。建于晚清。坐北朝南，一进三开间二层单檐砖木结构。前设天井，东、西院墙南端各开一石库门，西院墙上写有红色大字标语，西北、西南墙角各竖一块墙界。通面宽 10.5 米，通进深 13.75 米，占地面积 144.38 平方米。

叶熙春（1881 ~ 1968），名其蘩，幼命锡祥，字熙春，名医，祖籍慈溪，迁居钱塘，师从良渚名中医莫尚古。初行医于瓶窑，后悬壶于余杭木香弄。曾任浙江中医院主任、顾问等职。1954 年当选浙江省第一届人大代表，并任浙江省卫生厅副厅长。1956 年出席全国先进生产者代表大会，补选为第一届全国人大代表，后连任二、三届全国人大代表。参加农工民主党后，任浙江省委员会副主任委员。黄炎培先生有诗赞云："中西法治一炉新，日夕辛苦为人民，浙江农村行一遍，家家争诵叶熙春。"

8、宝轮寺井

位于宝塔村狮子山南麓。史载宝轮寺初建于南齐永明年间（438 ~ 493），初名兴建寺，宝轮寺井位于寺内，为同期建筑。宋大中祥符元年(1008)改名宝轮寺。元至正二十八年(1368)遭兵毁。明洪武六年（1373）重建。抗日战争时期被日军拆毁，仅存古井。井呈圆形，井壁由青砖竖立砌成，腹部微鼓，直径约 2 米，深约 10 米。原石井圈已毁。现井圈用红砖、水泥砌成，内径 0.66 米，高约 1 米。2004 年列为杭州市文物保护点。2015 年重新公布为杭州市文物保护点。

9、香泉井

又名柯家井。位于通济社区人和弄 26 号旁。建于五代。清·嘉庆《余杭县志》载："柯家井，在香泉坊内，钱镠所开，大旱不竭，邑人柯氏作亭覆之，因名。"井身圆形，块石砌筑，内径 1 米，深 6 米。井面旧时上覆石板，开有四眼，年久淤塞。1984 年清理后改为水泥双眼井圈，内径均为 0.35 米。水质甘洌，水量丰富。2004 年列为杭州市文物保护点。2015 年重新公布为杭州市文物保护点。

10、庙井

位于南渠社区直街北。原在胡将军庙厢房内，故名。清·嘉庆《余杭县志》载："胡将军，唐守将胡则……自宋迄今奉之为本境土神"。井为宋代建庙时所凿。1987 年庙被拆毁，仅存此井，改为双眼。井壁用条石砌筑，双眼内径均为 0.36 米。因地面抬高，在原石井圈上用水泥、砖块加高。2004 年列为杭州市文物保护点。2015 年重新公布为杭州市文物保护点。

11、运盐司井

位于南渠社区直街上。明代所凿。原系清四品盐运司章锦旧居后院家井。清·光绪《余杭县志稿》载："章锦，字目山。廪生，捐资为训导，改为盐运司"。井呈圆形，井壁用青砖砌筑，井身呈垂腹状，直径约 0.7 米，深约 10 米。井圈用独块方石凿成，内圆外方，内径 0.42 米，外径 0.6 米。2004 年列为杭州市文物保护点。2015 年重新公布为杭州市文物保护点。

12、方井

又名义井。位于通济社区方井头 23-1 号民宅前。相传开凿于明代。井壁用条石砌成，井身方形，宽约 2 米，四周无栏，井南用条石砌出踏跺。井圈已用红砖改砌圆形，外涂水泥，内径 0.7 米，外径 0.95 米，高 0.4 米。2004 年列为杭州市文物保护点。2015 年重新公布为杭州市文物保护点。

13、鸡鹅弄水井

位于通济社区鸡鹅弄 23 号民宅东约 30 米处。原为民国时期公办学堂内的水井，后学堂拆除，仅存此井。井身圆形，井壁由块石砌筑。原先的石井圈为圆形，因地面抬高，上方加砌井壁，再加设现井圈。现井圈石质，外部呈六边形，边长 0.3 米；内部呈圆形，内径 0.33 米。

二、仓前街道

仓前，原名灵源，历史悠久，伴随着京杭大运河及余杭塘河内河航运发展，历尽变迁。南宋绍兴二年（1132），官方在街北建临安便民仓，古以南为前，遂称仓前街，距今已有 870 多年历史，虽隶属关系和建置几经变迁，但仓前之名一直沿用。余杭塘河横穿全境，并建有多个码头，东苕溪紧贴其西。

仓前街道历史文化积淀丰厚，城区范围内现存 1 个历史文化遗存集中成片区块——仓前塘路历史街区，俗称仓前老街，位于仓前街道老城区，余杭塘河北岸。是仓前政治、经济、文化的中心，也是著名国学大师章太炎的故乡。老街呈东西走向，至今保存着唐、宋、明、清、民国、解放初的历史文化遗存 22 处，具体包括寺庙遗址 1 处，其他古遗址 1 处，宅第民居 5 处，桥涵码头 2 处，店铺作坊 3 处，其他古建筑 1 处，名人故、旧居 1 处，传统民居 2 处，工业建筑及附属物 2 处，典型风格建构筑物 3 处，文化教育建筑及附属物 1 处。其中包括全国重点文物保护单位、章太炎故居、仓前粮仓，以及南宋临安仓遗址、龙泉寺遗址、杨乃武与小白菜案的涉案点爱仁堂药店旧址等。这些珍贵的历史文化遗存沿余杭塘河分布，临街长度约 1000 米，其整体结构、空间肌理基本保存完整，类型多样，集中反映了仓前街道余杭塘河沿岸城镇发展的格局风貌，体现了内河航运的发展变化过程。是大运河沿线一个重要的历史街区，对于研究大运河的发展演变史具有重要的实证价值。2008~2016 年实施完成综合保护整治。

1、章太炎故居

位于仓前老街市中段，余杭塘河北岸。章太炎（1869 ~ 1936），名炳麟，字枚叔，是我国近代民主主义革命家、思想家和国学大师，是推翻清朝封建君主专制制度、反对袁世凯称帝、积极缔造共和国的先驱者，是 2000 多年来"中华英杰"之一。太炎先生一生留下 400 万字的学术著作，内容涉及小学、经学、诸子学、史学、文学、哲学、医学、佛学等，是中华文化宝库中弥足珍贵的财富。周恩来总理称誉他为"一代儒宗、朴学大师，学问与革命业绩永垂史册，是浙江人民的骄傲"。

坐北朝南，共四进一弄，每进主体建筑均面宽三间，硬山顶。通面宽 14 米，通进深 44.65 米，面积 811.5 平方米。前三进系晚清时章太炎的祖父所建。第一进为轿厅，挂有"章太炎故居"匾额，由赵朴初先生题写；第二进"扶雅堂"，东侧为厨房；第三进卧室，东侧为书斋，展示了太炎先生青少年时期故居的风貌。第四进建于民国初年,现辟为展厅,展览分为"故乡沃土孕育奇才""革命先觉民国伟人""国学传承群星璀璨""国学泰斗著述宏富"四部分。四进建筑均为砖木结构瓦房,呈纵向层层推高,第四进比第一进地基高 0.8 米。主要建筑上衬望板,墙脚条石砌础,开砖墙身。每二进主体建筑之间都隔有一个青石板铺砌的长方形天井,均设排水设施,东面过弄贯通四进,前后开门。

故居系章太炎出生、成长之地,太炎先生在此度过了对其一生产生重要影响的 22 个春秋,投身革命后也曾几度回家探亲、避难。是纪念章太炎、研究章太炎生平的重要实物例证。1994年列为余杭市爱国主义教育基地。1995 年列为杭州市爱国主义教育基地。2007 年列为杭州市第二课堂活动基地。2010 年列为余杭区党风廉政教育基地。2013 年列为浙江省爱国主义教育基地。2006 年列为全国重点文物保护单位。

1986 年 2~6 月,余杭县人民政府拨款修复章太炎故居并开放。1988 年 6 月,县政府拨款修复临街店面房及第二进正厅、厨房,并加高两边封火墙各 1 米。1998 年,浙江省和余杭市共出资 20 余万元,将第四进按原式样二层楼房全部修复,同时将故居全部屋顶进行翻修、墙面粉刷和门窗油漆,由浙江省文物考古研究所设计,浙江省匀碧文物古建筑工程有限公司施工。1999年 12 月 30 日,维修工程竣工,内部重新陈列布展完成。2008 ~ 2010 年,余杭区文广新局投

入 230 余万元进行维修及陈列改造。2010 年 6 月14 日,章太炎故居试开放。2011 年 1 月 12 日正式开放。2013 年 1 月,余杭区文广新局出资 122 万元完成故居东侧仓前塘路 56、57、58 号民宅的整体修缮,成为故居游客服务中心、国学讲堂和临时展厅。2014 年 7 月,故居监控项目扩展工程完成,基本达到一级风险单位的管理要求。2015 年,故居第四进东侧历史建筑修缮完成,作为故居库房使用。至此,故居本体保护与配套管理等基础设施初具规模。

2、仓前粮仓

位于仓前街道灵源村,南临余杭塘河。共四栋建筑,坐北朝南,占地 2000 平方米。其中两栋为地垄木板仓,利于防潮通风。因系晚清民居改建,故称房式仓。房内原有一块匾,写着"咸丰九年"。两栋仓库均为三开间平房,高大宽敞,用材粗壮,其中南面一栋内墙标示堆粮安全线,高 2 米。20 世纪 50~60 年代,在东侧加建 9 间中式仓、15 间苏式仓两栋青砖砌筑的平房。20 世纪50 年代初期,余杭县粮保职工发扬"宁流千滴汗,不坏一粒粮"的精神,创造出享誉海内外的无虫、

无霉、无鼠、无雀粮仓，打破了"粮食生虫、自古难免"的思维定式。仓前粮管所被评为"全国仓储工作先进单位"。其保管粮食的做法在当时的中国乃至世界都属先进，1955～1978年一直是全国粮食部门的一面旗帜，多次受到三代国家领导人接见与表彰，并把经验推荐到苏联等国。由此衍生的"一符四无标准"至今还在全国粮食系统采用。2009年列为杭州市文物保护单位。同年，余杭四无粮仓陈列馆建成开放。2011年列为浙江省文物保护单位。2013年列为全国重点文物保护单位。

3、爱仁堂药店旧址

位于太炎社区仓前塘路43、44号，南临余杭塘河。坐北朝南，二间二层重檐砖木结构建筑。西墙界上阴刻"钱姓墙界"。为晚清四大奇案之一的"杨乃武与小白菜"案的重要涉案点。清同治十二年（1873）十月，余杭县发生一起命案，豆腐店伙计葛品连暴病身亡。知县刘锡彤怀疑本县举人杨乃武诱奸葛妻毕秀姑，毒毙葛品连，对杨、毕二人重刑逼供。追问砒霜来源时，杨畏刑乱供从爱仁堂药店"钱宝生"（实际名叫钱坦）处购得，钱坦亦作了伪证，断结为"谋夫夺妇"罪，上报杭州府衙和浙江省署。杭州府与浙江省也照原拟断结，上报刑部。后经杨乃武之姐杨淑英二次京控，惊动朝廷中一批主持正义的官员，联名上诉。朝廷下旨，由刑部开棺验尸，才真相大白，冤案昭雪。

4、仓前茧站旧址

位于太炎社区仓前塘路6号，南临余杭塘河。由三幢单体建筑组成。主体建筑位于最南端，坐北朝南，清末二进二层单檐木结构，内有天井，两侧有厢房，面宽30.1米，进深28.25米。初为民居，户主李阿明，解放后为仓前茧站。往北是解放后茧站扩大后建造的烘茧房，砖木结构，面宽16米，进深31米，墙上有"为革命，烘好茧"、"为革命，节约煤"等红色标语。烘茧房东侧建筑建于解放后，砖木结构，面宽13米，进深14米，是当时烘茧工作人员住宿场所，前面有口清末古井。2005年，杭州青新贸易有限公司购得作为厂房。2016年完成保护修缮。

5、仓前影剧院

位于太炎社区仓前塘路90号。建于20世纪60年代初，占地面积799.5平方米。时代特征明显，一直是仓前群众业余文化生活的主要阵地，承载着仓前老集镇上几代人的记忆。2015年，余杭区文广新局、仓前街道出资约300万元完成保护修缮。

第三节 非物质文化遗产

1、余杭清水丝绵制作技艺

余杭清水丝绵制作历史悠久。它以水净漂清而得名，需经过选茧、煮茧、漂洗、剥茧做"小兜"、扯棉撑"大兜"、晒干六道工序完成。长期以来，清水丝绵制作技艺以口传心授的方式相承。余杭清水丝绵制作技艺是余杭劳动人民长期的智慧结晶。清水丝绵在历史上久负盛名，长期作为贡品进贡，是一份极其宝贵的历史遗产。2008年6月，作为蚕丝织造技艺，入选第二批国家级非物质文化遗产名录。

第五章 大运河保护管理

第一节 保护和申遗

一、机构队伍

2006 年，大运河列入《中国世界文化遗产预备名单》，大运河申报世界文化遗产工作正式启动。大运河遗产保护是一项跨行业、多领域的工作，涉及文物、交通、水利、环保、国土、建设等各领域相关机构和众多利益相关者。为此，我国各级政府建立了有效的会商机制，协调大运河遗产保护所涉及的多个行业的重大问题、明确相关部门和地区在大运河遗产保护工作中的职责分工、加强不同领域之间的交流和合作。

2012 年，大运河再次列入《中国世界文化遗产预备名单》。根据国务院和浙江省、杭州市人民政府申遗工作部署，5 月 22 日，余杭区成立由分管副区长任组长，区发改局、财政局、住建局、交通运输局、林水局、国土余杭分局、史志办、文广新局等有关部门，以及塘栖镇等有关镇（街道）负责人为成员的大运河保护和申遗工作领导小组，负责领导全区大运河保护和申遗工作开展。领导小组办公室设在区文广新局。根据国务院和省市政府部署，余杭区编制印发《余杭区大运河申遗整治工作实施方案》，扎实开展并按期完成大运河（余杭段）遗产调查及保护利用、环境整治等各项工作。2013 年 9 月 25 日，国际古迹遗址理事会专家对余杭区大运河申遗点段进行现场考察评估，予以充分肯定。2014 年运河申遗成功后，余杭区大运河沿线各镇（街道）、各有关行政主管部门继续各司其职，进一步加强沟通协调，强化大运河遗产的长效保护管理。2015 年，余杭区文广新局被省政府公布为大运河浙江段申报世界文化遗产工作先进单位。

余杭区大运河世界遗产管理机构情况表

序号	管理机构	管理范畴		工作内容
		河道	遗产点	
1	余杭区交通运输局	杭州塘上塘河		河道的养护、管理、交通,沿线绿化养护等。
2	余杭区林业水利局			河道的养护、管理,沿线绿化养护等。
3	余杭区环境保护局			沿河企业的巡查监管,确保企业污染物达标排放,严格控制水污染物排放量,严格交接断面水质保护管理考核。
4	余杭区住房与城乡建设局(规划分局)			新项目审批建设时严格遵守各个层级的运河保护规划,不得占压河道,保护范围内不得建设与保护无关的项目(特殊的交通水利项目按规划执行)留出绿化空间;截污纳管。
5	余杭区城市管理局			杭州塘两岸城区环境管理;上塘河两侧景观的日常养护、维修保洁等。
6	余杭区农业局	杭州塘		运河沿线渔网渔具清理及后续管理;农村环境管理。
7	余杭区文化广电新闻出版局	杭州塘上塘河	广济桥	大运河遗产保护管理,沿线项目方案审核报批;广济桥日常的保护、管理、维护等。
8	余杭区风景旅游局			大运河(含广济桥)旅游管理等。
9	余杭区塘栖镇人民政府	杭州塘(塘栖段)		河道周边环境整治及遗产的保护、管理等。
10	杭州余杭运河综合保护开发建设有限公司			
11	运河街道办事处	杭州塘		大运河遗产保护管理,河道周边环境整治等。
12	仁和街道办事处			
13	崇贤街道办事处			
14	良渚街道办事处			
15	杭州余杭经济技术开发区(钱江经济开发区)			
16	临平街道	上塘河		大运河遗产保护管理,河道周边环境整治等。
17	南苑街道			
18	星桥街道			

二、规划管理

大运河是在用的、庞大的遗产，其突出普遍价值、真实性和完整性与多重属性相关，因此，涉及该遗产的保护必须是多角度、多层次的。为加强大运河的保护管理，我国各级政府已经制定出台各类保护专项政策法规，并不断予以完善；编制了大运河相关的各类保护管理规划，划定公布了全国重点文物保护单位大运河的保护范围、建设控制地带，明确了世界文化遗产大运河的遗产区、缓冲区。其中大运河（余杭段）的遗产区均为水涯线外扩 5 米，缓冲区为遗产区外扩 40 ～ 240 米。2013 年，余杭区文化广电新闻出版局委托浙江省测绘大队完成大运河遗产区、缓冲区界限测绘和界桩、标识标牌设置。2015 年开始，协同杭州市京杭运河（杭州段）综合保护中心编制《大运河（杭州段）世界文化遗产保护管理规划》。

根据《大运河遗产保护管理办法》，在大运河遗产保护规划划定的保护范围和建设控制地带内进行工程建设，应当遵守《中华人民共和国文物保护法》的有关规定，并实行建设项目遗产影响评价制度。除防洪、航道疏浚、水工设施维护、输水河道工程外，任何单位或者个人不得在大运河遗产保护规划划定的保护范围内进行破坏大运河遗产本体的工程建设。

2006 年，国家文物局颁布《中国世界文化遗产监测巡视管理办法》。我国对大运河世界遗产实行监测巡视制度，由国务院文物主管部门组织实施，定期发布监测巡视报告。大运河遗产监测由国家、省级和市级监测系统构成，包括日常监测、定期监测和反应性监测；大运河遗产巡视由国家和省级巡视系统构成，包括定期巡视和不定期巡视。目前，国家文物局、省文物局、市园文局均已设立了大运河世界文化遗产监测机构，对大运河全线进行监测和巡查。

大运河遗产保护管理专项规划一览表

序号	规划名称	执行时间	负责机构	公布文号
1	中国大运河遗产管理规划	-	国家文物局	文物保函[2013]8号
2	大运河遗产保护与管理总体规划	2012-2030	国家文物局	文物保函[2012]2286号
3	大运河浙江段遗产保护规划	2012-2030	浙江省人民政府	浙政函[2012]242号
4	大运河（杭州段）遗产保护规划	2009-2030	杭州市人民政府	杭政函[2012]156号

大运河遗产保护管理有关法律法规一览表

领域	法律类型	名称	法律法规的适用范围	颁布机关	颁布时间
遗产	法律	中华人民共和国文物保护法	不断认知遗产的价值、真实性和完整性，申请公布为各级文物保护单位，基于遗产价值进行保护和建设管理	中华人民共和国全国人民代表大会常务委员会	2015修订
	行政法规	中华人民共和国文物保护法实施条例	《中华人民共和国文物保护法》的实施条例	国务院	2003
	行政法规	历史文化名城名镇名村保护条例	加强历史文化名城、名镇、名村的保护与管理	国务院	2008
	部门规章	世界文化遗产保护管理办法	加强管理世界文化遗产，保证其真实性和完整性	文化部	2006
	部门规章	大运河遗产保护管理办法	加强大运河遗产的保护管理	文化部	2012
	地方规章	浙江省文物保护管理条例	本省行政区域内文物的保护、利用和管理	浙江省人民代表大会常务委员会	2014修正
	地方规章	浙江省历史文化名城名镇名村保护条例	本省行政区域内历史文化名城、街区、名镇、名村的保护与管理	浙江省人民代表大会常务委员会	2012
水利	法律	中华人民共和国防洪法	江河、湖泊治理以及防洪工程设施建设	中华人民共和国全国人民代表大会常务委员会	2009修订
	法律	中华人民共和国水法	水资源的开发利用及保护管理	中华人民共和国全国人民代表大会常务委员会	2002修订
	法律	中华人民共和国水污染防治法	江河、湖泊、运河、渠道、水库等地表水体以及地下水体的污染防治	中华人民共和国全国人民代表大会常务委员会	2008修订
	行政法规	中华人民共和国河道管理条例	河道（包括湖泊、人工水道、行洪区、蓄洪区，滞洪区）的管理	国务院	1988
	行政法规	中华人民共和国防汛条例	防汛抗洪活动	国务院	2005修订
	行政法规	中华人民共和国水文条例	水文站网规划与建设，水文监测与预报，水资源调查评价，水文监测资料汇交、保管与使用，水文设施与水文监测环境的保护等活动	国务院	2007
	部门规章	水利风景区管理办法	水利风景区的设立、规划、建设、管理和保护	水利部	2004
	地方规章	浙江省河道管理条例	浙江行政区域内河道（包括江河、溪流、湖泊、人工水道、行洪区，下同）的规划、建设、保护和管理等活动	浙江省人民代表大会常务委员会	2011
	地方规章	浙江省水资源管理条例	本省行政区域内开发、利用、节约、保护、管理水资源	浙江省人民代表大会常务委员会	2002
	地方规章	浙江省水污染防治条例	本省行政区域内地表水体及地下水体的污染防治	浙江省人民代表大会常务委员会	2008
	地方规章	浙江省水利工程安全管理条例	本省行政区域内水利工程的安全管理	浙江省人民代表大会常务委员会	2008
航运	行政法规	国内水路运输管理条例	国内水路运输管理	国务院	2012
	地方规章	浙江省水路运输管理条例	本省沿海、江河、湖泊及其他通航水域内从事水路运输和水路运输服务的经营活动	浙江省人大常委会	2008修正
其他	法律	中华人民共和国环境保护法	遗产区自然环境的保护、监督管理	中华人民共和国全国人民代表大会常务委员会	1989
	法律	中华人民共和国土地管理法	保护、开发土地资源，合理利用土地	中华人民共和国全国人民代表大会常务委员会	2004修订
	法律	中华人民共和国城乡规划法	制定和实施城乡规划，在规划区内进行建设活动	中华人民共和国全国人民代表大会常务委员会	2007
	法律	中华人民共和国水土保持法	对自然因素和人为活动造成水土流失所采取的预防和治理措施	中华人民共和国全国人民代表大会常务委员会	2010修订

三、遗产保护利用

（一）古镇综合保护利用。

1、塘栖古镇。2008 年以来，余杭区运河综合保护开发建设有限公司启动塘栖古镇保护与开发建设。编制了《塘栖镇中心区城市控制性详细规划》《塘栖防洪及清水规划》《塘栖古镇旅游规划》《塘栖镇中心区区域规划》等，并以规划定位为龙头，古建保护为重点，土地整理为抓手，经营管理出成效，致力于塘栖古镇的复兴和发展。按照"一次规划、分期实施"原则，先后实施了水北历史街区样板段工程，水北、三条半弄、市南、水南等区块古建筑修缮、恢复，以及御碑公园建设等项目，完成危旧房改造面积约 6.31 万平方米，御碑公园建筑面积约 1.61 万平方米。同时不断加强景区管理提升，积极开展招商。2010 年 10 月水北街正式开街，集中了塘栖民俗美食体验、非物质文化遗产展示、传统曲艺展示、传统民间艺术展示、传统丝绸文化展示五大类业态，余杭方志馆等文化场馆建成开放。2013 年，建成开放塘栖广济桥运河遗产展示厅。

2、仓前古镇。2007 ～ 2015 年，实施完成全国重点文物保护单位章太炎故居、仓前粮仓保护整治及陈列布展工程，建成开放余杭四无粮仓陈列馆；完成保护修缮仓前塘路 56 ～ 58 号民宅、道胜桥、仓前塘路油车坊、仓前影剧院。2016 年，实施完成仓前老街综合整治提升工程，使得仓前老街恢复了生机，成为梦想小镇最具特色的人文景点。

（二）其他运河遗产保护利用。

2006 年以来，编制完成章太炎故居、杭州塘、上塘河、广济桥等文物保护单位"四有"档案；积极推荐运河遗产申报各级文物保护单位（点），其中大运河（含广济桥、桂芳桥）、章太炎故居、仓前粮仓共 3 处列为全国重点文物保护单位，安乐塔、舒公塔、塘栖乾隆御碑与水利通判厅遗址、钱塘江海塘共 4 处列为浙江省文物保护单位，雷家桥古纤道等 11 处列为杭州市文物保护单位，塘栖水北明清一条街等 14 处列为杭州市文物保护点；实施完成塘栖镇广济桥、大纶丝厂旧址、郭璞井、白云桥，余杭街道安乐塔、部伍桥、吴道台宅院、余杭县肇建启圣祠碑、明伦堂碑，仁和街道东塘老街，崇贤街道三星桥，临平街道徐福安民宅，南苑街道隆兴桥、临平绸厂等 30 处大运河沿线文物保护整治及展示利用工程。2015 ～ 2016 年，委托浙江华东工程安全技术有限公司对广济桥进行安全监测。

四、环境整治

2013 年 3 月至 9 月，余杭区政府专门安排 3000 万元运河申遗整治专项经费，由各有关镇街，以及余杭区林业水利局、交通运输局等部门实施完成大运河、上塘河沿线驳坎修整改造、河埠头修补、绿化整治、垃圾清理、河道管线梳理、违章建筑或设施拆除、建筑物破损整理、立面改造、水闸整修、部分桥梁整修、广告清理等整治任务。其中大运河、上塘河沿线驳坎整修完成新建护岸 122 米，墙身重做 316 米，墙身修复 352 立方米，护岸特殊修复、克顶修复、基础修复 846 米。上塘河沿线驳坎整修完成土坡平整及清表、草皮种植 836 平方米，挡墙修复 135 立方米，松木桩护岸 163 米（计 1625 根），水生植物 50 平方米。运河、上塘河河岸局部绿化完成种植各类苗木 12000 余株，地被 5600 平方米。

第二节 研究及宣传

一、研究

余杭区部分运河文化研究著作一览表

序号	作者	书名	分册书名	出版社	出版时间	备注
1	临平镇志编纂委员会	临平镇志		浙江人民出版社	1991.09	
2	塘栖镇志编委会	塘栖镇志		上海书店出版社	1991.11	
3	余杭镇志编纂办公室	余杭镇志		浙江人民出版社	1992.02	
4	文化塘栖丛书编委会	文化塘栖丛书	唐栖志	浙江摄影出版社	2006.05	清·王同纂
			栖里景物略			清·张之鼐撰
			塘栖艺文志			虞铭撰
			塘栖记忆			沈月平选编
			塘栖传说			丰国需编著
			塘栖风俗			丰国需著
			塘栖民间艺术			塘栖镇文体中心编
			塘栖古迹			塘栖镇文体中心编
5	杭州市余杭区政协文史委员会 余杭区文物管理委员会办公室	余杭古桥		西泠印社出版社	2007.01	
6	蒋豫生	塘栖旧事		中国轻工业出版社	2007.01	
7	詹秉轮、章永年	余杭源味		余杭镇太炎小学编印	2007.06	
8	中共杭州市余杭区委宣传部	余杭历史文化丛书	运河古今	西泠印社出版社	2007.12	
9	余杭镇志编纂委员会	余杭镇志（1990-2005）		杭州出版社	2009.05	作者俞金生、叶华醒
10	张兆君	余杭临平古今谈		中国文史出版社	2009.11	
11	朱金坤	余杭历史文化研究丛书·运河文化	运河史话	西泠印社出版社	2010.07	卓介庚撰稿
			运河商埠			虞铭撰稿
			运河揽胜			曹云、葛树法撰稿
			运河风情			丰国需撰稿
			运河望族			卓介庚撰稿
			运河梵隐			王庆撰稿
12	杭州市余杭博物馆	江南水乡文化·京杭运河与江南学术研讨会论文特辑		西泠印社出版社	2010.11	
13	杭州市余杭博物馆	余杭遗韵——余杭区第三次全国文物普查成果精粹		西泠印社出版社	2011.12	
14	《老余杭文化丛书》编纂委员会	老余杭文化丛书	余杭史话	杭州出版社	2013.01	曹云编撰
			山川揽胜			邵建德编撰
			人物寻踪			叶华醒编撰
			商埠春秋			陈冰兰编著
			苕里风情			赵焕明、邵建德编纂
			古文典释			赵焕明、曹云编纂
			名邑诗风			曹云、赵焕明编纂
			禹航图说			赵大川编著
15	章太炎故居管理所	章太炎故居与仓前老街		中国文史出版社	2013.02	
16	吕伟刚	塘栖古桥		中国文联出版社	2013.08	
17	余杭研究丛书编委会	余杭研究丛书	仓前研究	上海辞书出版社	2013.12	陆文宝、黄爱梅主编
			塘栖研究		2014.02	陆文宝、董建波主编
			临平研究		2015.04	陆文宝、董建波主编
18	王国平	杭州全书·运河（河道）丛书	运河文化名镇塘栖	杭州出版社	2015.05	顾志兴著

运河文化是余杭区地方特色文化之一。多年来，余杭区从政府到民间，积极致力于运河文化研究，举办"京杭运河与江南"学术研讨会等各类运河文化研讨活动，出版运河文化相关的丛书、专著和地方志，编印《塘栖》、《苕溪》、《古运河》、《三白潭》、《临平山》等期刊，发表大量论文，内容涵盖运河历史、沿线村镇、文化遗产、民俗风情等诸多方面。

二、宣传

大运河是余杭人民的母亲河，保护好大运河是余杭人民的责任和义务。历年来，余杭区多渠道、全方位开展运河文化宣传活动，向余杭人民普及大运河（余杭段）历史、价值、文化遗产状况、保护整治和利用成果等内容、保护意义等内容。多样化的持续宣传使广大民众的大运河遗产保护意识得到有力提升，社会力量积极参与保护利用运河遗产收到良好成效。

（一）节庆宣传

利用国际博物馆日和中国文化遗产日，开展运河文化主题宣传。如：2009 年，杭州市余杭博物馆举办"脉动的生命——运河余杭段文化展"。2011 年，章太炎故居管理所举办"太炎故里·仓前老街故事会"活动。2013 年杭州市中国文化遗产日暨余杭区文化遗产知识宣传普及活动中，余杭区三大文化巡展、文化遗产知识有奖问答等子活动都将大运河保护和申遗作为重点宣传内容，并向广大市民发放以运河文化为主题的环保袋、团扇等宣传品，以及宣传折页。2014 年，章太炎故居管理所和杭州师范大学联合制作《太炎故里 文化仓前》国画动漫宣传片。2015 年文化遗产日暨余杭区第十个非物质文化遗产保护月期间，余杭区文广新局、塘栖镇政府联合举办"千年运河 美丽非遗"系列宣传活动，包括选调区内优秀非遗项目举行活态展示、民间艺术踩街、运河故事专场、"大运河畔是我家"——余杭区大运河遗产保护利用特展、大运河知识有奖问答等活动。同年 6 月，大运河申遗成功一周年之际，余杭区文广新局利用《余杭晨报》、余杭新闻网、微信等媒体举办余杭区大运河遗产知识竞赛，吸引了省内外 2000 多人参加；9 月，塘栖镇设立了塘栖水乡开运节，之后每年举办丰富多彩的活动。

（二）运河文化进校园、景区、社区

2012 年，杭州市余杭博物馆举办包括运河文化在内的"旷世风华——余杭区三大文化巡展"进景区、进社区、进校园活动。2013 年，仁和街道联合仁和中心小学举办"我以我心护运河，我用我行助申遗"签名活动，运河街道五杭社区组织外来务工子女开展"了解运河、保护运河、支持运河申遗"暨快乐假日学校活动等。2015 ～ 2016 年，余杭区文广新局联合杭州日报社举办"爱我大运河"——余杭区大运河文化进校园活动，向塘栖等 10 个镇（街道）的 15 所学校师生送去"大运河畔是我家"——余杭区大运河遗产保护利用特展、"走近美丽大运河"文化大讲堂，以及《大运河畔是我家——余杭区大运河遗产保护利用宣传读本》、大运河（余杭段）沿线不可移动文物分布地图等宣传资料，从小培养孩子们的大运河遗产保护意识。

（三）其他宣传

1999 年以来，塘栖镇集邮爱好者林永金设计了"大运河——广济桥"等个性化邮票、纪念信封、明信片、纪念邮戳，编印邮报、邮刊，宣传运河名镇塘栖的文物古迹、民俗风情等内容。2013 ～ 2016 年，余杭电视台播出"运河孕育人文梦 申遗点亮美丽洲"访谈节目；《城乡导报》刊登大运河保护公益广告，并专版刊登《中国的运河 世界的运河——余杭区大运河保护与申遗侧记》、《双千年古镇 双宝塔耸秀》等，此外还利用余杭文体微信等新媒体进行宣传。

余杭文物志 ◎ 不可移动文物篇

第三篇 不可移动文物

第一章 专题史迹

余杭山水如画，钟灵毓秀。西北部和西南部为天目山和千里岗山脉余脉，峰峦起伏。中部京杭大运河周围平畴一片，是典型的江南水乡。秀美的山川和宜居的环境吸引了达官贵族、文人墨客，以及普通民众，孕育了丰富多样的历史人文资源。除良渚文化遗址、运河文化遗产外，被列为江南"五山十刹"之首的径山、江南三大探梅胜地之一的超山，以及与杭州西湖齐名的西溪，自古以来就是游览胜地，自然生态良好，历史文化资源分布尤为集中，内涵尤其丰富。

第一节 径山

径山，位于径山镇，因径通天目山得名，又名双径，亦称径坞。山以五峰闻名，主峰凌霄峰海拔 769.2 米，南有堆珠峰，北有大人峰，西有鹏抟峰，东有宴坐峰、朝阳峰，五峰罗列，奇巧幽邃。四周尚有攀云、象鼻、鸡冠、宝珠、将军、吉祥诸峰，迤逦起伏，深壑密布，山青水秀，雄伟壮观。苏轼有诗赞曰："众峰来自天目山，势若骏马奔平川。中途勒破千里足，金鞭玉镫相回旋"。

唐天宝四年（745），江苏昆山名僧法钦来径山结庵。大历三年（768），钦师法嗣崇惠去长安与方士史华竞法获胜。代宗召法钦进京问法，赐号"国一禅师"。逾年法钦辞归，代宗下诏敕建径山禅寺。此后受历代帝皇重视，屡有赐额。唐乾符六年（879），僖宗赐名"乾符镇国院"。北宋大中祥符元年（1008），真宗赐名"承天禅院"。政和七年（1117），徽宗赐名"径山能仁禅寺"。南宋乾道二年（1166），孝宗幸临径山，御题"径山兴圣万寿禅寺"额。清康熙四十四年（1705），圣祖南巡幸游径山，御书"香云禅寺"额。径山禅寺自唐代法钦到民国庆缘，传灯 100 多代。寺中高僧辈出，世称"径山派"。宝藏贝经颇多，以明万历七年（1579）紫柏开刻的《径山藏》（《大藏经》）尤为著名。

径山禅寺原属法钦所传牛头宗。南宋绍兴七年（1137），丞相张浚延大慧宗杲主持径山，大兴临济宗风，道誉日隆，四海仰慕，日本僧人来参谒者甚众。庆元五年（1199），日本律宗之祖俊芿登径山从元聪禅师学佛，开创了径山的中日交往史。端平二年（1235），圆尔辨圆从无准禅师学佛，挂足 7 年，学会纺织、治药丸、打麦面、做豆腐、种茶等技艺，回国后成为日本临济宗的创始人。淳祐九年（1249），兴国寺心地觉心求法于道冲，不仅学禅，且学会酒、酱酿制方法。开庆元年（1259），东福寺南浦昭明来径山求法多年，继承虚堂智愚禅师法统，返日后筑兴德寺、崇福寺。日本佛教临济宗诸派法系大都出自径山。还将径山的种茶、制茶技术及茶宴仪式传至日本。元、明两代，日僧来谒径山者相继不绝。自宋以来径山禅寺也有法师多人赴日传教。

径山寺始建于唐，宋、元间六毁六建。南宋时被誉为江南"五山十刹"之首。清时，径山之殿宇有 4 殿、6 阁、3 楼、2 堂、1 轩、5 亭、16 房、25 庵院，还有 2 林（即静室）、4 塔、7 处下属寺院。清末和民国时期，因兵因火，屡遭毁灭。1963 年遭火灾，寺屋仅存钟楼。1990 年 5 月始，修复径山禅寺。

径山相关历史文化遗产现存 21 处，时代自唐、宋、元至明清，类型包括寺庙遗址 4 处，名人或贵族墓 2 处，池塘井泉 6 处，桥涵码头 1 处，其他古建筑 2 处，摩崖石刻 4 处，碑刻 1 处，非物质文化遗产 1 处。它们见证了径山寺的起源、发展兴衰史；见证了径山风景优美，为历代文人墨客竞登之地；也见证了径山寺在弘扬佛教文化，以及中日文化交流方面发挥的重要作用，反映了径山人文历史的深厚。

1、径山寺原址

位于径山村，现径山寺东北 500 米处，喝石题刻旁，天水坑上方山坳里。为开山始祖法钦建径山寺庙遗址。唐天宝元年（742），江苏昆山名僧法钦至径山结庵，后建"径山禅寺"。至南宋，径山寺被誉为江南"五山十刹"之首，刊刻《大藏经》，为弘扬佛教文化发挥了重要作用。坐北朝南，地面建筑已无，仅见部分块石基址，地面散落若干砖瓦。遗址长约 50 米，宽约 40 米。对于研究径山寺的历史有重要作用。

2、径山古道

径山以径通天目得名，又名双径，东径通余杭（指余杭街道），西径通天目（指东西天目）。径山志云，双径汇于寺前。径山寺始建于唐，天宝年间，法钦和尚承师命，"遇径则止"，在径山结庵传法，开创径山寺，是临济宗的一支。禅宗语录《五灯会元》中提到过双径："正月十四十五，双径椎锣打鼓。要识祖意西来，看取村歌社舞。"古代文人墨客诗句多有提及径山双径者。如宋·范成大《题径山寺楼》"海内五峰秀，天涯双径游。"清·张吉安《城楼远眺》："寺留双径旧，关峙独松强。"清·查慎行《送杨冠三同年赴任余杭兼订径山之游》："西上通双径，南来控独松。"

东径古道原长达五里，旧时一里一亭，经东坡洗砚池、宋孝宗御碑亭，至兴圣万寿禅寺（即径山寺）正门。目前，尚存桐桥至径山寺段 2000 余米。从东磡桥以西开始到径山寺门前的古道曾于 2007 年整修。东磡桥以北尚有一段长五六十米、未经修整的古道，风貌古朴，难能可贵。如今，东径古道仍是游人登径山常行之路。2013 年列为杭州市文物保护单位。

3、径山龙井

位于径山村径山寺大雄宝殿东北角，龙王殿前。始凿于唐代，传说为龙王所赐，故名。井呈方形，1.5 米见方，深 0.8 米。上覆石砌拱门，高 3.1 米，宽 1.65 米。拱门采用纵联并列分节砌置法，上方写有"龙井"二字，落款"信士付志毅敬献"。井壁由块石砌筑。大雨不溢，大旱不涸，水质清冽，历代众多寺僧赖此井饮用。

4、金鸡泉

位于径山村径山寺东北 300 米处。据传与径山寺开山鼻祖法钦法师有关。法钦每天讲法，口渴无水，十分难忍，于是金鸡挖泉取水。金鸡死后，葬于金鸡坟。金鸡泉形如倒钟，直径 20 厘米，深约 30 厘米，泉水清冽，长年不枯。

5、径山寺放生池

位于径山村径山寺东北400米处。原为径山寺附属物,故定为唐代遗迹。呈椭圆形,水面不高。为研究径山寺历史提供了实物资料。

6、陆羽泉

俗呼陆家井。位于径山镇双溪村。陆羽隐居苕溪期间,访茶寻泉至天目山,其达北天目径山北麓"双溪"(双溪唐时隶属吴兴郡)时,见天目四岭之水常年流经两溪,汇成苕溪源头,溪水清沏见底,周围山清水秀,土壤肥沃,是植茶佳地。便就地采摘野生茶籽,教村叟播种,并在山下溪畔结庐著书,舍旁一泓清泉,汲来烹茶,细品各地名茶。

陆羽泉平面呈长方形,南宽2米,北宽1.1米,东西长3.5米,东南为土坎,块石砌高1.8米,西北低,泉北平铺石板,南边泉底用石板砌出井形方眼。水深0.5米,常年不涸不溢,保持略低于石板水平。如今茅庐无存,泉清依旧。当时采籽播种的地方,当地称为"茶籽坞"。对于研究我国茶文化具有重要价值。1986年列为余杭县重点文物保护单位。1989～1990年,余杭县人民政府拨款2万元,征用陆羽泉周围土地,疏浚堵塞陆羽泉地下水源的淤泥,恢复陆羽泉水,在四周建起围墙,并请沙孟海题"陆羽泉"三字,镌石立于泉东。2000～2001年,余杭市文物管理委员会办公室、双溪镇政府进行全面整修和陈列,修复陆羽泉和围墙,征购并整修泉西原林业工作站建筑后辟为鸿渐阁。2009年列为杭州市文物保护单位。

7、法华寺遗址

位于径山镇小古城村吴山坞法华山上。清·嘉庆《余杭县志》寺观篇载:"法华寺,在县西北四十里吴山界,唐同化三年僧法式建,宋祥符元年改今额,元末兵毁,明洪武年间重建。"《径山志》载:"法华寺,去县西北四十里长安乡,唐同光三年,僧法式开山,宋大中祥符元年改赐今额,疑绝冲禅师为开山,逾月敕牒住径山,元末兵毁。皇明重建后,僧徒懦弱而废,万历间,僧云峰复建。"唐代并无同化、同光年号,应指后唐同光三年(925)。2013年11月至12月,

余杭区文广新局组织考古调查,清理出山门、院落、正殿、配殿、过道、寺院墙基、水沟等建筑遗迹,出土陶、石质建筑构件等遗物。遗址南北约40米,东西约20米,原为二进院落,前院建有山门、佛殿、寝房等,后院建有大殿,面阔五间。目前尚存古井、龙潭、放生池,以及百年金桂树一株。是径山寺的下院之一,为研究径山寺的发展兴衰史提供了实物资料。

8、径山钟楼

位于径山寺大雄宝殿东南，朝阳峰西坡。清·嘉庆《余杭县志》载，钟楼初建于南宋嘉泰元年（1201）。四面二层，重檐歇山顶，通高12米，底层面宽8.11米，进深8.14米。券门上额书"金锡提镛"4字。楼内四角有直径0.36米的角柱直通楼顶，底层两边山墙各增设圆柱，与角柱穿斗联接。楼中心自下而上立有金柱四根，呈正方形，侧脚造，直上楼层顶部，上设梁架作为"钟楼"，悬挂明永乐元年（1403）冶制的大铜钟。底层正中屏后置楼梯，楼上四面开方格窗棂。对于研究径山寺的历史具有重要价值，1983年列为余杭县重点文物保护单位，包括永乐大钟、历代祖师名衔碑、明代铁佛、明代铁香炉。1990年7月18日晚11时，因游客烟蒂引发火灾，木质部分被焚毁，仅存四周残墙，大钟坠地后熔化变形，跌成数块，并殃及历代祖师名衔碑。余杭县人民政府投资重修，1991年完成重建钢筋混凝土单檐钟楼，放置残钟。2009年列为杭州市文物保护单位。2015年，余杭区文广新局出资52万元，径山镇政府恢复钟楼两层原貌。

（1）永乐大钟：薄牢盘顶，通高2.4米，钟口径1.8米，口沿厚0.18米，测算重9700公斤。撞击时，发音宏亮，响彻方圆十里。钟肩为莲花图案，中有腰带，钟唇波浪形有如意花纹。腰带上下各有四个框，框中镌缘助者姓名和铭文，以及"皇图永固，法轮常转，佛日增辉"。钟上铭文由径山兴圣万寿禅寺第60代十方住持呆庵普庄禅师撰写，全文如下：

凡丛林礼乐，必先之以钟，微钟则礼乐不能举也。盖惟径山乃两越之名刹，礼乐所由出焉，而无之其可得乎！于是命化，主志坚，募诸檀信，子力铸造。越明年癸未冬，钟悉告成，予喜而为铭曰：巍巍凌霄，籍籍其名。岁当癸未，钟悉告成。铿金□玉，轰雷□□。上干穹昊，下澈幽宴。人天□□，纳子归绳。惟祥是集，惟福是迎。人者檀度，肃清耳听。

永乐元年（1403）　月　日　　　　　　　住持比丘普庄劝缘造印

（2）历代祖师名衔碑：元至正庚寅年（1350）六月，径山第51代住持古鼎祖铭禅师立。碑高1.41米，宽0.66米，厚0.16米。碑阳镌68代祖师法名、故乡、俗名、忌辰等内容。碑阴有祖铭书、四明汤文镌《五峰诗》共5首。1983年拓印时不慎碎为两段。

（3）明代铁佛：明·万历《径山集》载，径山第70代住持一清禅师于明正统十一年（1446）主持径山寺后，"金台诸檀越沈福诚、杜弘真欣然发心鬻铁铸佛三躯"。三尊铁佛名为西方三圣，均头顶高肉髻，身披袈裟，袒胸跣足，作跏趺坐，形象逼真，造型优美。2002年3月，2尊铁佛被盗。仅存的1尊现藏于杭州市余杭博物馆。

（4）明代铁香炉：炉身由香炉、香亭、盖顶三层组成，盖顶葫芦及香亭烟窗残缺不全，残高2.7米，炉腹周长3.53米。香炉三足两耳，炉身有"万历岁次戊午（1618）季春吉旦"铭文。香亭一层烟窗铸楹联："带月吐青霓，和云飞彩凤"。顶盖修复后置于大雄宝殿前。

9、东坡洗砚池

位于径山村原径山古刹山门东约百米处。据载，北宋学士苏东坡两任杭州时，曾三游径山，凡作诗撰文总在此池洗笔砚，故名。众多文人墨客多次提及洗砚池，如明朝诗人蒋灼在此夜游后，写诗《洗砚池》："玉书自发春前草，旧墨曾翻浪里花。闭客喜从寒月夜，醉看松影动龙蛇。"明万历朝的余杭人、曾官常州通判的俞景寅《游径山》诗中有"苏池墨色莹"的诗句。清代张津作《秋日洗砚池》。清代文学家、经济学家洪亮吉《游径山倒用东坡韵》也有"空留洗砚一池水"的诗句。

10、圣寿无疆、佛圣水题刻

位于径山村径山寺东径道旁。何人所书已无从查考。"圣寿无疆"题刻为迎接南宋孝宗游览径山而刻，字体约 45cm x 50cm 见方，字迹端正、刚劲有力。相传孝宗游览径山时，恰逢大伏天气，干渴难忍，此时岩石开裂，喷出一股清泉，故在岩石上刻"佛圣水"。2015 年列为杭州市文物保护点。

11、南宋孝宗御碑

位于径山村径山古道旁，含晖亭内。南宋乾道二年（1166），孝宗幸游径山，亲笔御题"径山兴圣万寿禅寺"额赐之。碑通高 5.5 米，碑身高 3.26 米，宽 1.34 米，厚 0.4 米。正面有宋孝宗御书"径山兴圣万寿禅寺"八个正楷大字，每字字径约 56×50 厘米。额篆"皇帝御书"四字，四周刻云龙盘护，下座刻有细字漫漶不清，四周刻花草纹。上额已蚀化严重，剩数块残石。碑座赑屃头足全无，形同顽石。碑阴刻有南宋嘉泰三年（1203）由翰林学士楼钥撰写的《重建径山兴圣万寿禅寺之记》全文，正文楷书，28 列，共 1508 字。碑已加固并建亭保护。是径山兴圣万寿禅寺历代受皇帝重视、屡有赐额的实物见证。1983 年列为余杭县重点文物保护单位。2009 年列为杭州市文物保护单位。

12、虚堂智愚墓

位于径山村里洪自然村直岭脚,坐北朝南。智愚(1185～1269),号虚堂,自称息耕叟、破虚堂。俗姓陈氏,浙江象山县人。16岁出家于本州普明寺,依蕴禅师剃落受具戒,后游访明州雪窦、杭州净慈等,于湖州道场山护圣寺拜松源派普岩运庵为师。南宋绍定二年(1229)主持嘉禾兴圣寺,后又历主报恩光孝寺、显孝寺、延福寺、瑞岩寺、宝林寺、阿育王寺、柏岩寺、净慈寺。咸淳元年(1265)六月,度宗下诏命他赴径山兴圣万寿禅寺主持法席,为径山寺第40代十方住持。明代《径山志》载,其名世后有"高丽王请师于彼国说法八年,问法弟子常随千指。明嘉靖间高丽遣法嗣至山扫塔云:'彼国法道甚盛焉'。南宋咸淳五年(1269)圆寂。虚堂对于日本佛教临济宗的兴起与发展有着巨大影响,培养了南浦绍明、巨山志源等日本临济宗高僧。20世纪80年代以来,日本僧人凡来径山者,都会前往拜祭,特别是大德寺派和妙心寺派僧侣尤为重视。

13、东碉桥

俗称洞桥,位于径山村洞桥自然村,东西向跨东碉溪,东埂连接径山古道。建于元代至元二十六年(1289)九月。单孔石拱桥,桥长约6.9米,跨径4.6米,宽3.5米,高4.5米。拱券采用纵联并列砌置法。券孔东面有桥碑,刻有"岁在已丑九月吉辰,径山云峰妙高鼎建"等字。知东碉桥由径山第43代十方住持云峰妙高禅师出资建造。妙高,字梦池,号云峰(1219～1293),福建长溪人,元至元十七年(1280)主持径山。桥面由石板、块石铺成,设实体栏板。南、北两侧券额分别阴刻"东碉桥"、"东碉"。系古代登径山的必由之桥,也是余杭区现存时代最早的古桥。2009年列为杭州市文物保护单位。2011年,余杭区文广新局出资,径山镇政府完成保护修缮。

14、紫柏大师墓塔

位于径山村径山寺东北角。原先位于径山寺大雄宝殿后山上,塔上覆石亭,前面一对守墓石狮,后随径山寺的荒废一度淹没。1996年12月,与圣兴法师墓塔(左)、淳慧福生法师墓塔(右)一起从现址以北300米处移来。坐北朝南,太湖石质,塔高1.58米,底座高0.5米。方形底座上置五层六边形塔座。塔座自下向上除第四层外,其余逐层向中心内收,其中最下层每面均雕凿一矮扁的壶门,第四层造成覆盆式。塔座上为六棱柱形塔身。塔檐部分凿成六边宝盖形,宝盖最上层雕饰覆莲。以宝珠结顶。

紫柏大师(1543～1603)俗姓沈,本名真可,字达观,以号行,江苏吴江人。明末四大高僧之一。17岁出家,嗣法于虎丘明觉,20岁受具足戒,初名柳溪和尚。因慈圣圣母赐予紫衣袈裟,晚号紫柏。有《紫柏全集》(又称《紫柏老人集》)三十卷,入《清藏》。明万历六年(1578)到京师,参禅遍融。十七年(1589)在五台山妙德庵,以明《北藏》为基本,重校《南藏》,创刻方册大藏经。后因北方寒苦,辗转南迁至杭州径山寂照庵继续刊刻，最后在嘉兴楞严寺刻定。明万历二十八年（1600），为"矿税令"一案牵连入狱，被定死罪。三十一年（1603）十二月十七日，沐浴后端坐而逝，世寿61岁。次年九月，由其弟子等移灵龛南归，先安置径山寂照庵，四十三年（1615）冬，再葬于后山，次年安灵骨于塔，题名为"紫柏大师塔"。

15、寂照庵遗址

位于径山村径山寺北约500米。明•宋奎光《径山志》卷十二："寂照庵，旧为房，今改静室，别见。"曾为明代紫柏大师刊刻《大藏经》之处，惜毁。地面建筑无存，仅见部分房基，长约30米，且基坎下有斤线潭，近似半月形。为研究径山寺历史提供了线索。

16、径山小龙井

位于径山村径山寺北500米。相传此井凿于明代，用于求雨。井口朝东，为方形，条石堆成，蓬遮掩，设壶门，门楣有花纹，已模糊。高0.8米，宽1米，深0.8米。泉水清澈，常年不枯。

17、玉芝岩题刻

位于径山村径山天水坑，喝石东约50米的孤岩上。岩石高5米，宽6米。"玉芝岩"系直行隶书，内饰朱色，阴刻于岩石南立面，字径0.8米见方，下署"西吴唐龙书"。唐龙（1477～1546），明代乌程（今湖州）人，正德三年（1508）进士，累官至吏部尚书。2004年列为杭州市文物保护点。2009年列为杭州市文物保护单位。

18、喝石题刻

位于径山村径山寺东北，至放生池的途中。天水坑孤岩直行楷书"喝石"两字，刻于川字形岩石的西立面，字径0.5米见方，下署"西吴韩昌箕书"。韩昌箕，明代乌程（今湖州）人，字仲弓，专考南朝王、谢世家，并各为立传。2004年列为杭州市文物保护点。2009年列为杭州市文物保护单位。

19、化城寺遗址

位于双溪村化城洋。南宋年间(1215)石桥禅师（后成为径山寺第三十一代主持，宋宁宗赐号"佛日禅师"）始创。现化城寺遗址的原建筑建造于明清时期，是径山寺112处下院之一。原为三进，为《大藏经》刻经处，规模最大时达三百亩，毁于太平天国时期。现部分地段散落墓塔构件、石柱础等遗物。化城洋21号门前墓塔上刻"明圆寂径山住持廓庵观禅师之塔"。对于研究径山寺的发展具有重要价值。

20、□首座塔石刻

位于径山村径山古道东径道北侧一孤岩上。"□首座塔"系直行楷书，首字无法辨识，阴刻于岩石南立面，字径0.5米见方，字迹清晰。无署名及落款，年代不详。

21、径山茶宴

径山茶宴，本名茶礼，是径山古刹以茶代酒、宴请客人的一种独特的饮茶仪式。诞生于径山万寿禅寺，源于唐，盛于宋，流传至今已有1200余年历史。南宋端平至开庆年间，日僧圆尔辨圆及南浦昭明等人将径山寺的"点茶法"、"茶宴"、"丰茶"等茶道仪式，以及径山茶种和"茶宴"

用具带回日本，逐步形成盛行至今的日本茶道。

径山茶宴既是由僧人、施主、香客共同参加的茶宴，又是品尝鉴评茶叶质量的斗茶活动。僧客团团围坐，边品茶，边论道德，边议事叙景。具体程序是：上宾驾到，请至摆设整洁并配有诗、画、盆花的明月堂，宾主在茶桌前就坐；知客按盏奉茶，主人接茶行至客前，各注半盏；注茶毕，宾主互相致礼，然后各人举盏闻香，放盏观色，再捧盏呷茶半口细品；饮完四个半盏后，客人品论茶味并道谢，主人答礼谦让；之后，知客再向客人注茶，宾主开怀畅饮。茶宴有专用茶具。茶桌上放一精制茶台，内有紫砂茶壶、精制茶盏、锡制茶罐等。径山茶宴中斗茶、点茶法极为考究，对烹茶、茶与水、茶与茶具的要求很严格。2011 年 5 月，入选第三批国家级非物质文化遗产名录。

第二节 超山

超山，又名超然山，位于塘栖镇南。系天目山之余脉，主峰海拔 265 米，突兀于龟、蛇诸山，呈超然独立之势，故名。是一座风光绮丽、古迹众多、传说迷人的平原小山。自五代后晋（936～946）时开始种植梅花，以梅景出名，与苏州邓尉、无锡梅园并称江南三大探梅胜地。超山梅花以"古、奇、广"三绝而著名。中国五大古梅——楚梅、晋梅、隋梅、唐梅、宋梅中，超山就有其二，分别是浮香阁前的唐梅和大明堂外的宋梅。此外还有萼绿、铁骨红梅等奇特品种，有"超山梅花天下奇"之称。每逢初春二月，超山梅花含苞绽放，兴盛时方圆十里遥天映白，如飞雪漫空，蔚为壮观，被誉为"十里梅花香雪海"。自南宋以来，文人墨客为赏游而建亭阁，僧俗占山水之胜建庙结庵，留下多处寺观坛庙、摩崖题记，以及大量以超山为主题的诗文书画，积淀了丰厚的人文历史底蕴，形成独特的超山文化。1993 年列为浙江省风景名胜区。2011 年列为国家 AAAA 级旅游景区。

超山风景名胜区内现存宋、明、清、近现代各类历史文化遗产共 9 处，包括寺观塔幢 1 处，摩崖石刻 3 处，典型风格建筑或构筑物 1 处，名人墓 3 处，其他近现代重要史迹及代表性建筑 1 处。

1、海云洞摩崖题记

海云洞，又名龙洞，地处超山之阳，泰山村东厂自然村后山坪。山坪三面回抱，上下两洞，左上方为旱洞，系石灰岩溶洞；下方为水洞，洞口正中一潭碧水，人称卧龙渊。右侧石壁上镌有宋代郡守三衢赵清献书"海云洞"三字。清•王同《唐栖志》载：宋赵清献公刺杭州，祷雨黑龙王祠辄应。有水旱二龙洞，遂起石崖曰"海云洞"。石壁右前方有石窟造像两龛，为明嘉靖间丁松坡所造，第一龛为丁养浩，第二龛为丁松坡（之乔）及其好友沈望云

的坐像。旁有钓月矶、摸石池、濯缨滩、黑龙王祠等景。此外尚有清代汪竹坡，近代吴昌硕等题诗摩崖石刻。

海云洞共有 26 方题刻和 2 龛造像，分布面积约 3610 平方米。以下从左至右编号分述：

HYHM01 号题刻，因长期风化，字迹难以辨识。宽 101 厘米，高 106.5 厘米。右上角有个矩形缺口，宽 41 厘米，高 25 厘米。

HYHM02 号题刻，因长期风化，字迹难以辨识。宽 84.5 厘米，高 25 厘米。

HYHM03 号题刻，因长期风化，字迹难以辨识。宽 89 厘米，高 84 厘米。

HYHM04 号石窟，中央为丁养浩，衣大敞，东南向端坐，头部左上方石壁上镌"西轩丁公"，宽 92 厘米，高 48 厘米。石几上有书籍一函，左侧洞穴半掩，旁有小童侍立。

HYHM05 号石窟，洞口朝东，上镌"青霞洞天"，内有丁松坡和好友沈望云的坐像，皆衣大敞，高 2 米余，头部上方石壁分别镌刻"丁松坡"（落款：嘉靖丁酉刻）、"沈望云"。

HYHM06 号题刻，楷书，竖向阴刻。宽 292 厘米，高 242 厘米。内容如下：

缥缈齐云阁　遥闻摸石池　物华春已盛　人意乐无涯

罗绮一山遍　旌旗十里随　花棚夹归道　骁骑看星驰

宋熙宁三年（1070）资政殿大学士知临安府赵抃题

凿石开深洞　分泉甃小池　月华来海窟　云影落天涯

散果猿争食　看花鹤自随　前溪通驿道　冠盖日奔驰

皇明正德戊寅（1518）云南左布政使西轩丁养浩和

龙窟通溟海　清流碧玉池　蒐奇开石壁　刻像傍泉流

明月娟娟上　闲云步步随　先贤遗迹在　仰止日心驰

洞天遗老丁之乔次韵

超山之南有二洞故老相传先代有龙居之因建黑龙王祠宋嘉定间（1208～1224）赵忠献公宰邑祷雨屡验请于朝累封通灵惠应宣济昭感侯□清献公知临安府亦尝驻节诗有缥缈齐云阁之句祠毁元末山属佛日寺皇明弘治间（1488～1505）先伯南山公以价得之正德辛巳（1521）复归于我先君西轩□□先君自辖滇南谢事家食值我母敕封唐孺人已卒乃于龙洞之西裘山之麓卜葬马洞下有庵曰惠济□□清圆钦老僧知诗先君时与倡和或偕亲友族属提壶挈榼骤歌于茂林修竹之下汲泉煮茗刻竹题诗水声潺湲山光四映逍遥徜徉帷□所适兴逸则借榻僧房数日忘归优游林下□十五年方将重建古迹鼎斨祠□□不幸物故志弗克终越数载之乔扶柩合葬于先姚之左兆□□有继志之感乃于嘉靖之乙未（1535）不斳百金倩力开拓斩荆锄秦搜剔形胜巉□峭削奇怪可观甃池引泉清冽可掬龙祠云阁轮奂一新兹非浪为矣观盖欲慰先灵于地下也然我先君音容虽远追慕无穷每登陟此□□□孤冢则松楸惨淡狐兔走飞人子之情岂胜悲怅于是刻石肖像瞻拜□□时庶乎千载如生而事亡之道可以少尽于万一尔然怡情山中寄迹烟云古之高士恒以是乐而予固欲追其芳躅者乃相与望云沈君天天日夕登眺握手夷犹映为暮年行乐之计盖望云与予有中表叔侄之称同学于幼同志于壮年将垂白口无间言其亲宦游每望白云为之怅怏我先君嘉其孝行遗以望云卷而叙诸首士大夫亦争以诗赠之诚可谓吾乡之善士也因谓予四形惟尔寄像乃永垂以吾二人刻诸岩石而侍于西轩先生之旁则千祀相依死生无间奚为弗臧庸是以洞天双逸为号予欣然曰惟兹君谋允协予志遂秉笔识此不暇计其谫劣云□□

嘉靖戊戌（1538）春正月之吉松坡居士仁和丁之乔撰东山顾凤来书钱塘陶呆镌

HYHM07 号题刻，楷书双线阴刻"濯缨滩"，左侧阴刻"松坡"。宽 85 厘米，高 33 厘米。

HYHM08 号题刻，楷书，竖向阴刻诗一首。宽 108 厘米，高 87 厘米。内容如下：

庚午春仲偕许伯渊师钱柏森

吟文之超山探梅重游海云洞

口占

狮峰十里遍梅林　香雪留春喜不禁

放眼却嫌天地小　低头甘拜海云深

山光月色迎人笑　竹影松风索我吟

半日偷闲重到此　一声长啸涤尘襟

鄞水汪啸庐留题（印）

钱柏森手书（印）

HYHM09 号题刻，摸石池下方有楷书一方，宽 91 厘米，高 108 厘米，内容如下：

和赵清献公韵

钓月矶头石　烹泉洞口池

山光阴欲雨　春色浩无涯

墓扫松花落　林穿云影随

摩崖寻旧迹　景仰寸心驰

同治甲子（1864）春仲来游斯洞览公旧迹喜而赋此夏之城（印）

HYHM10 号题刻，双线阴刻"摸石池"，楷书。宽 71 厘米，高 47 厘米。

HYHM11 号题刻，因长期风化，字迹难以辨识。宽 63 厘米，高 37 厘米。

HYHM12 号题刻，双线阴刻"钓月矶"，楷书。宽 83 厘米，高 46 厘米。

HYHM13 号题刻，因长期风化，字迹难以辨识。宽 93 厘米，高 62 厘米。

HYHM14 号题刻，龙洞旁边石壁上有北宋临安知府赵清献所书楷体"海云洞"三字，字径 0.45 米。右边一行直书"中大夫试尚书兵部侍郎兼同修国史实录院同修撰枢密都承旨赵□□书"。左边直书"□议郎知临安府仁和县主官劝农□事赐□思□赵立"。

HYHM15 号题刻，原先空白，宽 46 厘米，高 41 厘米。余杭县文物部门自右向左楷书阴刻"洞前山坪，三面石壁上连龙洞为绝对保护范围。四周再向外延伸百米作为环境保护区。严禁采石，砍伐树木。"

HYHM16 号题刻，原先空白，宽 100 厘米，高 67 厘米。余杭县文物部门横向阴刻"余杭县重点文物保护单位／海云洞摩崖题刻／余杭县人民政府／公元一九八三年五月十八日公布"。

HYHM17 号题刻，楷书，竖向阴刻诗一首，宽 92 厘米，高 68 厘米。

奉和缶庐老人海云洞晚眺

元玉

策杖半山中　行行积翠重

海云迷古洞　梵宇响清钟

鹤化犹留迹 龙潜不见踪

闲游人未倦 夕照挂狮峰

丁卯春仲鄣水汪澂留题（印）

HYHM18号题刻，因长期风化，字迹难以辨识。宽78厘米，高29厘米。

HYHM19号题刻，篆书，竖向阴刻"同治五年(1866)二月，汪竹坡偕弟远坪行军屯里，至此遇雪，留三日而去，十年季秋，遣侄楷摩崖记"。宽207厘米，高96厘米。

HYHM20号题刻，因长期风化，字迹难以辨识。宽135厘米，高108厘米。

HYHM21号题刻，位于海云洞口正中壁上，行书，竖向阴刻。宽62厘米，高108厘米。内容如下：

海云吁洞中 云叠海重重

气象汤洪水 尘缘了暮钟

秋空猿寄啸 苔老鹿迷踪

指点西泠道 残阳挂两峰

海云洞晚眺，丁卯首夏，八十四叟吴昌硕（印）。

HYHM22号题刻，在海云洞水洞上方，镌有"卧龙渊"，字径尺余，古朴雄健，无款署，与"海云洞"三字东西相对，中隔一石。宽74厘米，高28厘米。

HYHM23号题刻，楷书，竖向阴刻"岁次辛卯石门孙云辉杭城潘正高仁邑童天植太山沈耕云里人许天相住持陈易昇鸠工敬祠"。宽72厘米，高28厘米。

HYHM24号题刻，券顶浅龛，上方镌"黑龙王祠"，宽47厘米，高10厘米。右上方阴刻"……三十五年十月口石"。

HYHM25号题刻，因长期风化，字迹难以辨识，宽39厘米，高29厘米。

HYHM26号题刻，楷书，竖向阴刻诗一首。宽28厘米，高91厘米。内容如下：

奉和吴昌硕吟文海云洞晚眺

元玉

洞锁海云中 苍茫路几重

深岩飞瀑布 古刹报踈钟

不见潜龙迹 空余化鹤踪

斜阳留一抹 吟眺最高峰

丁卯春仲栖水汪啸庐题（印）、钱柏森书（印）

HYHM27 号题刻，上书"龙洞"，竖向阴刻，长 125 厘米，宽 69 厘米。

此外还有楷书一方，宽 69 厘米，高 35 厘米，楷书镌"寒潭印月"四字，边款刻"光绪乙酉(1885) 重九夜与观生明生秉烛登高漫题四字吉士夏同文时将有江阴之行"。

海云洞昔日名声颇盛，清·王同《唐栖志》将其列为超山诸景之首。集天然岩洞与造像、题刻于一体，优美的自然风景与深厚的历史人文底蕴相得益彰。对于研究余杭区宋代至近代的摩崖造像、诗词题咏、民间宗教等内容具有重要价值，也为梳理超山历史及有关文学、艺术家提供了宝贵线索。1983 年列为余杭县重点文物保护单位。2009 年列为杭州市文物保护单位。2011 年列为浙江省文物保护单位。2013年，余杭区文广新局出资 55 万元完成保护整治，主要内容有岩体清理及表层加固、题记修复及抗生物保护、岩体封护及山崖防渗等。

2、"虎岩"石刻

位于超山半山腰的一块石壁上。岩石向北突出，形似一头引颈长啸的猛虎。相传源于超山原有老虎，山下有藏虎穴，由几方巨岩的缝隙构成，且时有虎患发生，故有诗云：猛虎苦行踪，涤潜乳窦中，正当西日下，哮吼出腥风。石壁上刻着两个遒劲的大字"虎岩"。行楷书，字径高约 1 米，宽 0.5 米，右下款为"□□有五年仲冬之吉勒于超山"。初步定为明代石刻。2004 年列为杭州市文物保护点。2015 年重新公布为杭州市文物保护点。

3、跌马桥

位于超山村龟山东自然村东南，老的 09 省道北侧，东西向跨村中小港。单孔石梁平桥。长 11.2 米，宽 1.6 米，跨径 3.1 米，高 2.15 米。东西桥台均由条石错缝垒砌而成，内侧嵌长条石并列竖砌的石壁墩。壁墩上覆石盖梁，与桥面联接。东桥台内侧石壁墩南边一块条石上阴刻"大明弘治十五年(1502)岁次……"莲花题记。北侧石梁刻有"永兴桥"，疑为他处搬来。两头各用 1 级踏步。无栏板、望柱。是余杭区现存较少的明代桥梁之一。2011 年，余杭区文广新局、塘栖镇政府出资约 7 万元完成保护修缮。2015 年列为杭州市文物保护点。

4、"洗心泉"、"云岩奇泉"题刻

位于超山半山腰，中圣殿东约 40 米处的石壁上。石壁前原有洗心泉，已淤塞。清·王同《唐栖志》载："洗心泉俗称灵官泉。在超山灵官殿侧，泉出石罅，上覆以亭。山巅真武殿，汲水必于此泉。咸丰元年（1851），里人韩应潮题额。""洗心泉"题刻，框宽 0.8 米、高 0.3 米，隶书，从右向左阴刻，字径 0.25 米。"云岩奇泉"题刻，楷书，从右向左阴刻，字径 0.2 米，每二字间距 0.8 米。另有一方题刻仅能辨认出"仓洋浮□"和下款"横潭□□头"几字。2011 年，余杭区文广新局出资约 15 万元，杭州余杭旅游集团有限公司完成保护修缮。2015 年列为杭州市文物保护点。

5、上圣殿

位于超山之巅。清·王同《唐栖志》载：真武殿即圣帝殿，俗称上圣殿、中圣殿，在超山。一在山半，

一在山巅，俱奉玄武，以镇南方。明隆庆间（1567～1571），卓明卿等以超山为镇南方，山形峻耸，奉玄武以镇之。道光年间（1820～1850），住僧某竭力经营，自洗心亭而上，甃砌石路，行人便之。修整大殿，并创佛庐、佛阁，缭以重垣。百里之内，士女云集，香火称盛。后徒僧省觉，于咸丰元年（1851）拓建真武宝殿，规模宏敞。咸丰十年（1860）四月初九夜被盗，焚毁。同治四年（1865）僧明慧重建，五年（1866）僧惺觉重建上圣殿，湘乡杨石泉中丞书额曰"玉喜寺"。

20世纪80年代，玉喜寺大雄宝殿被焚毁。现仅存含光阁，坐西向东，五开间二层重檐砖木结构，通面宽13米，通进深5.9米，高8.5米。明间和东西次间为敞厅，西尽间为念佛殿，东尽间为三圣殿，设前廊，深1.85米。匾额"含光阁"落款"庚申秋仲诸乐三题"。是超山上一处重要的道教建筑，对于研究余杭区道教发展史具有一定价值。

6、宋梅亭

位于大明堂外，宋梅西侧。民国十二年（1923）正月，吴兴周庆云（梦坡）应姚虞琴之约，与汪惕予、王绶珊、钱治香载酒探梅超山。在昔日香雪楼前，见楼前环植老梅树十本，中有一树横斜，交枝垂地，皮类龙鳞，落花斑驳，传是宋梅。众人恍置众香国中，不胜望古遥集之思，相约构亭在旁，以张韵事。周、汪、王共同出资，十二月落成，以宋梅名其亭。四根方形石柱擎着飞檐四角攒尖亭，上覆青瓦。吴昌硕绘宋梅小影，勒石记之。2011～2012年维修后，亭顶不复旧貌，仅存石柱为原物，上镌姚虞琴等七人所作楹联：

周梦坡楷书联：与孤屿萼绿花同联眷属，腾越山冬青树共阅兴亡。辛亥长至日，梦坡居士（印）

吴昌硕行书联：鸣鹤忽来耕正香雪留春玉妃舞夜，潜龙何处去有萝缘挂月石虎啸秋。癸亥年十二月，安吉吴昌硕时年八十（印）

姚虞琴篆书联：腊雪已沾墙下水，冻梅先袒岭头枝。唐李商隐、罗邺句，仁和姚景瀛集，鄞赵□书（印）

钮玠隶书联：几度阅兴亡花开如旧，三生证因果子熟有时。戊辰钮玠（印）

吴东迈篆书长联：胜境压皋亭有人如白石化虹吹彻几番横笛，溪根遗宋室此地与孤山放鹤同留千古幽香。癸亥十月时客栖溪安吉吴迈撰句并书（印）

王绶珊楷书联：带水接西泠此地恍分三竺胜，流风忆南渡当年犹胜一枝春。甲子春日，杭县王体仁撰书（印）

汪惕予隶书联：与林和靖同时高风在望，问宋漫堂到此香雪如何。癸亥冬月蜷翁（印）

7、吴昌硕墓

位于大明堂外西侧约50米的葫芦山东山坡上。吴昌硕（1844～1927）名俊卿，又名俊，字昌硕、仓石，别号缶庐、苦铁、老缶、大聋、破荷。安吉县鄣吴村人。近代著名篆刻家、书画家，"诗、书、画、印"咸称四绝，被誉为近代艺术大师。海上画派代表人物，西泠印社首任社长。著有《缶庐集》。

生前酷爱梅花，常到超山探梅。1927年病故上海。其子东迈遵父嘱，"身后埋骨超山香雪坞"，于1932年坟茔竣工后，移柩安葬于超山大明堂西侧。墓系三穴合葬，用淡红色花岗石筑成，墓碑直书"安吉吴昌硕先生暨配章、施氏夫人墓"，两边立柱有沈卫山（淇泉）撰书石刻挽联："其人为金石名家，沈酣到三代鼎彝两京碑碣；此地傍玉潜故宅，环抱有几重山色十里梅花"。墓台下设踏步13级，宽2.05米、高0.16米、进深0.32米。墓左前方竖有慈溪冯开（君木）撰文、三原于右任书丹、余杭章炳麟篆额之墓表一通，高 1.75 米，宽 0.75 米。右前方为花岗石雕琢吴昌硕手执书卷眺望宋梅的全身立像一躯。月台下设踏步 16 级，宽 3.8 米，每级高 0.18 米、进深 0.34 米，连接墓道。墓道口耸立石碑坊一座，坊额书"安吉吴氏墓道"。墓道左侧立有王一亭绘"缶庐讲艺图"画像碑一通。1960 年，浙江省人民委员会公布为杭州地区第二批三等文物保护单位。

1966 年，墓惨遭破坏。1980 年，余杭县人民政府拨款 2 万元进行原址修复，并建墓台、上下月台及墓道等。超山林场职工沈正高将掩埋保存的先生骨骸献出，重新归葬。修复后的墓坐西朝东，直径 3.2 米，高 1.6 米。墓碑高 1.4 米，宽 0.65 米，由其门生诸乐三重书"安吉吴昌硕先生墓"八字。1983 年列为余杭县重点文物保护单位。

1985 ~ 1986 年，余杭县人民政府拨款 6 万元，在墓左侧建吴昌硕先生纪念馆，由其门生王个簃书额，展厅匾额由沙孟海书"旷代艺宗"四字；墓右侧建墓表亭，由超山林场建筑队承建。1987 ~ 1988 年，在纪念馆内新建书画陈列室，特请苏州著名石刻艺术家黄怀觉、黄良启父子镌刻，恢复了"墓表"及任伯年画"饥看天图"、王一亭画"缶庐讲艺图"、吴昌硕画"宋梅图"四通石碑。又请县文化馆离休干部王刚塑造了吴昌硕全身立像一躯，立于墓道左侧。并将墓内原物"安吉吴先生墓志铭"一合（义宁陈三立撰文、归安朱孝臧书丹、闽郑孝胥书盖）置于纪念馆内。1989 年列为浙江省文物保护单位。

8、姚虞琴墓

位于泰山村东厂自然村后山坪。姚虞琴（1867 ~ 1961），现代画家。名景瀛，字渔吟，晚年以字行，余杭亭趾镇人，寄寓上海。擅书法、诗文、鉴赏，尤擅国画。与齐白石并称"北齐南姚"。以写兰名驰江南，取法明陈古白，上追元代赵孟頫、郑所南，晚岁画梅，间作山水。著有《珍帚斋诗稿》。解放后为上海中国画院画师。1961 年 3 月，终老上海寓所，归葬超山海云洞西侧。

墓体较简易，只是简单的封土，封土前是墓碑、供奉台，供奉台两侧为石凳。墓正南 10 米处有长约 9 米、高约 3 米的照壁。1966 年遭破坏，墓庐被挖，夷为平地，已无任何遗迹，墓址草木丛生。现海云洞以西有黄子乔墓碑，背面阴刻"墓西南十六公尺处为府君之舅父姚虞琴先生之墓地"。

9、超峰题刻

位于超山之巅。1961 年修葺上圣殿（又名玉喜寺）时，张宗祥写下"超峰"二字，落款"1961 年 5 月张宗祥书时年八十"，杭州市园林管理局将其刻碑竖立于上圣殿（玉喜寺）外的石坎上。碑高 0.95 米，宽 2 米，字径为 0.6×0.6 米。2004 年列为杭州市文物保护点。2009 年列为杭州市文物保护单位。

张宗祥（1882 ~ 1965）名思曾，后慕文天祥为人，改名宗祥，字阆声，号冷僧，别署铁如意馆主。海宁硖石人。当代著名书法家、西泠印社第三任社长、浙江图书馆馆长。

10、潘天寿墓

原先位于杭州市西湖南部，九曜山南麓，潘天寿听天阁诗亭西 50 米处。碑上写着"画家潘天寿墓"，两旁是夫人和长子之墓。潘天寿生前原想择地超山，后因夫人何愔对选址不满，骨灰 5 年来一直存放在杭州殡仪馆。1976 年初，择地九曜山南麓。2011 年迁至大明堂东侧。墓地呈长方体，中为潘天寿，右葬其妻，左葬其子。墓前置潘天寿坐像，周立闲章。

潘天寿（1897 ～ 1971）字大颐，自署阿寿、寿者。现代画家、教育家。浙江宁海人。其写意花鸟初学吴昌硕，后取法石涛、八大，曾任中国美术家协会副主席、浙江美术学院院长等职。著有《中国绘画史》、《听天阁画谈随笔》等。

第三节 西溪

"西溪"之名始出于唐代，南宋《方舆胜览》、《梦梁录》等文献都有记载。西溪是杭州市内仅存、国内罕见的城市湿地，历史悠久，早在四五千年前就有先民繁衍生息，东汉至隋形成，唐宋发展，元明清全盛，民国衰落。两岸山水环绕，物种丰富，风景清雅秀丽，曾受帝王、达官重视和名流关爱。南宋高宗欲建皇宫于此，口敕"西溪且留下"。清乾隆皇帝南巡至此，留下《西溪》等诗词。汪元量、高士奇、金农等在此结庐隐居。洪氏家族自元末明初迁来后，世居西溪洪家埭，遂为"钱塘望族"，至今尚有洪氏后人百余户 500 余人。其中明朝尚书洪钟、清代戏曲家洪昇最为著名。

2003 年起，实施西溪湿地综合保护工程。西溪湿地公园位于西湖区蒋村街道和余杭区五常街道，共 10.08 平方公里。其中五常属西区，共 3.15 平方公里。2012 年，杭州西溪湿地旅游区列为国家 AAAAA 级旅游景区。

西溪国家湿地公园西区现存明、清至近现代的历史文化遗产 11 处，包括古遗址 3 处，名人或贵族墓 1 处，桥涵码头 1 处，亭台楼阙 1 处，工业建筑及附属物 2 处，水利设施及附属物 1 处，以及非物质文化遗产 2 处。此外还建成杭州江南明清古建筑博物馆。

1、洪氏故居旧址

洪家埭旧有洪氏故居，至洪钟（1443 ～ 1523）官右副都御使时曾扩建宅第，当在洪氏宗祠北不远处，有庭屋十余幢。1970 年，洪生福拆建房屋时出土一块石碑，长约 1.8 米，刻有"赠右副都御使洪"等字，当为旧时官员回乡建宅，朝廷或官署所赠门幅或牌坊条石。2007 年又发现"洪府界"墙界石一块，高 0.85 米，宽 0.14 米。洪钟归隐后又择地建书院、别业。别业俗称"洪园"。

2、洪氏祖茔

位于洪氏宗祠南边新桥头，俗称"天葬坟"处。明天顺七年（1463），洪钟父洪薪逝世。成化十九年（1483），洪钟母逝世，灵柩安葬在洪家埭新桥头，并将父亲灵柩迁葬此处。20 世纪 70 年代因建造荆长公路，墓地被毁，发现凤冠、铜镜、瓷器等，棺木保存较好，被用于农船之材。2003 年 10 月，出土石翁仲、石马、石羊、石碑等遗物。翁仲高 1.2 米，着官服，持朝笏，神态端庄。碑高 2.36 米，宽 0.64 米，厚 0.27 米，上有"奉天诰命"字样及皇帝 3 次追封洪薪的敕命书。

3、思母亭遗址

明朝尚书洪钟为尽孝而建。相传洪钟幼学，慈母楫相送，风雨无阻。后洪钟官至尚书，于明正德十五年（1520）出资在此建桥，取名"思母桥"；在桥南建亭，取名"思母亭"，并亲撰《思母亭记》一文，镌刻于亭内石碑上。现桥亭早毁，2007 年对遗址进行考古清理及展示，成为西溪湿地公园中重要的人文景观。2009 年列为杭州市文物保护单位。2014 年，余杭区文广新局、五常街道出资 8.1 万元完成保护整治。

4、洪氏宗祠旧址

明•洪瞻祖《西溪旧志》云："我洪氏之先宗太师忠宣公鄱阳洪皓，始赐第于钱塘西湖之葛岭，子孙名德相承，遂成钱塘望族，其分支迁于西溪洪家埭。"洪家埭旧有洪氏宗祠，初建于明，当在洪钟逝世，朝廷下达"赐建廊庙和建祠堂文帖"后。清末民国初重建。规模较大，中轴歇山式，平面呈长方形，宽约 16 米，纵深约 40 米，占地 1 亩有余。砖木机构，由门厅、庭院、正厅组成。至解放初，仅正厅保存尚为完整，悬"御爵府"、"三瑞堂"匾，两侧为"宋祖传世郡敦煌，圣授御铭三瑞堂"楹联。廊柱上有两联："宋朝父子公侯三宰相，明季祖孙太保五尚书"、"大宋陛下是一品为民治国掌朝纲，明纪祖孙同朝臣五书伴驾护君皇"。20 世纪 50 年代初，改为小学。1975 年改建为生产队自备粮仓，稍后又成为社办工厂车间。2005 年，将正厅遗存北向辟为洪氏纪念室。

5、荫孙桥

三孔石梁平桥，东西向。桥长约 15 米，宽 1.13 米，跨径 12.13 米，高 2.4 米。桥面分三段，每段由二块长条石并排铺成。中孔南侧石梁正中阴刻"荫孙桥"，北侧石梁阴刻"乾隆七年（1742）重建"。桥墩均由二块长条石并列竖砌而成，上覆石盖梁，以榫卯结构与桥面联接。桥台内侧嵌石壁墩，做法与桥墩一致。无栏板、望柱。

6、八角亭

又名张家凉亭，原先位于五常街道横板桥村。相传始建于明代。从前五常、和睦等地 10 多个村的村民下地劳动，到留下买东西，或者进杭州城，都要经过此地。亭内原有木凳，可供往来路人歇脚。2008 年迁至现址。平面呈长方形，宽 7.19 米，深 4.37 米，高 4 米，占地面积 31.42 平方米。庑殿式亭顶，穿斗式梁架，顶覆小青瓦。横梁写有"大清光绪贰拾六年（1900）岁次庚子仲冬里人公具众姓重修祈保四方"。亭内共 12 根柱子，其中四周为 10 根方形石柱，部分石柱上有方形孔，2 根石柱上刻莲花题记；中间为 2 根圆木柱，柱下用石柱础。是余杭区现存少数凉亭之一。

7、源谊村蚕种场旧址

建于 20 世纪 60 年代，是当时浙江省直属的三个蚕种场之一。坐北朝南，十四间二层单檐砖木结构，硬山顶。通面宽 63.6 米，通进深 11.55 米，占地面积 734.58 平方米。

8、五常十八般武艺

又名五常拳灯，是一种将民间武术与灯舞相融合的民间舞蹈。明正德年间，洪钟告老还乡，为使五常乡亲强身健体、抵御外侵，在当地村民中传授兵器操练法，并结合马将、步兵的兵器和民间农具，演化而成独特的 18 般 19 件木制兵器及操练法，世代相传至今。2011 年 5 月，入选第三批国家级非物质文化遗产名录。

9、五常龙舟胜会

相传五常龙舟是由祖居五常的明朝尚书洪钟及其子孙创立并流传的，距今已有 500 多年历史。当年为强身健体、保家卫国，洪钟借用村民水乡劳作用的小木舟，配以龙头，组织民众端午龙舟竞渡活动。数百年来，已成为五常人民不可缺少的传统民俗文化活动。2008 年 6 月，作为端午节组成部分，入选第一批国家级非物质文化遗产扩展项目名录。

第二章 历史文化街区

余杭区现存历史文化街区 9 处，分别是余杭街道通济社区、南渠社区，塘栖镇水北明清一条街、八字桥檐廊一角，仓前街道仓前塘路历史街区，闲林街道方家山社区，瓶窑镇瓶窑老街，东湖街道小林老街，仁和街道东塘老街。这些街区主要分布在平原水网地带，所在镇街多为历史悠久的古镇，依运河水系而生、而兴，至今仍保留着较为完整的传统街区格局，以及古桥、古井、古街、民居、商铺等为数较多、类型多样的乡土建筑，见证了余杭悠久灿烂的历史文化和绵绵不断的文脉记忆，集中反映了余杭城镇的发展变迁历史和鲜明的地域特色。

第一节 闲林街道方家山社区

闲林街道，旧称闲林埠。早在四五千年前，这一带就有人类聚居，从事农耕、渔猎、制陶等生产活动。隋末唐初，余杭县令张士衡告老还乡，闲居林下，修身养性，"闲林"即取其意。宋时置闲林酒库。明清时为市集。民国时设镇。闲林曾是水路与山路沟通连接的重要商埠，余杭、临安、富阳一代竹、木、纸、茶集散地之一，是镶嵌在西溪湿地中的一颗璀璨明珠，是京杭大运河支流闲林港畔的一座文明古镇。旧时闲林街上茶楼、酒楼、米店、纸行、茶行鳞次栉比。民国二十六年（1937）十二月，大半个古镇被侵华日军烧毁。

方家山社区地处闲林街道老城区，至今仍保留着元、清、民国、解放初的各类乡土建筑 24 处，包括宅第民居 18 处，传统民居 1 处，桥涵码头 2 处，水利设施及附属物 1 处，工业建筑及附属物 1 处，其他近现代史迹及代表性建筑 1 处。方家山社区宅第民居中多有砖雕门楼，现存何家台门、单家台门、王家前墙门等共约 10 处，是余杭区现存砖雕门楼最集中、最精美的地区，反映了余杭区西南一带清代至民国时期市井发展格局和民居风貌。

1、阜民桥

位于中市街与西市街之间，中市街 43 号民宅以西，东西向跨闲林港。单孔石拱桥，主体采用红砂石，桥面采用青石和少量花岗石。长约 13.39 米，宽 2.6 米，净跨约 5 米，净高 2.5 米。拱券采用纵联并列分节砌筑法，两端均有莲花题记，东端阴刻"皇□□祐□□春月……"。中国历代有"□祐"年号者，北宋有四，南宋有三，元代有一。根据该桥营造法式和建筑材料，推测建于元代延祐年间(1314～1320)。金刚墙采用条石横向错缝叠砌。券脸阳刻"阜民桥"。设实体栏板、方形望柱。两头用踏步。是余杭区已知现存最早的桥梁之一。

2、公福桥

位于方家山社区服务中心西南，庙弄东端。清代单孔石平桥，东西向。长 4.9 米，宽 3.3 米。桥面由 7 块青石板并行铺成，设红砂石栏板、抱鼓石、望柱。桥南阳刻"公福桥"，旁阴刻"乾隆壬戌（1742）仲夏里人□□□建"。桥台采用红砂石横向错缝叠砌。

3、朱家台门

位于南市街朱家台门 2、3、4、5、6、7 号。宅院建于清中晚期，坐东朝西；砖雕门楼建于清早期，系当时"闲林四大家"之一的朱家宅院。门楼通高 6.3 米，宽 3.5 米，石库门高 2.6 米，宽 1.35 米，门框以上的墙面上，两面均饰砖雕。门楼内墙镂刻尤为精细，门坊上有楼阙式仿木构砖雕，共分七层，由二龙戏"寿"、凤凰、人物故事、花卉等图案组成，中间刻"竹苞松茂"匾额。上部有中间高左右低的出檐，翼角起翘，檐下坊额上柱头边饰有斗拱。是余杭区现存少数砖雕门楼中雕刻最精细，且保存最完好的一座。2004 年列为杭州市文物保护点。2014 年，余杭区文广新局、闲林街道出资 18 万元修复台门及所在院墙。2015 年重新公布为杭州市文物保护点。

4、余杭县闲林区公所旧址

位于西市街 26 号。民国建筑，解放初曾作为余杭县闲林区公所的临时办公场所。此处的"区"，是指中国大陆 1990 年代前后撤区并乡前普遍存在的一种乡级行政区，但行政地位介于县、乡之间。区的最高行政官员驻地为"区公所"，是县级政府派出机构，在我国计划经济时期为巩固农村基层政权、管理农村社会经济事务发挥了积极作用。后来随着经济体制转型和政府职能转变，区乡建制渐不适应县域经济发展要求，遂撤区并乡。

坐西朝东，三开间二层砖木结构，后有小天井。通面宽 7.8 米，通进深 12 米，占地面积 93.6 平方米。最南面一间开拱门。东墙外立面设外凸的方形砖壁柱，一二层间设腰檐。是余杭区已知现存唯一的区公所建筑，对研究余杭区计划经济时期的区乡建制具有一定价值。

第二节 东湖街道小林老街

小林老街位于东湖街道结网社区,小林港两岸。大致呈东西走向,现存清、民国乡土建筑 8 处,包括宅第民居 2 处,店铺作坊 2 处,桥涵码头 1 处,传统民居 3 处。小林港西北连塘栖丁河、京杭大运河,东接禾丰港、上塘河。在以水运为主的时代,小林港发挥了重要的交通功能,沿河两岸商贸业逐渐兴盛,依水而建各种店铺、民宅和石桥,形成浓郁江南水乡风情的"小桥流水人家"景致。小林港结网社区段至今仍保留着用齐整的条石叠砌而成的河堤,沿线分布着若干石砌河埠头。小林老街是余杭区现存较少的历史建筑分布密集区之一,具有较为重要的保护利用价值。

1、刘世定民居

位于结网社区健康路 50、51 号。祖上（建房者）原先开酒铺，临河的房屋即作酒铺，赚钱后在酒铺北侧建了宅院。坐北朝南，晚清时期二进三开间六厢房砖木结构建筑，通面宽 11.1 米，通进深 30.8 米，占地面积 341.88 平方米。第一进正房单层单檐，硬山顶，前檐柱上饰简易牛腿，东墙界石上阴刻"彭城刘篆记墙界"。正房后设天井，东西厢房单层单檐、屋顶单面坡。第二进石库门朝南，正房二层重檐，落地隔扇门，明间梁架为 4 柱 7 檩抬梁式，正厅明间梁枋上雕花纹、卷草纹。正房前后各有一个青石板铺成的天井，各有 2 座厢房，均开花窗，屋顶单面坡。南面厢房单层单檐；北面厢房二层单檐，与正房北面二楼形成走马楼。正房和 4 座厢房的前檐柱上均饰雕花牛腿。格局完整，第一进做法简单，第二进做法考究，是研究原小林乡晚清建筑风格及其当时社会经济发展历史的物证。

2、姚家土特产店旧址

位于结网社区 7 组干河路 13—16 号，北临小林港。坐南朝北，清末一进四开间两厢房砖木结构建筑，均单层单檐。通面宽 17 米，通进深 15.95 米，占地面积 271.15 平方米。店面房硬山顶，两旁筑封火墙，东西墙角有"墩义堂墙界"；梁架结构为四柱七檩抬梁式；设前廊，装饰较精美。店面房南侧天井两旁东西厢房均开精美花窗，屋顶均单面坡。店面房、两厢屋顶均覆小青瓦。

3、会龙桥

位于结网社区石荡廊 32 号民宅西侧的河道上，南临小林港。建于清光绪三十二年（1906）。东西向，单孔圆拱石桥。桥长 6.45 米，宽 2.4 米，矢高 3 米，拱跨 1.7 米。拱券采用纵联并列分节法砌筑。南北券额均阳刻"会龙桥"。南侧桥名东面阴刻"大清光绪三十二年"。金刚墙用长方形条石错缝横砌，施两条长系石，明柱上阴刻楹联，南为"千里帆樯沾利泽，万年香火荷神庥"；北侧上联为"□□院慈航普渡"。用踏步，两旁设垂带。设实体栏板、方形望柱。桥上原有一座会龙菩萨庙，后拆除新建一座小庙。

第三节 仁和街道东塘老街

《杭县志稿》载：民国时，东塘"里民稠密，道通苕溪，薪炭客商往来络绎，各货交易颇多"。东塘周围自古盛产大米、鲜鱼、枇杷、桃子、荸荠、蚕茧等农副产品，很早就形成农村商品集散地，由地货行收购农副产品，通过大运河销往上海、嘉兴、湖州等地。东塘老街位于仁和街道獐山社区叶环路、中和路，东塘港以东约 100 米处。现存全长约 100 米，大致呈南北走向，沿街两侧分布着晚清、民国、解放初的 11 处乡土建筑，格局均为下店上宅，具体包括宅第民居 5 处，杂货铺、酱园等店铺作坊 3 处，金融商贸建筑 1 处，传统民居 1 处，医疗卫生建筑 1 处，见证了东塘老街旧市的繁华。东塘老街是余杭区现存少数几个乡土建筑分布密集区块之一。2013 年，余杭区文广新局、仁和街道出资 267.5 万元，完成 11 处乡土建筑的保护修缮。

1、叶环路 16、18、20 号饭店旧址

坐东朝西，晚清五间二层单檐砖木结构建筑。面宽 15.2 米，进深 20 米。一层原为老式店面，后改为新式四开门。门楣上刻人物、祥云、花叶等纹饰。门前铺青石板。二层设浅廊，分隔的木栏柱雕刻兰、莲等纹样。廊下沿垂花板上刻花草纹。硬山顶，上覆小青瓦。南墙上部有石雕，墙脚有"裕后堂沈界"。

2、叶环路 23、25、27 号百货店旧址

坐西朝东。原两进，现存临街的一进。民国三间二层单檐砖木结构建筑，硬山顶，上覆小青瓦。

面宽 10.1 米,进深 20.4 米。一层原为店面,门楣刻人物、山水、树木、祥云、飘带等花纹 门前铺石板。二层设浅廊,木栏杆,上雕刻花叶纹;廊下沿饰垂花板,上刻花叶纹;开木窗,上饰精美花边。

第三章 历史文化村落

余杭区现存历史文化村落 7 个,分别是鸬鸟镇山沟沟村(茅塘、汤坑)、太公堂村凌村坞、中泰街道白云村(天井湾、西坞里)、南峰村九曲岭上、黄湖镇王位山村高村、闲林街道云栖村寺前、径山镇四岭村(千岱坑、菜田坞、灵凤寺)。这些村落主要分布在余杭西部、南部山区,依山傍水、风景秀丽,至今仍保留着较为完整的传统村落格局,以及古桥、古井、民居等乡土建筑。其中鸬鸟镇山沟沟村于 2016 年 7 月被浙江省人民政府公布为第五批浙江省历史文化名村。

第一节 鸬鸟镇山沟沟村

山沟沟村位于鸬鸟镇,地处余杭西北部山区,余杭、临安、安吉三地交界处,是太湖水系的重要源头之一。2003 年,由原嵩村、下余、上高三村合并而成,村域面积 15.3 平方公里,辖 8 个自然村 36 个村民小组。历史悠久,生态环境优良。村内有杭州最高峰窑头山和次高峰红桃山,以及浙北第一坡流,森林覆盖率 95% 以上;动植物种类和山产资源丰富,有国家珍稀植物红豆杉群、国家一级保护动物黑麂等,主产毛竹笋干和茶叶山货,已列为中国生物圈保护区、国家森林公园,先后荣获国家 AAAA 级旅游景区、国家级生态村等称号。

现存清至 20 世纪 70 年代的各类乡土建筑 33 处(其中杭州市文物保护单位 3 处),类型包括桥涵码头、坛庙祠堂、学堂书院、宅第民居、传统民居、革命史迹等,主要分布在茅塘、汤坑、下余。此外还有区级非物质文化遗产项目 1 个,以及酿米酒、打年糕、磨豆腐、做草鞋等传统工艺。是余杭区现存少数几个自然环境保存良好,村落传统格局和历史风貌保存较为完整,乡土建筑保存现状较好,且较为集中的古村落之一。2009 ～ 2011 年,实施并完成茅塘古村落保护工程。2013 年列为全省第一批历史文化村落保护利用重点村。

1、茅塘古私塾

位于茅塘景区。建于清咸丰年间,坐西朝东,为单檐二层二间一弄建筑。夯土墙,墙基由大的石块垒砌,屋顶硬山造,上覆小青瓦。面宽 9.8 米,进深 5.4 米,建筑面积约 110 平方米。东墙外立面从右至左写有"树德载旭"4 个黑色楷体大字。该房建成后至民国时期一直为家族私塾,有了学校后方辟为它用。是余杭先民重视教化的实物证明,也是余杭区已知现存唯一的古私塾,对于研究余杭区文化教育发展史有重要意义。2009 年列为杭州市文物保护单位。2012 年,余杭区文广新局出资 14 万元,鸬鸟镇政府完成整体修缮。

2、新四军随军被服厂旧址

位于茅塘景区。1945 年粟裕率新四军第一师一纵队进至安吉、递铺以东和余杭以北地区时，国民党顽固派三次对一纵队发动进攻。第二次反顽战役胜利后，一纵队在余杭西部整训，3 月在茅塘设立随军被服厂，6 月中旬随军紧急撤至孝丰一带。主厂房设在盛水福和盛阿毛家，有 40 台缝纫机；会计室、仓库和裁剪室设在盛德鸿家。100 多名战士，三分之二是女战士，夜以继日地紧张生产，制成一批批军装、军帽、军鞋、绑腿、皮带和棉衣棉裤，送往各部队。

旧址为一进三开间二厢二层单檐砖木结构建筑，坐西朝东，占地面积约 208 平方米。院墙高大，外立面有"学大寨、创大业"、"自力更生、艰苦奋斗"、"拥护领袖抗战到底"等红色标语。石库院门上方写有"永远革命"。正房梁枋、牛腿雕饰精美，梁柱粗壮考究。正房、厢房均开精美花窗。天井内铺设齐整青石板。2004 年列为杭州市文物保护点。2009 年列为杭州市文物保护单位。2011 年，余杭区文广新局出资，鸬鸟镇政府完成整体修缮。

3、万庆桥

位于汤坑自然村村口，南北向跨汤坑溪。清代单孔石拱桥。桥长 12.7 米，宽 4.35 米，矢高 4.3 米，跨径 7.6 米。拱券用大小基本一致的块石横联砌筑，金刚墙由块石叠砌而成。桥面正中平台嵌

正方形桥心石，东西两边均用条石作为低矮护栏，南北桥坡用踏步。桥额阴刻"万庆桥"。西侧桥额两边两块块石上各浮雕一条纵向爬行的蜈蚣，故又俗呼蜈蚣桥，意愿为不被山洪冲垮（传说山洪为蛟龙所致，而蛟龙怕蜈蚣）。此桥由村民集资，依山而建，为村庄连接主道。原有一块捐资建桥的功德碑佐证，已佚。是余杭区已知现存两座蜈蚣桥之一。2013 年列为杭州市文物保护单位。

4、汤氏宗祠

位于汤坑景区。背靠大山，前临小溪，祠外东南角有一株高大的南方红豆杉。据汤氏后裔介绍，建于清代，系当地世居汤姓族人祭祀议事场所。"文革"时期遭到破坏，2008 年 4 月，汤氏后人筹资修建完工。坐北朝南，二进三开间单层单檐木构建筑。通面宽 11.7 米，通进深 21.4 米，占地面积 250.38 平方米。前为门厅，后为正殿，均为硬山顶，阴阳合瓦，东西两侧均高筑封火山墙。正殿内供奉着汤氏先祖的牌位。西墙外立面写有红色大字标语"战无不胜的毛泽东思想万岁！"整体格局保存完整，特色鲜明，用材考究，是余杭区保存至今为数不多的祠堂建筑之一。

5、周家大院

位于下余 55、56 号。建于清末民国初。坐西朝东，一进三开间两厢房二层单檐木结构建筑。

通面宽 15 米，通进深 17 米，占地面积 255 平方米。院墙高大，东面高筑封火山墙。明间采用抬梁式梁架，落 4 柱。建筑格局完整，高大宽敞，梁柱粗壮，用材考究，雕饰精美，具有一定的历史、艺术价值。1928 年曾作为共青团临安县委（后改称"余临孝边区委员会"）余杭县境内嵩村支部所在地，房主周易生任支部书记。抗日战争时期，新四军到嵩村一带建立浙西根据地，又作为我地下党组织基地。据说我国现代杰出的军事家、革命家、战略家、新四军将军粟裕曾住过一夜。为研究余杭县革命斗争史提供了重要的实物资料。2014 年 4 月 30 日，建成开放余杭共青团历史纪念馆。

第二节 中泰街道天井湾村

天井湾，位于中泰街道山区，白云村西南的铜山自然村，与临安交界处。《余杭县地名志》载："天井湾：本村地势较高，以山泉井一口得名。"建村历史二三百年。该村分布范围面积 3.47 公顷，四周群山环绕，村北约 240 米处有全长 7.2 公里的中桥溪，属南苕溪水系，村南有条小河从西南向东北流往白云村西坞里，空间形态呈山环水抱之势。村中建成 30 年以上的建筑共 11 处，其余均为新建筑，或石头砌筑房屋的断壁残垣。全村建筑均依地形而筑，除村口天井外，近半数是民国和解放初期建的乡土建筑。其中三间二层木结构民宅居多；此外还有 2 幢解放初期建的平房：铜山五队蚕房、天井湾集体仓库。这些建筑有的用石头砌筑墙基，有的除梁架结构和门窗为木质外，整个墙体都用块石垒砌。村路则用小的块石铺筑。走在其中仿佛置身于一个石头砌筑的世外桃源，颇具特色。

天井湾是余杭区已知现存少数几个自然环境保存良好、乡土建筑保存现状较好，且较为集中的古村落之一。2011 年，余杭区文广新局、中泰街道出资 226.7 万元，完成村内 10 处乡土建筑的保护修缮。

1、天井

位于天井湾村口。清中期开凿，天井湾村因此井得名。呈正方形，边长 1 米，深约 1.4 米。井水常年不涸，水质清洌，村民目前仍在使用。

2、楼金明民宅

位于天井湾 10 号。建于 20 世纪 50 年代。坐西朝东，三间二层单檐木结构。二楼为玻璃窗户，两端筑马头墙。一楼明间正门前设有腰门，地面为石灰、沙、石铺设。前设天井。面宽 14.45 米，进深 7.8 米。为研究余杭区南部山区传统民居提供了实物例证。

第三节 黄湖镇高村

高村，位于黄湖镇王位山村。王位山古称黄回山，海拔 745 米。清·嘉庆《余杭县志》载："黄回山，在县北六十里，相传黄巢兵掠余杭，犯临安，为钱武肃王败于此，收其卒而回，故名黄回。"

相传唐末黄巢起义曾在此屯兵据守形成村落，留下洗马坑、放马场、点将台、宝石剑等许多传说和景观。高村依山而建，原为山寨，村周建有围墙，分布面积约 5.38 万平方米。村落格局保存较完好，现存清代至民国时期的 13 处乡土建筑，包括寺观塔幢 1 处（宝幢禅寺），宅第民居 7 处，传统民居 4 处，文化教育建筑及附属物 1 处。村中道路多铺筑鹅卵石或块石。是余杭区已知现存少数几个自然环境保存良好，乡土建筑保存现状较好，且较为集中的古村落之一。

1、高村张宅

位于高村 70～75 号。距今 100 多年历史。坐北朝南，二进三开间四厢房二层单檐砖木结构建筑。通面宽 12.7 米，进深 27.45 米，占地面积 348.6 平方米。青砖院墙高筑。梁枋、牛腿、门窗雕刻花草、动物等纹样。格局规整，用材考究，雕饰精美，是余杭区现存规模最大、最完整和精美的古民居建筑之一。2011 年，余杭区文广新局出资 75.5 万元，黄湖镇政府完成整体修缮。

2、高村大礼堂

位于高村村委旁。建于 20 世纪 60 年代，1966 年作为文化大革命时期开会场所。20 世纪 70 年代，援越部队曾在此留宿，是历史的重要见证。坐南朝北，平面呈矩形，七开间单层砖木结构建筑。占地面积 417.42 平方米。2014 年，余杭区文广新局出资 54 万元，黄湖镇政府完成整体修缮。

第四章 其他不可移动文物

余杭区除良渚文化遗址、大运河文化遗产，径山、超山、西溪等专题史迹，以及乡土建筑集中成片的传统村镇、街区以外，还分布着数量庞大的其他不可移动文物。根据余杭区第三次全国文物普查登录情况，包括古遗址 53 处、古墓葬 28 处、古建筑 487 处、石窟寺及石刻 19 处、近现代重要史迹及代表性建筑 455 处、其他 1 处。

第一节 古遗址

余杭区境内共登录古遗址 53 处，具体分为 10 类，包括聚落址 25 处、窑址 7 处、寺庙遗址 13 处、古战场 1 处、军事设施遗址 1 处、城址 1 处、驿站古道遗址 1 处、水利设施遗址 1 处、宫殿衙署遗址 2 处、其他古遗址 1 处。因后 5 类在良渚文化篇、大运河（余杭段）篇及本篇专题史迹章节中已有阐述，故本节主要阐述前 5 类。

一、聚落址

1、瓶窑吴家埠遗址

位于瓶窑镇外窑村前头山南侧。1973 年，浙江省煤炭地质队建房时曾出土玉琮、玉璧、石钺等文物。1981 年浙江省文物考古研究所进行发掘，揭露面积 1300 平方米，发现了马家浜—崧泽—

良渚文化的三叠层，清理了马家浜文化墓葬8座、崧泽文化与良渚文化墓葬20座，出土陶鼎、豆、罐、过滤器，玉璧、珠、管，石钺等器物650件。这是在余杭首次发现马家浜文化遗存，把良渚遗址的上溯年代推前到了距今6000年。是良渚遗址内第一次较大型的考古发掘，标志着对良渚遗址重新探索的开始。

2、余杭南湖遗址

是余杭区南湖范围内新石器时代至战国时诸多遗址的统称。位于余杭街道西南1公里，分布在南湖农场东边的沼泽中，范围约3万平方米。1986年余杭镇水产大队挖砂时发现，湖底淤泥约50厘米的砂层下面，蕴藏有丰富的新石器时代文化。黄砂层厚0.5～1米，泥砂混杂，难以分辨文化层次。许多出土器皿内灌满泥沙，故保存较好。该遗址似乎是突遭洪水侵袭而被淹没废弃，至汉代束堤成湖。出土器物有马家浜文化时期腰沿釜、牛鼻耳罐等，崧泽文化时期凿形足陶鼎、腹部加堆纹的罐等。大多数为良渚文化时期的黑陶器皿，有鱼鳍形足鼎、T字形足鼎、高圈足豆、双鼻壶、圈足罐，以及单孔石钺、石锛，时间跨度3000余年。2006～2007年，浙江省文物考古研究所进行考古调查发掘，揭露出木构、成排木桩、竹筏等水利遗迹，采集出土了陶、石、木、骨等各类器物250件。

3、径山小古城遗址

位于径山镇小古城村。相传为古代一座城址，故名。据调查，为一座人工堆筑的大土台，东西长约700米，南北宽约500米，面积达35万平方米，平均高出附近地面2～3米。南侧原为苕溪，已辟为内港。土台西部为庙山，系人工堆筑的土山，东部为古城畈，系水稻田，北100米为北苕溪。20世纪80年代以来，因村民挖砂出土大批文物，年代上自马家浜文化，下至春秋战国，尤以马桥文化时期遗物最为丰富，亦最精致。出土石器有钺、镞、锛、镰、半月形双孔石刀、犁、矛、戈、凹槽形石锛等。陶器有夹砂陶釜、夹砂双目式锥形足鼎、鱼鳍形足鼎、黑陶豆、黑陶罐及一些几何形印纹硬陶，如单把匜、带钮器盖等，饰绳纹、锥刺纹、云雷纹、曲折纹、回字纹、米字纹、麻布纹及一些组合纹饰等。此外还有原始瓷圜底罐、鸭形壶等，矛、戈、剑等铜器。土台东部200米处一池塘内，村民还挖出木桩等遗物，坑壁上文化层依稀可辨。

2004年3～6月，浙江省文物考古研究所进行勘探试掘。小古城村便道18米处出土可复原的陶、石、木器40件。试掘范围内堆积有9层，第1、2层为现代耕土层、扰乱层，第3～9层皆是马桥文化时期堆积，厚2米。堆积自西向东略倾斜，据堆积相和土质土色特征判断，属水边堆积，西面高地应是马桥文化时期的先民活动场所，东面是一片水域。第9、7、6层应是淡水河湖相堆积，出土遗物除陶、石器外，还有兽骨、树枝、竹子等大量有机质孑遗，出土陶片年代跨度也较大，而泥质软陶陶片细碎，棱角有磨砺痕迹。其余层次可能是不同时期的堤岸或人工堆筑的生活面，出土遗物较少。据调查试掘推测小古城土台应是当时周围诸遗址的一处中心遗址。

该遗址是余杭区境内继良渚遗址之后发现的又一处规模较大、较重要的古文化聚落遗址，对于研究其与良渚文化的关系，以及良渚文化之后后续文化的发展、演变等都具有重要价值。1997年列为浙江省文物保护单位。2013年列为全国重点文物保护单位。

4、良渚荀山东坡遗址

位于良渚街道荀山村荀山东麓。1986年，杭州工学院拟在荀山征地建校，浙江省考古所前往试掘，布南北向2×20米探沟3条，发现良渚文化层下面叠压有崧泽文化和马家浜文化。内含器物与1981年吴家埠遗址所见器物相同。

5、瓶窑张堰遗址

位于瓶窑镇西南,北苕溪自西向东流过,西距陶春桥约4公里,南是北湖草荡。两岸农民耕作时,常有陶器、石器出土。据初步调查,范围约6000平方米。文化层厚约50厘米,内涵丰富。从出土陶片看,遗址时间跨度较长,有新石器时代早期的红陶折腹盆、腰沿釜、夹粗砂双目式锥形陶鼎足;也有良渚文化时期的黑陶器及石器;商周时期的印纹硬陶圜底罐、原始瓷豆、盏等。时代跨度当自马家浜时期至商、周时期。

6、仁和南庄桥遗址

位于仁和街道洛阳村红眉山东北部山坡。1999年10月～2000年4月,为配合杭宁高速公路建设,浙江省文物考古研究所进行考古发掘,发掘面积800平方米。发现文化堆积层厚4米,从马家浜文化、良渚文化一直到明清时期。其中马家浜文化的房基遗址2处,河沟2条,灰坑11座及大量陶片。

7、良渚石马斗遗址

位于良渚街道石马斗村。为配合良渚文化村房产建设项目,2004年9月～2005年7月、2006年10月～2007年1月,浙江省文物考古研究所进行两期发掘,共发掘崧泽文化墓葬84座,石器加工场1处,灰坑24座,出土各类文物900余件。其发现填补了良渚遗址群地区史前遗址年代上的缺环。

8、东湖禾丰遗址

位于余杭经济技术开发区东湖街道北部,禾丰港从遗址东部流过。2012年6～10月,为配合房地产建设项目,杭州市文物考古研究所进行抢救性发掘,发掘面积1415平方米。该遗址时代跨度大,遗迹现象丰富,出土遗物众多。发掘灰坑35处、灰沟4处,井2处,柱洞8处。出土马桥、西周、战国、汉代、六朝、明清等时期的各类文物170余件。为研究杭州地区古代文化发展状况提供了丰富的实物资料。

9、径山陶春桥遗址

位于径山镇潘板桥东南约3公里的陶春桥村,北苕溪两岸,西起苏家头至向阳蚕种场,长约1.5公里,范围约7000平方米。1978年疏浚北苕溪时,农民在挑土中发现有大量夹砂陶、印纹陶、原始瓷碎片,并出土不少石器,在溪畔挖土时还发现几束竹简,可惜被民工破坏殆尽。涸水期两岸暴露文化层,厚0.2～1米,农民挖黄砂时,常有较完整的陶瓷器和铜兵器出土。该遗址上自马桥文化,下至春秋战国。

二、窑址

1、良渚卢村窑址

位于良渚街道卢村的良渚文化塘山遗址上,从所处地势判断,系采用龙窑烧制。产品均为高温釉陶器,种类以盘口壶为主,另有部分瓿、罐、泡菜罐、纺轮等。装烧工艺上使用大型的支烧具支烧。时代在西汉晚期至东汉早期。2013年发掘,是余杭区目前发现的唯一一处专门生产高温釉陶的窑址。

2、良渚馒头山窑址

位于良渚街道安溪下溪湾村北馒头山南坡。早年开荒种茶破坏,断面暴露出3.5米宽的窑床,内积有大量红色烧土,两边堆积层厚约40厘米,坡下一东西向的小路尽是陶片,散布约5000平方米。据现场陶片分析,器形有壶、双耳罐、泡菜罐等,另有束腰鼓形支座、直腹扁鼓形垫具等窑具。壶分喇叭口和高盘口,有拍印箆纹的陶罍,纹饰有羽毛纹耳系、密弦纹、方格斜线印纹。此窑始于西汉晚期,废止于东汉。

3、良渚坑门水库窑址

位于良渚街道安溪上溪村北约3公里的坑门水库内。东南向的山坡距表土1米处，断面暴露一座底宽3.3米、窑壁残高55厘米的窑床，烧土厚8厘米，由东北至西南走向。炉窑东西两侧堆积范围各约500平方米、厚约70厘米。据现场分析，当时烧制器物有喇叭形口高颈壶、高盘口壶、双耳弦纹罐、泡菜罐、陶钫、兽头三足鼎，纹饰有水波纹、交叉斜线方格纹。窑具有束腰长鼓形支座、直腹扁鼓形垫具。系西汉晚期至东汉的窑址，早期修水库时已遭破坏。

4、瓶窑马金口窑址

位于瓶窑镇长命马金口村南高约2.5米的土墩上，西北断面裸露陶片堆积层，厚约40厘米，范围约500平方米。陶片器形有壶、罐、罍等，纹饰有席纹、篦纹、斜方格纹、水波纹等。其中I式壶喇叭口、长颈弧肩、鼓腹平底、羽毛纹双系耳，颈部刻划水波纹数圈，肩部有四道突弦纹、颈肩区间刻划锥刺飞鸟纹，肩与上腹区间刻划云气纹，线条流畅。釉色青中泛黄，胎呈紫红色。II式壶高盘口、束颈鼓腹、矮圈足，肩部饰羽毛纹双耳，腹部密布弦纹。印纹陶罍大口平底，外壁拍印席纹。为西汉中晚期到东汉的陶窑。

5、瓶窑鸡笼山窑址

位于瓶窑镇窑北村山茅坞自然村，鸡笼山北坡。早年开荒植茶时曾遭破坏。地面散布的陶片甚为丰富，有窑具、相当多的窑渣，以及器物残片，未见窑床暴露。堆积厚约60厘米，范围近10000平方米。器物为釉陶，可辨器形有壶、罐、罍、钵等，并有束腰长鼓形支座窑具。壶口有喇叭状和高盘口之分，颈部饰水波纹，双耳饰杉叶纹，有的系上堆贴"∽"纹。亦有弦纹罐。具有东汉釉陶器物特征。此外，鸡笼山东南坡也散布有少量陶片。此窑年代当为西汉晚期至东汉，以烧制青釉为主，也有部分黑釉，属德清窑系。

6、瓶窑鸽宝山窑址

位于瓶窑镇长命大观山杭州种猪试验场西南、鸽宝山南麓。早期被破坏。小水库东坡见有堆积厚约50厘米，杂有红烧土块，范围约500平方米。纹饰与马金口窑相同，并见有羽毛纹耳系上贴饰"∽"纹样。器物主要有敞口壶、盘口壶、弦纹罐、泡菜罐等。系汉代中期陶窑。

7、良渚百庙山窑址

位于良渚街道安溪西北、中溪村百庙山南坡。山坡辟沿山公路时发现，范围约5000平方米，陶片堆积层厚30～50厘米，宽约6～8米的共有3处，表土下层是红烧土块。器形有高圈足锺、双耳罐、罍等，陶片纹饰有编制纹、窗棂纹、鱼鳞纹、弦纹及羽毛纹耳饰等，窑具有束腰高支座、覆钵形垫具。时代当为东汉早期到三国。

8、良渚安溪茶场窑址

位于良渚街道安溪上溪村北、沿山公路北侧，东南一条溪沟中可见堆积层，厚约50厘米。系东汉陶窑，建茶场时被破坏。

9、良渚邱家坞窑址

位于良渚街道大陆邱家坞口山坡上，范围约100平方米。地面散落有陶片，堆积较薄，有弦纹罐、篦纹罍等腹片。时代为东汉。

10、良渚砧板山窑址

位于良渚街道安溪村中溪砧板山南侧。20世纪90年代杭州市文物考古研究所和余杭文物管理委员会办公室曾进行专题调查。砧板山窑址地形上确定为龙窑所在，但已全部种植茶树。系三国两晋时期窑址。

11、瓶窑石山下窑址

位于瓶窑镇长命村长命桥东南石山下自然村南400米处的茶山湾坞中。20世纪60年代开荒种茶时被破坏。西边南北向溪沟东侧断面可见废弃的青瓷碎片、窑具等堆积，厚约1.5米，近处约30度的山坡茶地上布满瓷片、窑具，面积约10余亩。现场采集的各类标本表明该窑烧制青瓷产品，种类以盘口壶、四系罐为主，另有兽头三足洗、狮形水注、碗、盏等。产品肩部往往装饰带状的网格纹、连珠式花蕊纹及弦纹，有铺首羽毛纹的系耳。装烧方法采用垫烧或叠烧，所见窑具有扁鼓形支座、圆盘形多齿垫具、三脚支钉等。系西晋时期青瓷窑址。

12、良渚大陆果园窑址

位于良渚街道七贤桥村大陆果园山坡上。开荒种植梨树时已被破坏。在果园房舍后面的山坡上，发现一座西南低、东北高走向，斜度在15度以上，长约20余米、宽约2米的龙窑遗址。梨园中红色烧土满坡，在一条东西向的小路北边水沟断面，裸露出堆积层，厚约50厘米。路边瓷片甚多，面积约10000平方米。从实地采集的标本表明，该窑合烧青瓷和黑瓷，产品种类丰富，主要有盘口壶、鸡头壶、罐、灯盏、水盂、砚、碗、盏等。器表装饰以单一的青釉或黑釉为主，部分点缀褐色点彩。器身普遍采用轮制，装烧手法有垫烧和叠烧两种，窑具有扁鼓形支座、多齿圆盘形垫具等。系东晋时期瓷窑窑址。2004年列为杭州市文物保护点。

13、良渚西馒头山窑址

位于良渚街道良渚文化村西部（原大陆乡石马斗西南），良渚至大陆的公路南侧，小土墩高约五六米，形似馒头，因名。土山遍植茶树，茶地上瓷片俯拾皆是，面积约3000平方米。20世纪60年代开荒种粮时发现，统称"大陆窑"，《中国陶瓷史》有载。据采集的标本，烘制青瓷为主，亦有黑釉瓷器，窑床不止一条。2007年因房产项目取土开发，浙江省文物考古研究所进行发掘清理，出土包含物有青瓷支钉、酱黑釉罐腹片、鸡首壶的鸡首管流、青瓷腹片等。系东晋时期瓷窑窑址。

14、良渚叶家山窑址

位于良渚街道崇福社区叶家山北坡。此地俗呼窑墩头，土墩因早期开荒植茶，窑址被破坏，茶丛中可见散布的瓷片，范围约3000平方米。堆积层较乱，最厚处达1米多。残片为青瓷质，器形有长颈、鼓腹盘口壶，浅敛口碗，鸡首壶以及带钮器，此外还有窑具残片。器物表面施青釉，素面。系东晋时期瓷窑窑址。

15、良渚庙桥头窑址

位于良渚街道大陆庙桥头小河东南的高地上，高地西边南北向的小路沟边，可见有堆积瓷片，厚约30～40厘米，面积约1500平方米。系东晋时期瓷窑窑址，烧造时间和制作器物与大陆果园瓷窑相同。

16、良渚七贤桥窑址

位于良渚街道七贤桥村七贤桥东，河岸南边。20世纪60年代大陆供销社造仓库时被破坏，仓库底下及其周围堆积层厚约30厘米，面积约1000平方米，是东晋时专烧青瓷灯台的瓷窑。

17、良渚石马斗窑址

位于良渚街道西南约1.5公里处的石马斗村。因当地房产项目工程，2004年9月～2005年7月，2007年10～12月，浙江省文物考古研究所进行抢救性发掘。窑址主体堆积已被破坏，但在山坡与平地的过渡地带仍保存了部分堆积，并出土了大量瓷片和窑具，山坡下平地发现了可能与制瓷作坊相关的遗迹现象。窑址出土器物有青釉和黑釉两种，其中以青釉为主。器形主要有碗、洗、盘口壶、罐等。系东晋时期窑址。

18、瓶窑窑山窑址

位于瓶窑镇里窑社区窑山南坡。窑址堆积层厚达3～5米，面积约1万平方米。窑场向西延伸，至南山南坡、南山里横塘，再向西至横山东，陶穴栉比，尽是烧制束口直筒形陶质韩瓶。大者高约35厘米，腹径约20厘米；一般高约25厘米，腹径约10厘米。1999年曾在窑山西南坡挖出窑片堆积，主要器形是韩瓶，另有少量碗、盘、盆、盏等。为宋代一大型窑场。2004年列为杭州市文物保护点。2013年列为杭州市文物保护单位。

三、寺庙遗址

1、同安寺遗址

位于径山镇四岭村四岭水库北面同安顶。明天启年间（1621~1627）开创，为径山寺分院，毁于文化大革命时期。现存原山门口一株300多年树龄的桂花树，原天王殿前的一个放生池，以及清代临济宗法慧禅师墓和莲城禅师墓。法慧禅师墓塔后立有《法慧禅师塔记》碑，碑文楷书，共118字，内容记述同安寺历史。对于研究余杭区地方宗教史及径山寺的发展史具有参考价值。

附：法慧禅师塔记

双径之北有同安古道场，乃天启朝一轮禅师开创，置有山产，嗣光远，其塔在庵之西。师系云栖派也。相传四世于康熙己未(1679)遭祝融之变，迨五世孙法公、心公苦守，重兴宗风，复振焉。今七世孙募建灵塔，勒石永志不朽。苕水法弟鲍栻、吴林拜纪。康熙甲午(1714)嘉平上浣日，侄觉普、孙果圆全敬立。

2、石壁寺遗址

位于径山镇四岭村罗望坞接近山顶的山谷中平坦处。此块平地上已无任何地面建筑，散落少量条石、柱础。遗址南部有一椭圆形水池，块石砌筑，保存较好，似为放生地。遗址东部下方有一长方形大水池，块石砌筑，水源从山间流下，似为寺院用水之水池。明《径山志》载："石壁坞相传千峰万壑，群贤聚集之所，径山后。"地望和寺名均与之相符。

3、普宁寺遗址

位于仁和街道普宁村村委南。相传于谦在寺内读书时手植牡丹数丛。寺虽屡毁屡建，但寺僧为纪念民族英雄，精心护理牡丹，成为代代相传的寺规。清·光绪《唐栖志》载："相传为于忠肃公手植"。今寺无存，仅留"玉楼春"名花六大丛。1984年，余杭县文物管理委员会与东塘镇政府共同投资，对普宁寺牡丹园征地，由原先的60平方米扩至120平方米，修筑围墙加以保护。余杭县人民政府于1963、1974、1983年先后多次公布为余杭县文物保护单位。2009年列为杭州市文物保护单位。2013年，余杭区文广新局、仁和街道出资15万元完成保护整治，拆除原单层四角攒尖亭，新建单层六角攒尖亭。

4、东明寺遗址

位于良渚街道安溪村东明山（一名灵妙山）上。清康熙年间重建，1942年农历七月廿九日被日寇纵火焚毁。断垣残壁的遗址中，石坎台阶清晰可辨，前为天王殿，中为大雄殿，后为方丈室(桂花厅)。唯余清康熙十五年(1676)孤云禅师塔铭碑一通。无尘殿东有一口古井，深约4米，大旱不涸，山僧赖此饮用。寺内古桂一株被日寇焚烧后，死而复苏，花开金银两色。2013年，杭州市文物考古研究所对东明寺法堂、塔院遗址进行考古清理。东明寺是江南地区临济宗祖庭之一，法堂是寺内重要建筑。塔院始建于明代早期，大致衰落于清代晚期，距今已有约600年历史。塔院遗址规模较大，清理范围约1700平方米，共清理古墓葬20座，其中明代6座，清代14座，其形制、年代与文献记载相印证；部分墓葬墓主明确，临济宗第 23 世东明慧昢禅师、24 世海舟普慈禅师、25 世宝峰明瑄、32 世孤云行鉴禅师等都是我国佛教史上具有重要影响力的人物，在杭州地区实属罕见，在浙江省同类型遗址中，发现如此规模的塔林遗址尚属首次，具有重要的历史、艺术与宗教意义。2015 年，余杭区文广新局、良渚街道投资 87.6 万元，结合文献和考古成果，实施完成东明寺塔院遗址保护展示项目，恢复部分墓塔、修补驳坎、甬道、建设碑亭，设置说明碑，安装监控设备等。同年列为杭州市文物保护点。

5、广化寺遗址

位于良渚街道安溪村下溪自然村，万松山北坡。初步判定为明代遗址。总体布局保存基本完整，大殿遗址前留有石砌甬道，两侧有石砌放生池，寺庙废墟及附近竹林中散落着较多砖瓦及石构件。尤其是遗址西部的两座佛塔，塔身周饰龙形、天王、菩萨等佛教造像，用材考究，雕刻工艺精美，规格高、体量大，在整个杭州地区都属罕见。2015 年列为杭州市文物保护点。

6、金佛寺遗址

位于仁和街道新桥村，南为寺前漾。明·吴之鲸《武林梵志》、明·夏时正《杭州府志》、清·王同《唐栖志》均有载。南宋嘉泰元年（1201），璋法师建寺。开禧三年（1207），宋宁宗赐"金佛寺"额。元至正六年（1346）毁。明洪武十四年（1381）僧正福重建，二十四年（1391）并入崇圣寺。后金佛寺全毁，今在原址上新建，尚存一颗树龄逾千年的银杏。寺内曾悬挂"吴中四才子"之一的唐伯虎所作的中堂画，并有瓷碗、青瓷花瓶等上千件瓷器，惜文革时丢失。

7、吴山寺遗址

位于径山镇潘板桥村吴山南麓，现潘板粮库所在地。寺庙原有规模、格局不详，仅存一座庙门和一块石碑。庙门朝东，为拱形石门，门楣长方形框内阴刻四个大字，已被凿毁。石碑嵌于潘板粮库库房墙体内，宽 0.78 米，高 1.93 米，清宣统元年（1909）立，内容为禁止无业游民偷窃吴山寺山花、糟蹋寺宇，以及不法僧徒剥蚀寺产、盗卖田山等。从碑文可知，吴山寺因兵燹被毁，光绪初年，僧悦能与其徒如圆入山，苦心经营二十余年，又经曹立能、曹环书等助捐，复建了大雄宝殿、观音阁、韦驮殿等 20 余座殿堂。2014 年，余杭区文广新局出资 22 万元，径山镇政府将碑移至吴山南面半山腰，并建成碑廊予以保护展示。

四、古战场

1、土桥湾古战场遗址

位于余杭街道溪塔村土桥湾，南苕溪西大堤。该地点已出土三把战国青铜剑及箭簇若干。其中一把于 1989 年 12 月在土桥湾挖砂坑时出土，另外两把于 2008 年实施土桥湾西险大塘退堤工程时出土。除土桥湾外，北湖、潘板、永建、小古城一带也常有春秋战国及汉代的戈、匕首、铁剑等兵器出土，推测这一带曾是古战场。

五、军事设施遗址

1、九度岭关隘

位于良渚街道安溪村西北坑门里。九度岭系古道要扼之地，为武康（今德清）至杭州关隘。南宋末年，元将阿喽罕从武康过九度岭，经安溪奉口会师临安（今杭州）。清咸丰十年（1860），太平军忠王李秀成部从九度岭经安溪、良渚、勾庄攻打武林门。2004年列为杭州市文物保护点。2008年余杭区第三次全国文物普查时，发现在分界岭上尚留有两道块石砌成的残墙。残墙东西走向，北残墙西段长4米，宽1米，高1.2～1.6米；东段长25米，高0.3～0.8米。南残墙长9米，高0.2～0.8米。2004年列为杭州市文物保护点。2011年，杭州市文物考古研究所进行考古清理。2012年，余杭区文广新局、良渚街道出资20余万元完成修缮，恢复关隘原貌。2013年列为杭州市文物保护单位。

六、宫殿衙署遗址

1、洞霄宫遗址

位于余杭区中泰街道南峰村九峰自然村与临安市青山湖街道宫里村交界处。九峰山入口处旧有一石牌坊，额镌"九峰拱秀"四字。过"鸣凤桥"，再行里许，有"天关、藏云、飞鸾、凌虚、通真、龙吟、洞微、云敖、朝元"等九峰，又名"九锁山"。山中以溪涧为界，分九峰、宫里两村。穿村南行，过会仙桥至整衣亭遗址，溪畔尚有抱鼓石等构件，不数步是元同桥，桥面平缓，西边石栏板刻有"淳熙甲辰（1184）重九日锦城盛十宣教施钱造"16字。再南行，路边有翠蛟亭遗址。抵宫门，左右有狮象两山，北有大涤、西南天柱、东南青坛诸山四面回抱。天柱峰下，一方100余亩的坪地，即为道教"三十六洞天"之一的洞霄宫旧址所在。2015年列为杭州市文物保护点。同年，杭州市文物考古研究所进行考古调查。

汉武帝元封三年（公元前108年），建宫坛于大涤洞前。唐弘道元年（683），奉旨建天柱观。乾宁二年（895），钱镠改天柱宫。北宋大中祥符五年（1012），真宗赐田15顷，并赐钟磬法具等，岁度童子1人为道士，并改名"洞霄宫"，是冬又命张君房等在此整理道籍，经十年成《宝文统录》道教经典。南宋定都临安（今杭州），余杭为畿辅之地，洞霄宫为赵构行宫。淳佑七年（1247），理宗赵昀为宫观御书"洞天福地"四字赐。自北宋元丰三年（1018）以后，以去位的宰辅殿阁大臣，提举宫观的有米芾、蔡京、李纲、张浚、范成大、朱熹等160人。

洞霄宫盛时祠观林立。道家有许迈、郭文、吴筠、叶法善、邓牧等名流，洞霄宫与嵩山崇福齐名，同为天下宫观之首。北宋末年，方腊起义，宫观遭兵毁，绍兴二十五年（1155）重建。元至正年间（1341～1368）再遭兵毁，明洪武初重建。至清乾隆、嘉庆时，尚存方丈室及斗阁、丹室等。历代隐贤名士如孟浩然、罗隐、苏轼、范成大、陆游、赵抃、林逋、萨都剌、赵孟頫、徐渭、朱彝尊、厉鹗等，留下诗篇300余首。元代隐士邓牧著有《洞霄图志》。

洞霄宫屡建屡毁，今剩石坎礎础一片遗迹，断垣残壁上嵌有明、清碑刻数方，其中有明万历三十五年（1607）《洞霄宫记》、清乾隆四十九年（1784）十二月梁同书的楷书（由临安市文物馆保管），清晰可读。大涤洞上方洞口嵌有余杭县令汪皋鹤作于清乾隆三十五年(1770)的诗碑一通,碑高1.1米、宽0.56米。碑文如下:

石磴风烟幻　松门岁月长

白云藏紫府　呼吸到华阳

庚寅春大涤洞作汪皋鹤(印)

附: 洞霄宫碑记(碑已佚,录自清·乾隆《洞霄宫志》,南宋陆游撰)

造化之初昆仑旁薄一气既分天积气于上地积块于下明为日月幽为鬼神聚为山岳海渎散为万物万物之至灵为人人之至灵为圣哲为仙真而道为天地万物之宗幽朋钜细之统此伏羲黄帝老子所以握乾坤司变化也其书为易六十四卦道德五千言阴符度人西升生神之经列御寇庄周关尹喜之书其学者必谢去世俗练精积神栖于名山乔岳略与吾教弗类而笃于父子之案君臣之义与尧舜周公孔子遗书无异则正吾教之大指也临安府洞霄宫旧名天柱观在大涤洞天之下盖学黄老者之所庐其来久矣至吾宋遂与嵩山崇福独为天下宫观之首以宠辅相大臣之去位者亦有以提举洞霄超拜左相者则其地望之重殆与昭应景灵醴泉万寿太一神霄宝箓为比他莫敢望在真宗皇帝时始制诏改宫名赐仁和县田十有五顷以奉斋醮悉除其租赋至政和间宫以历岁久穿坏漫漶徽宗皇帝降度牒三百命两浙转运司复兴葺之岁度童子一人为道士建炎中又废于兵火高宗皇帝中兴大业闻之当宁叹息乃绍兴二十五年以皇太后之命建昊天殿钟经二阁表以崇闳缭以修庑费出慈宁宫梓匠工役具于修内步军司中使临护犒赐狎至既不以命有司而山麓之民晏然不知有役一旦告成金碧之丽光照林谷钟磬之作声摩云霄见者疑其天降地涌神运鬼使也可谓盛矣及上脱屣万几颐神物表遂以乾道二年自德寿宫行幸山中驻跸累日敕太官进蔬膳亲御翰墨书度人经以赐自有天地即有此山殊尤之迹今乃创见庆元六年九月葆光大师宫都监潘三华与知宫事高守中同知宫事水邱居仁以告游日愿有记以为无穷之传游以疾未能属稿同知宫事王师明及其徒李知柔踵至以请会游被命绁史久不克成嘉泰三年四月史成奏御乃能叙载本末为此且作铭曰

在宋祥符帝锡帛书乃作昭应比隆河图元丰景灵列圣攸居元上清以视帝储祕宇皇皇焕于天衢徽祖神霄诞弥九区迨我高皇省方东吴睠言天柱镇兹行都警跸来临神明翊扶乃御幄殿穆清斋居天日复照雨露涵濡迄今遗民泣望属车三圣嗣兴光照圣谟千础之宫骞腾太虚杰阁鸿钟震于江湖肆作涌诗亿载不渝

第二节　古墓葬

余杭区境内共登录古墓葬28处,包括帝王陵寝1处、名人或贵族墓9处、普通墓葬10处,其他古墓葬8处,时代自先秦至晚清,涵盖了各个历史时期,为了解余杭区历代丧葬习俗提供了珍贵的实物资料。

一、汉代以前墓葬

1、崇贤黄鹤山墓群

位于崇贤街道沿山村南山新村西南1公里处,黄鹤山北麓。20世纪80年代以来,随着生产建设的大规模进行,崇贤黄鹤山北侧的山坡、坡地边缘出土了一些战国时期的文物,如印纹陶罐,原始瓷提梁壶、编钟、兽面鼎、洗、碗、杯,均由余杭文物部门收缴、清理出土。此外还发现汉、宋、明代墓砖。

2、崇贤老鸦桥战国墓群

位于崇贤街道沿山村老鸦桥自然村。1984 年 5 月，崇贤水泥厂取土时出土一批原始瓷，余杭县文物管理委员会办公室随即派人进行抢救性清理，共发掘墓葬 3 座。其中 M1、M2 破坏严重，大部分文物已散落，后追回 25 件原始瓷。M2 后又出土原始瓷 13 件、印纹硬陶 2 件、硬陶 1 件。M3 保存较佳，竖穴土坑墓，长 3.5 米，宽 1.9 米，出土原始瓷 20 件、印纹硬陶 5 件、泥质灰陶 1 件。

3、良渚石马斗战国墓

位于良渚街道大陆顾家埠石马斗山坡。2000 年，当地村民取土时，发现原始瓷器等器物。经清理，共出土 46 件器物。其中印纹硬陶 17 件，原始瓷 29 件，有鼎、瓿、提梁盉、洗、盆、瓶、碗、钵、虎子、勾鑃、镇等。

二、两汉至隋唐墓葬

1、余杭义桥墓群

位于余杭街道义桥村义桥工业园区内。2007 年 4 月，群众举报义桥工业开发区在施工过程中发现古墓葬。5 月 22 日～7 月 10 日，杭州市文物考古研究所与杭州市余杭博物馆联合进行抢救性考古发掘，发掘面积 1500 余平方米。共清理墓葬 64 座，其中土坑墓 27 座，砖室墓 37 座。墓内出土文物 522 件（组），采集文物 63 件，类别包括陶、瓷、铜、铁、石、琉璃器，以及铭文砖等。

墓葬时代跨越战国至清代，其中战国墓 1 座、西汉墓 26 座、东汉墓 21 座、西晋墓 9 座、东晋墓 4 座、北宋墓 2 座、清代墓 1 座。西汉墓均为土坑墓，分为一墩一穴、一墩二穴和一墩三穴三种；墓坑分为长方形和刀把形，平面有窄坑和宽坑之分；出土文物数量较多，类型丰富。东汉墓为砖室墓，多为长方形、凸字形和 T 字形三种，出土各类器物 27 件（组）。西晋墓平面以凸字形为主，少量为刀形；墓壁砌法普遍采用顺丁结构，铺底砖均为人字形；部分墓内设有壁龛；随葬器物多为青瓷质地的日用器和冥器，种类有罐、盂、熏炉、井、灶、牲畜圈等，胎质坚硬，轮制。东晋墓为小型砖室墓，平面形状多样，有凸字形、刀形、长方形、T 字形等，出土器物以瓷器为主，伴出有青铜器等；器物种类有瓷唾壶、瓷钵、铜镜等。

义桥墓群墓葬数量较多，时代跨度大，出土器物丰富多样，为研究古代余杭丧葬观念、埋葬习俗的变化提供了丰富的实物资料。

2、中泰百亩地汉墓群

位于中泰街道百亩地村北部，桃源山庄内。2012 年 7 月 3 日～8 月 17 日，为配合杭州市桃源山庄房地产开发有限公司新明半岛三期 H1 区块建设，杭州市文物考古研究所进行抢救性发掘清理。共发掘墓葬 21 座，出土文物 138 件（组）。其中西汉土坑木椁墓 16 座，大多保存完好，分布于山丘之南，排列密集，以东西走向为主，个别呈南北走向。墓坑平面均为长方形，底面平整，两端各挖有一条放置和稳固木椁垫木的沟槽。其中 M18 墓底还发现髹黑漆的木棺痕迹。随葬品以陶器为主，有罐、壶、灶、井、钵、熏炉等，个别规模较大的墓还出土鼎、甗、瓿、釉陶麟趾金、釉陶璧、陶纺轮等。其中釉陶麟趾金数量最多，共 127 件，制作精致，形式多样。此外还有部分铁器和铜器，铁器主要为剑、削；铜器有镜和钱币，钱币分"五铢"、"半两"两种。新莽到东汉时期砖室墓 6 座，破坏较为严重，随葬品被洗劫一空。墓室平面呈长方形，墓壁顺长错缝平砌，墓砖侧面均模印几何纹，纹饰一端朝向墓室；其中保存稍好的 M9 墓前发现有砖砌的排水道通往山下。该墓与余杭街道义桥周边汉墓的发现，有助于了解和研究汉代余杭县城的规模和人口。

3、东湖茅山墓群

位于余杭经济技术开发区东湖街道上环桥社区茅山南麓。2010 年 2 ～ 8 月，为配合余杭经济开发区建设，浙江省文物考古研究所进行发掘，共清理汉至宋代墓葬 84 座。其中西汉墓均为中小型土坑墓，东西向，随葬品以陶鼎、盒、瓿、壶、罐、灶及铜钱为基本组合，部分中型墓中还有麟趾金和五铢钱。M83 和 M84 为异穴合葬墓，方向一致，规模、结构相等，左右并列且存在早晚打破关系。东汉墓主要有土坑砖椁墓和券顶砖室墓两类，出土陶盘口壶、铜镜等，其中四乳四禽纹镜制作最为精良。茅山汉墓的发现，揭示了浙江汉墓形制由西汉土坑木椁墓到东汉早期木椁转为砖椁，并演变成券顶砖室墓的发展轨迹。

六朝墓共 39 座，绝大多数由墓室、甬道、封门、排水沟组成，盗扰严重。其中西晋墓均朝南，为券顶单室墓，出土物多见青釉瓷碗、瓷盏、盘口壶等。M27 为刀形券顶砖室墓，墓壁略外弧。墓壁、封门以平砖错缝叠砌；券顶部分以成组顺砖和一组丁砖间隔叠砌；铺地砖以平砖横向错缝铺一层；排水沟位于封门前方，向右偏折，沟道口径 5 厘米。随葬器物 6 件，以青瓷器为主，摆放于墓室前部。墓砖分长方形、楔形、梯形三种，饰有胜纹、米字纹等。M49 为东晋凸字形券顶砖室纪年墓。券顶以楔形顺砖和梯形丁砖间隔起券，墓壁、券顶、封门均采用"三顺一丁"砌法，铺地砖一层，呈人字纹错缝平砌。排水沟自墓室前部导出，直行后向右偏折延伸。墓砖以长方形、楔形为主，纹饰有钱纹、窗枢纹、莲花纹、神兽纹、佛教图像莲花化生等，铭文有"晋升平二年（358）秋七月一日范氏造"、"升平二年秋七月一日范氏造"、"徐令作"三种。出土青瓷盏、铜镜、铁刀、铜棺钉等 5 件器物。南朝墓为凸字形券顶砖室墓，墓壁、甬道、封门均采用"三顺一丁"砌法，墓壁外弧明显。券顶、排水沟经破坏无存。铺地砖一层，呈人字纹错缝平砌。墓砖分长方形、梯形两种。墓壁丁砖朝向墓室内部的一端饰有半圆莲花纹或双钱纹。未见出土器物。

4、瓶窑大观山果园墓群

位于瓶窑镇大观山果园东南端。1987 年 10 月 7 日～11 月 27 日，为配合 104 国道父子岭段改建工程，浙江省文物考古研究所进行抢救性考古发掘，发掘汉代土墩 4 个，清理汉墓 13 座。其中西汉晚期土坑木椁墓 4 座，墓坑平面均呈长方形，东西向，四壁垂直，底面平整，出土陶、铜、铁等器物 92 件（组）。墓地营建方式、外观与先秦土墩墓近似，体现了余杭平原与丘陵地区丧葬习俗、墓地营建方式等方面存在差异。东汉中期券顶砖室墓 7 座，墓坑东西向，墓室平面 6 座为长方形，1 座为带甬道的刀形。墓室采用平铺错缝形式，底面铺砖。葬俗以单葬为主，个别为双室合葬。出土器物 30 件（组），以罐、罍为基本组合，质地以酱釉瓷为主，并有一定数量的硬陶。

1994 年 12 月，果园职工在果园东侧整地种植果树时发现 1 座砖室墓。良渚文化博物馆进行抢救性清理。为东晋凸字形券顶砖室墓，墓向 290 度。由甬道和墓室两部分组成，甬道长 0.9 米、高 1.1 米，墓室长 4.28 米、宽 1.78 米、高 2.6 米。墓壁采用三顺一丁结构，封门砖呈曲折形封堵，铺底砖为人字形。葬具腐坏无存，墓室内设有砖砌棺床，系两横一纵结构。早期被盗，墓内被扰乱。共清理出 10 件随葬品，包括戒指、耳环等金银饰品 6 件，绿松石珠 1 颗，铜镜 1 件，青瓷小盂 2 件，全见于棺床部位。此外有数枚铁棺钉。

5、瓶窑莫角山汉墓群

位于瓶窑镇莫角山。自 2010 年以来，浙江省文物考古研究所在莫角山发现并清理数座西汉墓葬。其中 M37 系长方形竖穴土坑木椁墓，墓内残留有木质葬具的板灰痕迹。随葬品共 16 件，器物以盘口壶为主，另有瓿、罐、罍、灶、井、耳杯、薰、钵、铁釜、铜矛等。2010 年发掘清理 4 座东汉砖椁墓。墓葬分为前后两排，东西走向，砖砌椁室，随葬品以盘口壶、罐、罍、碗等日用器为基本组合，可能是家族墓地。莫角山与大观山、姜介山、石马坊等汉代墓地的发现，反映了汉代这一地区人口相对集中，有助于了解汉代余杭的城镇布局与位置。

6、良渚石马斗西汉墓

位于良渚街道良渚文化村。2004 年，为配合良渚文化村项目建设，由浙江省文物考古研究所和良渚遗址管理委员会组成的考古队在良渚街道大雄山山前小岗的崧泽遗址上清理西汉中晚期墓葬 3 座。墓葬分为竖穴土坑木椁墓和土坑两类，平面有近方形和长方形两种。各墓随葬品多少不等，器物的基本组合由礼器、日用器及冥器组成，种类有瓿、敞口壶、罍、罐、灶、井，体现这一时期墓葬的基本特点。

7、东湖玉架山汉墓群

位于余杭经济技术开发区东湖街道万陈社区。2009 ～ 2010 年，共发掘清理西汉晚期至东汉初墓葬5座。墓葬均开口于表土层下，封土不明显,均为长方形竖穴土坑结构,出土陶瓿、壶、罐、罍、灶、铜尊、带钩、钱币、铁釜、匕首、料饰等各类器物 129 件（组）。

8、瓶窑姜介山西汉墓

位于瓶窑镇大观山果园西坡。1990 年，良渚遗址管理所对该地 1 座西汉墓进行抢救性考古清理。墓葬为长方形深竖穴土坑木椁墓，墓向 97 度，头向东。墓坑底面残留有葬具板灰和漆皮。随葬品除铜镜、带钩、钱币及铁剑随身入棺，其余陶器均放置于木椁的边厢内，种类有盘口壶、罐、盆、香薰及麟趾金等。

9、余杭梯子湾山墓群

位于余杭街道上湖村新建组梯子湾山南坡。分布面积约 2 万平方米，墓葬数量不明。因建上湖1号路、修公墓、村民取土等原因被破坏。从断面看,表土层较厚,墓葬埋藏较深。有一些汉砖、晋砖及更晚的墓砖裸露在外，判定为汉六朝时期墓葬。

10、星桥马家山墓群

位于星桥街道汤家社区南侧。2011 年 3 ～ 11 月，为配合星桥益荣房产项目建设，杭州市文物考古所进行考古发掘，共清理汉至宋代墓葬31座，其中西汉 9 座、东汉 4 座、晋14座，南朝、隋、唐、宋各1座。西汉墓均为土坑竖穴墓，出土陶壶、瓿、罍、鼎、盒、罐、麟趾金,铜钱、铜镜等一大批随葬品。东汉墓均为长方形砖室墓，出土陶壶、罐、铁剑、鐎斗、铜镜等。

晋墓自西向东分三排排列,可分为"凸字形"、"四翼"和"刀形"券顶砖室墓三种类型。均由墓室、甬道、墓道三部分组成。出土随葬品有越窑青瓷盘口壶、鸡笼、灶、三足盘、罐、耳杯、盘、羊形堆塑等。其中 M1 墓壁的砌筑结构颇为特殊，在两组三顺一丁结构的直壁上，以墓室四角为起点，墓壁中间为终点，呈拱形逐层内收成穹窿顶，顶心以定心石嵌压。这种四翼券顶砖室墓在杭州地区较少见。

南朝和隋代砖室墓盗扰严重，仅残存局部。唐代砖室墓破坏严重，只存一方用灰白色水成岩制作的墓志，刻有楷书文字，大部分字迹已模糊，可辨文字有"朝议郎上，轻车都尉……安县令楮……南阳郡人，今吴郡盐……唐……开元九年（721）"等。宋代砖室墓呈梯形，破坏严重。

11、星桥里山墓群

位于星桥街道洞口村里山。2011 年 3 ～ 7 月，为配合广厦天都城爱丽山庄二期建设，杭州市文物考古研究所进行考古发掘，共发掘墓葬 32 座，出土文物 113 件（组），采集墓砖 25 块。其中东汉墓 22 座，分布密集，形制以口上盖木板的砖椁墓为主，另有部分为顶部构建券顶的砖室墓；随葬品共 96 件（组），种类有陶盘口壶、罍、罐、石黛板和研黛器等。东晋墓 2 座，规模较大，东西向，由甬道和长方弧边形墓室组成；随葬品以鸡首壶、盘口壶、钱纹罐为基本组合。其中 M15 墓前有窄长的砖砌排水道，M26 墓砖有"太元十五年（390）庚寅岁八月"和"钱氏作"铭文。此外还有隋墓 5 座，唐五代墓 1 座，宋墓 2 座。

12、东湖小横山墓群

位于余杭经济技术开发区东湖街道陈家木桥社区小横山南坡。2011 年 4 月，群众举报小横山顶部有古墓被破坏。6 月 22 日～2012 年 1 月，杭州市文物考古研究所进行发掘，共发掘 121 座古墓葬，出土文物 310 件(组)，主要为青瓷盘口壶、碗、盘、钵、唾壶、鸡首壶等。其中 8 座东汉墓，分土坑砖椁墓和券顶砖室墓两类，平面均呈长方形，东西向、南北向均有，因早年被盗，随葬品仅 29 件，以陶器为主，有罐、壶、灶、罍等，还有铜镜、铁刀、铁釜等。1 座明墓，砖砌双室，石板盖顶，白灰抹缝，南北走向，以砖砌筑四壁及铺砌墓底。西室内仅余少量铁钉，无随葬品。东室内部有部分人头骨，但朽烂严重，底部东北角出土"大明成化年造"款青花瓷碗 1 件。

其余 112 座均为东晋南朝墓，南北向，从山顶至山脚共分五排，每排墓葬大致平行排列，有的地段大、中、小型墓错杂，有的位置几座大型墓一字排开。东晋墓多分布于山体中下部，南朝墓多分布于山体中上部。营建方法一般先在山体岩层中开凿墓圹，围绕于砖砌墓室外 20～30 厘米。大中型墓均为单室墓，小型墓大多为单室墓，个别为双室墓。随葬品种类简略，以青瓷盘口壶和小碗为主，少量伴出有钵、鸡首壶、唾壶等；青瓷占绝对优势，个别为德清窑的黑褐釉瓷。长度 6 米以上的大型墓将近 40 座，均为南壁平直、东西壁微凸、北壁弧凸较甚的凸字形。东晋墓葬墓壁基本无装饰，券顶外面模印大量表示墓砖种类的文字。南朝墓有 20 座装饰画像砖，主要施用于封门券门正面、墓室南壁及东西两壁，北壁也偶有分布，内容丰富，形式多样，既有单块的小幅画像，也有多砖拼合的画幅；表现形式有高浮雕和线雕两种，内容有武士、侍女、飞天等人物造型，狮子、朱雀、千秋、万岁等瑞兽，还有宝珠、宝轮、莲花化生等佛教题材。墓砖种类丰富，形式多样，可分为长方形、梯形、楔形砖、小型砖和特种砖五大类，最多的 1 座墓内有 40 多种规格。这是杭州近几十年来南朝墓群的首次大规模发现，在全国也极为罕见。墓葬排列整齐有序，分布密集，延续时间较长，规模差距较大，说明在盛行家族合葬的东晋南朝时期，此地不仅是当地豪强大族的家族茔地，也是附近民众来世的理想归宿。其中不少墓葬规模较大，修砌考究，墓砖种类繁多，体现了墓主雄厚的经济实力，以及时人对墓葬营造的倾心竭力。

13、星桥蜡烛庵东汉墓

2004 年 11 月，浙江省文物考古研究所在宣杭铁路复线建设工程中，于星桥街道横山姚大夫村西侧发掘东汉砖室墓 4 座，出土的随葬品有陶罐、罍、铜镜、钱币、铁釜、刀、石黛板和研黛器等。

14、余杭马鞍山墓群

位于余杭街道金星村马鞍山西坡。占地面积约 1 万平方米。2008 年 7 月，杭州市余杭博物馆组织人员进行调查，清理残墓 3 座，其中东汉墓 2 座、宋墓 1 座，均为长方形券顶砖室墓。墓内及周围出土了少量陶片、瓷片，无完整器物出土。

15、余杭七里亭晋墓群

位于余杭街道西北侧。2010 年 11 月～2011 年 1 月，杭州市文物考古研究所进行勘探发掘，共清理两晋时期墓葬 7 座，其中 M22 为西晋"太康一年（280）□□甲戌"纪年墓。

墓葬为券顶砖室结构，墓向 160°。整体由封门、甬道和墓室三部分组成，平面呈凸字形。

封门由券门、封门墙和翼墙三部分构成，券门采用平起错缝垒砌，自底向上 1 米处内收成券，宽 0.86 米、内高 1.26 米。券门上端及两侧设有翼墙，厚 0.34 米、宽 2.58 米，均为拱券结构，共六层。甬道长 1.04 米、宽 0.86 米、内高 1.26 米，两壁采用三顺一丁法砌筑。墓室长 4.04 米、宽 1.56 米、残高 1.68 米。墓壁下部采用丁顺结构，上部为平起错缝，自底向上 1.5 米处内收成券。铺底砖呈顺横交错形式。墓室中后部加铺一层平砖形成棺床，结构与底砖相同。墓砖有长方形和楔形两种。部分砖侧模印"太康一年□□甲戌"字样。墓内随葬品因遭盗掘而仅存残片。

16、余杭凤凰山村茶山六朝墓群

位于余杭街道禹航路怡景苑建筑工地内。2013 年夏，浙江省文物考古研究所在茶山东麓发掘六朝砖室墓 7 座，其中 3 座属西晋时期。均为券顶砖室墓，整体由甬道和墓室两部分组成，平面呈凸字形。墓壁采用丁顺结构砌筑，铺底砖呈人字形平铺。

17、临平山西晋墓

位于临平街道临平山南麓。1984 年 8 月，武警某部在安隐寺西南坡施工中发现。余杭县文物管理委员会办公室及时到现场抢救清理。单室券顶砖室墓，整体由甬道和墓室两部分组成，平面呈凸字形。甬道较短，长 1.05 米、宽 1 米。墓室平面呈长方形，内长 3.73 米、宽 1.7 米。墓壁采用三顺一丁砌法，铺底砖呈人字形。墓砖长 34 厘米、宽 16 厘米、厚 4 厘米。砖面留有制作时的绳纹，侧面和端面模印几何纹。葬具已腐朽无存。墓早期被盗，清理出随葬青瓷器 20 件，大部分摆放于墓室前半部。

18、瓶窑石濑西晋墓

位于瓶窑镇石濑村高地自然村。1991 年初发现，为一座券顶砖室墓。余杭县文物管理委员会办公室人员闻讯赶往现场，将已被村民取出的各类随葬器物悉数取回。

19、闲林庙山南朝墓

位于闲林街道庙山西北坡。1987 年 3 月，杭州市文物考古研究所与余杭县文物管理委员会办公室联合发掘。凸字形券顶砖室墓，墓向 290 度。由甬道和墓室两部分组成，全长 7.6 米。甬道位于墓室前端略偏左处，长 1.37 米、宽 1.1 米、高 1.67 米。前端重砌拱券，其上重券两层，券内砌封墓墙两层。墓室长 5.55 米、宽 2.18 米、高 2.57 米。平面呈船形，后壁弧度较大，和墓顶拱券相接，前壁平直。墓壁为底部五平一竖，其上依次均为三平一竖，上部顺砖错缝平砌，左右壁各有两个壁龛。墓内中部设高 21 厘米的砖质棺床，棺床下部用竖砖杂乱堆砌，留间隙作散水。葬具、骨骸腐朽无存。早年被盗，随葬器物残存有青瓷盘口壶和碗、滑石猪、铜钱、铁剪等 8 件。

墓砖大部分为长方形，券顶使用楔形和刀形两种。有部分砖一侧有模印花纹，纹饰题材有人物、朱雀、莲花三种，左右对称拼砌。以右壁为例，距砖底高 0.65 米至 1 米处（第三层立砖），自左至右依次分四组：第一组 1 人，面向右，小冠，肩披褕裆，宽袖长裤曳地，两手持剑挂地。第二组 2 人，着短襦，宽袖长裤，相对交谈状。第三组 4 僧人，均面向右方，第一、三僧人双手合十，第二、四僧人手持净器。第四组与第二组同。上面第四层立砖，用六块侧面拼成一对朱雀，相对作展翅状，共六组，其中第六组仅见一只朱雀面向左。第六层竖砖起，均砌莲花纹砖，由两块立砖合而为一，依次向上。墓后壁，朱雀六组分两层排列，上层 2 组下层 4 组，其上边遍布莲花纹砖。为拼砌方便，砖上有统一编号，模制花纹砖，拼成后，线条流畅生动。

此墓虽无明确纪年，但据其形制和墓砖花纹，有僧人、莲花等佛教题材，又杂有朱雀纹样的道教色彩，结合南朝梁武帝创立释、道、儒三教同源说，推断为南朝晚期墓。

三、宋至明清墓葬

1、盛度墓

位于瓶窑镇南山村总管堂自然村,蚂蝗山与东山之间的小山西坡的山岙处。盛度（968～1041），字公量，余杭人。宋端拱初登进士，绘《西域图》《河西陇右图》，上称其博，赠翰林院学士加史馆修撰，参与修编《文苑英华》，官至参知政事，知枢密院，以太子少傅致仕，著有《愚谷集》等。殁后归葬故里横山。墓所在山丘为人工堆筑而成，呈馒头状，高约25米，长约200米，宽约80米，现种植翠竹，墓旁尚有盛氏家庙遗迹。2004年列为杭州市文物保护点。2015年重新公布为杭州市文物保护点。

2、沈括墓

位于良渚街道安溪村太平山南麓，安康医院内。沈括（1032～1096），字存中，号梦溪丈人，钱塘县（今余杭）人。北宋著名政治家、科学家。嘉祐进士。熙宁五年（1072）提举司天监，八年（1075）升任翰林学士。元丰五年（1082），授龙图阁直学士。晚年谪居润州（今镇江），筑梦溪园。卒于润州，归葬故里。著有《梦溪笔谈》，英国科学家李约瑟称其为"中国科学史上的坐标"，并称沈括是"中国整部科学史上最卓越的人物"。

沈括墓早年遭受破坏。1983年文物普查时，据明·万历《钱塘县志》、民国《杭县志稿》等文献记载，民间口碑和学术界提供线索，并在安溪姚今霆先生积极协助下，在安溪太平山南麓找到石翁仲一对。在墓砖堆积层下，采集到北宋青瓷划花碗残片及"元丰""元祐"等年号古钱币数枚，与墓葬时代、地点吻合。

1986年列为余杭县重点文物保护单位。2001年9～10月，余杭区政府拨款恢复沈括墓，由杭州市园林文物局西湖南线管理处施工。坐北朝南，封土呈圆形，直径4.7米，墓周青砖垒砌。前立墓碑，上书"宋故龙图阁直学士沈括之墓"。墓道两侧有墓葬原物石翁仲1对，后期增设的石马、石羊各1对。2009年列为杭州市文物保护单位。

3、赵鼎墓

位于良渚街道安溪村乌尖山之阳。赵鼎（1085～1147），字元镇，号得全居士，山西闻喜人。宋崇宁进士，随高宗南渡，累官御史中丞、尚书右仆射等职。与秦桧不合，罢谪岭南，不食而卒，孝宗即位追谥忠简，有《忠正德文集》。墓已被破坏，墓前留有石翁仲两躯及石兽数具。

4、星桥皋亭山明墓

位于星桥街道星都社区天都城爱丽山庄北侧，皋亭山东南坡。墓残，墓砖散落，其形制比较厚重，带石灰粘和土，系明墓。

5、柴车墓

位于瓶窑镇窑北村骆家山1号民宅东北侧，骆家山南坡及南侧农田。柴车（1375～1441），字叔舆，钱塘（今余杭）人。明永乐二年（1404）中举，授兵部主事，累官兵部侍郎。车廉干，英宗初靖西，破朵儿只伯，建军功，升兵部尚书职。坐北朝南，墓前原有石狮、石旗杆、石马、石翁仲各 1 对。现仅存石马 2 只、翁仲 1 只。

6、杨氏兄弟合葬墓

位于径山镇四岭村后房杨家山。系杨前溪、杨见溪兄弟合葬墓。一墓两穴，圆锥形封土，直径 4 米。墓面用两根方形石柱，柱头覆莲状；中间置两块横式墓碑，碑文楷书阳刻，右为"明故前溪杨公墓，天启七年（1627）立春立"；左为"明故见溪杨公墓，天启七年仲秋"。墓前有拜坛，置有一张石供桌，上刻弦纹。对研究余杭区明代丧葬习俗有一定价值。

7、俞公墓

位于百丈镇半山村高扶梯山顶。外观呈半圆形，直径约 8 米。墓周由青石块和青石板垒砌。墓已遭破坏，周围散落雕有花纹的石构件和一块墓碑。墓碑青石质，横向，长 1.1 米，宽 0.6 米，厚 0.15 米。碑文楷书，竖向阴刻，正中为"皇清待赠显考□□俞公、妣梁太孺人之墓"，左侧另有"儒妣闻氏、沈氏"；右为"乾隆五十一年（1786）岁次丙午仲冬月，赐进士出身文林郎候选知县通家姪董作栋拜"，以及"董作栋印"等两方印章；左为立碑人姓名。对研究余杭区清代丧葬习俗有一定价值。

董作栋（1738～1810）字工求，幹甫，号书巢，余杭县人。清乾隆四十三年进士。五十七年任鲁山（今属河南平顶山市）知县。任上兴学致治，兴修水利，更定"顺庄法"，多有政绩。纂修《鲁山县志》，续纂嘉庆《余杭县志》。

8、姚梦兰墓

位于仁和街道永泰村钱家坵"要命来"地。姚梦兰（1827～1897），名仁，字梦兰，世居獐山乡（今仁和街道）钱家坵。悉心钻研医术，擅治温热，精内、妇、儿诸科，尤长调理。40 岁后，医名大噪，在杭嘉湖一带享有盛誉，远近求医者，日逾百人，为清末浙江四大名医之一，堪称余杭的中医内科鼻祖。平日乐善好施，为贫者诊治，不收分文，医德高尚。传人有 150 多人，遍布江浙沪乃至全国各地，都在中医事业上作出了很大贡献。其中有人称姚氏中医内科"三鼎甲"的姚耕山、莫尚古、马幼眉；当代名医叶熙春、潘韵泉均出自莫门下。至今健在的传人已是第四代，有陈开绪、史沛均、杨少山等。

姚梦兰逝世后，数十里内乡人都赶来哭泣送灵。后来人们把他的墓地惯称为"要命来地"，意思是姚先生把病人的性命要回来，足见乡人对这位名中医的无比崇敬。为姚梦兰和两位夫人的合葬墓。原有墓碑，上覆小房。土坑墓，现仅剩坟头，高 1.5 米，占地面积约 10 平方米。姚氏后人仍每年来清理墓地和祭拜。

9、松树坞清墓

位于径山镇双溪村松树坞自然村。坐北朝南，圈椅式，封土呈馒头状。墓面用两根红砂岩质方壁柱，柱头做成仰覆莲状；中间置横式墓碑，青石质，宽 2.28 米，高 0.8 米，上方设檐；两旁设抱鼓石。墓前两侧用块石砌筑环抱状挡墙，高约 1.3 米，内为拜坛。碑文楷书，竖向阴刻，右为"光绪二十三年（1897）岁次丁酉吉立，丑山未向兼癸丁三分，清故显祖考立敬府君、继祖妣章太孺人之墓"，左为"清故显祖考德音公之墓"、"清故显妣屠太孺人之墓"，以及立碑的子孙姓名；中为《立敬公与李、黄二姓合葬墓碑记》，内容记述墓地选址、合葬、立碑原因和立碑人。系张、李、黄三姓合葬墓，对研究余杭区清末丧葬习俗有一定价值。

第三节 古建筑

余杭区境内共登录古建筑 487 处，涵盖了 12 种类型。其中桥涵码头 199 处，宅第民居 186 处，数量最多，所占比例近 80%。此外还有池塘井泉 42 处、店铺作坊 22 处、坛庙祠堂 17 处、城垣城楼 1 处、宫殿府邸 1 处、学堂书院 2 处、亭台楼阙 1 处、寺观塔幢 4 处、堤坝渠堰 2 处、其他 10 处。

一、宅第民居

1、张锦昌民宅

位于径山镇麻车头村张家村 19 号。坐东朝西，占地面积 341.7 平方米。主体建筑二层，两坡青瓦屋顶，梁枋檐廊处均饰精美的装饰构件；二层有青砖铺砌的八角窗洞，内置木质移窗。南、北各有厢房。是典型的清代民居，具有一定规模。建筑风貌较好，格局较完整，门窗的制作工艺精致，装饰性较强，具有一定的保护价值。2007 年被杭州市人民政府公布为杭州市历史建筑。2013 年，余杭区文广新局出资 50 余万元，径山镇政府完成整体修缮。

2、闲林桦树村民居

原为闲林街道桦树村 3 组的两处民居。其中孙三毛民宅建于晚清，为一进三开间两弄四厢房建筑，占地面积 405.95 平方米。孙利明民宅建于清末民初，二进三开间两弄四厢房建筑，占地面积 343.91 平方米。两座宅院格局完整、用材考究、雕饰精美，是余杭区现存较好、较精美的晚清建筑之一。但因桦树村地处杭州市重点民生项目——闲林水库淹没区，故余杭区文广新局、闲林街道出资 280 万元，于 2015 年将其迁建于方家山社区。

3、厉梅庭民宅

位于运河街道五杭社区万寿路6号。建于清中晚期。厉家曾在此宅开过药店、南货店、蜡烛店，1949 年划为小商，故而保存下来。原共三进，抗战期间遭火毁，现仅存最后一进，为三开间二层重檐二天井四厢房砖木结构建筑。面宽 13 米，进深 19.6 米，占地面积 254.8 平方米。砖雕门楼。正房、厢房开槅扇门、花窗。牛腿雕福禄寿等纹饰。为研究余杭区平原水网地带地方宅第民居提供了实物例证。2011 年，余杭区文广新局、运河街道出资 45 万元完成整体修缮。

4、马幼眉故居

位于仁和街道平宅村丝网埭 36 号。马幼眉，平宅人，清代名医，精于内科。师从浙江四大名医之一的姚梦兰，与仁和姚耕山、良渚莫尚古并称"三鼎甲"。清中晚期建造。坐北朝南，一进院落式民居。原先前后有厢房，现仅存正房，三间二层重檐结构，面宽 11.5 米，进深 11.5 米。主间五架抬梁带前单步卷棚廊后双步廊，梁枋雕花装饰十分精美，四柱九檩，冬瓜梁雕刻精美，方砖铺地，厅堂宽敞。房南存三只牛腿，雕刻人物故事纹，其中东次间一只雕刻"张果老骑毛驴"纹样，精美完好。解放后曾作为村里的办公场所，房内保留有毛主席语录、"人民公社万岁"、"大跃进万岁"等标语。格局虽不完整，但用材考究、装饰精美。

二、坛庙祠堂

（一）坛庙

1、三文村庙大殿

位于塘栖镇三文村一组，村委东约 500 米处。传说小康王逃难塘栖，为村姑所救，回宫后派二名差人来寻。差人来寻未果，自杀。被封为神，供奉庙内。又，《杭县志稿》卷八载："祀陈、禹二大明王（《栖水文乘》），庙即永清院址，咸丰十年，燬于粤寇。（《唐栖志》）光绪二十年（1894）复建（新纂）。陈、禹二王，莫可稽考，或谓昔有陈仁、陈义兄弟同死于难，立人感而祀之。"

三文村庙原占地五、六亩，现存大殿一座，重建于清宣统元年（1909），用来供奉土地爷，祭祀者众。坐北朝南，三开间单层，硬山顶，占地面积 220 平方米。明间梁架为四柱九檩抬梁式，次间为五柱九檩穿斗式。梁上写有"风调雨顺"、"国泰民安"、"大清宣统元年岁次巳酉仲冬月 拾壹图弟子众姓人等 大吉利字 大旦……"等字样。梁枋、牛腿等处雕花纹。是研究余杭区民间信仰的实物资料。

2、冯令公庙

位于径山镇绿景村绿景塘 19 号东侧。相传是为纪念宋代冯姓地方官所建。清末民初建筑。坐北朝南，三间大殿，面宽 12.4 米，进深 9.4 米，占地面积 116.56 平方米。明间五柱九檩抬梁式，梁上雕花较精美，前廊饰四只牛腿，雕刻两狮子、两童子。地坪为进口水泥铺地，刻有万字纹。

3、釜托寺

位于百丈镇半山村里半山自然村，釜托山中。清·嘉庆《余杭县志》载"宝严院在县北一百二十里古城界，旧名宝隆，梁乾化二年（912）僧觉海创，宋治平二年（1065）改今名。元末毁于兵，明洪武初重建，改名釜托寺。清顺治十二年（1655）重建复名宝隆寺。"同治、光绪年间，住持僧根生、庆善募化重修、扩建，颇具规模。现仅存大雄宝殿一幢，坐北朝南，三间二弄，设前后廊，硬山顶，

两边马头墙。用材考究，殿宇高敞。梁、枋、撑拱雕刻人物、花草等精美纹饰。大梁上有"光绪二十六年"墨书，纪年明确。寺前有十余株柳杉和一棵金钱松，树龄四百余年。是余杭区现存少数古寺庙建筑之一。1986 年列为余杭县重点文物保护单位。2007 年，余杭区文广新局进行维修。2009 年列为杭州市文物保护单位。2011 年，余杭区文广新局出资 15 万元，百丈镇政府完成整体修缮。

4、杨府庙

位于黄湖镇赐璧村牌楼山 1 号西侧。相传为纪念北宋杨家将而建。清代建筑。坐北朝南，面宽 11.8 米，进深 10.2 米。正厅一统三间平房，明间四柱九檩抬梁式，次间五柱九檩穿斗式，梁柱用材考究，雕梁画栋，十分精美。

5、荀山庙

位于良渚街道荀山村荀山东南麓。简称荀庙，又名太平寺，相传为战国时期赵国人荀况读书讲学处。荀况嫉浊世之政，弃官奔楚，与春申君黄歇交情甚厚，故隐居于此。明·万历《钱塘县志》载："荀山寺在灵芝三都八图，元至顺中（1330～1333）建。"荀山庙属清代建筑，坐北朝南，二进三开间带东西廊砖木结构建筑，通面宽 11 米，通进深 15 米，占地面积 165 平方米。第一进

明间四柱七檩抬梁式，次间五柱七檩穿斗式；第二进明间五柱九檩穿斗式。庙西 10 余米处有古井 1 口，相传为荀况所凿，因呼荀井，水质清冽。井壁由鹅卵石砌筑，中间鼓，两头小，井腹直径 1.3 米。井圈高 55 厘米，红砂岩质，内径 58 厘米，外径 76 厘米。庙东为关帝庙，建于清光绪年间（1875～1908）。坐北朝南，二进三间带东西廊，通面宽 11 米，进深 15 米。第一进西墙上嵌有清同治九年（1870）和光绪

二十三年(1897)石碑各一通，东墙上嵌有清光绪六年(1880)石碑一通。第二进有方形青石柱28根，其中8根镌刻"聪明正直之谓神谱系溯炎刘贵胄，雨阳寒燠已成岁馨香奉蜀汉贤王"等 4 幅楹联。2004 年列为杭州市文物保护点。2011 年，余杭区文广新局、良渚街道出资 60.8 万元完成整体修缮。2015 年重新公布为杭州市文物保护点。

6、罗汉寺大殿

位于运河街道褚家坝社区北部刘家道地。相传罗汉寺始建于宋。现存大殿建于清同治年间（1856～1875），坐北朝南，三开间单层单檐歇山顶，前设轩廊，占地约 170 平方米。轩廊方形石柱上阴刻"慧日高悬光明世界（落款：壬戌孟秋绍兴樊镇撰书）"，法轮大转普利人天（落

款：钱塘节义庵比邱尼机成敬立）"。20 世纪 50 年代和文化大革命时期，大殿内供奉的三尊大佛和十八罗汉均被砸毁。20 世纪 80 年代用作运河镇老年活动中心，现为运河街道老年乐园。是余杭区现存少数古寺庙建筑之一。因年久失修，大殿出现不少大梁、柱子遭白蚁等虫害侵蚀、屋顶漏雨、瓦件破损等现象，亟需修缮。2013～2014 年，余杭区文广新局、运河街道出资 43 万元进行全面修缮。

7、石盂寺药师殿

位于中泰街道紫荆村铜岭桥自然村石盂岭上。旧名永庆寺。据《余杭县志》载，石盂寺始建于晋，兴建于唐，清康熙年间达到鼎盛，乃千年古寺。石盂寺药师殿曾经香客络绎不绝，为五开间单层单檐砖木结构建筑，占地面积174平方米。为研究余杭区佛教史提供了实物例证。2015年，余杭区文广新局、中泰街道出资 44 万元完成整体保护修缮。

（二）祠堂

1、骑坑村祠堂

位于瓶窑镇奇鹤村骑坑村村口，东临骑白公路。建于晚清，初为祠堂，后改为庙宇，俗称后村庙。坐西朝东，由门厅、正房、偏房围合成四合院式建筑。通面宽 17 米，通进深 26 米，占地面积 442 平方米。门厅三间二层，明间三柱七檩抬梁式，戏台设在门厅内，正中设一隆起的八

角形覆斗顶，前有单步卷棚廊，后有供演员准备和休息的退堂。檐部有一粗壮宽厚雕花梁，中间雕戏曲人物，两边雕凤穿牡丹，两侧有楹联一对。正房（大殿）五开间，明间四柱七檩抬梁式，用材装饰考究，雕花冬瓜梁精美完好。内设佛龛，供奉佛像；前面 3 张木供桌雕刻双龙戏珠、双凤牡丹和人物故事，并阳刻"光绪庚子（1900）仲夏毂旦，祠下弟子陈天贵敬"、"社

下弟子韩鸣耀、陈天贵、韩鸣玖全叩，宣统二年（1910）仲夏月日里志"。左右各三间偏房，二柱五檩抬梁式。骑坑村祠堂格局完整、用材考究、装饰精美，是余杭区现存少数古祠堂之一，其中的戏台是余杭区已知现存唯一一座古戏台。2011 年，余杭区文广新局、瓶窑镇政府出资 57 万元完成整体修缮。2013 年列为杭州市文物保护单位。

2、张氏祠堂

位于仓前街道苕溪村凌村营。建于清同治末光绪初。是中国近代官僚资本家、中国近代煤矿先驱张莲芬家族的祠堂。张莲芬（1851～1915），名毓藻，号燮义，浙江余杭仓前人。近代中国最大的民族资本煤矿——峄县中兴煤矿创始人。整座祠堂共 8 间，其中 5 间主房，3 间辅房，均为单层单檐砖木结构。其别具一格的象鼻牛腿、精致的雕花、梁、柱饰锦纹雕刻，

典雅工丽。结构完整，用材考究，雕饰精美，是余杭区现存为数不多的祠堂建筑之一。2014 年，余杭区文广新局、仓前街道出资 60 万元，完成整体保护修缮。2015 年列为杭州市文物保护点。同年完成陈列布展，作为张氏陈列馆，展示张莲芬生平事迹。

3、里邵坞陈家祠堂

位于中泰街道双联村里邵坞自然村。建于晚清。坐南朝北，三开间单层单檐砖木结构建筑，前设轩廊。观音兜式山墙，两面坡顶。面宽 14.04 米，进深 12.67 米，占地面积 177.89 平方米。明间梁架 6 柱 11 檩抬梁式。梁柱、轩廊饰人物、花草等纹饰。结构完整，雕饰精美，是余杭区现存为数不多的祠堂建筑之一。2012 年，余杭区文广新局、中泰街道出资约 20 万元完成整体修缮。

4、外邵坞陈家祠堂

位于中泰街道双联村外邵坞自然村。建于 20 世纪初。五开间单层单檐砖木结构，设前廊，占地面积 225 平方米。梁枋、柱础、磉盘雕刻精美。是余杭区现存为数不多的祠堂建筑之一。2012 年，余杭区文广新局、中泰街道出资约 20 万元完成整体修缮。

5、洪家官厅

位于百丈镇半山村后坞 39 号民宅南。坐北朝南，清代三开间二弄单层砖木结构建筑，小青砖空心墙，硬山顶，上覆小青瓦。通面宽 16.9 米，通进深 16.45 米，占地面积 278 平方米。建筑高大，

前廊为鱼骨廊。明间抬梁式梁架,落6柱。柱子粗大,后四个柱础为鼓形,明代风格。梁架粗重,有冬瓜形。厅堂前为天井,石板铺地,四周砌筑围墙。是祖籍江西上饶的当地洪氏家族操办红事、清明做供奉、商议处置族人等使用的场所,称为"官厅",平时不准妇女入厅。另有祠堂祭祖,已毁。洪家官厅结构完整,保存较好,为研究农村乡土建筑提供了实物例证。2011年,余杭区文广新局出资34万元,百丈镇政府完成整体维修。2015年列为杭州市文物保护点。

三、桥涵码头

(一)拱桥

1、折桂桥

俗称马家桥。位于良渚街道良港村打网自然村与施家湾社区张家弄之间,南北向跨良渚港。三孔圆拱石桥。始建于宋,改建于明,清雍正年间(1723～1735)重建。桥长24.5米,宽2.6米,中孔跨度6.4米。拱券采用纵联并列分节砌置法,券额阳刻桥名。金刚墙用条石错缝叠砌而成,设长系石4根,下设明柱上刻楹联。桥心石上刻卷云纹,南北桥坡各设台阶15级。设

实体栏板、方形望柱,两头用抱鼓石。中央平台用石狮望柱头。是古陆路交通的杭州北郊之咽喉,良渚水网地区贯穿农村集镇的纽带,也是余杭区现存唯一一座三孔石拱桥。2004年列为杭州市文物保护点。2009年列为杭州市文物保护单位。2011年,余杭区文广新局、良渚街道出资约9万元完成保护修缮。

2、观音桥

位于仁和街道东风村獐山桥自然村,原余杭市矿山机械厂南侧,南北向跨獐山港。清·王同《唐栖志》载:"观音桥,在东塘,乾隆间里人重建。"单孔石拱桥,长13.65米,宽2.35米,高6.7米。拱券采用纵联并列分节砌筑法。拱券两侧用红砂条石错缝叠砌金刚墙,设长系石四根,外侧的两根石下立明柱,上阳刻楹联,东为"经排梳齿重新建立巩千秋,缘近娥眷依旧行看逢一角",西为"水势东西长流不息,虹环南北永固无穷"。实体栏板高45厘米,方形望柱高60厘米,望柱上雕刻花纹。南北各设十九级台阶。2011年,余杭区文广新局、仁和街道出资16万元完成修缮。2013年列为杭州市文物保护单位。2014年因河道清淤导致拱券变形成为危桥。2016年,余杭区文广新局、仁和街道出资约50万元完成整体修缮。

3、上环桥

位于余杭经济技术开发区,江南家居(09省道)东约300米处。始建于明代末年,19世纪40年代由部分村民出资重修。单孔圆拱石桥,东西向。桥长18.3米,宽3.95米,矢高5米,拱跨10米。拱券采用纵联并列分节法砌置。南北两侧券额阳刻桥名,桥名两旁阴刻"民国七年(1918),里人重修"。金刚墙用条石错缝叠砌,设长系石4根,其中外

侧的 2 根石下立明柱，均阳刻楹联，北侧为"黄犊山前一派泉源资泽润，彩虹堤畔千家陇亩报丰盈"；南侧为"来自田间背负肩挑皆稳步，朝宗海上鼓桡击楫任安行"。桥心石上刻圆形花纹。东西桥坡各设台阶 18 级。设实体栏板、望柱。结构完整、造型秀丽，纪年明确，对于研究余杭区地方桥梁史具有较高的参考价值。2004 年列为杭州市文物保护点。2009 年列为杭州市文物保护单位。同年，因部分石栏和望柱断裂缺失、

后期修复部分与桥体不协调等，余杭区文广新局进行维修。2011 年，余杭经济开发区实施完成周边环境整治。

4、沾驾桥

位于崇贤街道沾桥村，东西向跨沾桥港。建于清乾隆年间（1735 ～ 1796）。相传清乾隆皇帝曾圣驾此地，因雨后的路泥沾污了乘轿，故名。单孔石拱桥，桥长 11.52 米，宽 3.47 米，高 5.1 米，跨径 4.8 米。拱券采用纵联并列分节法砌置。券额阳刻桥名。拱券两侧金刚墙用条石错缝叠砌，设长系石 2 根，下立柱上阴刻楹联，其中桥南为：北往南来均沾利济，水涤山绕税驾凭临。东西桥坡各设台阶 11 级，桥顶两旁各有栏杆石一块。2013 年，余杭区文广新局、崇贤街道出资约 15 万元完成保护修缮，恢复桥面原貌，增加石栏板和望柱。2015 年列为杭州市文物保护点。

5、坪里洞桥

位于百丈镇溪口村百丈工业园区北侧，东西向。单孔石拱桥。桥长 5.94 米，宽 3.3 米，高 3.6 米，由块石砌成。桥南阳刻"寿山桥"，两旁阴刻"道光□年□月"。结构完整，造型古朴，对于研究余杭区西部山区桥梁建筑具有一定价值。2012 年，余杭区文广新局出资 12.6 万元，百丈镇政府完成保护修缮，并在东北堍建造一座单层六角攒尖亭。

6、大堰桥

位于径山镇径山村里洪自然村，南北向跨里洪港。因桥下有大禹堰而得名。单孔石拱桥，长 8 米，宽 5.6 米，高 4.7 米，跨径 5.6 米，桥面平坦无弓形。桥额阳刻"大堰桥"，旁阴刻"清道光庚戌年间（1850）"。2004 年列为杭州市文物保护点。2009 年列为杭州市文物保护单位。同年 8 月 6 日，因常有重型运输车辆违规通行，北桥堍石挡墙塌陷，拱券顶部开裂，沥青路面下陷。为此实施抢救性维修，金刚墙用块石垒砌，桥面南北略有坡度，用踏步，增设实体栏板、方形望柱。

7、船桥

位于径山镇径山村里洪村口，双径公路北，南北向跨里洪港。自古是上径山必经之桥。相传因当时里洪港水较深，船只可由双溪经此桥到达里洪，此桥亦可作泊船之用，故名。单孔石拱桥。全长 15 米，宽 3.9 米，跨径 6.3 米，高 4.2 米。拱券和金刚墙采用条石错缝砌筑，券额双线阴刻"船桥"。原栏板上有"清咸丰（1851 ～ 1861）"纪年。2004 年列为杭州市文物保护点。2015 年重新公布为杭州市文物保护点。

8、花明村桥

位于塘栖镇三星村周家湾 27—3 号东侧，东西向跨新桥漾与九家湾交汇处。单孔圆拱石桥，桥长20.6米，宽2.55米，桥坡各设18级台阶。桥洞四周有牛鼻眼4个，可揽绳索。桥北券额阳刻桥名，两旁阴刻"光绪十八年（1892）里人重建"。金刚墙用条石错缝叠砌，设长系石 6 根，其中外侧 4 根下立明柱。桥北侧明柱阳刻楹联"绕村桑苎阴浓渡迷白鹤，隔岸渔樵路曲山溯金鳌"，南侧明柱阳刻"十里烟波停桡拟画，一溪风雪揽辔寻诗"。结构完整，造型秀丽，是余杭区现存少数圆拱石桥之一。2013 年，余杭区文广新局、塘栖镇政府出资23万元完成保护修缮，清除桥身植物，修补金刚墙，增设石栏板、望柱。2015 年列为杭州市文物保护点。

9、苎山桥

位于余杭街道仙宅村苎山畈与施子池畈交接处，南北向跨苎山港。明·嘉靖《余杭县志》载："苎山桥在县北十四里仙宅界"。元代至正年间(1340～1368)建造，清代重建。单孔石拱桥，长16.7米，宽 4.6 米，跨径 4.5 米，高 2.1 米。拱券采用纵联并列分节砌置法。拱顶石上阴刻桥名。金刚墙由条石错缝横向叠砌。南侧金刚墙靠近河岸处有个方形分水孔，系 20 世纪 70 年代为解决舟枕乡和永建乡群众的抢水风波而开。桥顶原有一座木构凉亭，后拆除。是古余杭北路驿道上的重要桥梁。2004 年列为杭州市文物保护点。2009 年列为杭州市文物保护单位。2011 年，余杭区文广新局、余杭街道出资完成修缮，修复桥面、金刚墙，增设石栏板、望柱。

10、环弄桥

位于余杭街道义桥村喻家村磨坊坵，南北向跨喻家村河。清代单孔石拱桥。桥长8.2米，宽2米，跨径2.5米，高1.7米。拱券采用纵联并列分节砌筑法。旧为余杭通往径山、双溪、百丈的必经之桥，北接杭宣古道。相传茶圣陆羽曾经此桥探访径山。2012 年，余杭区文广新局、余杭街道出资约20万元完成保护修缮。

11、清店桥

位于塘栖镇泰山村村委南 300 余米，与地田村后圩相连处，五圣堂南。清·王同《唐栖志》载，"清店桥，在大悲桥东。洪武间重建。"单孔圆拱石桥，南北向。桥长 16.3 米，宽 2.7 米，拱券采用纵联并列分节法砌置。净矢高 3.95 米，净跨径 8.8 米。金刚墙用条石错缝叠砌，设长系石四根，外侧的两根石下立明柱，上刻楹联。桥心石上刻铜钱状图案。两侧券额均阳刻桥名。南北桥坡各设台阶 17 级。2011 年，余杭区文广新局、塘栖镇政府出资约17.5万元完成保护修缮。2013 年列为杭州市文物保护单位。

12、古斜桥

位于崇贤街道龙旋村斜桥 30 号民宅东北，龙旋村与北庄村交界处，东西向跨斜桥港（亦称鸭兰港）。清代单孔石拱桥，长约23米，宽2.36米，跨径约6.9米。拱券采用纵联并列分节砌筑法。南北两侧券额均阳刻"古斜桥"。金刚墙用条石横向错缝叠砌，设4根长系石，外侧2根石下立明柱，上刻楹联。桥心石凸起，呈长方形，纹饰精美。实体栏板，方形望柱，两头用抱鼓石。东西桥坡各设踏步。

13、千口桥

位于径山镇绿景村千口桥 82 号民宅西侧，南北向跨千口溪。相传因桥东古时居住千余人（另说古时桥西山上开铜矿，曾居住矿工千余人）而得名。清代单孔石拱桥。拱券采用纵联并列分节砌置法。金刚墙采用长条石错缝干砌。桥长 20 米，宽 2.6 米，拱券跨径 5.6 米，高 3.2 米。桥面由石板、鹅卵石铺成。桥心石刻漩涡纹。东西券额均阴刻桥名。曾是余杭去临安横畈、石门的必经之桥。2014 年，余杭区文广新局出资 27 万元，径山镇政府完成保护修缮，主要修复金刚墙、整修桥面、设置踏步、增设实体栏板。2015 年列为杭州市文物保护点。

（二）梁桥

1、毛家桥

位于闲林街道华丰社区毛家桥自然村，南北向跨毛家漾（通余杭塘河）。九孔石梁桥。全长 36.7 米，宽 1.1 米。桥墩均由二块红砂岩石板并列竖砌，上覆石盖梁，以榫卯结构承托桥面。桥身阳刻"毛家桥"。桥墩、北桥台上有多处莲花题记，其中有"康熙十二年（1673）九月"纪年。北侧四孔为红砂岩石桥面，南侧桥面于 20 世纪 70~80 年代改为工字钢梁承托水泥板。是余杭区已知现存两座九孔石梁桥之一。

2、长福桥

位于运河街道南栅口社区东南，东西向跨亭趾港。桥长 49 米，宽 1.88 米，最高 4.5 米；中孔跨径 6.45 米。设实体栏板、方形望柱。中孔石梁外侧正中阳刻"长福桥"，桥名旁及桥墩上有清乾隆三十一年（1766）重修纪年题记。结构完整，造型秀丽，所在河道水面宽阔，是余杭区已知现存两座九孔石梁桥之一。2004 年列为杭州市文物保护点。2006 年，余杭区政府、运河镇政府出资维修，主要整修桥面和两端桥台，并建亭立碑。2009 年列为杭州市文物保护单位。

3、永兴渡船桥

位于运河街道兴旺村三花里自然村西，东西向跨三花港。清·王同《唐栖志》载："渡船桥，在落瓜桥西北。"七孔石梁平桥，全长 36.8 米，跨径 29.65 米，宽 1.65 米。中孔石梁阴刻桥名，北为"渡船桥"；南为"永兴渡船桥"，两旁阴刻"道光元年（1821）四月"纪年。桥墩均由三块长条石并排竖砌，上覆石盖梁以承托桥面。桥台均由条石错缝叠砌而成，内嵌石壁墩。结构完整、气势宏伟、纪年明确，是余杭区现存较少的七孔石梁长桥之一。

4、九省桥

位于仁和街道双陈村陈家坝自然村，东西向跨栅庄桥港。清代七孔石梁桥。相传大概 1861 年慈禧太后当政时，由上河丁山生募建。因募捐到九个省，故名。桥长 55 米，宽 2.25 米，高 6.35 米。桥面每段均由 3 块石板并行铺成。桥墩、桥台采用条石错缝干砌。是陈家坝西出的必经之桥，也是古时仁和县与钱塘县之间的主要通道。因桥孔较多，洪

大方便。是余杭区现存少数几座七孔石梁桥之一。2015 年，余杭区文广新局、仁和街道出资 51 万元完成保护修缮，主要拆除中孔水泥桥墩，恢复石砌桥墩；清除水泥桥面，恢复桥面原貌；拆除约 2003 ～ 2004 年间云会乡政府新加的铁栏杆，恢复石栏板。同年列为杭州市文物保护点。

5、报恩新桥

位于运河街道南栅口社区与东湖街道工农社区朱家塘交汇处，南北向跨六水湾。清代七孔石梁桥。当地人俗称"新桥"。桥长 31 米，宽 2.3 米，高约 3.5 米。桥墩由三块或四块长条石并列竖砌而成。桥台用条石错缝叠砌，内嵌石壁墩。是余杭区现存少数几座七孔石梁桥之一。

2012 ～ 2013 年，余杭区文广新局投资 43 万元，临平·东湖街道办事处进行修缮，清除桥面后期覆盖的水泥路面，恢复了桥面原貌；拆除后期增设的水泥桥栏，设置了石栏板及望柱，并建桥亭供市民休憩。经修缮，发现桥名为"报恩新桥"，以及原有石梁桥额"报恩桥"及"信士沈懋功"等字样，可知该桥曾名"报恩桥"，且曾多次重修。2015 年列为杭州市文物保护点。

6、应龙桥

位于仁和街道东山村毛墩坝北，南北向跨石塘港。清代七孔石梁桥，全长 36.5 米，桥面宽 1.6 米，高 6.3 米。桥面各段或由 3 到 4 块条石铺成，或用两块条石作梁，中间铺设若干桥板。桥心石移位，为四角星纹样。桥墩由 4 块或 5 块红砂长条石并列竖砌，上覆石盖梁承托桥面。其中一块条石上有莲花题记。桥台由条石错缝叠砌而成，内侧嵌石壁墩。设青石质实体栏板、方形望柱。原有数个石狮望柱头，文化大革命期间被毁。为旧时云会通往东塘、獐山的主要通道，也是余杭区现存少数七孔石梁桥之一。2015 年列为杭州市文物保护点。

7、磻溪桥

位于塘栖镇河西埭村磻阳自然村，水泥磻阳桥以东，南北向跨庙前河。因桥北的磻阳庙而得名，俗称庙前桥。五孔石梁桥。桥长 22.2 米，宽 1.8 米。两侧均阳刻"磻溪桥"，两旁阴刻"同治十三年（1874）众姓重建"。桥心石刻圆形花纹，模糊不清，似"平升三级"图案。桥墩由 3 块条石竖立而成，上覆石盖梁承托桥面。桥台用条石横向错峰叠砌，内侧嵌石壁墩。设实体栏板，

方形望柱，两头用抱鼓石。原系南来北往的主要桥梁，特别是香客上庙进香必经之桥。2013 年，余杭区文广新局、塘栖镇政府出资约 10 万元完成保护修缮。2015 年列为杭州市文物保护点。

8、保宁桥

位于五常街道友谊村 7—8 组，五常杭州绕城公路以西，东西向跨白庙河。传说此桥始建于南宋，由当地人费八千及一位李姓村民为首建造。后年久失修，由出生于白庙村竹园蓬，后任千总的沈福生为首重建，当时还建有白庙龙图殿、武戏台、大型走廊，现仅存保宁桥。五孔石梁桥，桥长 23 米，宽 2.2 米。桥面分五段，每段由二块长条石作梁，中间铺设若干青石板。两旁均阳刻"保宁桥"，两旁阴刻"宣统贰年(1910)众姓重建"。桥心石上刻圆形花纹。桥墩均由 3 块长条石并列竖砌。桥台由条石错缝叠砌而成，内侧嵌石壁墩，由 4 块长条石并列。设青石栏板、方形望柱。东西各设 4 级、3 级踏步。以往是五常白庙村村民东西过往的交通要道，也是当地村民往老白庙进香的主要通道。2015 年列为杭州市文物保护点。

9、福寿漕桥

位于径山镇漕桥村漕桥自然村北，南北向跨老的北苕溪。曹桥之为镇，在唐已见文字记载。《神州古史考》载，"唐欧阳洵《灵岳寺记》：'去余杭县西北有镇，曰曹桥。北走十里得精舍，曰灵岳'。盖即曹溪镇也。"宋《咸淳志》"漕桥，在溪北，去县二十五里"。明·嘉靖《余杭县志》："在县北孝行乡旧市界，跨径山小港。宋开禧间建，明洪武初复建。因曹氏居其旁，故名。"

清代五孔石梁桥。桥长 35.5 米，宽 2.1 米。中孔石梁一侧阴刻桥名。桥墩、桥台由长条石错缝叠砌。桥墩做成分水尖状，以减缓苕溪水对桥身的冲击力。民国桥名即为镇名，历史悠久，是径山镇历史上遗存下来的最早地名"径山、双溪、漕桥"之一。结构基本完整，构造科学，曾是余杭至石濑的必经之桥，也是余杭区现存桥墩为分水状的三座古桥之一。2015 年，余杭区文广新局出资 50 万元，径山镇政府完成保护修缮，主要整修桥墩、修补桥面。同年列为杭州市文物保护点。

10、杜甫桥

位于良渚街道杜甫村龙舌嘴自然村西，东西向跨良渚港。清代五孔石梁桥。桥长 59.5 米，宽 2.3 米，高 3.5 米，跨径 25 米，其中中孔跨度 6 米。桥墩均由三块长条石并列竖砌，上覆石盖梁，以榫卯结构承托桥面。桥台用条石错缝干砌。1983 年维修时，桥面浇筑水泥，添置栏杆。2013 年，余杭区文广新局、良渚街道办事处进行修缮，清除桥面后期覆盖的水泥路面，恢复了桥面原貌；拆除后期增设的水泥桥栏，设置了石栏板及望柱。相传因唐代诗人杜甫而得名，颇有气势，是余杭区现存为数不多的五孔石梁桥之一。2015 年列为杭州市文物保护点。

11、永兴桥

位于良渚街道杜城村杜城里，东西向跨前山港。桥旁原有杜城庙，该桥为两岸村民往来及烧香拜佛提供了方便，故俗呼杜城桥。三孔石梁桥。全长 23.1 米，中孔跨度 4.85 米，桥面最宽处达 1.5 米。中孔石梁南北两侧均双线阴刻"永兴桥"。桥墩由 3 块条石竖立而成，上覆石盖梁承托桥面。东桥墩内侧阴刻"皇元辛卯至正十一年（1351）七月吉日重建□题"另刻有"大明……氏女…"等字。知该桥重建于元代，明代又重修或重建。是余杭区现存最早的古桥之一。2011 年，余杭区文广新局、良渚街道出资约 10 万元完成保护修缮。2015 年列为杭州市文物保护点。

12、万岁桥

位于良渚街道大陆村薛家坝自然村西，南北向跨芦树漾。三孔石梁桥，长 18.1 米，中孔跨径 4 米，宽 1.2 米。桥西双线阴刻"万岁桥"，石梁两端浮雕精美花纹。桥墩由两块红砂石竖立而成，南桥墩浮雕莲花纹，阴刻"大明正德戊辰（1508）□□袁氏重建"。桥台为红砂条石错缝干砌，内嵌石壁墩。是余杭区现存少数明代桥梁之一。2012 年，余杭区文广新局、良渚街道出资约 36 万元完成修缮，整修塌陷的桥台；修补、加固残破的桥墩；补齐缺失的石壁墩；清除水泥桥面，恢复桥面原有风貌，重置栏杆。2015 年列为杭州市文物保护点。

13、青龙桥

位于仓前街道苕溪村马家自然村北，南北向跨砂河港。三孔石梁桥，长 19.3 米，宽 1.07 米，高 2.5 米，中孔跨度 4.5 米。桥面分三段，每段均由 2 块花岗石板并行铺成。桥东阴刻"青龙桥"，旁阴刻"正德三年（1508）…"。桥墩由三块红砂石并列竖砌而成，桥台由红砂石横向错缝叠砌。是余杭区现存少数明代桥梁之一。

14、登瀛桥

位于仓前街道高桥村田家角 22 号东南，东西向跨新桥港。三孔石梁桥，桥长 14.4 米，宽 1.65 米。桥面每段均由三块条石并列而成。桥两侧均双线刻桥名。桥心石刻圆形花纹。桥墩由三块长条石并列竖砌而成。西侧桥墩上阴刻"大明嘉靖己亥（1539）吉旦东山建立"。桥台用条石错缝叠砌，内嵌石壁墩。是余杭区现存少数明代桥梁之一。2011 年，余杭区文广新局、仓前街道出资近 20 万元完成保护修缮，整修桥台，加固断裂的桥墩，恢复桥面。2015 年列为杭州市文物保护点。

15、殿基桥

位于仓前街道葛巷村白龙潭自然村，土地白龙庙北，南北向跨王家漾后河头。三孔石梁桥，长 11.6 米，宽 1.12 米。桥面由两块花岗石并行铺成，桥西阳刻"殿基桥"。桥墩由三块红砂石并列竖砌而成，上有 4 处题记。其中北桥墩上 2 处较清晰，分别为"辛卯年（1591）正月吉旦□□章金重建□□"祥云题记、"里人徐云龙建□□于荣昌□万历丁巳年（1617）立"莲花题记。桥台由红砂石等杂石垒砌。是余杭区现存少数明代桥梁之一。

16、淳安桥

位于运河街道戚家桥村仁安桥自然村北端，南北向跨淳安港。明代三孔石梁桥。桥长 25.49 米，宽 1.77 米，跨径 14.35 米，高约 2.8 米。桥面分三段，每段均由两块长条石作梁，中间铺设若干块桥板。

桥心石阴刻圆形花纹。桥墩均由三块长条石并列竖砌，上覆石盖梁，以榫卯结构与桥面连接。桥台由条石错缝叠砌，内嵌石壁墩。桥两头各设台阶三级。无栏板、望柱。

地理位置相当特殊，桥南为杭州市余杭区运河街道戚家桥村，桥北为嘉兴桐乡市洲泉镇众安村，桥西约400米处为湖州市德清县钱塘村，可谓"一桥跨三府"。中孔东侧石梁一侧阴刻"中央桥门为德清县东西连接之水道"；中孔北桥墩东侧阴刻"北首桥门东西直线崇德县界"；中孔南桥墩东侧阴刻"南首桥门东西直线杭县界"，说明该桥不仅地跨杭嘉湖三地，也是原杭县、德清、崇德三县的界桥，具有重要的历史价值。同时，见证了三地村民的交流，对于当地村民具有重要的情感价值。2012年，余杭区文广新局、运河街道出资12.5万元完成保护修缮，主要整修局部坍塌的桥台，修复桥面。2013年列为杭州市文物保护单位。

17、万年桥

位于崇贤街道沾桥村南马浜外浜，东西向跨沾桥港。当地人又称其为官行桥。三孔石梁桥，桥长18.7米，宽1.55米，高约3.45米，跨径13.5米。桥两侧均阳刻桥名，东西次孔石梁一侧均有花纹。桥名旁阴刻"康熙甲子年（1684）……"桥心石上刻圆形花纹。两侧设实体栏板，方形望柱。桥墩均由三块长条石并列竖砌，上覆石盖梁，与桥面连接。桥台均用条石错缝叠砌而成。2013年，余杭区文广新局、崇贤街道出资约15万元完成保护修缮，恢复桥面原貌，补齐缺失的栏板、望柱，加固破损的桥墩石、栏板。2015年列为杭州市文物保护点。

18、万安桥

位于塘栖镇塘栖村76号民宅东北侧，东西向跨东横塘河。清代三孔石梁平桥。桥长14.3米，宽1.83米。桥面分三段，每段均由两块长条石作梁，中间铺设若干桥板。中孔南侧石梁正中阳刻"万安桥"，两旁阴刻"道光□未重修"；中孔北侧石梁系重修时从东塘搬来。西次孔北侧石梁正中阳刻"望溪桥"。东次孔两根石梁系1953年唐阿奎等4位村民从皮匠弄的皮匠桥搬来，其中北侧石梁正中阳刻"通市桥"，南侧石梁阴刻"康熙戊辰（1688）"。桥墩由三块长条石并列竖砌而成，上覆石盖梁承托桥面。中孔东桥墩北侧阳刻"桥"（应系桥名，已没入水下），旁阴刻"重建"。桥台用条石错缝叠砌，其中北桥台内嵌石壁墩。两头各设2级踏步。桥西堍原有石碑，记述万安桥重修情况，现已断成三截，字迹模糊不清。该桥几经修复，一座桥上汇聚多个桥名，是研究当地历史、交通、生产生活情况的重要实证。

19、鸭泾桥

位于塘栖镇西苑村朱家门自然村北，东西向跨长田畈与百亩圩之间的河道。清代丁未年九月，由金氏、沈氏等富户捐物、捐银集资建造。光绪三十一年（1905）重修。三孔石梁高桥。原系宏畔乡村民来塘栖集市的必经之桥。桥长 23.9 米，宽 1.5 米，中孔跨径 5.5 米。两侧均阳刻桥名。桥墩均由三块长条石并列竖砌，上覆石盖梁承托桥面。桥台用条石横向错缝叠砌，内嵌石壁墩。桥墩、桥台石壁墩上有捐资建造此桥的莲花题记。设栏板、望柱，两头用抱鼓石。两边均设台阶。20 世纪 60 年代，因水上交通运输需要，当时已有不少拖驳船进入内港，鸭泾港成了内港的主航道，水位稍涨，船就过不了桥，故对中孔作了抬高。2015 年，余杭区文广新局、塘栖镇政府出资 40 万元完成保护修缮，主要整修局部坍塌的桥台，移位的栏板归位，修复破损望柱，恢复桥面原貌。

20、东新桥

位于仁和街道东塘村东新村与东姚家湾交界处，四号桥以北，东西向跨东新河。三孔石梁桥，北侧紧临东新闸。花岗石质，全长 16.41 米，宽 2.05 米，跨径 10.38 米。桥北侧阳刻"东新桥"，阴刻"信士姚……"；南侧阴刻"嘉庆二年（1797）重建"。设青石质实体栏板、方形望柱。东西桥墩分别由 4 块长条石并列竖砌，上覆石盖梁，以榫卯结构与桥面相连。东桥墩内侧刻南宋"景定五年（1264）"莲花题记。桥台用条石错缝垒砌而成，内嵌石壁墩，做法与桥墩一致。东西各有 8 级、9 级踏步。2012 年，余杭区文广新局、仁和街道出资 10 余万元完成修缮，补齐缺失的栏板、望柱和东桥墩南侧一块长条石。2015 年列为杭州市文物保护点。

21、永安桥

位于杭州余杭经济技术开发区（钱江经济开发区）泉漳社区泉漳 28 号民宅南，南北向跨庙前港（旧称漳溪河）。始建于明嘉靖年间，清光绪二十年（1894）重建。桥旁旧有大庙，故俗称庙桥。清·王同《唐栖志》载"庙桥，在泉漳大庙之西。"三孔石梁平桥，长 18.5 米，宽 2.44 米，跨径 15.3 米。桥面分三段，每段均由两块长条石作梁，中间铺设若干桥板。桥面中心阴刻圆形花纹。两侧均阳镌"永安桥"，两旁均阴刻纪年，东为"大清光绪甲午重建"，西为"光绪廿年重建"。桥墩均由三块长条石并列竖砌，上覆石盖梁承托桥面。桥墩东西两侧均阳镌对联，东为"地合钟灵永安万载"，"民歌大有丰稔千秋"；西为"滚滚泉源东西绕溢"、"洋洋漳水上下流通"，其中含"泉漳"地名。中孔北桥墩南侧写有白色大字"学大寨"。桥台均由条石错缝叠砌，内侧嵌石壁墩，做法与桥墩一致。设实体栏板、方形望柱。南北块各设 4 级踏步。结构完整稳固、造型秀丽、雄伟有气势、纪年明确，曾是漳溪河两岸往来通行的主要通道，对于研究余杭区平原水网地带清代桥梁建筑具有重要价值。

22、永兴桥

位于仓前街道吴山前村寡山坵东南，南北向跨高桥港。清代三孔石梁桥。桥长 16.25 米，宽 1.5 米，跨径 10 米。桥面每段均由三块条石并列而成。桥两侧均阳刻"永兴桥"。桥心石刻"鲤鱼跃龙门"图案。桥墩由三块长条石并列竖砌而成，上覆石盖梁。桥台均由条石错缝叠砌而成，内嵌石壁墩。该桥连接北边的寡山坵村和南边的潘家坵村。2013 年，余杭区文广新局、仓前街道出资 30 万元完成保护修缮，整修塌陷的桥台，补齐桥墩缺失的条石，恢复桥面原貌。2015 年列为杭州市文物保护点。

23、新桥

位于仓前街道吴山前村新桥头自然村西，东西向跨新桥港。三孔石梁桥。桥长 20.95 米，宽 2.56 米，跨度12.05米。桥面每段均由三块条石并列而成。桥两侧均阴刻桥名，桥心石刻"鲤鱼跃龙门"图案。桥墩均由三块长条石并列竖砌而成。桥台均由条石错缝叠砌而成，东桥台南侧内嵌一石碑，阴刻"嘉庆二十三年（1818）桂月吉旦，成存堂章重建。"2014 年，余杭区文广新局、仓前街道出资 32.6 万元完成保护修缮，主要修复局部坍塌的桥台，纠正倾斜的桥墩。2015 年列为杭州市文物保护点。

24、五方兴隆桥

位于良渚街道西塘河村丁公村自然村与裘家村自然村交界处，东西向跨西塘河。俗呼丁公长桥，旧时由裘家村、丁公村、吴家桥村等5个村合资建造，故又名"五方兴隆桥"。清代三孔石梁桥，花岗石质，全长 32.8 米，宽 1.7 米。桥面分三段，每段由 3 块长条石并排铺设。桥面中心刻有圆形花纹。两旁阳刻"五方兴隆桥"。设青石、红砂石相间的长方形实体栏板。桥墩均由 3 块条石并列竖砌而成，上有捐资建桥题刻。桥台由条石错缝干砌。桥东、西原先分属仁和县、钱塘县，是两县的界桥，为两地往来交流提供了便利。

25、四平桥

位于崇贤街道北庄村鱼池埂1号南侧，南北向。三孔石梁桥，桥长21.3米，宽1.5米，跨径16.5米，高约3米。桥面分三段，中孔石梁西侧阴刻"重建四平桥"，两旁刻有纪年。桥墩由长条石并列竖砌，上覆石盖梁，以榫卯结构与桥面相连。桥台均由条石错缝叠砌而成，内嵌石壁墩。中孔南桥墩西侧一块条石内侧、南桥台石壁墩两块条石上均有莲花题记。2014 年，余杭区文广新局、崇贤街道出资 34 万元完成保护修缮，主要整修桥台、修补桥墩；清除桥面后期覆盖的水泥路面，恢复桥面原貌；拆除后期增设的水泥栏板，设置了石栏板及望柱。

26、百福桥

位于仓前街道苕溪村荷叶岭自然村南，南北向。单孔石梁桥。为闸桥。桥长11.5米，宽1.65米，高 2.4 米，孔径 3 米。桥面由三块青石板铺成，正中有桥心石。桥两侧均阳刻桥名。桥台由条石错缝叠砌，内嵌石壁墩。北桥台石壁墩上阴刻"杭州前和范景和舍银拾两祈保亡母陈氏，本乡陈克佐舍银贰两……嘉靖元年（1522）仲春□建"，反映捐资造桥情况。结构完整，纪年明确，是古代吴山前自然集镇及荷叶岭等自然村通向余杭的主要通道，也是余杭区现存少数明代桥梁之一。2011 年，余杭区文广新局、仓前街道出资约6万元完成保护修缮。

27、门桥

一说"明桥"。位于仓前街道苕溪村荷叶岭自然村东，东西向。始建于北宋，明代重修。单孔石梁桥，长 12 米，宽 1.52 米，高 2.8 米，孔径 2.7 米。桥面原由两块花岗岩石板铺成，后中间添加一块石板。桥台由红砂石错缝干砌，西桥台石壁墩浮雕莲花纹，阴刻"庆历二年（1042）造，嘉靖廿九年(1550)十二月……重修"。是余杭区现存少数明代桥梁之一。2011 年，余杭区文广新局、仓前街道出资 10 余万元完成保护修缮。

28、回澜桥

位于良渚街道大陆村陶家坞自然村东，东西向跨芦树漾。旧时桥旁有座长兴庙，故又名长兴庙桥。单孔石梁桥，桥长 10.9 米，宽 1.6 米。桥面由三块条石铺成。桥北侧阳刻"回澜桥"；南侧阳刻"长兴庙桥"。桥心石上刻花纹。桥台由条石错缝叠砌而成，石壁墩上阴刻"回澜桥"，"嘉靖三十六年（1557）六月十一日立"。是陶家坞与长兴庙桥两个自然村的交界桥，也是余杭区现存为数不多的明代古桥之一。2012 年，余杭区文广新局、良渚街道出资约 9 万元完成保护修缮，恢复桥面，加设栏杆。2015 年列为杭州市文物保护点。

29、廉让桥

位于仓前街道连具塘村。建于清道光二十六年(1846)。单孔石梁桥。桥长 13.7 米，宽 1.12 米。两侧均阴刻桥名。桥台内嵌石壁墩，顶覆两根条石叠砌的石盖梁。两边各设 1 级石阶。结构完整、造型简洁、纪年明确，对于研究余杭区地方桥梁史具有一定的参考价值。2014 年完成保护修缮。

30、兴福桥

俗称茅家桥，位于仁和街道普宁村茅家桥 62 号民宅西南，南北向跨茅家桥港。晚清单孔石梁桥。桥长 8.22 米，宽 2.1 米，高 3.5 米。桥面中间铺青石板，桥心石上刻花纹。石梁上双线阴刻"兴福"，两端有精美花纹。抬梁石顶端雕有精美花纹。南北桥台均由条石错缝叠砌，石壁墩上均有双朵莲花题刻。北桥台石壁墩中柱上另有祥云亭子图案题刻。是余杭区现存做工考究、雕饰最为精美的单孔石梁桥。2013 年，余杭区文广新局、仁和街道出资约 10 万完成保护修缮，整修桥台，恢复桥面，拆除铁栏杆后换作实体栏板。2015 年列为杭州市文物保护点。

31、永嘉桥

又名江家桥，位于星桥街道天都城天都大道西侧。清代单孔石梁桥，东西向。桥长 11.8 米，宽 1.85 米。桥面由二根石梁并列组成，桥孔石梁正中楷书阳刻桥名。桥台由条石错缝叠砌，内嵌的石壁墩上刻有纹饰。造型古朴，砌筑方整，风格简约。2015 年完成保护修缮。

四、堤坝渠堰

1、黄公堰

位于径山镇绿景村绿景塘，东西向跨中苕溪上游。《余杭县水利志》载：始建年代无考，始记于明成化杭州府志(1465～1487)。1949 年后重修。砌石堰，高 1.2 米，长 45 米，灌溉面积 1000 亩。2008 年第三次全国文物普查时，经调查得知清代、民国、建国后均有修建。长 60 米左右，高差 2～3 米，三级结构，宽 18 米。是中苕溪上游的重要堰坝，对于研究余杭区水利发展史有重要意义。

五、池塘井泉

1、钵盂井

位于南苑街道西安社区葡萄树畈自然村，菩昙禅寺东南。相传始凿于宋代，后世屡次修补。2004 年王文英捐资整修，用新的花岗岩条石砌成井壁，上仍为圆形石井圈，内径 0.5 米，外径 0.6 米，高约 0.6 米；井深约 3 米。对于研究余杭区地方井泉建筑具有参考价值。2011 年，余杭区文广新局出资 1.5 万元，南苑街道完成保护清理。2013 年建成保护亭。

2、井头弄井

位于瓶窑镇里窑社区井头弄中段,井头弄 7 号民宅旁。井身方形,大鹅卵石干砌,边长约 1 米。上加花岗石质圆井圈,外径 55 厘米,高 27 厘米,外壁阴刻"大明天启口年(1621～1627)二月"。水质清冽,仍在使用。旧时瓶窑有"十八条弄""十八口井"之说,该井是现存 4 口古井之一,也是余杭区现存有明确纪年的少数古井之一。

3、南山寺井

位于瓶窑镇南山村南山北麓,南山 37 号民宅西侧。凿于明代,为原南山寺内水井,距今五六百年历史,寺僧当年都下山挑水。井身圆形,井壁由青砖横向叠砌而成,井身直径 1.4 米。井壁以上、井圈以下有一圈石板,呈圆形,内径 0.5 米。井圈圆形,内径 0.61 米,外径 0.75 米,高 0.2 米。井水水质较好,仍使用中。对于研究南山寺历史具有参考价值。

4、马角浜义井

位于星桥街道周杨社区马角浜 8 号民宅东侧。凿于清代,圆形井壁,六边形井口,由块石垒砌,外壁为水泥拌沙石砌筑,高 0.4 米、外径 0.55 米、内径 0.4 米。井圈外壁阴刻"义井"、"同治十六年(1877)"等字。

六、其他

1、独松关和古驿道

位于湖州市安吉县递铺镇双溪口关上村至余杭区百丈镇独松村。

独松关始建于宋建炎年间,是南宋都城临安(今杭州)抵御北方敌兵的重要关隘。古驿道,又称杭宣古道。在余杭境内自今余杭街道西北行至独松关,长百余里,出境后过递铺、梅溪、泗安、广德而达宣州。《元和郡县图志》载,杭宣驿道从杭州北至宣州(今安徽宣城)共 496 里。北宋欧阳修《新唐书·地理志》载:"唐宝历二年(826),余杭县令归珧筑甬道,通西北大路,高广径直百余里,行旅无山水之患。"南宋建炎三年(1129),金兵取此道占杭州。余杭段古道现仅存约 1500 米,宽处约 2 米,窄处仅 0.5 米,块石或卵石铺筑而成,道路中间部位的块石相对略大,两侧为小块石铺就,至今仍为安吉至余杭徒步的主要通道。古驿道沿山溪而行,古道上尚有宝昌桥等几座造型不一的石桥。

独松关作为南宋行在临安的最后军事屏障,为浙江省内现存最早,国内罕见,具有重要的历史价值;古驿道是古代临安(今杭州)至建康(今南京)的陆路捷径,地势险要。2004 年列为杭州市文物保护点。2006 年列为全国重点文物保护单位。2011 年,余杭区文广新局出资 9 万元完成保护修缮。

(1)宝昌桥

位于百丈镇半山村,杭宣古道上余杭与安吉交界处,东西向跨半山溪。始建于唐代,系杭宣古道上的便民桥。单孔石拱桥,长 5 米,宽 2.2 米,高 2.5 米。拱券用溪中卵石和块石叠砌而成。桥基则利用山岩叠砌而成,比较坚固。

第四节 石窟寺及石刻

余杭区境内共登录石窟寺及石刻 19 处，其中摩崖石刻 14 处，碑刻 5 处。此外，散落在民间、荒野的碑刻尚存不少，因多已移位，属于可移动文物，故此处不列入。

一、摩崖石刻

1、临平山龙洞

位于临平街道临平山山脊中部，东来阁西约 50 米处。明·嘉靖《仁和县志》载"龙洞在临平山，自洞门至水际阔一丈五尺，高一丈二尺，其水深不可测，祈祷多应。"人工开凿的细砾石（羊肝石）洞窟。早在宋代，即在岩石上凿刻佛像，是祈年祷雨之地。相传南宋时康王赵构曾避难于此。明代游人众多，人气颇旺。原有雕像 10 余处，以龛为主，现仅存一处浅浮雕的观音坐像和一处二人对坐像保存较好，其余皆被毁。洞内东北壁刻有"翼拱之凌晨游此，时康定元年（1040）四月八日"。洞内南壁有"窦缄"二字。2003 年建造东来阁时清理深洞，发现六朝时期的釉陶、瓷片等。为研究临平山人文历史提供了宝贵资料。2011 年，余杭区文广新局出资约 8 万元，区建设局完成保护修缮。2013 年列为杭州市文物保护单位。

2、南山造像

位于瓶窑镇南山村，自西向东分布于南山东南的山腰石壁间。系元代僧徒利用前期采石壁面，请工匠凿出浅龛，浮雕造像，绵延 360 余米。原有造像 30 余尊，1978 年因村民炸山取石，被毁过半，现仅存 14 尊，除最西部的一尊属道教造像外，其余均为佛教造像。

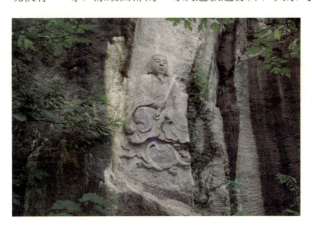

1 号真武帝造像，面向南略偏东，披发垂肩，圆脸大耳，有须无胡，右手持剑，剑锋向上，剑长 1.03 米，左手按膝，衣圆领道服，右脚搁左膝，赤足外露，座下为蛇缠龟身。像通高 2.45 米，头高 0.55 米，躯高 1.4 米，肩宽 0.85 米，座宽 1.25 米，座高 0.5 米。

2 号释迦坐像，面向正南，头高 0.8 米，肩宽 1.3 米，躯高 2 米，莲座宽 2.5 米、高 0.8 米。佛像闭目沉思，坐于火焰形浅龛中，面部圆润，宽额大耳，唇厚微翘，身披袈裟，袒胸露腹，右食指向上，拇指搭于无名指与小指间作说法印。

3 号尊华宿王智佛像，坐西朝东，通高 2.3 米，头高 0.78 米，莲座宽 1.9 米。圆顶浅龛。头上有肉结，眉心有圆痣，鼻梁宽扁，双耳垂肩，身披袈裟，左手心向上，右手垂至膝，下设莲座。像的左肩侧自右至左竖刻"泰定五年孟春吉日比丘明质命工镌刻尊像普颂尊华宿王智佛全忘胜烈即（印）元因随涌现南山石功德庄严万相寺"7 行楷书 46 字。

4 号观音立像，面向南，位于 3 号像左侧，莲瓣形浅龛，头高 0.65 米，躯高 2.6 米，肩宽 1.25 米。头戴宝冠，饰有化身佛，胸挂璎珞，宽袍大袖，左右垂有飘带，右手按左手背于腹部，左手持短佛珠一串，赤足踏一瓣莲叶小舟，舟长 2 米，舟下海浪翻卷，浪左天马回首，仰望观音。

5 号释迦牟尼坐像，面向南偏东，圆首浅龛，通高 2.6 米，头高 0.6 米，躯高 1.6 米，肩宽 0.8 米，莲座宽 1.3 米。头有肉结，身着缁衣，左手屈指，手心向上于胸前，右手袒掌，下垂右侧作与愿印。

6 号观音坐像，面向南偏西，紧邻 5 号像东侧，通高 2.8 米，头高 0.7 米，躯高 1.55 米，肩宽 0.8 米，莲座宽 1.4 米。端坐于莲座上，头戴宝冠，嵌有化身小佛，着大氅，佩璎珞，双手叠置腹部，手心向上托物。

7 号如来坐像，面向东南，通高 6.6 米，头高 1.5 米，肩宽 2.3 米，法台座高 2.8 米、宽 3 米。头有肉结，弯眉凤眼，眼梢微微向上，宽鼻厚唇，圆脸大耳，身披袈裟，袒胸，左手执法螺，右手屈指向上作说法印。此像高悬石壁，是最高大的一尊。

8、9、10 号三世佛像，面向东南，三尊佛像并列雕凿，高悬于开门塘深潭之上，属动工不久即停工，因此只完成火焰形龛及头至肩部的工程。9 号像较完整，8 号次之，10 号头像在"文化大革命"时遭破坏。

11 号阿弥陀如来坐像，方位南向，通高 2.8 米，头高 0.6 米，肩宽 1 米，躯高 1.6 米，莲座宽 1.8 米、高 0.6 米。头顶肉结，眉心有痣，身披袈裟，袒胸，左手屈指向上，食指平伸置膝前，右手屈指向上置于胸部。像左肩侧竖刻"本寺都寺比丘徒众镌造阿弥陀如来尊像功德普渡众生有者至正元年八月□□"5 行楷书 33 字，末两字模糊不清。1978 年被民兵作枪靶，身创 7 枪。

12 号释迦坐像，位于南山东坡放生池西北角。面向西南，通高 2.3 米，头高 1.1 米，肩宽 1.45 米。头顶有肉结，脸丰满呈方形，眼珠微突，鼻宽扁平，嘴唇微闭，短颈，着袈裟敞胸，佛身下部与池水平，头部左端刻莲花题记，左方岩石上镌楷书"放生池"三字。

13 号半身佛像，面向南，位于 11 号佛像东，由于此处采石破坏严重，佛像已成悬空之势。通高 1.5 米，头高 0.57 米，肩宽 0.85 米。头顶肉结，圆脸宽鼻，唇厚微翘，袒胸，左手置胸前，右手下垂。

14 号大佛莲座宽约 2 米，刻凿在山腰上，佛像身躯已不见踪影，但仍可以看出身躯伟岸、气势宏大。莲座上一瓣瓣莲花线条优美，栩栩如生，工艺精湛；残存的佛像左手屈指向上。

此外，南山上还有一处元代以后雕凿的小石窟造像，由三组不同类型的造像组成：中间是西方三圣、左为土地菩萨、右为三武将，惜头部均被凿毁。

南山造像造型端庄、比例匀称、形象生动、表情各异、线条流畅，是研究元代宗教造像艺术及雕刻工艺的宝贵资料。7 号如来坐像体量高大，在浙江省内极为少见。3 号尊华宿王智佛像和 11 号阿弥陀如来坐像的左肩侧均刻有纪年题记，提供了断定年代的准确依据。南山造像作为一处造型多样，佛、道二教合一的造像群，丰富了江南地区摩崖造像艺术，被誉为杭州地区唯一可以与灵隐飞来峰造像相媲美的石像群，是难能可贵的艺术瑰宝，也为研究杭州及江浙地区元代政治经济、社会历史、艺术文化提供了重要的实物资料。1963 年列为县级文物保护单位。1983 年重新公布为第一批县级文物保护单位。1997 年列为浙江省文物保护单位。2013 年列为全国重点文物保护单位。

为保护南山造像，瓶窑镇人民政府关停了南山石矿。1997 年以来，瓶窑镇严格控制南山周围的农户建房，搬迁了山上 400 余座坟墓。2003 年 3 月 10 日，杭州良渚遗址管理区管理委员会发文《关于瓶窑南山摩崖造像保护与利用有关问题的意见和建议》，要求当地政府加强对南山及附近环境的规划保护与控制，严格控制石像周围与保护利用不协调的建筑物和构筑物，能外迁的尽量外迁。

南山造像历经数百年，周边岩石表面风化、渗水严重，部分危岩崩塌，致使造像局部坠落损毁。2004 ～ 2005 年，余杭区文物管理委员会办公室委托中国文物研究所编制《余杭南山造像保护方案》，实施南山造像保护试验工作。2006 年 10 月 16 日～ 2007 年 9 月 15 日，经省文物局批准，实施完成南山造像维修保护工程，主要对造像本体表面进行清洁处理，对周边石材裂缝进行灌浆加固，并对个别残损造像进行修复，是个比较成功的凝灰岩石质文物保护的范例。

3、窑山造像

位于瓶窑镇里窑社区窑山南坡，太平庵内。凿刻年代不详。浅龛石造像，自西向东依次为观音、孔夫子、元始天尊、如来佛祖，均坐北朝南。观音像宽约 0.6 米，高约 1.2 米。孔夫子像宽约 0.7 米，高约 1.4 米。元始天尊像宽约 0.7 米，高约 1.3 米。如来佛祖像宽约 0.8 米，高约 1.4 米。2000 年为 4 尊造像开光，身施金粉。窑山造像造型优美，儒、佛、道三教造像共存，反映了三教合一、兼收并蓄的宗教历史。

4、寡山摩崖题刻

位于仓前街道吴山前村寡山东南山腰山洞口。明代题刻。洞口刻有楷书"香宇品岩"四字，左侧刻有"张子达仙位"小字一方。"香宇品岩"四字从右到左纵向排列，每字高 0.72 米，宽 0.52 米。左上约 10 余米处，另有一个朝天洞，壁上镌有"小小洞天，品岩升天，再加一口，妙品元田"，下署"甲申主"。《余杭县志》载："钱塘田艺蘅，字子艺，有别墅曰品岩，一曰香宇，又曰寡山书屋。"《县志·碑碣》载："刑部郎中莆田陈应时醉后书"。两处石刻均正书，字体奇古。2004 年列为杭州市文物保护点。2009 年列为杭州市文物保护单位。2013 年，余杭区文广新局、仓前街道出资 32 万元完成保护整治，主要进行环境清理、建成上山道路和观景台。

5、半山摩崖石刻

位于百丈镇半山村，外半山自然村通往里半山自然村的道路边。根据石刻式样、书法风格，初定为清代早期。石刻内容包括 4 个栩栩如生的人物像，"听泉"、"有仙则名"和一首风景诗。风景诗中，"万紫千红总是春"清晰可辨。据当地老人介绍，此处以前名为"花园里"，是人们休憩的地方，以前半山村又叫伴仙村，推测该石刻与这些历史有关。为研究余杭西部山区摩崖石刻提供了宝贵资料。2013 年，余杭区文广新局出资 21.5 万元，百丈镇政府完成保护整治。2015年列为杭州市文物保护点。

6、万宝朝宗题刻

位于余杭街道宝塔村狮子山北坡。相传凿刻于清光绪年间，属狮山半山腰的财神庙。财神庙曾供奉财神赵公明等诸多菩萨，日军侵略余杭时被炸毁。山坡上散落许多瓦片、薄青砖，相传为财神庙之原物。沿山坡红砂岩石壁凿出石龛，上书"万宝朝宗"，字径 10 厘米 ×8 厘米；两旁各书"狮山兴宝藏"、"炉火发财源"，均为楷书。通高 1.6 米，通宽 0.95 米。龛下有一圆洞，直径约 5 厘米，似漏水孔。孔下另有一条宽约 20 厘米的沟渠，可能用于排水或插香火蜡烛。

二、碑刻

1、石云庵碑记

位于中泰街道白云村章岭自然村鸡龙上。庵已毁，仅存碑。碑太湖石质，清康熙十六年（1677）立，圆首，无座。高 1.71 米，宽 0.69 米，厚 0.19 米。篆额"石云庵碑记"五字。碑文为行书，共 872 字，内容记述建庵经过。对于研究石云庵历史，以及余杭区碑刻都有重要意义。2004 年列为杭州市文物保护点。2013 年，余杭区文广新局、中泰街道出资约 18 万元，整治周边环境，建成保护亭，将碑置于亭内。2015 年重新公布为杭州市文物保护点。

第五节 近现代重要史迹及代表性建筑

余杭区境内共登录近现代重要史迹及代表性建筑 455 处，具体包括 16 种类型。其中传统民居 235 处，数量最多，所占比例约 50%。此外还有重要历史事件和重要机构旧址 3 处，重要历史事件纪念地或纪念设施 1 处，名人故、旧居 4 处，名人墓 4 处，烈士墓及纪念设施 11 处，宗教建筑 6 处，交通道路设施 55 处，工业建筑及附属物 19 处，水利设施及附属物 24 处，文化教育建筑及附属物 23 处，金融商贸建筑 10 处，医疗卫生建筑 4 处，军事建筑及设施 6 处，典型风格建筑或构筑物 7 处，其他 43 处。

一、重要历史事件和重要机构旧址

1、中共鸭兰村支部旧址

位于崇贤街道鸭兰村北鸭兰村 41 号、42 号南侧。1927 年"四·一二"政变后，中共杭州地委派马东林、马国华到鸭兰村秘密从事党的活动，发展党员。6 月在此建立杭县农村第一个党支部——中共鸭兰村支部，马国华任书记。党支部建立后，利用农民协会这一合法组织形式，发动群众进行了一系列革命活动。坐北朝南，面宽 12.5 米，进深 7.5 米。旧址原有四开间，1989 年被拆建新房，仅存一堵残墙。2001 年 6 月，在中国共产党成立 80 周年之际，于残墙西侧立碑纪念。2004 年列为杭州市文物保护点。2009 年列为杭州市文物保护单位。

2007 年，为纪念鸭兰村支部成立 80 周年，余杭区委决定在支部旧址建立中共余杭区党史陈列室及旧址广场。广场面积约 2000 平方米，用作纪念聚会活动场所；旧址改建为党史陈列室，于 6 月 29 日开放，分中国共产党成立、中共鸭兰村支部建立、土地革命时期境内党的活动、抗日战争时期境内党的活动、解放战争时期境内党的活动、英烈永存、老区新貌和不断壮大的余杭党组织八个展区。以图文并茂和实物史料展示的方式，系统介绍余杭地方党组织诞生、发展、壮大的曲折过程，以及在党的领导和影响下工农革命斗争的悲壮史实。2014 年，余杭区文广新局、崇贤街道出资 30 万元完成整体修缮。

2、中共西镇区委旧址

位于仁和街道花园村林家坞55 号民宅南。清中晚期郑姓村民（曾开设午记棉花行，人称"午先生"）建造。1927 年作为中共杭县西镇区委驻地。坐北朝南，五间二层重檐砖木结构，占地约 300 平方米。

西镇区委成立于 1927 年 10 月，是当时余杭第一个中共区委所在地，下辖鸭兰村、王家庄、林家兜、行宫塘等 5 个支部，共有党员 46 名。该有 40 多个自然村的 2000 多名农民参加的、余杭历史上最具影响的革命运动——"西镇农民暴动"，震撼省城，影响全国，在中国农民革命史上有一定地位。其旧址对于研究余杭革命斗争史具有较高价值。中华人民共和国成立后，该宅先后成为章桥乡政府、林家坞小学、林家坞村委用房。1994 年起成为村老年活动室。2005 年，余杭区、仁和镇两级政府投资 35 万元进行整修及相关资料征集制作，成为全区爱国主义教育基地。中共西镇区委旧址是余杭党组织诞生、发展、壮大曲折过程的历史见证，也是在党的领导和影响下农民革命斗争史实的历史见证。2009 年列为杭州市文物保护单位。

二、重要历史事件纪念地或纪念设施

1、余杭千人坑（国殇公墓）

位于余杭街道山西园社区，宝塔山东麓。《余杭镇志》（1992 年版）载：安乐山东麓有一山坑，太平军与清军多次在安乐山、狮子山激战。战后里人收集枯骨纳入坑中，俗称余杭"千人坑"。日军侵占余杭期间，将逮捕的抗日军政人员及群众施刑后捅杀于坑内，也有许多被射杀而遗尸两山附近者。抗战胜利后，县长薛祚鸿收理附近军民遗骸，筹建墓穴。在两山周近，仅颅骨数达 200 余。墓坐西朝东，呈圆形，馒头状，顶覆土。四周以条石砌筑，水泥勾缝。横式青石墓碑从右向左阴刻"国殇公墓"四个红色大字，两旁分别竖向阴刻"丙戌扫墓节"、"薛祚鸿题"以及印章一方。是揭露日本军国主义侵略中国，残杀无辜中国人民残暴罪行的历史见证。2013 年，余杭街道实施完成保护整治。2015 年列为杭州市文物保护点。

2、乔司千人坑

位于乔司街道新街社区保庆桥畔。1938 年 2 月 18 日（戊寅年正月十九日），日军遭国民党第 10 集团军 62 师袭击后，于次日拂晓包围乔司，在保庆桥对手无寸铁的群众实行报复性烧、杀，遇难同胞达 1360 余人，烧毁房屋 7000 余间，制造了骇人听闻的乔司大屠杀惨案。遇难同胞遗体被丢弃在保庆桥畔的池塘内，故名"千人坑"。1941 年，当地医生方寿僧出资收殓残骨，瘗之以冢，立碑直书"戊寅公墓"四字。抗战胜利后，为纪念乔司遇难同胞，在土冢原址上重建公墓，成为日本军国主义侵华暴行的铁证。1983 年列为余杭县重点文物保护单位。2009 年列为杭州市文物保护单位。乔司千人坑也是杭州市爱国主义教育基地。

建国以来多次修缮。1965 年，乔司人民公社贫下中农协会进行整修，作为"忆苦思甜"场所。1984 年，余杭县文物管理委员会办公室与乔司镇政府共同投资，征用戊寅公墓周围土地 960 平方米，四周修筑围墙。1994 年，在乔司镇政府出资，向社会集资 13 万元，以及余杭市文物管理委员会办公室资助下进行维修，主要修补围墙，用石块叠砌池边沿，新建碑亭，并立戊寅惨案纪念碑于亭中，碑文记述惨案经过以昭示后人，墓地四周筑花坛，环境幽静肃穆。2014～2015 年，余杭区文广新局、乔司街道出资 178 万元重修墓道、保庆桥、亭子，并建成开放乔司大屠杀纪念馆。

3、抗日墙标

位于鸬鸟镇太平山村上潘自然村。1945 年 3 月，新四军苏浙军区一纵队三支队进入太平堂上潘村时，在村民潘观良民宅门外南墙右上方檐下，离地 2.5 米处，用蓝色油墨书写美术体"军民一致把鬼子赶出去！"标语一条，字径高 0.55 米，宽 0.3 米。由于风吹日晒半个世纪，字迹褪色严重，1996 年，余杭市文物管理委员会办公室在原字迹上用相仿颜色进行加色。1983 年列为余杭县重点文物保护单位。2009 年列为杭州市文物保护单位。2013 年，余杭区文广新局出资 5 万元，鸬鸟镇政府完成抗日墙标墙体加固。2015 年，余杭区文广新局出资 38 万元，鸬鸟镇政府完成潘观良民宅整体保护修缮。

三、烈士墓及纪念设施

1、黄湖抗战阵亡将士纪念碑

位于黄湖镇西北木鱼岭东南山坡上。1940 年冬，日军进犯黄湖，驻黄湖的国民党 19 师某团一连，与大部队失去联络，在给养断绝、服装单薄的艰苦环境下，坚持抗日。在木鱼岭狙击战中毙日军百余人，终因寡不敌众，17 名官兵在战斗中牺牲。1947 年，黄湖民众在三官堂立碑纪念。碑青石质，呈三角形，高 2 米，每面宽 0.25 米，上端刻有国民党党徽，下直刻"抗战阵亡将士纪念碑"九字，楷书，字径高、宽各 0.15 米。1995 年在此建纪念亭，将碑移至亭内。2004 年列为杭州市文物保护点。2015 年重新公布为杭州市文物保护点。

2、双溪抗战阵亡将士纪念碑

原在双溪河砻糠堰北岸边,现立于径山镇四岭村上仕村西北侧仕村溪畔双碑园(2007年建造)内。碑体上方造"抗战亭"予以保护。碑坐西朝东,碑体为三棱体,三边均有"抗战阵亡将士纪念碑"字样,碑顶有国民党党徽。碑高2.12米,三边长均为0.28米。抗战时期,桂系部队在此抗击日寇,浴血奋战,后全军阵亡。当时国民政府立此碑纪念。是研究余杭地方抗战史的实物资料。2004年列为杭州市文物保护点。2007年,余杭区政府出资修建碑亭。2015年重新公布为杭州市文物保护点。

3、余杭革命烈士纪念碑

位于临平街道星火社区临平山上。1991年,余杭县人民政府为纪念在新民主主义革命时期和建国后牺牲的142名烈士而立。碑用红色花岗岩及汉白玉大理石砌成,高12.2米。碑阳刻有原中共中央顾问委员会常委姬鹏飞亲手书写的"革命烈士永垂不朽"八个涂金大字。碑前广场

呈余杭地形,碑后竖"余杭县革命烈士名录"石屏一座,记录土地革命、抗日战争、解放战争时期和中华人民共和国成立后142名烈士姓名。占地面积1200平方米。1994年列为余杭市第一批爱国主义教育基地。2004年列为杭州市文物保护点。2007年,投入近30万元,对"革命烈士永垂不朽"及两侧"发扬革命传统,争取更大光荣"共20个大字重贴金箔,碑座围栏换成不锈钢,广场上铺设青石板。2013年列为杭州市文物保护单位。

4、程全昭墓

位于径山镇潘板桥村夹坞里。程全昭不是中共党员,但是为党的事业做出了重大贡献。程全昭(1915~1981),1935年8月前,受党内朋友委托,冒着生命危险,将方志敏在狱中写下的《我从事革命斗争的略述》、《清贫》、《可爱的中国》等16篇约13万余字的文稿、信件从南昌国民党狱中辗转送往上海,亲自交给了爱国民主人士李公朴,得以流传至今。1981年2月26日,程全昭去世,享年66岁,安葬于余杭老家潘板。

墓于1996年3月重建,占地约30平方米,用混凝土砌筑,墓顶略呈"凸"字形,左右作八字墙,有三级石阶,墓前为平台。2004年列为杭州市文物保护点。2009年列为杭州市文物保护单位。

5、吴永加墓

位于良渚街道安溪村东山南坡。1938年2月24日(农历正月二十五),安溪镇(今良渚街道安溪村)农民吴永加路遇5名日军从瓶窑到安溪骚扰。因拒绝带路并伺机杀死1名日军,后躲入村中,被财主出卖,遭日军枪杀,年仅33岁。乡人将其葬于四相公凉亭旁塘上,后迁葬于安溪大桥北、东山南坡。1995年纪念抗日战争胜利五十周年之际,安溪镇重修该墓并勒石:

倭寇入侵 无恶不作 百姓罹难 狼嚎人哭

吴公见状 怒发冲冠 誓不两立 敌忾同仇

五马拼搏 力夺刺刀 徒手杀敌 乃显英豪

东山苍苍 苕水泱泱 大哉吴公 万古流芳

墓坐北朝南，水泥墓，平面呈圆形，直径 2.55 米。碑宽 0.77 米，高 1.7 米，厚 0.08 米，上书"吴永加之墓"，并有纪念碑文。外廓呈半圆形。是良渚街道爱国主义教育基地。

6、金秀林烈士墓

位于径山镇双溪村门家坞南麓，南临新修的门家坞道路，三面环山，坐西南朝东北。金秀林（1917~1945），男，湖州人。1939 年春参加抗日活动，同年九月加入中国共产党，并负责秘密联络工作，曾两次被捕保释。1945 年 5 月 31 日，征粮归途中在冷水桥遭国民党特务伏击，光荣牺牲。1987 年 4 月，余杭县双溪乡人民政府为其立碑，将墓用水泥重砌，墓直径 2 米。1992 年 4 月，在墓前立"金秀林烈士简介"碑。2007 年，当地政府修筑水泥台阶和围墙。

7、西南山新四军烈士墓

位于仁和街道云会西南山村西山西坡。1945 年春，由粟裕司令率领的国民革命军新编第四军第一、三纵队所属的第八支队进军杭嘉湖休整。为消灭盘踞在云会地区的国民党浙江保安第三团，于 4 月 27 日深夜派遣 2 名侦察员隐蔽潜伏在西山、东山之间河中侦察敌情。因故暴露，不幸中弹被捕。29 日，两位战士英勇就义。当晚，我新四军八支队对浙保三团发起总攻，一举歼灭顽敌，俘虏千余人。战后，当地群众将牺牲的 12 名战士遗体葬于此。1976 年重建墓，立碑曰"新四军烈士墓"。1992 年春，云会乡人民政府重修墓碑。2004年 10 月，投资 30 多万元将烈士墓由西山北迁址重修。

墓坐北朝南，呈馒头状，圆形，直径约 5 米，高 1.5 米。块石砌筑，混凝土封顶。碑高 1.5 米，宽 0.8 米。碑文楷书直刻"新四军烈士墓"六字。周围广布柏树。现墓地面积约 1000 平方米。2013 年列为杭州市文物保护单位。

8、宝塔山烈士墓

位于余杭街道宝塔山南麓。为王守存、沈化贞合葬墓。二人均为山东省沂南县人。1944 年入伍，次年加入中国共产党。1949 年随军南下，5 月 12 日被分配到西社乡（现属余杭街道），王任指导员，沈任乡长。7 月 16 日，两人参加县委扩大会议，傍晚冒雨回乡政府（洪桐庙），深夜还在商讨工作。次日清晨，乡政府遭"浙江省救国纵队第 16 支队"匪徒偷袭。他俩奋起反击，沈化贞当场牺牲。王守存负重伤，突围中昏倒，被支援部队发现后，送医院抢救无效光荣牺牲。

初葬于乡间，1962 年移葬于今址。1992 年 4 月立碑，述烈士生平。2008 年重修墓。墓呈圆形，墓径 3.45 米，高 1.16 米，外表用花岗石块粘贴。前立墓碑，高 1.36 米，宽 0.7 米，上刻"沈化贞、王守存烈士之墓"，左右为国旗图案。整个墓廓呈圆形，墓前植有东北松、西枫树等，瞻仰台面积 208 平方米。是余杭区重要的爱国主义教育基地。2004 年列为杭州市文物保护点。2013 年，余杭街道进行保护整治。同年列为杭州市文物保护单位。

9、郭彬、刘维申、董代孝三烈士墓

位于崇贤街道龙旋村独山西南坡，独山庙东南约30米处。

郭彬，江苏省人。人民解放军浙江省军区直属工作队连级队员。1949年7月在原杭县五西区开辟农村工作，任平泾乡乡长。8月8日晚，和工作队员胡荣根在乡政府驻地东桥头召开群众座谈会，突遭匪特绑架，到三家村田野，郭彬坚不再走，说："你们打死我好了！这个青年同学（指胡荣根）做文书不久，你们放了他。"接着，严词斥责匪特，卒被杀害。

董代孝、刘维申，人民解放军浙江省军区直属工作队员。1949年7月在原杭县五西区开辟农村工作，驻平泾乡。8月8日晚突闻驻地东头枪声，急奔前去察看，中匪特枪弹牺牲。

墓体为圆形，直径约5米，水泥浇顶。墓前立有碑及烈士生平介绍。是余杭区重要的爱国主义教育基地。2013年，余杭区文广新局、崇贤街道出资约20万元完成保护整治，墓周新建平台，增设围栏，并将1966年墓碑原物重新立于墓前。墓碑正中上方浮雕五角星，下直刻"革命烈士永垂不朽"，左右两侧阴刻烈士名、立碑单位、时间。2015年列为杭州市文物保护点。

四、军事建筑及设施

1、燕担山碉堡

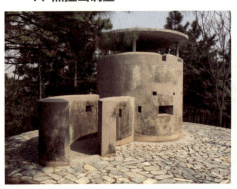

位于瓶窑镇石濑村燕担山（又名烟堆山）山顶。抗战时期（约1940年）日本人抓当地壮丁建造。堡体用青砖砌成，水泥勾缝。入口朝南，共二层，残高3米，内径3米，墙体厚约0.7米。一层分布多个打枪口，小者为步枪口，大者为机枪口，略呈喇叭形。二层是炮台。该碉堡占据燕担山山顶至高点，视线开阔，军事地位非常重要。抗战时期，日军曾据此控制通往老余杭的唯一一条大道（今15省道），拦截中国抗日部队及周边抗日武装。是日军侵略余杭的重要工事。2015年列为杭州市文物保护点。2016年，余杭区文广新局、瓶窑镇政府出资45万元完成整体修缮，并铺设堡体四周地坪，修筑上山石阶。

2、狮子山碉堡

位于余杭街道宝塔村狮子山南侧山峰顶端。1937年日军占领余杭后，为有效控制中国军民的抵抗，居高临下地控制从杭州通往临安、余杭的公路，强迫当地百姓在狮子山修建碉堡。据《余杭镇志》（1992年版）载，"日军于狮子山顶及中腰筑大型碉堡两座"，可知原有两座碉堡。现仅存一座，位于南侧山峰顶端。碉堡呈圆形，入口朝北（略偏西）。墙体用附近民房拆下来的清砖砌成，并用水泥勾缝，上分布有8个架机关枪的墩位，可同时使用4把机关枪。原有4个喇叭形打枪口，如今一个仍可见。雕堡残高0.9米，内径2.9米，墙体厚0.58米。该碉堡占据狮子山南侧山峰最高点，在此可俯瞰整个余杭镇，控制昱杭公路，军事地位极为重要，是日军发动侵略战争的铁证。

3、独山碉楼

位于崇贤街道龙旋村独山东南坡。始建于20世纪20年代，最初为当地林姓村民建造，故又

称"林宅"。坐西朝东,平面呈矩形,三开间两层砖木结构,硬山顶,总建筑面积406平方米。一层设回廊,四周外墙用块石砌筑,一层用水泥勾缝,二层用石灰勾缝。抗日战争时期,日军占领整修后作为军事据点,是日军发动侵略战争的力证。2013年列为杭州市文物保护单位。2014年,余杭区文广新局、崇贤街道出资58万元完成整体保护修缮。

4、龙船头日伪军办公室旧址

位于余杭街道山西园社区龙船头32号。旧为王姓地主的住宅,建于民国,原叫榭台,凌空,可观景。西侧原有祠堂,今不存。抗日战争时期作为日伪军办公室。据《余杭镇志》(1992年版)载,可能是日伪军设立的"在城坊"办公室旧址。坐西朝东,三间一坯单层结构,具有浓郁的西洋风格。面宽11.5米,进深7.2米,占地面积82.8平方米。灰木条加黄土筑墙,外施石灰。明间开券顶式双扇门,上有卷曲云纹,左右有楹联框,门前设二级半月形台阶,洋水泥地坪。次间开窗户,窗台下饰花边。南次间天花板挂灯处饰同心圆纹样。坯房后建,单坡顶,两柱四檩抬梁式。

5、空军地勤房旧址

俗称"小洋房"。位于乔司街道乔司社区乔井路241号北侧,距离笕桥机场约5公里。20世纪50年代初建造,系南京军区空五军的地勤房,已废弃。坐北朝南,共三栋平房,均用青砖(上写有"善合作"字样)砌筑,顶覆洋瓦,灰木条天花板,水泥地。自东向西依次为宿舍4间,办公室2间,厨房1间。

6、仙人洞人防工程

位于闲林街道联荣村仙人洞,杭州西郊监狱南。为"深挖洞、广积粮"时期的产物,建于1969至1976年。当时受备战思想影响,全国各地广泛开展挖防空洞(壕)的活动。仙人洞人防工程全部从山岩(石灰岩)中建成,西至联荣村,东至北山社区,全长300余米,宽3~5米。系爆破法略加修整,洞壁未经处理,洞口水泥加固并有铁门,洞内分布有多处岔口、大小洞室。是余杭区已知现存少数完整的防空洞之一。

7、横山油库

位于星桥街道枉山社区横山东麓。1970年建造,共9幢单层单檐建筑,均坐北朝南,红砖砌筑,上覆洋瓦。其中一幢建筑东墙外有红色标语"永远做党和人民的忠诚卫士。江泽民一九九九年七月"、"政治合格、军事过硬、作风优良、纪律严明、保障有力";南墙上有白色标语"保卫祖国、提高警惕"。一幢东墙角有"七○年红五月"字样。现已废弃。除2栋用于办公、居住外,其余7栋均无人使用。

五、名人故、旧居

1、汪馥泉故居

位于仁和街道东风村上纤埠8号民宅西侧,西临西塘河。

汪馥泉(1900-1959),字浚,獐山乡上纤埠人。浙江"五四"运动中心人物之一。出版过进步刊物《十月》,著译《现代文学十二讲》等日本文学及社会科学译著10余种。20世纪30年代初,先后在上海公学、复旦大学中文系任教。抗战爆发,历任《救亡日报》编委、《大公》周刊编辑、《学术》杂志主编、江苏教育学院副院长等职。为人正直,编辑出版过众多杂志,以文无媚词、内容充实深得知识界和广大群众好评。解放后，任东北人民大学中文系教授，兼图书馆馆长。1959 年病逝于长春。

故居在民国十五年(1926)遭火劫，原址新造一幢二层砖木结构楼房。后仅剩一堵残墙。2013年，余杭区文广新局、仁和街道出资 55 万元，恢复了故居原貌。2015 年列为杭州市文物保护点。

六、传统民居

1、胡华泉祖宅

位于中泰街道双联村孟坞 104 号。现户主胡华泉的祖辈本为徽州府（今安徽歙县）人，后迁此定居，并开办造纸作坊，经营纸业。父辈兄弟三人，胡父最小，其中大伯民国初年曾任环和乡乡长秘书。1920 年，兄弟三人合建此宅。

坐北朝南，二进五开间二弄二厢房二坯房二天井砖木结构建筑，通面宽 21.5 米，通进深 20.86 米。占地面积448.5平方米。正楼、东西厢楼、门楼二楼互通，形成走马楼。正房梁柱用材考究，雕梁画栋，刻人物故事、花草等纹饰。一层檐柱饰狮子踩绣球、挂铜钱、梅花鹿衔灵芝等图案牛腿。外置冬瓜梁，雕刻各色花草、瑞兽。四角饰精美花灯。雕刻手法多样，有阴刻、浅浮雕、半圆雕、透雕等。二层开花窗，上饰精美花边，并刻兰、莲等花草纹。每格裙板上均刻蝙蝠绕团花纹。院门门框、门槛、台阶及前面大天井四周台基均用白云石。格局规整，用材考究，雕工精细，装饰精美，是余杭区现存最为完整和精美的传统民居建筑之一。2015 年，余杭区文广新局、中泰街道出资 53 万元，完成整体修缮。

2、骆锡林民居

位于黄湖镇吴四坊社区迁前南路 201 号。骆锡林是黄湖镇上有名的大地主，祖籍绍兴。民国初年建造此宅，原为二进。临街的一进在日寇侵占时烧毁。现存第二进，坐西朝东，五开间二厢房二层单檐砖木结构，通面宽 20.7 米，通进深 21.7 米，占地面积 449.19 平方米。石库门门框为红砂岩质，门额阳刻"山口毓秀"。青砖墙体。南北外墙各开一个边门，青石门框。门楼、正楼和两厢的二楼可以盘旋走通，形成走马楼。用材考究，雕饰精美，围廊、梁柱、花窗等雕饰多种纹样，有狮子滚绣球、戏曲人物故事、花鸟纹等，雕工精湛、栩栩如生。天井四周台基和室内地坪铺设水泥。是余杭区现存最为精美的传统民居建筑之一。

3、沈浩川民宅

位于黄湖镇青山村石扶梯 25-27 号。沈浩川靠造纸发家，1947～1949 年建此宅。全宅共 72 根柱子，故当地号称"百柱屋"。坐西朝东，一进五开间二厢房二层重檐砖木结构建筑。通面宽 25.3 米，通进深 23.1 米，占地面积 584.43 平方米。院门门楣写有"兴德为邻"。正房明间梁架 7 柱 10 檩穿斗式。一层檐柱饰人物、走兽、花草等纹样牛腿。是余杭区现存规模最大、格局最完整和精美的传统民居建筑之一。2012 年，余杭区文广新局出资 70 万元，黄湖镇政府完成整体修缮。

七、名人墓

1、杨乃武墓

位于余杭街道上湖村新庙前。杨乃武（1841～1914），同治癸酉举人，懂医道，通阴阳，文笔犀利，才学超人，性格耿直，系晚清四大冤案之一的"杨乃武与小白菜"案中的男主角。1914年杨乃武病卒后，安葬于安山村（今上湖村）新庙前，享年 74 岁。1992 年 4 月，对杨墓作了整修。

同年 8 月，余杭县政协、余杭镇政府牵头，社会各界捐资修筑了墓园。1993 年立"杨乃武传略"碑。坐北朝南，土坑墓，呈馒头状，墓径 3.51 米。墓壁用石块垒砌，水泥勾缝，上泥土封顶。前立墓碑，直刻"显考同治癸酉孝廉书勋府君之墓"。墓碑高 1.2 米，宽 0.56 米，厚 0.06 米。2004 年列为杭州市文物保护点。2011 年，余杭区文广新局、余杭街道出资 50 多万元完成墓园保护整治，包括整修墓、大门改造、亭子和书画社建造、绿化等。2015 年重新公布为杭州市文物保护点。

2、沈联芳墓

位于径山镇小古城村金钟山南麓，蓬崇 46-1 号以北。沈联芳（1870～1947），名铺，浙江吴兴人，曾兴办社会公益事业。中华民国成立后，历任闸北市政厅厅长、苏浙皖丝茧公所董事长、上海总商会副会长。抗日战争时期，拒绝出任伪上海市副市长，为国人所称道。墓建于民国，坐北朝南，占地面积 800 多平方米。文革时期遭严重破坏。墓面残破，墓碑仅存下半段。碑文由楷书，竖向阴刻，已残缺不全，仅存"市政厅长沈联芳先生生圹"、"□公继配高太夫人之墓"、"人□葬侧室周夫人生圹"、"东三省筹边使余杭章炳麟题"。现墓地两侧围墙为原物，墓室后期重新建造，墓碑由沈联芳孙辈于 1991 年 11 月重立。为研究民国时期名人章太炎与沈联芳提供了实证。

八、工业建筑及附属物

1、老洞山石灰窑

位于闲林街道联荣村老洞山，石灰弄口。1964 年余杭县建筑材料厂在此建厂，开始开采石灰岩，1965 年建造石灰窑，1966 年正式投产。1994 年转为联荣村办，2003 年关停。现存石灰窑系当年余杭县建筑材料厂聘用东阳技工建造，窑炉全部用石料叠砌而成，保存完好。高 22 米，宽 50 米，纵深约 50 米。北侧窑体下有三个石砌的拱形出料口。外墙呈 85 度斜面。其发现为闲林曾以采石为主业的历史提供了实证。

2、余杭县仇山磁土矿旧址

位于余杭街道下陡门村。1954 年建立。全矿占地 91860 平方米，主要建筑面积 44200 余平方米，分矿区和加工厂（矿部）两个片区。是大型优质钙基膨润土和钠基膨润土矿床，矿层储量达 1700 多万吨。是国内膨润土行业开采历史最长、品种较多、产量较大、技术力量较强的化学矿山开采和加工的联合型企业。1987 年产磁土 6.7 万吨，为国内最大的磁土采掘加工企业。

3、瓶窑茧站旧址

位于瓶窑镇里窑社区外窑街，南临东苕溪。由浙江省丝绸公司拨款，委托长命供销社负责建造。共七栋建筑，占地面积 2587.2 平方米。青砖砌墙，外施水泥，两坡硬山顶，上覆洋瓦。最南面 2 栋茧房，共 13 间，建于 20 世纪 60 年代；其余 5 栋建于五十年代，作烘灶、仓库、食堂等。烘灶 7 间，采用木头人字梁，烘茧用。操作间 8 间，采用水泥钢筋梁。烘茧后晾开，再打包，然后储存到二楼仓库。在瓶窑茧站可以从收购,到晾干、暂放,再烘焙,最后打包储存。经过初加工,最后运到省丝绸公司。格局完整,是建国后重要的工业建筑,具有鲜明的时代特色。

4、红伟茶厂旧址

位于鸬鸟镇仙伯坑村后畈村张家堂 3 号。系大跃进期间的产物。1958 年 8 月 16 号正式投产,成为余杭县的一件大事。当时由杭州水利水电专科学校设计并制造了水轮机,在此安装发电供茶厂生产。现存厂房两幢,建在山坡上,坐北朝南,青砖到顶,木质人字梁架结构。东西向布列,东幢为仓库,八间两层;西幢为九间平房。墙上写有"毛主席万岁"、"跟共产党走"等标语。

九、水利设施及附属物

1、官堰

位于径山镇求是村后塘 39 号以西,北苕溪老溪道上,东西向。清•嘉庆《余杭县志》有载。1958 年改为活动堰,共 16 孔,每孔宽 2 米,堰高 1 米。主要用于防洪、灌溉,可灌溉农田 2400 亩。对于研究当地水利发展史具有一定价值。

2、四岭水库

位于径山镇四岭村。集雨面积71.6平方公里。1964 年 12 月动工,1966 年 5 月建成。以蓄洪为主,正常库容 573 万立方米,调洪库容 351 万立方米,总库容 924 万立方米,灌溉面积 2.5 万亩。大坝为浆砌块石重力坝,高29.3米,坝顶高程68.8米,防洪墙高程69.4米,坝底长101米,坝顶长156米,溢洪道宽 68 米,设计洪峰流量 1124.7 立方米/秒。投工 23.38 万工,投资 175.62 万元。1977 年 12 月扩建,1985 年底,大坝扩建工程完成,高程 84 米,坝顶长 196 米,宽 4 米。总库容增至 2854 万立方米,正常库容 1224 万立方米,灌溉面积 3.5 万亩。

3、彭北十里渠

自原彭公鲁家头至北湖罗涨陡门,即今瓶窑镇石濑村鲁家头至南山村罗涨陡门。据《余杭县水利志》(1987 年 10 月)载:1971 年冬,由彭公、北湖两公社联合组织民工,开挖从彭公鲁家头至罗涨陡门沿山渠道。全长 7090 米。当地称"十里沿山渠"。沿渠建有桁架桥 5 座,双曲拱桥 2 座,渡槽 1 座,陡门 3 座,泄水闸 1 座。总投资 62 万元,其中国家投资 42 万元。纳山水面积 32 平方公里,宽 7－20 米,设计流量每秒 240 立方米,为石濑、窑北、南山等村的旱涝保收创造了有利条件。是余杭区较大的干渠,也是区内文革期间所建的重要水利工程之一。

4、余杭县公署文碑

位于径山镇四岭村上仕自然村。碑青石质,方首,无座,高 2.26 米、宽 0.98 米、厚 0.17 米。碑阳有"永远禁止筑坝"、"余杭县公署布告第九七号"、"中华民国十四年(1925)十一月二日"等字样。碑阴刻有文稿,已模糊不清。此碑是为处理放排运毛竹和农田灌溉两者矛盾而立。原立于四岭村笼糠堰旁,后断成两截,现已修补好竖立起来,并建了碑廊。2004 年列为杭州市文物保护点。2009 年列为杭州市文物保护单位。2013 年,余杭区文广新局出资 10 多万元,径山镇政府维修碑廊。

5、余杭北湖界址第一段地形略图碑

位于瓶窑镇南山村上窑自然村关帝庙东北墙角,东苕溪西岸。碑身长方形,竖向,高 1.13 米、宽 0.62 米,厚 0.115 米。碑文内容包括碑名、北湖界址地形图、"说明"三部分。其中地形图上方刻有"比

例尺 一万二千分之一"、右下方刻有图例;"说明"部分以文字形式阐明了立碑原因、测量机构、北湖的四至范围和面积、立碑机构和日期。

中华民国二十三年(1934)七月由清理余杭北湖界址委员会立,保存完整、字迹清晰,图文并举、内容全面、绘制科学,对于研究余杭北湖的历史变迁,乃至余杭区水利发展史都具有重要的科学研究价值,是余杭区已知现存唯一一块地形图碑。

十、文化教育建筑及附属物

1、章山公社向阳大队大会堂

位于仁和街道洛阳村野毛山自然村西北,距该村村委约 1000 米。《余杭县地名志》载,"洛阳行政村……1966年合并称向阳大队。"建于 20 世纪 60 年代。坐北朝南,共 7 间平房,附 1 间小坯房,砖木结构。面宽 10 米,进深 27 米,高 5.6 米。正门为牌楼式样,上保留红五角星、红太阳图案,以及"毛主席万岁"等字样。格局完整,时代特色鲜明。2013 年,余杭区文广新局、仁和街道出资 10 余万元完成整体修缮。

2、铜岭桥大礼堂及小学旧址

位于中泰街道紫荆村铜岭桥。建于 20 世纪 60 年代,占地面积 1284 平方米。铜岭桥大队礼堂是当地优秀公共建筑,也是特定时代的产物和见证。铜岭桥小学旧址为研究余杭西部山区教育建筑提供了实例。2014 年,余杭区文广新局、中泰街道出资约 100 万元完成整体保护修缮。

3、石竹园村大礼堂

位于百丈镇石竹园村。坐南朝北。由葛氏祠堂、大礼堂两部分组成。葛氏祠堂建于清代,大礼堂建于 20 世纪 50~60 年代。占地面积 713.1 平方米,体现了清代和解放初期当地人民的生活方式、思想观念、风俗习惯。2015 年,余杭区文广新局出资 64 万元,百丈镇政府完成整体修缮。

4、半山大队大会堂

位于百丈镇半山村村委旁。1971 年开始建造,1973 年完工,是座现代公共建筑,用作会议、演出场所,可同时容纳观众 900 多人。建筑分三部分,前为两层门楼,门前有宽敞的 11 级台阶;中为观众区和戏台;后为一层平房。砖木结构,两坡小青瓦屋面,块石基础,砖墙承重,人字形木桁架承托屋面。面宽 16.44 米,进深 46.13 米,占地面积 722 平方米,建筑面积 885.5 平方米。2011 年,余杭区文广新局出资 53 万元,百丈镇政府完成整体修缮。

5、五星大队会场

位于鸬鸟镇太平山村。建于 20 世纪 70 年代。面宽 11.1 米,进深 36.2 米,占地面积 401.82 平方米。建筑呈中轴对称,布局合理,结构严谨,保存完整,以往村中会议、大型演出都在此举行,是当地优秀的公共建筑。2014 年,余杭区文广新局出资 55 万元,鸬鸟镇政府完成整体保护修缮。

十一、交通道路设施

1、积善桥

俗称蜈蚣桥。位于鸬鸟镇太公堂村凌村坞，东西向跨凌村溪。单孔石拱桥，长11.9米，宽3.15米，净矢高 4.5 米。块石叠砌，桥墩建于岩基之上。桥南券额阴刻"积善桥"，两旁阴刻"民国八年（1919）冬月吉立"。两侧对称浮雕横向爬行的蜈蚣，栩栩如生。此桥原为"百步岭"之上游起点处，桥旁原有一座古亭。20 世纪 80 年代建公路后，百步岭失去原有功能，亭子亦毁。为研究山区交通提供了实物资料。2011 年，余杭区文广新局出资，鸬鸟镇政府完成修缮。

2、众善桥

位于良渚街道勾庄村吴王自然村马铺弄 16 号民宅东北角，南北向跨勾庄港。始建不详，民国二十一年（1932）重修。单孔圆拱石桥，桥长25米，宽3.55米，跨径7.8米，高约5.5米。花岗岩桥面，正中刻圆形花纹。拱券采用纵联并列分节砌置法。金刚墙由红砂岩条石横向错缝叠砌而成，设长系石四根，外侧两根下立明柱，上刻楹联。实体栏板、方形望柱。南北桥坡各有踏步 17 级。2004 年列为杭州市文物保护点。2009 年列为杭州市文物保护单位。

3、竹节关桥

位于杭州余杭经济技术开发区（钱江经济开发区）李家桥村双家兜自然村东，南北向跨洋南港。清·王同《唐栖志》载："竹节关桥，一名促鸡门桥。"1929 年重建。五孔石梁桥，长 39.68 米，宽 2.1 米，高 3.9 米。桥面分五段，每段均由四块条石铺成，中心有重圈漩涡纹。两侧各有五块实体栏板间四根方形望柱，每个望柱头均刻花纹，有莲瓣纹、昆虫纹等；两头用抱鼓石。东西两侧均阳刻"竹节关桥"。桥墩均由三块长条石并列竖砌，上覆石盖梁承托桥面。桥台均由条石错缝叠砌而成，内嵌石壁墩。桥两端各设三级踏步。结构完整稳固，气势雄伟。

4、拱南桥

俗称水獭桥。位于中泰街道石鸽社区北首，南湖大堤以南约 300 米处，南北向跨水獭港。《余杭县水利志》载：明嘉靖十八年（1539），知县陈天贵为增蓄南湖水位设筑滚坝，以利农业，坝东建放水洞一座。为泄水挖水港，为民通行在水港处造水獭桥。三孔石梁桥，全长 18.3 米，宽 2.75 米。桥面由五块花岗石板并列铺就。中孔石梁正中阴刻"拱南桥"，两旁阴刻"民国乙亥（1935）富余……众姓建"。桥墩用条石横向错缝垒砌，朝北一侧作分水尖状，以利于泄洪。桥台用花岗岩条石错缝干砌。

5、陶村桥

位于径山镇求是村陶村桥自然村，南北向跨老北苕溪。钢筋水泥结构单跨桥，长 29.8 米，宽 2.85 米，拱孔高 4.5 米。桥孔东侧刻有"陶村碥"水泥字，由当时余杭县城老秀才撰写；桥沿南边刻有建桥发起人的名字，北边刻有"中华民国乙丑年（1925）中秋月上海周淮生营造厂监工造"。2005 年在桥顶建造一座三开间木结构桥廊。是余杭区现存最早的水泥桥。2013 年列为杭州市文物保护单位。

6、庆丰凉亭

位于径山镇双溪村西北 2 公里处的农田里，是双溪至径山的必经之路。凉亭三开间，南北长 10.42 米，东西宽 5.54 米，占地面积 57.73 平方米。南北均开拱门，中间为通道，两侧靠墙设简易长木凳供路人歇脚乘凉之用，地面铺设鹅卵石。明间梁架二柱五檩抬梁式，次间梁架四柱五檩抬梁式。明间梁上写有"中华民国二年（1913）阴历十一月二十日申时升梁大吉"、"公元一九八六年农历五月十七日辰时升梁大吉双溪村修建"以及木司、泥司姓名；南次间梁上写有"中华民国二年阴历十一月二十日申时升梁大吉"字样。凉亭南北原为鹅卵石铺设的道路，现北侧仍保留一段。是余杭区现存少数几座凉亭之一。

十二、其他

1、大麓寺遗址

位于鸬鸟镇太公堂村大麓寺山南坡。大麓寺原为山神小庙，1916 年扩建为寺庙。坐北朝南，原有四进，有山门、天王殿、大雄宝殿、藏经阁等，分布面积约 2400 平方米。曾为杭州灵隐寺的分寺，一度香火颇盛。1949 年后逐渐败落。文革时期被拆除，仅余明代所铸铁钟、鼓形柱础 3 个、大门构件 1 对、大殿后通往藏经阁的青石台阶、石臼及青花小罐等遗物。2004 年，大麓寺铁钟列为杭州市文物保护点。2015 年，大麓寺遗址（铁钟）列为杭州市文物保护点。

2、胡家祠堂

位于中泰街道泰峰村南涧 8 号。始建于民国十六年（1927），1950 年加建东西厢房，同年用作南涧村小学校舍。1997 年始，用作泰峰村老年协会至今。坐北朝南，二进五开间单层单檐木构建筑。通面宽 14.2 米，通进深 15.2 米，占地面积 413 平方米。东、西两侧高筑封火山墙，隐喻整个宗族生气勃勃，兴旺发达。门厅明间梁架为三柱六檩穿斗式；额枋浮雕牡丹双凤纹、如意云纹、虾须纹；檐柱饰简易牛腿，顶端做成大象状，寓意吉祥；雀替饰卷云纹; 花板上浮雕花草、圆雕水果。正殿明间梁架结构为四柱九檩抬梁式，次间五柱九檩穿斗式; 额枋雕人物故事、凤凰、盆花等纹样；梁上雕变形云纹；前檐柱上饰人物故事、亭台楼阁、树木花草纹样牛腿。格局规整、结构稳定，雕饰精美，是余杭区现存用材最考究，做工最精细，保存最完好的少数几处祠堂建筑之一，对研究余杭区民国时期祠堂建筑有重要意义。2011 年，余杭区文广新局、中泰街道出资 36 万元完成整体维修。2013 年列为杭州市文物保护单位。

3、下仕村测绘原点

位于径山镇四岭村下仕村 64 号民宅以北 7 米处。为民国时期浙江省实施全省十年迅速测图计划留下的测绘点，系三角原点。

4、余氏家族墓

位于径山镇平山村龙潭 48 号民宅后。坐北朝南，封土圆锥形，直径约 11 米，高 3 米。墓面牌楼式，三间四柱。一层柱间置三块碑，碑文均楷书，竖向阴刻，正中为墓主姓名，中间碑为"先叔考□□公之墓",右为"先考□显府君、妣姚太孺人之墓",左为"先妣沈太孺人之墓";右侧均刻"民国三十二年(1943)……立";左侧均刻立碑人姓名,均为余氏后人。结构完整,式样独特,为研究余杭区民国时期山区丧葬习俗提供了实例。

5、双溪村知青屋

位于径山镇双溪村连街庄64号,化水路以东。1968～1969年建造。坐西向东,二层砖木结构,占地面积280平方米。墙基用块石垒砌,泥砂墙体,毛竹梁架,硬山顶。中间为楼道,楼道两侧各8开间,上下两层,除去2个楼梯间外,共30间,属典型的集体宿舍格局,曾是杭州地区知青安置的先进典型。

6、姚子坪生产队粮仓

位于百丈镇仙岩村姚子坪自然村。建于20世纪70年代末,是姚子坪生产队的储备粮仓,下属两个小生产队各使用一个圆柱状粮仓。共两层,占地面积28.88平方米。第一层由两个圆柱状粮仓南北向并排而成,直径均3.8米,高4米,外墙以土、石混凝夯成,各开一个门和一扇小窗。第二层为阁楼,长7.6米,宽3.8米,高2米,用竹条编成篱笆墙,南北各开一门。外墙涂白石灰,顶覆小青瓦。

余杭文物志 ◎ 博物馆篇

第四篇 博物馆

第一章 文博院馆

余杭区的博物馆建设事业始于20世纪80年代中后期。1986年，超山吴昌硕先生纪念馆，其虽非文物部门明确注册的文博单位，却给余杭区博物馆建设带来经验。同年章太炎故居的对外开放，亦成为余杭区博物馆建设的有益尝试。1994年5月，由中共中央总书记江泽民题写馆名的良渚文化博物馆开馆。随后，随着余杭社会经济的发展和文物事业的开展，一批文博院馆陆续建成开放，成为余杭公共文化服务体系的重要组成部分。至2015年，全区已有明确注册的博物馆单位5家，其他隶属于国家和企业的具有博物馆性质的单位9家。

第一节 国有博物馆

一、杭州市余杭博物馆（中国江南水乡文化博物馆）

位于临平人民广场北侧，2003年12月27日建成并正式对外开放，建筑总面积8000余平方米，原全国人大常委会副委员长费孝通题写馆名。前身为余杭市文物管理委员会办公室文物陈列室，1990年经余杭县编制委员会发文，批准设立余杭县博物馆，为单独建制单位，馆址设在余杭县临平镇临平公园内，与余杭县文物管理委员会办公室合署办公。1994年被列为余杭市爱国主义教育基地。

杭州市余杭博物馆（中国江南水乡文化博物馆）陈列首次以文化地理概念为组织架构进行展示，分四个单元展览："我们的家园——余杭历史文化展"重点反映了自7000多年前的马家浜文化开始至现代的余杭历史上发生的重大事件和各地名胜、自然资源等；"文明曙光——馆藏良渚文化器物精品陈列"主要展示了先进的稻作犁耕石农具、风格独特的黑陶器、精美绝伦的玉器，散发出古老东方文明的神奇魅力；"江南水乡文化陈列"介绍了江南水乡的地理景观特征、文化现象及意义，并通过历史叙述的方式介绍江南如何从一个最蛮荒落后的地区变成中国最发达文明的地区；临时展厅用于举办各类临时展览。展览创造性地突破了中国博物馆界长期以来按行政地理区为单位设馆并组织、展览文化资源的常规之举。

该馆以"以人为本、服务社会、让人民共享文化遗产保护成果"为宗旨，以丰富的馆藏文物为基础，倾力打造内涵丰富、融知识性、趣味性为一体的精品展览，不断丰富服务教育形式，多领域多渠道提升学术水平，率先通过ISO9001国际质量体系认证，已形成了服务形式多样、管理模式新颖、研究领域广深的博物馆发展模式。现该馆馆藏文物两万五千余件，接待国内外观众近300万人次，曾接待前政治局常委、国务院副总理李岚清，原全国人大常委会副委员长黄华，原国务院副总理、外交部长钱其琛，文化部副部长周和平等中央、省市领导及专家学者。先后获得了国家二级博物馆、国家AAA级旅游景区、全国青少年教育基地、浙江省爱国主义教育基地、杭州市文明示范博物馆、杭州市青少年第二课堂活动先进基地、杭州市模范集体、杭州考古工作先进集体、杭州市文保工作先进集体、杭州市博物馆最佳服务奖、杭州市博物馆最佳管理奖、第三次全国文物普查实地文物调查阶段突出贡献集体奖等荣誉，窗口部室社会服务部被命名为全国青年文明号、杭州市巾帼文明示范岗、余杭区共产党员先锋岗、余杭区学习型班组、余杭区志愿服务先进集体。

该馆已成为集收藏、研究、教育于一体的综合性人文科学博物馆，是提高余杭城市品位、宣传余杭历史文化及自然资源的金名片。

二、良渚博物院

位于良渚街道美丽洲公园内，是一座考古学文化专题博物馆，原名良渚文化博物馆，始建于 1994 年，2008 年 9 月迁于现址。其建筑由英国著名建筑设计师戴卫·奇普菲尔德设计，突破了良渚文化玉器具象形态的束缚，以"一把玉锥散落地面"为设计理念，由不完全平行的四个长条形建筑组成，被称为"收藏珍宝的盒子"。整个建筑凸显简约、粗犷、厚重、大气的特征。外墙全部用黄洞石砌成，远看犹如玉质般浑然一体；院内还穿插设计了三个天井式主题庭院，运用中国园林建筑的元素，点缀美人靠等建筑小品。2008 年 5 月，博物院建筑在美国《商业周刊》和《建筑实录》联合举办的第二届"好设计创造好效益"评选中，获得"最佳公共建筑奖"。

良渚博物院建筑面积 1 万平方米，展览面积 4000 多平方米，基本展览总主题为"良渚文化实证中华五千年文明"，展出玉器、陶器、漆器、石器、墓葬等良渚文化时期文物千余件，突出展示良渚文明在中国和世界同类或同时期文明中的地位。展览设计理念是：雍容华贵、高雅亲和。展览力求创新陈列理念、合理运用先进的展示方法和手段，努力化解良渚文化的专业元素，使博物院成为一座可观、可学、可触、可玩的平民化博物馆。在三个相互联系又独立的展厅中，分别陈列"发现求真"、"良渚古国"和"良渚文明"三大内容，另外在第一展厅和第三展厅中分隔出前厅和尾厅，作为导引和结束。张忠培先生评价此展览体现良渚文化所达到的文明高度，提升观众素养，展览形式"雍容华贵、高雅亲和"。

良渚博物院先后获得"全国青年文明号"、"全国博物馆十大陈列展览精品奖"、"浙江省文化建设示范点"、"杭州市十佳景区"、"杭州市博物馆最佳创新奖"、"杭州市青少年学生第二课堂活动主题创新奖"、"杭州市青年文明号二十年成就奖"、"2014 年度《杭州全书》编纂出版达标单位"、"余杭区青年文明号示范集体"、杭州市文明示范博物馆"等荣誉。良渚博物院讲解岗获省级"百佳优质服务窗口"称号。

三、余杭章太炎故居纪念馆

位于仓前街道仓前塘路 59 号，2011 年 1 月 12 日重新开放。故居为晚清木结构的临街建筑，坐北朝南，三间四进一弄，建筑面积 811 平方米，由前厅、正厅、卧室、书房、厨房等组成。故居匾额由赵朴初先生题写。我国近代的国学大师，民族资产阶级思想家、革命家章太炎先生生于此，并度过了青少年时期，也曾多次成为太炎先生投身革命后躲避清廷搜捕避难之所。

故居于 1983 年文物普查中被发现，1986 年被列为县级重点文保单位，1986 年 6 月 14 日太炎先生逝世五十周年之际完成了部分修复并首次对外开放。1989 年定名为章太炎故居管理所。1997 年 8 月，浙江省人民政府将章太炎故居公布为省级重点文物保护单位。1998 年，章太炎故居第四进按原式样修复，使故居恢复了原有的规模。2006 年 5 月经国务院批准为第六批全国重点文物保护单位。2008 年年底，经国家文物局批准，余杭区政府投资 100 万元，对故居再次进行了维修。2009年投资130余万元重新陈列布展,2011年1月12日正式对外开放。2016年2月更名为余杭章太炎故居纪念馆。

整个故居以原有格局为基础,通过生活场景复原和陈列展示了章太炎先生青少年时期成长环境和历程。前三进通过历史原貌的复原和场景再现,展示了章太炎先生青少年时期故居的风貌。第一进为轿厅,设有前言、毛主席和周总理对太炎先生的评价、太炎先生自传、晚清时期木制轿展示等内容;第二进为扶雅堂,为章氏家庭公共活动场所,作喜庆、祝福、宴会宾客之用;第三进为内堂和书房,内堂为女眷或女宾聚会之处,书房为章太炎先生青少年时期读书之所。第四进为陈列展厅,展览分为"故乡沃土,孕育奇才"、"革命先觉、民国伟人"、"国学传承、群星璀璨"、"国学泰斗、著述宏富"四个部分,重点展示了章太炎先生青少年时期的生活、学习和思想成长的经历及太炎先生的国学研究和传承方面的取得成就。

故居自开放以来,通过征集、捐赠等形式丰富藏品,跟进时代需求完善陈列内容和形式,开展学术研究和社会教育活动,扩大了故居的影响力。自1986年6月首次开放至今已接待国内外观众20万人次,先后获得余杭区党风廉政教育基地、杭州市爱国主义教育基地、杭州市第二课堂活动基地、余杭区群众满意基层站所、杭州市最具品质体验点、杭州市悦学体验点、浙江省第八批爱国主义教育基地、华夏书香地标等称号。故居陈列荣获2010年度"浙江省陈列展览精品奖最佳内容设计奖"。

四、运河谷仓博物馆

隶属于杭州余杭运河综合保护开发建设有限公司,位于塘栖镇水北街,展陈面积6500平方米,是一座下沉式建筑,也是国内唯一一所以谷仓为主题的全代史博物馆。

展馆通过挖掘运河漕运文化和谷仓之间的关系及谷仓和农业起源、文明诞生、城市兴起、人类战争与和平的关联,阐述谷仓在人类生存与文明进步中的地位。整体景观以"多稼如云"为主题,营造兼具传统文化内涵和时代精神的新人文节点,为塘栖水北历史街区提供一处公共开放的休闲场所。

五、吴昌硕先生纪念馆

隶属于超山风景名胜区管委会。位于塘栖镇超山北麓大明堂西侧的葫芦山山坡,南侧为吴昌硕墓。1985年,余杭县政府拨款在墓左侧建造,1986年春建成开馆。纪念馆馆额由吴昌硕先生弟子王个簃先生题写。分门厅、纪念室及书画陈列室三部分。门厅左侧墙上嵌立有"缶庐讲艺图"碑及"饥看天图"碑各一通。"缶庐讲艺图"系吴昌硕诸门生为追念吴昌硕、吴藏龛等5人而立,由王震绘像、题字,沙孟海记事。"饥看天图"为任伯年绘吴昌硕像。纪念室为朝东向一统间。门额上悬挂沙孟海题"旷代艺宗"匾额。内陈列吴昌硕半身像一尊。像左侧为吴昌硕画"宋梅图"碑,右侧为"吴昌硕墓志铭",由朱孝臧书丹,周梅谷镌字,郑孝胥书盖。两侧展柜内陈列有吴昌硕先生作品集及一些门生弟子的纪念文章。纪念室东北侧为字画陈列室。1994年,列为余杭市爱国主义教育基地。

吴昌硕(1844~1927),字俊卿,号缶庐、苦铁,浙江安吉人。是我国近代一位有高深造诣的艺术大师,诗、书、画、印无所不精。生前画梅爱梅,更爱超山十里梅乡。晚年常栖憩期间,春赏梅,秋登高,赋诗作画,游兴盎然,对超山的深厚感情,常见题咏,曾有"十年不到香雪海,梅花忆我我忆梅。何时买棹冒雪去,便倚花前倾一杯"诗句。直到去世前几个月,还不顾病足,登上超峰,临超山之阳的海云洞,即景抒怀,咏《晚眺》一首,竟成绝笔。吴昌硕生前有"安得梅边结茅屋"

的夙愿，叮嘱儿辈，冀以超山作长眠之所。1927 年冬，病逝于上海寓邸，1932 年冬，移柩安葬于超山大明堂左侧。

六、东来阁"临平梦华——临平历史文化陈列"

位于临平街道临平山山顶，隶属于余杭区临平公园管理所，于 2007 年正式开放。陈列由序厅及临平史记、临平名胜古迹、临平影像三个主题展厅组成，采用铜雕、石刻、模型、瓯塑、磨漆画、钢丝网印、工笔重彩等传统工艺结合多媒体等现代展示手段有重点地反映临平历史上的重要事件及重要人物、临平古迹以及当代临平风采，描绘了临平千年历史画卷。东来阁建于 2004 年，位于临平山东侧脊线上，履行着原临平山上普同塔的使命。普同塔建于吴越时期，是行旅接近杭城的标志。宋代诗人苏轼"谁似临平山上塔，亭亭，迎客西来送客行"的诗句描述普同塔地理坐标的作用。原塔已毁。"临平梦华——临平历史文化陈列"的设置为东来阁增添了千年历史文化底蕴。

七、余杭四无粮仓陈列馆

隶属于余杭区发展和改革局，位于仓前街道仓前塘路 88 号，2009 年 7 月 8 日开馆，"杂交水稻之父"袁隆平院士题写馆名。该馆是一座集粮仓文化、粮油文化和粮食廉政文化于一体的专业陈列馆，为全国第一座粮食博物馆，主要讲述 20 世纪 50 年代老一辈余杭粮食人创建全国首批"无虫"粮仓和"四无"粮仓的光辉历史。"四无"指"无虫害、无霉变、无鼠雀、无事故"。

陈列馆建于粮仓旧址之上，占地 5.34 亩，陈列面积 1800 平方米，分为四个展区：一是"四无"粮仓的创建和发展历史展区，通过图片和实物反映 20 世纪 50 年代老一辈保粮职工创建"四无"粮仓的历史；二是粮食仓储展区，以古老的木板仓和风情各异的仓储建筑展示江南地区各类粮仓及漕运文化；三是农耕及粮油加工展区，以风箱、水车、犁、耙到木榨油车，展示了江南农耕劳作和粮油加工场景；四是粮油实物及票证展区，展示各类粮油品种和我国粮食统购统销时期的各类粮油票证。

馆内保存完好的四栋"仓前粮仓"列入第七批全国重点文物保护单位。现该馆为浙江省廉政文化教育基地、浙江省粮食系统传统教育基地和浙江省党史教育基地。

八、叶庆文艺术馆

位于星桥街道广厦天都城公园内，2010 年 4 月 29 日正式开馆，总面积 680 平方米，共分 7 个展厅，一是序厅，艺术简介；二是领袖厅，陈列国家领袖人物雕塑；三是元帅厅，陈列十大元帅雕像；四是名人厅，陈列杭州历史名人雕像；五是教具厅，陈列用于教学教具的石膏雕像；六是艺术之家厅，是叶老及其子女的艺术之家；七是创意厅，陈列各类创意雕塑作品。

叶庆文（1925~2015），浙江兰溪人，我国著名雕塑艺术家、中国美术学院教授、中国美术家协会会员，中国雕塑家协会会员。2007 年退休后定居余杭临平。2010 年、2013 年、2014 年三次将雕塑、国画、书法等作品近 200 件无偿捐赠给余杭区人民政府。为感佩叶庆文先生义举，余杭区人民政府遂建其馆，以余杭区文广新局为管理单位，广厦集团提供展示场馆作为支持。这种融合国有力量和社会资源来发扬文化艺术的做法成为文化管理的新举措。

九、余杭方志馆

隶属于杭州市余杭区党史研究室地方志编纂委员会办公室。坐落于京杭大运河畔，塘栖镇水北街西端。由两幢明清风格的二层旧宅构成，白墙青瓦，古色古香，环境清幽。方志馆占地面积 765.56 平方米，建筑面积 1286.64 平方米。分为地情研究中心和地情展示中心两部分，各一栋古宅。总投资 1200 多万。

地情研究中心建筑面积 533 平方米，是一处以收藏、保护、研究、交流、开发、利用史志为主题的综合性场所。中心藏有中国 32 省(市)的地方志共 800 多册，《丛书集成初编》800 册，《申报》全套影印版共 430 册（含《索引》30 册），以及其他余杭地方古籍图书。地情研究中心建筑内部一楼设有阅览室、藏书库、工作人员办公区，二楼有配备现代化多媒体设备的报告厅，为会议场所。

地情展示中心位于地情研究中心西侧，建筑面积 753.4 平方米，是一处面向公众开放，供广大游客和市民参观的宣传教育场所。中心分为"方志·源流"、"方志·舆地"、"方志·人文"、"方志·山水"、"方志·物产"、"现代志书"6 个展厅，以余杭历代丰富的地方志为史料基础，通过文字、画面、多媒体影像以及实物等形式，从不同角度和侧面向参观者介绍余杭的人文自然风貌。

十、余杭共青团历史纪念馆

隶属于共青团杭州市余杭区委。位于鸬鸟镇山沟沟村，是利用余杭第一批团支部创建人之一的周易生同志老宅建设而成。该项目是 2013 年余杭区政府投资项目，占地面积约 1100 平方米。纪念馆共 2 层，分为星火之源、烽火年代、峥嵘岁月、改革新程 4 个展区，通过场景再现、实物展览、钢塑泥雕、图文书籍等形式，真实再现各个历史时期余杭共青团在党的领导下，团结带领广大团员青年英勇奋斗、开拓进取的发展历程。

十一、余杭抗日战争纪念馆

位于鸬鸟镇太公堂村。馆址原为抗日战争时期民国余杭县政府为纪念抗战阵亡将士所建忠烈祠。1945 年，新四军苏浙军区进入余杭后，曾在此召开余杭县各界代表人士参加的联合抗日会议。2014 年，余杭区文广新局投资 283 万元，鸬鸟镇政府予以恢复，为三幢砖木结构建筑，建筑面积约 1200 平方米。2015 年，余杭区党史研究室地方志编纂委员会办公室、鸬鸟镇政府投资 628 万元进行陈列布展，设置"序厅"、"日寇暴行，惨绝人寰"、"共赴国难，民族壮歌"、"奋勇抗敌，中流砥柱"、"历史胜利，永志不忘"四个展区和一座面积为 100 平方米的公祭墙。纪念馆展示大量留存的历史资料图文和各种历史遗迹，采用雕塑、浮雕、历史场景模拟、油画、多媒体视屏播映等艺术表现形式，图文并茂地展现整个抗日战争时期日本侵略者在余杭犯下的滔天罪行和余杭人民奋起反抗日本侵略者的史实。

第二节 非国有博物馆

一、杨乃武与小白菜奇案展示馆

位于由浙江金成房地产公司投资建设的余杭街道小白菜文化园内，整个展示馆投资 2000 万元，占地 20 余亩，建筑面积 4685 平方米。该馆以场景式展示形式再现了清同治十二年（1873）到光绪三年(1877)间震惊朝野的杨毕冤案，分祸起萧墙、知府逼供、三司会审、冒死京控、朝廷纷争、虎口余生六个展厅，三十组场景，展现了整个冤案的始末。该馆现为杭州市法制宣传教育基地、余杭区法制教育基地、余杭区党风廉政教育基地、余杭十佳风景旅游景点、余杭区森林生态科普知识教育基地和浙江省影视拍摄基地。

二、杭州江南明清古建筑博物馆

位于杭州西溪国家湿地公园（西区）五常民俗村内。由余杭区人民政府提供土地，杭州天地人和古建筑有限公司负责建设。博物馆由移建的江南明清古建筑和五常原有的历史建筑组成，占地约 70 亩，内含明清时期的古民居、厅堂、宗祠等约 50 幢，古戏台、古亭子、古石牌坊、古石雕等。

三、杭州余杭禹昊博物馆

位于塘栖镇塘栖路 142 号。由塘栖镇陈禹发起主办，2016 年 1 月对外开放。博物馆本体为移建的清代民居，陈列面积 800 平方米，以雕刻为主题，内设木雕馆、沉香馆、砖雕馆、石雕馆、玉雕馆、家具馆六个展馆，较为集中地展示了雕刻艺术的魅力。

第二章 馆藏珍品

余杭历史悠久，文物蕴藏丰富。至 2015 年，全区国有单位共有馆藏文物 28652 件，具有时代跨度大、种类较齐全、地域特色浓厚之特点。文物时代从新石器时代至当代，其中尤以新石器时代、两汉魏晋南北朝、清代民国时期藏品最为丰富。种类涵盖了玉石器、陶瓷器、金属器、漆木器及书画碑刻拓片等，其中良渚文化玉器、商周原始瓷、汉六朝越窑青瓷、清代至民国时期海派书画为馆藏文物大宗。余杭作为良渚文化的发祥地，良渚文化文物已成规模和体系，是为最大特色。

第一节 石 器

截至 2015 年，全区国有单位馆藏石器共计 2097 件，其中一级文物 3 件，二级文物 24 件，三级文物 121 件。这些石器多以新石器时代为主，另有少量商代至明代文物。种类较丰富，有钺、锛、镰、刀、斧等生产工具及矛、戈等武器，更有少量的砚台等生活用具。

一、新石器时代

新石器时代崧泽文化 石纺轮

2004年良渚街道石马兜遗址T3401③：14，现藏浙江省文物考古研究所。
石质，紫红色，扁平圆形，中间钻一圆孔。

新石器时代良渚文化 石犁

长 48.6 厘米，背宽 26.5 厘米，刃斜长 45 厘米，厚 1.2 厘米。

1991 年 10 月径山镇潘板照湖墩出土，现藏杭州市余杭博物馆。

灰褐色板岩，略呈扁平三角形，尾部弧凸，犁锋尖突，犁底两边单面磨制出刃，犁面较粗糙，正中直线上，自犁尖至尾部，留有一条前窄后宽，约 3—4 厘米的木痕印，近犁尖处琢有二孔，尾部琢有一孔，孔径 1 厘米。三孔显系与木条组合，用于加固。这类大型石犁的出现，是良渚文化时期农业生产力发展的实证。此器对于研究石犁的使用有着重要的参考价值。

1995 年经浙江省文物鉴定委员会鉴定，为二级文物。

新石器时代良渚文化 石犁

长 33.6 厘米，宽 28.5 厘米，厚 0.8 厘米，孔径 1.6 厘米。

1981 年 10 月，余杭街道舟枕上湖村采集，现藏良渚博物院。

灰白色，石质，整器呈等腰三角形，两侧单刃部，中间钻有两孔，尾部有一长形内凹，此器制作规整。

2006 年 10 月 12 日，经浙江省文物鉴定委员会鉴定，为三级文物。

新石器时代良渚文化 石斜把破土器

把宽 7 厘米，宽 21 厘米，高 26 厘米，厚 2.2 厘米。

1981 年 3 月，仁和街道云会西南山南坡采集，现藏良渚博物院。

青褐色，石质，斜把，把端凹，弧肩，二面刃略弧，器粗糙，器厚重，头稍残。

2006 年 10 月 12 日，经浙江省文物鉴定委员会鉴定，为三级文物。

新石器时代良渚文化 漆把石钺

长 14 厘米，刃宽 12 厘米，漆把最宽处约 7 厘米，长度 70 厘米。

2008 年临平街道灯笼山遗址 11 号墓出土。

石钺灰白色，平面呈长方形，两侧略内弧，双面开刃，刃部略弧。上顶中部一圆孔，以便与柄相系。柄表面带漆，自上而下由宽渐窄，底端斜直。为迄今良渚文化遗址考古发掘中第一次发现保存如此完整的带漆把石钺。

新石器时代良渚文化 石钺

高 17.5 厘米，刃宽 8.5 厘米，背宽 7.5 厘米，中部厚 1 厘米，孔径 1.2 厘米。

1981 年余杭街道南湖遗址出土，现藏杭州市余杭博物馆。

黑色页岩石。平面呈梯形，近上部有一对钻圆孔，孔壁留有旋钻台痕。刃部有使用痕迹，出土时带有约 60 厘米长木柄，已腐朽碳化。以小孔为中心，向钺背及两角，留有放射形对扎缚痕迹三条，成三叉形，并涂有朱漆。此器对于研究石钺的使用有重要的参考价值。

1995 年经浙江省文物鉴定委员会鉴定，为二级文物。

新石器时代良渚文化 石钺

长 17.4 厘米，刃宽 13.6 厘米，厚 1.1 厘米，孔径 4.4 厘米。

1987 年 2 月瓶窑镇长命桑树头采集，现藏良渚博物院。

土黄带黑色斑块。平面呈梯形，平顶，弧形刃，中孔较大，为两面对称。制作规整，整器抛光。

2006 年 10 月 12 日，经浙江省文物鉴定委员会鉴定，为二级文物。

新石器时代良渚文化 石钺

长 12.5 厘米，刃宽 16.5 厘米，厚 1.6 厘米，孔径 3.1 厘米。

1973 年，临平街道临平山南采集，现藏良渚博物院。青灰色，钺身扁薄，平面如同"风"字外壳，两侧稍内弧且向外斜直，刃微残，上顶对钻一圆孔。2006 年 10 月 12 日，经浙江省文物鉴定委员会鉴定，为三级文物。

新石器时代良渚文化 石锛

长 9.5 厘米，宽 2.3 厘米，厚 2.3 厘米

1985 年 8 月仓前街道朱庙村采集，现藏杭州市余杭博物馆。青灰色，单面平刃，平肩，有明显的先打胚后磨制的痕迹，石质坚韧，光亮。1995 年经浙江省文物鉴定委员会鉴定，为二级文物。

新石器时代良渚文化 有段石锛

长 16.4 厘米，刃宽 8 厘米，背宽 7 厘米，厚 1.3 厘米。

1988 年 11 月瓶窑镇北湖圣堂出土，现藏杭州市余杭博物馆。黑色，扁平呈梯形，正面及两侧均抛光，光洁闪亮。有段石锛为良渚文化时期的典型器，系锛木工具。

1995 年经浙江省文物鉴定委员会鉴定，为二级文物。

新石器时代良渚文化 石锛

长 32 厘米，宽 10 厘米，厚 4.5 厘米。

1985 年 4 月，径山镇双溪采集，现藏良渚博物院。

青黄色。器身呈长方形，背略弧，背的另一面刃部磨成圆状，整器有明显的打击痕迹。

2006 年 10 月 12 日，经浙江省文物鉴定委员会鉴定，为二级文物。

新石器时代良渚文化 弧背石锛

长 14.7 厘米，刃宽 1.2 厘米，厚 2.4 厘米。

1977 年 12 月采集，现藏杭州市余杭博物馆。

黑色，长方柱形，单面刃，器表抛光，光洁闪亮。

1995 年经浙江省文物鉴定委员会鉴定，为二级文物。

新石器时代良渚文化 带把石锛

木把长 48.5 厘米，锛外露长 12 厘米，宽 3.8 至 3.3 厘米，厚 3.4 厘米。

2007 年余杭街道南湖出土，现藏杭州市余杭博物馆。

木把头部较宽大，后部细圆。把头部挖有凹槽，用于安插石锛。石锛长方体，单面刃。此锛的出土为先民使用石锛的方式提供了一个实例，对于研究良渚先民的生产生活具有较高的研究价值。

新石器时代良渚文化 有段石锛

长 21 厘米，宽 4.7 厘米，厚 3.7 厘米。
1974 年 2 月瓶窑镇长命红蜂三家村采集，现藏良渚博物院。
土黄色，平面呈长条形，平顶，上部起段呈直角状，平背，单面刃。
整器通体磨光。
2006 年 10 月 12 日，经浙江省文物鉴定委员会鉴定，为三级文物。

新石器时代良渚文化 石锛

长 10 厘米，刃宽 5.4 厘米，厚 0.9 厘米，上宽 4.8 厘米。
1982 年 5 月瓶窑镇长命雉山村采集，现藏良渚博物院。
黄灰色。器身呈长条形，平顶，弧背，单面刃。
2006 年 10 月 12 日，经浙江省文物鉴定委员会鉴定，为三级文物。

新石器时代良渚文化 有段石锛

长 4.8 厘米，宽 3.2 厘米，厚 1.3 厘米。
现藏杭州市瓶窑中学。
深灰色，平面近长方形，单面平刃，平肩，有段，
石质坚硬，打磨光亮。

新石器时代良渚文化 石锛

长 6 厘米，宽 3.5 厘米，厚 0.7 厘米。
现藏杭州余杭运河综合保护开发建设有限公司。
青灰色，双面开刃，平肩。整体打磨较精细。

新石器时代良渚文化 石斧

长 14.6 厘米，宽 6.8 厘米，厚 3.5 厘米。
1990 年 1 月瓶窑镇北湖圣塘采集，现藏良渚博物院。
青灰色，器身为长条形，平顶，圆弧状，双面刃。整器制作较为规整。
2006 年 10 月 12 日，经浙江省文物鉴定委员会鉴定，为三级文物。

新石器时代良渚文化 舌形石斧

长 13.2 厘米，宽 7 厘米，厚 3 厘米。
1981 年 9 月塘栖镇宏畔六墓里采集，现藏杭州市余杭博物馆。
青灰色，舌形，弧刃，双面开刃，平肩。
1991 年经杭州市文物鉴定小组鉴定，为三级文物。

新石器时代良渚文化 石凿

高 23.4 厘米，宽 5.5 厘米，厚 7.6 厘米。
1985 年 9 月崇贤街道沿桥山后路采集，现藏杭州市余杭博物馆。
灰褐色，正面略呈倒梯形，侧面呈锥形。双面平刃，平肩。石质较硬，
磨制较粗糙。
1991 年经杭州市文物鉴定小组鉴定，为三级文物。

新石器时代良渚文化 双孔石刀

长 17.2 厘米，宽 7.8 厘米，厚 1 厘米，孔径 1.1 厘米。
1984 年 7 月塘栖镇宏磻采集，现藏良渚博物院。
深灰色，器呈长方形，一端略窄，双面刃，顶部对
钻两个圆孔，刃部、器身有磕缺。
2006 年 10 月 12 日，经浙江省文物鉴定委员会鉴定，
为三级文物。

新石器时代良渚文化 半月形三孔石刀

长 10.6 厘米，厚 0.6 厘米，高 4 厘米。
1976 年 8 月径山镇潘板照湖墩采集，现藏杭州市余
杭博物馆。
青灰色，半月形。单面开刃，刃部微突。弧背，近
背部有三个倒"品"字形透孔，两侧有二个未穿透浅孔。
1991 年经杭州市文物鉴定小组鉴定，为三级文物。

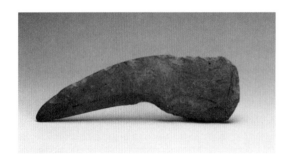

新石器时代良渚文化 石镰

长 14 厘米，宽 4.3 厘米，厚 1 厘米。
1983 年 4 月临平街道临平公园采集，现藏良渚博
物院。
黄褐色，长形，头尖，尾宽，背弧，凹弧刃，双面刃，
背部粗糙。
2006 年 10 月 12 日，经浙江省文物鉴定委员会鉴定，

新石器时代良渚文化 石镰

长 13.5 厘米，宽 4.3 厘米，厚 0.6 厘米。
仁和街道獐山采集，现藏良渚博物院。
灰褐色，较完整，磨制，镰身较窄，后端有短柄，
双面刃，背部比刃部略厚且粗糙，刃部略呈弧形。
2006 年 10 月 12 日，经浙江省文物鉴定委员会鉴定，
为三级文物。

新石器时代良渚文化　石镰

高 12.3 厘米，刃宽 27.5 厘米，厚 0.8 厘米。
1986 年 6 月余杭街道南湖采集，现藏杭州市余杭博物馆。
深灰色，形似鹰喙，两面开刃，按把部较宽大。石质坚硬，体薄，磨制较粗。
1991 年经杭州市文物鉴定小组鉴定，为三级文物。

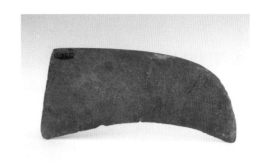

新石器时代良渚文化　石耘田器

长 12.5 厘米，宽 4.3 厘米，厚 0.4 厘米，孔径 1.7 厘米。
1972 年良渚街道采集，现藏良渚博物院。
青灰色，器身较窄长，平背，双面弧形刃，中部有一圆孔，单面钻孔。
2006 年 10 月 12 日，经浙江省文物鉴定委员会鉴定，为三级文物。

新石器时代良渚文化　石耘田器

长 11.6 厘米，宽 5.6 厘米，厚 0.6 厘米，孔径 1.6 厘米。
1982 年径山镇潘板采集，现藏良渚博物院。
农耕工具。黄褐色，器身呈三角形，尖峰，一尖部残，两面刃，中部钻一孔，为单面钻。
2006 年 10 月 12 日，经浙江省文物局文物鉴定组鉴定，为三级文物。

新石器时代良渚文化　石镞

长 18.1 厘米，宽 5.1 厘米，厚 0.7 厘米。
径山镇潘板采集，现藏良渚博物院。
灰黑，石质，横断面呈菱形，镞身较宽扁，近似等腰三角形，刃部有磕缺，铤部较扁，有磕缺。
2006 年 10 月 12 日，经浙江省文物鉴定委员会鉴定，为三级文物。

新石器时代良渚文化 石镞

通长 8.9 厘米，通宽 2.4 厘米，厚 0.4 厘米。
现藏杭州市瓶窑中学。
深灰色，柳叶形，断面呈菱形，两侧开刃，中间起脊，梃部扁圆。
造型规整。

新石器时代良渚文化 石镞

长 14.2 厘米，宽 3.3 厘米，厚 0.8 厘米。
1983 年余杭砖瓦厂采集，现藏杭州市余杭博物馆。
深灰色，柳叶形，断面呈棱形，两侧开刃，中间起脊，梃部扁圆。
整器造型规整。1991 年经杭州市文物鉴定小组鉴定，为三级文物。

新石器时代良渚文化 石纺轮

厚 0.8 厘米，孔径 1 厘米，直径 5.6 厘米。
1978 年仁和街道獐山采集，现藏良渚博物院。
紫红色，石质，器呈扁平圆形，中间钻一圆孔。
2006 年 10 月 12 日，经浙江省文物鉴定委员会鉴定，为三级文物。

新石器时代钱山漾文化 组合石犁

通高 52.4 厘米，背宽 24 厘米，斜刃长 52 厘米，厚 0.9 厘米。
2004 年 5 月星桥街道三亩里遗址出土，现藏杭州市余杭博物馆。
灰色石质。平面呈瘦高的等腰三角形，两边起单面刃。犁身中部上下各有 2 个纵向排列的双面打制小孔。

二、商代

马桥文化 凹槽型石锛

长 8.6 厘米，宽 4.4 厘米，厚 1.8 厘米。
1994 年瓶窑镇雉山出土，现藏杭州市余杭博物馆。
灰色，平面呈长方形，分段，体身厚实，单面直刃，器身有多
处料缺。

马桥文化 凹槽型石锛

长 7 厘米，宽 4.6 厘米，厚 1 厘米。
现藏杭州市瓶窑中学。
青灰色，平面为长方形，单面平刃，平肩，分段，有凹槽。

商代 石矛

长 27 厘米，宽 6.2 厘米，高 1.2 厘米。
1981 年 7 月径山镇潘板小古城出土，现藏杭州市余杭博物馆。
深赭色，前锋尖，刃部薄，中部起脊，尾部斜直。
1995 年经浙江省文物鉴定委员会鉴定，为二级文物。

商代 石矛

长 24 厘米，宽 6.6 厘米，厚 1.5 厘米。
1983 年 5 月径山镇潘板小古城下沙滩出土，现藏杭州市余杭博物馆。
灰黑色，前锋钝尖，刃部薄，中部起脊，脊两边有两条血槽，铤
呈扁平，中间对钻一穿。
1995 年经浙江省文物鉴定委员会鉴定，为二级文物。

商代 石戈

通长 31.3 厘米，援长 19.3 厘米，援宽 7.2 厘米，脊长 16 厘米，内长 12 厘米，内宽 6.4 厘米，援穿径 0.6 厘米，内穿径 0.8 厘米，戈厚 0.6 厘米，脊厚 0.8 厘米。

1985 年 8 月余杭街道东门外建新码头时出土，现藏杭州市余杭博物馆。

灰色页岩石。援锋如舌形，中间起脊，上下两面磨制刃，无阑，无胡，内部修狭，割去上边一角，下角上排作钩状。援后部近内外下方，对钻一穿，穿上出扉棱二枚，内中间亦有对钻一穿。此戈平薄规整，通体磨光，刃钝无实战价值，当作仪仗用器，为石器中之珍品。

1995 年 5 月经国家文物鉴定委员会鉴定，为一级文物。

商代 石戈

通长 31.4 厘米，阑宽 8 厘米，脊厚 2.1 厘米，援宽 6.3 厘米，内长 7.5 厘米，内宽 4.4 厘米。

1989 年 4 月瓶窑镇北湖张堰出土，现藏杭州市余杭博物馆。

灰黑色页岩石。体形修长，援略弧弯，前锋钝尖，刃部薄，双面开刃，援部起脊，断面呈菱形，内呈扁平长方形，下边有一缺口以代穿，援内间设有一阑。整器制作规整，磨制精致锋利，棱角分明，为石器中之精品。

1995 年 5 月经国家文物鉴定委员会鉴定，为一级文物。

商代 石戈

长 28.4 厘米，刃宽 7 厘米，厚 0.6 厘米。

1984 年 11 月径山镇潘板俞家堰出土，现藏杭州市余杭博物馆。

援锋呈舌状，平薄规整，磨制精细，内中有对钻一穿。

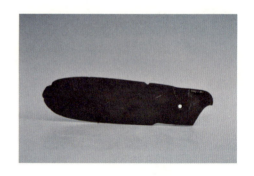

北宋 苏轼"雪堂"款端石抄手砚

长 17 厘米 ，高 4 厘米，宽 10 厘米。

1967 年在安平寺出土，现藏杭州市余杭博物馆。

抄手端砚，质地细腻。平面呈长方形，砚面有浅凹的墨池，砚底刻有篆书"雪堂"二字，砚之左右两侧分别刻有"元佑六年十月二十日余自金陵归蜀道中见渔者携一砚售人余异而询之"、"□□得于海滨余以五百缗置之石质温润可爱付迈以为书室之助"。

第二节 玉 器

　　截至 2015 年，新石器时代至明清玉器共计 3862 件，其中一级文物 29 件，二级文物 81 件，三级文物 161 件。其中以新石器时代玉器为大宗，尤以良渚文化为主，器类涵盖琮、璧、钺、锥形器、柱形器、三叉形器、璜、管、珠等全部器型。其次明清各类玉器也占据玉器总量的不小部分。

新石器时代马家浜文化　玉玦

临平东湖街道茅山遗址 J5:1，现藏浙江省文物考古研究所。
牙白色，扁圆环形，对钻圆孔，一端切割出缺口，另一端对钻细小圆孔。

新石器时代良渚文化　玉琮

高 5.1 厘米，射径 12.5 厘米，孔径 5.8 厘米。
1987 年 5 月良渚街道安溪瑶山出土，现藏杭州市余杭博物馆。
黄白色，上端及柱体有棕黄色斑纹，下端带青紫色瑕斑。矮方柱体，内圆外方。圆孔系对钻而成，孔壁光洁弧凸。上下分为二节，上节四转角雕刻四组简化神人面纹，神人面纹上部为二道凸横棱以示简体羽冠，上阴刻七、八道细旋纹，以重圈为眼，两侧各施小尖角为眼角，下部凸横档为宽鼻，上刻卷纹作鼻翼。下节四转角精雕繁缛兽面图像。用浅浮雕技法刻出眼睑、额、鼻，用线刻卷云纹作底，重圈为睛，形象生动威严。整器端庄凝重，抛光精致。上面凹凸不平整，系取料时所致。
1995 年 5 月经国家文物鉴定委员会鉴定，为一级文物。

新石器时代良渚文化　玉琮

高 5.9 厘米，射径 7 厘米，孔径 5.8 厘米。
1987 年 5 月良渚街道安溪瑶山出土，现藏杭州市余杭博物馆。
乳白色，带褐色斑块。方柱体，内圆外方。色泽匀润。分上下二节，上节四转角处刻倒梯形神像脸面，简去嘴、眼，戴羽冠，左右阴刻套索。下节繁刻兽面纹，兽面以重圈为眼，外饰椭圆形眼睑，两眼以桥形凸额相联，下部凸横档为阔嘴，四周遍施地纹。整组纹饰雕琢精致独特，为迄今良渚文化玉器所仅见。在其转角处略有损伤。
1995 年 5 月经国家文物鉴定委员会鉴定，为一级文物。

新石器时代良渚文化 素面玉琮

高 7 厘米，宽 8.5 厘米，射径 5.8 厘米。

1978 年瓶窑镇吴家埠采集，现藏良渚博物院。

乳白色，并带有绿色及灰色的细筋斑，器呈方柱体，内圆外方，中部有竖向对钻圆孔，孔壁光洁，在四立面留有切割印痕，无射口，无神人兽面纹，通体素面，上下两端勾划有射口圆圈及弧形转角框线，为迄今出土良渚文化玉琮中仅见。

2006 年 10 月 12 日，经浙江省文物局文物鉴定组鉴定，为一级文物。

新石器时代良渚文化　神人兽面纹玉琮

高 3 厘米，射径 9 厘米，孔径 7.6 厘米。

1993 年 4 月星桥街道横山出土，现藏杭州市余杭博物馆。

乳白色，略带灰色细筋条斑。器形扁矮规整，圆孔较大，俯视近镯。整器以转角为中线，分上下两节雕琢成一组简化神人兽面纹。上节为神人面纹，上方以两道微凸横棱象征简体羽冠，两棱间布满卷云纹，以单圈为眼，凸横档为阔鼻，其上刻对称卷云纹为鼻翼。下节以重圈为眼睛及外框为椭圆形的眼睑，桥形凸面额，凸横档为阔鼻构成神兽面纹，其间密布卷云纹。全器共有四组神人兽面纹，纹饰工细，堪称微雕，在良渚玉琮中极为罕见。器物上缘微损，一直槽下斜凹，孔壁有数道线割痕。

1995 年 5 月经国家文物鉴定委员会鉴定，为一级文物。

新石器时代良渚文化　神人面纹玉琮

高 7.5 厘米，上射径 5.9 厘米，上孔径 5 厘米，下射径 5.8 厘米，下孔径 4.9 厘米。

高 7.6 厘米，上射径 5.9 厘米，上孔径 4.9 厘米，下射径 5.6 厘米，下孔径 4.8 厘米。

1993 年 4 月星桥街道横山 M2:14、M2:21，现藏杭州市余杭博物馆。

出土时分别置于死者腰部和脚部。青白色，带灰褐筋斑。长方柱体，上大下小，内圆外方。中有对钻圆孔，孔壁光滑。器表四面，每面中间有竖槽一分为二，有横槽分为四节。每节以四个转角为中线，各刻一组以两条横棱，两个圆圈和一个凸横档表示羽冠、眼睛、鼻子的简化神人面纹。这两件琮玉质、形制、大小、纹饰大致相同，又同出一墓。M2: 14 第四节为两条凸横棱表示羽冠，M2: 21 第一节为矮横档表示阔鼻，两者相接，正好吻合，组成一简化神人面纹，说明其原系由一件长琮分割改制而成两件的。这为研究玉琮之制作工艺提供了重要的资料。

1995 年 5 月经国家文物鉴定委员会鉴定，为一级文物。

新石器时代良渚文化　神人面纹小玉琮

高 2.5 厘米，射径 1.4 厘米，孔径 0.6 厘米。
1987 年 8 月 良渚街道安溪瑶山采集，现藏良渚博物院。
白玉，弧边方柱体，四面以转角线为中轴，琢刻神人纹，被横向浅槽分割成上下两节，整器共 8 组，每组图案基本相同，上端饰弦纹带，其下有不规则的单线圆眼，部分不甚明显，可能为打磨受损。
2006 年 10 月经浙江省文物鉴定委员会鉴定，为二级文物。

新石器时代良渚文化　半片玉琮

高 7.4 厘米，射径 13.2 厘米，孔径 5.5 厘米。
1990 年 1 月瓶窑镇采集，现藏良渚博物院。
棕黄色，带有灰黑色斑纹，矮方柱体，内圆外方，单节，该琮纵向破裂，仅存一半，器表光洁，质地坚硬，孔对钻，孔内留有对钻时错位而成的台阶痕和管钻留下的钻槽，孔壁密布钻孔时磋磨形成的细旋纹，外表从转角为中轴，两侧合刻一组神人面纹，纹饰凸出雕琢成浅浮雕的效果。两组微凸的细旋纹代表羽冠，单圈作眼，无眼角，嘴阔微凸，表面刻有数条短线，纹饰刻划均较浅，此琮是研究治玉工艺，特别是钻孔刻纹的重要实物例证。
2006 年 10 月经浙江省文物鉴定委员会鉴定，为一级文物。

新石器时代良渚文化　五节神人面纹小玉琮

高 4.5 厘米，射径 1.4~1.5 厘米，孔径 0.7 厘米。
1987 年 8 月良渚街道安溪瑶山采集，现藏良渚博物院。
白色，有灰色瑕斑，弧边方驻体，中间对钻孔，孔内壁底端呈凹弧状斜面，器表相邻的两个凸面之间开竖向直槽，以转角线为中轴琢刻神人纹，图纹又被四周横向线槽分成五组，整器共二十组，每组图案基本相同，上端饰二组弦纹带，其下阴刻单圈线双眼，眼侧有眼角，扁凸鼻，上阴刻卷云纹。
2006 年 10 月经浙江省文物鉴定委员会鉴定，为一级文物。

新石器时代良渚文化　神人兽面纹玉琮

高 5.8 厘米，射径 7.2~7.3 厘米，孔径 6.2 厘米。
1987 年 5 月良渚街道安溪瑶山采集，现藏良渚博物院。
白色，弧边方柱体，横截面为圆角方形，有 4 个凸面，凸面夹角大于 90 度，器中钻圆孔，每个凸面以转角线为中轴，琢刻神人兽面纹，相邻的两上凸面之间开竖向直槽，图纹不被两周横向浅槽分割成上下两部分，其上阴刻卷云纹和直线纹，下部分为兽面纹，管钻双线圈眼，外侧有浅浮雕的椭圆形眼眶，两眼之间是桥形凸鼻梁，扁横凸鼻，鼻两侧阴刻尖角形线纹，眼与眼眶之间，鼻梁与鼻之间，凸鼻上均阴刻卷云纹，直线和弧线，顶端及底端留有切割后的凹凸面和斜面，但经仔细打磨。
2006 年 10 月经浙江省文物鉴定委员会鉴定，为一级文物。

新石器时代良渚文化　神人兽面纹玉琮

高 4.4 厘米，射径 7.5 厘米，孔径 6.4 厘米。
1987 年良渚街道瑶山 M7 出土，现藏良渚博物院。
有大块的红褐色瑕斑。中空矮柱状体，内孔壁略弧凸，外表呈弧边方形。4 个角的凸块以转角为中轴，琢刻神兽纹。每个凸面仅刻一组纹饰。顶端饰 2 组弦纹带，象征羽冠，眼眶凸起呈椭圆形，两眼间有扇面形的额，鼻扁宽并前突。图纹左右下角均刻弧线，表示脸庞。

新石器时代良渚文化　神人面纹玉琮

高 2.93~3.41 厘米，射径 7.97~8.03 厘米，孔径 5.82 厘米。
1987 年 8 月良渚街道安溪瑶山采集，现藏良渚博物院。
白色，弧边矮方柱体，横截面为圆角方形，有 4 个凸面，凸面夹角大于 90 度，器中间钻圆孔，每个凸面以转角线为中轴，琢刻神人纹，上端饰 2 组弦纹带，其下为双线圈眼，两侧有尖锥状眼角，扁横凸鼻，上阴刻卷云纹，端面部分的射口切割后产生的斜面，经过仔细打磨。
2006 年 10 月经浙江省文物鉴定委员会鉴定，为一级文物。

新石器时代良渚文化　神人兽面纹玉琮

高 4.2 厘米，射径 11.4—11.7 厘米，孔径 6.4 厘米
1987 年良渚街道瑶山遗址 M7 出土，现藏良渚博物院。
矮方柱体，内孔较大，孔壁有一个规则的浅圆孔。顶端较平整，底端不平整，似依原料大小切割后留下的不规则形态，但经打磨光亮。在转角处琢出角尺状凸面，依坯体不规则的形态而大小不一。其上各刻一组非常简化之神兽图纹，两侧阴刻半圆线意为耳。神兽图纹刻琢后再刻以圆弧线表示脸庞，可能为管钻而成，因此在上端弦纹带上留有圆弧线，但不连贯。

新石器时代良渚文化　六节小神人面纹玉琮

高 10.2 厘米，射径 2.25 厘米，孔径 1~1.1 厘米。

1987 年 8 月良渚街道安溪瑶山采集，现藏良渚博物院。

白色，方柱体，横截面为圆角方形，中间钻对孔，有 4 个凸面，凸面夹角大于 90 度，每面直向浅槽分割图纹，以转角线为中轴琢刻神人纹，图案被四周浅槽分成六组，整器共 24 组，每组图纹基本相同，上端饰 2 组弦纹带，下部阴刻双线圈眼，眼两侧有眼角，扁凸棱角上阴刻卷云纹，一端面有弧线状切割痕。

2006 年 10 月经浙江省文物鉴定委员会鉴定，为一级文物。

新石器时代良渚文化　神人兽面纹玉琮

高 6.95~7 厘米，射径 7.95~7.98 厘米，孔径 6.15 厘米。

1994 年原余杭文物管理委员办公室移交，现藏良渚博物院。

白玉，玉色偏黄，弧边方柱体，中间钻圆孔，横截面为圆角方形，有 4 个凸面，凸面大于 90 度，每个凸面以转角线为中轴，琢刻神兽纹，相邻的两个凸面之间开竖向直槽，图纹又被一周横向浅槽分割成上下两部分，上部分为神人，上端饰 2 组弦纹带，双线圈眼，眼两侧有尖锥状眼角，扁横凸鼻，其上阴刻卷云纹和直线纹，下部分为兽面。管钻双圈圆眼，其外侧有椭圆形浅浮雕眼眶，两眼之间是桥形凸鼻梁，下有扁横凸鼻，兽面两个下角线阴刻弧线，表示脸庞，眼与眼眶之间，鼻梁与鼻之间，凸鼻上均饰阴刻的卷云纹、直线和弧线纹。

2006 年 10 月经浙江省文物鉴定委员会鉴定，为一级文物。

新石器时代良渚文化　神人面纹玉琮

高 5.2 厘米，射径 8.1 厘米，孔径 6 厘米。

1975 年余杭经济技术开发区小林茅山出土，现藏良渚博物院。

青灰色，方柱形一节玉琮，内圆外方，转角处刻有简化神人纹，面刻两条突棱，宽鼻，圆眼，对钻一孔。此琮制作规整，抛光精致。

2006 年 10 月经浙江省文物鉴定委员会鉴定，为一级文物。

新石器时代良渚文化　神人面纹玉琮

高 15.5 厘米，射径 7.3 厘米，孔径 5.3 厘米。
1981 年瓶窑镇吴家埠出土，现藏杭州市余杭博物馆。
湖绿色，带白色筋条块斑。长方柱体筒形。内圆外方，上部
略大于下部。两端圆孔对钻，但孔径上大下小，且中心内收。
器身分六节，每节上部为两道凸横棱，上刻数道细旋纹代表
简体羽冠，单圈为眼，下部凸横档为阔鼻勾划出简化神人面纹。
全器共二十四组。器表和孔内壁均琢磨光滑。
1995 年经国家文物鉴定委员会鉴定，为二级文物。

新石器时代良渚文化　神人兽面纹玉琮

高 7.4 厘米，射径 8 厘米，孔径 6.3 厘米。
1987 年良渚街道安溪瑶山出土，现藏杭州市余杭博物馆。
白色，有红褐色瑕斑。方柱体，外方内圆。整器以横槽分割
为上下两节，上节上方凸起两条横棱，各刻有十一根细弦纹，
象征变体羽冠。下方神人面。下节为兽面纹，两节复合组成
简化神徽，全器共四组。
2006 年 10 月经浙江省文物鉴定委员会鉴定，为一级文物。

新石器时代良渚文化　玉璧

直径 24 厘米，孔径 5 厘米，厚 1.3 厘米。
1993 年 4 月星桥街道横山出土，现藏杭州市余杭博物馆。
浅绿色，有灰白大块斑及筋条，并带褐色结晶体粒。扁平
圆形，中部有一对钻圆孔，孔壁弧凸，留有细旋纹。中部
较边缘稍厚，外缘弧凹。整器素面无纹，光洁滋润，制作
极为规整，为良渚玉璧中之精品。
1995 年 5 月经国家文物鉴定委员会鉴定，为一级文物。

新石器时代良渚文化 玉璧

直径 22 厘米，厚 1.5 厘米，孔径 5 厘米。

1988 年良渚街道安溪石料一厂采集，现藏良渚博物院。

青灰色，带铁褐色斑纹，扁薄圆形，中有一对钻圆孔，孔壁留有错位台痕及旋纹，器形完整，器表光滑，抛光精致。

2006 年 10 月经浙江省文物鉴定委员会鉴定，为一级文物。

新石器时代良渚文化 玉璧

直径 24.5 厘米，孔径 4.5 厘米，厚 1.3 厘米。

1993 年 4 月星桥街道横山出土，现藏杭州市余杭博物馆。

青白色，布有浅棕色自然筋条。扁平圆形，中有一对钻圆孔，孔内有接茬台痕，孔壁留有细密旋纹。表面磨制精细，厚薄匀称，璧的两面均有两小轮弧凹。外缘呈弧凹形，有一角微损。

1995 年经国家文物鉴定委员会鉴定，为一级文物。

新石器时代良渚文化 玉璧

直径 21.5 厘米，厚 1.1 厘米，孔径 4.4 厘米。

1993 年 4 月星桥街道横山出土，现藏杭州市余杭博物馆。

青白色，正中有对钻圆孔，孔内有接茬苔痕，边缘呈弧凹形。器表磨制精细，有褐色斑块及切割痕迹，厚薄较匀。

1995 年经国家文物局专家组鉴定，为一级文物。

新石器时代良渚文化 玉璧

直径 24 厘米，孔径 5 厘米，厚 1.3 厘米。

1993 年 4 月星桥街道横山出土，现藏杭州市余杭博物馆。

浅绿色，有灰白大块斑及筋条，并带褐色结晶体粒。扁平圆形，中部有一对钻圆孔，孔壁弧凸，留有细旋纹。中部较边缘稍厚，外缘弧凹。整器素面无纹，光洁滋润，制作极为规整，为良渚玉璧中之精品。

1995 年 5 月经国家文物鉴定委员会鉴定，为一级文物。

新石器时代良渚文化　双首鸟纹玉璧

直径 24.6，孔径 3.4，厚度 1 厘米。
1976 年仓前街道山龙洋出土，现藏杭州市余杭博物馆。
灰绿色，扁薄圆形，中间厚，边缘薄。中间一对钻圆孔，孔壁留有对钻错痕。边缘壁微凹。器表受蚀无光泽，布有燃蚊香后焦痕。一面微凹，不平，线刻双头鸟纹样。另一面有切割痕迹。
1991 年经杭州市文物鉴定小组鉴定，为三级文物。

新石器时代良渚文化 刻鸟立高台符玉璧

直径 23.6—24.1 厘米，厚 1.5 厘米，孔径 5 厘米。
2007 年征集，现藏良渚博物院。
青绿，夹杂大量灰白筋条斑；制作规整，打磨抛光精细，中央圆孔为双面管钻而成，略有错缝，留有旋纹钻痕。一面留有原材的浅裂纹，另一面光洁，刻有"鸟立祭坛"刻铭。刻铭为阴刻细纹。图像为一侧身立鸟站立于三重台阶的"祭坛"之上。立鸟形态逼真，显丰满肥硕，长尾上翘，小圆眼。"祭坛"三重台阶，束腰，下宽上窄，坛中部为"巫觋作法"，"介"字形冠，"柿蒂"纹尾饰，四肢作舞动状外张。综观刻铭图像，整体神韵悦目，琢刻工艺高超，局部细刻线条留有深浅有别的"跳刃"现象。

新石器时代良渚文化　玉钺

高12.8厘米，顶端宽11.1厘米，孔径2.5厘米。
1987年8月良渚街道安溪瑶山采集，现藏良渚博物院。
白色，有灰色瑕斑，平面近方形，顶端略平直，弧刃，一刃角略有破损，另一刃残，上半部对钻孔，留有钻孔台痕，顶端留有锯切割痕，但经打磨。
2006年10月经浙江省文物鉴定委员会鉴定，为二级文物。

新石器时代良渚文化　玉钺

长 16.7 厘米，高 11.5 厘米，孔径 1.1 厘米。
1973 年 11 月，瓶窑镇吴家埠采集，现藏良渚博物院。
白色，有黄斑，扁平梯形，曲弧形刃，刃两端略外翘，钝口，无使用痕迹，上部中间有一圆孔，以管钻对钻，孔壁留有旋痕，一面中间微凹，整器光素规整，抛光精致。
2006 年 10 月经浙江省文物鉴定委员会鉴定，为二级文物。

新石器时代良渚文化　玉钺

长 14.8 厘米，刃宽 11.3 厘米，孔径 1.4 厘米，厚 0.9 厘米。
1998 年 5 月良渚街道安溪瑶山出土，现藏杭州市余杭博物馆。
牙白色，略带黄褐斑及青灰色筋条。扁薄长方形。顶端不平整，略呈尖形。弧形刃，刃的两端略微外翘，无使用痕迹。器身一面平整，另一面弧凸。器表两面有三、四道弧形切割痕。上部中间有一对钻圆孔。整器抛光精细，唯圆孔三分之二以上至顶端抛光已被磨掉，留有细密的砂磨印，可能系按装木柄所致。刃部一角稍残修复。
1995 年 5 月经国家文物鉴定委员会鉴定，为二级文物。

新石器时代良渚文化 玉钺

长 13.6 厘米，刃宽 10.4 厘米，背宽 8.8 厘米，孔径 2.8 厘米，厚 0.7 厘米。
1993 年 4 月星桥街道横山出土，现藏杭州市余杭博物馆（中国江南水乡文化博物馆）。
白色，带浅灰色筋条。器呈扁平状，长梯形。顶部略窄于刃部。两侧斜直，双面弧刃，刃未开口。中上部有一对钻圆孔，孔壁留有一道凸棱。顶端有数道直线割痕，两面均有数道锯割台痕，一顶角略损。整器制作规整，抛光精美。
1995 年 5 月经国家文物鉴定委员会鉴定，为二级文物。

新石器时代良渚文化 玉钺组件

1987 年瓶窑镇瑶山遗址 M7 出土，现藏良渚博物院。
玉钺：长 16.3 厘米，上端宽 10.3 厘米，刃宽 13 厘米，孔径 1.5 厘米。钺身青白玉，有较多褐色瑕斑。体扁薄，平面呈梯形，正锋弧刃，上部对钻一圆孔。顶端破裂，刃端有一处崩缺。圆孔两侧各有一组向两侧端角延伸的细密的线痕。出土时，其南端有钺冠饰 1 件，北侧有钺端饰 1 件。
玉钺冠饰：高 6.7 厘米，宽 7.7 厘米，厚 1.5 厘米。
体扁平近方形，顶端倾斜作台阶状。底端平直，中段有一长方形突榫，突榫中间开一直向槽口，并有横向圆钻孔穿透突榫。底部突榫两侧各有一个呈∞形的卯孔，用多个实心钻钻成。器身表面有 3 周横向突脊，将整器分成上下两部分，均刻竖向羽状纹和卷云纹。正背两面的图纹基本相同，但无法完全对称。
玉钺端饰：宽 7.5 厘米，高 3.5 厘米，厚 3.4 厘米。
平面近长方形，横断面呈橄榄形。底端也呈台阶状，上有横向凹槽，凹槽内有长方形卯孔，便于安装。卯孔同样由多个实心钻钻孔而成。正背两面的琢刻图纹与冠饰相同。

新石器时代良渚文化 玉柱形器

高 5.5 厘米，直径 4.7 厘米，孔径 0.9 厘米。
1993 年 4 月星桥街道横山出土，现藏杭州市余杭博物馆。
淡青白色，并带浅灰色筋斑。圆柱形，柱体较高。上端略大于下端，两端平整，中有一对钻圆孔，在柱体上以减地浅浮雕手法雕饰有上下对称错列各二共四组神兽面纹。兽面以重圈为眼，外饰椭圆形眼睑，上端相连，眉心处一尖顶，当为羽冠之简体，宽鼻，以弧曲线勾勒鼻翼，以凸横档为嘴。整器制作规整，抛光润泽，构图布局错落有致，在迄今所发现的同类器中为仅见。
1995 年 5 月经国家文物鉴定委员会鉴定，为一级文物。

新石器时代良渚文化　玉带盖柱形器

玉柱形器：高 5.33 厘米，一端直径约 4.1 厘米，另一端直径 4.3 厘米，孔内径 0.5 厘米。
玉柱形器盖：高 1.5 厘米，直径 4.5 厘米。
1986 年瓶窑镇反山遗址 M23 出土，现藏良渚博物院。
1组2件。南瓜黄，夹深黄褐色斑。盖一面弧突且有脊，另一面平整，并钻有隧孔，整体呈盔帽形。柱形器，圆柱形，中间钻一圆孔。两端大小不一致也可能与成形方式有关。

新石器时代良渚文化　玉锥形器

长 8.6 厘米，直径 0.9 厘米。
1987 年良渚街道安溪下溪湾采集，现藏杭州市余杭博物馆。
鸡骨白，断面呈正方形，有琮形式四组弦纹。榫部对钻圆孔，下半部为方锥体。

新石器时代良渚文化　玉锥形器

长 12.2 厘米，厚 1 厘米。
1987 年良渚街道瑶山遗址 M7 出土，现藏良渚博物院。
黄白色玉，略有褐色瑕斑。整体呈方柱体，前端较尖，后端呈突榫状，上面对钻小圆孔，方柱体下半段琢刻简化的神兽纹，被两条横凹槽分成上中下三部分，每部分又以转角为中轴，刻划纹饰。相邻两组共享一眼，即方柱体每一面仅刻一只圆圈形眼睛。

新石器时代良渚文化　玉锥形器

长 11.6 厘米，直径 0.6 厘米。
1994 年原余杭文物管理委员会办公室移交，现藏良渚博物院。
绿色，间有棕黄色斑纹，长方柱体，一端钝尖，另一端有突榫，上面对钻二小孔，器身有加工玉器留下的切割痕，此器抛光精致。
2006 年 10 月经浙江省文物鉴定委员会鉴定，为三级文物。

新石器时代良渚文化　玉锥形器

长 5.2 厘米，直径 0.6 厘米。

1991 年 2 月瓶窑镇汇观山采集，现藏良渚博物院。

乳白色，带黄色筋斑，器呈圆柱体，前端锥尖，尾端凸榫处横向对钻小孔，但未钻透。整器制作规整，光洁无纹。

2006 年 10 月经浙江省文物鉴定委员会鉴定，为三级文物。

新石器时代良渚文化　玉锥形器

通长 16.5 厘米，直径 0.8 厘米，榫长 0.65 厘米。

1993 年 4 月星桥街道横山出土，现藏杭州市余杭博物馆。

黄白色。器身如长条方柱形，一端方尖，另一端有圆柱形榫，榫部有一直径为 0.15 厘米的对钻小圆孔。方柱体近榫部位有四节简化神像，每节在两道凸横棱下，以四角为中线，各刻一圆圈及一凸横档，分别表示羽冠、眼睛和宽鼻，组成简化神人面纹。

1995 年经浙江省文物鉴定委员会鉴定，为二级文物。

新石器时代良渚文化　神人兽面纹玉三叉形器

上宽 6.8 厘米，高 4.4 厘米，厚 1.8 厘米。

1993 年 4 月星桥街道横山出土，现藏杭州市余杭博物馆。

白色，有灰黄色筋斑。上端三叉平齐，下端圆弧。正面为稍弧凸的平整面，背面三叉的上端和下端的正中部均有凸块，每凸块上皆有一个上下贯通的对钻小圆孔。正面中部浮雕出神人兽面纹，单圈为眼，外眶为椭圆形眼睑，桥形额，短横棱为宽扁鼻，长横档为大阔嘴。整器光洁润泽。

1995 年 5 月经国家文物鉴定委员会鉴定，为一级文物。

新石器时代良渚文化　玉三叉形器

高 4.8 厘米，宽 7.2 厘米，厚 0.9 厘米。

2004 年 12 月 14 日余杭经济开发区万陈社区 2 号墩 27 号墓出土，现藏杭州市余杭博物馆。

白色，器表受沁较严重。上端三叉平齐，下端圆弧。正面为稍弧凸的平整面，背面三叉的上端和下端的正中部均有凸块，每凸块上皆有一个上下贯通的对钻小圆孔。正面图像整体以正中的兽面纹眼睛为中心，两侧再刻划不完全对称的纹样。

新石器时代良渚文化 神人兽面纹玉三叉形器

高 3.75 厘米，宽 5.9 厘米，厚 1.3 厘米，内孔直径约 0.3 厘米。
1986 年瓶窑镇反山遗址 M14 出土，现藏良渚博物院。
南瓜黄，光泽感好。下端圆弧，上端分为三叉，左右两叉
平齐，中叉略短。正面是稍有弧凸的平整面，背面三叉的
上端和下端的正中部均有凸块，凸块上皆钻有上下贯通的
小圆孔。正面中部刻划有神人兽面纹，其中神人以宝盖头
结构刻划代替，兽面纹包括眼部、眼梁、鼻梁、鼻部、嘴部、
下肢以及鸟形爪。

新石器时代良渚文化 神人兽面纹玉三叉形器

高 4.8 厘米，宽 8.5 厘米，厚 0.8 厘米。
1987 年良渚街道瑶山 M7 遗址出土，现藏良渚博物院。
有黄色瑕斑。左右两叉平齐，中叉较低，且有竖向直孔一个。
一面刻纹，另一面光素。左右两叉均刻侧面相向的神人头像。
中叉上端饰五组直向羽冠状纹，下端阴线刻兽面纹。与长管
可能存在匹配关系。

新石器时代良渚文化 兽面纹玉梳背

高 5.97 厘米，宽 9.15 厘米，厚 0.55 厘米。
1986 年瓶窑镇反山遗址 M17 出土，现藏良渚博物院。
南瓜黄，沁蚀。上端切刻宝盖头结构，其下为椭圆形钻孔，
冠状器下部斜收，榫部对钻有四小孔。正面雕琢有兽面纹
图案，背素面。兽面纹为重圈管钻眼，其间纹饰为三等分。
椭圆形眼睑内填刻小尖喙和螺旋线组合图案。兽面纹双眼
之间为向上弧拱的眼梁，其下为鼻、嘴部，另尚刻划有呈
蹲踞状的下肢体，鸟形爪。其中兽面纹的眼部、鼻梁、鼻
部为浅浮雕，余为线刻。

新石器时代良渚文化 神人兽面纹玉梳背

高 5.8 厘米，宽 7.7 厘米，厚 0.35 厘米。
1987 年良渚街道瑶山遗址 M2 出土，现藏良渚博物院。
体扁平微凹，平面略呈倒梯形。上端中间尖突，下端突
榫上均等对钻 3 个小圆孔。背面弧凸，光素无纹；正面
内凹，其上阴线刻神兽纹。图纹的上半部是头戴羽冠的
神人，脸庞呈倒梯形，眼、鼻、口俱全，并刻出双臂。
图纹下半部是兽面，椭圆形眼眶，以重圈为眼，并刻三
角形的眼角。蒜头鼻，鼻下侧用卷云纹表示鼻孔。长扁
形嘴。嘴部有 4 枚粗壮的獠牙，其中内侧 2 枚朝上，外
侧 2 枚向下。器的底边饰卷云纹带，上端两角各有一引
颈回首的鸟纹。兽面下有一个椭圆形镂孔。

新石器时代良渚文化 镂孔神人纹玉梳背

通高 3.8 厘米，宽 6.7 厘米，最厚 0.35 厘米。
1986 年瓶窑镇反山遗址 M15 出土，现藏良渚博物院。
南瓜黄，夹茶褐色块斑。平面整体呈宝盖头结构，冠顶中部切割呈宝盖头结构，下端扁榫上有三个等距的对钻小孔。正反两面以透雕和阴线刻划相结合的技法，对称雕琢肢体俱全的神人图像，为填刻光芒线的宝盖头冠帽，倒梯形脸部，单圈眼，一侧刻划眼角，刻划有牙齿的宽嘴。神人上臂两侧各"持"有鸟形象，胸腹部位为圆拱形结构。两面的纹饰除个别刻划线条的结构有区别外，余均一致。

新石器时代良渚文化 玉梳背

高 3.8 厘米，上宽 7.3 厘米，下宽 5.9 厘米，厚 0.4 厘米。
1987 年 5 月良渚街道安溪瑶山出土，现藏杭州市余杭博物馆。
乳白色。扁平，呈倒梯形。上端中部琢成尖顶弧凸形的冠顶状，冠顶正下方钻挖出一个椭圆形小镂孔。下端锯割出扁榫，榫上对钻有三个等距离的小透孔。整器制作规整，光洁无纹。上部一顶端略损。1995 年 5 月经国家文物鉴定委员会鉴定，为二级文物。

新石器时代良渚文化 玉梳背

长 8 厘米，宽 4 厘米，厚 0.6 厘米。
1975 年塘栖镇宏潘六亩里采集，现藏良渚博物院。
白色偏黄，带有绿色斑块，器形扁薄，呈倒梯形，左右两侧微凹弧，上端略宽于下端，上端中部琢成钝尖弧凸形的冠顶状，冠顶正下方钻挖出一个椭圆形镂孔，下端锯割出扁榫，榫上有三个等距离两面对钻的一小透孔，整器制作完整，光洁无致，从墓葬中出土位置来看，该器一般为头部装饰件。
2006 年 10 月经浙江省文物鉴定委员会鉴定，为一级文物。

新石器时代良渚文化 玉梳背

长 6.6 厘米，宽 4.3 厘米 厚 0.7 厘米。
1995 年瓶窑镇富华空调设备厂采集，现藏良渚博物院。
深褐色，夹杂灰黑色筋斑，冠顶切割成宝盖头结构，其下为圆形的对钻形，对钻孔略有错位，两侧边内收，下角凹弧，下端切割有扁榫，榫上并排对钻三个透孔，其中一侧孔略残。
2006 年 10 月经浙江省文物鉴定委员会鉴定，为三级文物。

新石器时代良渚文化 玉梳背

上宽 5.2 厘米，下宽 3.7 厘米，高 2.7 厘米。
2005 年 2 月 22 日从杭州章胜贤处采集，现藏良渚博物院。
玉质白色，带黄褐色斑块，素面，表面受沁严重，器形扁薄，
呈倒梯形，冠顶切割成波浪状，冠顶下端对钻有一透孔，
两侧边平直，无内收现象。下端切割有扁榫，残缺，此
件器物的榫头及边缘，有后来修补的痕迹，修补材料为
硬度较高的物质。
2006 年 10 月经浙江省文物鉴定委员会鉴定，为三级文物。

新石器时代良渚文化 玉梳背

上宽 6.8 厘米，下宽 5 厘米，高 4 厘米。
2005 年 2 月 22 日，从杭州章胜贤处征集，现藏良渚博物院。
玉质白色，带黄褐色斑块，素面，表面有不同程度地受沁
现象，器形扁薄，呈倒梯状，冠顶切割或阶梯状，两侧边
微内收，下角凹弧，下端切割有扁榫，榫上两边各有一孔，
为两面对钻而成，其中一孔略残，该器一般为头部装饰件。
2006 年 10 月经浙江省文物鉴定委员会鉴定，为三级文物。

新石器时代良渚文化 兽面纹玉璜

上宽 11.7 厘米，高 5.4 厘米，厚 0.6 厘米。
1987 年 5 月瓶窑镇桑树头出土，现藏杭州市余杭博物馆。
乳白色，略有褐色细筋条。半璧形，上端两侧各有一对
钻小圆孔，可穿系悬挂。中部厚，外缘薄，有一处凹缺。
背面平整素洁。正面浅浮雕神兽面纹。兽面正中上方以
尖顶的弧形边框象征羽冠的顶部，与双眼紧贴，以重圈
为圆眼，外饰圆形眼廓，宽鼻，嘴微张，上下各出一对
獠牙，下端亦呈尖状，除圆眼外，整个兽面均饰有卷云纹、
弧线纹等。整器制作规整，雕刻细腻，为良渚玉器之精品。
1995 年 5 月经国家文物鉴定委员会鉴定，为一级文物。

新石器时代良渚文化 神人兽面纹玉璜

高 5.75 厘米，宽 13.88 厘米，厚 0.8 厘米。
1986 年瓶窑镇反山遗址 M23 出土，现藏良渚博物院。
南瓜黄，偏深黄色，光泽感好。半璧形，两侧对钻有小系挂孔。
正面略弧突，中间以减地浅浮雕雕琢神人兽面纹，两侧上端
也以减地浅浮雕雕琢鸟形象。

新石器时代良渚文化　玉璜

高 4.2 厘米，宽 11.8 厘米，厚 0.6 厘米。
1982 年良渚街道安溪出土，现藏杭州市余杭博物馆。
白色，半璧形，器表光洁，有青绿色斑块。上端平齐，
中间凹弧形缺口，两侧各对钻小孔，两边角圆弧。

新石器时代良渚文化　玉璜

长 6.9 厘米，宽 2.8 厘米，厚 0.7 厘米。
1990 年良渚街道安溪下溪村采集，现藏良渚博物院。
白色，呈桥形，两角中间各对钻小孔，中部内凹，下
边呈弧圆，其中一块一角略残缺。
2006 年 10 月经浙江省文物鉴定委员会鉴定，为三级
文物。

新石器时代良渚文化　玉璜

宽 10.6 厘米，高 4.6 厘米，厚 0.5 厘米。
1994 年 5 月 29 日，原余杭文物管理委员会办公室移交，
现藏良渚博物院。
青灰色，带灰褐色筋斑，形如半璧，上端齐平，中
部有一半圆凹缺，略厚，下端弧圆，稍厚，上部两
侧各有一对钻小圆孔，一端残缺，但仍少见钻孔痕迹，
器表平素无纹，抛光精致。
2006 年 10 月经浙江省文物鉴定委员会鉴定，为三级
文物。

新石器时代良渚文化　玉玦

直径 4.7 厘米，孔径 1.7 厘米，厚 0.8 厘米。
1987 年 6 月瓶窑镇采集，现藏杭州市余杭博物馆。
牙白色，扁圆环形，对钻圆孔，一端切割出缺口，另一端对
钻细小圆孔。制作规整，表面光滑。

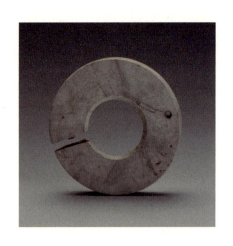

新石器时代良渚文化 玉玦

直径 7.5 厘米，内径 5.8 厘米，高 5.5 厘米。
1994 年原余杭文物管理委员会办公室移交，现藏良渚博物院。
牙白色，扁平圆形，中间有一对钻圆孔，孔内有一圈台痕，上边有一个小透孔，下边有缺口，缺口的一边较小透孔边稍厚，整器磨制光洁。
2006 年 10 月经浙江省文物鉴定委员会鉴定，为二级文物。

新石器时代良渚文化 玉瑗

直径 11.5 厘米，孔径 5.5 厘米，高 0.9 厘米。
1994 年原余杭文物管理委员会办公室移交，现藏良渚博物院。
绿色带棕黄色斑纹，扁薄圆形，中部有一小孔，厚薄不均。
2006 年 10 月经浙江省文物鉴定委员会鉴定，为三级文物。

新石器时代良渚文化 玉瑗

直径 9.5 厘米，高 0.6 厘米，内径 5.5 厘米。
1990 年良渚街道荀山采集，现藏良渚博物院。
青灰白色，带细小结晶，扁薄圆形，中部有大孔，整器厚薄不均匀，通体抛光。
2006 年 10 月经浙江省文物鉴定委员会鉴定，为二级文物。

新石器时代良渚文化 玉镯

直径 9.9 厘米，高 2.4 厘米，厚 1.8 厘米。
瓶窑镇吴家埠南山采集，现藏良渚博物院。
玉呈灰白色，矮圆筒形，镯身略宽，一侧稍窄，外壁稍内凹，内壁略弧凸，器表平素光洁。
2006 年 10 月经浙江省文物鉴定委员会鉴定，为二级文物。

新石器时代良渚文化 玉筒形器

直径 7.5 厘米，内径 5.8 厘米，高 5.5 厘米。

1990 年良渚街道荀山采集，原余杭文物管理委员会办公室移交，现藏良渚博物院。

青灰色，带黑褐色筋斑和黄褐色瑕斑，圆筒形，对钻大圆孔，孔内壁弧凸，外壁略成凹弧形，通体素面光洁。

2006 年 10 月经浙江省文物鉴定委员会鉴定，为二级文物。

新石器时代良渚文化 龙首纹玉镯

高 2.65 厘米，直径 8.2 厘米，孔径 6.1 厘米。

1987 年良渚街道瑶山 M1 遗址出土，现藏良渚博物院。

整体作宽扁的环状，内壁平直光滑，外壁琢刻出 4 个凸面，其上刻同向且相同的龙首形图案。利用外壁的宽平面表现龙首的正面形象，并以浅浮雕延伸至镯体的上下端，形成龙首的侧面形象，从而组成颇为立体的龙首图案。正面下端是龙首的扁宽嘴，露出平直的上唇和大而方整的上排牙齿，上唇两侧有圆形凸起的鼻孔，宽扁的鼻部与上唇平齐。之上有一对大而圆凸的眼球，外饰圆形眼圈。两眼上方用阴线刻出一对短角。眼、鼻之间有一菱形图案，内外双线，菱形正中阴线刻一小椭圆形。图案侧面用浅浮雕和阴刻线，表现深而长的嘴裂、鼻子和头部的侧面形象。

新石器时代良渚文化 兽面纹玉镯

高 3.2 厘米，直径 8.3 厘米，孔径 6.1 厘米。

1991 年 2 月瓶窑镇汇观山出土，现藏杭州市余杭博物馆。

玉质牙白，底缘有赫色斑，系着地受矿物质沁侵之故。器呈环状，表面光泽莹润。其外侧均匀分布五组扁方形面凸台，台面上部隐起二道凸棱，上刻十数道平行细旋纹。下部浮起一兽面纹，兽面以重圈为圆眼，椭圆形眼睑，以桥形棱额相连，宽嘴部密刻卷云纹，神态怪异。此镯上匀饰五组神兽面纹，为迄今所仅见。整器雕琢细腻，足称微雕工艺之杰作。器身留有多处切割痕。

1995 年 5 月经国家文物鉴定委员会鉴定，为一级文物。

新石器时代良渚文化　带插孔兽面纹玉手柄

长 10.4 厘米，厚 2.2 厘米。

1987 年良渚街道瑶山遗址 M2 出土，现藏良渚博物院。

长圆柱形，横断面略呈圆角方形，中间凹弧，两端微上翘。端面各有一深约 0.8 厘米的凹孔。器体中部内凹，并有一方形凸块，其上竖向啄刻神兽纹。眼球凸出，两眼之间阴刻云纹为额，额上两侧均阴刻线条，似是羽冠，长条形横凸面为鼻，鼻上饰云纹。与凸块相对的背面有一深约 1 厘米的凹孔。

新石器时代良渚文化　玉龟

长 3 厘米，宽 2 厘米，厚 0.6 厘米。

1987 年 7 月良渚街道安溪瑶山出土，现藏杭州市余杭博物馆。

黄白色，有褐色筋斑。头颈前伸，四爪作爬行状。龟背脊作弧形凸起，向两侧斜下。底腹部在颈部及尾部各有一对斜向对钻小隧孔，在中央另有一对相向弧形切割痕横贯龟腹。整器形态逼真，富具动感。

1995 年经浙江省文物鉴定委员会鉴定，为二级文物。

新石器时代良渚文化　玉龟

长 3.2 厘米，宽 2.22 厘米，厚 0.55 厘米。

1986 年瓶窑镇反山遗址 M17 出土，现藏良渚博物院。

南瓜黄，偏黄褐色，沁蚀。头颈前伸，中部有一道折脊线，四爪短小，作爬行状，背上有纵向脊线。腹部平整，有一对横向的隧孔。

新石器时代良渚文化　玉龙首纹器

直径 1.4 厘米，孔径 0.4 厘米，厚 0.6 厘米。

2006 年 5 月星桥街道后头山出土，现藏杭州市余杭博物馆。

鸡骨白色，圆环形，以外侧面为正面，浮雕龙首，龙的眼、鼻、耳突出，形象生动。与圆环的整体造型构成首尾相衔龙的形态。这种龙首纹的形象，是崧泽文化晚期和良渚文化早期太湖流域的一种崇拜主题。

新石器时代良渚文化 玉蝉

长 2.35 厘米，宽 1.6 厘米，厚 0.95 厘米。
1986 年瓶窑镇反山遗址 M14 出土，现藏良渚博物院。
南瓜黄，沁蚀甚。椭圆形，前端略宽，背弧凸，以凹凸的弧线勾勒出眼、翼，其中眼部展开呈龙首纹的展开图。腹部前高后低，有线切割痕迹，并钻有一对横向的隧孔。

新石器时代良渚文化 玉鸟

长 2.54 厘米，两翼宽 4.73 厘米，厚 0.63 厘米。
1986 年瓶窑镇反山遗址 M17 出土，现藏良渚博物院。
南瓜黄，光泽感好。鸟形平展，尖喙短尾，两翼外张，作振翅奋飞状，鸟头与鸟尾微上翘。鸟嘴以及鸟眼以切磨方式表示。鸟背切磨呈蒜头形，与鸟头相接。背面钻有基本横向的两对隧孔。

新石器时代良渚文化 玉鸟

高 3.2 厘米，宽 4.6 厘米，厚 0.5 厘米。
198 年良渚街道瑶山遗址 M2 出土，现藏良渚博物院。
青玉，有少量灰褐斑。扁平体，头部前伸，两翼舒展，底中部微凸。背面平整，钻 3 对隧孔，其中两翼上的 2 对隧孔与侧面对钻。正面在鸟首尖端用浅浮雕和阴刻线琢出神兽纹。

新石器时代良渚文化 玉鸟

长 4.36 厘米，两翼宽 5.33 厘米，厚 0.93 厘米。
1986 年瓶窑镇反山遗址 M14 出土，现藏良渚博物院。
南瓜黄，较为斑杂。鸟形平展，尖喙短尾，两翼外张，作振翅奋飞状。鸟眼重圈，外圈为减地凸起，内圈为管钻，直径约 2.5 毫米，双眼之间因为两侧眼部的切磨而显得起脊。背部各向两翼作斜向切磨。鸟头与背部之间有几道横向的切割线。背面钻有一对横向的隧孔。

新石器时代良渚文化 琮式玉管

高 3.9 厘米，射径 1.7 厘米，孔径 0.7 厘米。
1991 年 2 月瓶窑镇汇观山出土，现藏杭州市余杭博物馆。
小方柱体，内圆外方，形如小琮。中间对钻圆孔。器为二节，每节以二道凸横棱为简体羽冠，以重圈为眼，两侧刻细短横线为眼角，以刻有卷云纹凸横档为鼻。

新石器时代良渚文化 玉管

长 8.55 厘米，直径 2.13 厘米，孔径 0.84~1.05 厘米。
1994 年原余杭文物管理委员会办公室移交，现藏良渚博物院。
鸡骨白色，一半部分有褐色瑕斑，长圆柱形，中间对钻孔。
2006 年 10 月经浙江省文物鉴定委员会鉴定，为二级文物。

新石器时代良渚文化 玉管

长 6.65 厘米，直径 1.65~1.72 厘米，孔径 0.9~1 厘米。
1987 年 8 月良渚街道安溪瑶山采集，现藏良渚博物院。
白色，有灰色瑕斑，长圆柱形，中间对钻孔。
2006 年 10 月经浙江省文物鉴定委员会鉴定，为三级文物。

新石器时代良渚文化 玉牙形饰

长 2.7 厘米，宽 2.2 厘米，厚 0.9 厘米。
1977 年瓶窑镇长命钟家村采集，现藏杭州市余杭博物馆。
牙白色，一对。器形扁薄，呈长三角形，如牙状。

新石器时代良渚文化 镂孔兽面纹玉牌饰

宽 7 厘米, 高 3.9 厘米, 厚 0.42 厘米。
1987 年瓶窑镇瑶山遗址 M7 出土, 现藏良渚博物院。
器形平面略呈三角形, 底端尖弧。整器采用透雕和阴线
刻技法, 为神兽纹。两角各对钻 1 个圆孔为眼, 眼两侧
以线切割法镂扩成弧边三角形的镂孔, 组成眼眶及眼睑,
边周再用阴刻线勾勒。两眼之间的额头有不规则的长条
形镂孔, 鼻孔为阴刻的卷云纹。鼻下端有弧边十字镂孔,
似是嘴。眼眶以下的两侧各有 1 个锯齿状突起, 颇似蛙爪,
十字镂孔及其两侧的形态更似蛙的后腿, 故整器又如变
形的伏蛙。

新石器时代良渚文化 玉圆牌串饰

直径 2.2 ~ 4.5 厘米, 孔径 0.8 ~ 1.7 厘米, 厚
0.3 ~ 0.5 厘米。
1987 年良渚街道瑶山遗址 M1 出土, 现藏良渚
博物院。
由 5 件圆牌组成。扁平圆饼形, 中间钻圆孔,
出土时与 M1: 12 璜相连, 两者可能为成组器物。
除其中 1 件外, 其余均在器边缘对钻 1 个小孔。

新石器时代良渚文化 龙首纹玉圆牌

直径 4.1 厘米, 孔径 2.1 厘米, 厚 1.1 厘米。
1987 年良渚街道瑶山遗址 M2 出土, 现藏良渚博物院。
扁平圆饼形, 中间对钻圆孔。外缘有 3 个浅浮雕凸面,
上面用阴线及浮雕均等琢刻 3 个"龙首"纹, 朝向一致。
图纹之间刻双线弧边菱形。器表有弧线状切割痕。

新石器时代良渚文化 半圆形饰

高 3.76~3.89 厘米, 宽 7.5~7.92 厘米, 厚 0.76~0.87 厘米。
1987 年 8 月良渚街道安溪瑶山采集, 现藏良渚博物院。
一组 4 件, 形制相同, 白色, 有较多灰色瑕斑, 平面呈半圆形, 底端圆弧, 一面弧凸, 另一面凹, 凹
面底缘有 2 对隧孔, 顶部端面两侧与凹面均对钻一对隧孔, 关于此类器的性质, 根据反山墓地 M20
的出土情况, 可以推知它是墓主人的头饰。

新石器时代良渚文化 玉匕

宽 2.55~3.15 厘米，厚 0.5~0.63 厘米。

1994 年原余杭文物管理委员会办公室移交，现藏良渚博物院。

鸡骨白色，断成三截，一端残，部分边缘有破损。整体为扁宽条形，侧视呈弯弧状，柄端有一扁圆形穿孔，柄端内凹面琢刻方框，内刻卷云纹。凸面近器端钻扁圆形孔，器端一侧琢刻凹块，形似冠形器顶端凹缺之一半。

2006 年 10 月经浙江省文物鉴定委员会鉴定，为一级文物。

新石器时代良渚文化 玉勺

高 1.84~3.52 厘米，厚 0.47 厘米。

1987 年良渚街道安溪下溪瑶山采集，现藏良渚博物院。

白色，仅残存柄部和勺部边缘。器扁平，侧视微凹弧。柄端略呈梯形，上有椭圆形穿孔，凹面阴刻神兽纹，图案分为上下两部分，下部围绕穿孔阴刻卷云纹，上部图纹残缺，少见 1 个椭圆形眼，另一眼残，其间为卷云纹组成的鼻，鼻梁竖直，鼻翼阔，横扁嘴，嘴内伸出 4 枚獠牙，其中内侧 2 枚朝上，外侧 2 枚冲下，内侧 2 枚之间还有 1 枚冲下的尖牙。

2006 年 10 月经浙江省文物鉴定委员会鉴定，为二级文物。

新石器时代良渚文化 玉杖头饰

高 3.9 厘米，底径 3.2 厘米，高 1.2 厘米。

1988 年瓶窑镇长命黄泥口采集，现藏良渚博物院。

白色，夹杂灰绿色斑点，呈砣形，上端有一方形榫头，下部呈矮圆柱体，底微凸弧，底部有明显加工留下凹痕。

2006 年 10 月经浙江省文物鉴定委员会鉴定，为二级文物。

新石器时代良渚文化 玉坠

长 16.7 厘米，高 11.5 厘米，孔径 1.1 厘米。

1981 年 8 月瓶窑镇汇观山采集，现藏良渚博物院。

白色，有黄斑，扁平梯形，曲弧形刃，刃两端略外翘，钝口，无使用痕迹，上部中间有一圆孔，以管钻对钻，孔壁留有旋痕，一面中间微凹，整器光素规整，抛光精致。

2006 年 10 月经浙江省文物鉴定委员会鉴定，为一级文物。

新石器时代良渚文化　玉刻花项饰

高 2.4~3.5 厘米，直径 1.1~1.3 厘米，孔径 0.4~0.6 厘米。
1987 年 5 月良渚街道安溪瑶山出土，现藏杭州市余杭博物馆。
白色，略带浅黄色斑。由 32 节玉管组成。玉管为圆柱体，中有贯通的对钻圆孔。长短、孔径略有差异，分二节。上下各相背精刻兽面纹，兽面大致以重圈为眼，外饰椭圆眼检，以一凸横档为鼻，上刻卷纹作鼻翼，通体细刻卷云纹，其中细部略有不同。该组项饰在良渚玉器中极为罕见，堪称当时最豪华的项饰。
1995 年 5 月经国家文物鉴定委员会鉴定，为一级文物。

新石器时代良渚文化　喇叭形玉管串

单个长 0.8 ~ 0.85 厘米，最大直径 0.8 ~ 0.9 厘米。
1986 年瓶窑镇反山遗址 M14 出土，现藏良渚博物院。
单计 10 件。南瓜黄，喇叭形，单面钻孔。

新石器时代良渚文化　玉珠

直径 1.2 厘米，高 0.7 厘米。
1991 年 2 月，瓶窑镇汇观山采集，现藏良渚博物院。
半球形，色白带黄，平面处对钻一对牛鼻孔。
2006 年 10 月经浙江省文物鉴定委员会鉴定，为三级文物。

新石器时代良渚文化　玉芯

长 1 厘米，直径 4.5 厘米。
1978 年瓶窑镇吴家埠采集，现藏良渚博物院。
灰白色，圆柱体形，两端稍小，中间略鼓；一端残缺，中间有明显的错向，是为双向管钻后套出的玉料。
2006 年 10 月 12 日，经浙江省文物局文物鉴定组鉴定，为一级文物。

新石器时代良渚文化 玉料

长 12 厘米，高 5 厘米，宽 6.4~5.1 厘米。
1973 年 3 月良渚街道安溪瑶山石矿采集，现藏良渚博物院。
灰色带棕黄色斑点，整器呈长形，一面有切割后留下的痕迹，割痕有高低台阶，此器对研究良渚文化玉器加工工艺具有极高的参考、研究价值。
2006 年 10 月经浙江省文物鉴定委员会鉴定，为三级文物。

新石器时代良渚文化 玉纺织端饰

长 2.1 厘米，高 4.35 厘米，厚 0.9 厘米，卵孔深 0.7 厘米。
1986 年瓶窑镇反山遗址 M23 出土，现藏良渚博物院。
玉纺织端饰一端。南瓜黄，夹杂黄色斑，浅黄色或米黄色处透光。外形如长方形，一面平整，另一面弧凸，钻有两个卵眼。相配套的两件卵眼不对称。

新石器时代良渚文化 玉纺织端饰

长 2.1 厘米，高 4.35 厘米，厚 1 厘米，卵孔深 0.8 厘米。
1986 年瓶窑镇反山遗址 M23 出土，现藏良渚博物院。
玉纺织端饰一端。南瓜黄，夹杂黄色斑，浅黄色或米黄色处透光。外形如长方形，一面平整，另一面弧凸，钻有两个卵眼。

新石器时代良渚文化 玉纺织端饰

长 3.1 厘米，高 3.05 厘米，厚 0.7 厘米，卵孔深 0.7 厘米。
1986 年瓶窑镇反山遗址 M23 出土，现藏良渚博物院。
玉纺织端饰一端。南瓜黄，夹杂黄色斑，浅黄色或米黄色处透光。外形如圆拱样，卵孔一侧尚留有一未成实心钻痕。

新石器时代良渚文化 玉纺织端饰

长 3 厘米，高 4.7 厘米，厚 1.1 厘米。
1986 年瓶窑镇反山遗址 M23 出土，现藏良渚博物院。
两件为一组，玉纺织端饰一端。南瓜黄，夹浅黄色斑，
浅黄色或米黄色处透光。由可以拼合的两块组合为
一件，拼合处错缝相扣。断面为椭圆形，下侧中部
啄成长方形小凹缺。上端各钻一小卵眼。

新石器时代良渚文化 玉纺轮

直径 4.2 厘米，厚 0.9 厘米，孔径 0.5 厘米。
1987 年良渚街道瑶山遗址 M6 出土，现藏良渚博物院。
玉色青灰，含青绿色瑕斑。扁平圆饼形，断面呈梯形，外壁
略弧凸。中间对钻一孔，孔壁经过打磨。

新石器时代良渚文化 神人兽面纹玉带钩

高 3.7 厘米，长 7.78 厘米，宽 4.5 厘米。
1986 年瓶窑镇反山遗址 M14 出土，现藏良渚博物院。
南瓜黄，沁蚀甚，质地较轻。正面弧凸，一端有一对
钻孔，内径约 1.4 厘米。另一端线切割呈钩状。正面
雕刻有神人兽面纹，由于沁蚀较甚已难以确切辨认纹
饰细部。上方的一道横向切磨线性质不明。

新石器时代良渚文化 玉带钩

长 7.1 厘米，宽 2.6 厘米，高 4.1 厘米。
1987 年 5 月，良渚街道瑶山遗址采集，现藏良渚博物院。
褐绿色，带灰褐色筋斑，长方体，表面略凹弧，底面平直，一端横穿直径约 1.2 厘米的圆孔，另一端
挖琢成深槽状的弯钩。弯钩下方有一处断裂痕迹，一侧及弯钩处有切割痕迹，近圆孔处则有一道明显
的弧线状切割痕。
2006 年 10 月经浙江省文物鉴定委员会鉴定，为三级文物。

新石器时代良渚文化 玉带钩

长 5 厘米，宽 2.75 厘米，厚 2.2 厘米。
1987 年良渚街道瑶山遗址 M7 出土，现藏良渚博物院。
有少量淡黄色瑕斑。长方体，表面略凹弧，底面平直。一端
横穿直径约 0.9 的圆孔，另一端挖琢成深槽状的弯钩。器表
打磨光亮。底面有一道弧线状切割痕。

战国 玉石剑

通长 44.5 厘米，宽 4.5 厘米。
2010 年征集，现藏杭州市余杭博物馆。
黑色，圆形剑首，实心茎，茎上有二道箍，剑格上有镂刻纹饰用于镶嵌，
剑脊隆起，两面开刃，前锋稍内收。

战国 玉石三戈戟

刺长 22.4 厘米，宽 4.85 厘米；一号戈: 长 22.7 厘米，胡长 10.2 厘米，
内长 7.2 厘米，援长 15.5 厘米 二号戈: 援长 13.3 厘米，胡长 10.3 厘米；
三号戈: 援长 12.1 厘米，胡长 6.9 厘米; 镦长 11.4 厘米，直径 2.2 厘米。
2010 年征集，现藏杭州市余杭博物馆。
整套三戈戟保存较完整，分矛、三个戈、敦三部分。矛和戈上刻有
精美的鸟虫篆铭文。

元代 玉卧狮

通高 2.7 厘米，身长 7.1 厘米，宽 3.5 厘米。
1975 年仁和街道獐山吴家角出土，现藏杭州市余杭博
物馆。
阳起石软玉，青白色，泛灰白斑纹。阔嘴宽鼻，突眼尖耳，
两耳琢成卷云状，狮头略偏靠于左前足上，背脊微扭，
尾如含苞荷花盘曲于臀上部，似作镇纸之用。
1992 年经杭州市文物鉴定委员会鉴定，为三级文物。

第三节 陶 器

陶器共计 1976 件，其中一级文物 3 件，二级文物 28 件，三级文物 96 件。时代从新石器时代至六朝时期，其中良渚文化与两汉六朝的陶器占绝大多数。这些陶器中又以良渚文化黑陶、商周印纹陶、两汉高温釉陶最具特色。

一、新石器时代

新石器时代马家浜文化 筒形陶釜

通高 42 厘米，口径 20 厘米，底径 14 厘米。
1984 年径山镇潘板俞家堰出土，现藏杭州市余杭博物馆。
夹砂红陶。器物呈长筒形，直口，自上而下斜收。口沿外侧均匀布有四个对称的錾耳，器身上中部自腹部向外突出有一道宽边平沿，平底，向外铺出一道沿，以使该器放置平稳。唯腰沿及底沿略损。
1992 年经杭州市文物鉴定委员会鉴定，为三级文物。

新石器时代马家浜文化 牛鼻耳陶罐

通高 27 厘米，口径 22 厘米，腹径 28 厘米，底径 12 厘米，腹壁厚 0.5 厘米。
1985 年 8 月仓前街道姚家埭出土，现藏杭州市余杭博物馆。
夹砂灰陶。直口束颈，斜肩鼓腹，腹下内收，小平底，腹部有对称两耳，宽扁呈牛鼻形。口沿稍缺。
1995 年经浙江省文物鉴定委员会鉴定，为二级文物。

新石器时代马家浜文化 折腹夹砂红陶盆

高 7.4 厘米，口径 22.2 厘米，底径 8.3 厘米。
1982 年 6 月余杭街道南湖采集，现藏杭州市余杭博物馆。
土红色，口沿外敞，沿下有一组三个平行小孔，中孔内外穿通。折腹斜收，小平底。
1991 年经杭州市文物鉴定小组鉴定，为三级文物。

新石器时代崧泽文化 陶屋

高 9.1 厘米，腹径 14 厘米，底径 10.7 厘米。

1983 年 9 月径山镇潘板小古城遗址出土，现藏杭州市余杭博物馆。

泥质灰陶。胎质细腻。外形呈馒头状，又似贮钱罐，穹窿顶略圆尖，壁微鼓，下部微收，平底，近底处开一椭圆形门道，高 2.8 厘米，宽 3.5 厘米，门道上方出有一直径为 1.8 厘米的圆形烟囱。

1992 年经杭州市文物鉴定委员会鉴定，为三级文物。

新石器时代良渚文化 黑陶带盖双鼻壶

通高 11.5 厘米，腹径 8.5 厘米，口径 6.9 厘米。

1986 年 10 月余杭街道南湖采集，现藏杭州市余杭博物馆。

泥质黑陶，外施黑衣，打磨光亮。敞口，口沿上有二只对称贯耳，高颈，颈部有四圈凹弦纹，扁鼓腹，矮圈足外撇。圈足破损修复。

1995 年经浙江省文物鉴定委员会鉴定，为二级文物。

新石器时代良渚文化 罐形陶鼎

通高 26.7 厘米，口径 22.7 厘米，腹径 24.7 厘米，腹深 16.3 厘米。

1987 年 1 月余杭街道南湖出土，现藏杭州市余杭博物馆。

夹砂灰胎黑衣陶。侈口，束颈，鼓腹圜底，三足断面呈 T 字形，足边划满直线纹。底部及腹部均留有烟炱。

1992 年经杭州市文物鉴定委员会鉴定，为三级文物。

新石器时代良渚文化 黑陶椭圆形盘刻符豆

高 14.5 厘米，口径 18 厘米，底径 10.4 厘米。

1987 年 1 月余杭街道南湖出土，现藏良渚博物院。

泥质黑陶。敞口，浅腹，长把，圈足残。盘腹上有一道凸棱。豆把上饰有三道凸棱，二道凸棱在上部并饰有三组由一个大长方形镂孔与三个小长方形镂孔呈品字形状的组合纹，下部凸棱下残缺有长方形镂孔状，整器制作较为规整。

2006 年 10 月 12 日，经浙江省文物局文物鉴定组鉴定，为二级文物。

新石器时代良渚文化　铸孔喇叭形圈足陶豆

高 12 厘米，盘口直径 22.5 厘米，圈足直径 15.5 厘米，束腰直径 6.8 厘米。
1986 年 9 月余杭街道南湖出土，现藏杭州市余杭博物馆。
泥质灰胎，外施黑衣，浅盘、盘口微敛，斜腹，束腰把，喇叭形圈足，上部起折棱，中部刻有长方形斜线编织纹，间有 6 组三角形镂孔，圈足下部外撇内收，整器较为完整，唯盘内有一道裂痕。
1995 年经浙江省文物鉴定委员会鉴定，为二级文物。

新石器时代良渚文化　高把泥质陶豆

高 22.5 厘米，口径 11.6 厘米，底径 12.2 厘米。
2005 年 5 月余杭经济开发区万陈社区出土，现藏杭州市余杭博物馆。
泥质陶，器身为大敞口罐形，口沿上等距置三个小錾，錾上各有三个小孔，斜直颈，短溜肩，腹弧收，有两道凸弦纹，下接细长把，把上有十道凹弦纹，在第九道凹弦纹上钻四个小孔，长把下接半球状大圈足。

新石器时代良渚文化　异形陶鬶

高 21.7 厘米，口径 11.6 厘米。
1988 年 11 月瓶窑镇长命柏树庙砂坑出土，现藏杭州市余杭博物馆。
夹砂灰胎黑陶。侈口，束颈，前端设两袋足如垂乳，后部置一把向下延伸，下端成宽扁支足。右边袋足上设有一管形流。一袋足及流残。
1992 年经杭州市文物鉴定委员会鉴定，为三级文物。

新石器时代良渚文化 陶甗

高 21.7 厘米，口径 11.6 厘米。
1988 年 11 月瓶窑镇长命柏树庙砂坑出土，现藏杭州市余杭博物馆。
夹砂灰胎黑陶。侈口，平唇向内敛，束腰，腰部一周出沿，沿宽 13 厘米，下腹外鼓，腹部近腰沿处出一透气小孔。三鱼鳍形足。

新石器时代良渚文化 瓦足陶盘

通高 8.8 厘米，盘径 18.6 厘米，盘深 3.3 厘米。
1978 年 4 月瓶窑镇北湖出土，现藏杭州市余杭博物馆。
泥质灰胎黑陶。盘边外折，呈子母口状，敞口，浅弧底，三足如竖立瓦片状，微内弧。盘心破损，二足略残。
1992 年经杭州市文物鉴定委员会鉴定，为三级文物。

新石器时代良渚文化 带鋬陶钵

高 10 厘米，口径 22.7 厘米，腹径 23.2 厘米，底径 11.5 厘米。
1987 年 1 月余杭街道南湖出土，现藏杭州市余杭博物馆。
泥质灰胎黑陶。直口，口沿外有一周凹弦纹，斜肩，折腹，下腹部有一对称两鋬，两鋬外侧夹出两个凹口，鋬下斜收，平底。整器制作规整，保存完好。
1995 年经浙江省文物鉴定委员会鉴定，为二级文物。

新石器时代良渚文化 刻符陶罐

高 26.4 厘米，腹围 25 厘米，口径 12.8 厘米，底径 18.8 厘米
征集。现藏良渚博物院。
泥质灰胎黑陶，低口，平唇，口沿微侈，短颈，广肩，鼓腹，往下微收，圆底，圈足外撇。烧制成后，在其肩部及上腹部刻有亦图亦文的 8 个符号。

新石器时代良渚文化 刻符圈足陶罐

高 25.6 厘米，口径 13 厘米，腹径 21 厘米，底径 16.8 厘米。
1987 年 1 月余杭街道南湖出土，现藏杭州市余杭博物馆。
夹细砂灰胎黑陶。敞口，束颈，弧肩，腹部自上而下内收，圜底，
圈足外撇。烧成后在肩部竖向呈带状刻有 22 道直线。口沿略残。
1995 年经浙江省文物鉴定委员会鉴定，为二级文物。

新石器时代良渚文化 陶葫芦形器

高 24 厘米，口径 7.9 厘米，底径 11 厘米。
2005 年 8 月余杭经济开发区万陈社区出土，现藏杭州市余杭博物馆。
泥质陶，形如葫芦，在扁球状的器身上加封高耸的粗把，顶端为略
凹的封口，器身一侧上端为一冲天大流口，器底为假圈足平底。器
身光素，粗把上刻划密集的曲折纹，流口上三面各有两个穿孔，似
可系线加封盖。

新石器时代良渚文化 漆绘陶壶

高 13.5 厘米，口径 8.0 厘米，底径 6.6 厘米。
1986 年 12 月余杭街道南湖采集，现藏良渚博物院。
泥质陶。折沿，短颈，鼓腹，底设假圈足。口沿对称有
凸起的二小錾，并各有两小圆孔。器表推测为朱砂漆。
2006 年 10 月 12 日，经浙江省文物鉴定委员会鉴定，为
三级文物。

新石器时代良渚文化 陶盉

高 15.9 厘米，口径 11.1 厘米，底径 11.1 厘米。
1986 年 12 月余杭街道南湖采集，现藏良渚博物院。
泥质黑陶，粗矮颈，扁球形腹，前端宽流高高昂起，
后端宽扁把手微微上翘，把手外侧刻划多道直线纹，
壶底近平，附三个扁矮足，两足在前，一足在后，
后足与把手相对。
2006 年 10 月 12 日，经浙江省文物鉴定委员会鉴定，
为三级文物。

新石器时代良渚文化 陶鼎

高 14 厘米，口径 16.9 厘米。
1988 年 11 月瓶窑镇北湖圣塘采集，现藏良渚博物院。
夹砂红陶，敞口，束颈，弧腹，圜底。底部为三鱼鳍形足。
整器制作规整，外表黑色发亮。
2006 年 10 月 12 日，经浙江省文物鉴定委员会鉴定，为三级
文物。

新石器时代良渚文化 陶纺轮

孔径 0.5 厘米，直径 5.5 厘米。
瓶窑镇大观山果园采集，现藏良渚博物院。
泥质，灰褐色，较规整圆形，中间钻有圆孔，一面略凸，有划痕，
边缘平直且有一小缺口。
2006 年 10 月 12 日，经浙江省文物鉴定委员会鉴定，为三级文物。

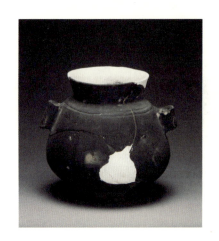

新石器时代良渚文化 陶贯耳壶

高 16.9 厘米，口径 11.5 厘米，底径 10.8 厘米。
1990 年良渚街道庙前遗址 H2:31，现藏良渚博物院。
泥质黑陶。侈口，弧肩，鼓腹，底设矮圈足。腹上部有一
对对称环形把。肩部设有一凸棱。

新石器时代良渚文化 陶网坠

长 4 厘米，厚 2.4 厘米。
瓶窑镇长命雉山采集，现藏良渚博物院。
泥质黑陶，器呈圆柱形，器身有一横向凹槽，及两
竖向凹槽。
2006 年 10 月经浙江省文物鉴定委员会鉴定，为一级
文物。

新石器时代良渚文化　刻纹陶贯耳壶

高 17 厘米，口径 12.2 厘米，底径 13.8 厘米。
1990 年良渚街道庙山 H2:50，现藏良渚博物院。
泥质黑皮陶，口稍残，颈肩部饰一周凸棱，圆弧腹，矮圈足，
腹中部有二周凹弦纹，贯耳位置稍下移，上腹部以贯耳为轴，
两侧各线割刻一组由鸟首，羽翅及卷曲的蛇身组成的抽象
图案。

新石器时代良渚文化　带盖陶鼎

高 26.2 厘米，口径 21.8 厘米。
1987 年余杭街道南湖采集，现藏良渚博物院。
夹砂黑陶，敞口，平沿，束领，弧腹，平底。肩腹部饰三道凸棱，
三足残缺。整器制作较为规整。

新石器时代良渚文化　陶双鼻壶

高 17.6 厘米，口径 10.6 厘米，底径 11.8 厘米。
1987 年 1 月余杭街道南湖采集，现藏良渚博物院。
泥质黑皮陶。口微敞，直颈，鼓腹，底设矮圈足，口沿饰有小鼻孔，
圈足饰有二道凸棱和长方形镂孔。整器制作规整，器表磨制，保
留较好的黑皮。

新石器时代良渚文化　黑陶刻符带把杯

高 12 厘米，口径 9.2 厘米，底径 9.8 厘米
1986 年 6 月余杭街道南湖出土，现藏良渚博物院。
泥质黑陶。小口外敞，束颈，丰肩，矮圈足，宽把残缺，
杯腹刻有两组图案。
2006 年 10 月 12 日，经浙江省文物局文物鉴定组鉴定，
为三级文物。

新石器时代良渚文化 单把圈足黑陶杯

高 10.8 厘米，口径 9.2 厘米，底径 7.7 厘米。
1986 年 8 月余杭街道南湖采集，现藏良渚博物院。
泥质黑陶。口微敛，直腹，下腹部向内折成圈底，矮圈足。
腹中部设半环形宽把。

新石器时代良渚文化 束腹圈足黑陶杯

高 10.8 厘米，口径 8.4 厘米，底径 6.8 厘米。
1984 年 8 月崇贤街道老鸭桥采集，现藏良渚博物院。
泥质黑陶。直口微敞，束腹，下腹向内折面圈底，矮圈足，
足上饰有戳点纹。

新石器时代良渚文化 陶钵

高 5.5 厘米，口径 7.6 厘米，底径 5.3 厘米。
1986 年 9 月余杭街道南湖采集，现藏良渚博物院。
泥质黑皮陶。敛口，弧腹，下腹部向内折成圈底，矮圈足。

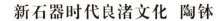

新石器时代 黑陶簋

高 6.6 厘米，口径 20.5 厘米，足径 12.5 厘米。
1990 年 3 月瓶窑镇长命柏树庙采集，现藏杭州市
余杭博物馆。
泥质黑衣陶，灰色胎。直口，口外壁有两条等距弦纹。
折腹，矮圈足，圈足内底有五条弦纹划纹。器表有
一层黄锈色。
1997 年经浙江省文物鉴定委员会鉴定，为二级文物。

新石器时代钱山漾文化　扁侧足陶鼎

口径 27 厘米，高 19 厘米，腹径 26.5 厘米，腹深 9.3 厘米。
2004 年 5 月星桥街道三亩里遗址 T0509④B：46，现藏杭州市余杭博物馆。
夹砂红陶。折沿，束颈，鼓腹微折。足下部残。

新石器时代广富林文化　扁侧足陶鼎

口径 18.6 厘米，高 28.6 厘米。
2011 年 6 月余杭经济技术开发区茅山遗址 11YLMH255；1，现藏浙江省文物考古研究所。
夹砂黑陶。折沿，束颈，深弧腹。素面扁侧足。颈部以下饰三周凹弦纹，圜底饰交错绳纹。

新石器时代广富林文化　陶罐

口径 17.8 厘米，底径 7.6 厘米，高 13.6 厘米。
2009 年 12 月余杭经济技术开发区茅山遗址 09YLMH6：2，现藏浙江省文物考古研究所。
泥质灰黑陶。折沿，微束颈，弧腹。平底内凹。

二、商周

商代　编织纹陶三足盘

高 14.5 厘米，口径 34.7 厘米。
1984 年 3 月径山镇潘板俞家堰出土，现藏杭州市余杭博物馆。
灰褐色。敞口，浅腹，腹部拍印编织纹。盘下设有三只等距离舌形足，盘底中部刻有一个"丁"形符号。
1995 年经浙江省文物鉴定委员会鉴定，为二级文物。

商代 斜方格纹单把陶罐

高 13.5 厘米，口径 11.2 厘米，腹径 16.8 厘米，把宽 4 厘米。
1981 年 10 月径山镇潘板大舍里出土，现藏杭州市余杭博物馆。
泥质灰胎印纹硬陶。敞口、微侈，成坯时在前沿两边向内捏成一个流嘴。束颈，鼓腹，圜底内凹。自口沿至腹部置有一弧形宽把，往上弧高出口沿，腹部至底拍印斜方格纹。口沿内壁刻有一个"E"形符号。鎏略残。1992 年经杭州市文物鉴定委员会鉴定，为三级文物。

商代 曲尺纹鸭形陶壶

通高 11.4 厘米，口径 9.6 厘米，腹径 6.5×15 厘米。
1978 年 4 月瓶窑镇北湖知青农场出土，现藏杭州市余杭博物馆。
泥质灰胎。敞口，尖唇外侈，壶腹作椭圆形，圜底，口沿下至尾部置一宽把。通体拍印曲尺纹，把尾贴塑有三个上面圆平、下面扁尖的泥柱以作装饰。
1992 年杭州市文物鉴定委员会鉴定，为三级文物。

商代 方格纹带流提梁陶壶

高 18.5 厘米，口径 10.2 厘米，腹径 16.7 厘米。
1976 年 1 月瓶窑镇长命白荡湖出土，现藏杭州市余杭博物馆。
泥质灰胎，口颈竖直，弧肩，鼓腹，圜底内凹，宽把提梁直接粘贴在口沿上部两侧，一侧自腹部斜向作一流，流与颈部有明显的削制痕，整器自肩部以下通体拍印方格纹。
1995 年经浙江省文物鉴定委员会鉴定，为二级文物。

商代 网格纹单把带流陶罐

高 12 厘米，腹径 12.5 厘米，口径 9-9.5 厘米。
1980 年 8 月径山镇潘板大溪采集，现藏杭州市余杭博物馆。
灰褐色，颈至底部均拍印网格纹。圜底内凹。颈交直。口外敞。把较宽，且内凹呈弧形，无纹饰。把的一端直接粘贴在口沿上，另一端则附在腹的中部。把的对面口沿两侧内凹，形成流状嘴。

春秋　曲尺纹陶罐

高 12.2 厘米，口径 13 厘米，腹径 20 厘米，底径 14.5-15 厘米。
1973 年 3 月余杭经济开发区万陈社区小林女儿墩采集，现藏杭州市余杭博物馆。
灰色，敞口，矮颈，鼓腹，平底，足微外撇。颈部饰弦纹，器身布满曲尺纹。底部刻有" "形符号。
1991 年经杭州市文物鉴定小组鉴定，为三级文物。

战国　米字纹陶罈

高 34 厘米，口径 14.8 厘，腹径 27.5 厘米，底径 14.7 厘米。
2000 年 8 月良渚街道大陆顾家埠村石马圲西险大塘取土工地采集，现藏杭州市余杭博物馆。
土黄色，直口，丰肩，斜收至底，平底。全器饰米字纹。
2000 年经杭州市文物鉴定小组鉴定，为三级文物。

战国　回纹陶罈

高 35 厘米，口径 16.8 厘米，腹径 29 厘米，底径 16 厘米。
1957 年崇贤街道南山出土，现藏杭州市余杭博物馆。
灰黄色胎，口外侈，丰肩，鼓腹，腹部以下向内斜收，平底。自肩至底拍印回纹，整器保存完好。
1992 年经杭州市文物鉴定委员会鉴定，为三级文物。

三、汉代以后

东汉　陶灶

高 5 厘米，长 12 厘米，底径 8 厘米。
1973 年良渚街道安溪瑶山采集，现藏杭州市余杭博物馆。
双眼灶，灶身略呈船型，灶面设有两个圆形灶眼，其上分别置有釜、甑，前端设有一灶门，后端设上翘的短柱形烟囱。器物的两侧、前端、底部均刻有人物和动物纹饰。

六朝　五铢钱陶范

边长 5.1 厘米，钱径 2.1 厘米，厚 0.5—0.7 厘米。

1982 年 7 月崇贤街道沾桥三家村出土，现藏杭州市余杭博物馆。

泥质红陶。两块，面呈方形。一块面范厚 0.7 厘米，单面翻出交叉正反各四枚五铢钱模，另一块厚 0.5 厘米，双面翻出交叉正反各四枚五铢钱模，钱径与面范相同，钱范的合范处，两边以一凹一凸的圆点作榫合，方范中间开一方孔，四角出槽，浇注时能使铜汁畅流至范内。

1995 年经浙江省文物鉴定委员会鉴定，为二级文物。

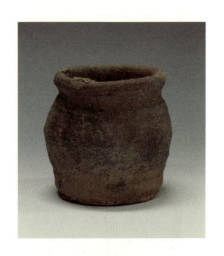

南宋　陶罐

通高 11.1 厘米，口径 10.7 厘米，腹径 11.9 厘米，底径 9.3 厘米。现藏杭州市瓶窑中学。

侈口圆唇，束颈，鼓腹，平底。

南宋　笔筒形陶韩瓶

通高 20.7 厘米，口径 8.1 厘米，腹径 9.6 厘米，底径 7.9 厘米。现藏杭州市瓶窑中学。

直口平唇，直腹，平底。口沿、颈及上腹部施釉。

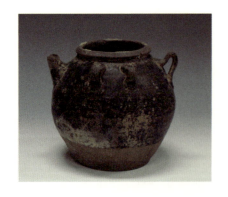

南宋　四系陶壶

通高 19.8 厘米，口径 12.3 厘米，腹径 22 厘米，底径 13 厘米。现藏杭州市瓶窑中学。

直口平唇，溜肩，鼓腹，平底。肩部对称置四系，四系之间安小把及一直流。颈部至上腹部施黑釉。

宋代　双池澄泥陶砚

高 5.7 厘米，面长 23.2 厘米，面宽 18.3 厘米，底边长 21.3 厘米，宽 17.2 厘米。

1980 年 7 月临平街道西大街广严弄西出土，现藏杭州市余杭博物馆。

胎质灰黑，用澄泥制成。平面呈长方形，上宽下收，正中起一直边，将砚池一分为二，底部插手高 3 厘米，宽 14 厘米。一砚两池，分红、黑二色，系批改公文用具。

1992 年经杭州市文物鉴定委员会鉴定，为三级文物。

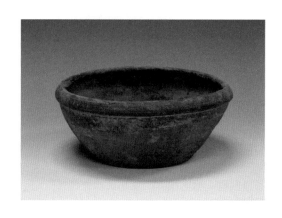

明代　陶钵

通高 10.3 厘米，口径 24.2 厘米，底径 15.8 厘米。

现藏杭州市瓶窑中学。

敛口，斜直腹，平底。内壁、口沿及上腹部施黑釉。

明代　深腹陶盆

通高 5.9 厘米，口径 16.8 厘米，底径 13.5 厘米。

现藏杭州市瓶窑中学。

敛口，斜直腹，平底。除外底部的器表施黑釉，外壁釉脱落。

第四节 瓷 器

余杭出土瓷器包括商周原始瓷、德清黑釉瓷、越窑青瓷、青花瓷等，涵盖了瓷器的整个发展史。现藏品共计 6775 件，其中一级文物 4 件，二级文物 25 件，三级文物 89 件。瓷器中器型规整的商周原始瓷是其亮点。

一、商周

商代 网格纹原始瓷圜底罐

高 24 厘米，口径 15 厘米，腹径 24 厘米。
1983 年 9 月径山镇潘板俞家堰出土，现藏杭州市余杭博物馆。
胎质灰褐色，胎壁厚薄匀称，质地坚硬。外壁有一层薄薄的青灰色冒汗釉。口外敞，敞口内壁处刻有五道弦纹。束颈、溜肩、鼓腹，下腹斜收、圜底内凹。器身除颈部外通体拍印网格纹。商代原始瓷在全国亦殊为罕见。
1995 年经国家文物鉴定委员会鉴定，为一级文物。

西周 原始瓷鸭形壶

高 9.5 厘米，口径 7.6 厘米，腹径 10.9×12.6 厘米，把宽 3 厘米。
1979 年 7 月径山镇潘板俞家堰出土，现藏杭州市余杭博物馆。
胎质青灰，器表出现一层青色薄釉。敞口，高颈，椭圆形扁鼓腹，圜底内凹，颈部及尾部上方饰扁环形宽把，把上挖有前后各二共四条横凹槽，槽内填入四粒小圆珠作装饰。口沿内有 " " 刻划符号。
1992 年经杭州市文物鉴定委员会鉴定，为三级文物。

战国 原始瓷甬钟

通高 27 厘米，甬长 11 厘米，两铣间距 13.5 厘米。
1984 年 5 月崇贤街道老鸦桥笆斗山出土。现藏杭州市余杭博物馆。
胎色黄，外表施青黄色釉。甬呈九棱柱形，有环状旋及钮。钲作合瓦状椭圆筒形，两面隧下至铣间起弧，钲上部中间以篆分隔，两边各饰 9 枚，两面共计 36 枚，甬部饰圆圈纹，舞部、隧部遍布 "S" 纹，篆部与枚遍布突起连珠纹作间隔。整器造型规范，制作精致。一枚及钮略残。
1995 年经浙江省文物鉴定委员会鉴定，为二级文物。

战国 原始瓷勾鑃

通高 40 厘米，把长 133 厘米，銮径 13.9 厘米。
通高 39 厘米，把长 135 厘米，銮径 12.5-18.2 厘米。
通高 38.5 厘米，把长 13.3 厘米，銮径 12.9-17.7 厘米。
通高 35.5 厘米，把长 12.6 厘米，銮径 11.7-18.1 厘米。
残高 25 厘米，把长 8.4 厘米，銮径 9-13.2 厘米。
通高 23.5 厘米，把长 8.5 厘米，銮径 7.9-12 厘米。
残高 23 厘米，銮径 17.5 厘米。
2000 年 8 月良渚街道大陆顾家埠村石马斗出土，现藏杭州市余杭博物馆。
一组七件，口沿呈弧凹形，器身横截面呈椭圆形，向柄部渐收。柄部横截面呈长方形，分两段，向顶部渐收。器柄近底处施云雷纹，器身上两周云雷纹，下设一周三角形内填云雷纹。施黄色青釉。

战国 原始瓷束腰带甑鼎

鼎高 14 厘米，口径 15.3 厘米。
甑高 7 厘米，口径 12.8 厘米。
鼎，甑均于 1983 年 9 月崇贤街道石塘出土，现藏杭州市余杭博物馆。
束腰鼎，直口，口沿内贴有一对对称半圆形耳，沿口下有一组弦纹，束腰，用于搁置甑，下腹部略鼓至底部，弧底。底内有一组螺旋纹，底部贴有三只兽足。甑，圆口，直腹，弧底，底部设一大孔，配套置于束腰鼎上，以作蒸食用。甑下腹及鼎内外底部釉未施。一耳残。器均外施青黄色釉。
1995 年经浙江省文物鉴定委员会鉴定，为二级文物。

战国 原始瓷提梁盉

通高 21.5 厘米，口径 6 厘米，腹径 18.3 厘米，底径 10.4 厘米。
1984 年 5 月崇贤街道笆斗山出土。现藏杭州市余杭博物馆。
直口，鼓腹，平底，三蹄足。上腹部前侧设螭首状流，后上腹置尾，用提梁连成一体。脊梁设两个扉棱，近螭首处设两乳钉。盉盖中央置小钮，盖面划三周弦纹，间饰连珠纹。盉身自肩至腹部设四道弦纹，弦纹间遍饰连珠纹。
1991 年经杭州市文物鉴定小组鉴定，为三级文物。

战国 原始瓷兽面鼎

通高 12 厘米，口径 11.4 ～ 12.4 厘米，腹径 11.2 ～ 11.4 厘米。鼎高 5 厘米，足高 3.4 厘米。

1984 年 8 月，崇贤街道笆斗山水泥厂工地采集，现藏杭州市余杭博物馆。

直口，平沿，两侧附耳外折，前沿置一模印兽面。后沿附尾形钮，腹部饰一圈凸弦纹，底置三蹄足，微外撇，里外满施青釉。

1991 年经杭州市文物鉴定小组鉴定，为三级文物。

战国 原始瓷镇

高 9.8 厘米，底径 9.2 厘米。

2000 年 8 月良渚街道大陆顾家埠出土，现藏杭州市余杭博物馆。

馒头形，胎土黄，顶部设一钮，钮上一环，平底，中空。除底部外施薄釉，遍身戳云雷纹。

战国 原始瓷双耳洗

高 8.3 厘米，口径 20.6 厘米，底径 10.8 厘米。

1984 年 8 月崇贤街道笆斗山出土，现藏杭州市余杭博物馆。

侈口，弧腹，平底，耳上翘，略高出口沿，模印兽面纹。口沿下饰三组等距弦纹，每组弦纹由三至四条组成。弦纹之间有斜行的锥刺纹，内腹壁饰有十条圈弦纹。

1995 年经浙江省文物鉴定委员会鉴定，为二级文物。

战国 原始瓷三足洗

高 15.2 厘米，口径 28.2 厘米，腹径 28.8 厘米，底径 16.4 厘米。

2000 年 8 月良渚街道大陆顾家埠村石马坞西险大塘出土，现藏杭州市余杭博物馆。

平口、直颈、折腹，腹弧收至底，平底，置三矮蹄足。器身近口沿处置对称两蒲扇形耳，上饰卷云纹。器身以三圈绳纹间饰卷云纹。内外施青黄色釉。

战国　原始瓷单把罐

高 15.8 厘米，口径 7.7 厘米，底径 14.4 厘米。
1981 年 3 月径山镇潘板大溪出土，现藏杭州市余杭博物馆。
敛口，短颈，溜肩，筒形深腹，平底，下设三只乳钉足，肩至
下腹部设一弧形把，把上端残。腹中下部及把中部饰直线纹，
把下部饰双轮圈纹。除底部外均施青黄色釉，釉色薄而匀润。
整器造型规整大方。
1995 年经浙江省文物鉴定委员会鉴定，为二级文物。

战国　原始瓷双系罐

高 21.7 厘米，口径 19 厘米，腹径 32.2 厘米，底径 16 厘米。
2000 年良渚街道大陆顾家埠村石马坵西险大塘出土，现藏杭州
市余杭博物馆。
直口，方唇，短颈、圆肩，上腹圆鼓，下腹斜收，平底，肩部
对称置半环形耳，耳内衔环。胎色灰黄。器表通体施釉，釉层
较薄，釉色青黄。肩腹部各饰一周直条纹。

战国　原始瓷器座

高 6.2-6.3 厘米，上孔径 5.4-5.7 厘米，下孔径 6.6-7.6 厘米，
腹径 12.8-13 厘米，底径 11.4-11.7 厘米。
良渚街道大陆顾家埠村石马坵西险大塘出土，现藏杭州市
余杭博物馆。
一组两件，胎体黄色，近圆柱形，上大下小，中间一贯穿孔，
上孔径小，下孔径大。上孔及整器的边缘各饰一周卷云纹，
间饰一周弦纹。器身上下各饰一周卷云纹，间饰一周弦纹。
施青黄色釉，釉色光亮。

二、秦汉

西汉　原始瓷盖鼎

通高 17.8 厘米，口径 18.7 厘米。
1976 年 4 月仁和街道獐山杨梅山顶土坑墓出土，现藏杭州市
余杭博物馆。
胎内呈灰色，外呈黄褐色。高温烧制，除底足外，全器自上
而下喷青黄色釉。造型仿青铜器制作，子母口，附耳高翘，弧腹，
圆底，下腹置三矮兽足。带盖，盖顶平弧，划出同心圆一圈，
等距离置三钮，盖上有三道弦纹，腹部有一周凸棱，鼎内附
有一陶勺，勺宽 7.8 厘米，柄长 4.7 厘米，柄径 1.5 厘米。
1995 年经浙江省文物鉴定委员会鉴定，为二级文物。

西汉　编织纹原始瓷罍

通高 31 厘米，口径 17 厘米，腹径 36 厘米，底径 18.4 厘米。
现藏杭州余杭运河综合保护开发建设有限公司。

直口，宽沿，宽弧肩，鼓腹，腹最大径位于上部，平底内凹。
通体拍印较为规整的编织纹，肩部划两道细弦纹。肩部饰青釉。

西汉　原始瓷瓿

通高 14.3 厘米，口径 9.4 厘米，腹径 22.2 厘米，底径 14 厘米。
1973 年 5 月余杭街道舟枕仙宅里出土，现藏杭州市余杭博物馆。

胎内灰色，外黄褐色。高温烧制，自上向下喷施青黄色釉，下腹部无釉。整器仿青铜器造型制作。平口宽沿，广肩折腹，肩边及上腹部设对称附耳，耳作兽面形，方耳高翘，耳高于瓿口，下腹内收，底边置扁乳足三枚，口沿下肩部划有双线弦纹三圈，圈内又划出水波纹二周。

1992 年经杭州市文物鉴定委员会鉴定，为三级文物。

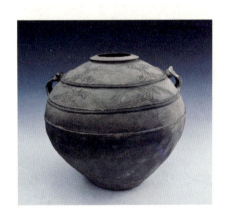

西汉　原始瓷瓿

高 31.5 厘米，口径 11.7 厘米，腹径 33.7 厘米，底径 15.3 厘米。
1977 年 5 月良渚街道化肥厂采集，现藏杭州市余杭博物馆。

平口宽唇，溜肩，鼓腹，下腹内收，平底。上腹饰对称兽面耳各一只，耳上各塑有模印铺首。肩部至上腹部饰二圈三线凸旋纹，腹部饰双线凸旋纹。口下至肩刻出四组四头连体鸟纹，上腹部旋纹上刻出四组两头连体鸟纹。自上而下喷施青黄色釉，下腹以下无釉。一耳残。

1992 年经杭州市文物鉴定委员会鉴定，为二级文物。

西汉　原始瓷盖盒

通高 15.5 厘米，口径 18.4 厘米，足径 11.1 厘米。
1973 年余杭街道舟枕仙宅里采集，现藏杭州市余杭博物馆。
覆钵型盖，圈足形捉钮，盒作子母口，腹壁弧收，矮圈足。
1995 年经浙江省文物鉴定委员会鉴定，为二级文物。

西汉 原始瓷灶

高 14.7 厘米, 长 30.3 厘米, 宽 17.3 厘米。
1978 年良渚街道安溪半吊山出土, 现藏杭州市余杭博物馆。
灶整体呈船形, 俯视呈三角形, 前面开 5×4.5 厘米的拱券形灶门, 灶内火膛通体相连, 灶面有四个直径 6.2×8 厘米不等的灶眼, 灶眼上置有 3 釜 1 耳锅, 中间釜上加有一甑, 灶尾角微上翘, 翘角部有一小圆形出烟孔。器表通体施青黄色釉, 唯器底未施。
1995 年经浙江省文物鉴定委员会鉴定, 为二级文物。

西汉 原始瓷熏炉

通高 18 厘米, 口径 5 厘米, 腹径 29 厘米, 底径 13 厘米。
1994 年 7 月瓶窑镇大观山果园出土, 现藏杭州市余杭博物馆。
整器由上下两部分组成, 上部施青黄色釉, 顶部小口, 无颈, 斜肩, 肩部分四层阶梯状, 上层为水波纹, 二、三层均匀地各分布着四个三角形镂孔, 下层有四个对称圆镂孔。中腹有一宽边腰沿, 沿以下未施釉, 呈灰褐色, 腹斜收, 平底内凹。1995 年经浙江省文物鉴定委员会鉴定, 为二级文物。

西汉 原始瓷长颈壶

通高 25.5 厘米, 口径 4.8 厘米, 腹径 16.3 厘米, 底径 11.9 厘米。
1988 年 5 月瓶窑镇彭公采集, 现藏杭州市余杭博物馆。
直口平唇, 长筒形颈, 扁鼓腹, 圈足外撇。颈部上下各有三周弦纹, 弦纹间划有上下各二共 4 组水波纹, 每组水波纹由 5—6 道细线组成。肩部及腹上均刻有三道弦纹。自上而下喷施青黄色釉, 下腹及圈足未施。整器制作规整, 造型独特。1995 年经浙江省文物鉴定委员会鉴定, 为二级文物。

西汉　原始瓷鸟

长 12.8 厘米，宽 9 厘米，高 9.7 厘米。

2007 年余杭街道义桥工业城 M29：43，现藏杭州市余杭博物馆。

一对，鸟昂首、收翼、目视前方，鸟体饰刻划羽状纹。其中大鸟背驮小鸟，刻划精细，栩栩如生，造型如同鸽子。施青釉，釉面光亮。

西汉晚至新莽　原始瓷炉型熏

高 15.8 厘米，口径 8.4 厘米，底径 12.7 厘米。

1990 年 3 月瓶窑镇长命姜介山 M1:9，现藏杭州市余杭博物馆。

炉型，整器由炉身和承盘两部分组成。侈口，炉身布满出薰孔，上下各有一周宽沿，承盘下附三个矮柱足。

东汉　青瓷扁壶

高 28.7 厘米，口径 6 厘米，腹径 9.5×23.7 厘米，底径 9.5×13.7 厘米。

1986 年瓶窑镇反山东汉砖室墓出土，现藏杭州市余杭博物馆。

圆唇口，筒形颈，扁圆腹，长方形圈足，外撇。上腹两侧贴对称的衔环耳，腹际两面划双线同心圆弦纹五圈，自中心部位向外扩展至腹体周边，弦纹间填划水波纹，仿佛石击水面而漾起的圈圈涟漪。通体施青黄色釉，釉面欠均匀，有垂泪状的凝聚点。

1995 年经国家文物鉴定委员会鉴定，为一级文物。

三国　原始瓷五铢钱纹罐

高 22.1 厘米，口径 11 厘米，腹径 25 厘米，底径 13.8 厘米。
1989 年 5 月临平街道黄泥坝出土，现藏杭州市余杭博物馆。

青黄色，敛口，圆唇，束颈，溜肩，鼓腹，腹下弧收，底略内凹。肩部有二道凹弦纹，两侧竖向附双系，上饰麦芒纹。自肩部往下通体印有五铢钱纹，整器上部施黄褐色釉，腹下部未施，呈深褐色。

1992 年经杭州市文物鉴定委员会鉴定，为三级文物。

三国　五管瓷瓶

通高 26.5 厘米，口径 5.3 厘米，腹径 22.4 厘米，底径 12.8 厘米。
灰色胎。盂形口，束颈，溜肩，鼓腹，平底。在盂至瓶颈间贴塑四方神。肩部贴四小罐，罐与瓶连通。四小罐间各有一透气小孔。罐下肩部堆塑鱼、蛇、鸟、兽。外施青黄色釉，釉层脱落严重整器除四方神有手部略残外，基本完整。

1992 年经杭州市文物鉴定委员会鉴定，为三级文物。

西晋　青瓷堆塑罐

通高 40.5 厘米，腹径 26 厘米，底径 14.2 厘米。
1985 年 9 月临平街道临平山西南出土，现藏杭州市余杭博物馆。

整器分上下两部分。下部为盘口深腹罐，盘口上侈，溜肩、鼓腹，下腹斜收，平底，微内凹。盘口下肩部饰有一周模印贴塑。正面门楼下，有左右神熊守门，中间贴辟邪兽一头，下有一圆形透气孔，顺时针贴有胡人骑狮 2 组，辟邪 1 组，并首朱雀 2 组，辟邪 1 组，胡人骑狮 1 组，每组贴塑间均有一透气孔相隔。上部，盘口上，正面塑出庑殿顶双重檐门楼，翼角起翘，左右设门阙各一，盘口中心塑一筒形罐，底空，与下部深腹罐相通。四角贴塑四只敞口束颈小罐，筒形罐颈作方形，四面开门，似一庄园。上面口沿一周塑成一圈回廊，檐顶四角加塑望楼各一座。盘口上堆塑最为丰富。自门楼往右排例，门阙旁有一头和两前足伏在盘口上，背负尖首碑，再往右是一组头戴尖帽的胡人杂耍和乐伎俑。1 人倒竖仰首，1 人举袖作歌舞，1 人耍弹丸，双手双肘及额上各顶有一弹丸，1 人击鼓，1 人举袖侧身舞蹈，1 人踞坐抚琴，1 人在旁双手击拍，1 人双手捧物贴胸跪坐在一头狮上。神态逼真，栩栩如生。全器塑成后，通体施釉烧成，保存完好。

1995 年经国家文物鉴定委员会鉴定，为一级文物。

西晋　青瓷堆塑罐

通高 43 厘米，腹径 23.3 厘米，底径 15.5 厘米。

1974 年 3 月良渚街道双溪吴山出土，现藏杭州市余杭博物馆。胎色青灰，外施青绿色釉。分上下两部分。下半部为大口罐，浅盘口，束颈，溜肩，腹微鼓，下腹内收，平底。上腹部有四组模印贴花，神祇持械抢仓。盘口上为堆塑。分四个面。两面对称为大门，飞檐翘角，左右为门阙。另两面各有守护俑三个，头戴鸡冠肩帽，高鼻深目，跪坐，双手护胸。上部为一座四方楼阙。四面均设有门楼飞檐翘角，四角设有望楼，中间置庑殿顶双重檐粮仓一座，四角起翘，顶部开有亭式气窗一座。全器造型庄重秀丽。

1995 年经浙江省文物鉴定委员会鉴定，为二级文物。

西晋　青瓷簋

高 9.7 厘米，口径 19.2 厘米，底径 12.8 厘米。

1957 年 6 月杭州市半山杭钢工地出土，现藏杭州市余杭博物馆。

胎色青灰，通体施青釉。侈口，圆唇，腹弧收，高圈足，微外撇。口沿外起一道凸弦纹，下边一道双线弦纹。腹部上为一圈锥刺葵花纹，下为一圈斜网格纹。中间等距离贴印三尊头载佛光的坐佛。内底中心印一轮圆圈，外印刻两重波浪纹。圈足下端印两道弦纹。口沿，圈足略损。

1995 年经浙江省文物鉴定委员会鉴定，为二级文物。

西晋　青瓷洗

高 10.7 厘米，口径 26 厘米，底径 13.6 厘米。

1978 年 9 月余杭街道石鸽姚家山出土，现藏杭州市余杭博物馆。

灰胎，通体施青釉。敞口，圆唇，上腹近直，下腹斜收，平底，微内凹。外口沿有凹弦纹一道。腹部自上而下分别为弦纹，锥刺连珠纹、网格纹、锥刺连珠纹。外壁施釉至近底处，内底有泥点痕 8 个，外底周有垫具托痕，无釉处胎面呈酱紫色。

1995 年经浙江省文物鉴定委员会鉴定，为二级文物。

西晋　青瓷蛙形水盂

高4厘米，口径4厘米，腹径8厘米，底径4厘米。
1980年4月余杭街道舟枕磨子山出土，现藏杭州市余杭博物馆。
灰胎青釉。扁矮圆形。圆唇，溜肩，扁鼓腹，矮圆底。肩部贴塑蛙首，四足及尾，两侧各划一弧线内饰锥刺纹以示蛙腹。形象生动逼真。
1995年经浙江省文物鉴定委员会鉴定，为二级文物。

西晋建兴三年　青瓷狮形烛台

长16.3厘米，宽8.5厘米，高11.3厘米。
1972年4月临平街道西黄泥坝出土，现藏杭州市余杭博物馆。
胎质青灰，通体施青绿色釉，釉面光亮滋润。此器出自西晋纪年墓，墓砖印有"建兴三年"纪年。整器作一狮形状，实为神兽，又称辟邪。四肢匍伏，腹部刻有展开翅膀，张目咧嘴，形态栩栩如生。背上置一圆管形贮水口。该器除出土时前足微损外，基本保存完好。
1995年经浙江省文物鉴定委员会鉴定，为二级文物。

西晋　青瓷鸡头壶

高9.5厘米，口径5.9厘米，腹径12.5厘米，底径5.5厘米。
1983年1月临平街道临平公园内出土，现藏杭州市余杭博物馆。
灰胎青釉。盘口，束颈，鼓腹，平底略内凹。肩部前后分别堆塑一实心鸡首、鸡尾，左右两侧对称贴双系，并印有两圈葵花纹。整器釉色匀润，保存完整。
1995年经浙江省文物鉴定委员会鉴定，为二级文物。

西晋 青瓷猪圈

高 5.9 厘米，口径 10.4 厘米，底径 10.5 厘米。

1980 年 4 月余杭街道舟忱磨子山出土，现藏杭州市余杭博物馆。

圆形，直口，直壁，在圈壁上有九个栅孔，平底略凹。圈内一长方形食槽，猪站立，作饮食状，竖耳，垂尾，颈部刻划鬃毛。器内外施青釉未及底。

1995 年经浙江省文物鉴定委员会鉴定，为二级文物。

东晋 黑釉瓷鸡头壶

通高 24 厘米，口径 9.4 厘米，腹径 19.5 厘米，底径 12 厘米。

1972 年 3 月临平街道小林横山出土，现藏杭州市余杭博物馆。

胎质青灰，通体施黑釉，底部一圈露胎无釉。盘口，细颈，丰肩，鼓腹，平底。上腹部前端置一鸡头形壶嘴，后端盘口与上腹部间置一圆形高把。两侧肩部各横置一桥形系。鸡首略残修复。

1992 年经杭州市文物鉴定委员会鉴定，为二级文物。

东晋 青瓷双系盘口壶

通高 23.6 厘米，口径 12.5 厘米，腹径 18.5 厘米，底径 11 厘米。

1972 年 4 月临平街道临平山西北出土，现藏杭州市余杭博物馆。

灰胎，外施青黄色釉。盘口，口沿处布有四组深褐色点彩，束颈，丰肩，鼓腹，下腹斜收，平底，微内凹，肩部印二道弦纹，两边对称各设有一系，近底部未施釉。

1995 年经浙江省文物鉴定委员会鉴定，为二级文物。

东晋 青瓷四系盘口壶

高 29 厘米，口径 26 厘米，腹径 24.5 厘米，底径 11.5 厘米。

1991 年 12 月 1 日原钱江五金厂出土，现藏杭州市余杭博物馆。

盘口，束颈，溜肩，肩部置对称双系，鼓腹，平底。

1995 年经浙江省文物鉴定委员会鉴定，为二级文物。

晋 青釉瓷钵

通高 6.6 厘米，口径 17.7 厘米，底径 8.4 厘米。
现藏杭州市瓶窑中学。
侈口，圆唇，上腹较直，下腹弧收，平底。内壁满釉，
外壁釉不及底，胎质坚硬。轮制。

南朝 莲瓣纹青瓷碗

高 7.8 厘米，口径 16.3 厘米，底径 7.7 厘米。
1989 年 3 月瓶窑镇长命柏树庙村出土，现藏杭州市余杭博物馆。
灰胎，通体施青绿色釉。直口，圆唇，碗壁下部内收，假圈足。外壁刻饰莲瓣花纹。
内外底有叠烧时五点垫珠的痕迹。口沿略有破损。
1995 年经浙江省文物鉴定委员会鉴定，为二级文物。

四、隋唐以后

隋代 点彩双系青瓷罐

高 18.8 厘米，口径 9.6 厘米，腹径 15.2 厘米，底径 9.7 厘米。
1989 年 11 月仁和街道獐山华士村采集，现藏杭州市余杭博
物馆。
直口，唇向外略翻，颈粗短，溜肩，颈中部至肩部置对称双系。
鼓腹，斜收至底，腹部饰两大一小褐色点彩。平底，足部外突。
施青釉，腹近底处及底部未施釉。釉层光泽度较好。
1991 年经杭州市文物鉴定小组鉴定，为三级文物。

唐代 青瓷水盂

高 6.5 厘米，口径 3.3 厘米，腹径 8.5 厘米，底径 4.8 厘米。
1973 年 1 月良渚街道马家山出土，现藏杭州市余杭博物馆。
胎呈青色，通体施青釉。盂，球形敛口，器身微扁，矮圈足。
1992 年经杭州市文物鉴定委员会鉴定，为三级文物。

唐代 越窑青瓷印合

高 4.1 厘米 口径 8.7 厘米 底径 4.5 厘米。
1973 年 1 月良渚街道马家山出土，现藏杭州市余杭博物馆。
平盖微弧，合底直口，上下呈子母扣，底折收，矮圈足。
1992 年经杭州市文物鉴定委员会鉴定，为三级文物。

唐代 分体式酱色瓷骨灰坛

通高 82.5 厘米，口径 16 厘米，腹径 57 厘米，底径 22.7 厘米。
现藏杭州余杭运河综合保护开发建设有限公司。
整体由两个小坛和一个盖组成。盖钮呈屋形，双开间，两面坡顶，屋檐微翘。上层坛作小直口，斜肩，弧腹下端斜收，平底。下层坛作敛口，腹壁缓收，平底。两坛肩部黏贴竖状绳纹，腹部等距黏贴四组云状纹饰，其间刻划不规则的叶脉纹。器表施酱褐釉。

唐代 褐釉带盖盘龙瓷罂

通高 47 厘米，口径 13 厘米，腹径 29 厘米，底径 10 厘米。
现藏杭州余杭运河综合保护开发建设有限公司。
敛口，束颈，斜肩，鼓腹，平底。颈与肩部结合处安对称双系，肩部贴塑昂首盘龙。腹中部贴塑两圈波纹。盖顶有钮，贴塑两圈波纹。盖及器身上部施青釉。

五代　青瓷四系罐

高 28 厘米，口径 10.3 厘米，底径 11 厘米。

1981 年 7 月中泰街道洞霄宫五代潘阆墓出土，现藏杭州市余杭博物馆。

胎呈青色。直口，微侈，溜肩，鼓腹，下腹斜收，平底。口沿下肩部，等距离饰尺蠖形横系四只，腹部刻有"沈"字。通体施青釉，腹部微泛青兰色。

五代　青瓷葵口碗

高 5.8 厘米，口径 11 厘米，底径 6.2 厘米。

1985 年 7 月良渚街道勾庄运河砖瓦厂工地出土，现藏杭州市余杭博物馆。

胎色青。敞口，微外翻，口沿饰有等距离四个凹缺，圈足较高。碗内底划出四瓣变形牡丹。内外通体施青釉。

1992 年经杭州市文物鉴定小组鉴定，为三级文物。

南宋　双鱼瓷洗

高 4 厘米，口径 13.1 厘米，底径 6.1 厘米。

1984 年 4 月良渚街道原红三联出土，现藏杭州市余杭博物馆。

龙泉窑系，胎质洁白细腻，外通体施茶白釉，釉色莹润。敞口，宽平唇，浅腹，底内收，矮圈足。器内底模印一对头尾交叉鲤鱼，外壁印菊瓣纹。器表并伴有冰裂纹。

1995 年经浙江省文物鉴定委员会鉴定，为二级文物。

南宋 菊瓣纹青瓷碗

高 7 厘米，口径 15.7 厘米，底径 4.2 厘米。

1982 年 10 月百丈镇泗溪出土，现藏杭州市余杭博物馆。

胎色洁白细致。口折，内敛，腹弧收，小圈足，露胎，底中心留一乳突。碗内底划一同心圆，圆外等距离划六瓣卷叶纹，外壁一周模印菊花瓣纹。通体施青色釉，釉色晶莹滋润。整器制作精制，唯口沿略损。

1992 年经杭州市文物鉴定委员会鉴定，为三级文物。

南宋　瓷盏托

通高 3.6 厘米，口径 13.2 厘米，底径 5.6 厘米。
现藏杭州市瓶窑中学。
敛口，斜腹，环形底。内外壁施青釉，均不及底，口沿下釉发生窑变。

南宋　瓷花盆

通高 7.7 厘米，口径 10.2 厘米，底径 7.3 厘米。
现藏杭州市瓶窑中学。
侈口圆唇，斜直腹，平底，底部有一圆孔。釉脱落。

宋代　青白瓷堆塑魂瓶

瓶高 34.8 厘米，口径 7.6 厘米，腹径 10.4 厘米，足径 7.4 厘米，盖高 10 厘米，盖径 8.2 厘米。
1989 年 5 月原余杭县法院移交，现藏杭州市余杭博物馆。
弧口，圆唇，长颈，颈上端堆塑盘龙戏珠，间有朵朵卷云。颈肩部有一突棱，肩部塑成上翻荷叶状，并贴塑横印十二生肖神。肩部以下渐收，平底，底足微侈。器施青白色釉，盖呈宽沿尖顶状，顶尖塑一展翅小鸟。
1991 年经杭州市文物鉴定小组鉴定，为三级文物。

宋代　瓷碾

长 30.5 厘米，面宽 5.9 厘米，底径 6.9 厘米，中间高 5 厘米，两端高 6 厘米。
1985 年 8 月良渚街道安溪上纤埠大云寺湾出土，现藏杭州市余杭博物馆。
白胎。船形，两端略高，中部略低，面略窄，底稍宽。一端开有出粉末的口子，两侧戳印海棠形凹涡，一边七个，一边八个，用上下三点带放射纹的涡孔作间隔。两端印有七叶纹凹涡作装饰。器施牙黄色釉，槽内及底部未施。
1992 年经杭州市文物鉴定小组鉴定，为三级文物。

宋代 湖田窑青白釉人物瓷堆塑魂瓶

通高 30 厘米，口径 6.9 厘米，腹径 10.5 厘米，底径 7.2 厘米。
现藏杭州余杭运河综合保护开发建设有限公司。
钵形深盘口，长颈，弧腹，高圈足。颈上部贴塑盘龙；下部塑立一周
佛像，佛像下端贴塑一周荷叶边。器表饰青白釉。

宋代 青白釉带盖人物堆塑瓷魂瓶

通高 27 厘米，口径 4.7 厘米，腹径 12 厘米，底径 6.3 厘米。
现藏杭州余杭运河综合保护开发建设有限公司。
盖呈帽形，平顶，宽沿。瓶为盂形深盘口，长颈，弧腹，高圈足。
颈上部贴塑龙纹；下部塑立八尊佛像，佛像下端贴塑一周荷叶边。
器表饰青白釉。

宋代 青白釉带盖人物堆塑瓷魂瓶

通高 51 厘米，口径 5.8 厘米，腹径 15.5 厘米，底径 8 厘米。
现藏杭州余杭运河综合保护开发建设有限公司。
盖呈高帽形，平顶上附一禽，宽沿。瓶为盂形深盘口，长颈，弧腹，
高圈足。颈上部贴塑龙纹，正面附立一尊佛像；下部塑一周或站或
卧的佛像，佛像下端贴塑一周荷叶边。器表饰青釉。

宋代　青釉带盖瓷多角瓶

口径9厘米，腹径21.3厘米，底径9.9厘米。
现藏杭州余杭运河综合保护开发建设有限公司。
塔式盖，球形捉钮。瓶作敛口，圆弧肩，弧腹下端斜收，
假圈足。瓶身分五层等距堆贴四个锥形角。器表施青釉。

宋代　青瓷谷仓

通高81厘米，口径34厘米，腹径42厘米，底径15厘米。
现藏杭州余杭运河综合保护开发建设有限公司。
斗笠形盖，圆珠形盖钮下饰荷叶纹。坛作敛口，圆弧肩，
腹部缓收，小平底。腹部用泥条状绳纹间隔成网格状，其
内正面中间书写一至五的数字，两侧上端为"天下太平"；
中间左右各有一任务；下端分别为荷花、开光及狗三种图
案。背面书写"千秋万岁，仓库年年长满也"等铭文。

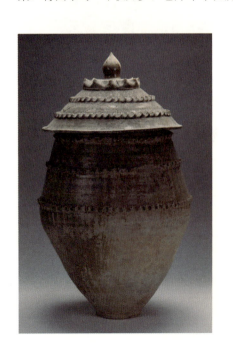

宋代　青瓷骨灰坛

通高42厘米，口径23.2厘米，腹径35厘米，11.3厘米。
现藏杭州余杭运河综合保护开发建设有限公司。
帽形盖，宝珠钮，盖面饰三组堆纹。坛作直口，弧腹，腹
部斜收，圈足。腹部饰三组堆纹。器表施青褐釉。

元代 八卦纹龙泉窑青瓷炉

通高 10.6 厘米，口径 14 厘米，圈足直径 6.5 厘米。

1975 年 7 月径山镇潘板石赖茶场出土，现藏杭州市余杭博物馆。

白胎青釉。口沿宽平，直腹，底边等距离置三矮兽足，底中心饰一装饰性矮圈足，腹壁模印八卦纹，近口沿及近底部均模印等距离各三组卷云纹。口沿及腹部略残修复。

1992 年经杭州市文物鉴定小组鉴定，为三级文物。

元代 青瓷碗

高 8.3 厘米，口径 15 厘米，底径 6.1 厘米。

1975 年 12 月瓶窑镇朱村坟头出土，现藏杭州市余杭博物馆。

直口，圆唇，弧壁，圈足底。口沿下内外均印有一周云雷纹，内壁印有花纹，通体，内外施青釉。

元代 青瓷碗托

高 6 厘米，盘径 18.2 厘米，承底口径 7 厘米，底径 6.7 厘米。

1975 年 12 月瓶窑镇朱村坟头出土，现藏杭州市余杭博物馆。

灰白胎，青釉，胎质厚重。碗，圆唇，弧腹，圈足，口沿内外印有一圈雷纹，内壁印三组变形牡丹，一组并头葵花。碗托，托盘平展，承底口微敛，深腹，底作圈足，托盘内印有四组缠枝花纹。

1995 年经浙江省文物鉴定委员会鉴定，为二级文物。

元代 花叶纹青花瓷炉

高 4.9 厘米，口径 8.7 厘米，底径 3.2 厘米。

1989 年 5 月临平街道小林横山出土，现藏杭州市余杭博物馆。

灰胎白釉，直口，小平底，呈鼓状。器表布青花草叶纹，近底部等距离贴三兽足。器底及内壁未施釉。

1995 年经浙江省文物鉴定委员会鉴定，为二级文物。

明代 青瓷印花盖罐

通高 13.5 厘米，盖径 8.7 厘米，口径 6.5 厘米，腹径 12 厘米，底径 6.2 厘米。1973 年 12 月余杭街道凤凰山明代邹干墓出土，现藏杭州市余杭博物馆。子母盒盖，盖身内高外底双圈状，宝珠钮，钮下器盖表面划出七组旋转卷云纹。罐身直口，鼓腹，矮圈足。口沿下一周花瓣纹，下腹部刻划缠枝牡丹，足部刻划一周简花蕉叶纹。内外施釉，口沿、圈足及盖内壁露胎呈桔红色。
1995 年经浙江省文物鉴定委员会鉴定，为二级文物。

明代 冰裂纹双耳瓷炉

高 6.9 厘米，口径 8.2 厘米，底径 5.4 厘米。
1990 年 6 月良渚街道安溪南山林场明代墓出土，现藏杭州市余杭博物馆。
灰胎白釉，通体布满冰裂纹。圆唇，颈微束，腹微鼓，圈足底。腹部两侧有一对称双耳。一耳裂，粘合。
1992 年经杭州市文物鉴定小组鉴定，为三级文物。

明代 黑釉瓷罐

通高 11.1 厘米，口径 7.4 厘米，腹径 10.6 厘米，底径 7.4 厘米。现藏杭州市瓶窑中学。
侈口圆唇，束颈，鼓腹，平底。口沿及腹部施黑釉，釉不及底。

清代 青花瓷盖罐

高 21 厘米，口径 7.6 厘米，腹径 10.8 厘米，底径 6.8 厘米。
1982 年 8 月良渚街道吴家埭钱粮村出土，现藏杭州市余杭博物馆。
灰胎白釉，胎质细腻。盖平圆弧，作子母扣，罐呈筒形，直颈，鼓腹，直圈足，腹部绘有青花麒麟吐火等纹饰。
1992 年经杭州市文物鉴定委员会鉴定，为三级文物。

清代　青花瓷盖罐

通高54.4厘米,罐高44.2厘米,口径18.4厘米,腹径32厘米,底径26厘米。
1986年4月杭州市蒋村茭芦庵僧人收集上交,现藏杭州市余杭博物馆。
胎质洁白细致,盖为拱顶,边向外侈,顶上有一球形钮,盖底,作子母扣。
罐,侈口束颈,溜肩鼓腹,下腹斜收,矮圈足,足部微向外撇。盖罐
通体描绘青花缠枝牡丹,笔法娴熟洒脱,造型庄重秀美。腹部有一道
裂痕。
1992年经杭州市文物鉴定小组鉴定,为三级文物。

第五节　金属器

　　金属器是余杭出土文物的重要组成部分,年代跨度从商代到明清,种类包括铜器、铁器、
金银等。现馆藏金属器共计14738件(组),含铜器14607件,铁器80件,金银器51件。其
中一级文物3件,二级文物12件,三级文物67件。这些金属器多为鼎、编钟、镰、鱼钩、镜、带扣、
首饰等人们日用品,另有一部分剑、矛、戈、铳等兵器。其中青铜器以铜镜数量最多,吴越兵
器为特色;铁器以汉代兵器为代表;金银器以明金器最精美。

一、铜器

商代　有段铜锛

长9.5厘米,刃宽5厘米,背宽4.4厘米,厚1厘米。
1980年5月径山镇潘板北苕溪出土,现藏杭州市余杭博物馆。
铜质黄色,仿石锛模铸,平面呈梯形,刃微弧,背部上方有一道横凹槽,
以备安柄扎缚用。横槽上饰有并列三块内凹的小方格。底部四周略有
收分,近刃下部铸有" "突纹,下半截折断粘合。
1995年经浙江省文物鉴定委员会鉴定,为二级文物。

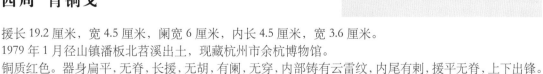

西周　青铜戈

援长19.2厘米, 宽4.5厘米,阑宽6厘米,内长4.5厘米,宽3.6厘米。
1979年1月径山镇潘板北苕溪出土,现藏杭州市余杭博物馆。
铜质红色。器身扁平,无脊,长援,无胡,有阑,无穿,内部铸有云雷纹,内尾有刺,援平无脊,上下出锋。
1992年经杭州市文物鉴定小组鉴定,为三级文物。

西周 青铜匕首

长 17.5 厘米,刃宽 2.8 厘米,厚 0.5 厘米,首径 2.4 厘米,茎长 5 厘米。
1979 年 5 月瓶窑镇西中出土,现藏杭州市余杭博物馆。
呈浅褐色。首呈喇叭形,圆柱形茎,中空,茎部起箍,带格。茎、箍、格均铸云雷纹,刃锋利,断面呈扁枣核形。
1995 年经浙江省文物鉴定委员会鉴定,为二级文物。

西周 青铜镞

长 6.4 厘米,铤径 0.9 厘米。
1973 年原瓶窑镇收购站拣选,现藏杭州市余杭博物馆。
古铜色,三棱形,三棱均开锋。铤为管式,内空,可套箭杆。
1991 年经杭州市文物鉴定小组鉴定,为三级文物。

东周 红铜带钩

长 3.5 厘米,宽 1.8 厘米,高 1.5 厘米。
1988 年 11 月瓶窑镇长命柏树庙村出土,现藏杭州市余杭博物馆。
如意形,正面铸兽面纹,线条流畅,形象威严,底下设一钮,小巧玲珑。
1992 年经杭州市文物鉴定小组鉴定,为三级文物。

春秋 青铜剑

通长 30 厘米,宽 3.1 厘米。
1980 年 11 月径山镇潘板陶春桥出土,现藏杭州市余杭博物馆。
铜质呈红色。圆首,茎部起两道箍,剑格铸有蟠螭纹,剑身隆脊,有从,断面呈菱形,前锋两刃略收分。
1992 经杭州市文物鉴定小组鉴定,为三级文物。

春秋 二穿青铜戈

援长 14.5 厘米，内长 5.6 厘米，宽 3 厘米，胡长 6.8 厘米，
刃厚 0.5 厘米。

1982 年 7 月，余杭街道永建仇山西北采集，现藏杭州市余
杭博物馆。

红铜铸成，呈深褐色。器形扁薄。援狭长，上下开锋，中起脊，
断面呈菱形。长胡，胡上二穿，阑上端及内下端各出一刺。
内尾铸蟠螭纹。

1995 年经浙江省文物鉴定委员会鉴定，为二级文物。

春秋 曲刃铜矛

通长 23.9 厘米，刃宽 3.5 厘米，銎径 2.6 厘米。

1980 年 11 月径山镇潘板陶春桥老大溪出土，现藏杭州市余杭博物馆。

红铜质。器呈长尖锥形，中空，两侧出翼，开刃，矛前锋成三角形，曲刃
处两翼铸成倒刺，口起凹，两侧各留有长尖足，正面有一卯眼，均为安装
长柄作加固之用。

1992 年经杭州市文物鉴定小组鉴定，为三级文物。

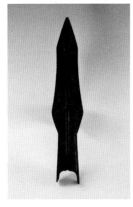

春秋 "戉王"铭青铜矛

长 27.2 厘米，长 8.4 厘米，宽 4.7 厘米，銎径 2.7 厘米。

1976 年 7 月原余杭市废旧公司仓库拣选，现藏杭州市余杭博物馆。

器身乌黑锃亮。矛身呈叶形，短骹，圆銎，中脊凸起，脊上铸有金文"戉"字，
一面二个，一面三个。作圆筒形，略扁，下部铸一系缨鼻，上面铸有双线
金文"王"字一个。整器造型庄重秀丽，属越矛中之精品。

1995 年经浙江省文物鉴定委员会鉴定，为二级文物。

春秋 青铜剑

通长 46.3 厘米，茎长 9.3 厘米，格宽 5.1 厘米，脊厚 0.8 厘米。

1989 年 3 月瓶窑镇北湖张堰村出土，现藏杭州市余杭博物馆。

青黑色。剑身修长，双面开刃，隆脊有从，两侧边刃及剑锋锐利，前锋两侧微内收。首圆内凹，扁平
菱形剑格，圆形剑首与圆筒形剑茎相连，中空，茎中部有两箍。

1995 年经浙江省文物鉴定委员会鉴定，为二级文物。

战国 蟠龙纹青铜大鼎

通高 49.5 厘米，口径 53 厘米，足高 22 厘米。
2003 年绍兴征集，现藏杭州市余杭博物馆。
平沿方唇，方立耳，半球形腹，底部近平，三蹄形足。
两耳及腹部饰蟠龙纹。

战国 青铜编钟

高 19.2 厘米，铣宽 11.4 厘米。
高 19.6 厘米，铣宽 12.6 厘米。
高 22.2 厘米，铣宽 14.7 厘米。
高 22.6 厘米，铣宽 15 厘米。
高 25.1 厘米，铣宽 16.2 厘米。
高 26.8 厘米，铣宽 17.8 厘米。
高 28.9 厘米，铣宽 18.7 厘米。
2003 年绍兴征集，现藏杭州市余杭博物馆。

一组共七个，钟体为合瓦形，上窄下宽。桥钮，钲部无纹饰，其两边饰圆枚 36 个，鼓部及舞部饰蟠蛇纹。

战国 青铜剑

通长 65.1 厘米，茎长 10.1 厘米，刃宽 4.9 厘米，首径 4.3 厘米。
1989 年 12 月余杭街道永建东塘村砂矿出土，现藏杭州市余杭博物馆。
灰黑色。器表鎏金。剑身修长，尖锋，薄刃起脊，断面呈菱形。菱形格，圆首，圆筒形茎，中空，茎上无箍。
1995 年经浙江省文物鉴定委员会鉴定，为二级文物。

战国 青铜剑

长 52.5 厘米，刃宽 4.6 厘米。
2008 年余杭街道溪塔村土桥湾西险大塘退堤工程出土，现藏杭州市余杭博物馆。
双面开刃，短茎，长锷，圆剑首，剑身扁平，刃部锋利，上端略收。锋部成尖形，剑格处花纹原镶嵌绿松石。剑格、剑茎上的两道剑箍上均有精美纹饰。

战国 三穿青铜戈

援长 17.6 厘米，内长 5.1 厘米，胡长 10.6 厘米。
1973 年 1 月仓前街道原吴山供销社移交，现藏杭州市余杭博物馆。
援长于胡和内，并上扬。中起脊，前锋上下两刃相交成锋尖，根部一长方形孔，下刃延至胡末端，胡斜直，靠栏处三个扁长形穿。内呈长方形，微上翘。中间一长方形穿。
1991 年经杭州市文物鉴定小组鉴定，为三级文物。

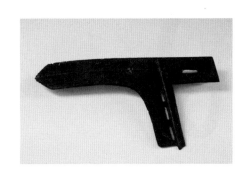

战国 三穿青铜戈

通长 19 厘米，穿刃 9.4 厘米。
1980 年 10 月仁和街道獐山东风村张采集，现藏杭州市余杭博物馆。
援长于胡和内，并上扬，中间起脊，前锋上下两刃作弧形相交成锋尖，下刃延至胡末端，胡斜直，靠栏处有三个矩形穿，内长方形，中间有一长方形穿。
1991 年经杭州市文物鉴定小组鉴定，为三级文物。

战国 青铜矛

长 25.8 厘米，宽 5.2 厘米，銎径 3.6-2.5 厘米。
1981 年余杭街道北湖张堰采集，现藏杭州市余杭博物馆。
四菱形，柳叶状，中间起脊，两面开锋，骹中空，椭圆管状，端部呈两尖足状，近口处有耳与穿。前锋较厚，两翼较薄。
1991 年经杭州市文物鉴定小组鉴定，为三级文物。

战国 环首青铜削

通长 22.8 厘米，柄长 8.2 厘米，刃宽 1.2 厘米，背厚 4 厘米。

1982 年 8 月余杭街道原舟枕供销社拣选，现藏杭州市余杭博物馆。

环首刀式，灰褐色，背部大弧线，头尖，双面开刃。

1991 年经杭州市文物鉴定小组鉴定，为三级文物。

战国 青铜镰

长 14.2 厘米，高 5.6 厘米，厚 0.3 厘米。

1988 年 11 月瓶窑镇长命柏树庙采集，现藏杭州市余杭博物馆。

梳子状，短柄，刃部有锯齿，弧形，单面开刃。后部上下有乳突，作按柄时扎缚用。

1991 年杭州市文物鉴定小组鉴定，为三级文物。

战国 青铜鱼钩

长 9.6 厘米，宽 0.9 厘米。

1988 年 10 月瓶窑镇长命柏树庙采集，现藏杭州市余杭博物馆。

古铜色，外形弧弯钩，体型较大。钩的近尾部有朝内倒钩，钩的头部有两道绑线的槽沟。

西汉 铜行灯

通高 7.2 厘米，通长 12.6 厘米，通宽 10.3 厘米，底径 6.9×5.3 厘米。

1976 年 3 月原余杭县废品公司仓库拣选，现藏杭州市余杭博物馆。

器似船形羽觞，底平作椭圆形，拱顶，将前盖翻起烛签向上，遇烛流油，油入器内。两侧羽耳下阴刻篆书各一行："五凤二年正月"，"工渭城徐安造"。查"五凤二年"即公元前 56 年，渭城在今陕西渭城。前盖缺。

1992 年经杭州市文物鉴定小组鉴定，为三级文物。

东汉　贞夫画像铜镜

直径 24 厘米，厚 1.9 厘米。

2000 年星桥街道蜡烛庵出土，现藏浙江省文物考古研究所。

半球形大钮，连珠纹钮座。镜背有四乳钉将纹饰分成四区，布局为：一区立有一妇人，着长袍，挽髻，两手上举，一手举弓，榜题"贞夫"。边侧立有一女，下站有两女。一区站立一戴冠着袍男子，榜题"宋王"，一侧立有二侍从，榜题"侍郎"，边侧下方置一六博棋盘。一区中为楼阁建筑。楼阁中有一人。楼阁外一人牵着一马。一区两人举长剑，怒目圆睁的模样。外区一圈铭文"周是作镜四夷服，多贺国家人民息，胡虏殄灭天下复，风雨时节五谷熟，长保二亲得天力，传告天下乐无极兮"。边缘兽文带。

东汉　连涡纹铜镜

直径 11.2 厘米，边厚 0.3 厘米。

1981 年 11 月余杭街道舟枕供销社收购站拣选，现藏杭州市余杭博物馆。

圆形，圆钮，钮外饰如意纹及变形如意纹各四个。镜边饰一周变形蟠螭纹，中区铸内向连涡纹十个，上饰小涡纹。

1992 年经杭州市文物鉴定小组鉴定，为三级文物。

汉代　八鸟规矩铜镜

直径 15.3 厘米，边厚 0.4 厘米。

1973 年 1 月瓶窑镇长命大观山果园出土，现藏杭州市余杭博物馆。

黑色，圆形，中有一小圆钮，两侧对铸一孔，作穿带用。柿蒂纹钮座。镜边稍厚，外区二组锯齿纹，中区有布局匀称的八鸟八乳钉规矩纹饰。外区与中区间铸有一圈减笔篆书铭文："上方作镜真大巧，上有仙人不知老"十四字。镜边有裂痕。

1992 年经杭州市文物鉴定小组鉴定，为三级文物。

汉代　青铜熨斗

通长 47.3 厘米，盘径 16.4 厘米，柄长 31.4 厘米，腹深 4.8 厘米。

1975 年余杭经济开发区万陈社区小林山界河采集，现藏杭州市余杭博物馆。

盆形，折沿上有一组弦纹，直腹，平底。长条形把柄，上平下半圆形。

1991 年经杭州市文物鉴定小组鉴定，为三级文物。

三国 双龙铜镜

直径 19.2 厘米，缘厚 0.8 厘米。

1974 年 3 月余杭街道石鸽凤凰山砖厂采集，现藏杭州市余杭博物馆。

乌黑锃亮。扁圆形，中部有一半球形高圆钮，边厚于中区，边上一圈流云纹及锯齿纹，中区铸有浮雕式双龙戏珠图案，纹饰十分清晰。破裂为二已粘合。

1992 年经杭州市文物鉴定小组鉴定，为三级文物。

晋代 铜鐎斗

通高 22.5 厘米，斗高 16 厘米，口径 22.9 厘米，腹深 8 厘米。

1988 年 12 月余杭街道永建下木桥村出土，现藏杭州市余杭博物馆。

敞口，直腹，圜底，三兽足。腹部三道弦纹，一侧安曲形螭首柄。烹调器，腹底尚有烟炱。

1995 年经浙江省文物鉴定委员会鉴定，为二级文物。

唐代 宝相花铜镜

直径 27.2 厘米，厚 0.5 厘米。

1984 年 11 月黄湖镇东山村出土，现藏杭州市余杭博物馆。

乌黑锃亮。扁薄圆形，边略厚，圆弧，中区匀称地分布六组山茶、海棠纹饰，半球形钮，钮外饰蜂蝶。碎成七块，已粘合。

1992 年经杭州市文物鉴定小组鉴定，为三级文物。

唐代 双鸾铜镜

直径 16 厘米，缘厚 0.5 厘米。

1976 年 3 月原余杭市废品公司仓库拣选，现藏杭州市余杭博物馆。

色黑，葵边，半球形圆钮，内区铸对称鸾鸟一双，上下宝相花各一组。

1992 年经杭州市文物鉴定小组鉴定，为三级文物。

唐代　阳燧铜方镜

边长 14.3 厘米，缘厚 1.5 厘米。

1974 年 6 月原余杭市废品公司仓库拣选，现藏杭州市余杭博物馆。

色乌黑。方形，厚缘，中间圆形凹弧一小镜，作聚光用。四角铸有兽形钮四个。此镜造型奇特，较为罕见。

1992 年经杭州市文物鉴定小组鉴定，为三级文物。

元代"天佑"铭铜铳

长 32.6 厘米，口径 5.7 厘米，内径 2.8 厘米。

1983 年 12 月原瓶窑镇废品收购站拣选，现藏杭州市余杭博物馆。

黄铜质，褐色。圆柱形，中间鼓腹，除口尾两端加厚起棱外，铳腹前后各铸两道突箍，口及膛中空，腹上一小孔，用以插导火线，尾端中空，以备镶嵌木柄。铳茎阴刻"天佑丙申朱府铸造"八字。查"天佑"系元末张士诚自立吴王的年号，"天佑丙申"即公元 1356 年。"朱府"待考。

1995 年经国家文物鉴定委员会鉴定，为一级文物。

元代　度母铜像

通高 18 厘米，重 1.1 公斤。

1972 年临平街道采集，现藏杭州市余杭博物馆。

红铜质。密宗造像。女菩萨，裸体，披发，头戴骷髅宝冠，身披人头缨络，额上一竖目，左手执元宝，抬臂与视线相对，右手执斧形法器，下垂，左腿内曲，右腿向右斜伸，作舞蹈状。

1992 年经杭州市文物鉴定小组鉴定，为三级文物。

明代"金山卫指挥使司经历司之印"铜方印

通高 8 厘米，印面边长 6.5 厘米，厚 1.1 厘米。

1984 年 3 月鸬鸟镇原太平乡出土，现藏杭州市余杭博物馆。

印面呈方形。背中部铸一扁长条形钮。印面铸九叠篆"金山卫指挥使司经历司之印"四行，每行 3 字，共 12 字。印背左侧阴刻印面释文 12 字，右侧阴刻"弘治十三年八月 日礼部造"11 字，边刻"治字八百十四号"7 字。查金山卫在今上海市郊沿海。

1992 年经杭州市文物鉴定小组鉴定，为三级文物。

明代　铜浴佛

通高 19.5 厘米，重 1.1 公斤。

1973 年 3 月塘栖镇龙光桥出土，现藏杭州市余杭博物馆。

器表镀金。佛像作坐式，慈眉善目，双耳下垂，头顶肉髻，上身赤裸，坦腹，短裤高卷，赤足，双手执浴巾，右手高举，左手向下作擦背状。臀部略缺损。

1992 年经杭州市文物鉴定小组鉴定，为三级文物。

二、铁器

东汉　环首铁刀

通长 103.3 厘米，刃宽 2.6 厘米，背厚 0.8 厘米，柄长 21.5 厘米。

1988 年 12 月余杭街道永建下木桥采集，现藏杭州市余杭博物馆。

黑褐色，背脊微隆，单面刃，锋尖，窄柄环首。刃部剥蚀呈齿状。

1995 年经浙江省文物鉴定委员会鉴定，为二级文物。

东汉　铁矛

长 49.6 厘米，刃宽 3 厘米，銎径 2.2 厘米。

1988 年 12 月瓶窑镇长命柏树庙采集，现藏杭州市余杭博物馆。

铁黑色，中起脊。銎口 V 形内凹。矛身有血槽。

1991 年经杭州市文物鉴定小组鉴定，为三级文物。

汉代　铁剑

通长 116.2 厘米，刃宽 2.8 厘米，脊厚 0.8 厘米，茎长 19.9 厘米。

1988 年 12 月余杭街道永建下木桥村砂坑出土，现藏杭州市余杭博物馆。

黑褐色，体形修长，剑身镀铬，乌黑锃亮。薄刃起脊，断面呈菱形，刃锐利，两侧有从，茎扁薄。保存完好。

1995 年经浙江省文物鉴定委员会鉴定，为二级文物。

汉代 铁剑

通长 88.8 厘米，刃宽 3.4 厘米，格宽 4.3 厘米，茎长 11 厘米，首径 4.4 厘米。
1990 年 1 月瓶窑镇长命柏树庙村出土，现藏杭州市余杭博物馆。
剑身、茎为铁质，格、首为铜质。剑身修长，中部起脊，断面呈菱形，锋锐利，刃部两侧剥蚀成齿状，窄茎、圆首。
1995 年经浙江省文物鉴定委员会鉴定，为二级文物。

汉代 铁釜

通高 30 厘米，口径 29 厘米，腹径 42 厘米，脐径 10.5 厘米。
1988 年 7 月余杭街道永建下木桥村砂坑出土，现藏杭州市余杭博物馆。
黑色，上下合范铸成。器呈罐形，敛口，腹部置有对称四个錾，外底正中有一厚脐。一錾残缺，下腹有一破洞。系汉代军营炊具。
1992 年经杭州市文物鉴定小组鉴定，为三级文物。

明代 径山寺铁佛坐像

躯高 80 厘米，肩宽 40 厘米，莲座高 24 厘米，宽 70 厘米。
现藏杭州市余杭博物馆。
明正统十一年（1446）铸，西方三圣之一，头顶高肉髻，身披袈裟，袒胸跣足，作跏趺坐。

明宣德十年乙卯 铁云板

高 92 厘米，宽 82 厘米，厚 3.1 厘米。
现藏余杭章太炎故居纪念馆。
铁质，云形。一面右侧铸有铭文"余杭县□□□□文□助缘比丘明鑑，明宣德岁次乙卯□信女鲁氏妙真□财铸造。□□□□"左侧铭文模糊较难辨识。

三、金器

宋代　金跳脱

分别重 43 克、36 克。
1989 年 10 月径山镇长乐村宋墓出土，现藏杭州市余杭博物馆。
一对，金质，用扁金盘成多圈，末尾一头以金丝相缠，以便松紧。
1991 年经杭州市文物鉴定小组鉴定，为三级文物。

宋代　金钗

长 17.1 厘米。
1989 年 10 月径山镇长乐村宋墓出土，现藏杭州市余杭博物馆。
金质，形似"U"字，钗身为双圆柱体，钗足较粗而尖，两端基本为齐，素面无纹饰。

明代　镂空金耳坠

高 4.2 厘米。
2003 年 6 月 17 日塘栖镇超山明墓出土，现藏杭州市余杭博物馆。
一对，金质，器呈"S"形。耳穿为圆柱形，至端部收尖。耳坠为葫芦形。葫芦身以五瓣花朵相拼接而成，中间金珠环绕。上部以四个长方形及缠绕金丝连接耳穿。整器采用金丝编织、缠绕、焊接等技法制成，制作精美。
2003 年 6 月 20 日经浙江省文物鉴定委员会鉴定，为一级文物。

明代　人物故事金发饰

长 3.8 厘米，宽 4.9 厘米。
长 3.8 厘米，宽 5.1 厘米。
2003 年 6 月 17 日塘栖镇超山明墓出土，现藏杭州市余杭博物馆。
一对，金质，云头形，用金片经捶打、雕刻、焊接成高浮雕人物故事，前面为两人骑马，马前后有侍从二人，后面为亭台楼阁，楼阁上两人凭栏眺望。楼阁一侧以茂盛的树叶装饰。整器制作精美。
2003 年 6 月 20 日经浙江省文物鉴定委员会鉴定，为一级文物。

明代 金带扣

宽 3.3 厘米，高 1.3 厘米。
现藏杭州市余杭博物馆。
金带扣分左右两部分，以榫槽结构插接而成，正面
分三个装饰面，左右为一对鸳鸯，中间为一朵盛开
的芙蓉花。采用模压刻花手法制作而成。

四、银器

明代 鎏金银带饰

每块长 11 厘米，宽 5 厘米。
2003 年 6 月 17 日塘栖镇超山明代墓葬出土，现藏杭州市余杭博物馆。
带饰一组七块，银色泛黑。中间一块有五个人物。中有一高士作饮酒状，左右为乐伎，两侧各有一侍女，
手捧食具。底板脱落，破残严重。左右两块为陶形饰，宽 4.5 厘米，长 4.6 厘米，中有一人物蕉荫赏花。
一块较好，另一块破残严重。再两边是长 8.2 厘米、宽 4.5 厘米长方形饰两块，为松荫高士和高士对弈图，
两边尾端为长 4.4 厘米、宽 2.4 厘米长方形饰，为仙鹤图。

清代 蝶恋花银发钗

长 14.3 厘米，钗首宽 3.8 厘米。
现藏杭州市余杭博物馆。
器为锤揲镂空、焊接而成。钗首部为一朵盛开的花朵，两层花瓣。花
下为一只展翅的蝴蝶。钗脚分两股焊接在蝴蝶背面。背面一长方形，
内有"宝成"两字。

清代 如意头银发簪

长 14.7 厘米，宽 1.4 厘米，簪头 2.4-2.8 厘米。
现藏杭州市余杭博物馆。
簪头为如意云头形，正面为麒麟送子，背面为梅花冰裂纹，下焊接一扁长方形柄，柄末端圆尖。柄正
面錾刻花鸟纹，背面戳记"永足"与"足纹"四字。

第六节 书 画

截至 2015 年，通过捐赠、征集等方式，共计收藏书画作品 684 件，其中二级 8 件，三级 143 件。这些作品侧重于明清至近现代书画名家佳作，尤以浙派、海派为最。近年来，更加注重褚德彝、姚虞琴、章炳麟等余杭籍书画家作品的收藏。

一、书法

明代 李待问 "春山" "小苑" 行草立轴

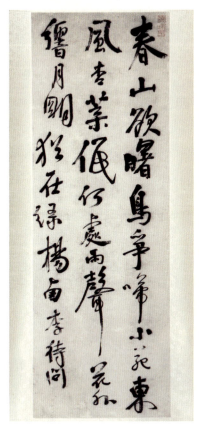

纸本，纵 128 厘米，横 45 厘米。

现藏杭州市余杭博物馆。

李待问，字葵孺，南海人。明万历进士，累升金都御史，巡抚应天。有诗文集。

此卷行草立轴上书 "春山欲曙鸟争啼，小苑东风杏叶低，何处雨声花外响，月明犹在绿杨西。" 七言绝句一首。书宗颜真卿，笔势自然流畅，颇具雅意。落款 "李待问"，起手处钤 "晓珠阁" 朱文印。

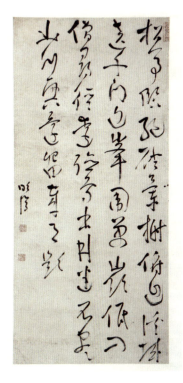

明代 蒋明凤 "松亭" "兰榭" 草书五言诗轴

纸本，纵 122 厘米，横 58 厘米。

现藏杭州市余杭博物馆。

蒋明凤，字羽灵，号苏湾，浙江长兴人。明万历四十六年 (1618) 举人，曾任晋江教谕、乳源知县、苏州同知。善书画。以草书得名。初学二王，晚年出入怀、旭。

此幅草书 "松亭临绝磴，兰榭俯回溪，城绕千门近，峰围万岭低。问僧寺径远，殢鸟出林迷，不尽山川兴，还留岁月题" 五言律诗一首。用笔秀劲狂放，苍古入化，为羽灵得意之笔。右上起手处钤朱文印一方，印款模糊不清。左下款落 "明凤"。钤有 "羽灵氏" 朱文印、"蒋明凤印" 白文印各一。

清代 朱彝尊"王母""梅花"行书七言诗轴

纸本，纵 120 厘米，横 41 厘米。

现藏杭州市余杭博物馆。

朱彝尊（1629~1709）清代经学家、诗人、书画家。字锡鬯，号竹垞，又号鸥舫、金风亭长、小长芦钓鱼师，浙江秀水（今嘉兴）人。康熙十八年（1679）以布衣召试鸿博，官检讨，二十二年（1683）入直南书房。诗与渔洋（王士禛）称南北二大宗。精研经学，深于考证金石，善八分书。工山水，烟云苍润得书卷气。著述甚丰，有《曝书亭集》等。

此幅书法为瓷青纸本，上书七言律诗一首："王母人间号寿仙，梅花香里寿觞传，蟠桃已熟三千岁，萱草还开八百年。举案事遇人仰德，断机功远子成贤，封贝也禄养还堪待，岁岁生辰启寿筵。"末题"恭祝王老伯母古稀荣寿，晚生朱彝尊"。下钤"彝尊"白文印、"竹垞"朱文印各一。书法介乎行楷之间，笔势备有法度，轻转而又重按，如行云流水，风神俊朗，意气相连，充分展示了竹垞先生行书之功力。

清代 王文治"山晚""渔收"行书五言诗轴

纸本，纵 107 厘米，横 29 厘米。

现藏杭州市余杭博物馆。

王文治（1730~1802），清代书法家，文学家。字禹卿，号梦楼，江苏丹徒人。乾隆二十五年（1760）探花，官翰林院侍读，云南姚安府知府。书法源出董其昌，上宗张即之、李邕，与翁方纲、刘墉梁同书齐名，并称"翁刘梁王"。当时书坛，刘墉专讲魄力，文治专取风神，故有"浓墨宰相淡墨探花"之称。琉球人宝其翰墨，并赞曰"天下三梁不及江南一王"。有《梦楼诗集》、《赏雨轩题跋》等。

此轴上书"山晚烟栖树，渔收露宿沙，曲生新月魄，远淡满川霞"五言绝句一首。款落"米公迹梦楼王文治临"，下钤"王文治印"白文印、"曾经沧海"白文印各一。书法秀逸飘洒，自然天成，具米公神韵，为王文治行书代表作。

清代 朱之琏"闲来""睡觉"草书七言律诗立轴

缂本，纵153厘米，横45厘米。

现藏杭州市余杭博物馆。

朱之琏，字商玉，为明藩辽简王之后，善草书，工吟咏，雍正二年（1724）被封为一等侯。

此轴草书七言律诗"闲来无事不从容，睡觉东窗日已红，万物静观皆自得，四时佳兴与人同。道通天地有无外，思入风云变态中，富贵不淫贫贱乐，男儿到此是豪雄"下署"上翁年台，三韩朱之琏"，钤"朱之琏印"白文印、"商玉"朱文印各一。右上起手印模糊不可辨识。观其书法，字体厚拙，富具章法，意气贯通，气势不凡。

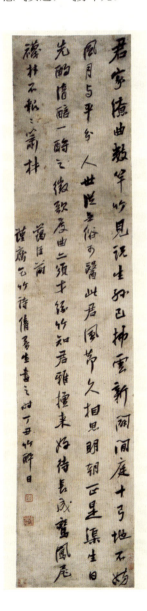

清代 陈鸿寿"君家""见说"行书七言诗轴

纸本，纵125厘米，横28厘米。

现藏杭州市余杭博物馆。

陈鸿寿（1768~1822），清代篆刻家，书画家，制陶家。字子恭，号曼生，又号曼寿、曼公，别号种榆道人、夹谷亭长，浙江钱塘（今杭州）人。仁宗嘉庆六年（1801）拔贡，官至淮安同知。诗文书画皆以资胜，以学古受知于阮元，尤嗜摩崖碑版。篆刻，取法秦汉，为西泠八家之一。著有《桑连理馆集》、《种榆馆印谱》等。

此轴书"君家缭曲数竿竹，见说生孙已拂云，新辟闲庭十弓地，不妨风月与平分。人世从无俗可医，此君风节久相思，明朝正是渠生日，先酌清醅一斝之，征歌度曲亦须才，绿竹知君雅擅来，如待长成鸾凤尾，林不报报箫材"。落款"蔼臣简 谨斋乞竹诗倩曼生书之时丁丑竹醉日"，下印"曼寿"朱文印，"陈鸿寿印"白文印，右下钤"丰明鉴赏"朱文印。书法行楷有法度，瘦劲爽利，意透八分，简古超逸，脱尽恒蹊为陈鸿寿行书精品。"丁丑"即1817年，时曼生50岁。

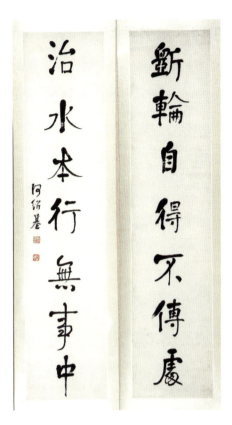

清代 何绍基"斲轮""治水"行楷七言联

纸本，纵134厘米，横31厘米。

现藏杭州市余杭博物馆。

何绍基（1799~1873），清代诗人，书法家。字子贞，号东洲，晚号叟，湖南道州（今道县）人。官编修、四川学政。通经史、小学，论诗推崇苏轼、黄庭坚。书宗颜真卿，参以北魏《张玄墓志》等碑版意趣，峻拔奇宕，自成一格。晚年攻篆隶，浑厚雄重，颇有成就。《息柯杂著》称其书"专从颜清臣问津，积数十年功力，探源篆隶，入神仙境"。著有《东洲草堂金石跋》、《东洲草堂诗集、文钞》等。

上联书"斲轮自得不传处"，下联为"治水本行无事中"，落款"何绍基"，下钤"何绍基印"白文印，"子贞"朱文印各一。何绍基书法，执笔多用回腕法，做到中锋入纸，而又略带战掣，回转自然而又多参篆意，此联行楷力厚骨劲，端严遒丽，并透秀逸之气，为何绍基行楷之精品。

清代 杨岘"璚林""罨画"隶书七言字联

纸本，纵135厘米，横22.5厘米。

现藏杭州市余杭博物馆。

杨岘（1819~1896）清代书法家。字庸斋、见山，号季仇，晚号藐翁，自署迟鸿残叟，浙江归安（今湖洲）人。曾官常州知府。精隶，多得力于《礼器碑》而稍加颤笔，作风瘦劲矫健。著有《庸斋文集》、《迟鸿轩诗钞》等。

此联上联书"璚林花草闻前语"，右下钤"杨石头"朱文印，下联书"罨画溪山指后期"落款"七叟藐翁杨岘"，下钤"臣显大利"白文印、"藐翁"朱文印各一。书法遒劲苍健，堪称杨岘晚年隶书中代表作品。

清代 赵懿"杜陵东园"隶书轴

缙本，纵113厘米，横31厘米。

现藏杭州市余杭博物馆。

赵懿，清代书画家、篆刻家。初名祖仁，字谷庵，号懿子，浙江钱塘（今杭州）人。精篆刻，又善分隶。仿金农画梅，笔意瘦劲冷逸，双钩墨兰水仙，皆有古趣，喜饮酒，郁郁不得志以贫死。

此轴隶书"杜陵东园铜壶容三千重十三斤永始元年并工长造护昌守啬夫宗掾通主守左丞博令并省"，落款行书"梅若词丈属书，谷庵赵懿"下钤"赵懿私印"白文印、"赵白子"朱文印各一。观此书法，工整严谨，法度备至，笔画平整沉着，字体秀拙而具碑意，为赵懿隶书精品。

清代 翁同和"屋头""衣上"行书七言对联

纸本，纵152厘米，横40厘米。

现藏杭州市余杭博物馆。

翁同和（1830～1904）清代书法家。字叔平，一字声甫（一作笙甫），号笙 ，又号韵斋，自署松禅，晚号瓶生，又署瓶庐，亦日瓶庵居士，江苏常熟人。咸丰六年（1856）进士，官至协办大学士、户部尚书、参机务。光绪戊戌政变，罢职归里。卒后追谥文恭。学通汉宋 文宗桐城，诗近西江。擅长楷、行书，动年学欧、褚，中年用力于颜真卿，更出入苏、米，晚年沉浸汉隶，为同、光间书家第一。

此对上联书"屋头大叶自吟雨"，下联书"衣上绿阴如染苔"，落款"瓶庐翁同和"，下钤"翁同和"白文印、"松禅老人"朱文印各一。观此联，显具颜体书貌，然气息淳厚，用笔奇肆率意，结体宽博开张，颇为潇洒。

清代 蒲华"万卷"、"十年"行书七言联

纸本，纵 136.5 厘米，横 33 厘米。
现藏杭州市余杭博物馆。
蒲华（1832~1911）字作英，亦作竹英、竹云，浙江嘉兴人。
号胥山野史、胥山外史、种竹道人，斋名九琴十砚斋、九琴十研楼、芙蓉庵、夫蓉盦、剑胆琴心室等。晚清著名书画家，与虚谷、吴昌硕、任伯年合称"海派四杰"。早年科举，仅得秀才，遂绝念仕途，潜心书画，携笔砚出游四方，后寓居上海，卖画为生。善花卉、山水，尤擅画竹，有"蒲竹"之誉。书法淳厚多姿，其画燥润兼施，苍劲妩媚，风韵清健。
行书七言联，上联为："万卷藏书宜子弟。"右上题"子耕仁兄大人雅正"，下联："十年种木长风烟。"署款"作英蒲华"。钤朱文"秀水蒲华"、白文"作英"各一。笔力雄健奔放，结字天成，水墨淋漓，线条流畅凝练，柔中寓刚，风韵清隽。
1991 年经杭州市文物鉴定小组鉴定，为三级文物。

清代 俞樾"蛰庵"隶书横幅

纸本，纵 31.5 厘米，横 80 厘米。
现藏杭州市余杭博物馆。
俞樾（1821~1907），字荫甫，自号曲园居士，浙江德清人。清末著名学者、文学家、经学家、古文字学家、书法家。现代诗人俞平伯的曾祖父，章太炎、吴昌硕等皆出其门下。清道光三十年（1850）进士，曾任翰林院编修。
此横幅隶书"蛰庵"二字，遒劲而古拙。起首钤朱文"皇天语写作具佳"，署款"韵堂孝廉属，俞樾题目所居室"，下钤"俞樾私印"白文印，"曲园居士"朱文印各一。
1991 年经杭州市文物鉴定小组鉴定，为三级文物。

近代 吴昌硕 "鸟衣" "曾共" 行书七言诗立轴

纸本，纵145厘米，横40厘米。
现藏杭州市余杭博物馆。

吴昌硕（1844~1927）近代书画家、篆刻家。初名俊，后改俊卿，字昌硕，一作仓石，号缶庐，晚号大聋。七十以后以字行，浙江安吉人。清末诸生。工书法，擅写"石鼓文"，用笔结体，朴茂雄健，古气盘旋，能破陈规，自成一家。精篆刻，三十以后作画，其作品的艺术风尚在我国及日本均有较大影响。

此轴上书七言律诗一首："鸟衣群从信多才，曾共新亭酒一杯，诗本性情无过激，身罹丧乱有余哀。饰巾宁谓君先逝，拊缶翻怜我未颓，偿遇松禅论故旧，为言金石尚能开。"末题"君实先生凌云一笑 甲子五月几望安吉吴昌硕拜首敬挽"。未钤印。（按：新亭即临平，松禅即翁同和）。

吴昌硕书法，凝炼遒劲，貌拙气酣，富有金石气息，其结体以左右上下参差取姿势，可谓自出新意，前无古人。"甲子"即1923年，时昌硕80岁。

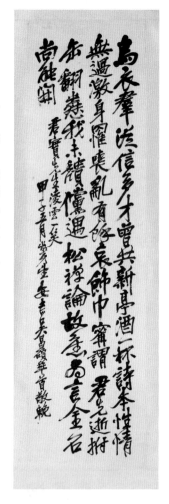

近代 朱孝臧 "背上" "新更" 行书七言联

纸本，纵136厘米，横32.5厘米。
现藏杭州市余杭博物馆。

朱孝臧（1857~1931）近代词家、书法家。原名祖谋，字古微，别署沤尹，晚号强村，浙江吴兴（今湖州）人。德宗光绪九年（1883）进士，官至广东学政。书法初师颜真卿，后攻褚遂良，精于行楷，著有《强村词徵》、《强村丛书》等。

此对上联书"背上危墙争蛾蚍"上款"选青大兄大人正集沈 碻士吴骏公句，"下联书"新更小篆译虫鱼，"落款"朱祖谋"下钤"朱祖谋印"白文印、"古微"朱文印各一。此联书法字势横画多左高右低成侧欹之态，严整而有风骨，为朱孝臧行楷作品精心之作。

近代　康有为行草小屏

纸本，纵 126 厘米，横 32.5 厘米。

现藏杭州市余杭博物馆。

康有为（1858~1927）近代书法家，书学理论家。原名祖贻，字广夏，又字长素，号更生，别署西樵山人，广东南海人。清光绪进士，任工部主事。1898年领导"戊戌政变"，失败后流亡国外。善书，取法《石门铭》。参以经石峪《金刚经》、《云峰山石刻》等。著有《广艺舟双楫》，论书提倡碑版，攻击帖学，有尊魏碑卑唐帖之说，对清末书风颇具影响。

此幅上书"宫成室就，进乐相舞，英俊在堂，福禄光明"，上款"冰心仁兄"落款"康有为"下钤"康有为印"白文印、"维新百日出亡十六年三周大地游遍四洲经三十一国行六十万里"朱文印各一。此幅小屏笔画平长，转折多圆，运锋自然，结体舒张，有纵横奇宕之气。

近代　郑孝胥"谁说""春明"行书七言立轴

纸本，纵 123 厘米，横 36 厘米。

现藏杭州市余杭博物馆。

郑孝胥（1860~1938）近代福建闽候人，字苏戡，又字太夷。清光绪八年（1882）举人，辛亥革命后以遗老自居。书法工楷、隶。尤善楷书，取往欧阳询及苏轼，著有《海藏楼诗》。

此轴上书"谁说长安不易居，春明宅子卜邻余，踏穿户限门如市，亦似鸿都碑下车"。落款"已未秋日孝胥"，下钤"郑孝胥印"白文印、"苏戡"朱文印各一。观此轴书法，字势多偏长而往右上倾，字体劲豪朴茂而具碑意，为郑孝胥行书佳作。"已未"即 1918 年，时郑孝胥 59 岁。

近代 姚虞琴行书立轴

纸本，纵 99 厘米，横 40 厘米。1948 年作。

2013 年上海朵云轩拍卖会拍得，现藏杭州市余杭博物馆。

姚虞琴（1867~1961），近代画家。名景瀛，字渔吟，晚年以字行，浙江余杭亭趾人，寄寓上海。擅书法、诗文、鉴赏，尤擅国画。以写兰名驰江南，取法明陈古白，上追元代赵孟𫖯、郑所南，晚岁画梅，间作山水。著有《珍帚斋诗稿》。解放后为上海中国画院画师。

此轴 1948 年作，为行书体，"天女长空散六花，疏枝冷蕊□横斜；小身幻出维摩影，费我连朝玉画义。王渔洋题朱竹垞小照，戊子首夏姚虞琴时年八十有二"钤白文"姚虞琴诗书画"印。

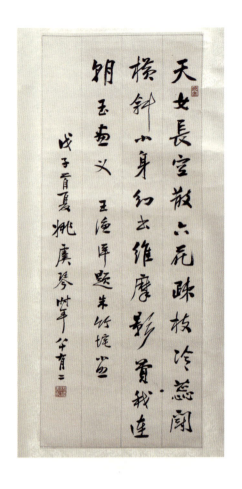

近代 章炳麟篆书轴

纸本，纵 148 厘米，横 79 厘米。

1986 年章炳麟长子章导捐赠，现藏杭州市余杭博物馆。

章炳麟（1869~1936）近代民主革命家、学者、书法家。初名学乘，字枚叔，后改名绛，号太炎，浙江余杭仓前人。早年从事民主革命，晚年在苏州设章氏国学讲习会。博通经史、语言文字学。书法以篆书见长，因对金石学造诣深厚，所写篆文，均有典章渊源可循。著有《章氏丛书》、《章氏丛书续编》等。

此轴篆书"陵三军者或惧于朝廷之仪，暴威武者或 于酒色之娱，近不必比，远不必乖。同声相应，高下不必均心，同气相求，体质不必齐心。召云者龙，命吕者律，故二女相违而刚柔合体。隆坻永欢，远睿必盈，投戈散地则六亲不能相保，同舟而济则胡越何闷乎异心，故若识其情，不息乖违，若明其趣，不烦强武，能说诸心，能研诸虑，睽而知其类，异而知其通，其唯明爻者乎？"款署"章炳麟书"，下钤朱文"章炳麟印"、白文"太炎"印各一方。观其书法，笔势舒展苍劲，字体古朴蕴藉，为太炎先生篆书佳作。

近代 章炳麟节录《与吴质书》行书立轴

纸本，纵 147 厘米，横 40 厘米。

2013 年 12 月浙江大地拍卖有限公司拍得，现藏杭州市余杭博物馆。

此轴为行书体，内容为"日不我与，曜灵急节，面有逸景之速，别有参商之阔，思欲抑六龙之辔，折若木之华，闭濛汜之谷，天路高邈，良久无缘"款"伯文属书章炳麟"钤朱文"章炳麟印"、白文"太炎"印。

近代 章炳麟"寻山""学圃"行书七言联立轴

纸本，纵 167 厘米，横 33 厘米。

2014 年 3 月北京百衲国际艺术品拍卖公司拍得，现藏杭州市余杭博物馆。

此联为行书体，上联"寻山子欲居云岭"上款"书赠敬之"；下联"学圃吾不如於凌"下款"章炳麟"，下钤朱文"章炳麟印"、白文"太炎"。

近代 章炳麟篆书"蓟汉"镜片

高 133 厘米，宽 52 厘米。

章念辉女士捐赠，现藏余杭章太炎故居纪念馆。

纸质，篆书"蓟汉"，一朱一白两印，朱印"章炳麟印"，白印"太炎篆书"。

近代《制言》期刊印本

长 26.4 厘米，宽 18.5 厘米，总厚 5 厘米。

2011 年章念翔先生捐赠，现藏余杭章太炎故居纪念馆。

纸质印本，共 9 册，分别为第三、十八、十九、二十二、二十四、三十六、四十二、四十七、五十五期。《制言》期刊为章氏国学讲习会会刊，创刊于 1935 年 9 月，由章氏国学讲习会编印，章太炎亲自担任主编，主要刊登章氏国学讲习会会员文章。章太炎在《发刊宣言》阐述其办刊初衷："以地址有异，且所召集与会者，所从来亦不同也，口有不尽，更与同志作杂志以宣之。"《制言》期刊为半月刊，在章太炎先生 1936 年去世后继续刊行，1937 年苏州沦陷前共发行 47 期，后被迫停刊，1939 年在上海复刊，

近代 章炳麟著《章氏丛书》印本

长 22.6 厘米，宽 17.2 厘米，总厚 26 厘米。

2012 年征集，现藏余杭章太炎故居纪念馆。

纸质印本，共 24 册，章炳麟先生一生著作，主要者曾收入《章氏丛书》和《章氏丛书续编》，此本《章氏丛书》为民国八年（1919）浙江图书馆刊印。

1937年《章氏国学讲习会学报》印本

长 25.6 厘米，宽 18.6 厘米，厚 1.7 厘米
2011 年章念翔先生捐赠，现藏余杭章太炎故居纪念馆。
纸质印本。《章氏国学讲习会学报》第一号，为《制言》
半月刊第三十七、三十八期合刊。

近代　章炳麟手稿

长 38.5 厘米，宽 27.7 厘米。
2013 年征集，现藏余杭章太炎故居纪念馆。
纸本，共 19 页。手稿内容是从学术上对康有为的学说
进行驳正，是研究章炳麟思想和章炳麟与康有为关系
的一份重要文献。

近代　章炳麟《音学通论题词》

现藏余杭章太炎故居纪念馆。
纸本。即章炳麟为弟子马宗霍的著作《音韵学通论》所
作的序言性文字，当时书名未定，暂署《音学通论》。文中，
章炳麟对黄侃、吴承仕等弟子的音韵学成就进行点评，
后详述古今音韵之异，并称赞作者马宗霍"固将以质世
之知音者也"。该文被收录于《音韵学通论》卷首。

近代 褚德彝隶书临《石门颂》立轴

纸本，纵99厘米，横49厘米。

2014年3月北京百衲国际艺术品拍卖有限公司拍得，现藏杭州市余杭博物馆。

褚德彝（1871~1942）近代篆刻家、考古家，余杭舟枕人。原名德义，避宣统讳更名德彝，字松窗、守隅等，号礼堂。书宗褚遂良，得其渊源，隶书学汉礼器碑，功力最深。著有《金石学续录》、《竹人录续》、《松窗遗印》等。

此轴为隶书体，内容"君德明明，炳焕弥光。剌过拾遗，厉清八荒。奉魁承杓，绥亿衙疆。春宣圣恩，秋贬若霜。无偏荡荡。"款"汉杨孟文石门颂松窗临"钤朱文"礼堂"。

近代 于右任"不随""肯受"行书五言联

纸本，纵148厘米，横39厘米。

现藏杭州市余杭博物馆。

于右任（1878~1964）现代诗人、书法家。原名伯循，别署骚心、髯翁、太平老人，陕西三原人。早年从事革命，曾任国民党政府监察院院长。擅长书法，得力于《郑羲碑》、《石门铭》，精于笔法而以稚拙简漫出之，善草书，曾创学书研究社，出版《学书月刊》，编撰《标准草书》。

此对上联书"不随风月媚"，上款"中孚仁兄法家正"，下联书"肯受雪霜侵"，落款"于右任"，下钤"于""右任"朱文印各一。观此联书法，用笔遒劲，力透纸背，精心布白，于宽博潇洒中而别具雅韵。

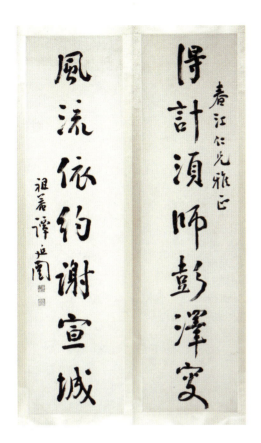

近代 谭延闿"得计""风流"行书联

纸本，纵 147 厘米，横 49 厘米。

现藏杭州市余杭博物馆。

谭延闿（1876~1930）字祖庵，别署畏公。清季解元，曾任国民党政府主席。工书，取法颜真卿、钱沣，接近翁同龢。

此对上联书"得计须师彭泽叟"，上款"春江仁兄雅正"，下联书"风流依约谢宣城"，落款"祖庵谭延闿"，下钤兰底"谭延闿印"白文印、"祖庵"兰文印各一。书法用笔重势，雍容浑厚。

近代 马叙伦行书自作诗立轴

纸本，纵 64 厘米，横 31 厘米。

2014 年 3 月北京百衲国际艺术品拍卖有限公司拍得，现藏杭州市余杭博物馆。

马叙伦（1885~1970），字彝初（又作夷初），号石翁、寒香，晚年又号石屋老人，浙江余杭人。中国语言文字学家、哲学家、教育家、书法家，曾任中国民主促进会主席和民主同盟中央副主席。

此书轴为行书体，诗文内容为"秋高摩碧一头鹰，世外神山梦里登。久坐忘机观客我，细斟箸意辨淄渑。新树出檐争白露，小虫缘壁捕苍蝇。绵蛮学语怜娇女，一粒明珠胜百朋。"款"叙伦时寓上海。"钤朱文"夷初五十后作"、白文"马叙伦"印。

二、绘画

清代　章声山水图轴

绢本，纵 125.5 厘米，横 42 厘米。

现藏杭州市余杭博物馆。

章声，字子鹤，浙江仁和（今杭州）人。父谷工山水，善写真，声与兄采，能绍父艺，山水尤工。笔墨谨严，结构雄伟，乃胎息荆浩、关仝，绝无宋、元以来婉媚之习。据载，康熙十年（1671）曾在屏山阁作山水图。画面上方远处主峰高峙，峭壁悬崖间飞瀑鸣泻，白云缭绕，茂密高耸的杉林，郁郁葱葱，直入云间。近处山间溪流潺潺，数株红枫掩映着一座楼阁，右下方两位隐者正跋涉其间，畅谈山色美景，整幅画面气势超逸俊秀，笔墨细腻，堪称章声所作山水画的传世精品。右上署"仿李希古笔　章声"，下钤朱文"子鹤"印、白文"章声图印"各一。

清代　张适乔岳高秋设色图轴

绢本，纵 172.5 厘米，横 88.7 厘米。

现藏杭州市余杭博物馆。

张适，生卒年不详。一名陆鼎，字我持，钱塘（今杭州）人。诸生。随意作画，不轻与人。著《奕文堂集》。

此轴为绢本设色山水，画中重峦叠嶂，远处青山巍巍，主峰突兀，中部山中平台上数株大树掩映着三座亭台楼阁，山间溪流缓缓而下，窄处筑一小木桥，近处溪边苍松高耸，红枫翠柏间杂其间，树林中，一位中年男子正仰首远望，整幅画面气势雄俊，荡气回肠。充分展示了画家的山水功底。左上署"乔岳高秋　甲寅畅月写于耕烟阁为祝德翁词宗六帙寿　西溪张适"，下钤白文印二方，一为"张适一名陆鼎"，另一为"字余白我持"。观山轴山水画风格，为清康熙年间作品，查"甲寅"为康熙十三年，即 1674 年。

清代　顾升山水图轴

绢本，纵 109 厘米，横 59 厘米。

现藏杭州市余杭博物馆。

顾升，清代书画家、篆刻家。原名峒，字虞东，后改名升，更字隅东，号斗山，又号石帆，浙江仁和（今杭州）人。国子生。书、画、篆、隶俱工，又善画大人物，松石大幅尤佳。据载，康熙四十四年（1705）南巡，顾升曾进呈诗画册。

画中坡石上数颗苍古大树高耸，枝叶茂密，右下掩映一座青瓦小亭，亭内一中年男子盘膝而坐，仰首远眺。左上署"兰渚顾升辛卯夏仲写"下钤白文"顾升印"、朱文"余冬"印各一。"辛卯"即 1711 年。

清代　顾洛三多图轴

绢本，纵 156 厘米，横 83 厘米。

现藏杭州市余杭博物馆。

顾洛（1763~ 约 1837），清代画家。字西梅，号禹门，浙江钱塘（今杭州）人。善书画。书法古劲圆厚，画工人物、山水。

画中福、禄、寿三星面目慈祥，脸面丰润。左边福星手摇芭蕉扇，中上禄星身着红袍，头戴官帽，三缕长髯直挂胸前，左手执朝笏，右边白眉寿星耸背微俯，右手捧一卷万年历，腰挂葫芦。画面给人一种安逸祥和之感。右上题"三多图 庚辰秋日写于茸紫庵之南窗 西梅顾洛"，下钤朱文印"西梅"、白文印"顾洛印"各一方。

清代　翁雒花卉草册页

绢本，纵 30.5 厘米，横 22 厘米。

现藏杭州市余杭博物馆。

翁雒（1790~1849），清代画家。字穆仲，号小海，一号小梅，江苏吴江人。初写人物，中年后专攻花鸟、草虫、水族。著有《小蓬海遗诗》。

此册页共十二帧，现择其二简述如下：

册页一，画面上海棠花开、紫菊绽放，纺织虫匍匐其间，左上题"肠断西风颦翠黛，颜酣秋色晕水潮"，落款"翁雒"，下钤朱文"小海"方印。册页二，画面右侧单瓣月季初放，一只黄蝶停在花叶上，二只蜜蜂振翅赶来，中部，翠柳垂曳，一只蝉泊于此间正酣鸣。左侧题"雌蝶雄蜂各快心，逐香窥艳竞相寻，南园而过水芳歇，输与鸣蜩占绿隐。高太史句"。署"翁雒"，钤"吴江翁雒"白文印一方。通观翁雒《花卉虫草册页》，笔精墨妙，神态栩栩，生动尽致。为翁雒花卉佳作。

清代 童衡花鸟大堂

绢本，纵190厘米，横86厘米。
现藏杭州市余杭博物馆。

童衡，字聘三，号志丑，浙江德清县新市镇人，沈铨入室弟子，生卒年不详。

此图为花鸟大堂，作于乾隆五十二年(1792)。画中白梅盘枝、水仙、天竹设色鲜艳。树下鸳鸯恬静，树上雉鸟展翅，画面呈现出一派初春的生机。左上署"乾隆壬子小春拟北宋笔意，仙潭童衡"。下钤白文"童衡"、朱文"□□□印"、白文"石耕"。右下角钤白文"家住苕南余□□"。1991年经杭州市文物鉴定小组鉴定，为二级文物。

清代 张熊秋阶艳卉图轴

纸本，纵129厘米，横31厘米。
现藏杭州市余杭博物馆。

张熊（1803~1886)，清代画家、字子祥，别号鸳湖外史，浙江秀水（今嘉兴）人，寓上海。工花卉翎毛，兼能人物山水及篆刻，与任熊、朱熊合称"沪上三熊"。

此轴下端为红艳的鸡冠花，巨石上，紫菊盛开，一上一下两只纺织虫匍匐其间，一株秋葵挺拔而上，顶端两朵花蕊含苞欲放，两朵盛开。画面清秀，设色艳丽，生趣盎然，其纵逸近似周之冕，又得王武古媚之趣。左上题"秋阶艳卉 拟王忘庵笔意于申江客舍之西厢 子祥张熊"，下钤朱文"子祥"印一方。王忘庵即王武，清初画家。

清代 蒲华四季山水屏

纸本，纵 147 厘米，横 41 厘米。
现藏杭州市余杭博物馆。

屏一，远处崇山峻岭，云气缭绕，近处山溪岸边，杂树挺立，一旁两位隐士对座畅谈，沉浸于壮美山水间。右上题"行到水穷处，坐看云起时。摩诘意右泉仁兄大人鉴之 蒲华"。侧钤白文"作英"印。屏二，远处主峰雄峻，山间飞瀑直泻，烟湘濛濛，近处溪中筑一干栏式木亭，亭内一人仰首眺瀑，岸边樟树直立，枝叶繁密。左上角题"雨添山翠重 拟米海岳法 作英"。下钤白文"蒲华之印"。屏三，远处山峰峻峭，重峦叠嶂，凝练飞瀑，近处两岸高松掩隐溪亭。一高士端坐其间。右上题"松隐高士 已亥秋杪作英仿子久本"，下钤白文"蒲华诗书画印"。屏四，远处重山白雪皑皑，近处杂树间有数间茅屋，屋内一女子正在劳作，冷飕飕一幅冬雪山水图。右上题"快雪晴时佳想安善 摹六如居士笔蒲华"。钤"作英"朱文印一方。《四季山水屏》均以气势取胜，笔力奔放雄健，似行空天马。多用湿笔，水墨淋漓，线条流畅，柔中寓刚，不规规于蹊径。体现画家的风格，堪为蒲华山水精品。按屏三，"已亥"即1898年，时蒲华69岁。

清代 钱慧安人物图轴

纸本，纵 131 厘米，横 32 厘米。
现藏杭州市余杭博物馆。

钱慧安（1833~1911），清代画家。早年名贵昌，字吉生，号清溪樵子，宝山（今上海市）人。善人物仕女，间作花卉，山水。光绪、宣统年间曾卖画海上，名重一时。

此画中展示一少年卖马的场景，桃树下，赤足坦胸，手牵着一匹红鞍白马，白马低首依偎着少年，神态黯然，一幅恋恋不舍的样子，左边一白发长者，手抚长须，正与少年语。此画设色淡雅，用笔劲峭，人物姿态闲雅，为钱慧安人物佳作。右上题七言诗一首："五年花下醉骑行，临卖回头嘶一声，项籍顾雅犹解欢，乐天别骆岂无情"，署"清溪樵子钱慧安画香山诗"，下钤"吉生"朱文印。

近代 王震仿八大花鸟屏

纸本，纵 56 厘米，横 35 厘米。

现藏杭州市余杭博物馆。

王震（1867~1938）近代书画家。字一亭，号白龙山人，信佛，法名觉器，浙江吴兴（今湖洲）人，寓上海。
工书画，花果、鸟兽、山水、人物、佛像，无所不能。早年得徐小仓指点，性情和易，与吴昌硕最为相得。
此屏即为王震作画，吴昌硕题识。屏一，为茹菇小鸟图，画中茹菇花蕊微吐，枝干上，立一报春小鸟。
左上题"花心吐处，石头点时，鸟自鸣春，如和古诗。老缶题"，下钤朱文印"吴昌石"。右边中部自署"白
龙山人"，钤"王震大利"白文印。屏二，为荷花图。画中荷枝亭亭玉立，荷叶高耸扑面，荷花含苞欲放。
右下题识"离离禾黍故宫芜，钟阜龙幡 画图，只有荷花如旧日，棹歌凄断莫愁湖。昌硕"，下钤白文"吴
俊之印"、朱文"吴昌石"印各一。右边自题"池塘雨过觉生凉，墨芙蕖带水香，毕竟污泥能不染，最
宜跌坐一空王。师八大山人笔意白龙山人王震。"下钤朱文"又一亭"印。左边下角钤"苦行头陀"朱文印。
屏三，为盆瓜图。画面上，盆中置一刚采摘下来的瓜，枝叶尚存。右上题识"一盆又一瓜，中有雪个魂，
江头逢杜甫，定赋哀王孙。丙辰秋七月一亭偶诊八大山人画稿四帧聊以博一笑。安吉吴昌硕时年七十
又三。"下钤朱文"吴昌石"印。左下自署"丙辰秋日 白龙山人摹"。下钤"王震"白文印。屏四，为
枯树寒鸟图。画中两棵枯树，仅剩三片树叶，中间一棵上端，立有一只尖嘴小鸟，小鸟瞪着眼，身体微缩，
似乎感受到了天气的寒冷。右上题"枯树霜中立，鸣禽空外音，岁寒数同调，梅花天地心。老缶题"。
下钤"安吉吴俊卿之章"朱文印。右下角钤"海云楼"朱文印，左下角钤"一亭"朱文印。《仿八大花鸟屏》
用笔湿润，淋漓酣畅，挥洒自如，笔墨简利，而又气势浑厚，醇茂中寓以虚灵，堪称王震花鸟作品中
之精品。按屏三，"丙辰"即1915年，时王震49岁，吴昌硕73岁。

1926年　吴徵秋菊图轴

纸本，纵137.5厘米，横42厘米。

现藏杭州市余杭博物馆。

吴徵（1878~1949）字待秋，别号抱鋗居士、疏林仲子、春晖外史、鹭丝湾人、栝苍亭长、晚署老绢、浙江石门人。其一生凭藉顽强的意志，恒久的艺术追求，获得了绘画上的成就，成为民国时期影响海内外的著名山水，花卉画家，与吴湖帆、吴子深、冯超然合称"三吴一冯"；又与赵叔孺、吴湖帆、冯超然被誉为"海上四大家"。

此作品为设色纸本，作于1926年，是吴待秋为姚虞琴先生六十寿辰面作。画中巨岩陡峭，秋菊绽放，设色干墨重笔皴擦，浅绛层层晕染，色上有墨，墨中有色，墨与色融为一体，尽显娄东画派的风貌。右上题："比是延年一种花 丙寅良月写为虞琴道长先生六秩寿抱 居士吴徵"。右钤白文＂衮鋗居士＂、＂吴待秋＂。左下钤白文＂石门吴徵长爱乐＂。

1991年经杭州市文物鉴定小组鉴定，为三级文物。

近代 姚虞琴岩兰图轴

纸本，纵 157 厘米，横 58 厘米。
现藏杭州市余杭博物馆。

姚虞琴（1867~1961），现代画家。名景瀛，字渔吟，晚年以字行，浙江余杭亭趾人，寄寓上海。擅书法、诗文、鉴赏，尤擅国画。以写兰名驰江南，取法明陈古白，上追元代赵孟頫、郑所南，晚岁画梅，间作山水。著有《珍帚斋诗稿》。解放后为上海中国画院画师。

此轴为设色，写兰于双岩间，上下两丛，迎风带露。上丛挺透飘逸，下丛离披洒脱，出笔自然，如"环之无端"。兰草叶叶舒展，松散不结，若观音千眼慧顾，妙处横生。其间流涧飞逝。左上题"清涧之曲水流花开"，落款"甲午中秋八十八叟姚虞琴写于海上之珍帚斋"，下钤白文"姚虞琴书画印"一方，左下钤"家在东湖之西西湖之东"白文印。

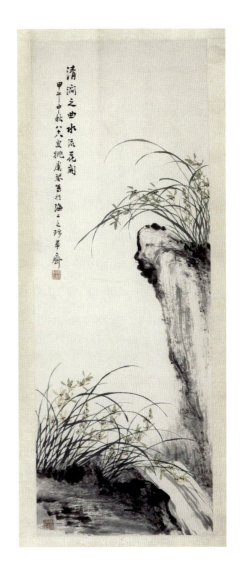

近代 姚虞琴碣石幽兰图卷

纸本，纵 40 厘米，横 340 厘米。
2014 年 9 月北京百衲国际艺术品拍卖有限公司拍得，现藏杭州市余杭博物馆。

此图卷为水墨兰石，通卷构图严谨，笔墨畅达，画中兰花幽雅，岩石苍老，呈现清静闲逸景象。右边启首款"曾见新罗山人墨兰卷，满纸春风极挥洒之能事，如张长史狂草，虽乱头粗服，愈增妩媚，偶得旧纸对临一过，形神具失佳，古人未易学也，然其中自有我在，尚不失本来面目。己巳秋中月圆日虞琴瀛写于春申江上之寓斋"钤白文"姚虞琴"、"姚景瀛"。左下钤白文"喜气画兰怒气画竹"押角印。该作品作于 1929 年。

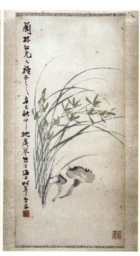

近代 宋育德、姚虞琴、谭泽闿、童大年书画屏

纸本，纵 68 厘米，横 33 厘米。

2013 年 9 月，上海朵云轩拍卖有限公司拍得，现藏杭州市余杭博物馆。

此书画屏为宋育德、姚虞琴、谭泽闿、童大年四人于 1941 年为兰孙先生所作。

（一）宋育德行书

宋育德 字翰生，号公威，奉新县人。明代科学家宋应星后裔。清末进士，光绪甲辰（1904）曾被授予翰林院编修。民国后则为"民国会"江西分会骨干，民国二年（1912）一度出任李烈钧治下江西省的教育司长，地位显赫，亦为一时的名流。

此轴内容选自《清诗别裁集》之《大报恩寺逢友苍言别》。诗文"正尔未能别，相逢暮景斜。久疏因在客，多病欲辞家。夜雨洗山骨，残春落涧花。祖衣休早付，待我过栖霞。"款"兰孙先生法正，辛巳六月育德"钤白文"宋育德印"、朱文"甲辰翰林"印。

（二）姚虞琴芝兰图

此图中部画一丛设色蕙兰，其叶舒花绽，幽香四溢，下缀两灵芝，灵气十足。左上落款"兰孙仁兄大雅正之，辛巳秋中姚虞琴写于海上，时年七十五"下钤白文"姚虞琴"。

（三）谭泽闿行书

谭泽闿，字祖同，号瓶斋，室名天随阁，湖南茶陵人。近代书法家。善书法，工行楷，师法翁同龢、何绍基、钱沣，上溯颜真卿。气格雄伟壮健，力度刚强，善榜书。又善诗，能画。在国民党的元老中，谭泽闿的行草、于右任的今草、胡汉民的汉隶、吴稚晖的古篆，有"四珍"的美称。

此轴为行书体，选自《千首宋人绝句》之毛珝《书墨竹》"伯夷有凤世契，子猷结千古交。烟外三叶五叶，雨中一梢两梢。"款"兰孙仁兄法家正，谭泽闿"钤白文"谭泽闿印"、朱文"瓶斋"。

（四）童大年花果图

童大年（1874～1955），原名暠，字醒盦，又字心安，一作心盦，号性涵、松君五子，上海崇明人。篆刻家。幼时学印，师从赵穆。精研六书，尤善篆隶。流寓杭州，后居上海。西泠印社元老。其书法四体皆能，篆书功力最深。作花卉，以书法行之。

此轴为设色花果，瓶插兰花，左下画桃和葡萄。左边自上而下为款，款是借用了文徵明的《建兰》诗"灵根珍重自瓯东，绀碧吹香玉两丛。和露劚为湘水佩，临风如到蕊珠宫。谁言别有幽贞在，我已相忘臭味中。老去相如才思减，临窗欲赋不能工。兰孙先生清赏，辛巳秋分拟文待诏诗意，小松童大年年六十有九作于海上"。左钤白文"童大年"、朱文"童小松"印。

现代　潘天寿、吴茀之、诸乐三合作长春图

纸本，纵 131 厘米，横 260 厘米。

现藏杭州市余杭博物馆。

潘天寿（1898~1971）现代书画家、美术教育家。原名天授，更名天寿，字大颐，号阿寿，别号寿者、雷婆头峰寿者、秃寿、懒道人，浙江宁海人。建国后，曾任中国美术家协会副主席，浙江美术学院院长等职。擅画写意花鸟和山水，远师徐渭、朱耷、原济（石涛）等人，近受吴昌硕影响。

吴茀之（1900~1977）现代画家。初名士绥，改名溪，以字行，号溪之，浙江浦江人。建国后，任浙江美术学院教授兼国画系主任。工书画，喜吟咏。擅写意花鸟，间作山水。初学蒋廷锡、恽寿平，旋学吴昌硕，后又取法徐渭、陈淳、朱耷、原济、李鱓等所长。

诸乐三（1902~1984）现代书画家。原名文萱，以字行，号希斋，浙江安吉人。建国后，任浙江美术学院教授。擅长写意花鸟画，书法出自钟繇，后攻汉魏碑，旁及二王。

《长春图》尺幅巨硕，设色写意，大气磅礴。由潘天寿作石，笔墨浓重豪放，色彩单纯，气宇雄阔。吴茀之画松，重气机，求高格。诸乐三写梅，笔墨苍劲，气局谨严。左上篆书"长春"，行书题"六四年甲辰春仲潘天寿石，吴茀之松，诸乐三红梅并记。"后钤朱文"希斋"印、白文"诸乐三印"。右下钤"百花齐放"朱文印。此图由潘、吴、诸三位大家合作，殊为难得。

2006 年 10 月经浙江省文物鉴定委员会鉴定，为一级文物。

第七节 碑 拓

截至 2015 年，共计收藏碑拓 250 件。主要包括两部分，一为各国有文物收藏单位旧藏，以近现代拓片为主，间有清拓，内容丰富，是研究余杭历史文化的珍贵史料。另一部分为 2012 年现代金石碑刻家黄良起捐赠给杭州市余杭博物馆的碑拓作品，共计 126 件，内容涵盖唐宋元明清至近现代书画艺术大师们的书法和绘画作品。

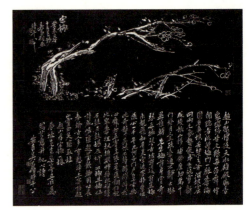

近代 宋梅图

纵 62 厘米，横 77 厘米。

1923 年，吴昌硕画。梅花阴刻线描，诗文行书，22 列，共233字。墨稿现藏浙江省博物馆。原碑"文革"时被损毁，1988 年由黄良起复刻，现藏杭州市余杭博物馆。

碑文：

宋梅癸亥岁十二月杪吴昌硕画时年八十（钤白文"吴俊之印"、朱文"吴昌石"）超山聚僧徒天水雄殿庑香象缨络垂元鹤莓苔舞传闻隐者流种梅门一敞香海围若屏樵采禁之斧深根窟网两元气蛰龙虎凌兢雪斫成残缺山移补佛度劫万千门腾月三五疏香逋不邻大树异谁辅先生梅前身赏奇琴再抚琴古坡翁遗翁岂梅未觏悬知有美堂速客移樽俎后公一千年九州各门户皇古无此奇聋矣恨不瞽醇醪醉我心舞我互宾主张笺复调铅貌此众香祖杈厂类草籕波磔缠石鼓石鼓杨及柳不梅且梅伍诗成崛强题墨饮轮困吐长春输古人多事惭净土奇语超山灵勿笑强取柱超山存宋梅一株梦坡先生筑亭立石嘱图其意并纪以诗安吉吴昌硕八十。（钤白文"吴俊之印"、朱文"吴昌石"）

近代 任伯年饥看天图

纵 140 厘米，横 64 厘米。

人物阴刻线描，任伯年绘。原碑"文革"时被毁，1988 年按原拓片复刻，现藏超山吴昌硕纪念馆。

碑文：

饥看天图

仓硕先生吟坛行看子光绪丙戌十一月山阴任颐（钤白文"颐印"）

床头无米厨无烟腰间并无看囊钱破书万卷煮不得掩闾独立饥看天人生有命岂能拗天公弄人示天巧臣朔纵有七尺躯当前且让侏儒饱

丙戌腊八后二日姓囟貌翁杨岘初稿（钤白文"臣显"）

造物本爱我堕地为丈夫昂昂七尺躯炯炯双青瞳胡为二十载日被饥来驱频岁涉江海面目风尘括深哀固穷节豁达忘嗟吁生计仗笔砚久久贫向隅典裘风雪候割爱时卖书卖书犹卖田残阙皆膏腴我母咬菜根弄孙堂上娱我妻炊灰瓮中无斗糈故人非绝交到门不降舆见笑道旁谁屠贩矗矗须闭户自斟酌天地本蘧庐日月照我颜云雾牵我裾信天鸟知命人岂鸟不如看天且听天愿天鉴我愚海内谷不熟谁绘流民图天心如见怜雨粟三辅区贱子饥亦得负手游唐虞。

丙戌凉秋缶道人（钤朱文"缶"）

近代　缶庐讲艺图

纵 142 厘米，横 72 厘米。

人物阴刻线描，题款行书，共 215 字。原碑"文革"时被毁，1988 年黄怀觉复刻。现藏超山吴昌硕纪念馆。

碑文：

缶庐讲艺图

缶庐老人德性文艺夐绝一时次君臧龛克承家学从游陈君师曾李君苦李刘君玉盦并以才秀闳俊卓著声闻今老人既归道山而四君复先后凋萎风流消歇可胜悼叹辄以旧感写作斯图壬申暮秋白龙山人王震（钤朱文"一亭"）

先师吴贞逸先生既殇之五载东迈承顾命安葬于唐栖之超山道乾等追维遗教情难自恝因乞王君一亭作缶庐讲艺图并勒石墓侧用志永慕壬申十一月门人郑道乾赵起周梅谷沙文若汪英宾张公威汪鹤孙吴楷钱厓吴钦扬王立三诸文萱王传焘吴熊荀词王贤王堪谨记沙文若并书周梅谷刻

近代　安吉吴先生墓表

碑高 190 厘米，宽 90 厘米。

此碑"文革"时被毁，1988 年按原碑拓复刻，今立塘栖镇超山吴昌硕墓前。

碑文：

慈溪冯汧撰文 三原于右任书丹 余杭章炳麟篆额

先生讳俊卿字昌硕晚以字行安吉吴氏世居县西鄣吴村明宏治中析置孝丰县村隶孝丰籍仍其旧潜德懋学嬗闻家牒洪杨之役彰吴举村燔焉祖母严母万娉妻章及弟妹与兹垄斁吴氏不绝裁比县发先生奉父流转饥饿穷谷幸脱于死乱定成诸生追惟家难趱若在疢纷华之念消沮几尽偃蹇中岁贫不自周不得已试吏江苏叙劳累转至直隶州知州守宰一月谢去捐势削迹自此远矣凤姒文艺兼擅治印盘盂鼎碣沈浸淬厉恢恢游刃冥冥秦汉孤文小石获者矜异等于璆璧先生之书入方出圆肃括栗若籀篆隶草靡不眩赡先生之画浑噩诙诡独辟隅奥千珍万变无迹可蹑既反初服徘回吴越间斋金求索踵迹错集森然起例义取无怃亲戚义故推赡指肘七十而后光名弥著东国侨士钦其才品为冶金造像龛置西湖孤山之麓过其下者留连嗟慕增成故实先生器情宽博不有其能深执谦退与物无竞自辛亥后遂遁辟地惟与流人野老春容瞻接时政升降略不挂口属疾重听乐于自晦虽宾坐周旋小乖应对而意色冲然奠测所蕴生平感忾一抒于诗幽搜孤造深入其阻晚年属思益劳片字涵揉惬至申旦家人微止之即曰非郁胡申非茹胡吐吾自滦所不甘何云苦也春秋八十有四丁卯十一月六日告终上海寓邸哀闻乍布遐迩悼叹及门弟子咨度典则相与著谥曰贞逸先生合章抱节骞然遐举彰德旌行不亦审呼所著诗歌序跋综会缶庐诗十一卷外集如干卷曾祖芳南国子监生祖渊举人海盐教谕父辛甲举人截取知县配施恭人简靖率素有高世之志金石证矗向同心龟勉式好偕隐华首不渝先十年卒男子三曰育殇曰涵出后从父迈女子子一归乌程邱培函先生卒前数月尝游塘栖塘超山兹地有唐玉潜之遗风岩栖客汲民物隐秀先生乐其高胜戋犹林阜憺焉忘反迈致承先恉谋兹灵宅旋得吉卜兆域斯定粤以壬申之冬下窆封隧永宁体魄是用甄述景行镌石茔表上质有昊下谇无纪

门人 周梅谷 刻石

近代 安吉吴昌硕墓志铭

纵 72 厘米，横 75 厘米。

原碑"文革"时被毁，1980 年按原碑拓复刻。现存超山吴昌硕纪念馆。

碑文：

安吉吴先生墓志铭

义宁陈三立撰文归安朱孝臧书丹闽郑孝胥书盖

丁卯岁之十一月六日安吉吴先生卒于沪上居沪士大夫与其游旧诸门弟子及海东邻国游客侨贾慕向先生者类相率奔走吊哭盖先生以诗书画篆刻负重名数十年其篆刻本秦汉印录敛纵尽其变劚镜造化机趣洋溢书摹猎碣运以铁钩锁法为诗至老弥勤苦抒撼胸臆出入唐宋间健者画则宗青藤白阳参之石田大涤雪个迹其所就无不控括众妙与古冥会刬落臼窠归于孤赏其奇崛之气疏朴之态天然之趣毕肖其形貌节概情性以出故世之重先生艺术者亦愈重先生之为人先生讳俊卿字仓硕后以字行缶庐苦铁咸所自号浙江安吉人也少遭寇乱所居村屠杀编户几尽祖母氏严母氏万并弟妹及聘妻章氏皆殉之先生持父转徙亦屡脱于频死由是茹痛习苦终其身既补诸生贫困甚乃出为小吏江苏寻晋直隶州知州摄安东令一月即谢去久留吴会尽交当世通雅方闻擅艺能之彦于杨叟岘任叟颐磋磨尤笃晚岁转客沪上艺益进名益高日本人士争宝其所制挹其风操至范金铸像投置孤山石窟为游观胜处前此遇中国名辈所未有也先生内峻洁而外和易洒然物象之表别蕴神理老病聋然接对宾友恣谈不倦复数结侣入歌场危坐端视默揣节奏低昂曲终而后去既粥艺播闻海内外求索者相属不绝先生不忧贫遂时推所获恤交游戚党客有过述市人鉴赏择取类以耳为目颇怪之先生笑曰使彼果皆中目者吾曹不几饿死耶虽戏语亦可窥见先生不自护其能而矜所长也先生卒年八十有四岁壬申某月日葬杭州唐栖之超山曾祖讳芳南国子监生祖讳渊举人官海盐教谕考讳辛甲举人截取知县所聘章人已死寇难乃娶施恭人精勤慈俭能佐先生成其志前先生十年卒子育涵迈女一育殇涵出为从父后能刻印与绘事迈及女并工篆隶互传先生一艺以自名著缶庐诗若干卷别集若干卷缶庐印存若干卷先生卒之岁逢重九尚集群流为登高之会酒罢揖别先生层楼上对之竦然若古木若瘦藤寒石漂渺出霄光霞气中也未几而先生死矣铭曰

古有绝艺群所宗杂糅蕃变尊养空灵精出跃与天通山海四照一秃翁濯溉培根插鸿濛骈罗朱实灿而丰光气腾耀扶桑东浩浩盘拏万怪胸独立只手掷虬龙奏刀弄笔夺化工襟抱恢疏谁与同超世奋翮谢樊笼国能不灭讯无穷

门生周梅谷镌字

唐太宗草书碑

原碑高 230 厘米，宽 160 厘米。

此碑右上角残，缺数字。此拓片由余杭文化站杨新民提供，又 1983 年余杭街道邵士信捐献缺角碑帖一册，现藏杭州市余杭博物馆。

碑文：

（前缺）西域通使敦煌，献夷珠，可复求为吾得否？对曰：若陛下化洽中国，德流沙漠，则不求自至。求而得之，不足为贵也。

齐景公时，雨雪三日。公被狐裘，坐于堂上，谓晏婴曰：雨雪三日天不寒，何也？婴对曰：古之贤君，饱知人饥，温知人寒。

晋文帝问侍中裴楷曰：朕应天顺民，与海内更始。天下风声，何得何失？楷曰：陛下受命，四海承风。所以未能比德于尧舜，乃为贾充等诸人在朝。方今，宜引天下贤人与之泓治，道不宜示以私。

宋武孝帝时，帝弟竟陵王谋反。事平后，帝庙告，舆驾出宣阳门，敕令从者文武士庶并皆拜称万岁。时侍中蔡兴宗陪辇不拜，帝顾谓兴宗曰：卿何独不拜？兴宗正色答曰：陛下今日正应涕泣行诛，岂得军中皆称万岁！蜀刘备之破刘璋，置酒大会。谓庞统曰：今日之会可谓乐矣！统对曰：践人之国而以为欢，非仁者之道也。措心不达，持事多昧，言必见尤，动乃贻悔，无辨荣辱，莫知进退。去矣斯人，虚态雅对。

惑溺第十一

殷纣为长夜之饮，失日不知甲子，使人问子箕子。箕子谓其徒曰：为天下主，而一国皆失日，天下危矣！一国失之，而我独知之，我其危矣！遂辞以醉。

汉高帝欲废太子，而立赵王如意，大臣固争莫能得。太傅叔孙通谏曰：昔晋献公以骊姬故，废太子，立奚齐。晋国乱者数十年，为天下笑。秦以不早定扶苏，胡亥诈立，自使灭祀。此陛下所亲见。今太子仁孝，天下皆闻之。陛下必欲废嫡立少，臣愿先伏其诛。帝曰：罢矣！吾特戏耳。通曰：太子天下本，本一摇，天下震动，奈何得以天下戏！

汉文帝时，丞相申屠嘉入朝。见邓通居帝旁，有怠慢礼。嘉进曰：陛下爱幸群臣，则富贵之。至朝廷之礼，不可以不肃。帝曰：君勿言，吾私之。

汉武帝使太中大夫吾丘、寿王等举籍阿城以南，盩厔以东，宜春以西，增封顷亩，及其价值。欲以为上林苑。属之南山。又谓中尉左右内使，表属县草田，欲以偿杜鄠之民。寿王奏其事，上悦称善。时东方朔在旁，进曰：臣闻谦逊靖懿，天表之应，应之以福；骄溢靡丽，天表之应，应之以异。今陛下累层台，恐其不高，戈猎之地，恐其不广。如天为变，则三辅之地，尽可以为苑。何必盩厔，杜鄠之利？奢侈越制，天为之变。上林虽小，臣犹以大也。

汉元帝王皇后无宠，太子颇知帝意，帝欲立定陶王。数王称其才艺音乐。侍中史丹进曰：凡所谓才，敏而好学，温故知新，皇太子是也。若乃器人于丝竹、鼓击之间，是则陈惠、李微、高于、匡衡，可相国乎？

汉元帝以京房言灾异屡中，每亲近之。房当国宴，语问元帝曰：幽厉之居何以危，所任何人也？帝曰：君不明而任巧佞。房曰：知其巧佞而任之耶，将以为贤耶？帝曰：贤之。房曰：今何验知其贤？帝曰：以时乱而君危。房云：齐桓公、秦二世尝闻此二君而非笑之矣。然则任竖刁及赵高，政治日乱，何不以幽厉卜之，而不觉悟乎？帝曰：惟有道者能以往知来耳，临乱之君各贤其臣，令皆觉悟，安得遂亡。房因免冠谢曰：春秋记二百卌以来，灾异并出，人民饥瘦，盗贼不禁。视今为治耶？为乱耶？所任者，谁与帝知！房意在石显。曰：幸其愈于彼。又以为不在此人。房曰：此前世之君亦皆然矣。臣恐后之视今，然由今之视前也。

齐桓公视管仲疾，因问：孰可为代？管仲曰：知臣莫若君。公曰：易牙如何？对曰：杀其子以适君，此非人情，不可任以临国。

前代君臣语录屏风书第六

默然

魏文帝好射雉，侍中苹佐治尝从。帝曰：乐哉！佐治曰：于陛下甚乐，于群下甚苦。帝默然。

魏文帝问侍臣曰：猎之为乐，何如八音？侍中刘晔曰：猎之为乐，何如时胜于乐？侍中鲍勋抗辞曰：夫乐，上通神明，下和人理，隆治致化，万邦咸人，故曰移风易俗，莫善于乐。岂知猎？暴华盖于原野，伤生育之至理，栉风沐雨，不时隙哉！昔鲁候观鱼，春秋讥之，虽陛下以为务，愚不愿也。今刘晔佞谀小忠，阿顺陛下，过戏之言，昔梁丘据取美于专台，晔之谓也。请有司议罪，以清皇朝。帝怒作色，出勋为左中郎将。

魏明帝丧其女，追谥平原懿公主。帝欲亲送葬。少尉杨阜谏曰：文皇帝、宣皇后崩，陛下皆不送葬，所以重社稷备不虞也。何至孩提赤子可自临哉？帝不听。

识小力难持，情偏易惑溺，此耽爱忌彼刚克欲为性，斧恩乃义贼。居上不思何以先之？仅以小治乃其后世，日以骄惰，阻法度之威，咸以尽替于下，下罢极，则以仁义怨望于上，上下交争，以启篡弑，皆由此也。夫或则不然，上宣泽德，以遇其下；下怀忠信以事其上。一国之政由如一身，治不知所以治，此真圣人之治也。

齐景公饮酒乐，谓晏婴曰：请子言礼。婴对曰：今齐国小童皆胜婴与君也，所以不敢乱者，尊礼也。故君无礼，不可以使下；臣无礼不可以事上。公乃正席。

齐景公游牛山，北临国城，流弟曰：美哉国，如何去此而苑呼！晏婴笑，公顾曰：寡人悲而子笑，何也？婴对曰：若使贤者常守此国，公何以得在耶？政应被蓑笠，在乎畎畝之中，何暇念苑乎！

宋昭公出亡欲去，曰：吾知所以亡矣！吾朝臣千人，每举事无不曰吾君圣者；吾被服立朝，无不曰吾君丽者。内外不闻吾过，是以至此也！

楚灵王登章华之台以作乐，顾谓伍举曰：美夫乐哉！举对曰：臣闻国君服宠以为美，安民以为乐，不闻以土木崇高雕镂以为美，金石匏竹之音以为乐。且先君庄王为台，高不过望国之气，大不过容俎豆，民不废时，宫不易朝，是以能除乱克敌。今君为此台也，国民罢焉、财用尽焉、百官烦焉，以此为美，楚其殆矣！

汉文帝尝至霸陵，使慎夫人（下佚）

右唐太宗屏风书，余从兄季平家所藏，盖从祖绍兴初，为江西漕属，以重赂得以北人之南渡者，凡十一幅，皆绢素也，其上杂绘禽虫水藻之文，犹隐隐可认，按唐会要，贞观十四年四月二十二日，上自为真草书屏风，以示群臣，笔力遒劲，为一时之绝，自贞观至今盖五百四十有三年矣，真书者不复见，而草书谨存此而止，诚可宝也。余从季平假观月余，心甚爱之，玩弄不能释手，乃亲摹得此本，而真本还之，淳熙九年冬，十一月，祝宽夫公济跋。

季平后携游辇下，为好事者攫取之而不归，每一怀想，深为叹惜，绍兴甲寅十月丁未书。

淳熙丁未鄱阳姜尧章题。

丁未岁见此本，时已大醉，公济强之题数字，今口复欲呕，开卷恍然，若羊叔子之识环也。乙卯二月七日书于来昌间厅。此书高古，为唐文皇笔无疑，若刻之石当稍出其锋芒也，

又书

唐文皇贞观之治，由汉以来，未之有也，论者皆谓魏征劝行仁义之效。今观此书，其间多指述前代得失治乱之迹，以自徼戒，盖其天资高明，识见深远，中材庸主所不能及，则当时治效，征岂容于专美于斯！三叹三咏，因治石以广其传，是不特宝玩其书法而已也！嘉泰甲子冬十一月既望奉仪郎知临安府余杭县主管劝农公事正允初谨书。延丙辰春访此石于永安寺，观之真墨宝也，故复迁立于县厅，以广其传，承务郎余杭县尹兼劝农事王昌题。

送渊师归径山记

碑高 72 厘米，长 308 厘米。

此诗碑 1986 年见于四川新都县桂园内，系"文革"后从龙藏寺移入。拓片现藏杭州市余杭博物馆。

渊师即澄慧渊禅师，径山十方住持第六代。

碑文：

我昔尝为径山客，至今诗笔余山色。

师住此山三十年，妙语应须得山骨。

溪城六月水云蒸，飞蚊猛捷如花鹰。

羡师方丈水雪吟，蘭膏不动长明灯。

山中故人知我至，争来问讯今何似？

为言百事不如人，两眼犹能看细字。

雪浪翁苏轼（印）

唐吴道子画观音像

碑高 17 厘米，宽 77 厘米。

拓片高 54 厘米，宽 20 厘米。

观音头戴宝冠，身披缨络，脚踏祥云。左下方有"唐吴道子笔"楷书五字。碑两侧有俞樾题"佛石不磨唐笔墨，仙梅又占宋年华"隶书楹联。

（观音碑碑阴记事文）

　　吾南城邑大夫武林邵侯孟辉治政之余，顾谓余曰：往岁历政部司挈家京邸尝切慕观音大士多获灵感，暨再□兹邑间，过天宁禅寺，伏靓石刻，观音圣像乃唐吴道名笔，极为精妙，神气俨然，真如普陀洛迦山示现之身，遂用印打一幅装潢，偕室人宋氏，日加礼敬，既又指俸购一坚珉，命工摹刻，愿同四方善信瞻礼，永远流传，用答鸿庥，幸为记之。予不敢辞，遂为书以纪岁月云时。

　　大明正统十年岁次乙丑夏四月望日，前进士旴江章文昭书。

题安平泉

拓片高 30 厘米，长 81 厘米。

现藏杭州市余杭博物馆。

位于安平泉壁嵌有刻石一方，题"安平泉"三字，系明万历间，里人太学生郭绍孔所书。

碑文：

闻说山根别有源，拨云寻径兴飘然，凿开海眼知何代；种出菱花不计年。煮茗僧诳瓯泛雪，炼丹人化骨成仙。当时陆羽空收拾，遗却安平一片泉。 子瞻

里西安平泉，登泓清冽，近揖虎跑，远交锡惠。余童而甘焉，每以从前著水经，传茗事者，品外置之，真为孟浪。及读苏诗，始知此泉原有不朽之名者，旧有文忠碑刻失去，名迹烟消，深足抱憾，爰集苏字，寿此诗于石，志毋谖也。

崇祯庚午长至日，后学沈一先道传氏（沈谦兄）谨跋。

历代祖师名衔碑

拓片高 137 厘米，宽 64 厘米。

现藏杭州市余杭博物馆。

碑文：

初祖菩提达摩禅师，十月初五日忌辰。

开山国一大觉禅师，苏州人氏，十二月廿八忌辰。

百丈大智禅师。

东山五祖演禅师，六月廿五日忌辰。

佛果圆悟真觉勤禅师，八月初八日忌辰。

第二代无上宗禅师，湖州人氏，名鑑宗，三月初五日忌辰。

第三代法济諲禅师，湖州人氏，名諲，四月二十日忌辰。

第四代慧满扶禅师，秀州人氏，名德扶，四月初七日忌辰。

第五代法警庠禅师，杭州人氏，名洪庠，九月三十日忌辰。

第六代俻禅师，杭州人氏，名法俻，九月十八日忌辰。

第七代广灯湛禅师，秀州人氏，名惟湛，四月廿六日忌辰。

十方住持：

第一代祖印悟禅师，杭州人氏，名常悟，三月十六日忌辰。

第二代净慧邻禅师，杭州人氏，名择邻，正月廿五日忌辰。

第三代妙湛慧禅师，杭州人氏，名思慧，二月三十日忌辰。

第四代演教赏禅师，杭州人氏，名庆赏，七月初五忌辰。

第五代宝月方禅师，杭州人氏，名用方，五月十六日忌辰。

第六代澄慧渊禅师，杭州人氏，名用渊，十二月六日忌辰。

第七代无畏琳禅师，湖州人氏，名维琳，四月初二日忌辰。

第八代净慧仪禅师，秀州人氏，名仲仪，二月初五忌辰。

第七代无畏琳禅师，湖州人氏，名维琳，四月初二日忌辰。
第八代净慧仪禅师，秀州人氏，名仲仪，二月初五忌辰。
第九代觉润云禅师，信州人氏，名惠云，十一月二日忌辰。
第十代圆应仁禅师，台州人氏，名梵仁，九月初十忌辰。
第十一代普明舜禅师，建宁人氏，名子舜，八月初二日忌辰。
第十二代大悟裕禅师，台州人氏，名端裕，五月初一日忌辰。
第十三代佛日大慧普觉杲禅师，宣州人氏，名宗杲，八月初十忌辰。
第十四代妙空明禅师，濠州人氏，名觉明，正月十五日忌辰。
第十五代真歇了禅师，绵州人氏，名清了，十一月二日忌辰。
第十六代佛行月堂昌禅师，湖州人氏，名道昌，正月二十日忌辰。
第十七代佛海讷禅师，秀州人氏，名智讷，十一月廿六日忌辰。
第十八代照堂一禅师，明州人氏，名了一，三月十九日忌辰。
第十九代圆悟粹禅师，福州人氏，名粹十，一月廿八日忌辰。
第二十代佛慧可庵裛禅师，婺州人氏，名裛，六月九日忌辰。
第二十一代大禅明禅师，秀州人氏，名了明，六月初七忌辰。
第二十二代无等寸禅师，杭州人氏，名有寸，六月廿六日忌辰。
第二十三代佛日普慈闻禅师，隆兴人氏，名蕴眷，十一月四日忌辰。
第二十四代寓庵潜禅师，兴化人氏，名德潜，六月初二日忌辰。
第二十五代密庵杰禅师，福州人氏，名咸杰，六月十二日忌辰。
第二十六代别峰印禅师，嘉州人氏，名宝印，十二月初八日忌辰。
第二十七代塗毒策禅师，台州人氏，名智策，七月廿七日忌辰。
第二十八代佛照普慧宗觉光禅师，临江人氏，氏德光，三月二十日忌辰。
第二十九代云庵庆禅师，建宁人氏，名祖庆，十月廿三日忌辰。
第三十代佛智蒙庵聪禅师，福州人氏，名元聪，十月十四日忌辰。
第三十一代佛日石桥宣禅师，嘉州人氏，名可宣，十二月十三日忌辰。
第三十二代佛心涸翁琰禅师，台州人氏，名如琰，七月十七日忌辰。
第三十三代佛行少林崧禅师，建宁人氏，名妙崧，三月廿二日忌辰。
第三十四代佛鉴无准范禅师，剑州人氏，名师范，三月十八日忌辰。
第三十五代痴绝冲禅师，遂州人氏，名道冲，三月十五日忌辰。
第三十六代佛海石溪月禅师，眉州人氏，名心月，六月初九日忌辰。
第三十七代佛智偃溪闻禅师，闽候官县人，名广，六月十四日忌辰。
第三十八代佛心荆叟珏禅师，婺州人氏，名如珏，十二月十日忌辰。
第三十九代淮海肇禅师，通州人氏，名元肇，六月初十日忌辰。
第四十代虚堂愚禅师，明州人氏，名智愚，十月初八日忌辰。
第四十一代藏叟珍禅师，泉州人氏，名善珍，五月廿一日忌辰。
第四十二代虚舟度禅师，扬州人氏，名普度，四月廿四日忌辰。
第四十三代云峰高禅师，福州人氏，名妙高，六月十七日忌辰。
第四十四代佛慧定智虎岩伏禅师，淮安州人氏，名净伏，七月初二日忌辰。
第四十五代佛智本源达禅师，台州人氏，名善达，十二月十八日忌辰。
第四十六代晦机熙禅师，隆兴人氏，名元熙，八月初七忌辰。
第四十七代大圆佛鉴慧照虚谷陵禅师，婺州人氏，名希陵，四月十二日忌辰。
第四十八代佛日普照元叟端禅师，台州人氏，名行端，八月初四日忌辰。
第四十九代广慈圆悟昙芳忠禅师，南康人氏，名守忠，十月廿八日忌辰。
第五十代佛慈法喜通慧南楚说禅师，隆兴人氏，名师说，十月初二日忌辰。
第五十一代慧性文敏普觉古鼎铭禅师，明州人氏，名祖铭，正月廿二月忌辰。
第五十二代佛慧慈照竺远源禅师，南康人氏，名正源，六月廿六日忌辰。

第五十三代以中及禅师，苏州人氏。

第五十四代悦堂颜禅师，明州昌国人氏。

第五十五代季潭泐禅师，台州人氏。

第五十六代象原淑禅师，台州人氏。

第五十七代海印复原报禅师，台州人氏，名福报，九月廿六日忌辰。

第五十八代大宗兴禅师，台州人氏，三月十一日忌辰。

第五十九代止庵祥禅师，杭州人氏，名德祥，十月十三日忌辰。

第六十代呆庵庄禅师，台州人氏，名普庄，十月廿三日忌辰。

第六十一代佛幻岱宗泰禅师，越上虞人。

至正庚寅年(1350)六月吉日，住山祖铭立石。

提调耆旧，正本、思一、智郎同立。

信士何禹锡舍石，四明汤文刊。

碑阴有五峰诗。

五峰诗

堆珠峰，一名钵盂峰

天势下凌霄，坐使万壑趋，元气结峦岫，献此大宝珠，翊殿护释梵，鼓钟殷人区。

大人峰，一名天显峰

五髻生云雨，镇踞何春容，具此大人相，题为大人峰，伟哉天地间，万象同扩充。

鹏搏峰

峰势来大鹏，鼓此垂天翼，培风本无待，适兹造化力，何须问天池，在在六月息。

晏坐峰

杉松太古色，不别春与冬，道人此晏坐，一念万劫融，不特座灯王，等了诸法空。

朝阳峰

二仪开幽漠，日月临下土，万物丽高明，此峰正当午，堂堂大圣人，两眼空寰宇。

山中五峰，传之久矣，然指名者不一，今订其是，而去其非，因各赋一诗，庶来者不待问而知也。时至正庚寅七月吉日，住山祖铭书。

四明汤文镌

重建径山兴圣万寿禅寺碑

碑通高 550 厘米，碑身纵 326 厘米，横 134 厘米，厚 40 厘米。

位于径山镇径山村径山古道旁，含晖亭内，现藏杭州市余杭博物馆。

正面为宋孝宗御书"径山兴圣万寿禅寺"八个正楷大字，字径 56×50 厘米。额篆"皇帝御书"四字，四周绘刻云龙盘护。碑阴刻有南宋嘉泰三年（1203）由翰林学士楼钥撰写的《重建径山兴圣万寿禅寺之记》。正文楷书，28 列，共 1508 字。南宋孝宗御碑是径山兴圣万寿禅寺历代受皇帝重视，屡有赐额的实物见证，具有较高的历史研究价值。

碑文：

径山乃天下奇处也由双径而上至绝高之地五峰巉然中本龙湫化为宝所国一禅师开山于天宝之初特为伟异天作地藏待斯人而后发道成名震召归长安代宗为之执弟子礼将相仰其高纵继之以无上又继之以法济坐镇群魔刀割禅床而色不动识钱武肃王于微时故吴越累世崇奉尤谨皇朝至道中太宗皇帝赐以御书并佛骨舍利元祐五年内翰苏公知杭州革为十方祖印悟公为第一代住持绍兴七年大慧禅师来主法席纳子云集至千七百众末年南归重来跰而复振人境相与映发道俗趋仰龙神亦随指麾而定显仁皇后在宁慈宫高宗皇帝在德寿宫时尝游幸就书龙游阁扁榜孝宗皇帝书兴圣万寿禅寺又赐以圆觉经解天下丛林拱称第一大慧以来名德继起神龙灵响素著国家民庶有祷辄应累封德济显佑广泽王庙为灵泽且有玉圭玉带黄金瓶垆祭器之物其盛极矣然而废兴有数不可预知国一之后以会昌沙汰而废咸通间无上兴之后八十余年庆赏始以感梦起废为屋三百楹剪去樗栎手植松桧不知其几今之参天合抱之木皆是也蒙庵禅师元聪以庆元三年自福之雪峰被旨而来道誉隆洽不愧前人五年仲冬行化浙西而回禄诞灾烈风佐之延燔栋宇一昔而尽异哉人皆以为四百年积累之业一旦扫地有能兴之非磨以岁月未易就也先是寺基局于五峰之间又规模不出

于一手虽为屋其伙高下奢俭各随其时因陋就简亦复有之众为之请曰大慧无恙时岂不能撤而更之顾其势未可兹焉火起龙堂瞬息埃灭岂龙神欲一新之乎况祖师之像出于烈焰而不毁开山之庵四面焦灼而茅不伤师与国一俱姓朱氏或疑以为后身北移口坛涌泉成井今日安知非暂废而当复大兴耶聪曰有是哉微我谁当为之乃出衣盂为之倡率学徒元韶可达等所在缘化两宫加以锡赉施者闻风日集动以万几又命南悟等广募闽浙江东西良工伐木于山日役千辈斤斧之声震动山谷凡食于山者无问比丘优婆塞相与劝勉智者献谋壮者出力夙夜经营不啻已私开拓旧址首于东偏为龙王殿以严香火之奉继为香积厨以给伊蒲之馔延湖海大众则有云堂供水陆大斋则列西庑此皆一日不可缓寺之所以立也宝殿中峙号普光明长廊楼观外接三门门临双径驾五凤楼九间奉安五百应真翼以行道阁善财参五十三善知识乃造千阁以补艮山之阙处前耸百尺之楼以安洪钟下为观音殿而以东西序庋毗卢大藏经函凿山之东北以广库堂辇其土石置后山巨壑中开毗耶方丈于法堂之上复层其屋以尊阁思陵宸翰御榻修复妙喜塔亭仍建蒙庵于明月池上为香水海以沐浴为

天慧堂以选僧禅房客馆内外周备像设雄尊金碧璀璨法器什物所宜有者纤悉必具不可胜书盖其百工竞起众志孚应经始于六年之春成于嘉泰改元之夏阅月才十余而变瓦砾之区为大宝坊始者荡废于弹指顷若甚惨矣及其兴之神速则高掩前古而又雄壮杰特绝过于旧按图而作井井有条云栋雪脊翠飞层叠迥出于烟霏空翠之表春秋二会来者益众奔凑瞻仰如见化城惊惧踊跃称未曾有径山于是乎大振矣余尝登含晖之亭如踏半空左眺云海视日出前望都城自西湖浙江以至越山历历如指诸掌真绝景也为别峰宝印赋诗有百万徵松双径杳三千楼阁五峰寒之句印为之抚掌且曰山中之景几无余韵矣是时新创大阁丹□未施上下一色如凝霜雪涉二十年犹属梦境今则土木之盛何止十倍恨未能一寓目也聪忽以书相寻于寂寞之滨属以记文遣僧契日携书来见备道始末辞之曰年侵学落笔力随衰子之师愿力宏深成为许大佛事不求于重望雄文之士而为此来何其舛耶求之再三拙庵又助之请遂□括其语为之大书且告之曰大慧千僧阁之成一时称为盛举善乎李资政之记以为在呆公何足道而循袭龌龊者以为奇特不亦陋甚矣哉聪之为此初岂有意于兴作者因郁攸之奇变偶人情之响合上资国力广集喜舍时节因缘有相之道以济登兹不记以传远然于师何有哉矧国一之初本无可传之法其后瞻礼之众倾于亿兆财施之广盈于千万视之如幻等之如空居惟一室室惟一床布褐陶匏□衣粝食其视宠荣震耀何如也聪方以此道行而余欲以言语赞叹有为功德多方亦足为赘是故言尽于此师其以为然乎

嘉泰三年重午日显谟阁直学士通议大夫提举江州太平兴国宫奉化县开国□□□□修造僧慧球法然都监僧□□□□

乾隆御碑

通高 540 厘米，碑身纵 335 厘米，横 140 厘米，厚 50 厘米。须弥座出土高 110 厘米，宽 180 厘米，厚 80 厘米。

原碑位于塘栖镇水北街，京杭大运河北岸，原杭州水利通判厅内。拓片现藏杭州市余杭博物馆。

碑正文楷书，14 列，正文共 429 字。碑额上刻有双龙戏珠的浮雕，碑身四周镌刻云龙纹。此碑记录了乾隆十六年（1751）乾隆南巡，考查江苏、浙江、安徽三省交纳皇粮情况。查得苏、皖两省积欠额巨，而浙江省未予拖欠。为表彰浙省，皇帝御笔，蠲免浙省地丁钱粮三十万两。并将"圣谕"刻石，晓谕官民的历史史实。

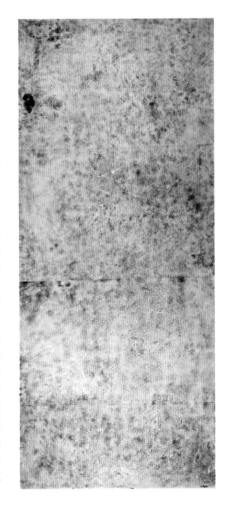

碑文：

钦奉上谕朕巡幸江浙问俗省方广沛恩膏聿昭庆典更念东南贡赋甲于他省其历年积欠钱粮虽屡准地方大吏所请分别缓带以纾民力而每年新旧并征小民终未免拮据朕宵旰勤劳如伤在抱兹当翠华亲莅倍深轸切用普均沾之泽以慰望幸之忧著将乾隆元年至乾隆十三年江苏积欠地丁二百二十八万余两安徽积欠地丁三十万五千余两悉行蠲免俾吏无挂误民鲜追呼共享升平之福夫任土作贡岁有常经自应年清年款江苏积欠乃至二百二十余万之多催科不力有司实不能辞其咎而疲玩成习岂民间风俗之浇漓尚有未尽革欤朕以初次南巡故特加恩格外嗣后该地方官务宜谆切劝谕加意整顿其在小民亦当涤除旧习勉效输将勿谓旷典可希冀屡邀而维正之供任其逋负也其浙江一省虽额赋略少于江苏而积年以来并无积欠岂犬牙交错之地不齐乃至是欤此具见浙省官民敬事急公之义而江苏官民所宜怀惭而效法者也朕甚嘉焉着将本年应征地丁钱粮蠲免三十万两以示鼓励各该督抚其仰体朕惠爱黎元之意严饬所属实力奉行使间阎咸沾实惠倘有不肖官吏以还作欠希图侵蚀察出即行纠参从重治罪并将此通行晓谕知之钦此

乾隆十六年正月初二

重建秋雪庵碑记

碑高 110 厘米，宽 56 厘米。

原碑存蒋村乡政府内，碑文严重蚀化。碑拓现藏杭州市余杭博物馆。

碑文录自原拓片：

出钱塘门而西法华秦亭诸山林壑蕴秀耸峙相望山之阳为西湖阴即西溪绵亘三十余里狭不盈丈广亦才数寻沙屿萦回一览不可尽天然之画稿也溪植菱芦苇荻之属深秋棹小舟沿溪行一白皑皑低压篷背则词家之胜境又非画手所能到矣傍人指点告曰此间有秋雪庵在焉余考咸淳临安志武林旧事等籍兼葭深处有大圣庵名著于宋淳熙初嗣移资寿废额遂易其名而释大善西溪百咏序称宋潼军节度使为资寿严禅师建别院于此则又以僧名之尚宝寺丞吴药师梵隐志因之时卓锡者为智一禅师累有增筑陈眉公摘唐诗秋雪蒙钓船之意题曰秋雪后虽拓庵为院复资寿旧名然游西溪者但知有秋雪不知有资寿信乎才士留题足千古也余以光宣之际数径其地去明季将三百年风雨漂摇日就颓圮心焉识之欲为修复卒卒不果岁戊午住持僧明圆将他适愿归地于余遒出金二百购之先是余葺灵峰寺种梅数百本因增四景曰补梅庵曰掬月泉曰来鹤亭曰庋经室颇为登眺者所称道至是遂以庵址舍入灵峰为下院谋既定商之朋好同志醵金重建大殿三楹殿前东西各三楹东为圆修堂西为报本堂山门则东向有弥勒龛而殿侧寮舍以逮庖者湢者咸备凡用银币七千元经始于己未十一月讫于辛酉四月而落成，并于庵后附设历代词人祠堂更置西湖腴田若干亩施为庵僧斋粥香火之需冀垂永久是役也发愿于十载之前成功为百年之计固知天下事时会相乘要有数存乎其中也然旧观得复实赖众擎例得书之碑侧以彰盛谊云尔

岁在重光作噩余月乌程周庆云撰钱塘张荫椿书

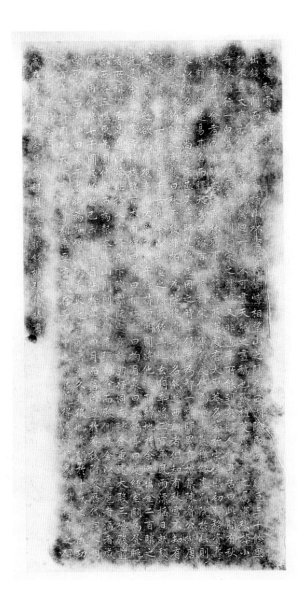

游西溪观芦花联句诗碑

拓片高 65 厘米，宽 30 厘米。

现藏杭州市余杭博物馆。

碑文系康有为所书。

壬戌九秋，夏映广、陶叔惠、陈哲侯三厅长，招同喻淡宁、编修王省三、交涉杨见心、中书门人徐勉甫，游西溪，饮秋雪，广观芦花联句。

芦花瑟瑟满洲白映花飞欲吞云梦泽映出湖山外得清游省

秋老西溪天水色偏舟有约南海座惠叨陪杖履赏秋雪哲渺渺

凉风起天末淡遥望一片雪花出省一杯在手兴欲狂老尽尽古

天涯客见酒酣扶醉登高楼哲似飘柳絮入茵席惠白头老人岸

巾帻坐对此花长太息廿年梦忆陶然亭风景凄凉似京国映追思旧萝芦

中人风波几复天地裂休论往事作天游斜照晚波归桨拍牲

康更牲（印）

吴县刘钧仲刻

记超山梅花

拓片高 42 厘米，宽 76 厘米。

现藏杭州市余杭博物馆。

碑文：

　　夏容伯同声嗜古士也，隐于栖溪，余与陈吉士、高啸桐买舟访之，约寻梅于超山。由溪上易小舟，循浅濑至超山之北沿岸，已见梅花，里许遵陆至香海楼，观宋梅，梅身半枯，侧立水次，古干诘屈，苔蟠其身，齿齿作麟甲、年久苔色幻为铜青，旁列十余树，容伯言：皆明产边，景物凄黯，无可纪，余索然将及，容伯导余过唐玉潜祠下，花乃大盛，纵横交纠，玉雪一色，步武高下，沿梅得径，远馥林麓，近偃陂陁，丛芬积缟，弥满山谷，几回里始出梅窝，阴松列队，下闻溪声，余来，船已停濑上矣！余以步，船人以水，路尽，适相值也。是晚仍归栖溪，迟明，复以小舟绕出山南，山南之花益多于山北，野水古木，渺瀰滞翳，小径歧出为八九道，抵岸而尽，至乾元观，所谓水洞者，潭水清冽，怪石怒起水上，水附壁而止，石状豁开，阴绿惨淡，石脉直接旱洞，旱洞居观后，偏三十余级及洞口，弥窈沈黑，中有风水荡击之声，同游陈寄湖、元概兄弟菽眘入，不竟洞而出浑之，右偏，镌海云洞三大字，宋赵清献笔也，有丁西轩父子石像已剥蚀，诗碣犹隐隐可读，容伯饭余观中，余举觞太息，以生平所见梅花，咸不为此之多且盛也，容伯言，冬雪霁后，花益奇丽，过于西溪，然西溪余两至，均先梅候，今但作超山梅花记，一寄容伯，一寄余友陈寿慈于福州，寿慈亦嗜梅者也林纾记。

　　成此记后十年啸桐卒，更十二年吉士病废亦卒，于京师张公绶章合诸同志，以书来索余记，以香海楼新修，将镌斯人于壁间，然而未知吉士是已逝也，得郭春榆来言，塘西人将祀吉士于香海楼，以吉士宰仁和，有惠政，塘栖其所治也，呜呼！老友林迪臣太守葬孤山矣！今复祠吉士于斯楼，浙西父老人士，醇厚之风，足令人感涕也。今夏余来游圣湖，并赴西台吊乡人谢皋羽，惜容伯已逝，且超山非梅候，故不至，重违张公雅意，故以丑劣之书谨之镌石。辛酉夏四月，闽县林纾附识。（印 ）张德生镌

第八节 杂 件

　　杂件是所有文物藏品中材质较齐全，种类较丰富的一项，包括骨器、木器、蜜蜡、琉璃、灵芝、根雕、刺绣等，时代涵盖新石器时代至近现代，多为日用器。截止2015年共计130件，其中三级4件。

新石器时代马家浜文化　朱漆黑彩动物木雕

2009年12月临平茅山出土，高18厘米，宽8厘米。
现藏浙江省文物考古研究所。
朱漆黑彩木雕动物合体像，由底座和上下骑座的 2 只动物组成。动物造型抽象却生动，为了解距今 6000 年前后太湖地区先民的精神世界提供了重要的物证

新石器时代良渚文化　骨匕

长30厘米，宽2.5厘米，厚0.2厘米。
1986年12月余杭街道南湖出土，现藏杭州市余杭博物馆。
灰黑色，用动物肋骨制成，正面打磨光滑，背部骨质气孔显露，较细一端打磨成如意头，并穿小孔。另一端两角打磨原话比较粗糙。
1991年经杭州市文物鉴定小组鉴定，为三级文物。

新石器时代良渚文化　木剑

长86.2厘米，宽8.7厘米，厚2厘米。
2007年余杭街道南湖出土，现藏杭州市余杭博物馆。
棕褐色，多边形剑首，剑把扁平，无格，剑身宽大扁平，两刃稍薄。整体造型简洁，保存完好，木质坚硬，表面光滑。

新石器时代良渚文化 骨镞

长 18 厘米，直径 1.1 厘米。
2007 年余杭街道南湖 T0303⑤C：4，现藏杭州市余杭博物馆。
动物骨制成，整体呈锥形，打磨精致。

新石器时代良渚文化 木陀螺

高 9.5 厘米 上部直径 7.1 厘米
2007 年余杭街道南湖出土。现藏杭州市余杭博物馆。
棕褐色，横截面呈圆形，顶部平，下端削尖。

新石器时代良渚文化 木构件

长 11.4 厘米，宽 4.4 厘米。
2007 年余杭街道南湖出土，现藏杭州市余杭博物馆。
原木色，残件，呈长条形，中间厚，两边薄，器表涂黑色漆，并留有交叉捆绑的绳痕，呈菱形。一端中部挖有一凹槽。

新石器时代良渚文化 灵芝

长 12.6 厘米，宽 18.1 厘米。
2007 年余杭街道南湖出土。现藏杭州市余杭博物馆。
扇形，碳化呈黑色。

战国水晶手链

直径 0.8—1.6 厘米。
现藏杭州市余杭博物馆。
由 25 颗水晶组成，其中 7 颗呈橄榄形，其余均为圆柱形，中心钻空维系。腕饰。

汉代　木弓

残长 163 厘米，宽 4.8 厘米，厚 3 厘米。
瓶窑镇长命柏树庙采集，现藏杭州市余杭博物馆。
硬木质，炭黑色，扁圆形，略弧。两端及中间略细。器身近两端留有绳痕。
1991 年经杭州市文物鉴定小组鉴定，为三级文物。

明代　蜜腊帽正

长 5.2 厘米，宽 6.3 厘米，厚 1.0 厘米。
现藏杭州市余杭博物馆。
椭圆形，色深棕，正面阳刻缠枝牡丹纹，背光滑平整，四周穿四孔以固定于帽。
1991 年经杭州市文物鉴定小组鉴定，为三级文物。

清代　朝珠

直径 1.2~2.6 厘米。
1978 年 7 月闲林街道原联荣大队上交，现藏杭州市余杭博物馆。
共 108 颗小珠，琥珀质，色淡黄。间有四颗大珠，直径为 2.6 厘米，白玉质，局部缠绿。挂坠为玻璃。三串挂饰。
1991 年经杭州市文物鉴定小组鉴定，为三级文物。

明代　雕寿星象牙匙

长 18 厘米，宽 5 厘米。
现藏杭州市余杭博物馆。
温润泛黄，柄窄体宽，柄部雕为寿星，面慈含笑，右手执杖，左手捧寿桃，呈坐状。

清代　嵌玉包锡紫砂壶

通高 9.2 厘米，口径 5 厘米，底径 1.1 厘米。
现藏杭州市余杭博物馆。
此器身为六方井栏款式，紫砂胎外部包锡，圆柱钮，直流弯把，底部置四矮足。钮、流、把皆为玉质所嵌。壶身一面隽刻"云开远见汉阳城，犹是孤帆一日程"。落款"友香"。另一面刻幽兰图，题"兰为王者之香"。内底钤"范述曾制"。包锡以取暖，而镶玉则避灼人。
范述曾，名廷镇，字子安，号芷庵，武进（今江苏常州）人，能作花卉草虫，并书法，俱效恽寿平。善制锡包紫砂镶玉壶，选料精良，造型别致。

近代　章炳麟用花梨木组合书柜

通高 150 厘米，长 80 厘米，宽 44 厘米。
章炳麟先生裔孙章念翔先生捐赠，现藏余杭章太炎故居纪念馆。
花梨木。为章炳麟先生生前所使用，书柜面板阴刻有 12 字篆书，横：刊石书屏，纵：述言纪事、雕龙吐凤。

近代　木翘头案

长 215 厘米，宽 32 厘米，高 97 厘米，翘头总高 105 厘米。
2010 年征集，现藏余杭章太炎故居纪念馆。
木质。长条形，案足不在四角，两端带翘头。

近代 章炳麟遗墨（附木盒）

长 7.8 厘米，单件宽 1.9 厘米，厚 0.8 厘米。
章念辉女士捐赠，现藏余杭章太炎故居纪念馆。
文房用具。此为章太炎生前藏墨，墨四条，长条形，上有"黄阁掌丝"字样。墨盒为方形，木质，盒面上有"藏烟"字样。

近代 镂空象牙珠串

直径 0.9 — 2.3 厘米。
现藏杭州市余杭博物馆。
象牙质，由 53 颗象牙色珠、2 颗红色大珠串成。红色珠将其分成两部分。象牙色珠镂空四瓣花连珠纹。红色珠中部镂空四瓣花连珠纹，两端镂空花瓣连珠纹。项饰下坠三串绿色镂雕四瓣花纹珠。最下端坠三个铜包红色木质坠。

近现代 黄杨木雕小盒

高 4.4 厘米，宽 6.2 厘米。
现藏杭州市余杭博物馆。
器呈六边形，棕黄色。盖面饰鸳鸯戏水纹，题"笑指中流羡尔辈"，款"荆圃世叔大人正政"。盒体六面间饰兰、竹、菊及"每向朝曦挹翠色"、"半龛瑞霭解人颐"、"映明河楼一色秋"，六棱角分饰六种书体的"寿"字。六边形圈足。

近代 带座瓷板画

通高 57.38 厘米，座宽 32 厘米，瓷板高 38 厘米，宽 25 厘米。
现藏杭州市余杭博物馆。
胎体厚重，板面平整。画面为水墨山水图，图中高山河流，高山上耸立着高塔，山路盘山而上。山下高树群屋。沿山河流上一人过桥，一人泛舟河上。画右上方题"当空，时在甲寅暮春，为□□仁兄先生雅赏。"款"孙朗泉写"。方形朱印"朗"、"泉"。由此可以推断瓷板画作于 1914 年春天。
孙朗泉，名瀚，字朗泉，安徽黟县人，擅山水。活跃于晚清民初，孙朗泉的作品流传极少，作品大多描写家乡及周边的山水风貌，且存世作品浅绛彩居多，偶有墨彩作品。

近代 朱漆描金灶君神龛

龛面宽 37.3 厘米，龛深 25.3 厘米，高 43 厘米。神位通高 30.5 厘米，顶宽 11.4 厘米，牌位宽 8.3 厘米，底座宽 13 厘米。

现藏杭州市余杭博物馆。

横长方形，器身除背部外均施朱漆。平顶，垂檐，倒垂四个莲蓬装饰，间饰花卉纹。龛左右各设门栏，门栏分别雕刻梅花鹿与仙鹤，间以花草树木纹饰。梅花鹿回首向下望，仙鹤回首，左腿抬起。龛内供奉灶君神位，神位上端为祥云纹顶，正中刻"福"字，下有底座。神位刻："供奉九龄皇帝灶君之神位"。神位中间饰八朵半片宝相花纹。神龛纹饰及文字部分描金。

近代 朱漆描金人物盘

高 5.5 厘米，口径 19 厘米，底径 15 厘米。

现藏杭州市余杭博物馆。

圆形，直口，宽沿，斜腹，圈足底。器身除内底黑漆外均饰朱漆。口沿上雕刻花草纹并描金，内底饰描金人物戏龙纹。图中一老者端坐于石上，盘髻，面带微笑，左手指飞龙，右手置于右膝之上，双腿微曲略张，鼓腹，赤脚。后坐一书童，双手执杖。飞龙屈体首上扬，怒目张嘴，须飞扬，一前爪抓球。圈足外周雕波浪纹，并描金。盘腹部和圈足处各有一铜箍。

民国 钱伯森纸质土地所有权状

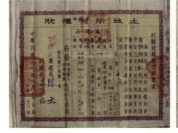

通长 33.3 厘米，通宽 28.4 厘米

实测户地图高 36.1 厘米，宽 39.2 厘米

现藏杭州市余杭区塘栖剧院

纸质。此所有状为杭县县长兼处长陈文及副处长朱源福签署的有关李连城的土地情况，文书中从土地位置、面积、地价等方面对该地进行了详细记录，并附有地图标识。

建国初期 杭州市钱塘联社委员会 圆形铜制印章

直径 4.2 厘米，厚 2 厘米。

现藏杭州市余杭区档案馆。

铜质，圆形，印面为"中国共产党杭州市钱塘联社委员会"。

第三章　藏品管理

余杭历史悠久，文化底蕴深厚，历代文人、名人辈出。因此，留存在余杭的文物尤其是史前文物既多且精。建国后，余杭地方政府对文物博物馆事业十分重视和关心，文物部门也认真贯彻文物保护政策，通过考古发掘、上交、收缴、移交、捐赠和收购等方式使各文博院馆的馆藏文物数量迅速增长。

第一节　第一次全国可移动文物普查

根据国务院统一部署，从 2012 年开始，用 5 年时间进行第一次全国可移动文物普查。这是建国以来首次针对可移动文物开展的普查，也是继第三次全国不可移动文物普查之后，在我国文化遗产领域开展的又一次重要的国情国力调查，是确保国家文化安全、保障人民群众基本文化权益的重要措施，也是健全文物保护体系的重要基础工作。

为全面掌握全区国有可移动文物资源状况，健全文化遗产保护体系，余杭区认真贯彻落实《国务院关于开展第一次全国可移动文物普查的通知》、国家文物局《关于落实国务院通知精神认真做好第一次全国可移动文物普查的通知》及省、市有关文件精神，在上级普查办的大力支持和指导，在全区各有关部门的积极努力和相互配合下，圆满完成了全区第一次全国可移动文物普查。

根据国家、省、市普查办安排，余杭区成立以许玲娣副区长为组长，良渚遗址管委会、区委宣传部、区文广新局等 15 个部门主要负责人为成员的余杭区第一次全国可移动文物普查领导小组。区委区政府安排300万元专项经费，按普查进度逐年下拨。领导小组办公室设在区文广新局，负责普查的日常组织和具体事宜。办公室下设普查工作组 3 个、宣传后勤组 1 个，以及专家库。普查办人员主要由区文广新局、余杭博物馆、良渚博物院、章太炎故居管理所业务人员组成，同时吸纳其他社会人士参加。此外还外聘了省文物考古研究所 1 名专家作为普查工作顾问，对普查采集登录的文物信息逐一把关和校对。

2013 年 9 月至 2014 年 10 月，区普查办对区内各级国家机关、事业单位、国有企业和国有控股企业等各类国有单位所收藏保管的国有可移动文物进行了摸底排查和藏品认定。经认定，全区共有国有文物收藏单位 8 家（市属杭州师范大学不计入），登录藏品数量 28652 件（套）（不包括区档案馆的纸质档案文献和区图书馆列入全国古籍普查的古籍），数量之巨在全省名列前茅。

为确保普查工作顺利推进，区普查办根据国家和省市第一次全国可移动文物普查实施方案、《杭州市余杭区第一次全国可移动文物普查实施方案》，认真制定普查具体工作计划，仔细梳理普查工作各个阶段和环节中的重要问题，充分发挥部门合力，认真组建精干队伍，并对普查队员进行业务培训。通过政府集中采购，确定了具有文物拍摄经验的单位负责文物拍照。同时对文物系统外的收藏单位及系统内力量薄弱的单位积极主动开展帮扶。期间，多次召开全区普查工作推进会，及时通报普查进展情况，部署普查阶段性工作任务。经过四年的努力，截至 2016 年 7 月，如期完成各项普查任务，普查成果丰硕。

1、全面摸清国有可移动文物收藏单位情况，建立全区国有可移动文物收藏单位名录。

余杭区国有文物收藏单位共 8 家，登录藏品 28652 件／套。按照文物单位的隶属关系分析，其中县区属单位 7 家，登录藏品 28618 件／套；乡镇街道所属单位 1 家，登录藏品 34 件／套。

按单位类型分析，其中博物馆、纪念馆 3 家，登录藏品 28361 件／套；档案馆 1 家，登录藏品 10 件／套，其他类型 4 家，登录藏品 281 件／套。

按单位性质分析，其中事业单位 7 家，登录藏品 28633 件／套；国有企业 1 家，登录藏品 19 件／套。

按单位所属行业、系统分析，其中房地产业 1 家，登录藏品 19 件／套；教育行业 1 家，登录藏品 226 件／套；卫生、社会保障和社会福利业 1 家，登录藏品 34 件／套；文化文物、体育和娱乐业 4 家，登录藏品 28363 件／套；公共管理和社会组织 1 家，登录藏品 10 件／套。

2、全面掌握国有可移动文物数量及分布，建立全区国有可移动文物名录。

余杭区第一次全国可移动文物普查国有单位文物藏品数量统计表

序号	收藏单位	文物藏品数量（件/套）	占比
1	杭州市余杭博物馆	25010	87.29%
2	良渚博物院	3266	11.40%
3	杭州市余杭章太炎故居纪念馆	85	0.30%
4	杭州市瓶窑中学	226	0.79%
5	杭州市余杭区仁和街道社区卫生服务中心	34	0.12%
6	杭州余杭运河综合保护开发建设有限公司	19	0.07%
7	杭州市余杭区档案局(馆)	10	0.03%
8	杭州市余杭区塘栖剧院	2	0.01%
9	合计	28652	100.00%

根据文物藏品的类别分析，其中玉石器、宝石 3733 件 / 套，陶器 962 件 / 套，瓷器 6989 件 / 套，铜器 534 件 / 套，金银器 53 件 / 套，铁器、其他金属器 14 件 / 套，雕塑、造像 65 件 / 套，石器、石刻、砖瓦 1522 件 / 套，书法、绘画 655 件 / 套，文具 50 件 / 套，玺印符牌 426 件 / 套，钱币 13345 件 / 套，牙骨角器 18 件 / 套，竹木雕 7 件 / 套，家具 53 件 / 套，织绣 5 件 / 套，古籍图书 11 件 / 套，碑帖拓本 54 件 / 套，武器 103 件 / 套，文件、宣传品 11 件 / 套，档案文书 9 件 / 套，名人遗物 6 件 / 套，玻璃器 16 件 / 套，皮革 1 件 / 套，度量衡器 1 件 / 套，其他 9 件 / 套。

根据文物藏品的年代分析，其中新石器时代文物 4901 件 / 套，商朝 50 件 / 套，周朝 427 件 / 套，秦朝 1 件 / 套，汉朝 1528 件 / 套，三国 3 件 / 套，西晋 110 件 / 套，东晋十六国 104 件 / 套，南北朝 45 件 / 套，隋朝 8 件 / 套，唐朝 798 件 / 套，五代十国 38 件 / 套，宋朝 10266 件 / 套，金代 1 件 / 套，元朝 78 件 / 套，明朝 1531 件 / 套，清朝 2545 件 / 套，中华民国 5546 件 / 套，中华人民共和国(1949 年 10 月 1 日成立) 527 件 / 套，公历纪年文物 1 件 / 套，其他文物 136 件 / 套，年代不详文物 8 件 / 套。

3、健全全区国有可移动文物保护体系，初步实现文物资源标准化、动态化管理。

通过第一次全国可移动文物普查，全区新发现国有文物收藏单位共计 5 家（杭州师范大学不计入），新认定文物数量共计 291 件（套）。文博系统内单位对藏品进行了清理建档，整理规范账簿，登记入账，建立藏品档案，并指导系统外单位的藏品管理和建账建档工作，进一步健全了全区国有可移动文物保护体系，完善了全区国有可移动文物档案，建立了"文物身份证"和管理体系。通过将全部普查数据登录普查网络平台，以及以后新入藏藏品数据的不断更新，基本建成全区国有可移动文物信息资源库，可以初步实现文物资源的标准化、动态化管理。

4、宣传发布全区普查成果，不断提升公共文化服务水平。

文物普查的主要目的在于利用。2016 年 7 月，余杭区文广新局编制完成《余杭区第一次全国可移动文物普查工作报告》；11 月，出版《余杭遗珍——余杭区第一次全国可移动文物普查成果集萃》；11~12 月，在杭州市余杭博物馆举办片羽吉光——余杭区第一次全国可移动文物普查成果展。在普查基础上，进一步加强国有文物收藏单位文物库房和陈列展示馆建设，改善文物保管条件，加强专业人才队伍建设，加大文物保护的宣传教育力度，确保全区国有可移动文物安全。鼓励各单位通过自主举办展览、设置网上展厅等方式，全方位、多角度宣传展示余杭的历史文化，传播好良渚文明，让广大市民共同分享文物保护成果，真正让藏在"深闺"的馆藏文物活起来。

第二节 安装恒温恒湿系统

余杭文物资源丰富，为确保文物安全保存，根据国家、省文物局关于文物防潮、防尘、防空气污染、温湿度条件等相关要求，余杭区人民政府拨付专款对文物进行预见性保护。2008 年，良渚博物院文物库房安装恒温恒湿系统；2014 年，杭州市余杭博物馆文物库房安装恒温恒湿系统，根据文物材质的不同，制定不同保存环境。

第三节 文物收集

余杭历来重视文物收集，自 20 世纪 50 年代始，至 2015 年，文物部门通过考古发掘、拣选、捐赠、上交、收缴、移交、征集等各种方式收集了大量文物。其中发动群众积极上交、文物工作者深入群众征集文物以及从各供销社废品收购站中拣选历史文物，是 20 世纪 50~80 年代余杭文物部门采用的三种较特殊且行之有效的征集方式。30 余年间，通过这三种方式收集到的文物，占当时所有收集文物总数的 80%。其中仅历代铜器就有 500 余件，以铜镜最多，有东汉规矩镜、六朝双龙镜、唐代双鸾镜、海兽葡萄镜等近 400 件。其他还有西周的短剑、春秋越矛、二穿戈等 7 件二级文物。21 世纪以来，文物藏品的主要来源为考古发掘，另也有少量通过捐赠、拍卖、上交等方式收集。

这些收集文物时代跨度大，从新石器时代到当代；涉及面广，从名人用品到百姓用品；种类丰富，包括石器、陶器、瓷器、金属器、书画等。本节将按照不同的收集方式，以时间为序，列举部分重要事件。

一、考古发掘

1985 年 11 月，浙江省武警中队在临平山西南山坡建房时发现 1 座西晋墓。经抢救清理，出土了青瓷器 20 件（组）。

1991 年春节前夕，在全县文物安全大检查中，发现瓶窑汇观山 2 座良渚文化残墓，部分玉器已露出土面，为确保文物安全，紧急进行抢救性发掘，出土一批文物。

1992 年 12 月，在余杭镇上坟山对汉代墓群进行清理，出土各类文物 28 件（组）。

1993 年 4 月，在星桥横山对良渚文化墓葬进行抢救性清理，因抢救及时，保护了很多珍贵文物，仅星桥横山良渚文化二号墓就出土器物 175 件（组），其中石钺就达 132 件。

2004 年 7 月，仓前街道灵源桥仓前粮库建设工地出土文物 27 件（组）。2008 年 5 月 28 日移交杭州市余杭博物馆收藏。

2004 年 2~6 月，星桥街道三亩里遗址出土文物 269 件（组）。2014 年 12 月，浙江省文物考古研究所移交 238 件（组）文物，由杭州市余杭博物馆收藏。

2004 年 9~12 月，星桥街道南星村后头山出土文物 312 件（组）。2013 年 11 月，浙江省文物考古研究所移交 295 件（组）文物，由杭州市余杭博物馆收藏。

2007 年 5 月 22 日~7 月 10 日，余杭街道义桥村西侧工业园区出土汉六朝各类文物 738 件（组）。2010 年杭州市文物考古研究所移交，由杭州市余杭博物馆收藏。

二、捐赠

1957 年，运河街道亭趾画家姚虞琴，身在上海心系家乡，主动将私人收藏的字画 24 幅捐赠给县文物部门，现藏杭州市余杭博物馆。

20 世纪 70 年代末，余杭县政协委员王廉耿对党落实文化大革命中被抄物资的清退政策极为感动，将自己认领的字画 24 幅全部捐赠，现藏杭州市余杭博物馆。

2007 年 6 月 29 日，孙晓村之女孙阳生向杭州市余杭博物馆捐赠孙晓村遗物 25 件（套），包括孙晓村的手稿、使用过的物品及纪念先生的文章等。孙晓村（1906～1991），浙江余杭人，曾任中国人民政治协商会议第七届全国委员会副主席、中国民主建国会中央委员会副主席，我国著名的爱国民主人士、政治活动家和农村经济学家。

2008 年 4 月 2 日，王小兵向杭州市余杭博物馆捐赠陶罐 12 件。

2008 年 9 月 8 日，鲁寿松向杭州市余杭博物馆捐赠石臼 1 个。

2008 年 12 月 10 日，刘英向杭州市余杭博物馆捐赠铜镜及瓷器共计 5 件。

2008 年 12 月 30 日，江绍青向杭州市余杭博物馆捐赠斜把石刀 1 件。

2009 年，柳村先生将 101 幅反映良渚地域人文风物的画作无偿捐赠给良渚博物院收藏，其山水、花鸟、人物等反映了余杭特色鲜明的人文风物。

2009 年 3 月 17 日，张长命向杭州市余杭博物馆捐赠石磨及蒸笼共计 2 件。

2009 年 3 月 19 日，著名电影表演艺术家仲星火参观杭州市余杭博物馆时书写书法 1 件，捐赠给杭州市余杭博物馆。

2009 年 4 月 21 日，刘式淦向杭州市余杭博物馆捐赠近代床 1 张。

2009 年 6 月 10 日，董吉龙向杭州市余杭博物馆捐赠近现代柜子 1 件。

2009 年 8 月 18 日，厉海泉向杭州市余杭博物馆捐赠毛泽东像章 139 枚。

2010 年，当代著名雕塑艺术家、中国美术学院教授叶庆文向余杭区人民政府捐赠雕塑、书画等作品 137 件（组），由余杭叶庆文艺术馆收藏，杭州市余杭博物馆代管。

2011 年 12 月，当代著名金石碑刻家黄良起向杭州市余杭博物馆捐赠碑拓 126 件（组）。

2011 年，杭州市书法家协会副秘书长、余杭区书法家协会主席高挺向杭州市余杭博物馆捐赠《历代诗人咏余杭》书法长卷 1 件。

2011 年，唐福高向杭州市余杭博物馆捐赠弹棉花机、轧车共计 2 件。

2011 年，沈烈向杭州市余杭博物馆捐赠新石器时代袋足陶鬶 1 件。

2012 年，余杭区非物质文化遗产传承人、杭州市民间工艺美术大师厉柏海向杭州市余杭博物馆捐赠其创作的铁艺画《兰亭序》、《宋梅图》共计 2 件。

2012 年，非物质文化遗产杭绣的代表性传承人陆筱雅向杭州市余杭博物馆捐赠其创作的杭绣《山水》、《荷韵》、《高士图》共计 3 件。

2012 年，上海吴昌硕艺术研究会理事、上海吴昌硕文化艺术有限公司艺术总监郑汉健向杭州市余杭博物馆捐赠其创作的书法 1 件、国画 1 件，共计 2 件。

2012 年，西泠印社副秘书长高式熊向杭州市余杭博物馆捐赠书法作品 2 件。

2012 年，西泠印社会员、上海吴昌硕艺术研究会副秘书长徐之麾向杭州市余杭博物馆捐赠书法作品 3 件。

2012 年，上海吴昌硕艺术研究协会副秘书长，上海牡丹画院副院长杭英向杭州市余杭博物馆捐赠书法作品 1 件。

2012 年，吴昌硕曾孙女吴有雯向杭州市余杭博物馆捐赠其父著名国画家、吴昌硕长孙吴长邺行书联 1 件。

2012 年，上海吴昌硕纪念馆常务副馆长、上海吴昌硕艺术研究会理事吴越捐赠国画 3 件。

2012 年，西泠印社会员、上海吴昌硕艺术研究会理事吴超向杭州市余杭博物馆捐赠书法 1 件。

2012 年，上海吴昌硕艺术研究会会员顾觉先向杭州市余杭博物馆捐赠国画 2 件。

2012 年，名家后裔联谊会会员吴谷生向杭州市余杭博物馆捐赠国画 1 件。

2013 年，浙江画院名誉院长、著名画家潘鸿海向杭州市余杭博物馆捐赠国画《春华秋实锦玉满堂》1 件。

2013 年，将星翰墨书画院副院长、中国将军金陵书画院副院长戴玉富将军向杭州市余杭博物馆捐赠书法、国画共计 2 件。

2014 年，当代著名雕塑艺术家、中国美术学院教授叶庆文向余杭区人民政府捐赠雕塑、作品 3 件（组），由余杭叶庆文艺术馆收藏，杭州市余杭博物馆代管。

2014 年 11 月 1 日，区老干部书画协会和丘山书画社向杭州市余杭博物馆捐赠老干部创作的书画 9 幅。

2014 年，章太炎故居管理所接收杭州市民间工艺大师、铁艺画创始人厉柏海先生赠送铁艺作品《章太炎头像》、《章太炎书法周易略例》；章太炎后裔捐赠印章一枚。

三、上交、收缴、接收移交

1987 年 5 月，良渚街道安溪瑶山祭坛发生群众性盗挖，文物部门配合公安、政法机关侦查的同时，积极开展宣传教育，动员涉案群众上缴盗挖文物，共收缴良渚文化玉器 41 件（组），全部移交文物部门，现藏杭州市余杭博物馆。

1989 年 5 月，余杭市法院将收缴浙江省教管所一少年犯参与盗掘古墓案非法所得的宋代青白瓷 69 件，全部无条件移交给文物部门，现藏杭州市余杭博物馆。

2003 年 8 月 11 日，余杭区委办公室向杭州市余杭博物馆移交前中国书法家协会主席沈鹏"东来阁"书法 1 件。

2006 年 2 月，浙江省文物考古研究所将瓶窑吴家埠遗址、庙前遗址出土的部分文物移交良渚文化博物馆。

2006 年 6 月 9 日，余杭区委、区政府和杭州良渚遗址管委会联合在良渚文化博物馆新馆现场举行"文化遗产日"暨良渚文化发现 70 周年庆典活动，活动上宣布《关于指定收藏良渚反山遗址、瑶山遗址考古发掘出土文物的决定》，反山遗址 M14、M15、M17、M21、M23，瑶山遗址 M1、M2、M5、M6、M7、M8、M14，共 12 座墓葬由良渚文化博物馆收藏。良渚文化反山遗址、瑶山遗址出土的 1250 件（组）文物于 2006 年 11 月与 2007 年 9 月分两批运抵良渚文化博物馆，指定良渚文化博物馆收藏的反山、瑶山出土文物全部顺利移交。

2008 年 4 月 24 日，中泰街道派出所向杭州市余杭博物馆移交陶器 6 件。

2008 年 8 月 14 日，屠小明上交余杭街道土桥湾西险大塘退堤工程出土战国青铜剑 1 件，由杭州市余杭博物馆收藏。

2008 年 10 月 14 日，丁应学上交余杭街道土桥湾水利工程施工场地出土战国青铜剑 1 件，由杭州市余杭博物馆收藏。

2009 年 2 月 19 日，章太炎故居管理所向杭州市余杭博物馆移交近现代书画 19 件。

2009 年 3 月 17 日，杭州市余杭博物馆接收织布机、水桶等器物 18 件（套）。

2009 年 3 月 25 日，余杭刑侦中队向杭州市余杭博物馆移交汉代麟趾金 1 块。

2009 年 9 月 22 日，杭州市余杭博物馆接收石塔构件 1 件。

2009 年 11 月 30 日，西溪湿地三期工程建设指挥部向杭州市余杭博物馆移交当代书画名家作品 141 件（组）。

2012 年，余杭区文物监察大队向杭州市余杭博物馆移交西晋刻花青瓷洗、西晋青瓷双系盘口壶、西晋青瓷双系罐、西晋青瓷双系小罐、西晋青瓷盏、明代青花碗等文物共计 7 件（组）。

2012 年，仁和街道郭根益上交良渚文化玉璧 1 件，由杭州市余杭博物馆收藏。

四、征集

2001 年 7 月 24 日 ~2005 年 5 月 26 日，余杭区文物管理委员会征集文物 667 件（组），用于杭州市余杭博物馆展陈。

2007 年 5 月 18 日，杭州市余杭博物馆征集"东来阁"楹联 14 件（组）。

2008 年，杭州市余杭博物馆征集近代国学大师章太炎《篆书＜宋玉·风赋＞节选》立轴 1 件、篆书七言诗立轴 1 件，共计 2 件。

2009 年 9 月 5 日，杭州市余杭博物馆征集中国当代著名画家张建新国画作品 3 件。

2009 年，杭州市余杭博物馆征集春秋晚期青铜盖鼎 1 件。

2010 年，杭州市余杭博物馆征集战国玉石剑 1 件、战国玉石三戈戟 1 件（组），共计 2 件（组）。

2012 年，杭州市余杭博物馆征集近代篆刻家、考古家褚德彝书法立轴 2 幅。

2012 年，杭州市余杭博物馆征集前中国书协江苏分会主席武中奇书法巨作《众志成城》1 件。

2013 年，杭州市余杭博物馆征集近代著名书画家、收藏鉴定家姚虞琴书法立轴 1 件、姚虞琴等兰石图扇面 1 件（组）、近代国学大师章太炎行书立轴 1 件、近代清供图四条屏 1 件（组），共计 4 件（组）。

2014 年 9 月中旬，杭州市余杭博物馆在北京百衲国际艺术品拍卖有限公司举办的 2014 年秋季拍卖会上，拍得姚虞琴《碣石幽兰图卷》、《黄花晚节香》，以及清代余杭籍进士施学廉《行书临鹔鹩馆贴》等。其中姚虞琴《碣石幽兰图卷》长 342 厘米、宽 40.5 厘米、近 12.5 平方尺，为迄今所见尺寸最大的姚虞琴代表作。

2014 年，章太炎故居征集成都薛氏崇礼堂镂版刊刻的《章氏丛书续编》、章太炎致张继信札、章太炎手书《音学通论题词》等。

2015 年 3 月，杭州市余杭博物馆在北京百纳国际艺术品拍卖有限公司拍得褚德彝隶书成扇、褚德彝隶属七言联、马叙伦行书成扇、姚虞琴兰花成扇共 4 件作品。7 月，在上海朵云轩拍卖有限公司和荣宝斋（上海）拍卖有限公司举办的拍卖会上，拍得褚德彝隶书对联、姚虞琴兰芝图、姚虞琴兰花行书成扇和姚虞琴兰香深处成扇共 4 件作品。8 月，在上海嘉禾拍卖有限公司拍得姚虞琴兰花成扇 1 件。

2015 年 4 月，章太炎故居征集章炳麟庚午（1930）作书法四屏 1 件。

第四章　主要活动

多年来，区内各文博单位立足馆藏文物及余杭地方历史文化底蕴，整合各方面文物资源，打造精品展览，组织开展文化交流活动，推出特色服务，使越来越多的群众共享文化遗产保护成果。如利用馆藏良渚文化文物资源，在台湾举办"璀璨——良渚文化特展"等，增进两岸文化交流；开通网上博物馆，建立官方微信，组织青少年开展讲解、摄影、考古夏令营、授课等"第二课堂"活动，增强未成年人文物保护意识；利用良渚论坛、江南文化研究基地、太炎国学讲堂等平台，组织开展学术研讨活动，研究良渚文化、江南水乡文化及太炎国学思想等；与北京大学、复旦大学、华东师范大学、浙江大学、杭州师范大学、浙江省文物考古研究所等高校及省级科研单位开展课题研究，提升文物保护和综合利用水平。

第一节　展　览

一、内展

1．1957 年，在文化馆内首次举办"文物展览"，展出从杭县四维乡南山一带收集到的新石器时期、战国、汉六朝出土文物。

2．1957 年，举办姚虞琴捐赠的字画展。

3．1974 年，余杭县文物管理委员会办公室开辟 100 平方米的文物陈列室，介绍余杭历史沿革，展出余杭历代出土文物。

4．1984 年，举办王廉耿捐献的字画展。

5．1986 年，章太炎故居开放，以文字、照片介绍章太炎一生事迹。

6．1986 年，吴昌硕纪念馆开馆，展出吴氏艺术作品及生平介绍。

7．1991 年，举办"纪念辛亥革命八十周年，章太炎先生生平事迹展"。

8．1995 年，超山吴昌硕纪念馆举办"良渚文化精品展"。

9．1995 年，举办"纪念抗日战争和世界反法西斯战争胜利五十周年"大型图片展。

10．2001 年，为纪念建党 80 周年，良渚博物馆举办"开天辟地大事变——中国共产党建党史"图片展。

11．2003 年 2 月 13~17 日，余杭区文化（体育）局、杭州市余杭博物馆、余杭区文化馆联合举办的"走进西藏摄影作品展"在杭州市余杭博物馆展出。

12．2004 年 5 月 26 日~7 月 5 日，杭州市余杭博物馆举办"百名画家画塘栖书画作品展"。

13.2004 年 7 月 10 日~8 月 10 日，杭州市余杭博物馆引进"阳光下的美丽——中俄人体摄影展"。

14．2004 年 9 月 29 日~10 月 10 日，杭州市余杭博物馆举办"柳村先生中国画展"。

15．2004 年 10 月 28 日~11 月 30 日，"吉金铸文明——宝鸡青铜国宝展"在杭州市余杭博物馆展出。

16．2005 年 5 月 23 日，由余杭区文联主办、杭州市余杭博物馆、余杭区画院协办的著名画家钱大礼、洪世清、包辰初、朱颖人、诸涵、杜高杰、张耕源、杜巽八位画家"走进余杭"中国画作品展开幕。

17．2005 年 8 月 6 日～10 月 26 日，"今日余杭"成就展在杭州市余杭博物馆开幕，于 10 月 26 日结束。展出期间区委宣传部组织各部委办局、全区各镇乡、街道等部门的党员干部和观众近 3 万人次前来参观。

18．2005 年 10 月 27 日，杭州市余杭博物馆与余杭区文联、余杭区画院联合举办的"余杭、印象"美术作品展开幕。

19．2005 年 12 月 18～24 日，杭州市余杭博物馆与余杭区文联联合举办"高挺书法展"。

20．2005 年 12 月 30 日，"我的收藏——余杭区收藏家协会会员藏品展"在杭州市余杭博物馆展出。

21．2006 年 3 月 12～28 日，第六届省女花鸟画家作品展在杭州市余杭博物馆展出。

22．2006 年 4 月 28 日～5 月 28 日，由余杭区文广新局和临安市文广新局主办，杭州市余杭博物馆和临安市文物馆承办的"临安吴越国钱氏王室珍宝展"在杭州市余杭博物馆展出。展览汇集了近年来出自临安吴越国钱氏王室水邱氏墓、康陵的数十件唐及五代秘色瓷、白瓷、玉器、金属器等珍品。

23．2006 年 6 月 9～20 日，良渚文化博物馆在良渚遗址管理所举办"良渚遗址新近出土文物特别展"，出自庙前、卞家山、石马兜、后杨村等遗址的数千件文物首次在公众面前亮相。

24．2006 年 6 月 22～29 日，"闲林镇'十五'成就暨新农村建设成就展"在杭州市余杭博物馆出。

25．2006 年 6 月 10～20 日，我国首个"文化遗产日"期间，"余杭区文化遗产百幅图片展"在杭州市余杭博物馆展出。

26．2006 年 7 月 14～21 日，"余杭画师优秀作品展"在杭州市余杭博物馆展出。

27．2006 年 7 月 25 日～8 月 25 日，"红山玉韵——大型红山文化古玉展"在杭州市余杭博物馆举行。

28．2006 年 9 月 7 日～9 月 15 日，"展百年风采 创世纪辉煌"学生书画作品展在杭州市余杭博物馆展出。

29．2006 年 9 月 29 日～11 月 4 日，"天然奇幻水晶科普展"在杭州市余杭博物馆展出。

30．2006 年 11 月 8～26 日，由杭州市群众艺术馆、闲林镇人民政府主办的"2006 群星杭州市美术大展"在杭州市余杭博物馆展出。

31．2006 年 12 月 2～3 日，"基尼斯之最——世界大型珍稀昆虫精品展"在杭州市余杭博物馆展出。

32．2006 年 12 月 12 日～2007 年 1 月 6 日，"杭州市余杭博物馆馆藏海派书画特展"在杭州市余杭博物馆展出。

33．2007 年 1 月 10 日～2 月 12 日，"余杭区书画特展"在杭州市余杭博物馆展出。

34．2007 年 2 月 15 日~3 月 15 日，"文化的交流、友谊的象征——浙江省国际交流礼品特展"在杭州市余杭博物馆展出。

35．2007 年 5 月 1 日~6 月 1 日，"生物万象——大型恐龙和生物科普知识展"在杭州市余杭博物馆展出。

36．2007 年 6 月 9~25 日，"塘栖风情"摄影作品展在杭州市余杭博物馆开幕。

37．2007 年 7 月 1 日~8 月 1 日，杭州市余杭博物馆与南湖革命纪念馆联合举办"开天辟地大事变——中国共产党创建史图片展"。

38．2007 年 9 月 26 日~11 月 10 日，杭州市余杭博物馆与中国茶叶博物馆联合举办"中华茶文化展"。

39．2006 年 11 月 10 日，"良渚遗址反山、瑶山出土玉器精品展"在良渚文化博物馆开展。国家文物局考古专家组成员、故宫博物院原院长、省良渚遗址"申遗"专家咨询委员会委员张忠培，国家文物局考古专家组成员、北京大学教授、省良渚遗址"申遗"专家咨询委员会委员严文明，全国人大原常委、浙江大学教授、良渚文化博物馆名誉馆长毛昭晰等专家参观展览。

40．2008 年 1 月 25 日~3 月 5 日，由杭州市余杭博物馆和韩美林艺术馆联合举办的"走近美林——韩美林艺术馆艺术精品展"在杭州市余杭博物馆展出。

41．2008 年 3 月 11 日~4 月 15 日，由杭州市余杭博物馆和平湖市博物馆合办的"平湖市博物馆馆藏书画精品展"在杭州市余杭博物馆展出。

42．2008 年 4 月 18 日~6 月 1 日，杭州市余杭博物馆馆举办"暮鼓晨钟——径山禅茶文化展"，展览整合该馆及中国茶叶博物馆、嘉兴博物馆资源，结合第三次全国文物普查新发现，通过实物展出及音像图文等形式，解读径山的昔日辉煌与美好未来。

43．2008 年 8 月 19 日~9 月 25 日，"痛与爱——纪念 5.12 地震百日图片展"在杭州市余杭博物馆展出。

44．2008 年 11 月 12 日~12 月 12 日，"岁月宝鉴——馆藏铜镜特展"在杭州市余杭博物馆展出。

45．2008 年 12 月 2~20 日，"余杭区纪念改革开放 30 周年成就展"在杭州市余杭博物馆展出。

46．2008 年 1 月 20 日~2 月 3 日，由杭州市余杭博物馆与温州博物馆合办的"温州博物馆馆藏名——家楹联展"在杭州市余杭博物馆展出。

47．2009 年 1 月 20 日，"美丽洲良渚——中华文明之光"潘鸿海油画展在良渚博物院开幕。

48．2009 年 2 月 7~27 日，为配合"首届中国杭州超山梅花节"，杭州市余杭博物馆联合浙江省博物馆和安吉吴昌硕纪念馆举办"梅花忆我我忆梅——吴昌硕先生书画作品展"。展览共展出吴昌硕先生书画真迹 60 幅，均为浙江省博物馆和安吉吴昌硕纪念馆的藏品中所精选。

49．2009 年 3 月 1~15 日，"让历史与现代共存——余杭区第三次全国文物普查阶段成果展"在杭州市余杭博物馆展出。

50．2009 年 3 月 18 日~4 月 18 日，"吴君立先生书画遗墨展"在杭州市余杭博物馆展出。

51．2009 年 4 月 28 日~6 月 4 日,由杭州市余杭博物馆和嘉兴博物馆联合举办的"蒲华书画展"在杭州市余杭博物馆展出。

52．2009 年 5 月 18 日，"良渚风物——柳村书画艺术展"开幕暨作品捐赠仪式在良渚博物院隆重举行。

53．2009 年 6 月 13 日~7 月 30 日，"脉动的生命——京杭运河（余杭段）文化展"在杭州市余杭博物馆出。

54．2009 年 8 月 2 日~9 月 1 日，由杭州市余杭博物馆和包头博物馆合办的"塞北遗珍—蒙古草原文物特展"在杭州市余杭博物馆展出。

55．2009 年 9 月 15 日，"千古英雄——大三国志归国汇报展"在良渚博物院正式开展。

56．2009 年 10 月 20 日~11 月 20 日，杭州市余杭博物馆和徐州博物馆合办"汉风楚韵——徐州汉代楚王陵墓文物特展"。此次特展精选徐州博物馆馆藏楚王陵墓文物 117 件（组），尽显汉代楚王国发达的经济文化成就。其中展出的银缕玉衣，是目前出土时代最早、最完整且墓主明确的一件银缕玉衣，也是目前西汉时期唯一一件完整的银缕玉衣。该展览在 2010 年度浙江省陈列展览精品评选活动中荣获"最佳服务奖"。

57．2009 年 12 月 17 日，"玉魂国魄——红山文化玉器精品展"在良渚博物院开展。中华玉文化中心名誉主任、中华文化促进会副主席金坚范、中华玉文化中心主任、中国考古学会理事长张忠培等 100 多位专家学者参加展览开幕式。

58．2010 年 1 月 27 日~3 月 10 日，"当代书家汇笔西溪墨宝展"在杭州市余杭博物馆举办。

59．2010 年 4 月 2 日~5 月 31 日，由杭州市余杭博物馆、陕西宝鸡市考古研究所、宝鸡青铜器博物馆、宝鸡市周原博物馆、扶风县博物馆、岐山周原博物馆合办的"圣都美石——陕西宝鸡出土先秦玉器精品展"在中国江南水乡文化博物馆展出。共展出陕西宝鸡市考古研究所等 5 个单位收藏的先秦玉器精品 145 件（组）。

60．2010 年 4 月 30 日，"'笑·忘·书'——华君武世纪漫画展"在良渚博物院开幕。

61．2010 年 5 月 15 日，由余杭区人民政府和杭州良渚遗址管理区管委会联合举办的"风姿绰约——陕西古代陶俑艺术展"在良渚博物院展出。

62．2010 年 6 月 12 日~7 月 12 日，"留住根与魂——余杭文化遗产普查成果展"在杭州市余杭博物馆展出。

63．2010 年 7 月 26 日~8 月 5 日，"余杭区首届现代水墨画展"在杭州市余杭博物馆展出。

64．2010 年 9 月 15 日,由余杭区人民政府、杭州良渚遗址管理区管理委员会主办,良渚博物院、北京艺术博物馆共同承办的"天子之雅——清代帝王生活侧影展"在良渚博物院启幕。

65．2010 年 9 月 29 日~11 月 10 日，由杭州市余杭博物馆和嘉兴博物馆联合举办的"近现代书画精品展"在杭州市余杭博物馆展出。

66．2010 年 10 月 29 日，由浙江省书法家协会和余杭区人民政府主办，良渚博物院承办的"文明之光——全国书法名家作品邀请展"在良渚博物院开幕。

67．2010 年 12 月 30 日~2011 年 3 月 24 日，"玉叶金枝——明代藩王墓出土玉器精品展"在良渚博物院展出。此次展览的展品均来自明代江西宁、益两大封藩藩王及其家族成员墓，共计八十六件（套），其中一级文物九件（套）。

68．2011 年 1 月 20 日~8 月 25 日，"回眸与展望——余杭区'十一五'成就主题展"在杭州市余杭博物馆展出。展览共接待观众逾 19 万人次。

69．2011 年 4 月 21 日，"我住长江头——古蜀文明展"在良渚博物院隆重开幕。此次展览共展出三星堆和金沙遗址出土文物 99 件（套），其中一级品文物 74 件（组）。

70．2011 年 7 月 15 日~9 月 14 日，"师古妙创——师村妙石创新篆刻展"在良渚博物院展出。展览共展出师村妙石作品 86 件（套）。

71．2011 年 9 月 28 日~12 月 4 日，良渚博物院举办"守望西泠——陈振濂西泠印社社史研究书法展"。

72．2011 年 9 月 30 日~10 月 10 日，由政协杭州市余杭区委员会主办，杭州市余杭区政协书画院承办的"杭州市余杭区辛亥百年书画展"在杭州市余杭博物馆展出。

73．2011 年 10 月 10 日~11 月 15 日，为纪念辛亥革命一百周年，"一代儒宗 千秋巨笔——环太湖流域博物馆馆藏章太炎先生作品联展"在杭州市余杭博物馆展出。展览由浙江省文物局、杭州市园文局、杭州市余杭区人民政府主办，杭州市余杭区文广新局承办，杭州市余杭博物馆、杭州市余杭区章太炎故居管理所协助承办。展览集中浙江省博物馆、杭州历史博物馆、温州博物馆、上海博物馆、上海历史博物馆、西湖博物馆、杭州名人纪念馆、苏州博物馆、常州博物馆、常熟博物馆、湖州博物馆、平湖博物馆、天一阁博物馆、绍兴鲁迅纪念馆等环太湖流域 16 家博物馆馆藏章太炎先生遗墨。该展览是章太炎先生的作品首次在家乡余杭展出，也是环太湖流域博物馆馆藏章太炎先生作品的首度联合展出。展览受到了社会及新闻媒体的广泛关注，在 2012 年度浙江省陈列展览精品评选活动中荣获"最佳社会教育奖"。

74．2011 年 11 月 18~30 日，"水乡记忆——闲林埠农耕文化百图展"在杭州市余杭博物馆展出。

75．2011 年 12 月 20 日，"玉魂国魄 · 凌家滩文化玉器精品展"在良渚博物院展出。展览汇聚凌家滩遗址自 1987 年以来历次考古发掘出土、现分别收藏于故宫博物院与安徽省文物考古研究所的玉器精品 100 余件（组）。

76．2012 年 1 月，"我眼中的太炎故居"中小学生绘画作品展在章太炎故居举办。

77．2012 年 1 月 16 日，"盛世典藏——两岸民间藏家藏品联展"在杭州市余杭博物馆展出。

78．2012 年 2 月 18 日，杭州市余杭博物馆举办"金石翰墨 长驻风流——吴昌硕先生及其后裔五代书画篆刻展"，高式熊、杭英、邓适毅、徐之麾、顾觉先、吴谷生、吴超、吴越、郑汉健等书画名家齐聚余杭，为余杭留下众多墨宝。

79．2012 年 3 月 16 日，杭州市余杭博物馆举办"镌古拓今——黄良起碑刻艺术作品展"。

80．2012 年 4 月 14 日~6 月 30 日，良渚博物院举办"丹青生涯春不老——柳村书画展"。

81．2012 年 4 月 18 日，"光与影—李元风光摄影作品展"在杭州市余杭博物馆开幕。

82．2012 年 6 月 15 日，杭州市余杭博物馆举办"考古余杭系列展——新石器时代"。

83．2012 年 7 月 20 日，"龙腾九州——2012 壬辰龙年特展"在良渚博物院开展。

84．2012 年 9 月 25 日，"山花烂漫——迎国庆，庆十八大青年艺术家群展"在杭州市余杭博物馆开幕。

85．2012 年 9 月 26 日，"紫砂故事——无锡博物院藏紫砂艺术展"在良渚博物院开幕。展览展出无锡博物院藏明、清、民国等不同时期的 100 件紫砂精品，同步出版《紫砂故事——无锡博物院藏紫砂艺术展》图录。

86．2012 年 9 月 27 日，"幸福路上——余杭区经济社会发展剪影"在杭州市余杭博物馆开展。

87．2012 年 9 月 29 日，"浙江省 2012'良渚杯'玉石雕刻精品展暨'天工奖'入围展"在良渚玉文化园开幕。

88．2012 年 10 月 13 日，"这方水土 风雅瓶窑"美术作品展在杭州市余杭博物馆开幕。

89．2012 年 10 月 26 日，"翰墨丹心——余杭、富阳、普陀书画联展"在杭州市余杭博物馆开展。

90．2012 年 11 月 2 日，章太炎故居举办"清如秋菊何妨瘦"菊花展。

91．2012 年 11 月 7 日，"明 · 雅——盟员周明雍、陆筱雅作品展"在杭州市余杭博物馆开展。

92．2012 年 11 月 18 日，"这方水土——余杭区优秀摄影作品展"在杭州市余杭博物馆开展。

93．2012 年 11 月 28 日，杭州市余杭博物馆与浙江省博物馆联袂举办"闲趣 · 禅意——丰子恺漫画作品展"。

94．2012 年 12 月 20 日，良渚博物院举办"瑞玉呈祥——湖北省博物馆藏明清玉器精品展"，共展出 131 件（组）明清玉器。

95．2012 年 12 月 23 日，苏州玉雕精品展在良渚玉文化园开幕。

96．2013 年 1 月 18 日~2 月 28 日，杭州市余杭博物馆举办"梦萦水乡——潘鸿海水乡风情油画作品展。

97．2013 年 2~3 月，章太炎故居举办"寒梅傲雪见精神——迎春梅花展"。

98．2013 年 3 月 16~25 日，"余杭区首届民间工艺风筝展"在杭州市余杭博物馆展出。

99．2013 年 3 月 29 日~5 月 2 日，"紫玉金砂—浙江长兴紫砂茗壶特展"在杭州市余杭博物馆展出。

100．2013 年 4 月 1 日，"毛利碧玉：新西兰文化艺术珍品展"在良渚博物院开幕。

101．2013 年 4 月 2 日~5 月 29 日，"三门博物馆馆藏书画精品展"在杭州市余杭博物馆展出。

102．2013 年 4 月 29 日，"浙江省玉雕大师作品巡回展"首站在良渚玉文化园开幕。

103．2013 年 5 月 18 日，章太炎故居举办"全国十大神剪华金娟王德林故居剪纸展"。

104．2013 年 6 月 8 日，章太炎故居举办"与大师为邻——渔人吴根松根艺展"。

105．2013 年 6 月 10 日~7 月 25 日,杭州市余杭博物馆举办"考古余杭系列展——先秦时期"。

106．2013 年 6 月 10 日~10 月 31 日，杭州市余杭博物馆举办"物华天宝——余杭博物馆十大镇馆之宝候选文物特展"。

107．2013 年 6 月 28 日~8 月 2 日，"翰墨润故土——戴玉富将军书画展"在杭州市余杭博物馆展出。

108．2013 年 8 月 9 日~9 月 5 日，"龙行浙江——浙江出土恐龙化石展"在杭州市余杭博物馆展出。

109．2013 年 8 月 25 日，"天地之灵——中国社会科学院考古研究所出土的商与西周玉器展"在良渚博物院举办。此展览的器物精选自中国社会科学院考古研究所珍藏的妇好墓、张家坡墓地、前掌大墓地出土的精品玉器共计 240 件（套）。

110．2013 年 11 月 8 日，章太炎故居举办"仓前太炎书画院书画展"。

111．2013 年 9 月 10~23 日，"余杭区第二届书法美术优秀作品展"在杭州市余杭博物馆举办。

112．2013 年 9 月 12 日，"大美新疆——2013 新疆和田玉文化节暨新疆名家油画展"在良渚玉文化产业园开幕。

113．2013 年 9 月 26 日，"美丽家园、放飞梦想——余杭、桐乡、桐庐政协书画联展"在杭州市余杭博物馆展出。

114．2013 年 10 月 30 日，"写余杭 画余杭——浙江省书画名家小品邀请展"在杭州市余杭博物馆开展。

115．2013 年 10 月 18 日~11 月 25 日，杭州市余杭博物馆举办"笔墨丹心——吴江博物馆馆藏南社书画展"。

116．2013 年 11 月 20 日~12 月 25 日，杭州市余杭博物馆举办"润物无声——中国江南水乡文化博物馆十周年特展"。

117．2013 年 12 月 3 日，"'宁波鄞州 杭州余杭一家亲'书画作品联展"在杭州市余杭博物馆举办。

118．2013 年 12 月 24 日~2014 年 2 月 24 日，"玉器、玉文化、夏代中国文明展"在良渚博物院举办。展览集中山西省襄汾陶寺遗址、河南省巩义花地嘴遗址、偃师二里头遗址、陕北延安芦山峁、神木新华与石峁遗址、山东省临朐西朱封大墓，以及内蒙古自治区敖汉旗大甸子遗址出土的 200 件玉器，展示夏时期玉文化的特色。

119．2014 年 1 月 21 日，"杭州余杭——舟山嵊泗书法作品联展"在杭州市余杭博物馆开幕。

120．2014 年 2 月 21 日~3 月 30 日，"镌石印痕——环太湖历史碑刻拓片精粹"在杭州市余杭博物馆展出，展览汇集杭州市余杭博物馆、浙江省长兴县博物馆、浙江省德清县博物馆、浙江省湖州市文物保护管理所、浙江省湖州市南浔小莲庄文保所、江苏省苏州碑刻博物馆、江苏省吴江县博物馆和安徽省广德县博物馆三省八家文博单位藏品。

121．2014 年 2~3 月，章太炎故居举办"寒梅傲雪见精神——迎春梅花展"。

122．2014 年 3 月 15 日~5 月 4 日，杭州市余杭博物馆引进宁波博物馆"时代印痕——当代中国著名版画家邵克萍艺术作品展"。

123．2014年4月15日~6月15日，"南国石韵——广东四大玉石精品展"在良渚博物院举办。

124．2014年4月15日~6月10日，章太炎故居举办"纪念章太炎诞辰145周年章太炎先生书法特展"。

125．2014年5月10日~6月2日，杭州市余杭博物馆举办"风雅流芳——余杭博物馆藏近现代书画精品展"。

126．2014年5月18日，章太炎故居结合全区第二批"党的群众路线教育实践活动"的大背景，举办"五九精神——一座历史的丰碑图片展"。

127．2014年6月10~30日，余杭区文化广电新闻出版局、余杭区南苑街道办事处和余杭区文学艺术界联合会联合举办的"厉柏海铁艺画展"在杭州市余杭博物馆展出。

128．2014年6月11日，"纪念章太炎诞辰145周年书法比赛获奖作品展"在章太炎故居临时展厅开展，展览持续3个月。

129．2014年7月4日~9月9日，杭州市余杭博物馆举办"考古余杭系列展——秦汉时期"。

130．2014年9月12~18日，由杭州市余杭区文化广电新闻出版局、厦门市文化广电新闻出版局主办，杭州市余杭区文化馆、厦门市文化馆（美术馆）承办的"'中国梦·群文美'余杭、厦门区域文化联动书画作品展"在杭州市余杭博物馆展出。开幕之后，余杭、厦门的书画名家举行了笔会。

131．2014年9月20日~11月20日，由良渚博物院、浙江省文物考古研究所主办的"崧泽之美——浙北崧泽文化考古成果特展"在良渚博物院展出。

132．2014年9月28日，由余杭区委老干部局、余杭区老干部活动中心、余杭区老龄办和余杭区老年活动中心主办，杭州市余杭博物馆承办的"晚霞灿烂——余杭区老干部书画协会、余杭区丘山老年书画社书画联展"开幕。

133．2014年9月30日~10月10日，章太炎故居举办"太炎书画院国庆书法美术作品展"。

134．2014年10月11日，由九三学社江苏省委、南京师范大学、余杭区文联共同主办的"江浙散人黄征教授书法展"在杭州市余杭博物馆开幕。

135．2014年10月15日~2015年1月10日，章太炎故居举办"章太炎先生生平照片展"。

136．2014年10月23日~11月25日，"辛亥名人海南石刻遗墨展"在杭州市余杭博物馆展出。

137．2014年10~11月，章太炎故居举办"秋菊满院正气飘香——秋季菊花展"。

138．2014年11月29日~12月21日，杭州市余杭博物馆举办"兰亭的故事"展。

139．2014年12月25日~2015年1月15日，由余杭区委党史研究室和余杭区地方志编纂委员会办公室主办，杭州市余杭博物馆承办的"余杭历代方志暨名人书画展"展出。

140．2014年12月26日~2015年3月15日，"马王堆汉墓——长沙国贵族生活特展"在良渚博物院展出。

141．2015年1月17日~3月30日，章太炎故居举办"冬•韵——兰花造型艺术展"。

142．2015年1月29日~3月中旬，"培育和践行社会主义核心价值观主题展"在杭州市余杭博物馆展出。

143．2015 年春节期间，章太炎故居与杭州植物园共同举办"散作乾坤万里春——章太炎故居迎春梅花展"。

144．2015年3月20日～5月10日，"天下一统——大秦帝国文物特展"在杭州市余杭博物馆展出。展览汇集陕西宝鸡市考古研究所、宝鸡青铜器博物院、宝鸡陈仓区博物馆、凤翔博物馆、陇县博物馆等单位青铜、陶器、玉器、金器等精品 150 件（组）。

145．2015 年 4 月 3 日～8 月 30 日，章太炎故居举办"我们的好家风——中国家谱家训族规资料展"。

146．2015 年 4 月 21 日～5 月 10 日，由杭州良渚遗址管理区管理委员会、浙江省珠宝玉石首饰行业协会主办，良渚博物院和良渚玉文化园承办的"古玉圣地添新辉"中国玉石雕刻大师优秀作品展在良渚博物院开展。展览汇集浙江、江苏、上海三地的 22 名中国玉石雕刻大师的 84 件玉石雕刻作品。

147．2015 年 5 月 18 日～8 月 2 日，"东夷华彩——大汶口文化、龙山文化特展"在良渚博物院展出。

148．2015 年 5 月 15 日～6 月 15 日，"对望——余杭 韦尔特文化艺术交流展"在杭州市余杭博物馆展出。

149．2015 年 5 月 18 日，章太炎故居举办"博物馆迎来了新时代——《博物馆条例》问答图片展"。

150．2015 年 7 月 29 日，由中共杭州市余杭区委宣传部、中共杭州市余杭区委党史研究室和余杭区地方志编纂委员会办公室联合主办，杭州市余杭博物馆协办的"铭记——抗战在余杭，纪念中国人民抗日战争暨世界反法西斯战争胜利 70 周年大型图片实物展"在杭州市余杭博物馆开幕。

151．2015 年 8 月 11～30 日，良渚博物院举办 "丹青生涯春不老——柳村书画展"复展。

152．2015 年 9 月 2 日，"余杭区老干部纪念抗日战争胜利七十周年书画摄影优秀作品展"在良渚博物院展出。

153．2015年9月11日～11月22日，"天骄风采 ——成吉思汗与蒙古人"特展在良渚博物院展出。

154．2015 年 9 月 18 日～11 月 17 日，"流年似水——旧上海广告月份牌展"在章太炎故居展出。

155．2015 年 9 月 27 日～10 月 11 日，杭州市余杭博物馆举办"大音希声——余杭非遗项目中泰笛箫崇贤古琴汇展"。

156．2015 年 10 月 25 日～11 月 23 日，"考古余杭系列展——三国 · 两晋 · 南北朝"在杭州市余杭博物馆展出。

157．2015年11月6日～12月25日，"铭记英雄——向抗战英雄致敬菊花展"在章太炎故居展出。

158．2015 年 11 月 20 日～2016 年 3 月 17 日，"中国抗日名将展"在章太炎故居展出。

159．2015 年 12 月 3 日，王渊鹏"手 · 生命"书法展在杭州市余杭博物馆开展。

160．2015 年 12 月 9 日，"浪激钱塘——中国文艺家书画院浙江分院书画作品展"在杭州市余杭博物馆开展。

161．2015 年 12 月 24 日～2016 年 3 月 18 日，"玉魂国魄——湖北枣阳九连墩楚墓玉器特展"在良渚博物院展出。

二、外展

1. 1981 年，良渚文化器物出借至中国历史博物馆展出。

2. 1985 年 11 月，参与中国杭州在瑞典普鲁斯市的工艺品展。

3. 1988 年 8 月，参与国家文物局举办"打击文物违法犯罪活动成果展"。

4. 1989 年 4 月，参与杭州解放四十周年文物考古成就展。

5. 1993 年 4 月，参与在北京举办的"93 中国文物精华展"。

6. 1993 年 7 月，参与"杭州市文物精品"赴深圳展。

7. 1994 年 5 月，杭州市园林文物局、岳庙管理处与余杭市在岳庙内联合举办了"良渚文化精品展"。

8. 1996 年，良渚文化器物出借至中国历史博物馆展出。

9. 1996 年，由浙江省博物馆、浙江省文物考古研究所，余杭市人民政府联合举办的"良渚文化精品展"在浙江省博物馆展出。

10. 1996 年，在杭州市六和塔公园内举办"东方文明之光——良渚文化玉器展"。

11. 1998 年，由劳伟民副市长率队在香港中文大学文物馆举办历时 70 余天的"东方文明之光——良渚文化玉器展"。这是余杭市首次在海外举办的文物展览。百余位香港文物界知名人士和国外古玉爱好者、新闻界人士出席隆重的开幕式。香港著名收藏家、建筑师关善明博士在开幕式致词中，盛赞精美绝伦的良渚玉器是中国史前玉文化之高峰。香港《文汇报》、《大公报》等新闻媒体都详尽报导此次展览盛况。

12. 2000 年 7 月 15 日~12 月 15 日，余杭市文物管理委员会办公室与杭州市园林文物局岳庙管理处在岳庙南枝巢联合举办"良渚文化展"。

13. 2002 年 1 月 1 日~12 月 31 日，余杭市文物管理委员会办公室与杭州市园文局岳庙管理处联合在岳庙南枝巢举办"良渚文化展"。

14. 2005 年 8 月 19 日，杭州市余杭博物馆"良渚文化文物精品展"在北京国家博物馆开幕，展期三个月。

15. 2007 年 7 月 1 日，良渚文化玉器、黑陶在瑞典斯德哥尔摩省希格图纳市的纳赫杰顿中心酒店"2007 瑞典·发现中国暨江南文化节"展出。

16. 2007 年 7 月 2 日~2008 年 1 月 14 日，良渚文化博物馆所藏的玉纺织端饰作为最早的丝绸织造用具在俄罗斯"中国年"活动的"丝国之路——五千年中国丝绸精品展"展出。

17. 2007 年 9 月 20 日~11 月 15 日，杭州市余杭博物馆与温州博物馆联合举办的"良渚文化玉器精品展"在温州博物馆展出。

18. 2009 年 4 月 16 日~5 月 19 日，杭州市余杭博物馆与义乌博物馆联合举办的"余杭博物馆馆藏海派书画作品展"在义乌博物馆展出。

19. 2010 年 1 月 15 日~2 月 24 日，杭州市余杭博物馆与上海嘉定博物馆联合举办的"石破天惊——良渚文化玉器展"在上海嘉定博物馆举行。

20. 2010 年 2 月 26 日，"超山梅花节书画展"在超山举办。

21. 2010 年 4 月 1 日~11 月 17 日，良渚博物院两件院藏良渚文化玉器正式入驻上海世博会"城市足迹馆"展出。

22. 2010 年 4 月 28 日～6 月 13 日，杭州市余杭博物馆与绍兴县博物馆联合举办的"石破天惊—良渚文化玉器展"在绍兴县博物馆举行。

23. 2010 年 6 月 15 日～9 月 5 日，"璀璨——良渚文化特展"在台湾十三行博物馆举行。该展览为 2010 年浙台经贸与文化合作交流活动中的重要文化项目之一，由浙江省文化厅、浙江省文物局和余杭区人民政府联合主办，良渚博物院和台北县十三行博物馆共同承办。良渚博物院、杭州市余杭博物馆精选 118 件良渚文化瑰宝赴台展出，其中包括玉琮、玉钺、斜边玉璧、玉梳背、玉镯等 10 多件国家一级文物，台湾民众可以亲眼目睹源远流长、博大精深的中华文化。浙江省省长吕祖善、台北县县长周锡玮等两岸逾百位嘉宾出席展览开幕式。

24. 2010 年 7 月 12 日～9 月 12 日，杭州市余杭博物馆和上海闵行博物馆联合举办的"东方文明曙光——良渚文化精品展"在上海闵行博物馆展出。

25. 2010 年 9 月 13 日，良渚博物院藏 4 件良渚文化纺织端饰赴芬兰展出。

26. 2010 年 9 月 28 日～12 月 28 日，由杭州市余杭博物馆、良渚博物院和萧山博物馆联合举办的"迎国庆——良渚文化大型特展"在萧山博物馆举行。

27. 2011 年 1 月 8 日～3 月 15 日，由杭州市余杭博物馆和嘉兴博物馆联合举办的"石破天惊——良渚文化玉器展"在嘉兴博物馆举行。

28. 2011 年 1 月 12 日～2 月 28 日，由杭州市余杭博物馆、良渚博物院和杭州历史博物馆联合举办的"良渚文化特展"在杭州历史博物馆展出。

29. 2011 年 1 月 26 日，良渚博物院院藏 56 件（组）书法作品赴德清县博物馆参加"全国书法名家作品展"。

30. 2011 年 2 月 19 日，良渚博物院藏破土器、石犁、石镰等 6 件石器参加由印度考古局与中国国家文物局在印度联合主办的"华夏瑰宝展"。

31. 2011 年 4 月 12 日～6 月 12 日，良渚博物院的"神圣与精致——良渚文化玉器精品展"在北京艺术博物馆开展。良渚博物院院长蒋卫东在开幕式报告会上作题为"神圣与精致——解读良渚文化玉器"的专题讲座。

32. 2011 年 4 月 26 日～7 月 1 日，由杭州市余杭博物馆和内蒙古博物院联合举办的"瑰宝——良渚文化玉器精品展"在内蒙古博物院展出。展览共精选琮、璧、钺、璜、柱形器、玉梳背、冠状器、玉瑗、项饰、手镯等良渚文化玉器精品 120 件（组）。展览分为"曙光——良渚文化来龙去脉"、"神圣——良渚文化玉器概述"、"精致——良渚文化玉器造型"三部分内容。中央电视台、新华社、凤凰卫视等 10 余家媒体进行了特别报导。

33. 2011 年 5 月 18 日～8 月 10 日，杭州市余杭博物馆、良渚博物院联合举办的"良渚玉韵——良渚文化玉器精品展"在宁波博物馆展出。

34. 2011 年 12 月 8 日，由无锡博物院、良渚博物院联合举办的"神圣与精致——良渚文化玉器精品展"在无锡博物院开幕，共展出良渚博物院馆藏玉器精品 101 件（套）。

35. 2011 年 12 月 15～30 日，杭州市余杭博物馆书画精品"长春图"赴浙江美术馆参加"诸乐三作品展"。

36．2012 年 5 月 15 日~8 月 10 日,良渚博物院与杭州市余杭博物馆共同精选出 123 件(套)良渚文化玉器精品，在宁波博物馆举办"良渚玉韵——良渚文化玉器精品展"。

37．2012 年 6 月 6~17 日，章太炎故居与山西姚奠中国学基金会、杭州名人纪念馆一起在北京国家博物馆举办"薪火相传翰墨流光——章太炎、姚奠中师生书艺展"。

38．2012 年 6 月 6 日~9 月 6 日,杭州市余杭博物馆、德清县博物馆联合举办的"玄翠孑霓——德清窑馆藏精品及瓷窑址考古成果展"在德清县博物馆展出。

39．2013 年 1 月 18 日~4 月 18 日，杭州市余杭博物馆、良渚博物院和金沙博物馆联合举办的"君住长江尾——良渚文明展"在金沙博物馆展出。

40．2013 年 4 月 28 日~6 月 25 日，杭州市余杭博物馆与甘肃天水博物馆联合举办的"韫玉良缘——良渚文化玉器展"在甘肃天水博物馆展出。

41．2013 年 5 月 16 日~6 月 16 日，杭州市余杭博物馆与良渚博物院、永康博物馆联合举办的"玉鸟流永康——良渚文明展"在永康博物馆展出。

42．2013 年 5 月 17 日，杭州市余杭博物馆与三门县博物馆合作举办的"余杭博物馆馆藏拓片精品展"在三门县博物馆展出。

43．2013 年 7 月 7 日~8 月 8 日，杭州市余杭博物馆与宝鸡青铜器博物院合作举办的"韫玉良缘——良渚文化玉器精品展"在宝鸡青铜器博物院展出。

44．2013 年 9 月 18 日，杭州市余杭博物馆与长兴县博物馆合作举办的"镌石印痕——环太湖流域博物馆馆藏拓片精品展"在长兴博物馆展出。

45．2013 年 9 月 29 日~2014 年 1 月 8 日，"神工问天——良渚文化玉器特展"在河姆渡遗址博物馆展出。展览分为"沟通天地"、"男女有别"和"玉不琢,不成器"三部分,共展出 101 件(组)出土玉器精品。

46．2013 年 12 月 27 日~2014 年 2 月 18 日，杭州市余杭博物馆"良渚文化玉器精品展"赴海南省海口市博物馆展出。

47．2014 年 3 月 8 日~4 月 18 日，杭州市余杭博物馆"良渚文化玉器精品展"赴江苏省吴江市博物馆展出。

48．2014 年 8 月 9 日~10 月 31 日，由山东省文化厅、山东省文物局、山东省文物保护与收藏协会联合主办,山东博物馆、良渚博物院、山东省博物馆学会承办的"玉润东方——大汶口—龙山·良渚玉器文化展"在山东博物馆展出。

49．2014 年 8 月 10 日~10 月 20 日,"海上明月——中国江南水乡文化博物馆馆藏浙、海两派书画名家作品展"在陕西省宝鸡青铜博物院展出。展品汇集杭州市余杭博物馆馆藏近现代海、浙两派名家字画 80 件(组)，为该馆馆藏书画首次省外展览。

50．2014 年 10 月 24 日~12 月 24 日,"海上明月——中国江南水乡文化博物馆馆藏浙、海两派书画名家作品展"在陕西省西安半坡遗址博物馆展出。

51．2014 年 12 月 11 日~2015 年 3 月 10 日，由良渚博物院、南京市博物馆联合举办的"良渚灵玉：神与人的对话——良渚文明展"在南京市博物馆展出。

52．2015 年 4 月 5 日～6 月 20 日，由北京大学、浙江省文物局、余杭区政府、杭州良渚遗址管委会主办，浙江省文物考古研究所、良渚博物院、杭州市余杭博物馆承办的"权力与信仰：良渚遗址群考古特展"在北京大学赛克勒考古与艺术博物馆展出，共展出良渚文化精品文物近 500 件（组）。国家文物局副局长宋新潮，北京大学副校长刘伟，浙江省文物局副局长吴志强，美国国家地理学会科技总监 Terry·Garcia 等来自世界各地的专家学者出席开幕式。

53．2015 年 5 月底，杭州市余杭博物馆和义乌市博物馆合作举办的"黄良起碑刻拓片艺术展"在义乌市博物馆展出。共展出杭州市余杭博物馆馆藏董其昌、唐寅、郑板桥、吴昌硕、黄宾虹、任伯年等名家书画拓片 68 件。

54．2015 年 6 月中旬，杭州市余杭博物馆与海南省海口市博物馆联合举办的"海上明月——中国江南水乡文化博物馆馆藏浙、海两派书画名家作品展"在海口市博物馆展出。

55．2015 年 9 月 29 日～2016 年 1 月 3 日，"梦回五千年——探寻消逝的良渚古国展"在广东省博物馆展出。

第二节 宣 教

1. 吴昌硕纪念馆揭幕仪式： 1986 年春，超山吴昌硕纪念馆竣工，举行揭幕仪式，前来祝贺的有上海、南京、苏州及浙江各地著名书画家钱君匋、曹简楼、蒋风白、陆俨少、周沧米、郭仲选、杜高杰、姜东舒、柳村、诸涵，省市县领导杨招棣、金春生、张义耕、程德鑫、王国平、王祖庭、顾文浩以及吴昌硕长孙吴长邺等 100 余人。收集到书画界赠送作品 107 件。

2."吴昌硕逝世 60 周年"纪念活动： 1988 年 2 月，吴昌硕纪念馆与杭州西泠印社联合在超山举行"吴昌硕逝世 60 周年"纪念活动。江、浙、沪一带 40 余位著名书画家和省、市、县领导、吴昌硕亲属代表 120 余人参加。活动中展出吴昌硕先生真迹和著名书画家作品，征集到沙孟海、陆俨少、钱君匋、周沧米等 50 幅名人字画。

3. 章太炎故居修复竣工仪式暨纪念章太炎逝世 50 周年活动： 1986 年 6 月 14 日，余杭举办"章太炎故居修复竣工仪式暨纪念章太炎逝世 50 周年活动"，活动在章太炎故居内举行。活动由省政协主席王家扬主持，县长程德鑫、太炎先生长子章导揭幕。省市县薛驹、杨招棣、毛昭晰、陈文锦、张义耕、俞志华、王祖庭、顾文浩、劳伟民等领导，章导、章念祖（长孙）、章念驰（次孙）等亲属，国内外近藤邦康（日本）、汪祖荣（美国）、骆惠敏、王西彦、李希泌、汤志钧、林乾良，以及书画家郭仲选、刘江、包辰初、何水法、姜东舒等约 80 余人参加活动，共收集名人字画作品 27 件。

4."神徽像"商标成功： 2001 年，良渚博物馆以良渚文化神徽像注册商标成功。

5."神秘的良渚文化"大型图片展： 2003 年 9 月 24 日，由杭州良渚遗址管理区管理委员会、中共杭州市余杭区委宣传部、杭州市余杭区教育局、杭州市余杭日报社共同主办，良渚文化博物馆承办的"神秘的良渚文化"大型图片展在黄湖中学拉开序幕。此次展览在余杭的 100 多所学校展出，观展学生达 7 万余人次。

6. 编印《走进良渚文化》乡土教材： 2003 年 12 月，良渚文化博物馆与区教委联合编辑《走进良渚文化》并发放到余杭区各中小学校，把良渚文化知识搬进课堂，纳入学校日常教育课程轨道。

7. 2004 年"春节期间 5 元开放"和"元宵节夜展"活动： 2004 年春节期间，杭州市余杭博物馆推出"春节期间 5 元开放"和"元宵节夜展"活动，游客量共计 1.6 万人次，扩大了新馆知名度和影响力。

8、"5.18"国际博物馆日： 国际博物馆协会于 1977 年将每年的 5 月 18 号设立为国际博物馆日，以增进人们认识博物馆在社会发展中的角色。余杭各文博场馆每年都举办系列活动：杭州市余杭博物馆举办"良渚文化遗址科学考察活动"、"余杭区文化遗产知识竞赛"等，还走进社区，邀请常驻人口参观博物馆，与社区居民建立可持续发展关系。章太炎故居开展"太炎故里 · 仓前老街故事会"等活动，唤起青少年对于文化遗产的保护、传承意识。良渚博物院历年先后开展"良渚文化进社区、进校园"、"我与文物的亲密接触"等活动，通过图片展、讲座及各种互动活动，宣传普查良渚文化知识。

9. 杭州市第四届"我看杭城新变化"暨"创业在杭州"市民快车参观活动： 2004 年 5 月 18 日，杭州市第四届"我看杭城新变化"暨"创业在杭州"市民快车参观活动启动仪式在杭州临平人民广场举行。叶明等市领导和社会各界代表一同参观了杭州市余杭博物馆，高度评价了博物馆的陈列水平。自 2004 至 2011 年，博物馆每年接待参与该活动的市民代表累计逾 15000 人。

10. 余杭新景点推介会： 2004 年 4 月 24 日，区文化（体育）局与区旅游局联合在临平举行余杭新景点推介会，把杭州市余杭博物馆向国内旅游界隆重推出，尝试将文化与旅游相结合，开创社会效益与经济效益双丰收的新局面。江苏、浙江、上海等地的旅游界人士和多家新闻媒体参加新景点推介会，认为该馆是解读江南水乡文化现象的重要窗口，对博物馆的市场潜力表现出浓厚兴趣，并对新景点如何开发旅游市场进行深入探讨。

11. 2004 年全国旅交会： 2004 年 6 月 5 日，全国旅游交易会在杭州和平会展中心正式开始。杭州市余杭博物馆抓住机会，加入余杭区"百人团"，与江、浙、沪等地十余个地区的 300 余家旅游企业交流信息，并连夜赶制"门票五折优惠章"现场盖章、发放，吸引了大量人流。当天 5000 份优惠券发放一空。

12. 成功注册"良渚"商标： 2005 年 2 月 28 日，良渚博物馆"良渚"8 种类型商标注册成功。

13. "文明参观月"活动： 2005 年 6 月，杭州市余杭博物馆开展"争做文明观众，我为创建加一分"文明参观月活动，倡导观众参观中做到"四个不"，即："不大声喧哗和跑动、不衣冠不整进馆、不吃零食进展厅、不触摸展品及玻璃"。

14. 2005 年余杭区志愿者讲解大赛： 2005 年 5 月 27 日，杭州市余杭博物馆与余杭区实验小学、区劳动技校和余杭广播电视大学联合举办"2005 年余杭区志愿者讲解大赛"。通过现场讲解、知识问答和最后陈述三个环节的角逐，王诗画等 10 位选手获得"十佳志愿者讲解员"称号，朱琳等 3 位选手获得优秀奖。

15. "探寻远古文明、走访革命圣地"夏令营活动： 2005 年 7 月 6~8 日，良渚文化博物馆组织良渚一小优秀学生开展"探寻远古文明、走访革命圣地"夏令营活动，探索发挥博物馆教育功能的新渠道。

16. 为出租车司机减压 为服务者服务： 出租车、公交车是服务市民的窗口，也是文明传播的使者。2005 年 7 月 13 日，杭州市余杭博物馆联合余杭区公管所，邀请 300 多名出租车、公交车司机走进博物馆参观，了解余杭的历史文化，以更好地服务乘客、宣传余杭。

17. "我心目中的良渚文化"书法创作、旅游纪念品设计征集活动： 2005 年 9~10 月，良渚文化博物馆组织开展"我心目中的良渚文化"书法创作、旅游纪念品设计征集活动。活动共征集到各类作品 170 余件，其中年龄最大的 80 岁，最小的 11 岁。

18. 小嘴儿说家乡： 从 2005 年暑假起，杭州市余杭博物馆针对小学生开办"小嘴儿说家乡"小小讲解员培训班活动。培训内容包括博物馆基础知识、讲解基础知识、余杭历史和良渚文化知识、现场讲解训练、文博专家讲述文物故事等。培训合格后颁发培训证书，并可到博物馆进行志愿讲解。培训的目的是让小朋友了解家乡、热爱家乡、用自己的语言描绘家乡，从而增长历史文化知识、增强写作和口语表达能力、学会更好地与他人沟通和交流。2005~2015 年，博物馆每年开展活动，累计培训 400 余名小小讲解员。

19. 为民工子弟小学建立图书角： 2005 年 9 月 30 日，杭州市余杭博物馆和余杭区育蕾小学三年级二班"结对子"，请全班学生到博物馆参观，在班级里建立图书角。

20. 文化遗产日活动： 2005 年 12 月，国务院印发《关于加强文化遗产保护的通知》，规定每年六月的第二个星期六为我国的"文化遗产日"。2006~2015 年，余杭各文博院每年参加杭州市园文局举办的"文化遗产日"宣传活动，向游客分发宣传资料，开展笛子独奏、余杭滚灯等余杭区传统特色节目展演。同时，在区内先后举办"文化遗产日 · 良渚文化宣传周进村巡回宣传演出"、余杭文化遗产图片展、百题知识问答、百人剪纸、"脉动的生命——京杭运河余杭段文化遗产普查成果展"、"余杭文化遗产普查成果展"、"文化遗产我知道有奖竞答"、"走进良渚遗址，关心遗产保护"等活动。2013 年，杭州市中国文化遗产日活动第一次走出主城区来到余杭，杭州市余杭博物馆策划实施"2013 年杭州市中国文化遗产日暨余杭区全国文化遗产宣传普及活动"主会场宣传活动，全市 30 多家文博单位在临平人民广场开展文化遗产咨询和展演活动。

21. 举办"良渚文化知识竞赛"： 2006 年 4 月 18 日~5 月 28 日，良渚文化博物馆举办"良渚文化知识竞赛"，通过都市快报、城乡导报等媒体发布赛题，吸引全省各地 1000 多人参与。经答卷阅评和电视现场抽奖，余杭的周雅芳、海宁的密春杰等分别获得一、二、三等奖和纪念奖。5 月 27 日，良渚文化知识电视竞赛在余杭电视台演播厅举行，来自余杭区有关部门、镇乡和良渚文化村的 6 支代表队就良渚文化、良渚遗址、世界遗产有关知识和文化遗产保护问题展开角逐。余杭区财政局代表队、良渚文化村代表队和瓶窑镇代表队分别获得竞赛一、二、三等奖，区教育局代表队、城管执法局代表队和良渚镇代表队获得优胜奖。

22．研究性学习活动： 2007 年，杭州市余杭博物馆与临平城区各中学联合开展"走进博物馆——研究性学习行动"。活动以培养学生的创新精神和实践能力为重点，学生按兴趣选择课题，组成研究小组，围绕课题提出问题、解决问题，并记录研究过程，作为研究性学习成果的分析依据。2007~2012 年，参加活动的学生共计 190 余名，共完成研究性学习报告 11 篇。

23．"探究良渚文化王陵遗址——反山、瑶山遗址"主题活动： 2007 年 8 月 16 日，良渚文化博物馆组织家乡学生"探究良渚文化王陵遗址——反山、瑶山遗址"的主题活动，遗址周边的良渚、瓶窑等 4 所中学的 10 余位优秀学生参加此项活动。

24．香港凤凰卫视"文化大观园"栏目良渚文化专题访谈： 2007 年 9 月 10~11 日，香港凤凰卫视"文化大观园"栏目来到良渚文化博物馆，邀请浙江省文物考古研究所研究馆员牟永抗作为访谈嘉宾，拍摄制作两集片长 45 分钟的良渚文化专题访谈节目。

25．良渚古城遗址参观活动： 2007 年 12 月 16 日，良渚文化博物馆举办"良渚古城遗址参观活动"启动仪式。自即日起，每逢双休日，开通由博物馆到遗址的专线车，每天上午 9：30 和下午 2：00 各发一趟，每车限 18 人，由博物馆讲解员带领观众参观古城北城墙、西城墙、反山遗址和莫角山遗址，让广大市民亲身体验"良渚古城"深厚的文化内涵。

26．研究性学习活动： 2007 年开始，杭州市余杭博物馆与临平区各中学联合开展"走进博物馆——研究性学习行动"。活动以培养学生的创新精神和实践能力为重点，围绕博物馆的实际工作，将学生们分成推介组、讲解组和文物组并设定待选课题。学生按自己的兴趣选择和确定研究学习的课题后，组成研究小组，围绕研究课题提出问题、解决问题，并将研究过程记录下来，作为研究性学习成果的分析依据。例如：推介组——任务是向观众推介语音导览机，根据推介记录和观众反馈意见，制作调查报告；讲解组——通过学习，熟悉博物馆陈列内容，能够像观众提供讲解，并且围绕所选择的研究课题，深挖历史文化内涵，获得研究成果；文物组——通过直接接触文物，制作文物藏品档案，学习到鲜为人知的文物专业知识。在活动过程中，博物馆提供各种类似科学研究的情境和途径，其中最吸引人的就是安排学生参观博物馆库房和考古发掘现场，让学生通过自己收集、分析和处理信息来实际感受并体验知识的生产过程，进而了解社会，掌握学习方法，培养分析问题、解决问题的能力和创新的能力。2007~2012 年，参加活动的学生共计 190 余名，共完成研究性学习报告 11 篇。

27．志愿者义务讲解活动： 2004 年，杭州市余杭博物馆建立志愿者服务队，倡导"奉献、友爱、互助、进步"的精神，弘扬社会美德。至 2015 年，累计培训志愿者 1500 余名，年均为游客讲解 300 余次，服务时间逾 2000 小时。2011 年 4 月，良渚博物院志愿者工作委员会成立，实现志愿者工作自主化管理，年均服务 3000 余小时。2012 年 6 月，良渚博物院志愿者服务社成功加入中国博物馆协会志愿者专业委员会。章太炎故居开放以来，年均志愿服务时间逾 1000 小时，平均每年为游客义务讲解 200 余次。

28．杭州市余杭博物馆夏令营活动： 2008 年起，杭州市余杭博物馆每个暑假开展夏令营活动。2008~2014 年，组织开展"博物馆之旅"、"游走博物馆"等夏令营活动，带领学生参观杭州各大博物馆；2009~2013 年，举办"考古夏令营"，组织学生考察玉架山遗址、良渚古城墙遗址、茅山遗址；2010 年，举办"缘聚水乡 快乐分享——浙皖少年手拉手夏令营"活动，为期 3 天，来自安徽芜湖市和余杭区的 180 名结对学生相聚博物馆，共同玩耍、学习和生活; 2011 年至 2015 年，开展"水乡寻梦"系列夏令营活动，带领 250 余名中小学生赴塘栖、乌镇、绍兴等地体验水乡文化。

29. 良渚文化内容列入中学历史教材： 2008 年 5 月，人民教育出版社初中二年级《历史与社会》教科书再版印刷，经国家教育部审核批准，良渚遗址管委会与浙江大学合作，首次将良渚文化内容列入中学历史教材。从 2011 年下半学年起，全国发行 1000 万册以上的义务教育课程标准实验教科书《中国历史》七年级上册，第二课原始的农耕生活中，又增加"浙江余杭的良渚遗址，距今四五千年，考古学家在这里发现了村落、古城、祭坛等遗址，出土了大量精美的玉器"等文字，并配发良渚遗址出土的玉琮、玉璧两枚特种邮票图案。良渚文化进入教科书又取得新成果。

30. "市民体验日"活动： 2008 年 5 月 25 日，由杭州市政府主办，杭州良渚遗址管理区管委会和杭州良渚文化村开发有限公司承办的"市民体验日"活动，让百余名市民亲身走进"实证中华 5000 年文明史最具规模和水平的地区之一"的良渚遗址，走进被誉为"中华第一城"的良渚古城，走进独具匠心的良渚文化博物馆新馆，走进良渚文化村放飞风筝，体验"传承良渚文明、创建北秀明珠"的良渚文化生活。

31. "我的三国绘"活动： 2009 年 10 月 1 日，良渚博物院配合临时展览"千古英雄——大三国志展归国汇报展"，与钱江晚报共同推出"我的三国绘"活动。参加活动的小朋友们"童笔无忌"，把心中所想的"三国"一一付诸笔端，活动邀请著名画家潘鸿海先生作为特约评委。仅 10 月 1~7 日国庆期间，良渚博物院共计接待观众 55000 多人次，其中 63% 以上的游客专程前来观看三国志展。10 月 25 日，良渚博物院与钱江晚报再次联合举办"三国文化沙龙"，受到广大"三国迷"的喜爱。

32. 流动的博物馆进校园： 2009~2015 年，杭州市余杭博物馆开展"流动的博物馆"活动，制作"纪念5.12 地震图片展"、"辉煌的历程——建党 90 周年纪念展"、"小灵 e 学园国宝也动漫——中国江南水乡文化博物馆十大镇馆之宝巡展"、"烽火余杭——纪念中国人民抗日战争胜利 70 周年巡展"，将历史知识送进校园。共为全区 50 余所学校的在校学生送上展览，参观学生共计 20 万余人次。

33. "国家文物纪事"良渚专题拍摄： 2010 年 3 月底，由国家文物局委托中国教育电视台摄制的 20 集电视系列纪录片"国家文物纪事"来到良渚拍摄，扩大良渚文化影响力。

34. 中华玉文化中心网站、良渚博物院网站开通仪式： 2010 年 3 月 30 日，中华玉文化中心网站（www.zhywh.com）、良渚博物院网站（www.lzmuseum.cn）开通仪式在杭州良渚遗址管理区管委会五楼会议室隆重举行。良渚博物院网站是良渚文化专业权威网站，网站的建设进一步拓展宣传阵地，迈出建设数字化博物馆工作的第一步，也最大限度地利用网络资源弘扬良渚文化，把良渚文化推向世界。

35. 北京大学第三届考古夏令营开营仪式： 2010 年 7 月 19 日，北京大学第三届考古夏令营开营仪式在良渚博物院举行。此次考古夏令营由北京大学考古文博学院和北京大学公众考古与艺术中心联合浙江省文物考古研究所及良渚博物院，共同举办的面向全国中学生的公众考古活动。来自全国 17 个省市 50 多所重点高中的一百多名优秀高中生参加了本次夏令营。自 2010~2015 年，良渚博物院每年都参与此项活动。2012 年 7 月 29 日，在北京大学第五届全国中学生考古夏令营启动仪式上，良渚博物院挂牌成为"北京大学良渚考古实习合作基地"和"北京大学考古夏令营暨公众考古学基地"。

36. 良渚博物院"夺宝奇兵"活动： 2010~2012 年，良渚博物院连续 3 年开展"夺宝奇兵"活动。活动采用卡通生肖动物为造型，通过文字标注拼音、画文物、猜诗谜以及了解与玉有关的诗句和字词等题型，促进未成年观众更好地了解良渚文化知识。

37.《玉石传奇》在中央电视台纪录频道播出： 2011 年 1 月 8 日，以良渚中华玉为主题的八集历史纪录片《玉石传奇》在中央电视台纪录频道晚间十点档开始播出，连播八天，良渚文化影响力进一步扩大。

38. 章太炎故居陈列改造完成正式开放：

2011 年 1 月 12 日，太炎先生诞辰 142 周年纪念日，章太炎故居举行正式开放仪式。故居陈列改造在"浙江省陈列展览精品奖"评选中获"最佳内容设计奖"。

39.《良渚玉器》特种邮票首发式： 2011 年 3 月 8 日，《良渚玉器》特种邮票举行首发仪式，良渚文化登上"国家名片"，这是继良渚文化被编入中学历史教科书后，良渚文化传播中的又一件大事。邮票志号为（2011-4），图案分别取自良渚文化最具代表性的玉琮、玉璧两种玉器，一套两枚，面值分别为 1.20 元，由全国著名邮票设计师夏竞秋先生设计。此次还在国内首次发行以玉为材质制作的"玉邮票"，图案、规格与纸质邮票一致。票设计师夏竞秋先生设计。此次还在国内首次发行以玉为材质制作的"玉邮票"，图案、规格与纸质邮票一致。

40."假面 DIY"活动： 2011 年 4 月 23 日，良渚博物院配合"我住长江头——古蜀文明展"开展"假面 DIY"活动。DIY 作品在 6 月 11 日杭州市园文局举办的"文化遗产与美好生活——2011 年中国文化遗产日"广场活动中进行义卖，所得款项 6311 元全部捐献给杭州市慈善总会"浙江儿童白血病救助基金"。

41."与大师一起来画画"活动： 2011 年 7 月 30 日，良渚博物院配合"师古妙创——师村妙石创新篆刻展"，开展"与大师一起来画画"活动。

42. 流动故居： 2011 年，流动故居"国学大师章太炎与辛亥革命图片巡展"走进校园和景区。2013 年，章太炎故居管理所对"有学问的革命家—章太炎"图片巡展内容进行更新，并进入近 30 所学校进行宣传。

43. 太炎先生修订《三字经》诵读活动： 2011 年，章太炎故居与区少工委组织开展《三字经》诵读活动，受到各界广泛关注。浙江卫视进行了专门报道，人民网、酷 6 网等多家媒体转播。

44."我眼中的太炎故居"青少年绘画夏令营活动： 2011 年和 2013 年暑假，章太炎故居先后举办两期"我眼中的太炎故居"青少年绘画夏令营活动。通过描绘青少年眼中的故居形象，宣传太炎先生的事迹和精神。

45."追思先辈功迹，传承民族文化"主题教育活动： 2012年4月，章太炎故居与南苑街道在清明节举行"追思先辈功迹，传承民族文化"主题教育活动，缅怀先烈，教育后人。

46."让历史告诉我们——传承文化精髓"主题活动： 2012年4月25日，杭州市余杭博物馆开展余杭区"让历史告诉我们——传承文化精髓"主题活动。2012~2015年，"蓝印花布"、"龙年话龙"、"宝贝纪事"、"诗说余杭"、"良渚文化"等具有江南历史文化特色的专题讲座先后50余次走进校园。

47."余杭区文博志愿者讲解大赛"： 2012年，杭州市余杭博物馆与良渚博物院、章太炎故居联合举办"余杭区文博志愿者讲解大赛"。

48."中华文明探源"作品征集活动： 2012年，美丽洲公司开展"中华文明探源"活动，共有文字及摄影类参赛作品532件参加评审。经评审，产生文字和摄影作品奖项33项。

49."考古余杭"知识竞赛： 2012年6~9月，杭州市余杭博物馆开展"考古余杭"知识竞赛，收到答题卡近千份。

50."龙袍试穿"、"锦囊妙计"及"龙形折页"等活动： 2012年7月20日，"龙腾九州——2012壬辰龙年特展"在良渚博物院开展，同时推出"龙袍试穿"、"锦囊妙计"及"龙形折页"等活动。

51. 太炎国学经典诵读活动： 2012年7~11月，章太炎故居开展"太炎国学经典诵读夏令营"及"太炎国学经典诵读周末班"活动，期间还邀请杭师大博士举办讲座，书法老师带领学生体验书法。

52."保护母亲河——良渚遗址流淌的美丽河流"摄影作品评选活动： 2012年8月20日，良渚遗址管理区团工委发起主办"保护母亲河——良渚遗址流淌的美丽河流"摄影作品评选活动。此次活动根据观众投票和评委现场评选结果选出优胜奖10名，入围奖20名。

53."茶香良渚、紫砂知秋"国庆智趣休闲游系列活动： 2012年9月26日，良渚博物院配合"紫砂故事——无锡博物院藏紫砂艺术展"推出"茶香良渚、紫砂知秋"国庆智趣休闲游系列活动，具体包括"品茶大会"、"紫砂知识知多少"、"陶壶DIY"、"我来说紫砂"、"紫砂宝壶评选大会"和"我在良渚你在哪"等子活动，同时出版《紫砂故事——无锡博物院藏紫砂艺术展》图录。

54."余杭名人与文化遗产故事创作讲演大赛"： 2012年9~12月，章太炎故居承办全区中小学生"余杭名人与文化遗产故事创作讲演大赛"，共收到稿件400余篇。配合大赛制作《余杭历代名人与各级文保单位》手绘地图，在广大青少年中宣传余杭的名人故事和文化遗产。

55."我为故居贴窗花"活动： 2013新春伊始，章太炎故居举办"我为故居贴窗花"活动，邀请全国十大神剪带领小学生学习剪窗花,为故居贴窗花。春节期间还举办新春送"福"等系列迎春活动。

56. "壶思妙想"大比拼——儿童陶艺 DIY: 2013 年 3~4 月,杭州市余杭博物馆结合"紫玉金砂——浙江长兴博物馆馆藏紫砂壶展",开展儿童陶艺活动,体验陶壶制作。

57. "中国江南水乡文化博物馆十大镇馆之宝"评选活动: 2013 年 6~11 月,杭州市余杭博物馆开展"十大镇馆之宝"公众评选活动。活动期间,余杭电视台每天播出 30 件候选文物的介绍短片;评选活动走进镇街,吸引市民参与评选;举办余杭文物讲坛——"镇馆之宝候选文物鉴赏"讲座;制作相关文化产品发放给市民;制作余杭电视台《对话余杭》专题节目,特邀三位文物专家作为嘉宾,录制专题访谈。活动历时 5 个多月,共收到市民投票 7827 张。根据观众投票与专家意见,最终确定"十大镇馆之宝"。

58. "良渚文化走进大专院校"系列宣讲活动: 2014 年 4 月 21~23 日,良渚博物院志愿者服务社组织志愿者分赴杭州师范大学、浙江省交通职业技术学院,开展"良渚文化走进大专院校"系列宣讲活动,通过流动展览、互动活动、讲座手段宣传良渚文化。

59. "追寻文化的记忆"拓印活动: 2014 年 7 月 4 日,杭州市余杭博物馆举行"追寻文化的记忆"拓印活动,以仿制的汉代铜镜、砖石等拓模,邀请观众亲身体验制作拓片,体验传统文化魅力。

60. "学做小小志愿者"暑期社会实践大本营: 2014 年 7 月 8~19 日,良渚博物院组织学生开展暑期社会实践活动,学习志愿者理论、文明礼仪,考察良渚文化遗址。

61. 为"村民书房"募捐爱心书籍: 2014 年 9 月 25 日,良渚博物院向良渚文化村社区"村民书房"捐赠书籍,涵盖了良渚文化丛书系列、良渚博物院历届临时展览精品图录系列、良渚文化研究报告及论坛文集系列,达 42 个类别、400 多本,累计金额超过 3 万元。

62. "迎国庆,加微信,赢国旗"活动: 2014 年 10 月 1~7 日,杭州市余杭博物馆开通微信公众号,免费播放电影《建国大业》,并开展关注微信赢国旗活动。

63. 制作《太炎故里、文化仓前》国画动漫宣传片: 2014 年,章太炎故居和杭州师范大学联合制作《太炎故里、文化仓前》国画动漫宣传片,该片在杭州市各大高校大学生科普创意设计竞赛中获得三等奖。

64. "我们的好家风——家风征集活动": 2015 年 4 月 3 日,为配合"我们的好家风——中国家谱家训族规资料展",章太炎故居开展"我们的好家风——家风征集活动",并向观众发放"我们的好家风征集卡",征集好家风,在故居的微信互动中晒出来。5 月,"家风的力量"讲座走进校园。7 月,由浙江理工大学故居实践小分队发起的"传承国学经典、弘扬优秀家风"实践活动在章太炎故居举行。10 月 24 日,举行余杭区妇联家风家训传承基地授牌仪式暨家庭教育沙龙活动。

65. "清明节踏青千桃园,体验非遗杭绣魅力"活动: 2015 年清明节,杭州市余杭博物馆带领 25 个家庭参观位于江干区千桃园的陆筱雅杭绣工作室,领略非遗杭绣的魅力,并开展家庭亲子活动——体验扎染手工技艺。

66. "手绘百子图"之玩转六一亲子活动: 2015 年 5 月 31 日,为庆祝六一国际儿童节,杭州市余杭博物馆组织 30 个家庭走进博物馆,体验手绘中国传统吉祥图——"百子图"。

67. "良渚文化节——走进高校"系列活动: 良渚博物院与浙江大学、杭州师范大学、浙江交通职业技术学院共同策划推出"良渚文化节——走进高校"系列活动,包含学术讲座、流动展览和"大美良渚"生艺术作品征集巡展等内容。受众达 2000 余名师生。

68. 端午节香袋制作活动：2015 年 6 月 20~22 日，杭州市余杭博物馆组织近 60 名儿童到馆参加活动，向每个家庭介绍了端午节的来历和习俗，并让儿童亲手制作端午节佩戴的香袋，体验传统文化。

69. 传统一夏——太炎故里传统文化体验系列活动：2015 年暑假期间，章太炎故居开展"穿越千年，有礼则安"——华服文化体验、"余韵，古琴文化之旅"——古琴斫制技艺欣赏与体验、"斗茶去"茶艺体验等系列文化体验活动。

70. 手工制作月饼 喜迎中秋佳节：2015 年 9 月 26 日，杭州市余杭博物馆组织 60 名小学生，在烘焙老师指导下制作广式月饼、冰皮月饼、苏式月饼等月饼，进行现场烘焙，体验劳动的乐趣，感受传统文化魅力。

71."六朝印迹"馆藏画像砖拓片制作活动：2015 年 11 月 1 日，配合"考古余杭系列展——三国两晋南北朝"，杭州市余杭博物馆组织 20 余名小学生开展拓片活动，拓印六朝时期画像砖，感受历史文化，传递考古知识。

第三节 学术科研

一、学术著作

1．2000 年 3 月，《余杭文物志》图录编印出版。

2．2003 年 12 月，《余杭博物馆馆藏文物精品选——书画卷》图录编印出版。

3．2004 年 10 月，《余杭博物馆馆藏文物精品选——玉器卷》图录编印出版。

4．2004 年，《余杭文物拾萃》图录编印出版。

5．2006 年 3 月，《江南水乡文化第一辑》编印出版。

6．2007 年 1 月，《余杭古桥》图录编印出版。

7．2007 年 12 月，《江南水乡文化第二辑》编印出版。

8．2008 年 5 月，《余杭博物馆馆藏文物精品选——陶瓷卷》图录编印出版。

9．2009 年 6 月，《江南水乡文化·江南水乡与社会文化变迁学术研讨会论文特辑》编印出版。

10．2010 年 3 月，《圣都美石——陕西宝鸡出土先秦玉器精品展》图录编印出版。

11．2010 年 11 月，《江南水乡文化·京杭运河与江南学术研讨会论文特辑》编印出版。

12．2011 年 6 月《余杭博物馆馆藏文物精品选——金属器卷》图录编印出版。

13．2011 年 9 月，《一代儒宗，千秋巨笔——环太湖流域博物馆馆藏章太炎先生作品联展》图录编印出版。

14．2011 年 12 月，《余杭遗韵——余杭区第三次全国文物普查成果精粹》图录编印出版。

15．2012 年 2 月，《金石翰墨，长驻风流—吴昌硕及五代后裔书画作品展》图录编印出版。

16．2012 年 3 月，《镌古拓今—黄良起碑刻艺术作品集》图录编印出版。

17．2012 年 6 月，《考古余杭—新石器时代》图录编印出版。

18．2012 年 12 月，《江南水乡文化第五辑》编印出版。

19．2013 年 2 月，《章太炎故居与仓前老街》、《余杭名人与文化遗产故事大赛获奖作品集》

编印出版。

20．2013 年 6 月，《梦萦水乡——潘鸿海油画作品选集》图录编印出版。

21．2013 年 1 月，《考古余杭——先秦时期》图录编印出版。

22．2013 年 11 月，《润物无声——中国江南水乡文化博物馆十年记忆》画册编印出版。

23．2014 年 7 月，《考古余杭——秦汉时期》图录编印出版。

24．2015 年 1 月，《叶庆文诗书画雕文集》图录编印出版。

25．2015 年 3 月，《天下一统——大秦帝国文物特展》图录编印出版。

26．2015 年 4 月，《太炎文化读本》（一套 5 册）编印出版。

27．2015 年 6 月，《海上明月——中国江南水乡文化博物馆馆藏浙、海两派书画作品展》图录编印出版。

二、学术研讨会

1. 成立"江南文化研究基地"

为庆祝开馆 5 周年，同时加强宣传、提升学术研究水平及地位，2008 年，杭州市余杭博物馆与复旦大学、华东师范大学等多所高校合作，成立"江南文化研究基地"。11 月 29 日，揭牌仪式在博物馆举行，并召开基地首届学术研讨活动——"江南水乡与社会文化变迁"学术研讨会。

2. "江南水乡与社会文化变迁"学术研讨会

由杭州市余杭博物馆主办的"江南水乡与社会文化变迁"学术研讨会于 2008 年 11 月 29 日在临平大厦举行。来自北京大学、复旦大学、华东师范大学、中国人民大学、浙江大学、上海师范大学、浙江工商大学、杭州师范大学等高校的专家，杭州历史博物馆、中国茶叶博物馆、嘉兴博物馆及余杭的专家学者 30 余人出席研讨会，提交论文 10 余篇，17 位专家作了发言交流。学者们探讨了江南水乡文化、历史遗存保护与开发等各种问题，提出进一步发挥杭州市余杭博物馆的龙头作用，开拓文化创意、文化旅游等产业，并参观考察塘栖运河综保工程。

会议在广义的"江南水乡与社会文化变迁"的视野下，纵观古今、对江南文化进行了不同角度的探讨。主要表现在以下几个方面：

一是从广度研究江南区域。复旦大学教授冯贤亮的《近世江南城乡的景观与民生》从地域景观、聚落形态、文化图像、社会景像四个不同角度看江南城乡变迁、水乡市镇结构及江南市民的人生追求。浙江大学教授严建强在介绍了中国江南水乡文化博物馆的筹备过程后，从越人极其强的生存理念认为越人的文化品格应该进行加强与发扬。同时也认为也应该重视藏储文化。

二是延伸江南地区水文化研究范围与研究视角，这不仅体现了江南地区民俗风情，也体现了江南文化的种种都与"水"有着密切的关系。这类文章有浙江大学教授吕洪年的《从水灯会的复兴看当代江南风俗的"亲水"情愫》，在该文中从杭州、钱塘江、萧山沈家渡的水灯会的历史、复兴说明杭州因水而名、因水而兴、因水而荣、因水而亲的"亲水"情愫。浙江省文物考古研究所研究员王明达的《江南水乡 万年辉煌》以文物考古的视角看江南水乡万年辉煌文化。上海师范大学教授尹玲玲的《1400-1948 年长三角地区的水产市场与饮食文化》对长三角地区的水产市场作为研究对象，认为 1400-1948 年间长江三角洲地区的水产市场层级体系经历了一个发展演变的过程。王庆的《余杭先民治水实践》论述了余杭因屡受水灾而涌现出许多治水功臣，成就了象南湖、西险大塘等著名的水利工程。在论证过程中特别强调了余杭历代县令及广大百姓在治水上的重要性。华东师范大学教授黄爱梅在《杭嘉湖平原水乡环境与早期社会组织的发展》一文以杭嘉湖地区史前遗址分布情况说明了水乡环境对社会组织发展的影响之重要。华东师范大学教授楼茜在《明清江南乡镇的牙人与社会》中指出牙人作为明清江南市镇中的活跃力量，虽为文人鄙夷，但与商人关系密切，为一般民众的日常生活提供种种便利，毁誉参半。

三是对江南地区人物及历史遗存的研究。如北京大学教授赵冬梅在《贾似道与临安士风》指出江南在长江的庇护之下，得多享和平之幸，且北方人士的大规模南迁，为江南的开发、发展，提供了知识、经验与力量，使江南成为帝国经济支柱及文化重要区域，直到近年"江南"的独特性得到了更加清晰的呈现。华东师大教授李世众在《探访晚清江南士人的意义世界和生活世界》中讲述了晚清时期江南士人在面对新的世界观和新的价值观涌入而导致其传统意义世界及生活世界变迁所采取的方式是：与传统之间重建有意义的承续，并在自我中定位方向。扬州大学教授王嘉川的《胡应麟"辨伪八法"之确解》通过对明代浙东学者胡应麟关于"辨伪八法"的理论论述和实际应用的考察分析，认为应该对联系古人的实际工作，进行理论与实践的综合考察，以达到对"辨伪八法"完整、准确的认识。中国人民大学教授皮庆生《新出《无锡州洞虚宫重建三元祠山殿记》考释》从对《无锡州洞虚宫重建三元祠山殿记》的撰碑、书碑者的考证，延伸至对宋元时期民间信仰的传播形式的考察、认为释道力量在民间信仰传播过程的推动作用等。苏州大学教授侯德仁的《帝王绍运图碑价值初探》从对该碑自身及作者黄裳的分析，认为它有着非常重要的文物价值与历史思想价值。余杭学者周如汉的《临平塘栖古镇的发育与社会进步》一文以临平、塘栖两镇的形成、发展到成熟过程说明了江南水乡古镇的前进是当地社会发展的动力。学者虞铭在《筑城与设官——明清塘栖镇政府机构的设置及其他》一文中论证了塘栖政府机构的设置的特殊性，认为塘栖是在知识阶层的领导下，采取了"小政府"与民间机构自我管理并存的合理架构。

四是对江南遗存的开发与利用。浙江工商大学教授徐日辉在《江南文化遗存的旅游开发》一文中认为对江南文化遗存的保护最好方式是在开发过程中进行有效的保护，即和谐的人地保护。杭州师范大学教授王心喜以《共同推进江南水乡与社会文化变迁研究》提出杭州师范大学将会与杭州市余杭博物馆加强合作，共同推进江南水乡与社会文化变迁。

3. 杭州市余杭博物馆学术委员会第一次会议

杭州市余杭博物馆于 2009 年成立了由馆内中级职称以上专业技术人员组成的学术委员会。旨在通过集广大职工之思，指导馆内学术研究、培养业务人员、参与馆内重大学术活动等，提升博物馆学术水平。

2009 年 7 月 28 日，召开学术委员会第一次会议。会议由学术委员会主任陆文宝主持，分两项议程。一由秘书长宣读《学术委员会职责》及《学术成果评比活动细则》。二是委员们对《职责》、《评比细则》进行讨论、完善。会上各委员各抒己见，纷纷提出建议与意见。博物馆顾问王明达先生针对杭州市余杭博物馆学术现状进行了透彻分析，提出了相应的改变方法。

4. "京杭运河与江南"学术研讨会

2009 年 12 月 5~6 日，由杭州市余杭博物馆主办的"京杭运河与江南"学术研讨会顺利召开。本次会议是自 2008 年成立江南文化研究基地以来召开的第二次学术会议。

浙江省文物局副局长吴志强参加了开幕式。来自中国人民大学、复旦大学、浙江大学、华东师范大学、苏州大学、天津师范大学、江南大学等高校的专家，浙江省文物考古研究所及杭州历史博物馆、嘉兴博物馆、萧山博物馆、德清博物馆、桐乡博物馆的同行，以及本地的专家学者 30 余人参加本次会议，提交论文 20 余篇，有 23 位专家作了交流发言，探讨了京杭运河本体、京杭运河与经济、市镇、文化的发展，现场气氛活跃。

此次会议的主要成绩是：齐聚运河沿线两岸专家，围绕京杭运河与江南这一主题，研讨运河本体文化及其影响。主要有京杭运河本体研究、京杭运河与经济发展、京杭运河与市镇发展、京杭运河与文化发展等。

5. "全球视野下的江南文化研究"国际学术研讨会

2011 年 12 月 10 日~12 日，由杭州市余杭博物馆和华东师范大学历史系共同主办的"全球视野下的江南文化研究"国际学术研讨会顺利举行。

此次会议不仅吸引了来自美国、日本、台湾和国内众多知名高校的专家和学者，同时浙江省文物考古研究所的专家学者和余杭本地的学者也参与其中。60 余位来自世界各地的专家学者相聚在余杭，就江南文化这一主题畅所欲言、各抒己见。此次会议提交论文近 50 篇。论文涉及内容包括区域内外的经济脉动、地方行政与基层组织，江南区域的早期历史、区域地理与环境变迁、地方文化与文学传统、地方社会与民间信仰六个方面。浙江省文物考古研究所几位专家给大家做了最新考古成果的报告及研究体会。历史学与考古学的交流研究也成为了此次研讨会的一个热点。

在大会过程中，各位与会的专家与学者对余杭人文环境和社会发展状况表示赞赏。作为闭幕式大会发言的代表之一，来自日本教授的滨下武志、国内年近八旬的教授王家范对主办方的工作给予了肯定，同时表达了对于当下历史学研究与发展及知识分子应做的努力所寄予的期望。

6. 章太炎与现代国学学术座谈会

2012 年 6 月 18~20 日，章太炎故居管理所与杭州师范大学国学院共同举办章太炎国学研修中心揭牌仪式暨章太炎与现代国学学术座谈会，探讨章太炎研究的现状、指出章太炎研究的方向，拓展研究的空间，引起省市媒体关注。

7. 2013 华夏阅读论坛之章太炎国学思想研讨会

2013 年 6 月，章太炎故居成功承办由中国阅读学研讨会、杭州市余杭区人民政府共同主办的 2013 华夏阅读论坛之章太炎国学思想研讨会暨"华夏书香地标"授牌仪式。中国阅读学研究会会长、省市区领导和章太炎后裔等参加了授牌仪式。中国阅读学研究会授予章太炎故居浙江省首家"华夏书香地标"荣誉和"太炎故里 书香仓前"纪念牌匾。来自全国 8 个省市的与会专家领导出席揭牌仪式，收到论文近 40 篇。

8."博物馆传承与创新"学术研讨会

2013 年 11 月 20~22 日，由浙江省文物局、浙江省博物馆学会、杭州市余杭区人民政府主办，杭州市余杭区文化广电新闻出版局、杭州市余杭博物馆承办的"博物馆传承与创新"学术研讨会在天都城国际假日酒店举行。

研讨会以"博物馆传承与创新"为主题，旨在提升新时期博物馆陈列展览的水平，充分发挥博物馆公共文化服务功能。会议吸引了来自北京大学、中国人民大学、南开大学、浙江大学、华东师范大学、吉林大学等高校及省内外近 70 家博物馆的专家学者 100 余人参与。杭州市余杭博物馆两位业务人员在会上做了交流发言。

9. 历史地图专题研讨会

2014 年 7 月 26、27 日，杭州市余杭博物馆和中国人民大学国家社科基金重大项目《清史地图集》课题组联合举办的"历史地图专题研讨会"在临平大酒店召开。来自德国海德堡大学(Heidelberg University)、台北故宫博物院、台湾"中央研究院"、中国科学院、中国社科院、北京大学、中国人民大学、复旦大学、上海交通大学、暨南大学、上海大学、安徽大学、内蒙古师范大学、广西师范大学、中国地图出版社和杭州研究院等学术机构的三十七位专家学者莅会参与。与会专家学者围绕历史地图编绘、古地图研究及其他相关历史地理问题等，从不同方面和角度展开了深入研讨。

10."第二课堂活动基地教育实践的组织模式与体系构建——以章太炎故居为例"结题研讨会

2014 年 10 月 29 日，章太炎故居举办"第二课堂活动基地教育实践的组织模式与体系构建——以章太炎故居为例"结题研讨会。该课题于 2013 年 4 月启动，至 2014 年 10 月结题。课题组负责人杭州师范大学国学院博士姚永辉介绍课题的基本情况并展示第二课堂分级导览册的最终效果。与会人员根据活动中遇到的具体情况提出建议：如希望学校积极配合场馆加强现场管理，同时做好如何参观故居（博物馆）、如何有序参与活动等方面的参观前教育；馆校双方如何在学生素质教育的整体性、长期性和有效性方面进一步深化合作，以寻求实现第二课堂宗旨的最佳效益。会议针对第二课堂活动形式、场馆推广及学校考核体系等进行了探讨。

11."江南市镇与地图文化"学术研讨会

2015 年 10 月 24 日，由杭州市余杭博物馆和中国地图出版社主办的"江南市镇与地图文化"学术研讨会在临平举行。来自中国人民大学、华东师范大学、复旦大学、中山大学、武汉大学等高校的各位专家，围绕着古代江南市镇的发展变迁等问题，进行了深入探讨。

三、学术研究课题

1. 小林万陈 2 号墩 M27、M28 良渚墓葬保护课题

2004 年，余杭小林万陈 2 号墩遗址发掘出土两座良渚文化墓葬（编号为 M27、M28）。墓葬由人尸骨架和随葬品构成。墓葬内人尸骨架整体形态保存尚完好，特别是下颌骨完整、牙齿齐全，但其骨质已大部分腐烂脆化。为完整保存好两座墓葬及人尸骨架，杭州市余杭博物馆联合杭州市化工研究所（上海触媒电气有限公司）对其进行整体切割搬迁、土质加固和骨架的防腐保护技术处理，使墓葬土质和骨架不再继续风化和腐烂，做到长期保存。保护课题历时二个月，分墓葬整体切割搬迁、土质保护和人尸骨架保护三部分。在切割搬迁过程中首先采用直径大小不一

的 PVC 圆管（Φ3-6cm）切割成半圆柱状对骨架采取防压保护，对土质用 2-3 层棉质覆盖并在表面用 10cm 石膏封盖成型，待石膏固化成型后，对墓葬进行切割，墓葬土层整体切割厚度在 30cm 左右，然后用木板固定，整体搬迁至室内，将石膏、棉纸及 PVC 圆管取掉，进行下一步化学保护。针对硅酸盐特性土质，采用以有机硅酮类高分子材料配以其他无机补强材料、固化剂、防老剂等，通过喷淋渗透的方法，使有机高分子材料深入墓葬土块内部，将其固化加固，加固后其颜色保持原样。人尸骨架由蛋白质、磷酸钙、含氟化合物等构成，主要采用有机含氟高分子材料配以抗氧化剂、防腐剂、固化剂等制成的高校涂层对其进行保护，使其已经脆化、腐烂的骨架得意充分加固，并防止今后蛋白质不再降解腐烂。经过保护处理后，两座墓葬土质及人尸骨架具备抗菌、抗氧、抗风化及耐日光老化等特性，其更利于保管及展示。小林万陈 2 号墩 M27、M28 良渚墓葬现保存于杭州市余杭博物馆。2009 年 M27 在"余杭考古成果展"中首次在公众面前亮相，引起观众极大的关注。

2. 良渚文化玉璧制作工艺研究课题

2006 年，杭州市余杭博物馆和上海应用技术学院联合开展良渚文化玉璧制作工艺研究课题。良渚文化玉器制作精美，是我国史前玉器的杰出代表，其制作工艺一直是学界研究热点。玉璧作为良渚玉器出土较多的品种，关于其的研究主要集中在起源及用途，关于其制作工艺的研究当时未见报道。课题研究人员通过对杭州市余杭博物馆馆藏的 16 件出土自良渚文化墓葬出土的玉璧为研究对象，采用肉眼观察和显微镜观察两种方法从外观和加工微痕来探讨玉璧的制作工艺。结果表明良渚文化玉璧的制作需要经过开料、成形、钻孔、打磨和抛光等工序。开料采用线切割的方式；外缘的成形是先将片状玉料切割成方形，然后逐渐倒角、磨圆；中孔由管钻借助解玉砂对钻而成；打磨有粗磨、细磨之分，打磨工具本身含有固定的砂砾；抛光用的是细小的散砂。2009 年第六期（总第 212 期）《东南文化》考古探索栏日刊登课题研究报告《良渚文化玉璧制作工艺初探》。

3. 杭州市余杭博物馆馆藏木漆器脱水保护课题

2009 年 3 月至 2010 年 3 月，杭州市余杭博物馆与杭州市化工研究所（上海触媒电气公司）联合对馆藏良渚文化木漆器开展脱水保护课题研究。课题选取余杭街道南湖遗址及余杭经济开发区灯笼山遗址出土的四十件良渚文化时期木漆器进行脱水研究。除了漆绘把石钺为余杭经济开发区灯笼山遗址出土外，其余三十九件均为南湖遗址出土的木器。出土后，漆绘把石钺用塑料薄膜封存，其余木器则浸泡于水中保存。由于没有采取专业保护措施，存在继续腐烂、开裂、收缩变形等隐患。

漆绘把石钺的漆绘木柄木质已腐烂，仅留存漆皮在土质中。对于该文物的保护，采用"泥质文物化学材料渗透加固封存保护法"，用用以含硅的有机高分子辅以无机材料及固化剂、促进剂、防老剂和防霉剂等组成的化学保护加固液进行渗透加固。在加固和封存的同时，做到透气、防水、防潮，加固后的土质文物外貌、色泽保持原状。对木质文物的保护我们将采用以下方案进行。

对木质文物的保护采用的化学保护液不同于国内通常使用的"聚乙二醇出土木材水分置换法"。主要采用两种化学液分别浸泡出土木器，由于两种化学液可以交联反应，在第二次化学液浸泡竹木材后两种化学液在木材里相护交联，并与出土木材里的纤维交联反应，使木材内部得到力学加固，经这样保护的出土木材与"聚乙二醇出土木材水分置换法"相比，一是可以缩短保护时间,其保护周期只是"聚乙二醇出土木材水分置换法"的 1/4,二是木材的内部强度得到提高。

2010 年 3 月 24 日,课题正式通过验收。经过保护后,这些木漆器文物更加方便保存与展示。

4．茅山遗址出土牛脚印、田埂及稻田加固保护项目

2010 年,浙江省文物考古研究所对茅山遗址进行的考古发掘中,出土了大面积的良渚晚期的水稻田,为防止行人路滑而大量用红烧土覆盖的田埂,及水稻田边路上的牛脚印迹。这些首次发现的新石器晚期的稻作文明的田野实例,为印证 3500 ～ 4500 年前的中华农耕文明提供了实证。

茅山遗址的这些发现非常珍贵,但因客观条件所限,最后选取部分遗迹整体搬迁至室内,开展有针对性的加固、防风化、抗氧化保护课题研究。2011 年 6 月,杭州市余杭博物馆与杭州市化工研究所、上海触媒电气有限公司(文化遗产保护中心)联合开展茅山遗址出土牛脚印、田埂及稻田加固保护课题研究,总费用 60 万元。2012 年 11 月,该项目完成并通过验收。

主要研究内容、解决的关键问题及难点：茅山遗址出土的水稻田、牛脚印、红烧土覆盖的田埂都属泥质文物,最大问题是土质易脱落、松散、开裂。为此,需进行内聚强度的加固,但加固材料又不能影响其外观、色泽、质地、手感等。经过化学材料加固的泥质文物在视觉上要看不出变化,但又能起到加固作用,使其不脱落、松散、开裂,这是泥质文物保护的难点之一;泥质文物整体搬至室内后,会逐渐干燥,泥土会出现开裂,为保持其外观的整体性和较好的视觉效果,须对裂缝进行修复,而修复材料的色泽、质地须和原土质一样,这是泥质文物保护的又一难点;第三方面,经过加固的泥质文物还需具备防水、防潮、防风化、抗氧化等功能。针对这三方面,研究的重点是开发一种低粘度、高渗透的有机硅材料,甲组为低粘度有机硅树脂,乙组为有机硅固化剂,两种材料混合后在一定的适用期内将其渗透到泥土的本体内,然后产生固化反应,从而起到对泥质文物的加固、防水、防风化、抗氧化作用,同时又不影响其外观。

主要创新点：目前对泥质文物有防潮、防水的保护技术,但该保护不能起到加固作用;同时,对泥质文物可以进行加固的保护技术又存在改变其色泽、质感的问题。因此,研究的主要创新点是：开发一种既能加固泥质文物,又能防潮、防风化,但又不影响其外观、色泽、质感的化学材料。本课题是开发一种低粘度,同时对泥质文物又有非常好的渗透性的有机硅酮材料,甲乙两组混合后在 1 ～ 2 小时的适用期内渗透进泥质文物的深层,对其表面进行加固、封存保护,起到防潮、防风化、抗氧化作用,同时不会改变其外观。

中期验收

5. 茅山遗址出土独木舟科技保护项目

茅山遗址出土的独木舟是良渚文化首次发现，也是国内考古发掘出土中迄今发现最长、最完整的史前独木舟，为研究中国水上交通史、了解良渚文化时期先民生产生活状态提供了珍贵的实物资料。2011 年起，在浙江省文物局的统一领导下，以国家文化遗产保护科技区域创新联盟为依托，以浙江省博物馆、浙江省文物考古研究所、浙江大学和杭州市余杭博物馆为主体，开始实施茅山良渚文化独木舟保护课题研究。该项目分四个阶段逐步完成，经费预算 600 万元。

第一阶段（2011 年 3~4 月）：保护棚建造。租用超山闲置的 550 平方米厂房，进行必要的改造后作为独木舟保护场所。为保护棚配送可满足各种用电设备同时使用所需的充足的电力，并建造供水、排污等设施。保护棚的门窗、采光、换气、安全及设施等具体要求，由浙江省博物馆专家提出。备用槽、恒温槽的制作，设备的选购、安装、调试，在浙江省博物馆专家指导下进行。南端二层的三间附属房简单装修后用于临时办公和休息。

第二阶段（2011 年 5 月）：独木舟提取和搬运。根据发掘状况和工作程序的具体要求，独木舟整体搬迁保护工作内容主要包括：文物保存状况评估，主要病害形式调查，基础测绘、测量等数据记录与文物原始信息的记录与提取，文物出土现场稳定保护，整体搬迁技术措施实施，脱离原址与异地安置等。根据技术路线和具体工作内容，搬迁保护的主要操作步骤为：基础调查程序、搬迁工作面的修整、隔离包装搬迁对象、制作金属整体框架、底部的机械分离、搬迁物通体整固、吊装—运输—卸载、实验室保护前处理。具体委托陕西省文物考古研究所完成。

第三阶段（2011 年 4~6 月）：独木舟表土清除和定位。由负责提取、运输的单位将含有独木舟和泥土、填充物的包装箱从保护棚入口平稳地搬至棚内指定位置，然后把包装箱倒置（独木舟底朝上），文物考古和文保人员对独木舟底部进行去土作业，表土清完后，先用硅橡胶贴附在独木舟底部表面，再在硅橡胶上用玻璃钢加固，待支撑、定位稳妥后，仍由提取、运输单位负责把船体作 180 度翻转（独木舟舱面朝上），文物考古和文保人员再对独木舟仰面进行去土作业，表土清完后，由提取、运输单位负责把独木舟放入备用槽。

第四阶段（2011 年 8 月~）：独木舟脱水定型。茅山独木舟属良渚文化地层出土的大型木质文物，由松科原木加工而成，埋藏于含水淤泥中，裸露的边缘尚完整，中部显示有损伤痕迹，整体较萧山跨湖桥独木舟完整。长约 7.5 米，平均宽约 45 厘米，舟深不清。手感判断含水率高于跨湖桥独木舟（340％），降解程度高，整体较脆弱。将饱水木构件中的水分冻结成固体，然后在低于同温度时饱和蒸汽压的环境下使固态水直接升华脱除，这样理论上不产生表面张力，避免了木材的干燥应力，木构件干燥后的尺寸和形状可保持不变。用该方法处理，设备投资、运行与维护费用较大，但定形效果在各种方法中最佳，且处理后器物质感良好。预冻过程会使某些木材产生细裂纹，但不影响尺寸稳定。脱水定形后须作必要的修复。

浙江省文物局局长鲍贤伦视察保护现场

6."余杭历史文化"研究课题

2010 年,杭州市余杭博物馆与华东师范大学历史学系合作开展"余杭历史文化研究"课题。第一轮课题自 2010 年 6 月开始,2013 年 5 月结束。2013 年 11 月份开始新一轮合作研究。2010 年 6 月启动两项子课题。其一为"径山禅茶文化研究",该子课题的中期成果包括《径山禅茶文化资料选辑》、《径山禅茶文化大事记》及若干专题研究论文,最终成果为《径山禅茶文化研究报告》。其二为"运河(余杭段)历史文化研究",该子课题的中期成果包括《运河(余杭段)历史及文化文献索引》、《运河(余杭段)历史文化资料选辑》、《运河(余杭段)历史文化调查实录》,最终成果为《运河(余杭段)历史文化研究报告》。两项子课题于 2010 年 12 月底完成。2013 年,第一轮合作成果《余杭研究丛书——仓前研究》已经编印出版。11 月份,与华东师范大学签订新一轮合作协议,继续对余杭历史及江南水乡文化进行深层次探讨。至 2015 年,第二轮合作成果《余杭研究丛书——塘栖研究》、《余杭研究丛书——临平研究》和《余杭研究丛书——径山研究》先后编印出版。

在研究过程中,华东师范大学负责项目的实地调查与研究,包括实施田野调查、采集民间文献、发掘和整理相关资料、撰写研究报告,并向博物馆提供课题的中期成果和最终成果。杭州市余杭博物馆参与项目组织、实施,并组织相关业务人员参加课题的实地调查、资料整理和研究工作。同时为华师大的研究工作创造有利条件,包括提供文献资料或文献线索,负责联系、接洽在余杭等地的田野调查等。在项目进展过程中,双方共同承办了"全球视野下的江南文化研究国际学术研讨会"。为拓展与深化双方合作,双方还共同建设研究性教学实践基地,为部分优秀学生提供研究性实践机会。

7.玉架山出土玉器无损检测课题

2012 年 9 月,杭州市余杭博物馆与浙江省文物考古研究所、北京大学考古与文博学院联合开展"玉架山遗址出土玉器无损测定"课题,课题入选浙江省文物保护科技项目。2013 年 7 月和 12 月,杭州市余杭博物馆先后两次选送两批玉器赴北京大学进行检测,2015 年初通过省文物局组织的中期评估。

良渚文化玉器因其精湛的选料制作技术成为中国乃至世界史前考古中不可回避的物质文明

的代表；良渚玉石器手工业产生的社会文化和经济背景也是研究中国新石器时代晚期社会复杂化和文明探源工程中的重要组成部分。玉架山遗址的发现与发掘为认识和研究良渚社会结构以及玉石器手工业提供了新的重要线索，因此对玉架山遗存的研究具有深远的学术意义和价值。目前，玉架山共发掘清理了良渚文化墓葬 490 余座，出土各类文物 6000 余件（组），其中包括约 60% 的玉器。玉器种类丰富、等级较高，主要有琮、璧、钺、三叉形器、璜、冠状梳背、镯及数量较多的锥形器、管珠等。对这批玉器的研究不仅有助于正确认识和分析玉架山聚落；也是比较分析良渚遗址群和玉架山为代表的聚落群的相互关系，深入认识和研究良渚文化的重要内容。近年来，随着自然科学技术手段在考古学中的广泛应用。玉器无损分析技术已发展的日趋成熟。通过对玉器的矿物组成，主微量元素成分分析等研究，可以明确认识玉器遗存的质地、成分特征，对于讨论古代玉器手工业的选料、产地、交换和分配机制等问题都有着重要的学术价值。

玉架山出土玉器无损检测课题主要对玉架山墓地出土的玉器进行系统全面的无损分析，分析技术包括显微红外光谱、激光剥蚀电感耦合等离子体发射光谱和能量色散 X 荧光光谱等主要方法。

目的及意义： 系统全面分析玉架山出土玉器的质地和主微量元素组成，理清这批玉器质料上的基本分类和特点，通过现代统计分析方法，比较分析玉料相关性因素，探索其来源、玉料与器类的关系，进而讨论玉架山遗址玉器手工业的基本形态和特征；同进行过无损分析的良渚遗址群玉器、高城墩玉器进行比较分析，探讨良渚社会玉料的产地和选料模式、玉器手工业的生产规模、社会关系网络和玉器交换分配机制等议题，深入研究良渚文化的社会复杂化进程。以玉架山玉器为主，初步建立余杭地区良渚文化玉器主微量元素成分数据库，主要内容包括标本基本档案信息、形貌特征信息（包括标准色度照片、微观形态照片等）和成分分析数据等，数据库将向各相关单位开放利用，为进一步系统地比较分析良渚文化玉器乃至中国古代玉器提供学术范例和基本资料；通过玉架山玉器无损分析，改善和加强无损分析设备与手段，提高无损分析的精度和针对性，为同类研究提供更好的组合分析平台。

主要研究内容： 玉架山出土玉器的质地和主微量元素组成；玉架山出土玉器的玉料种类；玉架山出土玉器的相关性；玉架山出土玉器不同质料同墓葬等级、空间位置、年代的相关性；根据上述内容，归纳出玉架山聚落玉器手工业生产的一般模式和特点；比较已有的良渚遗址群和高城墩玉器数据，探讨整个良渚文化内玉器原料的产地和玉器手工业的模式及具体形态。

拟解决的关键问题： 玉架山玉料是否同源；通过与其他地点的比较，确认玉架山聚落是否在玉器生产上也是一个自给自足的社会单位；通过与其他地点比较，分析玉架山刻纹玉器和玉琮、璧、钺等身份标志物的相关性，从而深入探讨玉架山和良渚遗址群的聚落关系。

难点： 无损分析测定玉器的微量元素，提高玉器微量元素测定的精确度，是此课题的难点之一；由于数据量大，成分复杂，相关因子决定结果的合理性，所以对多元因素的分析探索是课题的关键；考古学研究和成份分析如何有机的结合。如何通过玉器的主微量元素数据，讨论各类考古学议题，得出正确结论，是课题完成的保证，同样是难度较大的问题。

课题研究的主要创新点： 第一次将激光剥蚀电感耦合等离子体原子发射光谱 (LA-ICP-AES) 技术应用到古代玉器的成份分析当中。LA-ICP-AES 技术可以做到无损分析微痕量元素，其检出限比通常的无损分析的 XRF 低一至二个数量级，同时使用激光器剥蚀进样，又达到了对珍贵文物无损分析的要求。将考古和科技分析有机结合，通过分析人员和考古工作者紧密合作，以考古类型学研究为基础，开展玉器的科技分析，对于良渚文化玉器的考古学研究将起到很大促进作用。多学科综合研究，拟开展包括玉器的考古类型学研究、成份分析、显微红外光谱结构分析、加工痕迹观察等多种手段联合研究，从各种角度对玉架山玉器进行分析，相互比较印证。

采取的技术路线：通过玉器的类型学研究，确定需要分析的玉器种类和数量；观察玉器表面的加工痕迹，确定玉器的加工方法；分析玉器的结构，探索其特征；玉器样品开展成份分析，分析其主量、微量元素，并对所获数据进行统计学处理；进行比较分析，撰写报告。

研究方法包括：玉器表面加工痕迹使用体视显微镜观察并记录拍照；玉器质地的确定使用显微红外光谱进行分析；玉器主量、微量元素的分析则使用激光剥蚀电感耦合等离子体发射光谱和能量色散 X 荧光光谱进行分析。

预期成果及成果形式：在相关期刊上发表 3-5 篇研究论文，构建结构完整、数据齐全的开放性数据库库，确保整个课题研究方法合理、过程科学、技术新颖、结论可靠，并完成课题成果报告。

8、"第二课堂活动基地"教育实践的组织模式与体系构建》课题研究

2013 年，章太炎故居与杭师大国学院合作开展《"第二课堂活动基地"教育实践的组织模式与体系构建》课题研究，并以故居为例设计分别为适宜不同年龄阶段的观众使用的故居导览手册，在杭州第二课堂活动基地中首次开展此类研究，旨在为第二课堂活动开展的科学性、系统性提供有力的学术支撑。

9、"面向虚拟展馆的可移动文物全景快速高清数字化系统研发"科研项目

2014 年，杭州市余杭博物馆与浙江工业大学联合申报浙江省文物局文物科技保护项目"面向虚拟展馆的可移动文物全景快速高清数字化系统研发"科研项目，共同对馆藏的 200 件珍贵文物开展 3D 展示研究。2014 年完成项目申报，与浙江工业大学签订课题合作协议。2015 年开始系统研发。

四、学术讲座

1．2006 年 6 月 3 日，杭州市余杭博物馆邀请华东师范大学副教授冯贤亮在博物馆报告厅举办《器物与记忆——明清江南城乡的人生》专题讲座，主要为江南社会文化史方面的内容，如江南城镇及文化、明清江南繁荣的青楼文化、明清江南地区的士绅阶层与消费文化（包括园林、家庭用具、饮食、文化消费）等。

2．2007 年 5 月 27 日，杭州市余杭博物馆邀请国家金银制品质量监督检验中心（上海）、上海市珠宝饰品质量监督检验站副站长、博士刘卫东在博物馆报告厅举办《玉器鉴定基础》专题讲座。内容包括现代珠宝玉石鉴定方法、常见玉器的基本性质及其简易鉴别方法、现代分析测试技术在古玉鉴定领域中的应用等。什么是玉；现代珠宝玉石鉴定方法概述；常见玉器的基本性质及其简易鉴别方法；现代分析测试技术在古玉鉴定领域中的应用等。

3．2008 年 12 月 27 日，值开馆五周年之际，杭州市余杭博物馆邀请浙江省文物鉴定审核办

公室研究员王牧在博物馆报告厅举办《铜镜鉴赏》专题讲座。王牧搜集了大量精美的铜镜图片，以幻灯片的形式讲述了不同时代的铜镜特点，传授了鉴定铜镜的方法。与讲座同步推出的还有"岁月宝鉴——中国江南水乡文化博物馆馆藏铜镜特展"。

4．2009年4月28日,杭州市余杭博物馆邀请嘉兴画院副院长张文野举办《闲述蒲华》专题讲座,主要内容为蒲华生平、作品特色介绍,博物馆全体人员及区内书画爱好者参加讲座。

5．为配合"汉风楚韵—徐州汉代楚王陵墓文物特展",提高观众对汉文化的认识,2009年10月20日,徐州博物馆馆长李银德在杭州市余杭博物馆作了题为《徐州楚王陵墓探秘》的讲座。

6．2010年5月29日,配合临时展览"风姿绰约——陕西古代陶俑艺术展",良渚博物院邀请著名名物考证专家扬之水在浙江省图书馆文澜讲坛主讲《"风姿绰约"中的"更衣记"与"浮世绘"》,吸引众多听众慕名而来。

7．为提升博物馆专业人员的业务水平,及时解决文物整理和研究工作中遇到的实际问题,2010年11月22日,浙江省考古所研究员胡继根在杭州市余杭博物馆举办《浙江汉墓的发展与演变》专题学术讲座,介绍了浙江地区汉代以来的葬俗制度、墓葬类型和随葬器物的演变,重点讲解了汉以降器物的断代历史,并进行了现场答疑。

8．2010年11月30日,杭州市余杭博物馆邀请华东师范大学历史系教授董建波举办《20世纪江南地区耕地面积与人口压力》专题讲座。报告主题是20世纪江南地区耕地与人口压力,董建波教授通过查阅古籍、数据分析,从耕地面积增减、耕地生产力、人口增减等方面深刻分析了20世纪上半叶江南地区人们生活低下的原因不是人口的增加,而是土地生产力下降及经济结构变化。

9．2011年4月17日,"余杭当代十大收藏家"暨"余杭民间收藏十大精品"大型推选活动系列讲座之一在余杭大厦举行。省文物鉴定中心研究员周刃主讲玉器鉴赏,研究员周永良主讲书画鉴赏。众多藏友携藏品到现场鉴宝、交流经验。

10．2011年5月7日,"余杭当代十大收藏家"暨"余杭民间收藏十大精品"大型推选活动系列讲座之二在绿城蓝庭会所举行。活动邀请浙江省文物鉴定审核办公室研究员周永良、马争鸣、王牧等资深文物鉴定专家主讲,现场鉴赏点评入围"余杭民间收藏十大精品"的候选藏品及收藏爱好者们带来的各类民间藏品100多件。

11．2011年9月27日,余杭举办文物保护工程培训班。来自余杭区文广新局、杭州市余杭博物馆、章太炎故居管理所以及各镇（街道）分管领导、文体中心主任等人员参加培训。浙江省文物局副局长吴志强、浙江省文物考古所所长李小宁分别为培训学员授课。

此次培训针对余杭近年来文物保护工作出现的新情况,以实例介绍当今文物保护方面的新思路、新观念、新趋势。吴志强副局长介绍了文化遗产的保护与管理,以法律条文为基础,阐述了国外文化遗产保护的实例,结合国内先进经验,为今后余杭文物保护提出新思路。李小宁所长通过事例,讲解文物修缮过程中存在的问题,并结合余杭文物工程实际提出保护的各项原则。

12．2012年8月14日,浙江省文物考古研究所研究员方向明在杭州市余杭博物馆举办"良渚文化的神人兽面像——观念形态和美术形式的个案研究"专题讲座。

13．2013年7月26日,杭州市余杭博物馆副馆长吕芹在博物馆报告厅举办《物华天宝——

中国江南水乡文化博物馆十大镇馆之宝评选候选文物鉴赏》专题讲座。

14．2014 年 2 月 14 日，香港中文大学历史系邓聪教授在良渚博物院做关于"中俄最早玉器出现的背景"的讲座。从"四万年前玉器起源的背景"、"俄罗斯阿勒泰最早玉器"、"北方系统 ~ 贝加尔湖软玉南下"、"南方系统 ~ 兴隆洼玉器东亚扩散"、"余论"五个方面来阐述中俄最早玉器出现的背景。

15．2014 年 4 月 11 日，余杭区第一次全国可移动文物普查专题讲座在杭州市余杭博物馆举办。浙江省博物馆保管部主任、研究员蔡小辉介绍了第一次全国可移动文物普查的要求、注意事项及工作中的具体问题和解决措施。

16．2015 年 3 月 20 日，为配合"天下一统——大秦帝国文物特展"，杭州市余杭博物馆邀请秦始皇帝陵博物院院长、秦俑博物馆馆长、陕西师范大学博士生导师曹玮先生做《秦始皇与秦帝国》讲座。

17．2015 年 6 月 26 日，由大英博物馆 Margaret Sax（玛格丽特 · 萨克斯）女士主讲的《晋侯墓地玉器制作技术研究》专题讲座在良渚玉文化创意产业园举办。讲座主要介绍了传统玉器的加工方法与加工工艺，通过自己研究出的方法对制模后表现的玉器特点与标准实验用工具、非旋转刚性直锯与转轮、不同种类锯在玉器上的完成效果、不同硬度的研磨材料等方面进行了比较。

余杭文物志◎保护管理篇

第五篇 保护管理

第一章 机构 队伍

余杭文博工作,解放前无专门机构。1950 年 3 月,建立杭县文化馆(兼管文物工作)。1957 年,余杭县人民政府设立负责全县文物保护管理的专门机构——余杭县文物保护管理小组。1976 年,改名为余杭县文物管理委员会,其办公室隶属县文化馆。1986 年,文物管理委员会办公室单独建制,隶属县文化局领导。1993 年 7 月 1 日,由于良渚文化博物馆和余杭县博物馆相继建立,经余杭县编制委员会批准,全县文博单位定编 25 名,隶属关系、基本职责未变。后随着杭州市余杭博物馆(原余杭县博物馆)、良渚博物院(原良渚文化博物馆)的建成开放,文博工作队伍持续壮大。至 2015 年年底,全区专职文博工作者已有 80 余人。

第一节 行政管理机构

一、余杭区文物管理委员会

1950 年建立杭县文化馆后,文物工作成为文化馆工作内容之一。1957 年成立杭县文物保护管理小组,由组长金凤梧(文教副县长兼)、组员曹庆南(文教科长)、屠再华(浙江省驻杭县电影三级管理干部兼文教科文化干事)三人组成。办公地点在县政府大院内。当时文教科已配备负责文物工作的专职干部黄德章,有关文物方面的具体工作则由文化馆负责,并设有专职人员王刚。1966 年“文化大革命”开始,文物工作停顿,70 年代后工作逐渐恢复。1976 年 10 月,经县政府批准,恢复原机构并定名为余杭县文物管理委员会,由夏行权任主任。1979 年 9 月,重新调整和充实了领导成员和委员,由蒋金惠兼主任,张建洲、章成卿为副主任。由于政府换届,分管领导变更,文物管理委员会的组成人员每次都做适当调整并予公布。

余杭区文物管理委员会为全区文物事业议事协调的机构。随着业务范围的扩展,为便于工作起见,委员也逐步扩充到各有关部门的负责人。

余杭区文物管理委员会下设办公室,属文物事业单位。1971 年配备专职文物干部 1 名,1984 年增至 3 名。1986 年以后,随着文物事业的发展,人员逐步增加。1998 年底,共有工作人员 11 人。2005 年 7 月 7 日起,经余杭区人民政府批准,与余杭区文化广电新闻出版局文物保护科合署办公。2007 年 12 月 28 日,经余杭区机构编制委员会批准,区文物管理委员会办公室不再设为办事机构。2012 年 12 月 27 日起,经余杭区人民政府批准,由余杭区文化广电新闻出版局文物保护科承担区文物管理委员会办公室的日常工作。

文物管理委员会办公室的主要任务是:在余杭区文广新局的直接领导下,行使政府主管本行政区域内的文物保护管理的职能,贯彻执行政府的文物法规和条例;主管本行政区域内的文物保护管理;掌握全区的文物资源、文献资料和征集历史、革命文物;保护文物古迹和名胜景点;管理和修缮各级政府在本区境内的重点文物保护单位和文物点、纪念地;对已暴露危及安全保护的遗迹、墓葬进行抢救性考古发掘;筹建博物馆和对文物点管理所的领导;有关文物事项的调查研究;宣传《文物保护法》,利用文化遗产进行爱国主义和革命传统教育;配合协助公检法部门打击文物犯罪活动等。

1988 年，县文物管理委员会办公室因保护良渚遗址成绩显著，受到县委、县政府表彰，被授予先进集体称号。1993~1995 年，连续三年被县文化局授予文化系统先进集体。1995 年被授予全国文化先进集体的光荣称号。

附：（一）余杭区文物管理委员会历届委员名单

1976 年 10 月

主任委员　夏行权（副县长兼）

1979 年 11 月

主任委员　蒋金惠（宣传部）

副主任委员　张建洲（宣传部）

　　　　　　　章成卿（文化局）

1982 年 9 月

主任委员　顾文浩（副县长兼）

副主任委员　徐正时（宣传部）

　　　　　　　章成卿（文化局）

1985 年 6 月

主任委员　劳伟民（副县长兼）

副主任委员　刘义安（宣传部）

　　　　　　　汪士云（文化局）

1987 年

主任委员　劳伟民（副县长兼）

副主任委员　刘义安（宣传部）

　　　　　　　张竟成（文化局）

1990 年

主任委员　劳伟民（副县长兼）

副主任委员　刘义安（宣传部）

　　　　　　　张竟成（文化局）

1993 年

主任委员　陆瑞芬（副县长兼）

副主任委员　胡健民（文化局）

　　　　　　　沈妙忠（宣传部）

1998 年

主任委员　钱杭根（副市长兼）

副主任委员　陈志敏（宣传部）

　　　　　　　陈梅乾（文化局）

（二）余杭区文物管理委员会办公室历届主任、副主任名单

1979 年 11 月

主　任　岑乐安（文化局党组成员）

副主任　王云路

1982 年 9 月

主　任　章成卿（文化局长兼）

副主任　刘吉贵（文化馆长）

　　　　　王云路（文化馆副馆长）

1985 年 6 月

主　任　王云路

1987 年

主　任　张竟成（文化局长兼）

副主任　王云路

1990 年

主　任　张竟成（文化局长兼）

副主任　王云路

1993 年

主　任　胡健民（文化局长兼）

副主任　王云路（~1993 年 10 月）

　　　　　戚水根（1993 年 10 月~）

1996 年

主　任　胡健民

副主任　戚水根

主任助理　陆文宝

1998 年

主　任　陈梅乾（文化局长兼）

副主任　戚水根、陆文宝

二、余杭区文化广电新闻出版局

余杭区文化广电新闻出版局是全区文物事业的主管部门，前身为余杭市文化局。主要承担贯彻实施《中华人民共和国文物保护法》等文物保护法律法规；制定全区文物、博物馆事业发展规划；负责文物资源调查及文物保护、管理、利用工作，组织协调区内考古发掘工作；负责各级文物保护单位（点）的考察和申报工作；参与世界文化遗产申报工作；会同有关部门负责历史文化名镇（村、街）的考察和申报工作；负责区境内各级文物保护单位（点）及其他不可移动文物保护规划、维修方案和预算的组织编制工作，并实施维修项目的竣工验收；负责业余文保员队伍建设和管理；指导协调区内博物馆建设；负责全区民族民间艺术资源的普查、保护和利用；承担区文物管理委员会办公室的日常工作。

1978 年以前，文化、教育合在一起，称余杭县文教局。1978 年单独建制。1984 年 1 月，与广播电视台合署办公，改名为余杭县文化广播电视局。同年 11 月，析出，称余杭县文化局。建制后历任局长有：章成卿（副局长，主持全面工作）、汪士云、张竟成、胡健民、陈梅乾、金国强、冯玉宝。办公地点几经搬迁，现办公地点为临平街道邱山大街 281 号。

2011~2015 年，余杭区文化广电新闻出版局连续 5 年荣获杭州市文物保护管理工作先进单位。2015 年，被浙江省人民政府授予大运河浙江段申报世界文化遗产工作先进单位。

三、余杭区文物监察大队

余杭区文物监察大队其前身为余杭市文物监察中队。余杭文物保护任务繁重，特别是良渚遗址盗挖及贩卖、破坏文物现象时有发生。针对此情，根据杭州市园林文物局〔1996〕119 号《关于杭州市园林文物监察大队监察工作办法的通知》精神，1997 年 1 月 8 日，经余杭市机构编制委员会批准，建立余杭市文物监察中队，主要职责为负责查处市内文物违法行为、组织做好日常防范巡查和项目审批的跟踪监察工作、做好群众举报和信访接待处理工作。与余杭市文物管理委员会办公室实行两块"牌子"，一套"班子"，不另设编制，不增人员。其职责由办公室工作人员承担，行政上接受余杭市文化局领导，业务由杭州市园林文物监察大队指导，戚水根兼任中队长。

余杭区文物监察大队组建于 2006 年，为副处级事业单位，与区文化市场行政执法大队为"两块牌子，一支队伍"，隶属于余杭区文化广电新闻出版局管理，接受其委托全面负责全区文物监察执法工作。大队核定参公编制 28 名，内设 2 个科室和 3 个监察中队。其中，综合科负责大队日常办公事务；执法监督科负责法制、案审等事宜；临平、余杭、良渚 3 个监察中队负责各自辖区内的文物保护单位(点)的日常监察执法以及举报查处工作。根据《杭州市良渚遗址保护条例》(2013 年 11 月 22 日修订版)第二十九条之规定以及杭州市园林文物局《关于加强良渚遗址文物行政执法工作的函》(杭园文〔2014〕51 号)文件精神和要求，2014 年 11 月起，区文化广电新闻出版局成为良渚遗址文物监察执法的主体，行使其文物行政处罚权。区文化广电新闻出版局与杭州良渚遗址管理所加强沟通协调，最大限度实行日常管理与监察执法的有机结合，确保良渚遗址文物得到较好的保护。

余杭区文物监察大队坚持"保护为主、抢救第一、合理利用、加强管理"的文物工作方针，不断加强日常文物监察执法工作力度和广度，下乡村进工地宣传文物保护法律法规，每年组织开展夏季防汛、冬季防火文物专项大检查。文物监察工作成绩显著，所办文物案件多次获得省市嘉奖：2009 年、2011 年，余杭区文物监察大队被浙江省文物局授予年度文物行政执法监察工作成绩显著单位称号，被杭州市园林文物局授予文物行政执法责任制考核优胜单位。2010 年，余杭区文物监察大队在组团中心街道派驻监察中队的做法，在杭州地区尚属首例，对于延伸执法手臂，扩大执法覆盖面，增强街道（镇）的文物监察执法力量，完善部门联动机制，提升执法工作效率，起到了积极作用。2011 年 10 月 2 日，中央电视台《新闻联播》节目对这一做法进行了报道。

四、余杭县文物图书清理小组

1968 年，由公安局、财税局、商业局、人民银行、文教局等单位联合组成余杭县文物图书清理小组。县人武部指定周加光、屠再华负责，参加者有伊文元、郭友涛、莫兰珍、冯银如等 10 余人。该小组的主要任务是负责在"文化大革命"初期全县范围内"破四旧"中的文物、工艺品、图书的接收、清理、处理工作。"破四旧"的物资原先分别堆放在余杭、瓶窑、塘栖、三墩、临平各区，损坏、流失严重。为统一管理，除三墩区的抄家物资由杭州市运走外，其他各区物资全部由清理小组接收，集中移至临平，在当时的县文教局内设专库指派专人保管。县文物图书清理小组原先由县人武部领导，后归属县革委会生产指挥组。1970 年划归文教局，物资由张贵潮保管。后县文物图书清理小组的人员陆续回原单位。1971 年，全部物资移交县文化馆，由陈关贤、沈德祥接收。

1984 年 10 月，余杭县统战部、宣传部根据中央关于落实文革中查抄文物、图书退还原主的政策精神，专门成立了落实政策的清退小组，由中共余杭县委统战部庄肃敬、宣传部徐正时负责，文化馆王云路、沈德祥具体落实清退。此项工作大体分整理、登记、发还三个阶段，通过在《浙江日报》、《杭州日报》刊载通告，县有线电台广播宣传及介绍清退中的有关事项，以及对某些已知物资发出认领通知等措施，特在临平公园卫生学校内专门展示了清退物资，便于被查抄者前来认领。从 11 月 25 日至 12 月 25 日，共接待认领人 167 人次，有 47 人认领字画 381 幅、扇子 68 把、玉器 103 件、瓷器 124 件、锡器 2 件、砚台 7 块、印章 30 枚、铜器 20 件、图书 403 册、其他物品 62 件。

五、浙江省良渚遗址群保护领导小组

1995 年 5 月 3 日，浙江省人民政府根据《中华人民共和国文物保护法》、《中华人民共和国文物保护法实施细则》、《浙江省文物保护管理条例》等有关法律、法规，发文建立了浙江省良渚遗址群保护领导小组。领导小组职责是：从宏观上对良渚遗址群的规划、保护、管理、发掘、研究和利用等重大问题进行指导和协调。

领导小组名单如下：

组　长	徐志纯	省政府
副组长	杨丽英	省政府
	叶德范	杭州市政府
	张　曦	省文化厅
成　员	胡理琛	省城建厅
	王彩琴	省财政厅
	何福清	省文化厅
	黄子钧	省公安厅
	王爱新	省工商行政管理局
	王振民	省交通厅
	徐再生	省土地管理局
	姚荣民	省打私办
	陈　铮	杭州海关
	陈文锦	省文物局
	吴非熊	杭州市政府
	陆瑞芬	余杭市政府
	李国培	德清县政府

六、余杭市良渚遗址群保护领导小组

余杭市人民政府根据浙江省人民政府浙政发〔1995〕133号文件关于《良渚遗址群保护规划》的批复精神，结合良渚遗址群保护范围大、责任重、困难多等实际情况，为切实加强对遗址的保护，协调各部门之间的工作，决定成立余杭市良渚遗址群保护领导小组。领导小组统一指挥、协调和处理全市良渚遗址群保护工作的有关事宜。

1996年余杭市良渚遗址群保护领导小组名单：

组　长	陆瑞芬	市政府
副组长	胡健民	市文化局
	王公成	市府办
组　员	陈志敏	宣传部
	沈志忠	市计委
	陈士涛	市城建局
	张坤山	市土管局
	顾松根	市公安局
	马金才	市司法局
	张竟成	市交通局

潘金祥　市工商局

包丽蓉　市财政局

冯火森　良渚镇

黄木英　瓶窑镇

谢顺根　安溪镇

戚水根　市文管办

1998 年，余杭市人民政府余政发〔1998〕113 号通知公布市良渚遗址群保护领导小组组长为钱杭根，具体工作由市文化局承担。

七、乡镇良渚遗址群保护领导小组

良渚遗址分布最密集的良渚、安溪、瓶窑三镇，1980 年始就建有文物管理小组，分管镇长任组长，由文化、政法、联防、城建、土管等部门人员组成。1992 年进行了调整。1996 年根据省、市统一定名为"良渚遗址群保护领导小组"。其职责是：按浙江省制定的保护规划，把良渚遗址的保护列入镇政府的工作议事日程；对镇内遗址实行有效的保护措施，并按浙江省《良渚遗址群保护规划》，修订本镇的城镇和村镇规划、经济开发区等基建项目；对镇、村文保组织及业余文保员队伍进行管理；依法制止和打击本镇内的盗挖、贩卖、走私文物等犯罪活动。三镇良渚遗址群保护领导小组名单如下：

1988 年

良渚镇：卜德法（组长）　熊小民　姚景文　高军湘　田　民　唐爱国　徐晓东

安溪镇：王寿琨（组长）　严兴连　施建平　颜云泉　谢顺根

瓶窑镇：陈月琴（组长）　李长春　金国平　戚汉成　杨国强　曹云法　盛志炎　陆顺玉

长命乡：何阿毛（组长）　蒋永财　陆松伟　许金英　倪国良

1992 年

良渚镇：卜德法（组长）　姚景文　高军湘　陈利炎　丁红连　黄正秋　陈顺德

安溪镇：王寿琨（组长）　施建平　施玉飞　严兴连　张金千

瓶窑镇：陈月琴（组长）　何阿方　沈雪刚　盛志炎　金国平

1996 年

良渚镇：丁洪林（组长）　陈顺德（副组长）　高军湘　唐爱国　俞蔚平

瓶窑镇：傅　勤（组长）　沈雪刚（副组长）　李长春　金国平　陈立梅

安溪镇：谢顺根（组长）　施玉飞（副组长）　陈锦华　钱南山　孙春华

1998 年

良渚镇：丁洪林（组长）　陈顺德　俞蔚平　高军湘　唐爱国

瓶窑镇：王万兴（组长）　沈雪刚　李长春　金国平　陈立梅

安溪镇：郭迎辉（组长）　施玉飞　陈锦华　钱南山　孙春华

第二节 事业单位

一、各镇、街道文体服务中心

文体服务中心隶属于各镇人民政府、街道办事处，为正科级事业单位，承担辖区内文物保护工作。主要职责是：组织开展辖区内文物调查，发现文物及时报告区文物行政主管部门；依法做好辖区内文物保护单位（点），以及其他具有一定价值的不可移动文物的保护、管理和利用工作，开展文物安全检查，落实文物修缮及其日常管理维护；发现文物被盗、被破坏、被损坏等情况，立即报告区公安部门和文物部门；配合区文物行政部门做好各级文物保护单位（点）的推荐申报工作；开展文物保护宣传。

二、章太炎故居纪念馆

章太炎故居纪念馆办公地点设于章太炎故居东侧，隶属于余杭区文化广电新闻出版局管辖，定编 3 人，属全民事业单位。其主要工作职责：负责章太炎故居的日常保护和管理，做好相关文物资料的征集以及研究和宣传教育。

章太炎故居原委托仓前镇政府代管。1989 年 10 月 7 日，成立章太炎故居管理所，所址设在章太炎故居内。隶属余杭县文化局管辖。定编 1 名，人事、业务工作均归余杭县文物管理委员会办公室管理。主要职责是：广泛收集材料；扩大对章太炎一生的革命业绩及其学术贡献的宣传；确保故居安全。管理所成立以后，对故居内部进行了安全设施整理维修，增添消防器材、开展防治白蚁工作。举行多种形式的宣传活动，宣传《中华人民共和国文物保护法》，举办"纪念辛亥革命 80 周年章太炎生平事迹展"，在报刊上介绍章太炎先生的有关事迹。征集资料充实故居展览内容。故居每天对外开放，成为激发广大群众爱国之心的好教材，被余杭教委列为德育教育基地。

2011 年 1 月，章太炎故居管理所成立独立法人机构，独立运行，在编人员增加至 2 人。近年来，故居加强文物征集、学术研究和展览教育工作，新征集文物 85 件(组)，召开全国性学术研讨会 3 个，出版图书 3 本（套），举办临时展览 20 余个，开展宣传教育活动 200 余场次，接待观众近 30 万人次。故居获得杭州市青少年第二课堂主题活动创新奖、杭州市第二课堂活动先进基地、陈列展览获浙江省陈列展览精品奖最佳内容设计奖等荣誉，先后被列为余杭区党风廉政教育基地、杭州市第二课堂活动基地、浙江省爱国主义教育基地和"华夏书香地标"等。2016 年 2 月 5 日，经余杭区机构编制委员会批准，更名为章太炎故居纪念馆。

第三节 社会团体

一、杭州市余杭区良渚文化学会

杭州市余杭区良渚文化学会成立于 1985 年 4 月，是从事良渚文化、江南水乡文化和余杭历史文化的保护、研究和利用工作的群众组织，现有会员 60 余人，隶属于余杭区文学艺术联合会管辖，办公地点设于杭州市余杭博物馆。

学会成立早期，主要从事良渚文化宣传、保护研究和开发利用工作为主。组织会员配合文物考古部门对良渚文化遗址进行调查发掘，协助制定良渚遗址保护规划；部分会员参与了反山、瑶山、罗村、庙前、汇观山、梅园里等良渚文化遗址的发掘，以及星桥横山两座良渚大墓的抢救性发掘；协助省文物局、省考古所对良渚遗址进行全面调查，以制定《良渚遗址群保护规划》；配合中国城市规划研究设计院制定《良渚遗址保护区总体规划》。部分会员积极配合征集石、陶、玉器等各种流散的出土文物，极大地丰富了余杭的馆藏。组织举办良渚文化展及讲座，先后邀请南京博物院汪遵国、浙江省文物考古研究所王明达举办良渚文化知识讲座；良渚文化器物先后赴杭州岳庙、六和塔，余杭超山举办展览。配合编辑出版《良渚文化》简报、《文明曙光》画册，以及《良渚文化》、《文明的曙光》论文集等良渚文化出版物。部分会员参加良渚文化发现 50 周年学术座谈会、1990 年良渚文化学术讨论会、国际百越文化学术讨论会、1991 年稻作农业与吴越情结学术研讨会、1996 年纪念良渚遗址发现 60 周年国际学术研讨会等学术会议。

进入 21 世纪以来，随着余杭文物事业的发展，学会团结全区民间文物爱好者和文化遗产保护热心人士，工作内涵扩展至促进良渚文化、江南水乡文化和余杭历史文化的宣传、保护、研究和传承。学会参与了良渚遗址申遗、大运河申遗、余杭区第三次全国文物普查、全区馆藏文物数据库建设、杭州市青少年学生第二课堂计划、余杭区文化遗产知识宣传普及工程、余杭区第一次全国可移动文物普查等重要工作，协助区内文博单位举办展览、宣教和学术科研活动，配合区文物监察大队、良渚遗址管理所开展文物执法，成为余杭民间文化遗产保护的重要力量。

历届理事会名单如下：

第一届：主席周如汉，副主席陈荣泉、王云路，秘书长沈德祥。

第二届：主席周如汉，副主席程世华、陈荣泉，秘书长王云路，副秘书长章忠勋，名誉主席张竟成、沈德祥。

第三届：主席周如汉，副主席程世华、章忠勋，秘书长王云路，副秘书长陆文宝，理事戚水根，名誉主席张竟成、陈荣泉、沈德祥。

第四届（1998 年 10 月选举产生）：主席戚水根，副主席盛正岗，秘书长陆文宝，理事王云路、章忠勋，名誉主席周如汉、程世华、陈荣泉、沈德祥。

第五届：主席戚水根，副主席郭青岭、蒋卫东，秘书长陆文宝。

第六届：主席陆文宝，副主席蒋卫东、郭青岭，秘书长陈益女，理事盛正岗、林金木、梁慧娟、费国平、周黎明，顾问张炳火，名誉主席程世华、张长工、周如汉、陈荣泉、王庆、王云路、戚水根。

第七届：主席陆文宝，副主席蒋卫东、郭青岭，秘书长陈益女，副秘书长梁慧娟，理事郎情樱、唐琳、孙海波、王永翔、吕芹。

二、业余文物保护员、文物守望者队伍

1993 年，余杭县文物管理委员会办公室在全县范围内聘请了首批"业余文物保护通讯员"50 人。后逐步发展，尤其是良渚遗址分布重点乡镇，有业余文保员近百名。早在 1983 年的文物普查中，一大批关心文物保护的积极分子，不仅提供了大量线索，捐献资料，而且带领文物干部翻山越岭，实地寻找、查看古迹遗存。各乡镇的重要遗址、文物保护单位、供销社在各乡镇的废品收购站、

挖沙工地等地，都有业余文保员的足迹，成为文物事业的前哨和尖兵。

2009 年 5 月，根据杭州市园林文物局统一部署，余杭区建立文物守望者队伍，以弥补文物执法人员的不足。首批文物守望者共 35 人，分布于各镇、街道，由余杭区文物监察大队管理。后按照"两年一聘、自愿加入"的原则，对文物守望者队伍作部分调整。

2015 年，为适应新形势下文物保护工作的需要，余杭区文广新局在全区范围内重新公开招募业余文物保护员（文物守望者）。经个人自荐或村（社区）推荐、镇（街道）考察、区文广新局审核等环节，9 月 7 日，确定公布王会龙等 68 名同志为余杭区业余文保员（文物守望者），调整、充实了业余文物保护员（文物守望者）队伍。

多年来，文物部门通过组织业余文物保护员（文物守望者）集中学习《文物保护法》，参加文物保护知识培训，到遗址发掘现场和博物馆参观等方式，提高他们的业务水平；对业余文物保护员（文物守望者）采取签订文物保护工作责任书或分片包干管理的形式，落实工作职责，年终进行考评。为调动这支队伍的积极性，对表现突出者予以表彰奖励，并通过余杭电视台等媒体进行宣传，引起社会的强烈反响。

附：余杭区业余文物保护员（文物守望者）工作职责

1、认真学习、遵守文物保护法律、法规、规章、政策。

2、积极配合区文物主管部门及所在镇（街道）做好文物保护宣传，提高群众的文物保护意识。

3、做好所负责的文物保护单位（点）的日常巡查、卫生及防盗、防火、防损毁工作；协助文物所在镇（街道）及时消除文物保护单位（点）的安全隐患；一旦发生险情，保护现场，及时向区文物主管部门及所在镇（街道）报告。

4、及时上交在文物调查及其他途径中获取的文物和相关资料，个人不得收藏、买卖文物，并积极动员其他群众上交出土文物。

5、及时发现、报告、制止破坏文物的违法行为，并积极协助文物、公安等部门做好查处工作。

余杭区业余文物保护员（文物守望者）名单

序号	名称	所属镇街	级别	业务文保员（文物守望者）
1	独松关和古驿道	百丈镇	全国重点文物保护单位	王会龙
2	釜托寺	百丈镇	杭州市文物保护单位	俞志清
3	章太炎故居	仓前街道	全国重点文物保护单位	鲁 斌
4	仓前粮仓	仓前街道	全国重点文物保护单位	姚海燕
5	寡山摩崖题刻	仓前街道	杭州市文物保护单位	吕沈萍
6	大运河-广济桥	塘栖镇	全国重点文物保护单位	唐建华、朱章炜
7	塘栖乾隆御碑与水利通判厅遗址	塘栖镇	浙江省文物保护单位	王永平
8	塘栖水北明清一条街	塘栖镇	杭州市文物保护点	王永平
9	大纶丝厂旧址	塘栖镇	杭州市文物保护单位	沈秋红
10	栖溪讲舍碑	塘栖镇	杭州市文物保护单位	林永金
11	郭璞井	塘栖镇	杭州市文物保护单位	林永金
12	太史第弄	塘栖镇	杭州市文物保护点	林永金
13	塘栖八字桥檐廊一角	塘栖镇	杭州市文物保护点	孟泉水
14	清店桥	塘栖镇	杭州市文物保护单位	应琳燕
15	海云洞摩崖题记	超山风景名胜区	浙江省文物保护单位	沈忠华
16	吴昌硕墓	超山风景名胜区	浙江省文物保护单位	钱 炜
17	"超峰"题刻	超山风景名胜区	杭州市文物保护单位	钱 炜
18	"虎岩"石刻	超山风景名胜区	杭州市文物保护点	钱 炜
19	独山碉楼	崇贤街道	杭州市文物保护单位	吴方琴
20	中共鸭兰村支部旧址	崇贤街道	杭州市文物保护单位	叶建强
21	雷家桥古纤道	杭州余杭经济技术开发区（钱江经济开发区）	杭州市文物保护单位	沈 丰
22	黄湖抗战阵亡将士纪念碑	黄湖镇	杭州市文物保护点	洪玉通
23	小古城遗址	径山镇	全国重点文物保护单位	殷伟民
24	径山古道	径山镇	杭州市文物保护单位	张涛、周方林
25	东碉桥	径山镇	杭州市文物保护单位	张涛、周方林
26	"喝石"题刻	径山镇	杭州市文物保护单位	张涛、周方林
27	径山钟楼（含南宋孝宗御碑、明永乐铜钟、明万历铁香炉）	径山镇	杭州市文物保护单位	张涛、周方林
28	大堰桥	径山镇	杭州市文物保护单位	周方林
29	船桥	径山镇	杭州市文物保护点	周方林
30	陶村桥	径山镇	杭州市文物保护单位	王锡刚

序号	名称	所属镇街	级别	业务文保员 （文物守望者）
31	陆羽泉	径山镇	杭州市文物保护单位	阮 晖
32	余杭县公署文碑	径山镇	杭州市文物保护单位	俞金永
33	双溪抗战阵亡将士纪念碑	径山镇	杭州市文物保护点	俞金永
34	程全昭墓	径山镇	杭州市文物保护单位	陈雅青
35	沈括墓	良渚街道	杭州市文物保护单位	冯晓瑜
36	九度岭关隘	良渚街道	杭州市文物保护单位	金建周
37	众善桥	良渚街道	杭州市文物保护单位	张 燕
38	折桂桥	良渚街道	杭州市文物保护单位	叶天法
39	荀山庙	良渚街道	杭州市文物保护点	顾秀玲
40	东明寺遗址	良渚街道	杭州市文物保护点	舒红光
41	广化寺遗址	良渚街道	杭州市文物保护点	计再夫
42	上塘河	星桥街道	全国重点文物保护单位	施燕红
43	大运河-桂芳桥	临平街道	全国重点文物保护单位	叶金仙
44	安平泉	临平街道	杭州市文物保护单位	石 莉
45	临平山龙洞	临平街道	杭州市文物保护单位	尹有玲
46	余杭革命烈士纪念碑	临平街道	杭州市文物保护单位	陆爱仙
47	隆兴桥	临平街道	杭州市文物保护单位	临平街道：钱利达 南苑街道：陈淡淡
		南苑街道		
48	钱塘江海塘	南苑街道	浙江省文物保护单位	南苑街道：沈亚斌 乔司街道：叶 龙
		乔司街道		
49	乔司千人坑	乔司街道	杭州市文物保护单位	汪惠英
50	新四军随军被服厂旧址	鸬鸟镇	杭州市文物保护单位	施卫国
51	茅塘古私塾	鸬鸟镇	杭州市文物保护单位	施卫国
52	万庆桥	鸬鸟镇	杭州市文物保护单位	高洪卫
53	抗日墙标	鸬鸟镇	杭州市文物保护单位	潘观良
54	大麓寺遗址（含铁钟）	鸬鸟镇	杭州市文物保护点	朱海荣
55	南山造像	瓶窑镇	全国重点文物保护单位	袁彩花
56	盛度墓	瓶窑镇	杭州市文物保护点	袁彩花
57	骑坑村祠堂	瓶窑镇	杭州市文物保护单位	韩士华
58	瓶窑窑山窑址	瓶窑镇	杭州市文物保护单位	章勇武
59	观音桥	仁和街道	杭州市文物保护单位	王宝良
60	普宁寺牡丹	仁和街道	杭州市文物保护单位	郑小明

序号	名称	所属镇街	级别	业务文保员 （文物守望者）
61	中共西镇区委旧址	仁和街道	杭州市文物保护单位	卢寿年
62	西南山新四军烈士墓	仁和街道	杭州市文物保护单位	陈农畯
63	思母亭遗址	五常街道	杭州市文物保护单位	洪炳生
64	朱家台门	闲林街道	杭州市文物保护点	李文科
65	安乐塔	余杭街道	浙江省文物保护单位	吴成忠
66	宝塔山烈士墓	余杭街道	杭州市文物保护单位	何宏伟
67	慧定法师墓塔	余杭街道	杭州市文物保护点	何宏伟
68	部伍桥	余杭街道	杭州市文物保护点	吴小章
69	杨乃武墓	余杭街道	杭州市文物保护点	吴士金
70	舒公塔	余杭街道	浙江省文物保护单位	陶鋈
71	通济桥	余杭街道	杭州市文物保护单位	陶鋈
72	水城门	余杭街道	杭州市文物保护单位	陶鋈
73	吴道台宅院	余杭街道	杭州市文物保护点	陶鋈
74	方井	余杭街道	杭州市文物保护点	陶鋈
75	香泉井	余杭街道	杭州市文物保护点	陶鋈
76	余杭县肇建启圣祠碑	余杭街道	杭州市文物保护单位	潘卫平
77	明伦堂碑	余杭街道	杭州市文物保护单位	潘卫平
78	苎山桥	余杭街道	杭州市文物保护单位	赵海燕
79	宝轮寺井	余杭街道	杭州市文物保护点	倪 静
80	庙井	余杭街道	杭州市文物保护点	沈耀华
81	运盐司井	余杭街道	杭州市文物保护点	赵 杭
82	上环桥	杭州余杭经济技术开发区 （钱江经济开发区）	杭州市文物保护单位	范飞英
83	长福桥	运河街道	杭州市文物保护单位	沈有香
84	淳安桥	运河街道	杭州市文物保护单位	郎高良
85	胡家祠堂	中泰街道	杭州市文物保护单位	胡宏亮
86	石云庵碑记	中泰街道	杭州市文物保护点	刘永生

三、余杭区收藏家协会

余杭区收藏家协会成立于 2005 年 5 月 14 日，隶属于余杭区民政局，是余杭区收藏爱好者交流收藏心得、提高收藏水平、传播中国传统文化的平台。现有会员 80 余人，覆盖余杭区各个镇（街道）。第一届理事会会长陈梅乾、副会长吴勇、袁建华、谢国刚、戚水根、陆文宝，秘书长盛正岗，理事王公成、徐赞时、蔡勤、李永兴、付国强、严浩传，顾问沈德祥、王明达、王珏，名誉会长黄莉、刘永根、沈国键。自成立以来，得到了余杭区文广新局、杭州市余杭博物馆等有关单位关心支持。通过协会成员的共同努力和相关专家的指导，立足自身特点，对外联系各级收藏协会团体，对内促进协会自身建设，提升自身收藏水平。同时，加强会员交流，积极服务社会，传播文物知识，弘扬传统文化，努力营造全区的收藏文化氛围，走出一条符合余杭区自身特色的收藏文化发展之路。2005 年，与杭州市余杭博物馆联合举办"我的收藏——余杭区收藏家协会会员藏品展"。2011 年，配合杭州市余杭博物馆举办首届"余杭区十大民间藏家和十大民间藏品"大型公众评选活动。

第二章　不可移动文物普查

开展不可移动文物普查，了解和掌握不可移动文物保存状况，是做好不可移动文物保护管理工作的基础和前提。新中国成立以来，国务院先后部署开展了三次不可移动文物普查工作。余杭历史悠久，文物遗存丰富，通过三次普查，先后发现大量具有一定历史、艺术、科学价值的不可移动文物，文物数量不断增加，类型更趋丰富，基本摸清了境内不可移动文物家底。

第一节　第一、二次全国不可移动文物普查

1956 年，国务院发布了《关于在农业生产建设中保护文物的通知》，第一次提出了文物普查和建立文物保护单位的制度。文件要求普查与公布文物保护单位同时进行。当时新中国刚刚成立，国家的人力、物力都很有限，所以普查只是初步的调查，规模不大，普查广度和深度也不够。但此次普查也取得一定成绩，如 1956 年，浙江省人民委员会公布杭县良渚文化遗址和安隐寺经幢分别为第一批一等和第一批二等文物保护单位。

20 世纪 80 年代，《中华人民共和国文物保护法》颁布。为了解文化大革命以后文物保存状况，国务院部署开展了第二次全国文物普查工作。1982 年 3~4 月，杭州地区文物普查队在余杭县超山、径山、余杭镇进行普查试点。为摸清境内文物保存状况，便于保护管理，1983 年 3 月，余杭县人民政府发布《关于搞好文物普查工作的通知》，同时组成了由中共余杭县委宣传部、文化局、文物管理委员会办公室参加的县文物普查领导小组，具体工作由王云路、沈德祥负责。领导小组先后召开了各乡镇分管领导及文化站人员动员会议，并对文化站人员进行了业务技能培训。普查人员通过召开乡镇老干部、老教师、老农民座谈会，以及其他各种行之有效的宣传手段，使此项工作深入人心，得到群众的大力协助。宣传发动中，共召开各类会议 266 次，有 3708 人参加，座谈访问 3459 人次，举办培训班 10 次，培训骨干 240 人次，广播宣传 249 次，出黑板报 221 期，配合电影幻灯宣传 38 次，张贴宣传画 3500 张，编写宣传资料 3 期，口头宣传 1037 次。通过宣传发动，

全县共有普查骨干 99 人，群众积极分子 712 人。

普查工作历时两年多，于 1985 年 5 月结束。全县上报调查材料共 53 个乡镇，达 100%，2832 个自然村，占全县自然村总数的 97.5%。共发现古遗址遗存 75 处、砖雕、石雕门楼 5 座、塔（包括骨塔）5 座、古桥 87 座、古井 70 口、名人故居 1 处、摩崖石刻 25 方、碑碣 46 通、砖雕木雕 33 具、壁画 2 处、抗日墙标 2 处、烈士墓 10 处、革命遗迹 2 处、古建民宅 1 处；收集流散文物 107 件；查到保存在群众手里的传世文物 12 件、宗族家谱 1 部。县文物管理委员会办公室根据以上线索，查阅有关图书资料 135 册，并对提供的所有资料报表逐一进行了实地复查。

通过普查，县文物管理委员会办公室对普查第一手资料及成果分类建档，初步掌握了县境内地上、地下文物分布情况。同时，从中推选上报沈括墓、章太炎故居、水城门、釜托寺、陆羽泉等具有重要历史价值的文物，由县人民政府公布为县级文物保护单位。

第二节 第三次全国不可移动文物普查

因条件所限，前两次普查漏查甚至未查的情况相当普遍。此后 20 多年间，大规模的城乡基本建设和文物调查中有大量新发现，许多文物遭到损毁。为准确掌握不可移动文物现状，将新的文物类型纳入保护范围，国务院部署自 2007 年至 2011 年开展第三次全国文物普查。

2007 年 9 月，余杭区成立了以分管副区长为组长，相关成员单位组成的余杭区第三次全国文物普查领导小组及办公室，安排专项经费 460 万元，下发《关于在全区开展第三次全国文物普查工作的通知》。区普查领导小组负责统一领导全区普查工作，协调解决普查工作中遇到的重大问题。区普查办负责制定《余杭区第三次全国文物普查实施方案》及各项制度建设，组建普查队伍、购置普查设备、组织普查培训、安排普查时间和线路，监督、检查普查质量，汇总普查数据、发布信息，编制报告等全区普查具体工作。在区普查办公室下组建普查工作队，分设 2 个普查小组和 1 个后勤保障组，负责以镇乡（街道）、开发区为普查单元开展野外调查。各镇乡（街道）、开发区也成立了专门的普查工作领导小组及办公室。

同年 10 月 18 日，召开余杭区第三次全国文物普查工作动员大会，全面部署全区普查工作，开展业务培训。普查开始前，区普查队多方搜集、查阅地方志、历次普查资料、文物藏品总账、非遗普查成果等，寻找普查线索。12 月 27 日至 2008 年 3 月 10 日，选取了文物遗存数量较多、类型较为丰富的塘栖镇进行普查试点，之后在全区全面铺开。全区 19 个镇乡（街道）、1 个开发区在实地调查前，召开普查动员培训会，要求各村（社区）发动群众积极参与，多渠道了解线索。区普查队每到一村（社区），都张贴宣传画报、发放《历史寻踪——余杭区第三次全国文物普查》宣传册、举办让历史与现代共存——余杭区第三次全国文物普查阶段成果巡展，召开当地老干部、老教师等参加的座谈会，使普查工作深入人心。

区普查队严格按照国家普查标准规范，逐镇逐村开展地毯式普查，行政村、自然村野外到达率和调查区域覆盖率达到 100%。全面普查的同时，根据余杭区实际，开展大运河（余杭段）沿线文物普查、塘栖历史文化名镇调查、径山史迹调查、超山史迹调查等专题调查，并结合杭州市区城市备用水源闲林水库工程、大东安社区综合改造工程等重大项目开展调查。2009 年 9 月，文物普查实地调查阶段结束。12 月，通过省普查办验收。全区共调查不可移动文物 1513 处，其中经国家文物局核准正式登录 1043 处（其中复查 87 处、新发现 956 处，具体包括古遗址 53 处、古墓葬 28 处、古建筑 487 处、石窟寺及石刻 19 处、近现代重要史迹及代表性建筑 455 处、其他 1 处），简单登记 440 处，消失文物 30 处。许多乡土建筑、传统民居、工农业遗产、交通和水利设施等重要新发现，首次纳入了文化遗产保护的视野，其中彭公水坝遗址入选第三次全国文物普查百大新发现。根据普查成果，建立余杭区第三次全国文物普查信息数据库，公布《余杭区不可移动文物名录》，编制《余杭区不可移动文物分布图》，出版《余杭遗韵——余杭区第三次全国文物普查成果精粹》，举办留住根与魂——余杭文化遗产普查成果展，评选出余杭区第三次全国文物普查十大重要新发现，新公布了一批文物保护单位（点）。

2010 年 6 月 12 日，余杭区文物普查队荣获国务院第三次全国文物普查领导小组办公室颁布的"第三次全国文物普查实地文物调查阶段突出贡献集体奖"。2011 年 12 月 16 日，余杭区人民政府召开全区第三次全国文物普查总结表彰大会，对普查工作进行总结回顾，对普查中涌现的成绩显著、贡献突出的先进集体和先进个人进行表彰。2012 年 5 月，余杭区普查办荣获浙江省第三次全国文物普查先进集体。

第三章 不可移动文物保护管理

余杭区根据《中华人民共和国文物保护法》等文物政策法规规定，采取推荐公布各级文物保护单位、文物保护点，开展文物保护单位"四有"工作（划定必要的保护范围和建设控制地带、作出标志说明、建立记录档案、区别情况分别设置专门机构或专人负责管理），实施文物保护工程，合理开展文物利用等方式，加强区境内不可移动文物的保护管理。

第一节 公布文物保护单位（点）

至 2015 年 12 月 31 日，余杭区共有各级文物保护单位（点）117 处，包括全国重点文物保护单位 7 处，浙江省文物保护单位 6 处，杭州市文物保护单位 49 处，杭州市文物保护点 55 处。具体公布情况如下：

1956 年，浙江省人民委员会浙文办字第 4053 号通知，公布杭县良渚文化遗址和安隐寺经幢分别为第一批一等、第一批二等文物保护单位。

1960 年，杭县撤销，并入临安县，临安县人民政府公布径山（孝宗御碑、永乐大钟、明代铁佛三尊、万历铁香炉）、洞霄宫为县级文物保护单位。

同年，浙江省人民委员会公布吴昌硕墓、径山寺大钟等遗物、大涤洞为第二批三等文物保护单位。

1961 年 4 月 15 日，浙江省人民委员会下发文化字第 664 号文公布良渚文化遗址为省级文物保护单位。

1963 年 4 月 8 日，余杭县人民政府重申良渚文化遗址、安隐寺经幢为省级文物保护单位，并公布瓶窑摩崖造像、径山钟楼、安乐塔、吴昌硕墓、超山大明堂、普宁寺牡丹、石濑新石器时代遗址、超山新石器时代遗址、临平新石器时代遗址为县级文物保护单位。

1974 年，余杭县人民政府公布径山寺钟楼（含其他佛教文物）、戊寅公墓、普宁寺牡丹为县级文物保护单位。

1981年4月13日，浙江省人民政府浙政〔1981〕43号文重新公布良渚文化遗址为省级文物保护单位。

1983年6月24日，余杭县人民政府印发《批转县文化局＜关于要求公布我县一批重点文物保护单位的报告＞的通知》（余政〔1983〕75号），重申良渚文化遗址、安隐寺经幢为省级重点文物保护单位，重新公布原已公布的4处县级重点文物保护单位：径山钟楼、超山吴昌硕墓、乔司千人坑、东塘普宁寺牡丹，新公布8处县级重点文物保护单位：瓶窑南山摩崖造像、超山海云洞、余杭安乐塔、余杭永建舒公塔、塘栖广济长桥、余杭通济大桥、临平桂芳桥、太平公社上潘"抗日标语墙"。

1986年6月27日，余杭县人民政府印发《批转县文化局＜关于申报第二批县级重点文物保护单位的报告＞的通知》（余政发〔1986〕98号），公布第二批县级重点文物保护单位5处：章太炎故居、沈括墓、陆羽泉、釜托寺、余杭水城门。

1989年12月12日，浙江省人民政府印发《关于公布浙江省第三批省级重点文物保护单位的通知》（浙政发〔1989〕113号），公布吴昌硕墓、广济长桥为第三批省级重点文物保护单位。

1996年11月20日，国务院印发《国务院关于公布第四批全国重点文物保护单位的通知》（国发〔1996〕47号），余杭市良渚遗址公布为全国重点文物保护单位。

1997年8月29日，浙江省人民政府印发《关于公布第四批省级文物保护单位及调整部分省级文物保护单位的通知》（浙政发〔1997〕160号），公布小古城遗址、南山造像、章太炎故居为省级文物保护单位。

2003年10月31日，杭州市园林文物局印发《关于重新公布首批市级文物保护点的通知》（杭园文〔2003〕82号），公布钱塘江海塘（北岸杭州段）为杭州市文物保护点，其中余杭段地址为乔司吴家村至乔莫公路东三村。

2004年7月13日，杭州市园林文物局印发《关于重新公布第二批市级文物保护点的通知》（杭园文〔2004〕49号），余杭区盛度墓等48处公布为杭州市文物保护点。

2006年5月25日，国务院印发《国务院关于核定并公布第六批全国重点文物保护单位的通知》（国发〔2006〕19号），余杭区新增3处全国重点文物保护单位：章太炎故居、京杭大运河（余杭段）、独松关和古驿道（余杭段）。

2009年4月22日，杭州市人民政府印发《关于公布第四批市级文物保护单位和现有市级文物保护单位调整项目的通知》（杭政函〔2009〕72号），余杭新增27处杭州市文物保护单位（其中20处2004年已公布为杭州市文物保护点，7处为第三次全国文物普查新发现），并将原属余杭市文物保护单位13处调整为杭州市文物保护单位。

2011年1月7日，浙江省人民政府印发《浙江省人民政府关于公布第六批省级文物保护单位和与现有省级文物保护单位合并项目及更名省级文物保护单位的通知》（浙政发〔2011〕2号），公布安乐塔、舒公塔、钱塘江海塘（余杭段）、桂芳桥、海云洞摩崖题记、塘栖乾隆御碑与水利通判厅遗址、仓前粮仓、京杭大运河河道（余杭段）共8处为第六批省级文物保护单位。

2013年3月5日，国务院印发《国务院关于核定并公布第七批全国重点文物保护单位的通知》（国发〔2013〕13号），余杭区新增4处全国重点文物保护单位：小古城遗址、南山造像、仓前粮仓、大运河（与第六批全国重点文物保护单位京杭大运河合并，含广济桥、桂芳桥）。

2013 年 12 月 16 日，杭州市人民政府印发《杭州市人民政府关于公布第五批市级文物保护单位的通知》(杭政函〔2013〕174 号)，余杭区新增 16 处市级文物保护单位：瓶窑窑山窑址、九度岭关隘、宝塔山烈士墓、余杭革命烈士纪念碑、径山古道、观音桥、淳安桥、骑坑村祠堂、胡家祠堂、万庆桥、清店桥、雷家桥古纤道、西南山新四军烈士墓、陶村桥、临平山龙洞、独山碉楼。

2015 年 9 月 28 日，杭州市园林文物局印发《关于公布杭州市市级文物保护点的通知》(杭园文〔2015〕45 号)，余杭区除 2004 年公布的 21 处市级文物保护点外，新增 34 处市级文物保护点。

余杭区各级文物保护单位（点）一览表

一、全国重点文物保护单位（7 处）

序号	名称	时代	地址	类别	公布时间	公布文号	备注
1	良渚遗址	新石器时代	良渚街道、瓶窑镇。	古遗址	1996年	国发〔1996〕47号	
2	章太炎故居	民国	仓前街道太炎社区仓前塘路59号	近现代重要史迹及代表性建筑	2006年	国发〔2006〕19号	
3	独松关和古驿道	宋至清	百丈镇半山村至独松关（延续到湖州安吉）。	古建筑	2006年	国发〔2006〕19号	
4	大运河	春秋至中华人民共和国	运河街道、杭州余杭经济技术开发区（钱江经济开发区）、塘栖镇、仁和街道、崇贤街道、良渚街道；南苑街道、临平街道、星桥街道。	古建筑	2013年	国发〔2013〕13号	含广济桥、桂芳桥和大运河、上塘河河道。
5	小古城遗址	新石器时代	径山镇小古城村内。	古遗址	2013年	国发〔2013〕13号	
6	南山造像	元	瓶窑镇南山东南石壁上。	石窟寺及石刻	2013年	国发〔2013〕13号	
7	仓前粮仓	清至中华人民共和国	仓前街道灵源村。	近现代重要史迹及代表性建筑	2013年	国发〔2013〕13号	

二、浙江省文物保护单位（6 处）

序号	名称	时代	地址	类别	公布时间	公布文号	备注
1	吴昌硕墓	近代	塘栖镇超山风景名胜区大明堂外西侧200米。	近现代重要史迹及代表性建筑	1989年	浙政发〔1989〕113号	
2	海云洞摩崖题记	宋至民国	塘栖镇超山风景名胜区泰山村东厂自然村1公里山坡上。	石窟寺及石刻	2011年	浙政发〔2011〕2号	
3	安乐塔	明、清	余杭街道东南之安乐山巅。	古建筑	2011年	浙政发〔2011〕2号	
4	舒公塔	明	余杭街道溪塔村，南苕溪北岸。	古建筑	2011年	浙政发〔2011〕2号	
5	塘栖乾隆御碑与水利通判厅遗址	明、清	塘栖镇水北社区水北街。	石窟寺及石刻	2011年	浙政发〔2011〕2号	
6	钱塘江海塘	明、清	乔司街道、南苑街道。	古建筑	2011年	浙政发〔2011〕2号	

三、杭州市文物保护单位（49处）

序号	名称	时 代	地址	类别	公布时间	公布文号	备注
1	大堰桥	清	径山镇径山村里洪自然村，双溪公路旁的里洪港上。	古建筑	2009年	杭政函〔2009〕72号	
2	东磵桥	元	径山镇径山村桐桥62号民宅东南角。	古建筑	2009年	杭政函〔2009〕72号	
3	"喝石"题刻	明	径山镇径山寺东北天水坑孤岩上。	石窟寺及石刻	2009年	杭政函〔2009〕72号	
4	陆羽泉	唐	径山镇双溪村东南500米。	古建筑	2009年	杭政函〔2009〕72号	
5	余杭县公署文碑	民国	径山镇四岭村上仕自然村。	近现代重要史迹及代表性建筑	2009年	杭政函〔2009〕72号	
6	程全昭墓	当代	径山镇汪家村夹坞里。	近现代重要史迹及代表性建筑	2009年	杭政函〔2009〕72号	
7	径山钟楼	清	径山镇西北15公里的径山顶大雄宝殿东南。	古建筑	2009年	杭政函〔2009〕72号	含南宋孝宗御碑、明代永乐大钟、明代万历铁香炉
8	径山古道	唐—近现代	径山镇径山村径山上。	古建筑	2013年	杭政函〔2013〕174号	
9	陶村桥	民国十四年（1925）	径山镇求是村陶村桥自然村内。	近现代重要史迹及代表性建筑	2013年	杭政函〔2013〕174号	
10	水城门	明	余杭街道南苕溪北岸。	古建筑	2009年	杭政函〔2009〕72号	
11	余杭县肇建启圣祠碑	明	余杭街道太炎小学内。	石窟寺及石刻	2009年	杭政函〔2009〕72号	
12	明伦堂碑	清	余杭街道太炎小学内。	石窟寺及石刻	2009年	杭政函〔2009〕72号	
13	通济桥	明	余杭街道通济社区，南北向跨南苕溪。	古建筑	2009年	杭政函〔2009〕72号	
14	苕山桥	清	余杭街道仙宅村苕山畈与施子池畈交界处。	古建筑	2009年	杭政函〔2009〕72号	
15	宝塔山烈士墓	1962年	余杭街道宝塔山南坡。	近现代重要史迹及代表性建筑	2013年	杭政函〔2013〕174号	
16	栖溪讲舍碑	清	塘栖镇第二中学内。	石窟寺及石刻	2009年	杭政函〔2009〕72号	
17	郭璞井	唐	塘栖镇广济桥南堍，距桥堍仅10米。	古建筑	2009年	杭政函〔2009〕72号	
18	大纶丝厂旧址	近代	塘栖镇水北社区里仁路2号。	近现代重要史迹及代表性建筑	2009年	杭政函〔2009〕72号	
19	清店桥	清	塘栖镇泰山村村委南300余米，与地田村后圩相连处，五圣堂南。	古建筑	2013年	杭政函〔2013〕174号	
20	"超峰"题刻	1961年	塘栖镇超山风景名胜区超山之巅。	近现代重要史迹及代表性建筑	2009年	杭政函〔2009〕72号	
21	雷家桥古纤道	清末民国初	杭州余杭经济技术开发区（钱江经济开发区）姚家埭村，造桥港与京杭大运河交汇处。	古建筑	2013年	杭政函〔2013〕174号	
22	沈括墓	宋	良渚街道安溪村太平山南麓。	古墓葬	2009年	杭政函〔2009〕72号	
23	众善桥	始建不详，民国重修	良渚街道勾庄村吴王自然村，又名北大桥。	古建筑	2009年	杭政函〔2009〕72号	
24	折桂桥	明	良渚街道良渚街良港路。	古建筑	2009年	杭政函〔2009〕72号	
25	九度岭关隘	南宋—清	良渚街道安溪村西北坑门里。	古遗址	2013年	杭政函〔2013〕174号	
26	隆兴桥	清	临平街道东大街东段，横跨上塘河，桥南为南苑街道。	古建筑	2009年	杭政函〔2009〕72号	
27	安平泉	唐	临平街道临平山南麓安隐寺旧址前。	其他	2009年	杭政函〔2009〕72号	
28	临平山龙洞	清	临平街道临平山东西走向山脊的中部，东来阁西约50米处。	石窟寺及石刻	2013年	杭政函〔2013〕174号	

序号	名称	时代	地址	类别	公布时间	公布文号	备注
29	余杭革命烈士纪念碑	1991年	临平街道临平山山脊北侧。	近现代重要史迹及代表性建筑	2013年	杭政函〔2013〕174号	
30	新四军随军被服厂旧址	现代	鸬鸟镇山沟沟村茅塘景区内。	近现代重要史迹及代表性建筑	2009年	杭政函〔2009〕72号	
31	茅塘古私塾	清	鸬鸟镇山沟沟村茅塘自然村。	古建筑	2009年	杭政函〔2009〕72号	
32	抗日墙标	1945年	鸬鸟镇太平上潘村中。	近现代重要史迹及代表性建筑	2009年	杭政函〔2009〕72号	
33	万庆桥	清	鸬鸟镇山沟沟村汤坑自然村村口	古建筑	2013年	杭政函〔2013〕174号	
34	普宁寺牡丹	明	仁和街道东塘普宁村。	其他	2009年	杭政函〔2009〕72号	
35	中共西镇区委旧址	现代	仁和街道花园村。	近现代重要史迹及代表性建筑	2009年	杭政函〔2009〕72号	
36	观音桥	清	仁和街道东风村獐山桥自然村，余杭市矿山机械厂南侧，南北向跨獐山港。	古建筑	2013年	杭政函〔2013〕174号	
37	西南山新四军烈士墓	1945年	仁和街道云会村西山西坡。	近现代重要史迹及代表性建筑	2013年	杭政函〔2013〕174号	
38	中共鸭兰村支部旧址	现代	崇贤街道鸭兰村。	近现代重要史迹及代表性建筑	2009年	杭政函〔2009〕72号	
39	独山碉楼	民国	崇贤街道龙旋村独山东南坡，南村109号（崇贤镇敬老院活动中心）东北。	近现代重要史迹及代表性建筑	2013年	杭政函〔2013〕174号	
40	长福桥	清	运河街道南栅口村的东南。	古建筑	2009年	杭政函〔2009〕72号	
41	淳安桥	明	运河街道戚家桥村仁安桥自然村与桐乡市洲泉镇淳安桥自然村交界处，南北向跨淳安港。	古建筑	2013年	杭政函〔2013〕174号	
42	瓶窑窑山窑址	宋	瓶窑镇里窑社区窑山南坡。	古遗址	2013年	杭政函〔2013〕174号	
43	骑坑村祠堂	晚清	瓶窑镇奇鹤村骑坑自然村村口，东临骑白公路。	古建筑	2013年	杭政函〔2013〕174号	
44	乔司千人坑	1941年	乔司街道保庆桥西北50米。	近现代重要史迹及代表性建筑	2009年	杭政函〔2009〕72号	
45	釜托寺	清	百丈镇半山村东北3公里釜托山坳。	古建筑	2009年	杭政函〔2009〕72号	
46	寡山摩崖题刻	明	仓前街道寡山村东北之寡山的东南山腰。	石窟寺及石刻	2009年	杭政函〔2009〕72号	
47	思母亭遗迹	明	五常街道西溪国家湿地公园三期五常港西侧。	古遗址	2009年	杭政函〔2009〕72号	
48	上环桥	清	杭州余杭经济技术开发区（钱江经济开发区）。	古建筑	2009年	杭政函〔2009〕72号	
49	胡家祠堂	民国十六年（1927）	中泰街道泰峰村南涧8号。	近现代重要史迹及代表性建筑	2013年	杭政函〔2013〕174号	

四、杭州市文物保护点（55处）

序号	名称	时代	地址	类别	公布时间	公布文号	备注
1	杨乃武墓	1914年	余杭街道安山村新庙前。	近现代重要史迹及代表性建筑	2015年	杭园文〔2015〕45号	
2	宝轮寺井	明	余杭街道宝塔村狮子山南麓，环山路北打靶场。	古建筑	2015年	杭园文〔2015〕45号	
3	部伍桥	清	余杭街道东门外，南渠河北岸的沙港口。	古建筑	2015年	杭园文〔2015〕45号	
4	庙井	宋	余杭街道南渠社区直街107号余杭建筑材料商店大门旁。	古建筑	2015年	杭园文〔2015〕45号	
5	运盐司井	明	余杭街道南渠社区邹府弄。	古建筑	2015年	杭园文〔2015〕45号	
6	方井	明	余杭街道通济社区方井头。	古建筑	2015年	杭园文〔2015〕45号	
7	吴道台宅院	清	余杭街道通济社区方井头17号。	古建筑	2015年	杭园文〔2015〕45号	
8	香泉井	五代	余杭街道通济社区人和弄。	古建筑	2015年	杭园文〔2015〕45号	
9	慧定法师墓塔	1930年	余杭街道安乐山东麓。	近现代重要史迹及代表性建筑	2015年	杭园文〔2015〕45号	
10	余杭千人坑（国殇公墓）	近现代	余杭街道安乐山（宝塔山）东麓。	近现代重要史迹及代表性建筑	2015年	杭园文〔2015〕45号	
11	塘栖水北明清一条街	明清	塘栖镇水北社区，京杭大运河北岸。	古建筑	2015年	杭园文〔2015〕45号	
12	塘栖八字桥檐廊一角	明清	塘栖镇南苑社区市南街。	古建筑	2015年	杭园文〔2015〕45号	
13	太史第弄	清	塘栖镇市新街。	古建筑	2015年	杭园文〔2015〕45号	
14	磻溪桥	清同治十三年（1874）	塘栖镇河西埭村磻阳自然村。	古建筑	2015年	杭园文〔2015〕45号	
15	花明村桥	清光绪十八年（1892）	塘栖镇三星村周家湾27－3号民宅东侧。	古建筑	2015年	杭园文〔2015〕45号	
16	白云桥	清道光十三年（1833）	塘栖镇塘北村郑家埭自然村和龙光桥自然村交界的白云漾入口处。	古建筑	2015年	杭园文〔2015〕45号	
17	"虎岩"石刻	明	塘栖镇超山风景名胜区超山上圣殿之路边的石坎下。	石窟寺及石刻	2015年	杭园文〔2015〕45号	
18	"洗心泉""云岩奇泉"题刻	清咸丰元年（1851）	塘栖镇超山风景名胜区内，超山半山腰中圣殿东侧石壁上。	石窟寺及石刻	2015年	杭园文〔2015〕45号	
19	跌马桥	明弘治十五年（1502）	塘栖镇超山村龟山东自然村。	古建筑	2015年	杭园文〔2015〕45号	
20	荀山庙	清	良渚街道荀山村荀山东南麓。	古建筑	2015年	杭园文〔2015〕45号	
21	东明寺遗址	明清	良渚街道安溪村东明山（一名灵妙山）上。	古遗址	2015年	杭园文〔2015〕45号	
22	广化寺遗址	明	良渚街道安溪村下溪自然村，万松山北坡。	古遗址	2015年	杭园文〔2015〕45号	
23	回澜桥	明嘉靖三十六年（1557）	良渚街道大陆村陶家兜自然村东。	古建筑	2015年	杭园文〔2015〕45号	
24	万岁桥	明正德戊辰年（1508）	良渚街道大陆村薛家坝自然村西。	古建筑	2015年	杭园文〔2015〕45号	
25	永兴桥	元至正十一年（1351）	良渚街道杜城村杜城里自然村中心。	古建筑	2015年	杭园文〔2015〕45号	

序号	名称	时代	地址	类别	公布时间	公布文号	备注
26	杜甫桥	清	良渚街道杜甫村杜甫自然村西。	古建筑	2015年	杭园文〔2015〕45号	
27	船桥	清	径山镇双溪里洪村。	古建筑	2015年	杭园文〔2015〕45号	
28	双溪抗战阵亡将士纪念碑	近代	径山镇四岭村。	近现代重要史迹及代表性建筑	2015年	杭园文〔2015〕45号	
29	福寿漕桥	清	径山镇漕桥村中街51号民宅以北，的北苕溪上。	古建筑	2015年	杭园文〔2015〕45号	
30	圣寿无疆、佛圣水题刻	南宋	径山镇径山村径山寺东径道旁。	石窟寺及石刻	2015年	杭园文〔2015〕45号	
31	千口桥	清	径山镇绿景村千口桥82号民居西侧，南北向跨千口溪。	古建筑	2015年	杭园文〔2015〕45号	
32	汪馥泉故居	20世纪20年代	仁和街道东风村上纤埠8号民宅西侧。	近现代重要史迹及代表性建筑	2015年	杭园文〔2015〕45号	
33	应龙桥	清	仁和街道东山村毛墩坝自然村北。	古建筑	2015年	杭园文〔2015〕45号	
34	东新桥	清嘉庆二年（1797）	仁和街道东塘村东新村东姚家湾1号东侧。	古建筑	2015年	杭园文〔2015〕45号	
35	兴福桥	清晚期	仁和街道普宁村茅家桥63号民宅东南。	古建筑	2015年	杭园文〔2015〕45号	
36	九省桥	清	仁和街道双陈村陈家坝自然村，东西向跨栅庄桥港。	古建筑	2015年	杭园文〔2015〕45号	
37	登瀛桥	明嘉靖乙亥年（1539）	仓前街道高桥村田家角22号东南	古建筑	2015年	杭园文〔2015〕45号	
38	张氏祠堂	清晚期	仓前街道苕溪村凌村营。	古建筑	2015年	杭园文〔2015〕45号	
39	永兴桥	清乾隆年间	仓前街道吴山前村寡山圵自然村东南部。	古建筑	2015年	杭园文〔2015〕45号	
40	新桥	清嘉庆二十三年（1818）	仓前街道吴山前村新桥头自然村西。	古建筑	2015年	杭园文〔2015〕45号	
41	郭彬、刘维申、董代孝三烈士墓	1949年	崇贤街道龙旋村独山西南坡，独山庙东南约30米处。	近现代重要史迹及代表性建筑	2015年	杭园文〔2015〕45号	
42	三星桥	清	崇贤街道三家村102号民宅南。	古建筑	2015年	杭园文〔2015〕45号	
43	沾驾桥	清同治年间重建	崇贤街道沾桥村，沾驾桥东与沾驾桥西自然村交界处，东西向跨沾桥港。	古建筑	2015年	杭园文〔2015〕45号	
44	万年桥	清	崇贤街道沾桥村南马浜外浜39号民宅西侧，东西向跨沾桥港。	古建筑	2015年	杭园文〔2015〕45号	
45	石云庵碑记	清	中泰街道白云村章岭自然村鸡龙山。	石窟寺及石刻	2015年	杭园文〔2015〕45号	
46	洞霄宫遗址	南宋	中泰街道南峰村与临安市青山湖街道宫里村交界处。	古遗址	2015年	杭园文〔2015〕45号	
47	洪家官厅	清	百丈镇半山村后坞39号民宅南。	古建筑	2015年	杭园文〔2015〕45号	
48	半山摩崖石刻	清	百丈镇半山村村委旁。	石窟寺及石刻	2015年	杭园文〔2015〕45号	
49	盛度墓	宋	瓶窑镇西约三公里处的横山。	古墓葬	2015年	杭园文〔2015〕45号	
50	燕担山碉堡	20世纪30至40年代	瓶窑镇石濑村燕担山山顶。	近现代重要史迹及代表性建筑	2015年	杭园文〔2015〕45号	
51	黄湖抗战阵亡将士纪念碑	1940年	黄湖镇西北木鱼岭东南山坡上。	近现代重要史迹及代表性建筑	2015年	杭园文〔2015〕45号	
52	朱家台门	清	闲林街道方家山社区。	古建筑	2015年	杭园文〔2015〕45号	
53	大麓寺遗址（铁钟）	民国	鸬鸟镇太公堂村。	近现代重要史迹及代表性建筑	2015年	杭园文〔2015〕45号	
54	报恩新桥	清末民国初	运河街道南栅口社区与东湖街道工农社区朱家塘交界处，南北向跨六水湾	古建筑	2015年	杭园文〔2015〕45号	
55	保宁桥	清宣统二年（1910）	五常街道友谊村7-8组，五常杭州绕城公路以西。	古建筑	2015年	杭园文〔2015〕45号	

第二节 四有

一、划定保护范围和建设控制地带

1983 年 6 月 24 日，余杭县人民政府印发《批转县文化局 < 关于要求公布我县一批重点文物保护单位的报告 > 的通知》（余政〔1983〕75 号），公布 12 处县级重点文物保护单位，划定公布其中径山钟楼、超山吴昌硕墓、瓶窑南山摩崖造像、超山海云洞、余杭安乐塔、余杭永建舒公塔共 6 处的绝对保护范围和环境保护区。

1984 年，余杭县文物管理委员会对戊寅公墓、普宁寺牡丹园征地后筑起围墙，划定了保护范围。

1986 年 6 月 27 日，余杭县人民政府印发《批转县文化局 < 关于申报第二批县级重点文物保护单位的报告 > 的通知》（余政发〔1986〕98 号），公布 5 处县级重点文物保护单位，划定公布章太炎故居、沈括墓、陆羽泉、水城门的绝对保护范围和环境保护区。

1990 年 1 月 12 日，浙江省人民政府印发《关于划定湖州铁佛寺等十三处省级重点文物保护单位的保护范围及建设控制地带的批复》（浙政发〔1990〕9 号），公布省级重点文物保护单位良渚文化遗址的保护范围和建设控制地带。

1995 年 8 月 4 日，浙江省人民政府印发《关于良渚遗址群保护规划的批复》（浙政发〔1995〕133 号），划定公布良渚遗址群的保护范围及重点保护区和建设控制地带。

1996 年 10 月 4 日，浙江省人民政府印发《关于划定宁波天一阁等 46 处文物保护单位的保护范围及建设控制地带的批复》（浙政发〔1996〕175 号），公布省级文物保护单位广济长桥、吴昌硕墓的保护范围和建设控制地带。

1998 年 9 月 5 日，浙江省人民政府印发《关于划定杭州六和塔等 123 处文物保护单位的保护范围及建设控制地带的批复》（浙政发〔1998〕185 号），公布省级文物保护单位章太炎故居、南山造像的保护范围和建设控制地带。

2000 年 7 月 14 日，浙江省人民政府印发《关于划定宁波镇海海口海防遗址等 54 处文物保护单位的保护范围及建设控制地带的批复》（浙政发〔1998〕185 号），公布省级文物保护单位小古城遗址的保护范围和建设控制地带。

2010 年 4 月 19 日，余杭区人民政府印发《关于重新公布余杭区各级文物保护单位、文物保护点的保护范围和建设控制地带的通知》（余政办〔2010〕94 号），重新公布区内各级文物保护单位、文物保护点的保护范围和建设控制地带。

2012 年 12 月 31 日，浙江省人民政府印发《浙江省人民政府关于大运河（浙江段）遗产保护规划的批复》（浙政函〔2012〕242 号），公布大运河（余杭段）的保护范围和建设控制地带。

2013 年 9 月 23 日，为服从大运河申遗大局，浙江省人民政府印发《浙江省人民政府关于适当调整大运河（浙江段）遗产保护范围和建设控制地带的批复》（浙政函〔2013〕140 号），对上塘河（余杭段）部分地段的保护范围和建设控制地带作适当调整。

2013 年 11 月 21 日，浙江省人民政府印发浙政函〔2013〕165 号文，批准《杭州良渚遗址保护总体规划》。

2014 年 8 月 14 日，浙江省人民政府印发《浙江省人民政府关于调整茅湾里窑址等 44 处文物保护单位范围和建设控制地带的批复》（浙政函〔2014〕81 号），公布小古城遗址、章太炎故居、广济桥、南山造像、吴昌硕墓的保护范围和建设控制地带。

2014 年 9 月 16 日，浙江省人民政府印发《浙江省人民政府关于划定郊坛下和老虎洞窑址等 75 处文物保护单位和建设控制地带的批复》（浙政函〔2014〕97 号），公布独松关和古驿道（余杭段）的保护范围和建设控制地带。

2016 年 3 月 21 日，浙江省人民政府印发《浙江省人民政府关于划定大运河之凤山水城门遗址等 112 处文物保护单位和建设控制地带的批复》（浙政函〔2016〕36 号），公布仓前粮仓、大运河之桂芳桥、舒公塔、安乐塔、钱塘江海塘（余杭段）、海云洞摩崖题记、塘栖乾隆御碑与水利通判厅遗址的保护范围和建设控制地带。

余杭区省级以上文物保护单位保护范围和建设控制地带一览表

一、全国重点文物保护单位

序号	名称	保护范围	建设控制地带
1	良渚遗址	保护范围占地面积4203.19公顷，划分为重点保护区和一般保护区，其中重点保护区1501.71公顷，分为良渚古城重点保护区、荀山重点保护区、汇观山重点保护区、塘山重点保护区、姚家墩重点保护区、瑶山重点保护区。	建设控制地带占地面积3573.27公顷，划分为一类—五类建设控制地带。
2	大运河	郊野河段：以河道护岸顶部迎水侧向陆域延伸部分 30～50 米作为河道保护范围。	郊野河段：保护范围外延 50～200 米作为河道建设控制地带。
		城乡建设区河段：以河道护岸顶部迎水侧向陆域延伸部分 10 米作为河道保护范围。	城乡建设区河段：保护范围外延 20～40 米作为河道建设控制地带。
		广济桥：现存整座桥四至（包括桥基础）向外扩10米的安全距离范围内，总面积2560平方米。	广济桥：保护范围四至向外扩50米范围内，总面积26214平方米。
		桂芳桥：北至本体外扩约14米的建筑外墙处，东、西、南至本体外扩20米处。	桂芳桥：保护范围外扩25米至40米，避让现状建筑。
3	小古城遗址	北以土台外20米为界线，东以水塘自然边界外20米为界线，包括跨高速公路西侧的水塘，南以南树北苕溪南岸为界，西至庙山西坡的宏丰后，东西最长约900米，南北最宽约500米，总面积约38.78万平方米。	东侧207省道外扩100米为界，北至北苕溪南侧道路，西北至锦城街，西距北苕溪西岸30米，西南接求是路，南距保护范围100米为界，总面积约38.19万平方米。
4	独松关和古驿道	古道两侧无河道各外延5米为保护范围，有河道侧，河道外侧外延5米，面积约7410平方米。	边界至两侧山脚，面积约33007万平方米。
5	南山造像	北侧和西侧由造像外扩约50米沿95米等高线，南侧与东侧至山脚村庄，面积56447平方米。	北至山脊线，东南至山脚水泥路，西侧保护范围外扩约50米垂直等高线。面积95738平方米。
6	章太炎故居	南至余杭塘河河岸线，东、西以院落围墙为界。北至墙外小路北侧建筑，面积3160平方米。	西至故居西侧小路东侧，东距保护范围约45米，南至余杭塘河河岸线，北距保护范围约15米，面积6075平方米。
7	仓前粮仓	仓前粮仓围墙外扩10米范围。	保护范围外扩20米范围。

二、浙江省文物保护单位

序号	名称	保护范围	建设控制地带
1	吴昌硕墓	墓园及大明堂周边区域，沿山脚等高线划定，包括吴昌硕先生纪念馆、吴昌硕立像及墓前碑亭等，面积15195平方米。	北至北侧景区内部道路北侧路缘石线，东、西至山脊线，南沿49.5米的等高线，面积44440平方米。
2	海云洞摩崖题记	北至山体海拔65米等高线，西至石刻北侧约40米处山体等高线垂直线，南至山坪前小路，东至龙洞台阶。	北至山体海拔90米等高线，南至山体海拔25米等高线，西至等高线垂直线，东至等高线垂直线。
3	塘栖乾隆御碑与水利通判厅遗址	以建筑遗址范围及碑体范围为中心外扩5米。	西北、西南、东北至保护范围外扩20-30米（至建筑外墙线延长线），东南至保护范围外扩约21米（至现状道路路缘石线）。
4	安乐塔	距文物本体约30米的45米等高线范围。	沿山脚等高线范围。
5	舒公塔	文物建筑本体外扩30米范围。	西至保护范围外扩50米范围，南、北至保护范围外扩70米范围，东至南苕溪北岸。
6	钱塘江海塘	西南段：沿海塘走向（杭海路至光明路）中心线两侧外扩5米，总宽度10米[4.275+1.45（海塘顶面宽度）+4.275]的保护范围，长约2000米。 东北段：沿海塘走向（余杭区区界至市域行政边界）中心线两侧外扩5米，总宽度10米[4.275+1.45（海塘顶面宽度）+4.275]的保护范围，长约2800米。	西南段：保护范围四至外扩25米。 东北段：保护范围四至外扩25米。

二、作出标志说明

余杭区文物部门按照《中华人民共和国文物保护法》及其实施条例规定，自文物保护单位（点）核定公布之日起 1 年内，完成保护标志碑的竖立。保护标志碑采用汉白玉或青石等坚固耐久材料，颜色庄重朴素、显明协调。形式采用横匾式，比例为横三竖二。内容自左至右书写，包括文物保护单位的级别、名称、公布机关、公布日期、立标机关、立标日期等内容。截至 2015 年底，区境内 117 处文物保护单位、文物保护点的保护标志碑都竖立完成。

三、建立记录档案

文物保护单位的记录档案包括对文物保护单位本身的记录和有关文献史料，内容分为科学技术资料和行政管理文件，形式有文字、图纸、照片、拓片、摹本、电子文件等。自各级文物保护单位公布保护之日起，区文物部门均陆续收集，分单位收藏入档，并及时更新。截至2015年底，已按照国家和省文物部门对国家级、省级文物保护单位"四有"记录档案编制工作的要求，以及《全国重点文物保护单位记录档案编制工作规范（试行）》的具体标准，编制完成区内省级以上文物保护单位"四有"档案。

四、建立健全保护机构

余杭区各级文物保护单位（点）遵循属地管理原则，由所在镇人民政府、街道办事处做好日常保护管理工作，区文物行政主管部门加强监督管理。区文物部门受区人民政府委托，每年与各镇、街道签订文物保护管理责任书，年底进行考核，考核情况纳入各镇、街道年度考核结果；各镇、街道每年与文物保护单位（点）所在村（社区）、管理使用单位签订文物保护管理责任书，层层落实文物保护责任。

文物保护单位（点）的责任管理，根据不同情况主要采用以下 4 种形式：

1、设立专职保护管理工作机构。如杭州市良渚遗址管理所、章太炎故居纪念馆等，具体负责日常的保护、管理、修缮、开放接待、宣传、收集资料、合理利用等工作。

2、委托单位管理。如吴昌硕墓、海云洞摩崖题记委托超山风景名胜区管委会管理。仓前粮仓委托余杭区粮食收储公司管理。径山钟楼、釜托寺分别委托径山寺、釜托寺管理。

3、由产权或使用单位（个人）管理。如大纶丝厂旧址由杭州双星五金有限公司负责保护管理。抗日墙标由墙体所在院落的户主潘观良管理。

4、落实业余文物保护员（文物守望者）管理。文物部门公开招募当地村（社区）干部，以及其他热心文物保护的各界人士作为业务文物保护员（文物守望者），明确各自所守护的文物保护单位（点）及工作职责，由他们负责日常巡查、看管、及时反映情况。

第三节 文物保护工程

实施文物保护工程，是对不可移动文物进行有效保护管理，确保文物延年益寿的重要途径。多年来，余杭区文物部门根据《中华人民共和国文物保护法》等有关法律、法规规定，在开展文物普查和专题调查的基础上，按照"保护为主、抢救第一、合理利用、加强管理"的文物工作总方针，根据文物的保存状况、价值高低、濒危程度等因素，通过实施保养维护工程、抢险加固工程、修缮工程、保护性设施建设工程、迁移工程，以及文物周边必要的环境整治等，有效保障文物本体安全，切实改善文物周边环境。

一、2009 年以前的文物保护工程

20 世纪 80 年代至 2009 年，余杭文物保护工程的实施主体以文物部门为主，所在乡镇（街道）负责做好政策处理及其他配合工作；实施对象主要是各级文物保护单位；资金来源主要由区政府专项拨款，省市文物部门予以一定补助，文物保护单位所在乡镇（街道）也少量出资。余杭文物部门经常对各级文物保护单位进行检查，并根据实际需要，实施文物保护工程。期间，实施修缮的各级文物保护单位共 20 余处。

余杭文物保护工程的实施，严格遵循"不改变文物原状"的原则，工程类型主要分为以下六类：

1、抢险加固。如 1989～1990 年，为解决舒公塔塔身倾斜、出现裂缝问题，进行纠偏加固，维持其原貌。1995 年，因广济桥多次遭来往船只撞击导致桥身变形，有倒塌危险，对桥孔和桥墩进行抢修加固。

2、本体修缮。修缮方法主要有两类：一类是按始建时式样修复。如章太炎故居落架大修时，按原屋式样恢复，以保留晚清风貌。另一类是保留历代重修、重建部分，以存历史面目。如安乐塔始建于五代，六面五层，至明代，塔顶及第五层坍塌，维修增筑为七层。1984 年修缮时，1－4 层仍为砖雕倚柱，斗拱、火焰龛门五代建筑面貌。5－7 层为菱牙叠式塔檐明代建筑风格。同时还保留塔中的墙砖和地砖，缺少部分按原样定制补用。

3、原址恢复。如吴昌硕墓在文革期间遭受破坏，1980 年在原墓地上予以恢复。径山钟楼被焚毁后，1991 年在原址重建单层钟楼，放置残钟。2001 年，根据文献记载和现存石翁仲等实物，

原址恢复沈括墓。

4、迁移保护。如 2004 年因道路建设，将西南山新四军烈士墓由西山北迁至西山西坡。

5、建设保护性设施。如 1984 年征用戊寅公墓、普宁寺牡丹园周围土地,分别在四周修筑围墙。1989～1990 年征用陆羽泉周围土地,四周修筑围墙。1995 年,为保护广济桥免遭航船撞击,在桥墩两侧设置防撞墩;建成抗战纪念亭,将黄湖抗战阵亡将士纪念碑移至亭内。

6、日常保养维护。如对釜托寺屋顶进行翻漏。

二、2010～2015 年的文物保护工程

2007~2009 年,余杭区开展并完成了全区第三次全国不可移动文物普查实地调查阶段工作。通过普查,发现了大量具有一定历史、艺术、科学价值的不可移动文物。为有效保护这些珍贵的历史文化遗产,2010 年 4 月,余杭区启动全区不可移动文物保护修缮五年行动计划（2010～2014）,在浙江省内率先开展文物普查后续保护修缮工作,计划用 5 年时间对全区部分不可移动文物进行保护修缮,成为余杭有史以来规模最大的文物保护修缮行为。这项计划囊括文物六大类,其中重点是运河文化遗产、径山文化遗产,乡土建筑分布较为集中的村落、历史街区,以及古桥、礼堂等公共建筑。

在具体实施过程中,余杭区遵循"政府主导、部门联动、全民参与"和"突出重点、注重长效"的原则,采取多种形式对具有一定价值的各级各类不可移动文物进行修缮保护。为顺利推进项目,余杭区成立不可移动文物保护修缮项目部,坚持高起点设计、高标准施工、规范化管理,确保工程质量。为规范资金使用,区文广新局、区财政局联合制定《余杭区不可移动文物保护修缮专项资金管理实施细则（试行）》（余文广新〔2010〕78 号）,明确:维修项目采取镇乡（街道）申报和区文物行政管理部门统筹相结合,每年根据文物级别和濒危情况,制定维修计划并实施。全国重点文物保护单位、省级文物保护单位的维修由区文物管理部门负责实施,经费由区财政承担。市级文物保护单位、文物保护点和乡土建筑的维修项目由各镇乡（街道）负责实施。其中市级文物保护单位、文物保护点的维修经费由区财政承担 70%,镇乡（街道）承担 30%;乡土建筑的维修经费原则上由镇乡（街道）承担 50%,区财政补助 50%。百丈、鸬鸟、黄湖、径山四镇及临平·东湖街道、南苑街道、星桥街道负责实施的项目,维修经费原则上由区财政承担。政府投资的综合开发项目原则上由项目建设主体承担。期间,凡与其他专项政策有交叉的,从高执行。

余杭区不可移动文物保护修缮五年行动计划（2010～ 2014）的实施成效十分明显。截至2015 年底,全区共有 200 多个项目竣工,其中包括乡土建筑分布集中的鸬鸟镇山沟沟村茅塘、黄湖镇高村、中泰街道天井湾等古村落,塘栖镇水北明清一条街、仓前街道仓前塘路等历史街区,以及东明寺塔院遗址、九度岭关隘、杜甫桥、洪家官厅、骑坑村祠堂、章山公社向阳大队大会堂等价值较高的单体文物。通过修缮,75 处文物保护单位（点）（其中全国重点文物保护单位 3 处、浙江省文物保护单位 2 处、杭州市文物保护单位 30 处、杭州市文物保护点 40 处）和 1 处杭州市历史建筑得到有效保护;通过修缮,这些古村镇、街区及其他不可移动文物成为余杭美丽乡村建设中的精品亮点,成为余杭"文化名区"、杭州"文化名城"和浙江"文化大省"的重要组成部分。

余杭区 2010~2015 年保护修缮不可移动文物一览表

序号	镇（街道）	名称	时代	类别	级别	备注
1	运河街道	厉梅庭民宅	清	古建筑		
2		罗汉寺大殿	清	古建筑		
3		淳安桥	明	古建筑	杭州市文物保护单位	
4		报恩新桥	清	古建筑	杭州市文物保护点	
5		玉露桥	民国	近现代重要史迹及代表性建筑		
6	乔司街道	东港桥	清	古建筑		
7		乔司千人坑	民国	近现代重要史迹及代表性建筑	杭州市文物保护单位	含保庆桥
8	塘栖镇	水北明清一条街	明清	历史街区	杭州市文物保护点	
9		八字桥檐廊一角	明清	历史街区	杭州市文物保护点	
10		三条半弄	明清	历史街区	杭州市文物保护点	
11		何思敬故居	民国	近现代重要史迹及代表性建筑		
12		大纶丝厂旧址	民国	近现代重要史迹及代表性建筑	杭州市文物保护单位	
13		跌马桥	明	古建筑	杭州市文物保护点	
14		清店桥	清	古建筑	杭州市文物保护单位	
15		花明村桥	清	古建筑	杭州市文物保护点	
16		磻溪桥	清	古建筑	杭州市文物保护点	
17		吴家便桥	清	古建筑		
18		白云桥	清	古建筑	杭州市文物保护点	
19		鸭泾桥	清	古建筑		
20		章永法民宅	民国	近现代重要史迹及代表性建筑		
21		海云洞摩崖题记	宋至民国	石窟寺及石刻	浙江省文物保护单位	
22		"洗心泉"、"云岩奇泉"题刻	清	石窟寺及石刻	杭州市文物保护点	
23	仁和街道	东塘老街	清、民国	历史街区		含11处建筑
24		陆文山民宅	清	古建筑		
25		观音桥	清	古建筑	杭州市文物保护单位	
26		东新桥	清	古建筑	杭州市文物保护点	
27		兴福桥	清	古建筑	杭州市文物保护点	
28		华墅桥	清	古建筑		
29		九省桥	清	古建筑	杭州市文物保护点	
30		汪馥泉故居	民国	近现代重要史迹及代表性建筑	杭州市文物保护点	
31		章山公社向阳大队大会堂	建国以后	近现代重要史迹及代表性建筑		
32		平宅大队礼堂	建国以后	近现代重要史迹及代表性建筑		
33		普宁寺牡丹	明	其他	杭州市文物保护单位	

序号	镇（街道）	名称	时代	类别	级别	备注
34	崇贤街道	太平桥	明	古建筑		
35		三星桥	清	古建筑	杭州市文物保护点	
36		凤凰桥	清	古建筑		
37		沾驾桥	清	古建筑	杭州市文物保护点	
38		万年桥	清	古建筑	杭州市文物保护点	
39		四平桥	清	古建筑		
40		中共鸭兰村支部旧址	民国	近现代重要史迹及代表性建筑	杭州市文物保护单位	
41		独山碉楼	民国	近现代重要史迹及代表性建筑	杭州市文物保护单位	
42		马顺年酿酒作坊	建国以后	近现代重要史迹及代表性建筑		
43		郭彬、刘维申、董代孝三烈士墓	建国以后	近现代重要史迹及代表性建筑	杭州市文物保护点	
44	余杭街道	安乐塔	明、清	古建筑	浙江省文物保护单位	
45		吴道台宅院	清	古建筑	杭州市文物保护点	
46		部伍桥	清	古建筑	杭州市文物保护点	
47		苎山桥	清	古建筑	杭州市文物保护单位	
48		荷家桥	清	古建筑		
49		环弄桥	清	古建筑		
50		余杭千人坑（国殇公墓）	近现代	近现代重要史迹及代表性建筑	杭州市文物保护点	
51		慧定法师墓塔	1930年	近现代重要史迹及代表性建筑	杭州市文物保护点	
52		杨乃武墓园	民国	近现代重要史迹及代表性建筑	杭州市文物保护点	
53		宝塔山烈士墓	建国以后	近现代重要史迹及代表性建筑	杭州市文物保护单位	
54		余杭县肇建启圣祠碑	明	石窟寺及石刻	杭州市文物保护单位	
55		明伦堂碑	清	石窟寺及石刻	杭州市文物保护单位	
56	闲林街道	朱家台门	清	古建筑	杭州市文物保护点	
57		孙三毛民宅	清	古建筑		已迁建至方家山公园
58		孙利明民宅	清、民国	古建筑		已迁建至方家山公园
59		东方红人民公社大礼堂	建国以后	近现代重要史迹及代表性建筑		

序号	镇（街道）	名称	时代	类别	级别	备注
60	仓前街道	仓前老街	宋至建国以后	历史街区		含名人故居、民居、古桥、粮仓、油车坊、竹器站、影剧院等8处
61		张氏祠堂	清	古建筑	杭州市文物保护点	
62		杨连兴民宅	清	古建筑		
63		登瀛桥	明	古建筑		
64		百福桥	清	古建筑		
65		门桥	清	古建筑		
66		永兴桥	清	古建筑	杭州市文物保护点	
67		城后桥	清	古建筑		
68		葛巷村万安桥	清	古建筑		
69		新桥	清	古建筑	杭州市文物保护点	
70		隆庆桥	清	古建筑		
71		廉让桥	清	古建筑		
72		寡山摩崖题刻	明	石窟寺及石刻	杭州市文物保护单位	
73		凌村营大礼堂	建国以后	近现代重要史迹及代表性建筑		
74	中泰街道	白云村天井湾	清至建国以后	古村落		含10处民居
75		白云村西坞里	清、民国	古村落		含6处民居
76		石盂寺药师殿	清	古建筑		
77		里邵坞陈家祠堂	清	古建筑		
78		外邵坞陈家祠堂	清	古建筑		
79		姚乃铭民宅	清	古建筑		
80		胡华泉祖宅	民国	近现代重要史迹及代表性建筑		
81		胡家祠堂	民国	近现代重要史迹及代表性建筑	杭州市文物保护单位	
82		铜岭桥大礼堂及小学旧址	建国以后	近现代重要史迹及代表性建筑		
83		石云庵碑记	清	石窟寺及石刻	杭州市文物保护点	
84	良渚街道	九度岭关隘	南宋至清	古遗址	杭州市文物保护单位	
85		东明寺遗址	明、清	古遗址	杭州市文物保护点	
86		荀山庙	清	古建筑	杭州市文物保护点	
87		永兴桥	元	古建筑	杭州市文物保护点	
88		折桂桥	明	古建筑	杭州市文物保护单位	
89		回澜桥	明	古建筑	杭州市文物保护点	
90		万岁桥	明	古建筑	杭州市文物保护点	
91		杜甫桥	清	古建筑	杭州市文物保护点	

序号	镇（街道）	名称	时代	类别	级别	备注
92	瓶窑镇	骑坑村祠堂（后村庙）	清	古建筑	杭州市文物保护单位	
93		报恩桥	清	古建筑		
94		黄其岭何来宝民居	民国	近现代重要史迹及代表性建筑		
95		燕担山碉堡	民国	近现代重要史迹及代表性建筑	杭州市文物保护点	
96		塘埠村大礼堂	建国以后	近现代重要史迹及代表性建筑		
97	径山镇	四岭村千岱坑	清至建国以后	古村落		含13处民居
98		四岭村菜田坞	清至建国以后	古村落		含7处民居
99		法华寺遗址	清	古遗址		
100		陆羽泉	唐	古建筑	杭州市文物保护单位	
101		径山钟楼	清	古建筑	杭州市文物保护单位	
102		张锦昌民宅	清	古建筑	杭州市历史建筑	
103		东碉桥	元	古建筑	杭州市文物保护单位	
104		福寿漕桥	清	古建筑	杭州市文物保护点	
105		千口桥	清	古建筑	杭州市文物保护点	
106		吴山寺永禁碑	清	石窟寺及石刻		
107		余杭县公署文碑	民国	近现代重要史迹及代表性建筑	杭州市文物保护单位	
108		岑家大院	民国	近现代重要史迹及代表性建筑		
109		庆丰凉亭	民国	近现代重要史迹及代表性建筑		
110		程全昭墓	建国以后	近现代重要史迹及代表性建筑	杭州市文物保护单位	
111	黄湖镇	高村	清至建国以后	古村落		含7处民居、1处礼堂
112		沈浩川民宅	民国	近现代重要史迹及代表性建筑		
113	鸬鸟镇	山沟沟村茅塘	清至建国以后	古村落		
114		太公堂村凌村坞	清、民国	古村落		含5处民居
115		忠烈祠旧址	民国	近现代重要史迹及代表性建筑		2015年9月建成开放余杭抗日战争纪念馆
116		抗日墙标	民国	近现代重要史迹及代表性建筑	杭州市文物保护单位	含潘观良民宅
117		太平山村五星大队会场	建国以后	近现代重要史迹及代表性建筑		

序号	镇（街道）	名称	时代	类别	级别	备注
118	百丈镇	独松关和古驿道	宋至清	古建筑	全国重点文物保护单位	含宝昌桥
119		釜托寺	清	古建筑	杭州市文物保护单位	
120		洪家官厅	清	古建筑	杭州市文物保护点	
121		俞氏宗祠	明清	古建筑		
122		坪里洞桥	清	古建筑		
123		半山摩崖石刻	清	石窟寺及石刻	杭州市文物保护点	
124		半山大队大会堂	建国以后	近现代重要史迹及代表性建筑		
125		红胜大队孙家舍大礼堂	建国以后	近现代重要史迹及代表性建筑		
126		石竹园村大礼堂	建国以后	近现代重要史迹及代表性建筑		
127	星桥街道	庆庄桥	清	古建筑		
128		平和桥（管家桥）	清	古建筑		
129		平安桥	清	古建筑		
130		永嘉桥（江家桥）	清	古建筑		
131	南苑街道	隆兴桥	清	古建筑	杭州市文物保护单位	
132		钵盂井	宋	古建筑		
133		临平绸厂	建国以后	近现代重要史迹及代表性建筑		
134	临平街道	徐福安民宅	清	古建筑		
135		将军殿弄水井	清	古建筑		
136		临平山龙洞	清	石窟寺及石刻	杭州市文物保护单位	
137	东湖街道	上环桥	清	古建筑	杭州市文物保护单位	
138	五常街道	思母亭遗址	明	古遗址	杭州市文物保护单位	
139		五常粮站旧址	建国以后	近现代重要史迹及代表性建筑		

第四节 利用

合理利用是文物保护的重要内容。余杭区注重挖掘地域文化内涵，文物部门主动为区内运河综保工程、西溪湿地旅游开发、南湖开发、大径山乡村国家公园等重大项目建设提供文化支撑，推动特色文物资源的保护利用；坚持"在保护中合理利用，在利用中有效保护"的双重保护途径，在保证不改变文物原状的前提下，鼓励采取多种利用方式，合理安排文物的用途，让文化遗产活起来，充分发挥其社会效益，并使之在使用过程中得到经常性的维护和保养，从而形成有效保护与合理利用相互协调、相互促进的良性循环格局。余杭区在文物利用方面采取的方式主要分7类：

1、旅游景点。如塘栖古镇、超山风景名胜区、鸬鸟镇山沟沟茅塘古村落。

2、文化纪念场馆。如余杭方志馆、余杭抗日战争纪念馆、余杭共青团历史纪念馆、余杭四无粮仓陈列馆、章太炎故居。

3、爱国主义教育基地。如中共鸭兰村支部旧址、新四军随军被服厂、乔司千人坑、西南山新四军烈士墓、中共西镇区委旧址。

4、公共文化活动中心。如骑坑村祠堂、洪家官厅、半山大队大会堂、孙家舍礼堂、石竹园村大礼堂、高村大礼堂。

5、文化创意产业园。如临平绸厂旧址改造成为临平新天地。

6、宗教场所。如釜托寺、荀山庙。

7、记忆传承地。如塘栖太史第弄、中泰天井湾、鸬鸟山沟沟村等继续作为百姓居住生活地；白云桥、长福桥等继续作为公共桥梁沟通两岸往来；普宁寺牡丹园成为当地民俗文化传承地。

第五节 宣传

余杭区历来把宣传作为不可移动文物保护管理的一项重要内容，尤其是 2012 年入选全国文化遗产知识宣传普及试点县以来，不断探索和创新宣传方式，拓展普及的深度和广度，营造良好氛围，让更多的老百姓关注、参与文物保护事业，提高了全社会对文物保护的认知度。

一、依托节庆宣传

1986～2005 年，余杭文物管理部门每年举办"文物保护宣传周"活动，根据形势确定年度重点宣传内容。如 1987 年因盗挖良渚遗址严重，突出宣传《中华人民共和国文物保护法》和《中华人民共和国国务院关于打击盗挖和走私文物的通告》。1989 年重点宣传《浙江省文物保护管理条例》。1994 年结合良渚文化博物馆开馆，重点宣传良渚文化的价值。宣传周期间，分管市长发表电视讲话，广播电视进行专题播放，《余杭报》出专刊，出动宣传车到重点乡镇巡回广播并展出宣传图版；在临平、良渚、瓶窑等地街头展示文物，开展文物知识咨询服务；编写宣传材料，翻印文物法规和判决文物犯罪分子布告等，通过乡镇文化站，发动业余文保员广泛张贴宣传。镇乡政府把文物保护内容列入乡规民约；文物较多的乡镇专门制定《保护文物公约》，送往家家户户张贴；獐山等乡镇还开展讲文物故事、演出文物保护节目等活动。

2006 年以来，结合国际博物馆日、文化遗产日等特殊的时间节点，组织开展系列活动，宣传文物法律法规，展示文物保护工作的进展和成果。如文化遗产日期间举办广场大型宣传活动，以及余杭区文化遗产知识有奖问答、"文化遗产在我身边"征文、"美丽余杭 魅力文物"摄影比赛、考古余杭知识竞赛等，并提供文物鉴定服务。开展"国际博物馆日"主题宣传月走进社区、校园活动，举办余杭区文博志愿者讲解大赛等。全国法制宣传日举办广场文物法律咨询活动，制作发放《余杭区文物法律知识市民读本》，以及折扇、雨伞等具备余杭特色的文物知识宣传品。此外，依托一年一度的超山梅花节、中国茶圣节、普宁牡丹花会、余杭区非物质文化遗产保护月等大型节庆开展宣传；结合村镇运动会、艺术节开展宣传。

二、依托文博场馆、各类媒体宣传

杭州市余杭博物馆和良渚博物院在基本陈列上不断创新，向广大市民展示良渚遗址等具有重要价值的不可移动文物，宣传本土特色文化；有计划地举办径山禅茶文化展、考古余杭系列展等临时展览，出版《考古余杭》等书籍。章太炎故居管理所举行 2013 华夏阅读论坛之章太炎先生国学思想研讨会暨"华夏书香地标"授牌仪式，宣传余杭历史文化和保护章太炎故居、传承弘扬太炎精神的举措。

同时，借助各类媒体宣传。在《杭州日报》、《城乡导报》设立"余杭区文化遗产知识宣传普及工程"专栏、《余杭方志》历史知识专栏；发出《保护文化遗产 守护精神家园——余杭区文化遗产保护倡议书》，刊载文化遗产知识 100 问，等。余杭电视台《钱塘》、《对话余杭》等栏目播出南山造像、章太炎故居、仓前粮仓等专题片，集中展示余杭文物资源及保护利用成果等内容。开通余杭文体信息网及文博场馆专题网站，引入数字展厅技术和微博、微信进行宣传。余杭区政府及镇（街道）门户网、余杭史志网等也将文物保护宣传作为重要内容。

三、结合重点工作宣传

文物普查等重点工作推进期间，是开展宣传的大好时机，针对性强，收效明显。如第三次全国文物普查期间，区文物部门工作人员走村串巷，向老百姓面对面宣传文物保护对象、范畴等内容；余杭区不可移动文物保护修缮五年行动计划（2010 ～ 2014）实施期间，边维修边向区有关部门、镇（街道）以及老百姓宣传文物保护的重要意义、文物保护对象及理念等内容；通过每年逐级签订文物保护责任书、举办业务学习培训，向属地镇（街道）、村（社区）及文物管理使用单位（人）、业余文物保护员（文物守望者）宣传文物保护内容、要求；结合大运河、良渚古城遗址申报世界文化遗产工作，向社会各界开展宣传。余杭文物资源丰富，文物违法犯罪案件频发，因此尤其注重在文物执法过程中进行宣传。

四、文物知识进村（社区）、校园

余杭文物点多面广，分散在各村（社区）的角角落落。因此，文物部门在每个镇（街道）、村（社区）宣传栏张贴《保护文化遗产 守护精神家园——余杭区文化遗产保护倡议书》海报；借助律师事务所专业力量，开展余杭区文物法律知识进（村）社区、进广场等活动，举办讲座，开展咨询，发放宣传资料、宣传品；制作《秀美江南 文化余杭——璀璨的文化遗产》、《美丽余杭 文化之邦——余杭区文物保护单位掠影》等宣传片并在广场 LED 屏幕滚动播放。各镇（街道）也通过文化墙等形式，大力宣传当地文物资源及其保护等内容。

余杭文物部门把中小学生作为重要宣传对象。1988 年以来，每年通过到学校举办文物法律法规知识、良渚文化、运河文化等讲座，"让历史告诉我们"宣讲，旷世风华——余杭三大文化巡展，流动的博物馆，第二课堂等活动，向广大师生宣传文物保护知识，参加人数最多时一次达 500 余人。同时与教育部门合作编写介绍余杭文物内容的乡土教材发至各学校。此外还举办各类竞赛、实地寻访文物活动。如 1992 年为纪念《中华人民共和国文物保护法》颁布十周年，余杭县文物部门与教委教研室、图书馆联合举办余杭县中学生"爱我中华 爱我家乡"历史文物知识竞赛，掀起学习文物知识的热潮，全县近 3 万名学生参加比赛。2012 年举办"观文化遗存·访非遗传人"——杭报小记者团暑期"文化寻根"活动。2015 年举办杭报小记者团"红色之旅"亲子活动，带领家长和孩子共同走进余杭革命文物，并发放《踏上红色之旅 重温红色记忆——余杭革命史迹宣传读本》。

多样化的持续宣传使得文物保护政策深入人心。如永建乡（今余杭街道）下木桥村村民肖金元，挖黄沙时发现 1 只铜鐎斗和其他文物，拒绝文物贩子的金钱诱惑，主动上交文物部门；仓前镇（今仓前街道）朱庙村六组邵龙海、姚土金夫妇改地造田时发现玉璧，看到电视和文物宣传画后，立即主动上交；东塘镇（今仁和街道）金家墩村村民张建良、张金坤、赵志明挖泥时挖到 3 块良渚文化玉璧，主动上交国家等。

第四章 政策执法

余杭区地上地下文物遗存丰富，盗掘古墓等违法犯罪行为屡有发生。为加强文物保护管理，确保文物安全，余杭区结合不同时期实际，先后制定出台针对性较强的文物保护政策，并严格执行，成效明显。同时，文物部门与公安、工商、海关及地方乡镇政府等相互配合，密切协作，共同打击文物犯罪活动，有效遏制盗掘和走私文物等违法活动。为避免地下文物遭到建设性破坏，认真贯彻执行《中华人民共和国文物保护法》，地下文物埋藏区的建设工程，以及其他区域的大型基本建设项目实施前，先进行考古调查，妥善处理了经济建设与文物保护的关系。

第一节 制定政策

一、县人大关于贯彻实施《中华人民共和国文物保护法》的四项决定

为贯彻《中华人民共和国文物保护法》，余杭县人大常务委员会于 1988 年、1992 年先后两次组织人大代表到余杭县文物管理部门和良渚遗址所在镇乡进行执法检查，并分别听取文物部门关于《文物保护法》执行情况的汇报。1988 年 5 月 15~18 日召开的县人大常委会第八届九次会议上，余杭县文化局局长张竞成作了关于全县文物工作和贯彻执行《文物保护法》情况的专题汇报。经县人大常委会审议，就确保《文物保护法》的贯彻实施作出四项决定：

1、进一步宣传贯彻《文物保护法》，各级政府尤其是文物比较集中的乡镇，要运用多种形式深入宣传，并运用文物的科学性、艺术性，向广大人民群众特别是青少年进行爱国主义和历史唯物主义教育，树立民族自尊心，在全社会树立"保护文物，人人有责"的新风尚。

2、切实加强文物保护和管理工作，各级政府和有关部门要把保护文物列入议事日程，切实加强领导，建立和健全文物事业机构，积极抓好业余文保队伍；要在财政计划中落实一定的文物保护经费，并努力争取省、市的支持。要采取有力措施，对保护文物有成绩的应予以奖励，

对于玩忽职守造成文物破坏、被盗或流失的要严肃处理。

3、各有关部门要互相配合，共同做好文物保护工作，公安、司法、检察机关和工商行政、文化、城建、土管等部门要各司其职，积极地为保护文物发挥应有的作用，对于盗窃文物，挖掘古墓、文物走私案，及时侦破，对犯罪分子依法惩处。

4、充分发挥文物在两个文明建设中的作用。余杭县文物颇多，又是良渚文化的发祥地，要积极创造条件扩建和新建文物陈列室，公开展出出土文物，运用绚丽多姿的文物珍品来丰富人民的精神生活，提高人民文化素质，利用丰富灿烂的文化古迹，吸引国内外旅游者的青睐，提高知名度。各有关部门要加强联系、协作，使保护文物和发展我县旅游事业有机结合起来，为推进两个文明建设作出贡献。

二、《砂矿出土文物管理办法（试行）》

1990 年 3 月，为使砂矿内出土的文物纳入正常有序的管理轨道，余杭县良渚文化遗址管理所、县黄沙管理站根据《中华人民共和国文物保护法》、《浙江省文物保护管理条例》，共同制定了《砂矿出土文物管理办法（试行）》，主要内容如下：

1、每只砂矿必须指定 1 至 2 人分管出土文物收集工作，人员一般为该砂矿的主要承包者。新开砂矿在办理黄沙管理部门手续时，必须同时征得文物管理部门同意，并办理有关手续。

2、必须教育每一个在砂矿做工的村民及各类人员，将出土的文物主动收集上交。

3、对个体较大一时不能移动的文物，一经发现，由分管同志及时汇报乡镇文化站、联防或黄砂、文物管理部门。

4、严禁将出土文物打碎、私自收藏、买卖或隐匿不报，不上交国家的，由公安、工商部门依法处理。

5、对本办法无动于衷，置国家文物于不顾，造成严重后果或损失的砂矿承包者，将由文物管理部门会同砂矿管理部门，给予罚款甚至吊销采挖执照。

6、对积极上交文物，汇报反映情况，为保护文物作出贡献者，将给予表彰或奖励。

三、《关于在良渚遗址保护范围内加强基建用地管理的通知》

1990 年 10 月，县文化局、县土管局联合发出《关于在良渚遗址保护范围内加强基建用地管理的通知》。通知强调，为认真贯彻执行《中华人民共和国文物保护法》、《中华人民共和国土地管理法》、《浙江省文物保护管理条例》，根据县人民政府余政发（1990）51 号文件精神，在省级文物保护单位良渚文化遗址的保护范围内，严格控制建房及其他基建用地工程，切实做好良渚文化遗址群的保护管理工作。主要内容包括：

1、各乡镇进行建设需使用土地时，原土地规划和土地审批程序不变。

2、无论征用、使用耕地、非耕地，凡在遗址保护范围内的一切基建动土工程，必须事先报经当地文物部门转请省文物部门勘探、发掘同意后，各乡镇方可批准或上报。

3、凡保护范围内单位建房所需勘探、发掘经费，由建设单位列入投资计划，予以承担；农户私人建房如需考古发掘的，不承担发掘经费。

4、文物部门在接到申请报告之日起 20 天内必须做出可否建房的明确答复。

5、大遗址保护范围内未经文物部门同意，擅自批准用地、施工动土，将根据《文物保护法》、《土地管理法》和《浙江省文物保护管理条例》有关规定给予行政处罚或依法追究刑事责任。

四、《余杭市实施浙江省良渚遗址群保护规划若干意见》

根据浙江省人民政府批复的《良渚遗址群保护规划》，余杭市人民政府于 1996 年 10 月印发《余杭市实施浙江省良渚遗址群保护规划若干意见》的通知，发至各镇、乡人民政府，市政府直属各单位，要求认真贯彻执行。具体意见如下：

（一）统一认识，增强贯彻《规划》的自觉性。良渚文化是祖先留给我们的宝贵财富，也是我市扩大对外宣传和开放、提高余杭知名度的独特优势，贯彻实施《规划》，对推动良渚遗址群的保护和利用具有长远的意义。

（二）加强领导，健全和完善管理机构。市政府决定在原文物管理委员会的基础上再成立余杭市良渚遗址群保护领导小组，由分管副市长任组长，市有关部门和良渚、瓶窑、安溪三镇的有关负责人为成员。领导小组统一指挥、协调和处理全市良渚遗址群保护工作的有关事宜。

（三）理顺关系，明确分工，各负其职。根据《规划》精神，市文化（文物）、城建、计委、经委、外经委、乡镇企业局、有关综合改革试验区、土管局、公检法司、工商、财政、宣传、遗址群所在地良渚、瓶窑、安溪三镇政府，必须按照各自的行政职能和保护管理职责，上下左右协作，紧密配合，形成合力，切实做好良渚遗址群保护工作。

《意见》中，对计委、土管部门、良渚、瓶窑、安溪三镇政府特别强调，凡《规划》确定的保护范围和建设控制地带内的土地征用、转让、基建、私人建房等审批，必须经省市文物部门签署意见后，方可办理其他有关手续。

（四）加强宣传工作，营造人人参与文物保护工作的良好氛围。对保护文物有突出贡献的集体和个人，要给予适当的精神鼓励和物质奖励。

（五）严肃纪律，切实贯彻好《规划》。有关部门把良渚遗址保护工作与责任制考核挂钩，对目无组织纪律、失职渎职和违反《规划》的行为，依法追究当事人和领导的责任。

五、《余杭区进一步加强文物保护工作的若干意见》

2009 年 9 月，余杭区第三次全国文物普查实地调查阶段工作完成，基本摸清了全区不可移动文物家底，文物保护的范围和内容进一步扩大。为加强新形势下的文物保护管理工作，2010 年 3 月 23 日，余杭区人民政府制定出台《余杭区进一步加强文物保护工作的若干意见》（余政办〔2010〕67 号），2014 年 7 月 15 日予以修订并重新公布，成为第三次全国文物普查以后余杭文物保护工作的指导性意见。该文件根据《中华人民共和国文物保护法》、《浙江省文物保护管理条例》和《杭州市文物保护管理若干规定》等有关法律法规，结合余杭区实际，就进一步加强文物保护工作提出四条意见。现简述如下：

（一）进一步提高认识，加强领导，切实落实文物保护责任制。要求各级党委、政府及各部门全面贯彻"保护为主、抢救第一、合理利用、加强管理"的文物工作方针，坚持属地管理和"五纳入"原则，建立有效便捷的保护工作协调领导机制，保障和促进文物事业的可持续发展。在第三次全国文物普查基础上，做好文物保护"四有"工作，制定并认真组织实施文物维修保护利用五年行动计划，形成科学保护与合理利用相协调的良性循环格局和完善的文物保护体系。

（二）进一步加大投入，加强管理，确保全区各级各类文物安全。充分发挥公共财政的主导作用。区文物行政管理部门和各镇（街道）要有计划、有重点地做好文物抢救维修工作，确保各级文物保护单位（点）及其他不可移动文物无险情。各镇（街道）要在第三次全国不可移动文物普查、不可移动文物保护修缮五年行动计划（2010-2014）实施基础上，抓紧制定辖区内文物日常保护管理办法，实现保护管理工作的日常化、规范化和制度化。区文物行政管理部门要加强监督管理和考核。鼓励民间力量广泛参与乡土建筑的修缮、维护。

（三）进一步依法行政，加强合作，正确处理经济建设与文物保护的关系。在旧城改造、美丽乡村建设及旅游等开发建设中，要本着"既有利于文物保护，又有利于经济建设和提高人民群众生活水平"的原则，处理好两者关系。各级文物保护单位实行原址保护，严格控制保护范围和建设控制地带内的基本建设。良渚文化遗址保护区内的基本建设项目，要先进行考古调查勘探。其他区域项目，建设单位勘探或施工时发现有文物的，应立即通知区文物行政管理部门。区文物部门要在普查基础上，公布区不可移动文物名录。已公布的不可移动文物未经批准擅自拆除的，当年镇（街道）考核不得评为优秀。

（四）进一步增强力量，创造条件，充分发挥文物在社会经济文化建设中的作用。结合文创产业、旅游项目等，进一步加强文物资源的"合理利用"，充分发挥其社会效益和经济效益。全区各文博单位要把社会效益摆在首位，积极征集文物，提高学术研究水平，加强交流与合作，建立健全各项制度，确保馆藏文物安全。鼓励和扶持社会力量举办博物馆，让公众共享文物保护成果。加强文物管理、业务、执法人才队伍建设，以适应新形势下工作需要，推进文物保护法制化、制度化。制定非正常出土文物应急预案，严厉打击文物违法犯罪行为。充分发挥业余文保员和文物守望者等群众性文物保护组织的作用。

第二节 考古

一、勘探发掘

余杭区地下文物埋藏丰富，基本建设和生产建设过程中多有文物出土，因此，文物部门历来积极配合开展考古调查、勘探、发掘工作，已探明的古遗址、古墓葬详见良渚文化篇和不可移动文物篇第一、二节。2008 年 1 月以来，为避免施工过程中破坏文物，余杭区严格执行《中华人民共和国文物保护法》《浙江省文物保护管理条例》关于考古发掘的有关规定，针对地下文物埋藏区的建设工程，以及在地下文物埋藏区以外但占地面积在 3 万（2016 年 1 月之后为 5 万）平方米以上的大型基本建设，实施前置预审。建设单位在建设项目划定勘察设计红线前，报请省文物行政部门或者其委托的设区的市人民政府文物行政部门在工程范围内组织从事考古发掘的单位进行考古调查、勘探，切实保护了地下文物的安全。2008 年至今，共受理考古勘探调查行政审批事项 80 余件，勘探调查面积 750 余万平方米，发掘、清理古墓葬 700 余座，出土文物 5500 余件（组）。

余杭区历年部分考古调查勘探项目一览表

序号	项目/地块名称	调查勘探发掘单位	调查勘探发掘时间	勘探面积（万平方米）	备注
1	杭北变电所工程花园村地块	杭州市余杭博物馆	2005年		
2	余杭区变电所周家门地块	杭州市余杭博物馆	2005年		
3	220KV横岭变电所地块	杭州市余杭博物馆	2005年		
4	中泰绿城桃花源项目地块	杭州市余杭博物馆	2006年		
5	星运丽都项目地块	杭州市余杭博物馆	2007年8月		
6	绿城蓝庭项目	杭州市文物考古研究所	2007年11月29日至12月29日	18.5	
7	"依山郡"、"杭州径山会议休闲中心"项目	杭州市文物考古研究所	2007年12月初至2008年1月初	10	
8	钱塘江海塘（乔司段）	杭州市文物考古研究所	2007年	17.29	发掘面积1500平方米
9	绿城翡翠城项目	杭州市文物考古研究所	2008年1月4日至2月初	15	
10	良渚"米罗公元"项目	杭州市文物考古研究所	2008年4月1至20日	5.3	
11	乔司东城上庭项目	杭州市文物考古研究所	2008年5月13日至6月初	2.5	
12	星桥美耀家园项目	杭州市文物考古研究所	2008年5月14日至6月初		
13	塘栖金石华城项目	杭州市文物考古研究所	2008年6月20日至7月初		
14	余杭经济开发区多高层公寓项目	杭州市文物考古研究所	2008年9月下旬	7.9849	
15	海恒房产中泰项目	杭州市文物考古研究所	2008年10月		
16	余杭经济开发区多高层公寓K区块项目	浙江省文物考古研究所	2008年12月下旬	调查面积4.7718	
17	余杭经济开发区星光社区IV区块农民多高层公寓项目	浙江省文物考古研究所	2009年4月下旬	调查面积10.1958	
18	星光社区II区块农民多高层公寓项目	杭州市文物考古研究所	2009年6月下旬	10	
19	星光社区IV区块二期农民多高层公寓项目	杭州市文物考古研究所	2009年6月下旬	10.574	
20	东港花苑项目	杭州市文物考古研究所	2009年7月9日至8月14日	10	
21	杭州市西郊监狱专项经济房项目	杭州市文物考古研究所	2009年7月中旬	3.2	
22	余杭公交停保基地项目	杭州市文物考古研究所	2009年8月下旬至9月上旬	4.2	
23	杭州华建置业有限公司瓶窑项目	杭州市文物考古研究所	2009年9月10日至25日	4.5	
24	临平·东湖街道农民多层公寓项目	杭州市文物考古研究所	2009年10月中旬至11月上旬	5	

序号	项目/地块名称	调查勘探发掘单位	调查勘探发掘时间	勘探面积（万平方米）	备注
25	仓储文化展示中心（御碑公园一期）项目地块	杭州市文物考古研究所	2009年11月至12月	4.02	发现水利通判厅遗址
26	仓前四号农居点项目	杭州市文物考古研究所	2010年1月初至2月6日	7.64	
27	余政挂出（2007）38号地块	杭州市文物考古研究所	2010年1月22日至2月4日	12	
28	绿城玉园项目	杭州市文物考古研究所	2010年2月初至2月12日	6	
29	玉府佳苑项目地块	浙江省文物考古研究所	2010年3月中旬	3.2	
30	余政挂出（2010）41号地块	杭州市文物考古研究所	2010年3月中下旬	3.1	
31	鼎玉房产项目地块	浙江省文物考古研究所	2010年3月下旬	3	
32	余政挂出（2009）41号地块项目	杭州市文物考古研究所	2010年5月17日至30日	4.8	
33	余政挂出（2009）18号地块项目	杭州市文物考古研究所	2010年6月	5	
34	浙江亿丰家居建材城二期项目地块	浙江省文物考古研究所	2010年7月	9.6552	
35	余政挂出（2010）86号地块项目	杭州市文物考古研究所	2010年9月	3.2345	
36	余政挂出（2009）73号地块	杭州市文物考古研究所	2010年9月至10月	7.3112	
37	广厦天都城天禧苑B，天明苑A、B，天韵苑A、B区块和天都城第一小学地块项目	杭州市文物考古研究所	2010年10月至12月		
38	余政挂出（2010）71号地块项目	浙江省文物考古研究所	2010年11月至12月	10.0004	
39	余政挂出（2009）56、57号地块项目	杭州市文物考古研究所	2010年11月至12月	7	
40	余政挂出（2009）53号地块项目	杭州市文物考古研究所	2010年11月至12月	4.0601	
41	广厦天都城天祥苑A、B区块项目	杭州市文物考古研究所	2010年11月至2011年4月		
42	余杭组团公交停保基地项目地块	杭州市文物考古研究所	2011年1月	9.5	
43	余政挂出（2010）66号地块项目	杭州市文物考古研究所	2011年1月	11.8051	
44	余政挂出（2009）46、47号地块项目	杭州市文物考古研究所	2011年1月	9.6138	
45	余政挂出（2010）70号地块项目	杭州市文物考古研究所	2011年3月至11月		发现墓葬31座（西汉9、东汉4、晋14、南朝1、隋1、唐1、宋1），出土陶、铜、铁、青瓷器等大批随葬品

序号	项目/地块名称	调查勘探发掘单位	调查勘探发掘时间	勘探面积（万平方米）	备注
46	余政挂出（2010）43号地块	杭州市文物考古研究所	2011年4月至5月初	15.8743	
47	余政挂出（2010）44号地块项目	杭州市文物考古研究所	2011年4月至5月	6.1224	
48	余政挂出（2010）67号地块项目	杭州市文物考古研究所	2011年5月	4.2661	
49	余政挂出（2010）58号地块项目	杭州市文物考古研究所	2011年5月至6月	7.0444	
50	余政挂出（2010）62号地块项目	杭州市文物考古研究所	2011年7月	7.9416	
51	钱江经济开发区朱家角高层农居项目三期建设地块	杭州市文物考古研究所	2011年7至8月	3.769	
52	余政储出（2011）08号地块项目	杭州市文物考古研究所	2011年8月	8.2981	
53	余杭经济开发区禾丰社区居民安置用房地块	杭州市文物考古研究所	2011年8月	5.9314	
54	余政挂出（2009）45号地块项目	杭州市文物考古研究所	2011年9月		
55	余政储出（2011）24号地块项目	杭州市文物考古研究所	2011年9月	6.5998	
56	余政挂出（2010）05、06号地块项目	杭州市文物考古研究所	2011至2012年		发现墓葬40余座
57	余政储出（2011）15号地块项目	杭州市文物考古研究所	2012年2月		
58	余杭区中医院整体迁建项目地块	杭州市文物考古研究所	2012年2至3月		

二、古窖藏

新中国成立后，在市政建设等工程中常有小型钱币窖藏出土。其内涵以两宋钱币为主，有少量汉、唐货币，也有金、元及少数元末起义钱币。最晚的为明"洪武通宝"，因此当属洪武年间窖藏。现将出土钱币窖藏列表如下：

出土时间	地点	数量	窖藏内涵	去向
1956年	大陆九房桥	100余市斤	"洪武"窖藏	全被钱贩收去。
1965年11月21日	临平镇桂芳桥北堍第一级踏步正中1米深处，用清砸砌成50厘米见方，陶罐内装有钱币。	241枚	有50枚可看清年号，五铢3枚，开元少量，有太平、景德、祥符、天禧、天圣、至和通宝、至和元宝、嘉祐、治平、熙宁、元祐、淳熙、皇宋等年号。	临平自来水厂施工时发现，上交县文化馆。
1967年	余杭联渠塘水底，三墩人蒋阿东摸到铜罐1只内装古币	300余枚	"殊布"	有少量流入个人手中，大部被熔为火炉。
1967年	临平山南轧石场	数十枚	"殊布"	轧石场直接交给省博物馆。
1973年	横湖大溪底	约千余公斤	"洪武"窖藏	被当地农民哄抢一空，全部投售废品站。
1974年	临平电影院工地	约300公斤	约1937年临平沦陷时窖藏，尽是清代钱币，还有不少烛台等锡器。	大部分被电影院掉换电动机，事后上交文物办约100公斤。
1984年	良渚下泮塘村民宅边，距地表1米深处出土一罄	约150公斤	"洪武"窖藏，有少量"开元"货币，最多是两宋货币。	大部分被钱贩收去，上交文物办两宋钱币50余公斤。
1987年	闲林镇	约15公斤	"至正"大钱（折十）	除镇文化站上交文化办2枚外，其实均被钱贩收去。
1988年7月	章山奉口斗门	约25公斤	"洪武"窖藏	全被钱贩收去。
1988年	临平东大街桂芳桥西北	100余公斤	"洪武"窖藏	钱贩挑选后收去半数，上交文物办两宋钱币50余公斤。
1988年	临平山南坡、浙江省第二监狱内	约25公斤	"洪武"窖藏	大部分流向杭州，上交文物办2公斤。
1989年	勾庄王家桥	约50公斤	"洪武"窖藏	全被钱贩收去。
1992年3月	沾桥三家村	约15公斤	"洪武"窖藏	全被钱贩收去。

第三节 奖惩

一、表彰

长期以来，尤其是 20 世纪 80 年代以来，余杭区人民政府和文物管理部门对在文物保护方面做出突出贡献的集体和个人，予以表彰奖励。

1986 年，潘板桥供销社废品收购站周跃明因多次从所收购的废品中拣选出文物（其中包括铜矛、铜镜等国家二级文物）上交文物部门的先进事迹，受到余杭县人民政府表彰，并出席全县先进集体、先进个人表彰大会。

1988 年，余杭县人民政府在安溪电影院召开奖惩大会，表彰长命供销社会计何建良将清理自家鱼塘时出土的一块良渚文化玉璧主动上交文物部门的事迹，对其进行全县通报表扬，奖励人民币 200 元，并晋升一级工资。

1988 年，良渚派出所因查处良渚文化瑶山遗址盗挖事件，追缴文物有功，被余杭县人民政府授予"保护国家文物先进单位"称号。1987 年 5 月，安溪瑶山遗址发生群众性盗挖事件，良渚派出所全力查处，共查获涉案人员数十名，其中依法处理 10 余人，追回文物 100 余件（组）。

1989 年以来，良渚派出所因保护国家文物成绩显著，先后 4 次受到上级公安部门的集体嘉奖。其中包括 1989 年配合杭州市拱墅区公安分局侦破方 ×× 贩卖国家一级文物良渚文化刻纹玉璧的"12.21"案；1993 年破获郑 ×× 和罗 ×× 等盗挖文物案；1994 年春节前夕在良渚遗址巡查过程中当场抓获 4 名盗挖分子，经深入调查，共缉获案犯 30 余名，追回文物 17 件，赃款 8 万余元。

1993 年，驻余杭星桥武警杭州支队八中队因保护文物有功，受到余杭县人民政府表彰和奖励。1993 年 4 月，驻余杭星桥武警杭州支队八中队炊事班副班长王汉伟在营区菜地挖坑种瓜秧时，挖出几块形同斧子的石头。因其形似余杭县文物管理委员会张贴的宣传画上的文物，立即报告中队长章震。章震要求王保护好现场，自己立即打电话向文物管理部门报告。经清理出土 20 余件文物。当天下午 5 时，战士裘金元、苏华明在附近整地时，又发现一件造型精致的柱形玉器和一只镯形玉器。中队领导决定加强警戒，昼夜值班，保护现场。后经文物部门抢救清理，发现两座良渚文化时期墓葬，共出土文物 175 件（组），其中包括玉琮、玉璧、玉钺、玉管、柱形器、三叉形器、石钺等。8 月 6 日，武警杭州支队在杭州八中队举行庆功表彰大会。八中队集体荣立三等功，炊事班副班长王汉伟记二等功，战士欧丛峰、苏华明记三等功。浙江省文物局、余杭县人民政府分别致感谢信，赠送锦旗，授予奖金。

2008 年 8 月，余杭街道土桥湾西险大塘退堤工程施工中，出土战国青铜剑 1 件，富阳籍施工人员屠小明主动上交，杭州市余杭博物馆予以表彰奖励。

2008 年 10 月，余杭街道土桥湾西险大塘退堤工程施工中，再次出土战国青铜剑 1 件，施工人员丁应学主动上交，杭州市余杭博物馆予以表彰奖励。

1990 ～ 2009 年，余杭文物主管部门每年在各镇乡文化站（后为文体服务中心）工作人员中评比文物保护积极分子（先进个人），给予表彰和奖励。

2012 年 6 月，余杭区文广新局对仁和街道洛阳村村民郭根益主动上交 1 件良渚文化玉璧的事迹进行表彰。4 月初，郭根益在獐山社区野茅山挖土时，发现一块石质圆形物，中间有孔，器物表面打磨得非常光滑。他怀疑是文物，立即报告仁和街道文体服务中心。文体服务中心主任沈顺华又马上向杭州市余杭博物馆反映。经浙江省文物考古研究所专家鉴定，系良渚文化时期的玉璧，器型规整、保存完好、价值较高。

此外，根据实际对业务文保员、文物守望者进行考评，对表现突出者进行奖励。对于在日常工作、劳动中出土文物主动上交者给予一定奖励。

二、惩处

余杭区根据《中华人民共和国文物保护法》和《浙江省文物保护管理条例》等文物保护法律法规，坚持依法行政、依法管理，通过打击盗掘、盗窃、走私、破坏文物等违法犯罪活动，保护文物安全，增强干部群众的法制观念。仅 1987 年 7 月至 1998 年底，共举行文物犯罪公审、公判会 12 次。每次召开的公开审判大会，都有 1000 余名干部群众旁听。公开审判既有力震慑了文物犯罪分子，也有效教育了广大干部、群众。

1987 年 7 月，余杭县人民法院在瓶窑镇电影院对盗挖良渚遗址和贩卖文物的曹 ×× 、周 ×× 等 10 名犯罪分子进行公开审判。

1988 年 4 月，余杭县人民法院在安溪电影院对郑 ×× 等 6 名盗挖安溪镇瑶山祭坛遗址的犯罪分子进行公开审判。

1990 年 4 月，余杭县人民法院在安溪电影院公开审理沈 ×× 、朱 ×× 等 4 人盗挖贩卖文物案。

除以上 3 次公判大会在良渚遗址保护的重点地区召开外，余杭县人民法院还先后 9 次开庭审判，共判处文物犯罪分子 42 名，其中判处抢劫、诈骗犯徐 ×× 有期徒刑 20 年。

1988 年 12 月和 1989 年 4 月，原长命乡 ×× 村村委会未经余杭县文物管理部门同意，先后在良渚遗址重点保护范围内的钟家村遗址擅自开挖池塘、建造农机站，致使遗址遭到破坏。为严肃法纪，县文物部门认真向县政府作了汇报。县政府专门发文通报批评，责令写出书面检查，并处行政罚款 2000 元。

1995 年 6 月，杭州市某公司未经余杭县文物部门批准，擅自在良渚遗址保护范围内造围墙、建厂房，严重违反《中华人民共和国文物保护法》和《浙江省文物保护管理条例》。经报浙江省文物局同意，对该公司进行全市通报批评，责令作出书面检查，规定建房高度以二层为限，并要求承诺今后如国家有需要，必须无条件拆除厂房。

2003 年 6 月 18 日，余杭区文物管理委员会办公室接群众电话举报，称超山漳河洋马鞍山南山脚取土工地有一座古墓被盗。区文物办当即赴现场调查并保护。19 日进行现场清理，出土金发饰 1 件、金戒指 1 只。经公安部门侦查，从盗墓人手中追缴金耳环 1 对、金人物故事发饰 1 件、金发箍 1 件、金发簪 1 件、银鎏金带饰 7 块、银鎏金簪 4 件、铜镜 1 块。

2011 年 5 月，有群众夜间举报临平小横山建设工地发现古墓，并有施工破坏迹象。区文物监察大队备勤组会同余杭博物馆业务人员连夜冒雨赶往事发地。次日，区文物监察大队责令停止施工，并作了现场勘查，发现工地内有古墓群，其中 2 座已遭到一定损坏。随后立即上报省、市文物行政部门，并立案调查。经调查取证，认为施工方在施工过程中发现文物未及时报告文物部门，其行为违反了《中华人民共和国文物保护法》第三十二条，"在进行建设工程或者在农业生产中，任何单位或者个人发现文物，应当保护现场，立即报告当地文物行政部门"的规定，依法作出罚款 5000 元的处罚。施工单位表示今后施工中一定多加关注，履行保护文物的责任和义务。该行政处罚是浙江省首例在建施工中发现文物隐匿不报案件，被杭州市园林文物局评为2011年度杭州地区文物行政执法优秀案卷二等奖。

2011年10月15日，有群众举报余杭街道某道路建设施工中发现古墓，出土文物被附近村民拿走。余杭区文物监察大队执法人员和余杭博物馆专业人员迅速赶往现场勘察，依法要求建设、施工单位立即采取措施保护文物出土现场，暂停文物出土区域的施工；加强施工工地管理，严禁非施工人员进入，如继续有文物出土要迅速向文物行政部门报告；同时要积极提供线索，配合文物部门追缴流失文物。执法人员在余杭街道办事处有关工作人员协助下，迅即展开调查，初步掌握了线索，之后采取上门入户给当地村民讲解文物法规的方式进行说服教育，最终3名村民逐一交回3件失散的出土文物。出土文物移交杭州市余杭博物馆保管。

2012年6月，有群众举报中泰街道某居住区建设工地施工中发现古墓。余杭区文物监察大队迅速组织执法人员赴现场勘察，发现该居住区建设工地的一处坡地上暴露出4座已被挖土破坏的古墓。执法人员依法责令停止施工，并在发现古墓区域建立警戒线，对施工现场情况进行拍摄取证。经浙江省文物鉴定审核办公室专家鉴定，遭破坏的古墓为汉代墓葬，具有一定的历史、艺术和科学价值。区文物监察大队根据《中华人民共和国文物保护法》第三十二条规定，对该房地产开发有限公司在进行建设工程中，发现文物未向文物主管部门报告的违法行为进行了立案查处，作出罚款20000元的行政处罚。

余杭文物志 ◎ 丛录篇

第六篇 丛 录

第一章 人 物

第一节 传 略

一、施昕更

施昕更（1912~1939），出生于杭州余杭良渚镇一户家道中落的人家。他自幼聪颖，中学毕业后考入浙江省高级工业学校艺徒班（浙大前身）学习绘图，为今后到博物馆工作及考古发掘工作打下基础。

1936年5月，西湖博物馆对杭州古荡遗址进行发掘，当时在西湖博物馆工作的施昕更也参加了这次发掘。在整理出土器物过程中，有几件器物看上去很熟悉，特别是一件有孔石斧，引起施昕更的注意。这种石斧在他的家乡良渚一带也有发现，当地的村民称作石铲。当时良渚一带盗挖文物尤其是盗挖玉器成风，在盗坑附近常散落着一些石器及陶片。施昕更从小生长在良渚，对当地的"掘玉"耳濡目染，有深刻的印象。这两地的石斧有没有什么联系呢？良渚为什么也有这种石斧出土呢？这些疑问诱发施昕更回良渚调查的想法。经过多次的调查，施昕更采集到一些碎陶片，隐约感觉到良渚似乎有一个古遗址的存在。他将这些情况和想法向当时西湖博物馆馆长董聿茂进行了汇报。在西湖博物馆支持下，施昕更开始主持对良渚遗址进行正式的田野考古发掘。

1936年12月~1937年3月，施昕更先后进行三次考古发掘，获得大量的石器、陶器、陶片等实物资料，由此从科学发掘的角度确认良渚一带存在着远古文化遗存。在考古发掘基础上，经过半年多的时间，施昕更撰写完成《良渚——杭县第二区黑陶文化遗址初步报告》（以下称《良渚》）。1937年7月7日卢沟桥事变爆发，施昕更的研究被迫中断。同年12月24日，杭州沦陷，《良渚》一书的印刷被迫中断。施昕更携带原稿，随西湖博物馆迁往浙南，不久即投笔从戎，在瑞安县抗日自卫会工作。1938年，在非常艰难的情况下，几经周折，《良渚》在上海出版。1939年5月，施昕更因患猩红热而英年早逝。

二、何天行

何天行（1913~1986），字摩什，生于浙江杭州。其父何公旦，精于医学，擅诗词，乃浙江近代名医，育有三子四女，何天行排行老三。何天行自幼便熟读古文，背诵诗词，为后来进行文化史的研究打下坚实的基础。

早在1935年以前，当时叫杭县的良渚一带盗挖文物之风盛行，而许多石器和黑陶却少有人注意。当时人们还看不出它们的巨大史料价值和文化内涵，往往随挖随弃，因此在盗坑附近常常散落着许多石器与黑陶。

1935年，风华正茂的何天行先生正在复旦大学就读中国文学系四年级，在开设的课程中，有一门就是考古学课，他极有兴趣。因此，他经常利用假期到民间探访，这其中就包括良渚，采集到了各种古器物。凭着自己掌握的古文化学识、浓厚的考古学兴趣，他敏锐地意识到了那些散落在杭县良渚民间的石器、玉器和陶器决非一般器物，良渚一带存在一个古文化遗址。

1936年12月至1937年3月间，以施昕更为主的省立西湖博物馆对良渚一带进行了正式发掘，正式确立浙江远古文化——良渚文化的存在，从而也证实了何天行先生的重大发现。1935年冬，何天行在良渚踏看遗址时发现一个椭圆形的黑陶盘，上面刻有十几个符号，经过与甲骨文、金文中的符号对照、分析发现，其中有七个在甲骨文中找到了同形字，又有三个在金文中找到了同形字，因而断定这些符号为初期象形文字，得到了学术界的重视和肯定。

发现良渚的石器与黑陶并意识到其重要价值后，何天行又经过反复地调查研究，多处探考征集，于1937年4月完成出版《杭县良渚镇之石器与黑陶》一书，被作为吴越史地研究会丛书之第一种，得到蔡元培的高度评价，为该书题写书名。该书以中英文对照的形式发行，于1939年就流传到海外，是较早将良渚文化介绍于海外的一本著作。

三、沈德祥

沈德祥（1925~2007），余杭人，余杭区第二届文化名人。1951年9月参加工作，从事银行金融工作。1971年，从中国人民银行调到文化馆从事文物工作，直至1988年12月退休。

余杭历史悠久，文化沉淀丰厚。沈德祥在职时，以一人之力承担全区文物工作，在艰苦的工作条件下，串村走户，踏遍了余杭山山水水，肩背手扛，收集文物达1350余件，为余杭文博事业打下扎实的基础。

1986年，他代表余杭出席在上海博物馆召开的"良渚文化发现50周年纪念会"，并在会议上以《良渚文化陶文符号》一文，作大会发言。1996年，在"纪念良渚文化发现60周年暨钱币学会会议"上，他提出"良渚文化时期的玉璧既是礼器，又是原始货中之重宝"的观点，得到与会代表的认同。同时他也提出了"良渚文化时期的石钺是当时的货币"的论点。他曾经参加河姆渡遗址、临安县五代水邱氏墓、区良渚文化遗址等重要遗址的发掘工作。

退休后，他仍孜孜不倦地钻研业务，发表多篇学术论文，参与良渚文化博物馆与杭州市余杭博物馆的筹建，并且收集和积累大量资料，为《余杭文物志》的编撰提供珍贵资料。

四、俞清源

俞清源（1929~2010），祖籍新昌，1952年7月参加工作，一直在基层乡镇工作。尽管他只有小学文化，却热心于径山历史文化研究。1989年10月，被余杭县城乡建设局聘任为径山风景名胜区管理处主任，1991年1月退休。退休后，他致力于研究径山文化，跋山涉水进行实地考察，竭力搜寻径山历史证据，探访径山寺与日本的历史渊源，对径山的禅茶文化作了系统的研究，为径山茶的恢复发展和径山旅游开发提供了大量的人文资料。

俞清源通过《径山史志》的编著出版，确立了径山文化的地域文化符号。他通过日本友人村上博优得到了台湾故宫博物院翻印、复印的明代《径山志》，使大陆有首部复印的明代《径山志》。他首次个人对陆羽在双溪著《茶经》开展专题研究，并发现陆羽著《茶记》的所在地——苎山。俞清源是杭州陆羽径山茶文化研究会副秘书长、余杭区民间文艺家协会会员。他先后出版《径山史志》、《径山茶》、《径山的中日文化交流》、《径山禅茶》、《径山诗选》、《径山祖师传》等10余部著作，被称为"径山通"、径山文化的"守护者"，为挖掘弘扬径山禅茶文化、提高径山的知名度和推动中日径山文化交流作出贡献。

第二节 名 录

至 2015 年，余杭区共有文物博物馆高级专业技术人员 12 人，其中正高级 4 人，副高级 8 人。具体名单见下表。

表 5-1 余杭区文物博物馆正高级专业技术职称人名表（姓氏笔画为序）

姓名	工作单位	职称	职务
陆文宝	杭州市余杭博物馆	文博研究馆员	馆 长
费国平	杭州良渚遗址管理所	文博研究馆员	
郭青岭	杭州良渚遗址管理区管理委员会	文博研究馆员	文化产业处副处长
蒋卫东	杭州良渚遗址管理区管理委员会	文博研究馆员	申遗处处长

表 5-2 余杭区文物博物馆副高级专业技术职称人名表（姓氏笔画为序）

姓名	工作单位	职称	职务
王永翔	余杭章太炎故居纪念馆	文博副研究馆员	馆长
吕 芹	杭州市余杭博物馆	文博副研究馆员	副馆长
吴彬森	杭州市余杭博物馆	文博副研究馆员	
林金木	杭州市余杭博物馆	文博副研究馆员	
罗晓群	良渚博物院	文博副研究馆员	宣教部主任
骆晓红	良渚博物院	文博副研究馆员	保管部主任
盛正岗	杭州市余杭博物馆	文博副研究馆员	
章忠勋	杭州良渚遗址管理所	文博副研究馆员	

第三节 藏 家

民间收藏是经济发展的必然产物，同时也体现了人民大众"盛世收藏"的价值取向。余杭历史悠久，人杰地灵，文风茂盛，民间收藏条件得天独厚，收藏队伍庞大。2011 年 3 月至 6 月，余杭区文化广电新闻出版局、城乡导报、余杭新闻网联合主办首届"余杭当代十大收藏家暨余杭民间收藏十大精品"大型公众推选活动，甄选出"余杭区首届民间十大收藏家"。

1、吕幼刚

1955 年 8 月出生。20 世纪 70 年代开始涉足收藏，藏品主要有书画、文房用品、古家具及各类杂件等，藏品共计 3000 余件。

2、朱淑华

1965 年 3 月出生。中国社科院考古系研究生，中国收藏家协会玉器收藏委员会副主任，江苏省收藏家协会理事，玉器收藏委员会副秘书长，中国传世玉器全集编委，中国盛世收藏艺术网、玉器时代收藏网玉器版版主。20 世纪 90 年代初步入收藏界，以收藏玉器为主，有玉器、瓷器等藏品 600 余件。

3、陈禹

1967 年 11 月出生，1993 年开始收藏生涯。藏品有玉器、陶器、青铜器、瓷器、石雕、木器等 20000 余件，其中最有特色的当属近 100 幢明清徽派、闽南及北方等各地风格的古民居。

4、孟方荣

1963 年 8 月出生，中国文物学会会员，中国收藏协会会员，中华民间古陶瓷研究会会员。1979 年开始涉足收藏。目前主要以古陶瓷收藏及研究为主。共有藏品 10000 余件，瓷片 150000件左右。

5、张永年

1948 年 6 月出生，孩提时代即开始集邮。1987 年开拓将集邮文化与姓氏文化和地名文化三者相结合的收藏途径，集藏姓氏 10000 余件，其中不同姓氏的藏品达 1000 余件。

6、步展霄

1969 年 8 月出生。从 20 世纪 80 年代开始收藏生涯。主要收藏古家具，有藏品 1000 多件。

7、顾建生

1949 年 12 月出生。20 世纪 70 年代初开始收藏书画作品，主要收藏中国画人物、山水及花鸟题材，共有藏品 200 余件，尤以花鸟画的收藏质量最佳。

8、袁建华

1948 年 6 月出生，中国收藏家协会会员，浙江省钱币学会会员，杭州市集邮协会会员。20世纪 60 年代开始涉足收藏。藏品以各时期金银币及各类金银头钗为主，共 500 余件。

9、谢国刚

1957 年 8 月出生。20 世纪 80 年代开始收藏。主要藏品有书画、瓷器、杂件等，共计 800 余件。

10、韩一飞

1965 年 1 月出生。1979 年从集邮开始收藏生涯。1995 年开始主要收藏西湖老照片、老地图、老明信片、老织锦、老月份牌及龙井茶文化等西湖文化遗产类资料及实物。曾获得"百年经典杭州"白金奖等，编著有《西湖老照片》、《西湖老明信片》等。有相关藏品10000余件。

第二章 文 选

余杭山明水秀，历史悠久，历代名臣诗人来余杭仕宦任职或观光访胜者甚多。面对山川风物，无不感慨万千，寄情于斯，留下吟哦题咏累牍。这些锦绣诗文既增添了余杭风采，又真实地再现了余杭的历史面貌。虽几经沧桑，许多景物已成遗迹，但尚有不少文化遗产等待我们去抢救、发掘和保护。

因限于篇幅，经整理筛选，采录各时期名人部分与文物史迹相关作品。

第一节 诗 词

南 湖

唐·朱庆余

湖上微风小槛凉，翻翻菱荇满回塘。

野船著岸入春草，水鸟带波飞夕阳。

芦叶有声疑露雨，浪花无际似潇湘。

飘然篷艇东归客，尽日相看忆楚乡。

注：朱庆余，名可久，闽中（一说越州）人。宝历二年（826）进士，官秘书省校书郎。有《朱庆余诗集》。

宿洞霄宫

宋·林逋

大涤山相向， 华阳路暗通。

风霜唐碣朽， 草木汉祠空。

剑石苔花碧， 丹池水气红。

幽人天柱侧， 茅屋洒松风。

秋山不可尽， 秋思亦无垠。

碧涧流红叶， 青林点白云。

凉阴一鸟下， 落日乱蝉分。

此夜芭蕉雨， 何人枕上闻。

注：林逋（967~1028），字君复，钱塘人。隐居西湖孤山，不仕不娶，植梅养鹤。卒谥和靖先生。

洞霄宫

宋·苏轼

上帝高居悯世顽，故留琼馆在凡间。

青山九锁不易到，作者七人相对闲。

亭下流泉翠蛟舞，洞中飞鼠白鸦翻。

长松怪石宜霜鬓，不用金丹苦驻颜。

注：苏轼（1037~1101），字子瞻，号东坡，四川眉州眉山人。唐宋八大家之一。北宋熙宁四年（1071）任杭州通判近三载。元祐四年（1089）出守杭州三年。"翠蛟亭"、"宜霜亭"均出于此诗。

题径山寺楼

宋·范成大

落日苍茫水，扪星缥缈楼。

神光来烛夜，寿木不知秋。

海内五峰秀，天涯双径游。

爱山吾欲住，衰病懒乘流。

注：范成大（1126~1193），字致能，号石湖居士，吴县人。绍兴进士，官至资政殿大学士，卒谥文穆。有文名，工诗，有《石湖集》等著作。

法喜寺

宋·王安石

门前白道自萦回，门外青莎间绿苔。

杂树绕花莺别去，环檐无幕燕归来。

寂寥谁共樽前酒，牢落空留案上杯。

我忆故乡归未得，可怜鶗鴂重相催。

注：王安石（1021~1086），字介甫，抚州临川人。官至宰相。唐宋八大家之一。法喜寺，在余杭通济桥北，原文庙左侧。寺后有"绿野堂"，王安石读书处。

宝隆寺

宋·王安石

寥寥古寺半遗基，游客经年断履綦。

犹是齐梁旧堂殿，尘昏金像雨昏碑。

注：宝隆寺又称釜托寺，在百丈镇里半山村北。

临平华严寺西轩赏芍药有感

宋·蔡襄

吉祥亭下万千枝，看尽将开欲落时。

却是双红有深意，故留春色缀人思。

注：蔡襄，字君谟，兴化仙游人。天圣(1023~1032)进士。官至端殿学士。卒谥忠惠。工书法，著有《忠惠公文集》。

游佛日寺

宋·苏轼

佛日知何处？ 皋亭有路通。

钟闻四十里， 门对两三峰。

注：佛日寺在星桥黄鹤山，今毁。

过临平

宋·释道潜

风蒲猎猎弄轻柔，欲立蜻蜓不自由。

五月临平山下路，藕花无数满汀洲。

注：道潜，俗姓何，号参寥子，于潜人。出家杭州智果寺。诗僧，有《参寥集》。当时道潜此诗，苏轼书之，配以宗妇曹夫人绘藕花图，人称三绝。

题冰谷泉

宋·沈汝谐

嵲石才深数尺余，一泓清泉若冰壶。

泉源定与安平接，二水轻甘味颇如。

注：沈汝谐，杭州人。大观三年 (1190) 进士。冰谷泉在临平山北，已湮没。

追凉至安隐寺前

宋·陆 游

枕石何妨更漱流，一凉之外岂他求。

寺楼无影日卓午，桥树有声风变秋。

残历半空心悄怆，岸中徐步发飕飗。

岂知从此清宵梦，常在沙边伴白鸥。

注：陆游（1125~1210），字务观，号放翁，越州山阴人。南宋爱国诗人。与尤袤、杨万里、范成大并称南宋四大家。

题安隐壁

宋·朱 熹

征车少憩林间寺，试问南枝开未开？

日暮天寒无酒饮，不须空唤莫愁来。

注：朱熹（1130~1200），字元晦，婺源（今属江西）人。南宋哲学家、教育家。曾任秘阁修撰、焕章阁待制。卒谥“文”。

南乡子·送述古

宋·苏 轼

回首乱山横，不见居人只见城。

谁似临平山上塔，亭亭。

迎客西来送客行。

临路晚风清，一枕初寒梦不成。

今夜残灯斜照处，荧荧。

秋雨晴时泪不晴。

注：述古，陈襄之，福州人，知杭州。与苏轼莫逆之交。

留题广严寺

元·鲜于枢

送客临平古佛寺，闻公房里住多时。

骊歌不见金闺颜，浊酒聊参玉版师。

龙象雕零余古塔，蚊蜀断缺有残碑。

藕花未发风蒲短，空咏参寥七字诗。

注：鲜于枢，字伯机，渔阳人。官太常寺典簿，著有《困学斋集》。

游洞霄宫

元·萨都剌

九锁山中面面峰，层峦耸立碧霄中。

烟云万壑时含雨，溪涧双流自吼风。

白鹿下迎何处是，丹砂藏地可曾空。

遗踪千载谁寻觅，徒说华阳路暗通。

注：萨都剌（1272~1355），字天锡，号直斋，蒙古族，雁门人。泰定（1324~1328）进士，官御史，晚年寄居武林，著有《雁门集》。

龙兴寺

明·潘云赤

古寺开南宋，函湖势已分。

断钟沉戌火，阴殿落山云。

估舶晴溪集，农谣远岸闻。

转思游幸日，紫盖结龙纹。

注：潘云赤，字夏珠，临平人。龙兴寺在临平东。宋宣和七年（1125）始建初名妙华庵，绍兴六年（1136）高宗以太后驾幸赐"龙兴"。后改建为临平中学。

宝幢

清·沈緘

唐李开胜迹，回立自苍苍。

鸟迹千秋秘，龙文五色光。

风雨迷紫翠，日月露微茫。

灯继昏衢耀，灵标照十方。

注：沈緘，字羽阶，临平人。宝幢建于唐大中十四年（860）。今废。

塘栖水嬉曲

清·俞樾

栖溪春水明如镜，岁岁水嬉今岁盛。

花果欣逢比户丰，村农早鼓先期兴。

先期童稚习歌讴，土谷祠边众聚谋。

拜杀荆刘看曲本，旗盔杂把制行头。

画舫彩帜风中飐，两两相继成巨舰。

百宝庄严贯月槎，万花绚烂移春槛。

一时箫鼓闹如雷，齐向长桥河上来。

后舞前歌花世界，东船西舫蜃楼台。

楼台歌舞来相续，小与酬劳殊太薄。

片片蜂糖小甑糕，条条凤蜡双行烛。

烛龙入夜更蜿蜒，灯火高高下下悬。

竟可地名星宿海，错疑身到焰摩天。

清明时节沿成例，点缀升平殊有意。

巧借隋宫水饰图，别翻唐代梨园戏。

我偶轻舟到此维，翁孙四代共扶持。

水嬉亭畔聊随兴，不见风流杜牧之。

注：俞樾（1821~1907），晚清著名学者，1824 年随父从德清迁居临平史家埭，"居临平垂三十年"。曾任河南学政。1867 年起主讲杭州诂经精舍，培养了章太炎、吴昌硕等众多著名学者。

苎翁泉

现代·仲朴

世称陆羽是茶仙，乐隐苕溪第一泉。

古迹荒凉多感慨，斜阳芳草缅先贤。

注：仲朴，民国时学者。诗摘自 1946 年刊《晚窗余韵抄略》。

第二节 散 文

重修南下湖塘碑记
宋·徐安国

绍熙五年秋八月，霖潦不止，洪发天目诸山，倏忽水高二丈许，冲决塘岸百余所，漂没室屋千五百余家，流尸散入旁邑，多稼化为腐草。新天子嗣位，视民如伤，遣使旁午。适侍御黄公黼，弭节畿漕，奉承德意，掩骸赈饥。悼湖塘之废，重为三州六邑之害，锐意兴复，力请于上，取弃地于马监，发陈粟于丰储，出钱币于漕库，关器用于殿司。揆时庀徒，悉募饥民，羸者以畚，壮者以筑，日役数千人，所活甚众。填筑败岸，帮广旧堤，列木以捍基，编竹以管土，增高既隆于旧，横敞复袤于前。环视上下两湖，数十里间，如连岗之隐起，坚壁之横亘。邑既籍定，民可耕锄。复以溪塘环绕，一邑补治如初。独闲林塘附湖，当溪水之冲，随筑随燎。乃去其激水之平陆，以实败岸之鳞隙，沿旧堤帮筑，其址益厚，绵五十余丈。工以夫计，二十万四千二百二十有四；钱以缗计，二万八千二百九十有二；米以石计，六千六百一十有六。经始以是年十月，至庆元二年正月迄事。邑令周童董工役，簿吕大勋主钱谷，丞郑昌时、徐寿卿，尉胡辅之佐其事，漕属李耆明、叶时兼护之，始终尽瘁焉。

临平湖考
明·沈 谦

临平湖在仁和县东北五十四里，去临平镇东南五里。以古有"湖开天下平，湖塞天下乱"之语，故名。吴出宝鼎，又名鼎湖，一名东湖，以对西湖故。见唐释皎然诗及《仁和县志》、魏郦道元注《水经》又名东江，行旅以出浙江。其名石函湖者，则因《吴郡志》称孙皓时湖边曾得石印也。郦注又云：湖合渐江、通浦阳。元人伯宣及明田汝成、郭绍孔辈皆疑之。然自钱氏筑塘之后，江潮改徙，舄卤沮洳，半成半陆，水道益不可考。周十里中，有白龙潭、龙王庙，乃宋处女产龙于此，故祀之。及唐舒国公褚无量有读书堆诸迹，而志称褚公故宅亦在其旁，今不知所在。有四闸，古以为潴蓄灌田之用。唐刺史白居易尝议决西湖，不足更决以添注云。

汉以前无考，三国属吴，孙权赤乌十二年，宝鼎见。天玺元年，一夕开除，吴人以为瑞，谓天下当太平，青盖入洛之祥也，皓问都尉陈训，对曰：臣止能望气，不能达湖之通塞。退而告其友曰：青盖入洛者，衔璧之事也。已而果验。是年又于湖边得一石函中有小石、印刻其上，作皇帝字，吴人以献，故改元"天玺"。孙盛以为元皇中兴之符徵。五湖之石瑞而晋以兴。晋属钱塘，元兴二年，湖水赤，时桓元将受禅，因讽吴郡使，言开除以为己瑞，使百僚集贺，乃矫诏答之，俄而元败。陈后主至德二年仲冬，朔夜，临平镇俱沉为湖，方九里许。郡以事闻，后主怪之，欲以民力实之。御使胡敏奏称：陵谷变迁，乃气运不常也，世道失修，或致亏损，宜建梵刹，募选国中妇女度为尼镇压之。后主可其奏。遂命召选得二百八十九人，钦度为尼，仍命冬官建寺于镇之西南，曰明因，克日用成。至祯明元年十一月，湖复开，陈主乃自卖于佛寺为奴以压之，而陈卒亡。唐时，湖属盐官，有龙斗，倾里往观，无量时年十三，读书宴然不动，人咸异之，旧传堆上有读书台，今废。五代梁龙德二年，钱氏析钱塘官，置钱江县，湖又为钱江地。至宋太平兴国三年，钱俶纳土，四年，改钱江县为仁和县，湖始属仁和。宣和中，湖水大溢，建庵名妙华以镇之。后高宗以迎太后，驾幸其地，升为龙兴寺。绍定五年，筑永和塘，以捍湖之冲决，许应和为记，称永和堤，阻鼎湖白龙潭之险，卯风湍流，夤夕鼓荡，一有线漏，则膏腴数百顷，瞬刻就没，是时防溢甚密。元末多塞为田亩，佃为鱼池，迨夫宏正之间，日益淤塞。万历三十七年，司道檄县清理，而湖水亦得稍复其旧。谦按湖之开塞，关系治乱，岂止州邑之形胜，且淤塞既久，则暴注必溢，而旱莫濡，此疏浚之举，所宜亟行者也。但四旁俱属民产，难于贮泥，今取以筑堤，自西达东，约八百余丈，即堤成而湖浚矣！昔苏轼取西湖葑草筑为长堤，而湖亦开朗，诚为两便，至今利之。西湖、东湖可二视哉！兹因扬州太守誉星，西陵别驾袭祥二徐公，倡为义举，将来湖堤，渐次修复，四闸出东江桥故道，达于运河。亮非一人一日之力所得而办，盖有望于同里之高明者甚切也。谦乃喜而为临平湖考，以从臾其成，并史志诗文有关于湖者，俱附录于左。

却金亭记

明·吴 鼎

嘉靖七年春正月，余杭县知县王确，秦略曰："臣始得任，询俗于父老，父老曰：'县有冤抑，浮里界长孙桊，素号良民，往岁，他众纵烧安溪官民庐舍，辞□及桊。按狱者锻桊罪死。屡自诉，移狱留台，犹未白。方安溪被火，桊家居，适以是日宴客可验。'臣闻之，未遽信也。后访之贤士大夫，贤士大夫如诸父老言，臣亦未信也。近受按察官委臣复询，躬至火所博諏，密采诸所睹记之言，咸如向所闻。臣乃谓同事曰：是诚冤狱矣，盍平反之？或曰其如原问官司何矧桊以多财闻，为之求生，人且疑鬻狱。臣弗自顾，竟以实报。果逢彼怒胁，使署状如成案，言桊预纵火是实。臣思一署此纸，桊无生矣。执不署：臣闻之古孝妇被杀，三年不雨。匹夫积怨，六月飞霜。使孙桊死于非辜，安知无伤于和气？伏念皇上盛德好生，而微臣预有子民之责，臣请得身诣诏狱，与众辨析桊情迹。臣言如妄，甘伏。故出之法，如非妄，宜释冤抑之。夫冤抑伸，则臣职无愧。臣虽蒙谴罢官，亦复何憾。"命下，缘是桊竟得减死。未及释，而王令以忧去。桊母怀白金百，敬请助丧役。令曰："令知民冤，民顾不知令志耶！"固却之。越二载，桊始□宥归，追思王令公之恩，乃构亭于逵，揭曰"却金"，树石请《记》。

夫不怵于上，不忌于俗，直躬昭枉，自献于天子，可不谓之贞臣乎？济物而不享其报，离位而不欺其志，可不谓之廉吏乎？世有远嫌惜已，熟睹民隐，无敢出一语忤上官，而非分之金则不避焉。视王令之风，亦可少愧矣。若孙氏之谓，此知其所报夫亦信良民矣。王令字介夫，颖上人。以五年秋任，八年冬去。

惠泽祠碑记

明·邹 干

余杭县南有巨湖，湖之堤东南隅，地势高爽，昔宋人建屋于上，以奉祀县令杨文靖公，号曰"龟山书院"。历世既久，遗构悉毁，故址为居民所有，种植桑麻，或为蔬圃，过者太息。后予致政还家，闻其地故人方彦璋，得之其子景高太学生，省墓归家，一日，因与之纵步长堤之上，俯仰昔人捍患之功，兴叹久之。稍东行，至书院旧址，景高曰："此地数易其主矣，后为先人购得，亦尝有意前贤以俟兴复之者，不幸其志未伸而殁。今先生致大政归，正其时也，请以遗址奉之，愿振起颓风，一新旧迹，俾前人善政，光照不泯，德莫大焉！"

予有志于斯久矣，今又嘉景高尚贤如是，乌可辞哉！考之《郡志》，由汉及唐至宋，余杭令有功于当时后世，其陈、归、杨三人欤！汉熹平间，陈公浑筑南湖三十余里，即湖之西北，凿石门通大溪，泄水势，徙城置堰，有功于民独多。后唐长兴三年，封灵卫王，邑人立祠祀之。唐宝历中，归公珧因陈公故绩，修上下湖，又开北湖，溉田千余顷，筑甬道百余里，以免西北行李之患。耆旧相传，云昔洪水冲决堤岸，功用弗成。公与神誓："民遭此水溺，不能拯救，是某不职也。神矜于民，亦何忍视其灾！"堤由是筑就，至今人名之曰"归长官塘"。宋崇宁间，杨公时专务以德化民，而于水利尤尽厥心。当蔡京贵盛，其母前葬余杭，因术者言欲浚南湖潴水为胜，托言便民。事下，询诸父老不可，时极言以阻之。

嗟夫！三贤之生，虽有先后远近之不同，然为政泽民，有功于水利，则同一心也，苕之民至今赖之。后杨文靖公以道学，从祀先圣庙庭及越之萧山县，亭有春秋祭祀，可云盛矣。惟陈、归二公与文靖公，本县祠庙久毁，祀事有缺，揆之于义，窃有未安。今也合三贤于一祠而奉之，则情文俱举，人心允矣。

于是，协市材命工，复得隙地二寻以增广之，而乡之士大夫君子，亦相与助之，冀成其美。遂作新祠宇三楹，制度简朴，不雕不饰，轩居门屋，次第完毕。甃以砖石，缭以垣墉，前临大湖，波光潋滟，而汀鹭渚禽，飞鸣上下。其西南一带，诸山森列环拱，朝晖暮霭，清胜莫加焉。诚栖神佳所，抑一邑之伟观也。由是塑各贤之像，设以神主。其名号并从生前职任与殁后追谥之称，位次之列，亦依时之先后。祠宇总名之曰"惠泽"，以昭其布功于民也。广东布政使旴江左公赞篆书，以揭于楣。庶使邑之官民，有所瞻仰。岁时崇奉，修其祀事。神必昭格于冥冥之中，敷佑邑人，灾沴不作，年谷顺成，而裨益之功有莫测焉。

呜呼！事之兴废有数，而振作之则在乎人。凡在官守及与我同志者，徘徊其侧，顾瞻景仰，时加葺而新之，将来栋宇宏壮，神道肃清，后之人睹兹庙貌之庄严，山川之郁秀，宁不惕然有感于中，而思继恐衍。盛于永久欤？

祠经始于成化二十二年十一月，成于明年十月。予老矣，不能文，遂直叙其事之大略，刻石置于祠右，以示后日云。

重修长桥碑记

明·徐士俊

自武林达京师数千里之间，衣带水也，而唐栖一镇，自当水冲，阛阓成林，蔚然聚托。盖纤舟者，百丈纵横，孔道交错。所谓长桥者，咸有榜人驲卒之迹焉。其为利济也，良溥聿稽。此桥之所由来，远在明朝弘治间，有僧守清，本四明陈氏子。偶有所激，遂发是愿。直走长安，曳数丈银铛，高呼燕市，惊动深宫。首蒙皇太后赐赉，因而诸王宫主以下，暨大小臣工，罔不施给。其金皆邮致杭州，僧归而桥之成也，若流水矣。惟是岁月既深，倾欹屡见。旧洒水为七道者，本于形家之说，而障其二焉。于以坚固斯桥，若中道而扶植之也。近年以来，桥石复迸裂，见者危之。不修则虑其坠压之患，于是里中老成练达之士，推葛君公朗为首，相与召公估费，约得六百金。卓子孟孝廉慨然任之，择日兴工，去其坏者，补其新者，整其凹凸而不固，甃其钩结而能连者。数月之间，邪许声闻彻于市廛，计所费又溢于六百金之数，则为之稍广募册，佐厥成功。彼熙熙而往，攘攘而来者，谁不曰嘉哉。西里之士大夫耆老，相与以有成也。其为利济，不永永乎？古称十一月徒杠成，十二月舆梁成。此其在齐鲁燕赵之间，岁岁修焉者也。若夫大江以南，其土不浮，一成厥功，可以百年无患。其起而补救之者，是真能萃山川之灵秀，助物力之丰盈者矣。岂等于天际之虹垂，银汉之鹊填，徒资美谈也者？闻之新安，有河西桥，两家争造，甚而交讼公庭，亦云好名之过。以我里之长桥视之，则创始原在朝廷，添修宜在里党，俱有美之可纪，曾无争之可乎。是举也，卓孝廉任之，众君子成之，俾嘉靖十四年重修之，吕一素不得专美于前矣。爰为之记其岁月，而书之于石。闻之新安，有河西桥，两家争造，甚而交讼公庭，亦云好名之过。以我里之长桥视之，则创始原在朝廷，添修宜在里党，俱有美之可纪，曾无争之可乎。是举也，卓孝廉任之，众君子成之，俾嘉靖十四年重修之，吕一素不得专美于前矣。爰为之记其岁月，而书之于石。

重修安乐塔记

清·汪皋鹤

邑治东三里，有山曰安乐。故老相传，吴越有国时，其子筑室养疴，病旋以安，故名。山有浮图，闻亦系钱氏所建，明董钦增葺。塔级七层，其巅置顶，四回檐桷稍备，日久加毁。遥瞻岩麓，窣堵巍然。每当林风滴翠，日轮西照，霞光云影，独立苍茫。俨然有小雷峰之目。侧闻青囊家言，山当县之巽峰，宜隆起，不宜倾塌。适遘邑绅士输葺文昌阁之赢赀，遂于其巅增建椽宇，作金轮之盖。从此高顶插云，虚檐倚汉，回梯拾级，远观旁瞩，仰山川之灵淑，览人物之蕃庑，赅于目而识于心，足以为观风问俗之一助，固不仅为人为地理所关已也。是役也，经始于春孟，工峻于夏初，计费公钱四百缗有奇。董其事者，邑人州司马潘君琦独任之。落成之日，猗我士女，欢喜瞻仰，焚顶膜拜，以待嘉麻。故乐得而为记。

乾隆岁次庚寅孟夏，知余杭事中州汪皋鹤撰。

游洞霄宫记

清·陆顺豪

余杭山水之胜最浙右，而洞霄之胜又最余杭。距余家二百里未获一观，殊为怅怅。倾乃呼舟戎装，时庚申二月十六日也，以水路运，故操舟用六人以番休焉。十七日午，抵余杭县南之葫芦桥停舟，陟岸行尽市梢即南湖。湖盈涸不常，时适涸，葑草青青。鹅最多，山羊次之，鸭又次之。湖之北有大堤隆起，垂杨夹道，旖旎插天。余从堤而西，过乌使君祠，几半里许，至古能仁寺。寺之西曰石门桥，又曰通仙。从此过道士桥，路益西又八里许，曰法雨庵，再西为元帝殿。路浸斜向西南行，渐有数小山，或绀或苍，若覆盂、若委弁者，引人入胜。又迤而南，忽见左右诸峰，皆拔地数十丈，其址错如犬牙。沿溪途行，屈蟠凡九折，是名九锁山。锁之目，一天关，二藏云，三飞鸾，四凌虚，五通真，六龙吟，七洞微，八云璈，九朝元。未入锁先得一坊，石刻四字曰"九峰拱秀"。余考志曰："有九锁山大篆字，甚奇古。"则四字已非古额。而夹路往往有花态嫣然而笑，水声锵然而鸣，则又修然欲仙矣。又过麻东、鸣凤二桥，叠闻溪碓声如霹雳出涧底。未几，从会仙桥折而向东南，路左右壁上刻篆书数行，剥落不成句。又正书七律一首，末二句云："政满不须瞻使节，蹇驴潇洒听潺湲"，余俱断裂不全。又数十跬，路右忽见白蛇蜿蜒从峭崖飞舞入壑，迫视之乃涧水耳。跨壑，一夷壤，其形方而不甚大，是为翠蛟亭故址，东坡诗"亭下流泉翠蛟舞"即此。过此数十跬，折而西南，曰元同桥，系元同先生与钱武肃王相度地理凿池架梁，故名。登桥而望，来贤岩已在目中。循乳山而行，又一折而西北，夹路皆平壤，翠筱如云，一望无际，皆昔宫殿基，其间废础无虑千百。

自元同桥行五六百跬，已抵宫矣。历石级而上，从前殿平屋入而登殿。殿中间供玉皇像，像非塑，乃铜铸者。左东岳，右文帝，两旁王、朱二天君，则皆塑矣。额曰："洞天福地"。正书古劲，是宋理宗淳祐七年赐书。按是额昔在外门，今仅存门址，当由门废而徙于此，则此殿非宋创，审矣。殿左隅一巨钟，亦铜铸，其音悠长，非凡钟可及。殿之左曰龙王殿，右为土地祠，神前木主云诸葛武侯，盖相传武侯为是山土地神云。又有郭、许二真君像，与侯像并肩，若三元。然右偏为三贤祠，有嵌壁一碣，刻重建三贤祠记，冯应榴撰并书。有版雕"洞霄宫"三大字，正书，精劲可观，不知何年移徙于此。但置之壁间地上，可异。殿之左，一小堂，中供孙、贝二真人像。左偏有小楼四五间，颇雅洁。楼上供斗姥、三元、吕祖诸像。推窗而望，群山送青，宛然排闼而来，左东岳，右文帝，两旁王、朱二天君，则皆塑矣。额曰："洞天福地"。正书古劲，是宋理宗淳祐七年赐书。按是额昔在外门，今仅存门址，当由门废而徙于此，则此殿非宋创，审矣。殿左隅一巨钟，亦铜铸，其音悠长，非凡钟可及。殿之左曰龙王殿，右为土地祠，神前木主云诸葛武侯，盖相传武侯为是山土地神云。又有郭、许二真君像，与侯像并肩，若三元。然右偏为三贤祠，有嵌壁一碣，刻重建三贤祠记，冯应榴撰并书。有版雕"洞霄宫"三大字，正书，精劲可观，不知何年移徙于此。但置之壁间地上，可异。殿之左，一小堂，中供孙、贝二真人像。左偏有小楼四五间，颇雅洁。楼上供斗姥、三元、吕祖诸像。推窗而望，群山送青，宛然排闼而来，不待折束招也。余以是间诸名胜欲探访，未谙其径，乃求吴一泉、张礼恭二炼师指示，而二炼师亦雅重余，余于寝食之余，入庖穿闼无拘碍也。其饮食所需水在厨檐下，因此处距龙王井可半里许，艰于汲。其仙师祭祷龙王，恳一泉脉，龙王为徙白泥山泉至此，掘之乃得此泉。余以其说近诞，师命僮汲取一碗，逾一时许倾水令出，出碗底示余曰："此白泥脚也。"余视之有少许泥沙如粉，是一奇也。每当卯辰之交，闻有鸟啼，其声铿亮，绰有余韵。师云是即捣药禽声，又一奇也。因思泉与禽俱堪与此山同其不朽，人生世间，其秀与灵，当出泉禽上，而乃醉而生，梦而死，不能振迹于清都、紫微之上，不百年而坟墓生荆棘，其不为泉与禽之所姗笑者。几希，余故记之以自警。

疏浚临平长安河道碑记
清·杨昌浚

杭城水去有二道，一出武林门，北流过塘栖，以达石门，曰下河；一出艮山门，东北流过临平，以达长安，折而南，可至海宁，由长安越坝，亦会于石门，曰上河，又名运盐河，视下河百里而近。长安向为米市所聚，与临平均称巨镇。军兴以来，海塘失修，潮水挟泥沙灌入内河，自长安上至半山七八十里，河道淤成平地，舟楫不通，农商交病。同治丁卯，昌浚方在藩司任内，亟请于前抚马公筹款疏治，马公遂以入告，得旨允行，于是秋兴工，至明年春讫事。迨后又陆续加挑，并带疏天开河、许村两处支港，并修整婆娑闸、白洋涧塘闸。计先后共费九万七千缗有奇，悉资商力，不动官帑。于是自省至嘉兴河道无阻，时方修海塘，转运工料，尤称便焉！夫水之在地，犹人身之有血脉也。血脉一有不行，人身必病；水道一有不通，地方受困。当兵灾之后，民物凋残，苟可以培养元气，宜无不竭力以图，矧水利尤善后之大者乎？因势利道，此长民者之责也。今幸群情踊跃，计日而成，从此商旅恣其往来，田畴赖以灌溉，仁、海两处之民，庶其有瘳乎？而有举莫废，则犹有待于后之来者。是役也，现任陕西布政使、前杭州府知府谭钟麟、补用道候补知府张南、三品衔升补道、杭州府知府陈鲁、升用知府鄞县知县署仁和县事姚光字、知府衔即补直隶州借补海宁州知州靳芝亭，实董其事。监工委员试用县丞屈懋功、朱志仁、潘耀从、九品吴沄、绅董马汝遵、江蓝、吴缦云、陈佃、陈桂芬、李祖仁、汪浙之、何堃华、曹鼎勋，例得并书。

同治十一年壬申仲冬长至日抚浙使者湘乡杨昌浚撰，原办委员补用县程钟瑞监立。

临平记补遗序

清·俞樾

余年甫四龄，即从德清旧庐迁居临平之史家埭，所居有楼三楹，其下临街。每岁元夕张灯，辄于楼上观之。余拟绘生平所游历者为四十图。其第一图曰史埭春灯即谓此也。咸丰辛酉（1861）战乱，临平纵火三日，余时避兵上虞之楂浦，闻而伤之，赋诗云："童时所钓游，不与桑梓异，阡陌与市廛，历历在梦寐。如何一转瞬，惟剩山光翠，他年更访旧，何处黄公肆"？盖凄然有新亭之涕焉。已而王师飚驰电扫，群盗以次削平。余于戊辰岁（1868）再至临平，大乱之后，新蹊故术都不可辨，余踯躅其间，概然曰："河山不异，举目有风景之殊矣"。

临平故有胜国沈东江先生所撰《临平志》，乱后犹有藏是书者。钱唐丁氏刻入武林丛书。而张小云明经又补其所未备，为《临平志补遗》四卷。因余旧寓临平，问序于余。其书于明以前临平事实亦略备矣。从臾丁氏并刻其书以附沈志之后。唯东江乃胜国人，故所纪载止于元末。小云补遗止于明末，亦循其例。

然临平虽小小一镇市，而国朝二百年来，史翰林之故里，孙文靖之旧居，征文考献，颇有可采。倘有为续志者，自当一一载之。即余所谓"史埭春灯"者，或亦可为临平一故实乎！是余所望于东湖诸君子者矣。

光绪十年（1884）岁在甲申冬十月，曲园居士俞樾书于平望舟中。

注：俞樾，字荫甫，号曲园，德清人。四岁随父居临平史家埭三十余年。道光进士。官编修，有《春在堂全集》。新亭，临平镇旧名。张小云即张大昌。

宋梅亭记

民国·周庆云

超山在仁和县东北六十里，距塘栖六七里而遥。《唐栖志》载：山中多梅花，中无杂树，有南宋古梅，花时游人极盛。又载：报慈寺即大明堂，有古梅百本，皆宋时所植。寺有三友居、心斋、香海楼诸胜。予心向往之，以人事历碌，未暇蜡屐也。

今年正月下浣，予作虎林之游，姚子虞琴约探梅山中，出侯官林琴南书《超山梅花记》为先路之导，更约汪子惕予、王子绥珊、钱子治香载酒往游，至塘栖宿焉。

诘朝，则拿小舟缘栖溪行，滩浅水清，游鱼可数，约二三里，沿岸皆梅。移时见小桥，遂维舟登，坐笋舆，达山麓，峰回路转，便得报慈古寺，有楼翼然，即"香雪海"是也。楼前环植老梅数十本，中有一树横斜，交枝垂地，支以石柱，干裂一孔，皮类龙鳞，落花斑驳，幻作青绿。寺僧指点告曰："此宋梅也"。余树亦皆老干纷披，相传明代分本，色晕浅绛，瓣或六出，非他卉所有。徘徊花下，不胜望古遥集之思。因语同游，拟构亭其旁，乞安吉吴缶庐绘宋梅小影，勒石纪之，以张韵事。佥曰："善"！既出寺，则山南山北二十里，弥望皆梅，恍置身众香国中，倘雪月之夜，携尊酒，坐花下，定有缟袂仙人下降也。

夫梅之见诸篇什者，若孤山，若罗浮，若邓尉，骚人墨客咏之夥矣。罗浮吾不敢知，邓尉香雪不过数里，孤山无论矣。况万花之中，剩此冰雪之姿，野火不能摧，风霜不能蚀，殆以是见天地之心乎！予自辛亥困变，散发扁舟，俯仰局脊，抑郁谁语？今抚是梅，沧桑万感，迸集于中，乌能自已。亭之成也，惕予、绥珊实助焉。因撮其大略为之记。

时癸亥（1923 年）十二月。乌程周庆云。

钱邑苕溪险塘杂记

民国·仲学辂

苕溪发源于天目（岷山之脉，一折为衡，再折为庐，三折为钟山，别入吴为天目），经杭、嘉、湖三郡而入太湖（由钱塘至太湖延袤百五十里），绘在皇朝舆地图，而浙江省水利通志、水利备考、钱唐新旧县志，复言之凿凿，要其所以资蓄泄、卫田庐，则恃有闸塘，而三郡尤以钱邑塘闸为首重，可也？盖天目（两乳东向为万山之祖）万山（龙飞凤舞），三面出水（南注江，北注梅溪），其东趋者（天目南北诸山为旁支，东为中干，苕溪之水，随中干而来），又流南、北、中三大溪（是为南苕、中苕、北苕，南有南湖，周围三十四里，北有北湖，又名裘山草荡，周围六十里，皆囤水之区也），浩浩荡绕出临安、余杭，至钱邑孝女乡（冯孝女，唐时人，前辈江古香诗云：前有冯媛后丑卿，剖肝封股进亲尝。乡传孝女分南北，千载双坟土尚香。坟在女南四图孝女山）始合为一（新志云钱唐为咽，吴兴为腹，而太湖则尾闾也），每遇淫雨，波涛汹涌，三郡在吞吐间。明户部尚书夏原吉望而叹曰：朝见平沙，晚没苕花，此殆患区乎？（沿塘各里，古名患区非仁和之患区也。）患区（唐臣尉迟敬德筑石阻鸭沙塘有小碑记，咸丰时犹见之）常以邻郡为壑（嘉兴、湖州）而疏下流，抑洪水，始于钱武肃王，惜其事已无可考，可考者，宋淳熙六年分段筑堤，间以陡门（见县志），为十塘（详见免役碑，总名西险大塘，皆栽松，故明人称西塘古松为苕溪十景之一）、五闸（化湾陡门、角窦陡门、安溪陡门、乌麻陡门、奉口陡门，化湾最险，奉口与仁和分界，自此以下水势渐缓）所自起，明则洪武、永乐（塘闸数横决，淹没郡国，人民流散）。正统、万历，代有修建，夏原吉之外，如通政司赵君荣（永乐时会同三司诣勘，发帑修筑三年乃竣）。工部侍郎周经（正统十年，塘闸倾圮，支广丰仓米三千七百石，南关厂木二千余株，筑始如故）皆以朝廷诣勘，发帑经营。县主叶公（正统十一年勒石）、聂公（时在万历戊申岁）踵而行之，塘闸斯固（黄汝亨为记略曰：讵惟钱邑是赖，盖三郡邑利病所系重矣），以其地当冲要也。越百十年，而固者仍圮。国朝龙头，爰照明例，创修于康熙八年者，袁方伯也。续修于雍正十一年者，秦太守、李大尹也（朱督宪奉旨动帑，扎饬勒石今化湾塘遗碑尚存）惟康熙五十五年，修龙冈西塘，出自魏邑侯捐资独任，里民颂之，为立碑（碑在瓶窑东北首）。由雍（雍正十三年）迄乾（乾隆五年），唐、周两大尹继起，定为各里保护塘险（计长五千六百余丈），优免徭役，大修动帑，民承岁修，前后秉承太子太傅、文华殿大学士兼吏部尚书、总理浙江海塘，兼管总督巡抚印务嵇公，批饬勒石（各都图分段承管，土名、丈尺详碣中，其他碑碣或日久埋没无考证，或字迹模糊无从摹拟，或里民照府县告示私镌，概勿注），今本府头门免役碑是也（道光时偃仆）。抑问之，唐公、周公与明季叶公、聂公，皆按月巡塘，与民分忧，故办理如法。乾嘉之际，塘患少安。道光纪元，余邑北乡（群山万壑）搭厂（温台人作佣），千百年之厉禁忽焉废弛，于是搭厂者之蔓延山谷，日事垦削，一经雨洗，泥沙随山水而下（山土愈掘愈松，松则浮动）。直到三大溪交会之所（钱塘西隅与余杭接壤），盘旋停顿，溪底积累既久，高以丈计（余杭南湖、北湖同病）。状如覆盆，既不能廓乎有容，则水来易盈，（溢塘）水去易竭（露底）。下游属邻郡（嘉兴湖州），其承受上游之水，翻觉来速去迟，此旱潦所以不均，荒歉所由迭见也。自是上游塘面渐因溪底而加高，高犹不足，复因水溢而大溃，（道光以来渐以塘溃为常事，凡遇修筑，非委员督办，即庄首承办，无论帑银敷不敷，必再摊派，自是里民受累无穷矣！）溃在上游，下游虽有塘闸，安所用之？譬如北门一开，腹背无不受敌，掌北门之管者，可弗矜慎哉！（道光以来，各塘弊病蜂起，渐不可支。）光绪八年中夏，大水溢塘。（旧例塘形险要之处，皆钉水桩，以折水势，见国初苕溪图本）。溃者五处，挫陷坍塌之类，几难指数，其时三郡同为巨浸，议者均归咎于塘（东海大塘坍溃，三郡偏灾，西险大塘坍溃，三郡全灾，缘杭郡地高为经水灾处，嘉湖田最低，为盛水处也，旧称两塘并重，尤以西险大塘为三郡命根）。延至是冬，无谋及者，临安县知县赵明府时为钱邑宰，心窃异之，因与同善绅士金少伯、丁松生等会筹款项，估计工料，次春备案上详，由县发给清单，照会城乡各绅董，传知各里庄首具结承领，协同商办，办至次年七月，大水又来（余邑各地复溃），恃以无恐。（各塘向设张英济侯神位，并有金龙四太子庙。大王姓谢，其坟墓宅基犹存，子孙世守，庙宇向关帑修，闻此次与英济侯同日显圣。）虽然，此特小补云尔。若前次水为塘患，其病酿于溪底，起于山厂，而滋毒遂遍于三郡，而贻害乃延及于国计民生，今欲为三郡策万全，当先为钱邑塘闸策万全，欲为钱邑塘闸策万全，莫若先浚溪底，次议山厂。（二事于国计民生所全甚大，实为浙右第一要公，况一劳可以永逸耶。）凡有血气者，咸翘首以俟社稷臣云。

窑山碧 南山苍

2013 年余杭区"文化遗产在我身边"征文比赛一等奖·陈 杰

又到"五月江南碧苍苍"的季节，我总是时时记起在一个江南小镇度过的岁月。东苕溪挟天目万山之水流到这里，转了一个大弯，在一大片低洼地带形成了辽阔的草荡。草荡的西边是一座貌不惊人的小山，却有一个很响亮的名字"南山"，而草荡北边的窑山是这座小镇的标志，成了小镇得名的滥觞。我曾经工作过的学校——瓶窑中学就坐落在窑山脚下。从教室的窗外就可望见那片荒芜的草荡和南山斧削的石壁以及蓊郁的山岗。我在这里度过了十一年的时光。

上个世纪九十年代初，我调到瓶窑中学任教历史。我对这个学校和它所在的小镇知之甚少。在学校低矮的平房里蜗居的日子里，我时常溜到学校背后的窑山上去。这里有一片不大但茂密的林子，午间的阳光从高大的梧桐树叶间洒下，形成斑驳的影子。在林间散步，可见漫山都散落着层层叠叠的陶片，我不禁对这座小山和它脚下的小镇产生了兴趣。后来从文献资料中得知，瓶窑的得名的确跟制陶有关。《余杭县志》载："瓶窑镇原名亭市。唐宋时，居民多以埏埴为业。窑山上'陶穴栉比'，镇因以为名。"南宋《咸淳志》也记载："亭寺山，即窑山。多陶户，为瓮"。民间一直相传瓶窑有十八条弄堂，每条弄堂的尽头就是一座窑，依山而建，绵延至山腰。

校园就坐落在古时候窑场的废墟上，在校园或是窑山的山坡上时常会发现一些古朴的陶瓶和陶罐，形状多有一些变异，可能是属于当时窑场的不合格产品而得以幸存下来。很多人对它熟视无睹，可是我觉得，这是小镇千百年来留下的历史见证。由于工作关系，我带了一批学生开展地方文化的研究性学习，首先就从这校园内、外的古窑废墟上发现的古陶瓶、陶罐开始。当时很快就收集了瓶、壶、罐、灯、盘、盏、碗、钵等十几种类型的上百件陶器。

我们的行动得到了时任年轻校长的大力支持。"瓶窑古陶遗址碑"就这样建立起来了，矗立在校内的山坡上，至今成为校内一景。我记得建这个碑的时候，用的是学校老房子拆下来的青砖，仿照杭州南宋皇城遗址碑的式样，碑上的文字历经斟酌，对瓶窑镇制陶业的历史做了概述。在绿树成荫的探震园内，还新建了瓶窑古陶陈列室。为丰富陈列室的馆藏，我们还从瓶窑民间收集了一些陶器……古陶陈列室慢慢积累起约 200 件实物了，我指导学生给这些实物分类，贴上标签。研究性学习小组的十几个同学也经常在这里聚集、研究。

那段时间，我怀了很大的热情在做这件事。我觉得，我们所收集的古陶实物是一个地方文化遗产的一部分，是瓶窑古镇历史的见证。虽然它很不起眼，但文化遗产不可再生，以后只会越来越少。从古陶实物展开的探索，使我们对这个小镇的历史文化有了更深的了解。为了搞清古陶烧制中几个问题，我带了学生特地到南宋官窑博物馆参观，我们还带上实物请教那里的专家。

一件不起眼的陶器，它的背后蕴藏着小镇深厚的文化底蕴。通过研究，我们基本上理清了瓶窑制陶业发展的历程，它兴起于唐，鼎盛于南宋，发展于元，衰落于明朝后期，在清朝太平天国运动时期，瓶窑的制陶业遭到了毁灭性的打击。对于瓶窑最多见的"韩瓶"，我们认为它跟南宋抗金将领韩世忠有关。当年瓶窑处京畿之地，曾大量制作韩瓶，用作韩世忠抗金部队的军用水壶以及朝廷犒赏部队所用的酒壶，因此我们现在把流行于宋元时期的陶瓶通称为韩瓶了。从文献资料中，我们还得知，13 世纪末，日本爱知县的藤四郎渡海来到宋朝，在瓶窑镇苦学了六年制陶，回到濑户开窑，制成了日本最初的施釉陶器，藤四郎被誉为日本的陶祖。可见，日本施釉陶器的制作技术是从瓶窑传过去的。此外，在里窑街的井头弄，我们还发现了一口距今已有 400 年历史的古井，井圈上"大明天启……"字样依稀可辨。

当我们的目光逡巡于窑山的时候，自然会对它近旁的南山产生兴趣。曾经多次沿着南山东南角的小道，拨开层层荆棘，瞻仰被荒树杂草淹没的十几尊佛像，我和我的学生们同样产生了一些疑问：这些佛像产生于何时？是谁刻凿的？为什么被誉为"第二飞来峰"？几百年来留下了怎样的故事？为什么现在被冷落在这荒芜的树丛之中？

我们发现除了早些年被毁的一些残缺的造像以外，还有更多的造像渗水、风化严重，这跟省级文物保护单位（编者注：2013 年 3 月，南山造像被国务院公布为全国重点文物保护单位）极不相称，这使我们感到了一种来自社会和现实的召唤！学生们以《哭泣的南山》为题，写成考察报告。不管学生提的建议在多大程度上被政府相关部门采纳，后来南山造像还是得到了切实有效的保护。我想，我们注重的是一个过程，我们试图给学生一双发现我们身边各种各样文化遗产的"眼睛"，让他们自觉地去做一名文化遗产的发现者、守望者和保护者，这才是最重要的。

从一定意义上说，对文化遗产最好的保护，就是去认识它，去发掘和认识它的价值所在，在对南山历史文化的系列研究中，我深刻地感受到了这一点。

南山虽然只是一座小山，在地图上也很难觅其踪影，但在中国宗教史上却有着特殊地位，这恐怕少为人知。元朝时期，南山西麓的大普宁寺是浙江白云宗的中心。白云宗是佛教华严宗的一个支派，崇尚三教合一，
其创始人是北宋末年的孔子第52代孙孔清觉。他当年在杭州灵隐寺后的白云庵传教，故称白云宗。孔清觉逝世以后，其弟子将其归葬于余杭瓶窑南山，并于宣和五年（1123）建塔供奉他的舍利，又在此修建了一座塔院，称为白云塔院，淳熙七年（1180）改称为普宁寺。

元政府在瓶窑南山普宁寺设白云宗僧录司，统摄江南白云宗。普宁寺不但刻凿了三十多尊释道并存的大型石刻群，还独力镌刻了卷帙浩繁的中国佛教经典《大藏经》，一般通称《普宁藏》。这是白云宗独自雕造的元代惟一的私刻大藏经。前后历时 12 年，总计 559 函，1430 部，6004 卷，

刻工精巧细致，装帧古朴典雅。今日本东京增上寺、浅草寺存有它的全藏，国内只有部分藏本。瓶窑南山普宁寺的刻本成为弥足珍贵的世界宗教文化遗产。

我带了学生多次在普宁寺旧址徘徊，虽然寺院已不见踪迹，但寺院的石坎、古井尚在，寺院里的石刻构件、石墩、石槽、古砖，还有和尚圆寂时安葬的大瓮，还随处可见。一些农户的院子里还有一些精美的石刻器物。后来我们把一些散落的普宁寺遗物运回学校暂时保管（现在瓶窑中学探震园内）。

为使更多的学生了解地方的文化遗产，我编写了《瓶窑古陶》、《南山沧桑》、《苕溪烽火》、《良渚古国》等校本教材，并指导学生撰写以挖掘地方文化遗产为内容的学习性论文。当时，我指导学生撰写的论文《瓶窑陶器遗存考略》获得了浙江省二等奖。我们当时编写的校本教材《瓶窑古陶》后来还被评为杭州市精品选修课程。

后来，我离开了瓶窑中学，但对窑山、南山这块故土一直怀有深深的眷恋。不论身处何地，我对身边的文化遗产总含有一种崇高的敬意。这些年来，工作之余，我一直痴迷于地方历史文化的研究，撰写了大量地方史和地方文化研究文章，有50余篇文章在《余杭史志》和《城乡导报》等报刊上发表。前几年，瓶窑镇政府组织人员编写《悠然见南山》一书，我撰写了其中第一篇章《历史追踪》部分，达2.6万字。我利用工作之便，还组织全体历史教师在学生中开展了以"家庭和社区资源的开发及其利用"为主题的小论文竞赛，让学生通过了解各自家庭或家族的遗物、经历以及乡镇（街道）、社区（或村落）的历史文化资源，了解家庭或社区的变迁和发展历史，从中折射社会的变迁。这样做的目的就是为了让学生关注身边的文化遗产，增强保护文化遗产的责任感和使命感。

我调到教研室后，在我组织的中学历史和中小学地方课程教学研究活动中，开设了弘扬地方文化遗产为内容的公开课几十节，我们还申报了"地方史课程资源的开发与利用"的省级课题，在这个课题的研究中，我们开发了"余杭历史文化课程资源网"。在区史志办的大力支持下，还编写了《余杭历史文化概览》一书由方志出版社出版。全书20万字，全本彩印，图文并茂，区史志办无偿赠送学校和相关教师1000余册。为配合学校使用，我们还编写了《余杭历史文化概览课程纲要》，现在已成为中小学开展选修课教学和地方、校本课程教学的实用素材。

余杭是文化大区，文化遗产资源异常丰富。余杭人的祖先留给后代的东西实在太多，我们没有任何理由使之湮没，保护和挖掘区域文化遗产是每一个余杭人的责任。而一旦去触摸、去挖掘这些独特的文化遗产时，我们就会常常为乡土所拥有的深厚的文化积淀而惊奇。这些年来，使我感到欣慰的是，我所做的一些努力得到了越来越多人的支持。在我们的历史老师中，很多人都有兴致地加入进来。通过他们，我们的广大年轻一代也逐步建立起对文化遗产的认识以及保护文化遗产的责任感和使命感。"认识你脚下的土地"，这是全球化背景下提出的口号，其实就是寻找一直以来我们赖以生存的根。了解本地区的历史文化遗产不仅仅是增加对一些乡土的了解，更主要的是建立青少年学生和乡土的精神血缘联系。只有知之深，才能爱之切。

前几天又回了一次瓶窑，当我在苕溪畔的窑山和南山脚下这块土地上漫步的时候，依然可以感觉到一种异常亲近的感觉，迎面向我扑来。如果说，这些年来，我对余杭的历史文化遗产一直保持着一种浓厚的兴趣的话，那我最忘不了的还是当年在窑山和南山度过的那段愉快的时光。因为，正是从那时起，我开始关注身边的文化遗产，我的教师职业生涯又多了一项使命：向我们的青少年学生传承余杭的文化遗产。我相信，我会乐此不疲地一直走下去。

细雨润芳草

2013 年余杭区"文化遗产在我身边"征文比赛一等奖·王庆

细雨霏霏，芳草萋萋，水润生香，又是清明时季。

书斋中那件仿良渚文化黑陶罐形鼎十分显眼，夹砂灰胎，黑衣鼓腹圜底，3 只鱼鳍恰成鼎足。望着它，我不禁莞尔一笑而情然后敛。

我与沈德祥先生认识是在 1987 年，那年从教委调至县政府办公室任文教科长。有机会多次参观沈先生在临平北大街的县文物管理委员会办公室，其实那只是一个四五十平方米的贮藏室。十余口粗糙而结实的木柜贴墙而立，上面整齐排列着余杭各个历史时期的出土文物，地上也堆放着不少带着黄泥或黑土的器皿，大多是石器、陶器，也有几件良渚文化精美的玉器。每每造访，他都如数家珍向我介绍每件文物出土时间、地点和价值，使我获益匪浅。他还告诉我，每逢县里召开大会，都会邀请与会人员参观，让人穿越历史，感受国宝，再平添些文物保护意识。

在 18 年时间里，沈先生一直承担着余杭文化遗产的保护工作。到退休时，移交的清单里文物达 3000 余件，并标注得一清二楚。作为余杭文化名人，不仅要具备为人称道的文化修养及专业知识，还应有垂范社会的思想和行为，这是我们至今还常常念叨先生的原因。说实在的，能让人怀着敬仰情感且持久议论的人实在不多，这正是先生高出同辈乃至后辈之所在，我想。

为了保护文化遗产，沈先生走遍了余杭的山山水水。某年冬天，小古城一位老太太坐在自家门前，手里抱着一个有点异样的火炉取暖。一番动之以情，晓之以理的劝说，一件国家一级文物——商代原始瓷圜底罐得以让更多人享受余杭文明。怜物与责任同在，并将之寄情于文化遗产保护之间，会烙上精神道德的印迹，得以升华并传播。我弟弟王玉从小喜欢收藏，是省内有名的收藏家，与沈先生志同道合。70 年代初，弟弟在塘栖收得一方砚台，为苏东坡"雪堂"抄手端砚。沈闻之，劝我弟弟捐献，弟弟慨然应允。这件"雪堂"端砚对于研究宋抄手砚之形制及苏东坡在余杭的历史都具有重要的参考价值。临平山公园的几尊石人石马，也是在沈先生协助下，弟弟从佛石坞废渣中抢运出来的。他俩交往 30 余年，尤见人情濡沫与君子风仪，既得于天赋，又纯持人功，同样对文化遗产的挚爱，思想精髓和文化存续终各臻极致。流行时尚带来的浮躁不安、心存妄念在他们和类似他们的文化遗产保护者面前，会显得话语的匮乏和情绪的焦虑，我又想。

那年，在病床上与我谈及文化遗产保护，希望能尽快恢复安隐寺。沈先生以为，安隐寺曾是临平著名古刹，贡秀灵山。原址尚存安平泉和数十株古樟，苏东坡、陆放翁、康有为、郁达夫等又均有咏题。他还颇自以为是地设想：恢复安隐寺后，还可在上塘河南边再建渡口凉亭，北岸则以青石板铺设百米"纤道"。他还希望修葺原在临平山麓的褚遂良墓，以增山光水色。此前，与张长工先生等已多次提交议案并奔走游说。近乎期盼的赤子心思和别样情愫，话语之中含着时不我待脉脉深情与难得风雅。在我看来，更是一种保护文化遗产情感的急切渲泄。

工作之余，先生喜欢书画。我见过他的一幅"佛手图"，枝干上结着两枚硕大的果实，深黄的，十来张绿叶衬托着。黄绿相间的风姿得意互动之中，更有沁人心脾香气袭来。一方几乎大小如同佛手果实的印章上，赫然两个大字为"德祥"，不见了平日斯文内敛样，平添了不少自信和担当。先生一生受文化遗产熏陶，气质自化。

"慧生于觉，觉生于德"，沈先生曾花费 8 年时间，草就 10 万余字的《余杭文物志》初稿。《余杭文物志》付梓时，毛昭晰先生给予很高评价，说它"必将对浙江省的文博事业产生积极影响。"我最后见到他时，他曾谈及想补充完善之事，惜匆匆驾鹤而去。而今，文宝兄已在组织编写续志，那么，先生的在天之灵，定会欣慰不已。

春意浓酽，人欲断魂。恍惚间，眼前浮现出沈先生高挑、清癯的身影，依然奔走在文化遗产保护的山水之间，连同他送我的那个陶鼎以及细雨润芳草的春天。

突发而成功的文保重任
2013 年余杭区"文化遗产在我身边"征文比赛一等奖·康烈华

2006 年 4 月 19 日，我大儿子在批准的屋基上造新房挖墙基。下午 5 时左右，基础已挖好，挖掘机将地基四周修修边准备歇工。想不到在西南角刨边时，挖机刨出了几个圆圆的饼状物，一个掉在地下，一个刚在挖斗里，两个被挖破成对半。此时站在旁边的一个村民眼尖，叫一声"出宝贝了"，下去将一个圆饼拾起飞快地奔到家里去藏好。被挖破的圆饼也被三个帮工的亲属所拾，在挖斗中的圆饼被司机藏进驾驶室坐凳下。

此时，我刚好从学校下班回来，刚到工地边，儿子对我说："爸爸，挖出文物来了。"接着告诉我事情经过，我说："这是良渚文化玉璧，这不得了，是国家重要文物，必须立即报告，并做好保密工作。"这时我十分担心，因为只要有文物出土的消息一走漏，夜里就会遭来盗挖，那就麻烦大了。于是，我到工地对在场的三个帮工说："你们不能回家，先拿了自己拾到的东西上我家吃夜饭，并不许走漏半句有文物的口声。"又去交代拾到玉璧的村民，叫他不能说半个字，等候上级处理。我即回到家，叫儿子请来支部书记和村民组长，简单地告诉他们工地出文物了，请他们代为做好保密保护工作，一定要协助将文物保护好。接着，我拨通了时任杭州良渚遗址管理所（以下简称良管所）所长费国平的电话，报告建房工地出现了良渚文化大玉璧。费所长说："我在外面办事，我立即派人前来处理，你们父子首先是要保密，千万不能走漏半点风声，以免引起夜里盗挖；第二是要保护好现场，夜间要有人看守，千万不能出事。"

帮工们都没有回家，连脏衣都不换就在我家吃晚饭，吃了一半，良管所的小施已赶到了，先是收回了帮工挖破的三个半块的玉璧，又去拾到玉璧的那个村民家取回完整的一个玉璧，然后再去挖机司机家追回另一个玉璧，那挖机司机还来不及将玉璧洗刷一下，就被收缴了。文物全部收齐时，我们连晚饭也还未吃好，只半顿饭工夫，真是速战速决，而且没有走漏半点挖出文物的消息，村民都不知此事。我的心放下了一半。

是夜，因费所长交代要守护好现场，但晚春的夜晚天气还很寒冷，所以我儿子宏果只能把自己的轿车开到工地上，在驾驶室挨冻守到了天明。

20 日上午八点钟，时任杭州良渚遗址管理区管理委员会主任张炳火等领导、良渚博物院领导、文物专家蒋卫东及良管所所长费国平都来到了工地。在听取我儿子汇报昨天的情况与察看整个房址基地后，张炳火主任宣布良渚遗址管理区管理委员会指示及现场纪律。专家们判断整个房址下面有文物，当天张炳火主任指示瑶山派出所派警员前来守卫工地，严禁人员进入。

22日上午开始进行发掘。因原先已取掉了表土，所以向下发掘了十来公分，就出现了二个古墓的轮廓。为便于发掘记录，之前被挖机挖坏掉的那座古墓被称为一号墓，这两个分别被称为二号、三号墓，其土色是绿颜色，往上一浇水，一目了然。为安全起见，当天趁天黑前，考古队员先对二号、三号古墓的众多玉器进行了提取。

24日，开始发掘最大的四号古墓，等四号墓表土被清除时，连考古人员也惊呆了，只见古墓从头至脚全是精美的玉器。大玉琮、大玉璧、玉管、玉镯、玉璜、玉锥形器都铺满了墓穴，还有十多把石钺，这无异是打开了一座玉器艺术品的窖藏。

从22日开始，省、市、区各大新闻媒体都闻讯而来，一时间各报纸、电台竞相报导后杨村建房工地出土良渚文化珍贵玉器的消息。随后又连续考古发掘整个墓地，一共在这里发现了九座良渚文化墓葬。这些良渚文化墓葬除出土陶器外，出土各类精美文物200多件，玉器有玉琮、玉璧、三叉形器、冠状饰（玉梳背）、玉镯、玉带钩、玉锥形器等，石器主要为石钺，陶器有鼎、豆、罐和双鼻壶等。其中一个削边大玉璧与一个"耘田器"是良渚遗址管理区内首次发现的良渚文化玉器类型。发掘后，考古专家们认为，这是一处规模较大的"良渚文化"中晚期遗址，是当时良渚贵族的墓葬地。

后杨村遗址文物抢救与保护，被文物主管部门称为是一个十分成功的文物保护抢救的典型应急案例，也是近年宣传文物保护法深入人心的结果，说明普通群众保护文物的责任感十分强烈。

后杨村遗址的发现与发掘，出土了众多玉器文物，是杭州良渚遗址管理区管理委员会成立后一次重大的考古发掘成果，刚好为纪念良渚文化发现七十周年庆典献上了一份厚礼。2006年6月9日，余杭区委、区政府、杭州良渚遗址管理区管理委员会在现在的良渚博物院建设现场举行"文化遗产日"暨良渚文化发现70周年庆典，会上，时任余杭区委书记何关新代表区委和良渚遗址管理区党工委表彰了我儿子康宏果，并授予我儿子"良渚遗址保护工作特别贡献奖"奖牌与奖金。

于是，我在退休后，又为保护良渚文化出了一份力。

第三节 论 文

良渚文化的历史地位
—— 纪念良渚遗址发现 60 周年
苏秉琦

良渚文化从发现到现在已经60年了，在这期间中国文明起源问题的研究已经迈出了一大步，良渚文化本身的研究也取得重要突破。在这个大背景下纪念良渚遗址发现60周年，是一件大事。这是处于五帝前后段之间，以环太湖流域为中心，已具方国规模的良渚文化在中国文明起源、中华民族和中华文化传统形成过程中所起的重要作用所决定的。

在中国整个文明发展史上，东南半壁是"半边天"，中国古文化如果分为面向大陆和面向海洋的两大块，或西北与东南两大块的话，早在距今四五千年前的良渚文化时期这种格局就已形成。西北与东南的对向交流，不仅表现于玉器的种类及纹饰，尤其表现为鼎、豆、壶的组合在东南沿海地区出现早，成组合，成序列，并在中国传统礼制中长期成为定制，这不能不追溯到环太湖流域的良渚文化甚至先良渚文化。大约从良渚文化晚期起，以石犁的大量使用为标志，农业的精耕细作传统和对环太湖流域的开发，使江南一直有强大的经济力量作后盾，也提高了江南地区在全国政权中的地位和作用。良渚文化之后吴越已具有逐鹿中原争天下的大国实力；秦汉帝国以后，北人南渡，南人北上，西北与东南地区的对立统一，也经常是影响中国历史大局的重要流向。在南北朝对峙时期。江南虽然在政治、军事上不占优势，但经济、文化发达，六朝时代文人们四六对句的散文韵化，很为北方人所欣赏传诵，所以到了宋代以后科举兴盛时，江南文人占了优势。而明末清初孤踞东南一隅的南明政权，敢于同强大的清王朝对立几十年，表现得很有气节，最后得到康熙大帝对郑成功台湾政权的承认，也不是一件简单的事，南明史应在中国史上大书一笔。到了近代，上海成为全国经济重心，也不能说与古老的良渚文化无关，宁波籍人在上海经济、文化活动中所起到的重要作用就很能说明这一点。今天，当地政府重视良渚文化遗址的保护，建起良渚文化博物馆，并借用这次纪念良渚遗址发现 60 周年活动的机会，出版集中了海内外学者高质量文章的纪念文集，这可以说是实现 21 世纪中国考古学的古与今接轨、世界与中国接轨目标的一个前奏曲。所以我预祝良渚遗址发现 60 周年纪念活动圆满成功。

良渚随笔
严文明

造访良渚遗址不知多少次了，每次都有一些新的收获，同时又留下了许多疑问，让人回味、思索。记得 1967 年底借着"文化大革命"大串连的名义，同几个朋友一起到杭州，遍游了西湖的各个景区。大家觉得很惬意了，我却感到兴犹未尽，一个人揣了两个馒头跑到良渚镇附近想看看良渚遗址的风貌。根据施昕更《良渚》一书的提示，我在路边的小溪边和一些池塘边察看，想找到文化层或捡到一些陶片。因为时间短促，又没有专人指引，终于不得要领而回。但对于良渚附近的山山水水，肥沃的稻田，美丽的农舍，还是留下了深刻的印象。事隔 10 年，1977 年在南京参加长江下游新石器时代文化学术讨论会之后，同几位朋友历经常州、苏州、上海，最后到达杭州。沿途参观了许多遗址和博物馆藏品，对长江下游的新石器文化遗存有了一些实际感受。到杭州后跟苏秉琦先生会合了。记得有一天牟永抗同志把我们领到良渚遗址参观，先是在荀山一带看了几个地方，看了施昕更曾调查和试掘过的水塘，又看了几个曾出土玉器或良渚陶器的地方，最后坐在大观山果园也就是现在叫做莫角山遗址的地方休息。苏先生问我：

"你说良渚这个遗址怎么样？"

"很大，但是一下子看不很清楚。"我答。

"我是说，它很重要。你看重要在什么地方？它在历史上应该占一个什么位置？"

"我看很像是良渚文化的中心。打一个不恰当的比方，假如良渚文化是一个国家，良渚遗址就应当是它的首都。"我答。

"你说得也对。"苏先生顿了一下，"我本来是想说良渚是古杭州。你看这里地势比杭州高些，天目山余脉是它的天然屏障，苕溪是对外的重要通道。这里鱼肥稻香，是江南典型的鱼米之乡。杭州应该是从这里起步，后来才逐渐向钱塘江口靠近，到西湖边就扎住了。把良渚比喻成首都，也有道理。杭州也做过首都，南宋的首都，那个时候叫临安。这是从政治上说。如果从经济、文化上说，杭州应该是丝绸之都，是古越文化的中心。考古学更重视经济、文化的研究，所以你说这里是良渚文化的中心或者首都，我说是古杭州，好像我们坐在这里大发奇想，其实都是有道理的。只是还要做许多工作。没有扎实的工作不行，没有一个想法去做工作，也难得到理想的效果。"

这一段谈话给我留下了十分深刻的印象，至今还能清楚地记得当时的情景。有趣的是我们坐下休息谈话的地方，当时从地形分析就觉得重要，也仔细地踏查过，可惜一块陶片都没有找到。只是在 10 年后的 1987 年，因为扩建公路而发现了大量良渚文化的红烧土坯，才引起了我们极大的注意。此事后文还要细说。

的确，做考古工作也跟做任何事情一样，事先总要有个想法。而想法又往往是在有关的发现和研究的基础上才能形成的。施昕更发现良渚遗址，是受到《城子崖》发掘报告的启发和在杭州古荡遗址发掘的体会，所以特别注意黑陶和石器的关系。尽管他知道良渚出土过许多玉器，但因为一般人都以周、汉玉视之，而城子崖又没有发现玉器，所以他和在他以后的许多人都不曾把两者联系起来。

良渚本来有许多小土墩，也曾引起过学者们的注意。但只是在草鞋山、张陵山等一系列其名为山，实为人工筑成的土墩上不断发现良渚文化的大墓，并且在墓中往往出土精美玉器之后，人们才会对良渚的那些土墩刮目相看，才会把至少从清乾隆以来不断在良渚出土的玉器同良渚文化联系起来。再把良渚遗址同其他良渚文化遗址作一比较，才会有良渚文化中心或古杭州的想法。

我想正是因为对良渚遗址群中的土墩有了一定认识，所以在 1986 年一个制动材料厂扩建工程中将要触及雉山村的反山时，浙江省考古所的同行们便采取了坚决保护的措施，并且组织了一次非常成功的发掘工作。仅在它的西头就发现了 11 座良渚文化的大墓。其规模之大，出土玉器和漆器等的精美程度和数量之多，在良渚文化乃至同时代的其他文化中都是罕见的。良渚遗址的中心地位于此得到了一定的证实，因而在当年举行的纪念良渚遗址发现 50 周年的学术讨论会上，反山的发现便成了会议讨论的中心议题，人们对良渚文化是否进入了文明时代，以及它对后来夏商周三代文明的影响，也都展开了热烈的讨论。

反山的名声提高以后也产生了负面的影响，盗玉之风又曾一度刮了起来。一些不法分子在苕溪北面的一个叫做瑶山的小山头上挖了许多坑穴，挖出了许多玉器。在当地政府严肃查处之后，省考古所立即组织发掘，结果发现那里原是良渚文化的一个祭坛。那祭坛的做法大致是先把山头削平，然后从山下运去不同颜色的土筑成层层相套的方块，外面筑石头护坡。这在良渚文化中是首次发现，或至少是首次被认识。更有甚者，这祭坛后来又当成了贵族墓地。被发现的 12 座墓葬同样出土了大量精美的玉器等物，其规格仅略逊于反山墓地。

在良渚，类似反山、瑶山的地方还有许多，其中必然还包含有一些墓地和祭坛。人们自然会想到，这些墓地祭坛的主人应该有在生时的住地。根据墓地和祭坛的情况可以推知，这些人是相当富有的，掌握有军事指挥权和宗教权力的，甚至已组成为一个脱离人民的统治集团。他们活动的地方一定不同一般，应是良渚文化的中枢所在。这个中枢机构的遗址究竟在哪里呢？

事有凑巧，在瑶山发掘之后不久，104 国道余杭段动工扩建，在通过大观山果园的公路两侧发现了大量的经火烧过的土坯。省文物主管部门一方面及时上报国家文物局，一方面组织考古人员进行清理。国家文物局派我去了解情况，对发现的文化遗存作出估计，以便及时采取必要的保护措施。1987 年 12 月 1 日，我和李水城到了工地。一看正是 10 年前我和苏秉琦先生休息和谈话的地方。公路的北侧拓展较宽，省考古所在那里开了 13 个探方，各探方中都有厚薄不等的红烧土坯的堆积。这些土坯被一层一层地夯筑紧密。有的地方夯层较平，厚薄也较均匀，大致厚 15~20 厘米左右，有的地方有些起伏，夯层较薄也较短，层层相咬接，总厚度也有很大变化，厚的地方超过 1 米，薄的地方只有一二十厘米。夯层中夹杂了许多灰烬和炭末，薄的地方则以灰烬为主，呈黑灰色。土坯因大部分已被砸碎，原有尺寸无法量度。个别较完整的仅从剖面上看也难以测到准确的数据。勉强可测的大约长 25~30 厘米、宽 16~20 厘米、厚 8~10 厘米不等。一般表面已被烧成红色，里面因没有烧透而呈灰黑色。我用步子量度，东边的一段东西断断续续延伸约 100 米，较宽的地方南北长约 20 多米。往西隔三四百米，在路南的断面上又可看到约 30 米长的一个剖面上，有用红烧土坯夯筑的情况。特别值得注意的是这一段夯土中夹杂了许多良渚文化的陶片而根本没有其他时代的遗物，可见这些用红烧土坯筑成的夯土是属于良渚文化的。看到这些从来没有见过的遗址，我心里真有说不出的兴奋和激动。

　　为了让我更深一层地了解这一发现的意义，牟永抗和王明达向我展示了一张万分之一的地形图，图上清楚地显示这大观山果园实际上是一个长方形土台子，东西长约 670 米，南北长约 450 米，相当规整，只有西头有一小块地方突出去。自然力量是不可能形成这样一种长方形土台子的，换句话说，这面积 30 万平方米、高 5~8 米的土台子竟是人工筑成的，至少也应该是依托自然土冈，由人工裁弯取直、填平补齐才成为现在这个样子的。王明达还特别补充说，在已经开挖的 13 个探方中，在红烧土坯以下的看似生土的地层，实际是经过人工搬动的，是人们用自然土筑成的，其最深的一处已达 7 米！听到这里，我真是惊呆了：良渚文化时期果真有能力营建这么巨大的工程吗？这么整齐的台子，来了几次怎么就没有看出来呢？于是我拉着他们两位沿着台子边缘走了一圈，才知道每边的确是很直的，除南边外，地势也是相当陡峭的。平常因为只在上面走，又有许多果树，体量又大，所以看不清楚。真所谓"不识庐山真面目，只缘身在此山中"。现在总算看到"庐山"的轮廓线了！

　　重要的发现接踵而来。1991 年 2~6 月，浙江省考古所等单位对瓶窑镇的汇观山遗址进行了发掘，发现了一处与瑶山大小相若、形状相似的祭坛遗址。除顶部系凿平风岩石并铺以三层相套的土外，北部缺口有石头护坡，东西两边坡下有在石头上开凿出来的排水沟，沟外稍低处又凿成平台，这些是瑶山祭坛所未见的。有意思的是这祭坛后来也被作为贵族墓地，只是多已破坏，仅清理了四座大墓，除随葬玉器、陶器外还有较多的石器，其规格似比瑶山者略逊一筹。

　　1992~1993 年，省考古所在大观山果园中的大莫角山西南、乌龟山东侧的长命印刷厂院墙内发掘了 1400 平方米。发现下面全是良渚文化的夯土，而且四周都没有到边。1992 年 12 月 26 日，我曾专程赶到良渚看杨楠和赵哗挖的夯土。虽然冒着小雨，我却不肯放过任何一个细节。他们的工作做得很仔细。我看到那些夯土是先铺一层泥，密密地夯筑，然后垫一层沙子，再铺一层泥，又密密地夯筑，如此反复达 9~13 层之多，总厚度为 50 厘米左右。这是在良渚文化以及整个龙山时代文化中所见加工最好的夯土，如此大面积地精心夯筑，说明它很可能是一个大型建筑的基址。在印刷厂西北、小莫角山的南侧也曾发现过一片夯土基址，上面有成排的柱洞，只是夯筑方法没有前者那么讲究。据初步钻探表明，这些夯土基址附近还有大片基址，总面积不少于3万平方米，估计是一个大型建筑群的地基。那么上面应该是什么样的房屋建筑呢？

大量的土坯应该是房屋建筑的重要材料。考古发现表明，土坯是龙山时代发明的，在龙山文化、中原龙山文化和良渚文化的福泉山、赵陵山等遗址中都有发现，但数量都很少。莫角山遗址发现的土坯的数量超过了同时代诸遗址土坯的总和，说明其建筑的规模大，技术先进。据当地老乡说，过去在长命印刷厂修围墙时，曾发现有一条壕沟内出土几米长的大方木。不久以前，在莫角山遗址东北不远处的马金口也发现过同样的大方木与良渚陶片共存。在良渚镇附近的庙前遗址中发现的良渚文化的大型房基，柱洞也都是方形的。把这些情况联系起来，可以得到一种比较合理的推测：就是在莫角山这个长方形土台上，一定有成组的大型房屋建筑。虽然我们暂时还不知道这些房屋的具体形状，但可知道它们都有精心夯筑的地基，有用大方木构建的梁柱和用土坯建造的墙体，房子外面还可能有壕沟。这在当时的条件下，可以算是颇为雄伟和气派的了。很有可能，它就是我国最早的宫殿！人们甚至还可以进一步推测，因为房子内有大量的木柱梁架，一旦失火，就会引发熊熊烈焰。有的梁柱倒下掉进了壕沟，因而长期在淤泥中偶尔保存了下来。土坯墙倒塌了，大量土坯被烧成了砖红色，乱七八糟地堆在那里。人们清理废墟，把那些烧过的碎土坯运走铺在大方台子的边缘，并加以层层夯实。这样就出现了扩建104国道时发现大批红烧土坯被夯筑的情况。火不能烧掉所有的屋宇。人们清除废墟并精心夯筑大土台，是为了重建他们的宫殿。所以在莫角山遗址上应不止一层建筑遗迹。要详细地搞清楚这些情况自然不是短期内能够完成的，但这些建筑的规模和规格还是可以大致勾画出来的。

近些年在龙山时代的各考古学文化中发现的许多城址，小的几万平方米，较大的多为十几万或20万平方米，只有湖北天门的石家河城址特别大。莫角山那个长方形土台子的面积已经超过除石家河以外的较大型的城址，它是否是良渚文化的一座城呢？

现在对整个长方形台子还没有进行普遍的勘察，要作出确切的判断还比较困难。不过根据它的规模和一些建筑遗迹的规格来看，应该就是良渚文化最高贵族集团的一个统治中心。既然在这个时期许多地方都已出现城堡，这样一个统治中心自然也不应没有坚固的防卫设施。土台子呈长方形可能出于某种礼制的需要，而它周围修成陡坡并且用红烧土坯等夯筑结实，使人很难爬得上去。如果在边缘加修一条小土垣，或都建造篱笆栏，栽些荆棘之类的防护带，当可起到有效的防卫作用。山东城子崖的龙山"城址"实际上就是这么做的，有的学者把它称为台城。也许莫角山遗址就是良渚文化的一座台城。这并不排除在它的外围还会有其他的防卫设施的可能。

有了这个想法以后，整个良渚遗址群乃至整个良渚文化的社会就似乎看得明白了。莫角山城（姑且这样称呼）的中心地位不但表现在大型建筑群和城址本身，还在于这台城中有三个更高的土墩，即大莫角山、小莫角山和乌龟山，自然原因很难形成这样鼎立的小土山，推测它可能是人工建造的中心祭坛之类的设施。这需要以后通过勘察发掘来证实。

紧靠莫角山城的几处遗址的地位也是非常突出的。反山就在它的西北不足200米处，那是一座人工堆筑的坟山。现在仅发掘了它西头的三分之一的面积，发现的11座大墓就已震动了学术界，是良渚文化所有大墓中规格最高的，剩下的三分之二要是发掘出来，你能保证它不会有更惊人的发现吗？那么这反山到底是贵族坟山还是应该称做王室陵墓呢？

莫角山城西南约 200 米处有一个桑树头遗址，过去曾出土过大型玉璧等物，推测它也是一处贵族墓地。莫角山东北约 500 余米的马金口遗址，那里有许多红烧土和良渚文化的陶片，还出过 7 米多长，约 40 厘米见方的大木柱或横梁，显然是一处重要的建筑遗址。莫角山东南约 500 米的钟家村发现过玉器，东面的稻田里又发现了很大的石筑墙基，表明那里也有重要的遗迹。

把视野放大一点，我们就会看到所谓良渚遗址，实际上是以莫角山为中心的一个大型遗址群。它位于浙西山地与东部平原的交接地带。西天目山的余脉向东伸展，至彭公分为南北两支，良渚遗址群即位于这两支山脉之间的谷地，东西长约 8 公里，南北长 3~5 公里，总面积约 34 平方公里。其间共发现有五十多处遗址或墓地。除前面谈过的几处外，荀山周围几处也曾出土过大量玉器，附近的庙前遗址发现过有大方形柱洞、面积达 80 平方米的大型房基，以及用大量木桩护坡的水沟，同时也发现过一些小型墓葬，吴家埠、梅园里等处也有一些小墓。看来这个遗址群的结构还是很复杂的。加强勘探，配合试掘，尽快了解各遗址的内涵、性质及各遗址间的关系，是今后一个时期内的重要任务。

良渚文化不只一个中心，例如上海的福泉山、江苏昆山的赵陵山和武进寺墩等处都有人工筑造的贵族坟山，周围往往集聚许多较小的遗址，它们都各自构成一个中心。但就其规模及出土遗迹、遗物的规格来看，都不如良渚遗址群。以莫角山城为代表的良渚遗址群既是良渚文化中最大的中心，是不是就可以看成是整个良渚文化的中心呢？假定莫角山城是某个统治集团的权力机构所在地，是否就可以称为都城？反山墓地是否可以称为王陵？这里牵涉的问题很多，不是几句话就能说得清楚的。但是我想要强调的是，由于一系列令人鼓舞的新发现，此问题已经现实地摆在我们的面前，理所当然要继续深入地研究。哪怕花几代人的努力，也要探索出一个究竟。每想到这些，就越发感到良渚遗址重要，可以毫不夸张地说，良渚遗址是探索中国文明起源的一块圣地。值此经济建设的大潮汹涌澎湃，良渚三镇的现代化建设也正突飞猛进，我的心可说是亦喜亦忧。因为建设要动土，稍一不慎就会对遗址造成威胁。而不法分子因觊觎良渚玉器，不时有盗掘事例发生。如何保护好良渚遗址，现在已经成为一件非常迫切而又困难的任务。但愿我们的各级主管部门、当地群众和专业人员通力合作，下决心把这件事办好，让现代化的良渚同时焕发出中华古老文明的光彩！

文章来源:《文物》1996 年第三期

看了《良渚文化刻画符号》之后
——《良渚文化刻画符号》出版座谈会上的发言

张忠培

我没有研究过古文字，是古文字学的门外汉，所以就在故宫博物院找了两位研究古文字的专家，尤其是刘雨先生，介绍他们来参加这次会议。我既然来了，也得说点话，给会议助兴。下面的发言，是我看到了《良渚文化刻画符号》这一著作后，所萌发出来的几点认识：

这本《良渚文化刻画符号》，是张炳火同志为良渚文化的研究做出的新贡献。作为良渚遗址管委会的主任，张炳火同志在良渚遗址申遗、良渚遗址博物院的建设方面，做出了很大的贡献。同时，他在良渚文化的学术研究上也有成就。

他在《东南文化》和《中国文物报》两个刊物发表过两篇文章。第二篇文章的发表，是在良渚古城发现和确认以后，我原本认为良渚古城的发现与确认，杭州市会欢呼，浙江省将雀跃，因为这是杭州和浙江的大喜事，也是全国的一件大喜事，可是我们杭州和浙江却发出一片喊打声，说这是陕西的虎来了，就好多人找到我，要我反攻，要如何如何，我说不要理他，他去讲他的，我到良渚古城发掘现场看了，严文明以及好多的考古学学者也到发掘现场看了，良渚古城城墙上有属良渚文化第四期的一口井，还有一个灰坑，都打破了这个城墙，这座城墙不会晚过良渚文化四期，板上钉钉，没有问题。为了发现良渚古城城墙，那一年我跑了五趟，争论干什么，不去争论不是争论的问题。你逾不理他，他逾觉得你理亏，攻击的逾来逾厉害，张炳火在读书中发现一个问题和我讲，我说那你就写一篇文章吧，我帮你推荐到《中国文物报》发表。他就写了，我就把他送到《中国文物报》发表了。这下一发表，那些反对的声音就都没有了。

这本书表述的是什么，是文字？

是图画？是符号？我看目前都做不了结论，是什么？就是个谜。中国在陶器上有"文字"，有"图画"或者有"符号"，最早引起注意的便是半坡文化，学术界对它进行过讨论，曾是一时的热门话题。我在上海人民出版社出版的《中国通史 · 第二卷》还专门讨论了这个问题。那个时候的谜到现在没有解开。我们说中国史前考古文化有五大文化谱系，一个是长江中下游的环太湖的马家浜—崧泽—良渚这个谱系文化，一个是西拉木伦河的谱系文化，一个是黄河下游的谱系文化，一个是黄河中上游的谱系文化，再一个是长江中游的谱系文化。这五大文化谱系里面的一些陶器的上面都有这些刻画"符号"、"图画"或"文字"，唯独我们这个地方搞出一本书，还印制的这么好，把这个谜集中起来变为一个平台。这本书编制，很有科学性，每一项资料都有一个名称，即器物出土时的编号，这个"文字"，或这个"符号"，或这个"图画"在陶器石器玉器的哪一个部位，也都说得清清楚楚。这件事情太重要了。你以后看报告也好，找资料也好，或影印这本书的资料也好，你提某某陶器，就可以从考古报告中找到它，而且能知道它出自哪个单位，在这个单位中处于什么位置。这就便于我们将它纳入单位，将其所在单位纳入遗址或墓地，和将这遗址和墓地纳入其所属考古学文化进行研究。这本书的编辑也有自己的意见。陶文按照象形符号、抽象符号和其他符号这三大系统分类，但又不下结论，体现了客观性。书的后面还有一个索引，索引也高明，按遗址、按墓地来把这些资料归类。这本书是一专题资料的汇编，从编辑来说，充分体现了科学性。

关于这本书出版的意义

出版这本书的意义是把一个谜搭成一个舞台。这个舞台的价值在于：凡是对这个问题有兴趣的人都可以来这个舞台上跳舞，来唱歌，来表演。把材料做科学性的集中，结束了过去要这里找材料那里找材料的历史。虽然这本书不一定汇集了所有的资料，但是已经汇集了不少，要说一定是很全，咱们不敢说，但是基本上是比较全的，达到了这个时代的水平，构建了一个求解这个谜的平台，这是第一层意义。

第二层意义是，这本书是实现文物保护的一个举措。相对于考古报告来说，这本书刊布的资料可分为三类：一是见于考古报告已发表者；二是未见于已发表的考古报告者。这本书将之发表，则填补了考古报告之不足；三是尚未出版考古报告者。由于这本书刊布了这些资料，则促使考古报告的编写者将这些资料纳入他将要写的考古报告之中。将考古发现的资料刊布出来，是另外一种形态的文物保护。据刘雨同志告诉我，宋代金石学研究青铜器，刊布出来的青铜器有七八百件，保存至今者，仅有一两百件，其他六七百件找不到踪迹了。这给我们留下极大的遗憾！但使我们稍感欣慰者，是我们还能从著录这些青铜器的金石学著作中见到这些青铜器若干信息。因此，我说文物的刊布是保护文物的一种工具。同时，由于这本书将这些已见于考古报告或未见于考古报告的资料刊布出来，也将促进收藏这些资料的单位加强对这些资料的保管与保护。

第三层意义,是这本书的发表,为良渚古城遗址申遗增添了一个助力。良渚遗址要不要申遗？我说良渚遗址当然要申遗。为什么要申遗？良渚遗址的年代是公元前三千二三百年到公元前二千七八百年。这个年代，是在龙山时代之前，相当于半坡四期文化和泉护二期文化，或相当于大汶口文化的花厅期和大汶口文化的西夏侯期，或相当于甘青地区的马家窑文化和半山文化时期，其前段相当于红山文化的晚期，即半坡四期红山文化时期。其后段则相当于长江下游的屈家岭文化。陶鬶形态的变异，是区分良渚文化为前、后段的标志。良渚文化的前段，使用的陶鬶均为实足鬶；良渚文化的后段，出现了空足鬶。从目前的考古发现和研究来看，如果我们要谈中华五千年文明，只有良渚文化的良渚遗址能拿出来，其次可以拿出来的是红山文化晚期的牛河梁遗址。我虽然也认为半坡四期文化、泉护二期文化、花厅期大汶口文化、西夏侯期大汶口文化、屈家岭文化、和马家窑文化及半山文化已跨入了文明门槛，或可能已进入文明的历史阶段，但这些考古学文化，至今仍未象良渚城址和牛河梁石塚群这样独具文明标志的遗存。至于周原、殷墟、二里岗和二里头虽至为重要，但其年代均大大晚于五千年，均不是中华文明肇始的标志。在我国的世界遗产名录中，没有一处遗址能说明我们具有五千年的文明，这是个大事。所以良渚遗址的申遗，不是余杭的事，不是杭州市的事，也不仅是浙江的事，是全国的事。我们要通过申遗，向世界宣示，中华存在着五千年文明，例证就是良渚文化良渚城址。所以我说良渚城址应该拿去申遗。这本书的发表又是我们正在积极谋划良渚城址申遗的一个助力。

我们怎么去求解这个谜

今天这个会有一点使我感到很兴奋，即有的同志说这个谜不应该从甲骨文这个角度去解读它，或者说不仅仅应该从这个角度去解读它。我赞成不应该仅仅从甲骨文这一角度去释读它。原因很简单，中国文化是多谱系的，良渚文化显然不属商或周那个考古学文化谱系，它们文化谱系不一样，当然他们也是有关系的。既然中国文化是多元的，怎么拿一个谱系的研究成果去解析另外一个谱系的文化现象？我们也可以去解析，因为它们有交流，它们是"一体"的，但不应该只是这么一个解读办法。应该怎么办？今天有些朋友提出了一些意见，有的说应从功能去解读它，我主张不只是从某一角度，而是从这些文字，或者这些符号，或者图画存在的整体环境各个方面去解读它，例如它在什么陶器上？什么陶器什么部位上？这陶器存在于哪样的遗址或墓地之中？又和什么具体遗存相联系？处于这些遗存的哪一部位？以及什么样的"符号"、"图画"或"文字"和什么样的具体环境相联系？诸如什么样的"符号"、"图画"或"文字"和什么样的陶器相联系？等等。总之，"环境"是一个内涵广泛的概念，研究的具体途径，则是在分类与聚类的基础上，和具体的"环境"联系起来，做具体的考察与分析，这就是猜谜，东猜猜，西猜猜，到猜对了，考察与分析则进入了一个新的阶段。到了一个新的阶段，又出现新的谜。"学海无涯苦作舟"。搞学问是件苦事，又是件乐事，做学问的人，是精神贵族。他感受的苦与乐，只有他自己能体会到,别人是感悟不到的。"学海无涯",苦也好,乐也好,均无彼岸,相伴的是,无涯的学海。猜出这个谜,或许需要几年,或许需几十年,或许需要上百年。苦与乐,尤其是苦,始终相随。为了早一点猜出这个谜,就得搞"百花齐放"和"百家争鸣"。专制主义和少数服从多数的民主制,均不能实现"百花齐放"和"百家争鸣",只有自由主义才能呈现"百花齐放"和"百家争鸣"。因此,我主张自由发表意见、自由讨论和自由争鸣的自由主义。在这个猜谜的过程中,张炳火组织了人力,把谜都集在一本书里,方便了大家,为大家做出了贡献,我们感谢张炳火同志。我们也提倡能实现"百花齐放、百家争鸣"的自由主义来猜这个谜。

文章来源:《中国文物报》2015 年 9 月 25 日第 7 版

略谈良渚文化的发现人

张炳火 蒋卫东

良渚文化是长江下游环太湖地区新石器时代晚期的代表性考古学文化,它发现于上世纪 30 年代,因杭州市余杭区的良渚遗址而得名。随着良渚文化和良渚遗址重大价值的不断揭示,人们对良渚文化最早的发现人也开始给予更多的关注。

长期以来,我国学术界普遍认同施昕更先生为良渚文化的最早发现人,然而,另一位对良渚文化早期发现和研究作出过突出贡献的何天行先生却在晚年表述了不同看法,数次提出自己 1935 年最早发现良渚文化。

上世纪 80 年代初,何天行先生先后在其撰写的《筹笔》诗补记、关于《杭县良渚镇之石器与黑陶》一书的说明和《回忆蔡元培先生》等手稿中提及良渚文化发现之事,表述了三方面的主要内容和意思:一、1935 年,他受杭州古荡发掘影响,最早到良渚遗址进行考古调查和试掘,早于施昕更,是良渚文化的最早发现者。二、他的《杭县良渚镇之石器与黑陶》是在 1937 年 4 月出版的,而施昕更的《良渚》一书是在 1938 年 6 月才印就出版。三、西湖博物馆做了部分他所希望的"扩大发掘"的工作,《良渚》报告中有不少资料,和他的著录中所载相同或是相似,因此,《良渚》一书恰好作为他的著录的一个实地的辅证。1997 年,吴汝祚先生发表《施昕更与何天行》和《良渚文化研究的先驱者 —— 何天行》两篇文章,提出何天行先生 1935 年暑假期间前往长命桥、荀山等地进行实地考古调查的观点,在学术界造成广泛影响,有的学者还以此为据,提出何天行先生发现良渚遗址在施昕更先生之前,因而当取代施昕更先生而成为良渚文化的最早发现人。

今年适逢良渚文化发现 70 周年和我国第一个"文化遗产日",作为在良渚遗址保护和良渚文化研究方面承接施、何两位先驱者衣钵的后来人,缅怀先辈开创之功的同时,自然也有责任梳理清楚良渚文化发现时的历史真实,以公正客观的态度还历史以本来面目,以告慰故人,激励来者。为此,我们多方查找有关良渚遗址发现的早期资料,并进行了认真的比对考证,现将有关情况整理发表,以飨读者。

一、施昕更先生对良渚遗址的考古调查、试掘和撰写试掘报告的过程

施昕更先生在自己的著作中,较清楚地记下了他对良渚遗址的考古调查、试掘和撰写试掘报告的完整过程,但一般研究者都注目于施昕更 1938 年出版的《良渚 —— 杭县第二区黑陶文化遗址初步报告》专著,而忽略此前他已发表的《杭县第二区远古文化遗址试掘简录》与《浙江远古之黑陶》等其他介绍和研究良渚黑陶文化遗址的论文。

《杭县第二区远古文化遗址试掘简录》是施昕更先生撰写的最早介绍和研究良渚黑陶文化遗址的论文，分别发表于 1937 年 4 月 14 日、21 日上海《时事新报》的《古代文化》周刊第 4、5期；6 月 30 日出版的《江苏研究》第 3 卷 5~6 期的《吴越文化专号》以及 7 月出版的《吴越文化论丛》。文末的题记标明此文成稿于 1937 年 3 月，但没有具体日期，由文中提及前一年 12 月间进行的前后两次试掘而没有提及当年 3 月 8~20 日间实施的第三次试掘的迹象分析，此文成稿时间应在第三次试掘之前，即在 1937 年 3 月上旬。

记录施昕更先生对良渚遗址考古调查、试掘和撰写试掘报告最完备过程的，自然属 1938 年出版的《良渚 —— 杭县第二区黑陶文化遗址初步报告》。细心的读者会注意到"卷首语"后"二十七年八月重印，昕更志于瑞安"的题记中特意标注的"重印"两字以及卫聚贤先生在《校后记》中"报告书早已付印，因杭州失守，不及携出，兹由浙江教育厅拨款重印"的特意说明，而这部报告的印刷出版因日寇入侵而"经历了许多患难困苦的历程"，在《绪言》与《卷首语》中也已交代得非常清楚。

参证《杭县第二区远古文化遗址试掘简录》和《良渚 —— 杭县第二区黑陶文化遗址初步报告》，可得施昕更先生发现良渚遗址及其试掘过程的大概。1936 年 6 月 1 日，供职于西湖博物馆的施昕更在参加完杭州古荡遗址发掘后的第二天，就急急地回到故乡（良渚）去搜集。除了石铲之外，意外地又得到许多不同形式的石器，但带着明确考古目的的施昕更"觉得以收购的方式，是太不科学化，太幼稚，还不如古董商收购古玩一样"。7 月，第二次再赴良渚调查，经过多日的分区考查，"对于石器遗址的分布地点，得有约略的轮廓，同时在枯竭的池底，亲自捡到的石器也不少"。11 月 3 日，作第三次良渚之行时，在良渚镇附近棋盘坟的一个干涸池底，偶然发现一二片黑色有光的陶片，受《城子崖》发掘报告启示，悟及其与山东城子崖黑陶文化为"同一文化系统的产物"。随后，由西湖博物馆依照当时《古物保存法》的规定，呈请中央古物保管委员会，取得采掘执照。1936 年 12 月 1~10 日、26~30 日、1937 年 3 月 8~20 日，施昕更先生先后三次代表西湖博物馆对棋盘坟、横圩里、茅庵前、古京坟、荀山东麓以及长明桥钟家村等 6 处遗址进行了试掘，获得大批黑陶和石器，并在此期间经调查，发现了以良渚为中心的 10 余处遗址。

二、何天行先生的良渚文化考古实践和研究

何天行先生"是一位精文学、懂考古、擅诗词，毕生倾注于中国古文化的研究者"。在他早年出版和发表的有关良渚文化的论著中，也较清楚地记录了他在良渚文化考古方面的实践过程和研究成果。

就目前我们所看到的资料而言，《杭县良渚镇之石器与黑陶》一书是何天行先生关于良渚文化的最早著作，此书由蔡元培先生题写书名，是吴越史地研究会丛书的第一种。由文末"一九三七，三、三十"的题记可知，何先生此书完稿于 1937 年 3 月 30 日，但书上未标明出版发行的具体月份。晚年时，何天行先生撰写说明称"三月底已付印，于四月中成书的"，卫聚贤先生则称此书为"五月"出版。

在《杭县良渚镇之石器与黑陶》一书中，何天行先生较详细地介绍了杭县第二区良渚镇石器与黑陶文化遗址的发现过程，其中提到"前年五月，杭州市政府在古荡建立公墓，工人于无意中发现石器遗址，结果由卫聚贤先生与西湖博物馆前往踏查，并发表试探报告……接着便有去年杭县第二区良渚镇所发现的石器遗址与黑陶文化"（第一章《绪言》）。"在古荡试掘后，我们便断定杭县第二区必有类似的遗址发现（参见《古荡报告》第五篇），去年，西湖博物馆施昕更先生因在当地调查地质时（施先生原住良渚）见有黑陶遗址，引起注意，前后经几次试探，并掘获黑陶极多"（第二章《遗址的发现》）。"遗址发现后，作者即至当地查考"（第三章《地层的大概》）。在《杭县良渚镇之石器与黑陶》中，何天行先生还用较大篇幅考证一件椭圆形黑陶豆盘口沿上的刻画符号是"原始形的图象文字"。卫聚贤先生在《中国最古的文字已发现》中，肯定何天行的发现："黑陶上有刻文的文字，系何天行先生在杭县良渚发现的，其文字在甲骨文以前……黑陶文字虽不多又不能认识，但为中国最古的文字，可以断言的。"

1937 年 5 月 19 日上海《时事新报》的《古代文化》周刊第 9 期刊登何天行《杭县第二区的史前遗存与黑陶文化》一文，内容与《杭县良渚镇之石器与黑陶》大致相同，提到良渚黑陶文化遗址的发现过程与《杭县良渚镇之石器与黑陶》无别。

三、早期其他史料对良渚遗址发现及施、何两位先生有关情况的介绍

1936 年 12 月 23 日的《东南日报》上《西湖博物馆在杭县发现黑陶文化遗址》的报道称："西湖博物馆馆员施昕更，最近因调查杭县地质，在该县境内，发现黑陶文化遗址多处……并据施君在杭县一带屡次之调查，对于地层上蕴藏情形，已渐明了。"这是我们目前可以查到的最早介绍良渚遗址发现的史料，此报道亦为何天行先生《杭县良渚镇之石器与黑陶》、《杭县第二区的史前遗存与黑陶文化》两文引用。在后一篇中，何天行先生提到"去年，西湖博物馆施昕更先生因在当地调查地质，见有黑陶遗址，引起注意，前后经几次试探，并掘获石器与黑陶极多……随后西湖博物馆又在良渚、长明桥试掘，迭有发现……遗址发现后，作者即至当地考查。黑陶遗址以良渚镇为主"。

作为古荡遗址发掘的发起人，吴越史地研究会总干事卫聚贤先生在江浙地区远古文化遗址发现方面做出了令当时学术界瞩目的成绩，由其主编的《吴越文化论丛》更是成为施昕更、何天行等发表最新考古发现和研究成果的阵地。卫聚贤还与施昕更、何天行两人有着密切的交往，这种亲密关系使他成为两人学术活动的见证人。卫聚贤先生早年的多篇论著中，屡次提及良渚镇石器与黑陶文化遗址的发现。1937 年，在《十年来的中国考古学》中提到"良渚——浙江杭县良渚镇以及长明桥，有石器及黑陶遗址，于民国 25 年为西湖博物馆施昕更及吴越史地研究会会员何天行所发现……其报告书何天行的为《杭县良渚镇之石器与黑陶》（吴越史地研究会丛书之一），施昕更的为《吴越文化论丛》中的《杭县第二区远古文化遗址试掘简录》一篇"。1938 年，在为施昕更《良渚——杭县第二区黑陶文化遗址初步报告》写的《校后记》中说："施昕更先生在杭县良渚镇发现黑陶遗址，是对研究江浙古文化的一个贡献……杭州古荡的石器，大批出土以来，引起西湖博物馆诸执事的兴趣，遂与吴越史地研究会合作，试掘古荡遗址。当时施昕更先生参加工作，他遂注意到他的家乡杭县良渚镇一带的石器，从事探索，终于发现了大批石器，并发现了黑陶遗址。"1990 年，在《中国东南沿海发现史前文化遗址的探讨》中提及良渚的发现时，写道："当一九三六年我在杭州古荡作发掘工作时，西湖博物馆的职员施昕更先生他也参加工作，使他感到兴趣，注意浙江各地的古物，终于在他的家乡浙江杭县良渚发现了石器与黑色的陶器，他作了一篇《杭县第二区远古文化遗址试掘简录》也发表于《吴越文化论丛》中，他后来作有专书，系详细的报告，名为《良渚》，在最近一个月内由西湖博物馆出版。同时何天行先生他也是杭县人，他在五年前在上海听我讲考古学这一门课程，感到兴趣，也在良渚作试掘的工作，除发现石器

及黑陶外，并发现了一个黑色的陶器卮的边沿上有花纹，并有 9 个文字，与中国的古文字甲骨文金文（刻在铜器上的古文字）不是一个系统，没有法子认识他的，于 1937 年 5 月有 The Prehistorical Site and the Black Earthen — wares in liangchu District ，Hangchow（即《杭县良渚镇之石器与黑陶》—— 笔者注）一书出版。"

不难发现，当卫聚贤先生并述施、何二人在良渚的发现时，都是施昕更在前，何天行在后；只提一个时，施昕更除"发现大批石器"外，并"发现黑陶遗址"，而何天行除"发现石器及黑陶"外，并发现黑陶文字。两人在卫聚贤先生心目中的位置，由此可见一斑。

1941 年 6 月《世界文化》第三卷第一、二辑刊登美国人 S. Beath 著、何天行译《远古文化的一环（原题：杭州良渚镇的黑陶遗址）》，在"译者志"中，何天行先生写到"自民国廿五年，杭县良渚镇发现新石器及黑陶遗址后，译者曾至当地检探数次，并将采掘所得，在上海青年会作公开展览"，再次重申自己前往良渚"检探数次"是在 1936 年"杭县良渚镇发现新石器及黑陶遗址后"，与《杭县良渚镇之石器与黑陶》与《杭县第二区的史前遗存与黑陶文化》中的态度是一贯的。S. Beath 文中也有"数年前，由杭州西湖博物馆的调查，在杭县长明桥附近的良渚镇发现了这个遗址……终于由西湖博物馆施昕更（施先生为译者友人，现已逝世；良渚黑陶之发现，应完全归功于施先生。—— 译者注）先生前去调查，他发觉这一区遗址的位置，几乎完全在一个池塘的旁边或在池塘之下。"我们细读此文，西湖博物馆施昕更"调查"、"发现"的意思表达得十分清楚。再从文中的那条"译者注"可以看出，何天行先生早年也推崇施昕更先生为良渚黑陶文化遗址发现的首功者。

四、关于良渚文化命名还需说明的问题

良渚文化因良渚遗址得名。良渚文化从发现到命名，经历20多年考古发掘和研究认识的过程。最初，因认为良渚发现的黑陶与山东城子崖遗址的龙山文化黑陶相类似，也被称为龙山文化。1939 年，曾由施昕更陪同亲临良渚察看过遗址发掘现场的梁思永先生发表文章说，西湖博物馆在浙江杭州良渚附近试掘了 6 处龙山文化遗址，它的文化"相"与河南、山东的有显著的区别，"异于其他两区"，其主要依据即是据施昕更的试掘材料。梁思永先生所指 6 处文化遗址应该就是施昕更在《良渚》报告中公布的 6 处试掘坑位的所在。1959 年 12 月 26 日，夏鼐先生在长江流域规划办公室文物考古队队长会议上，正式提出"良渚文化"的考古学文化命名。在环太湖地区，钱山漾遗址、双桥遗址的发现，古荡遗址的发现与试掘都在良渚遗址发现和试掘之前，良渚文化之所以命名为良渚文化，而未被命名为古荡文化、钱山漾文化或双桥文化，与施昕更先生的考古活动及其《良渚》报告有着密切的关系。

考古学意义上的发现常以学术机构的正规考古发掘为依据，考古发掘必须是学术机构根据学术研究的需要，不是个人的行为，即使在上世纪 30 年代的历史背景下，对文物考古也有法律规定。在考古学中，有一个重要概念是考古遗物所在的空间问题，即必须以三维的方式标明其唯一性的位置，准确地记录该遗物，以及与之相关遗物的准确位置和距离，从而为进一步的探讨提供依据，而民间收购、采集得到的遗物，不仅遗物的年代无从确切查考，更主要的是难以知晓该遗物所处的环境及相关信息，也无法得知该遗址和遗物的真实情况了。乾隆皇帝一直把玉琮称作"杠头"，人们则一直视良渚一带出土的玉器为"周汉之物"，都是跟收集的玉器脱离了最初的地层和埋藏单元，从而失去年代和功能的信息有关。

细读《杭县良渚镇之石器与黑陶》，何天行先生在良渚镇一带曾作过考古调查可以肯定，但是否进行过试掘工作则尚有疑问。在"地层的大概"中，何先生写道"遗址发现后，作者即至当地查考，黑陶遗址以良渚镇为主，而长明桥次之，然以遗址均潜藏于水潭以下，即偶作发掘，对于地层的包含也不能作精确的观察，非经扩大的发掘后，实不能确定地层的遗迹。现从部分的发掘加以分析……"由于文中未作详细的说明，我们尚无法确定何天行先生究竟是否在良渚进行过试掘，也无从分辨何先生图示的棋盘坟附近坑位的地层是何先生所掘，施昕更先生所掘，还是盗挖者所掘？何先生晚年也曾对他早年所持石器与黑陶的来源作这样的表述："我的发现，是从民间的探访中得到启示，经几次的调查踏看之后，结果，我采集到很多的石器与黑陶的实物资料。这些实物资料有的还是出土已久的，有的是散见在出土处相近的各处的"。显然，从这一系列的话语可以看出，何天行先生手中这类器物，其主要来源并非考古发掘而是采集。

与何天行先生所不同的是，施昕更先生代表西湖博物馆在良渚的试掘不仅得到了当时中央古物保管委员会的审查核准，持有发掘执照，而且施昕更先生在地下发掘获得大批黑陶和石器等实物资料的基础上，对这些出土资料进行了细致认真的室内整理。由其撰写的考古报告《良渚 —— 杭县第二区黑陶文化遗址初步报告》将遗址发现的经过、各遗址地层堆积的情况、出土遗物、年代与文化性质分析以及编写出版报告的过程等各方面内容都一一翔实记录在案，因此，施昕更先生在良渚一带的考古工作，合乎"以首次发现的典型遗址所在的小地名命名"的国际通行的考古学文化命名方法中对"典型遗址"的限定内容，特别是"考古工作有一定的质量及规模"的标准，所以，在考古学意义上，施昕更先生的考古发掘是良渚文化"典型遗址"的首次发现。

值得一提的是，以"良渚"作为遗址的定名也是施昕更先生首创。在《良渚》报告"绪言"中，他对遗址定名进行了说明："最新的考古报告都以地名为名……我也来仿效一下，遗址因为都在杭县良渚镇附近，名之良渚，也颇适当……所以决定采用这两个字，有名实兼收之妙。"显然，一向治学严谨的夏鼐先生接受了这一"名实兼收"的遗址定名方法，并在文化命名时予以采纳。

结语

施昕更先生与何天行先生都对良渚文化的发现和研究作出过开创性的突出贡献。在上世纪３０年代的艰苦条件下，他们对良渚遗址的调查和试掘及其专著和报告的出版，揭开了良渚文化田野考古和研究的序幕，从而"在江南考古是开辟了一个新的境地，为一般墨守成规旧式史观的人所梦想不到的"，是良渚文化研究的先驱者。

然而，就良渚遗址的发现和试掘而言，由两人早期的著作可知，施昕更当早于何天行。《东南日报》以及何天行先生、卫聚贤先生等早年提及良渚黑陶文化遗址发现的报道和著作，都以施昕更先生为发现人。何天行先生自己早年也从未提出过自己最早发现良渚黑陶文化遗址。

除此之外，施昕更的《良渚 —— 杭县第二区黑陶文化遗址初步报告》较完整系统、实事求是地整理记录下了他在良渚一带三次田野考古试掘和调查的成果，其踏实务实的学风对整个良渚文化的考古工作产生了深远的影响，历来为考古学界所推崇，并被认为是中国考古学史上具有代表性和划时代意义的考古报告之一。所以，我们认为良渚文化因良渚遗址而得名，学术界推崇良渚遗址的发现者施昕更先生为良渚文化的发现人是实至名归，符合良渚文化发现的史实。

《余杭文物志（重修）》编纂人员名单

一、《余杭文物志（重修）》编纂委员会

顾　　问：徐文光　朱　华

主　　任：许玲娣

副 主 任：冯玉宝

成　　员：蒋卫东　马东峰　钟　山　陆文宝　贾晋妍

　　　　　陈益女　黄　莉　吕　芹　于秋娜

二、《余杭文物志（重修）》编纂人员

主　　编：冯玉宝

副 主 编：钟　山

执行主编：陆文宝　贾晋妍

编　　辑：陈益女　黄　莉　贾晋妍　吕　芹　于秋娜

特约审稿：王　庆

编后记

1998 年至 1999 年，余杭市文化局（余杭区文化广电新闻出版局前身）组织人员编纂了《余杭文物志》，并于 2000 年 3 月正式出版。该书出版后受到了各级领导专家及群众的好评。但由于收录年限为 1998 年，许多新的发现未能收录。有鉴于此，余杭区文化广电新闻出版局决定重编《余杭文物志》，补充 1999 年至 2015 年新的不可移动文物、可移动文物普查、文物保护、考古发掘成果等资料，尤其是良渚遗址的最新发掘、保护、研究成果，形成《余杭文物志（重修）》集结出版。

全书共六篇 23 章 74 节。具体分工如下：第一篇由黄莉编纂，第二、三、五篇由贾晋妍编纂，第四篇第一、二、三章由吕芹编纂，第四篇第四章由于秋娜编纂，综述、大事记及第六篇由陈益女编纂。期间，特邀请了余杭地方志专家王庆先生对本志的篇章节目、凡例等作了梳理，并对全书进行了统稿。后由陆文宝最终审稿。先后参与撰写部分条目、提供资料、照片、校改文稿的同志有（排名不分先后）：张君国、兰廷成、贾艳、雷晓伟、虞家琳、王永翔、王宁远、梁慧娟、骆晓红、罗晓群、李立行、于蕾、周苏等，他们为本书做了大量的编务工作。初稿完成之后，我们邀请了浙江省文物考古研究所方向明研究员、张书恒研究员，杭州市园林文物局文物处副处长郎旭峰、市文物考古研究所所长唐俊杰研究员、杭州良渚遗址管委会原主任张炳火、区方志办主任吴莹岗、副主任陶贤德、区档案局副局长张迎及周如汉、王庆、虞铭等专家学者进行了评审，专家们提出许多宝贵的意见建议，在此表示由衷的感谢。

《余杭文物志（重修）》在编写过程中，除查证历代余杭文献外，主要参考或引用过去出版的考古和文物研究资料及有关余杭历史文物的文献，由于篇幅所限，不一一列明。谨此，特向有关作者一并致谢。

由于成书时间仓促，加上编者水平有限，本志难免疏漏和不足之处，敬请批评指正。